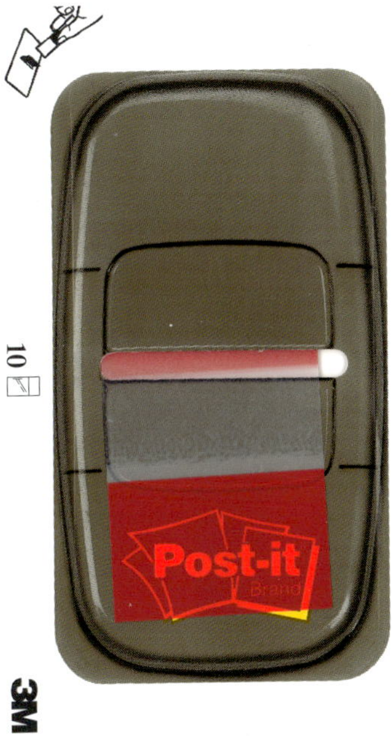

10
Post-it
3M

Hartmut Niemann, Ludwig Paul

Iran

„Die Perser sind so wenig argwöhnisch,
wenn Fremde die Altertümer in ihrem Lande sehen wollen,
dass ich nicht zweifle, es würde sich niemand darum
bekümmert haben, wenn ich nach Persepolis gereist wäre,
ohne jemand etwas davon zu sagen."

Carsten Niebuhr

601i Foto: hn

Impressum

Hartmut Niemann, Ludwig Paul
Iran

erschienen im
Reise Know-How Verlag Peter Rump GmbH
Osnabrücker Str. 79
33649 Bielefeld

1. Auflage 2005

Gestaltung
Umschlag: M. Schömann, P. Rump (Layout)
Günter Pawlak (Realisierung)
Inhalt: Günter Pawlak (Layout)
Ulrich Gröne, Caroline Tiemann (Realisierung)
Fotos: Hartmut Niemann
Titelfoto: Hartmut Niemann
Karten: Thomas Buri, Bernhard Spachmüller
(Atlas und hintere Umschlagklappe)
Bildbearbeitung: Ulrich Gröne

Lektorat: Caroline Tiemann

Druck und Bindung
Ebner und Spiegel, Ulm

ISBN 3-8317-1210-7
Printed in Germany

Dieses Buch ist erhältlich in jeder Buchhandlung Deutschlands, der Schweiz, Österreichs, Belgiens und der Niederlande.
Bitte informieren Sie Ihren Buchhändler über folgende Bezugsadressen:

Deutschland:
Prolit GmbH, Postfach 9, D-35461 Fernwald (Annerod)
sowie alle Barsortimente

Schweiz
AVA-buch 2000
Postfach, CH-8910 Affoltern

Österreich
Mohr Morawa Buchvertrieb GmbH
Sulzengasse 2, A-1230 Wien

Niederlande, Belgien
Willems Adventure
Postbus 403, NL-3140 AK Maassluis

Wer im Buchhandel trotzdem kein Glück hat, bekommt unsere Bücher auch über unseren **Büchershop im Internet: www.reise-know-how.de**

Wir freuen uns über Kritik, Kommentare und Verbesserungsvorschläge.

Alle Informationen in diesem Buch sind von den Autoren mit größter Sorgfalt gesammelt und vom Lektorat des Verlages gewissenhaft bearbeitet und überprüft worden.

Da inhaltliche und sachliche Fehler nicht ausgeschlossen werden können, erklärt der Verlag, dass alle Angaben im Sinne der Produkthaftung ohne Garantie erfolgen und dass Verlag wie Autoren keinerlei Verantwortung und Haftung für inhaltliche und sachliche Fehler übernehmen.

Die Nennung von Firmen und ihren Produkten und ihre Reihenfolge sind als Beispiel ohne Wertung gegenüber anderen anzusehen.
Qualitäts- und Quantitätsangaben sind rein subjektive Einschätzungen der Autoren und dienen keinesfalls der Bewerbung von Firmen oder Produkten.

Hartmut Niemann, Ludwig Paul

Iran

Vorwort

„Nach Iran? Wie kannst Du da bloß hinreisen?" Seit unseren ersten Iran-Reisen in den achtziger Jahren klingt uns diese Frage von Freunden und Verwandten in den Ohren. Zu groß war jahrelang die Verunsicherung darüber, was sich in der Islamischen Republik abspielt. Seit einigen Jahren allerdings spricht sich mehr und mehr herum, was den aufgeschlossenen Reisenden in Iran erwartet: grandiose Landschaften, eine über zweitausendfünfhundert Jahre alte Hochkultur, beeindruckende Bauwerke und vor allem unglaublich freundliche und liebenswerte Menschen.

Uns hat in Iran immer wieder beeindruckt, wie sehr trotz der Vielfalt an ethnischen und kulturellen Einflüssen das typisch Iranische immer spürbar bleibt. Trotz Übernahme des Islam ab dem 7. Jh. ist das Persische, eine indogermanische Sprache, nicht untergegangen und ein deutlicher Ausdruck der eigenständigen kulturellen und nationalen Identität geblieben.

Noch zieht Iran keine Massen von Touristen an, obwohl die Förderung des Tourismus heutzutage ein vorrangiges Ziel der Regierung ist. An vielen Orten im Land wird man sich noch ein wenig wie ein Entdecker fühlen, aber überall wird man von den Menschen freundlich empfangen. Dies hat sich auch nach dem 11. September 2001 nicht geändert, dennoch ist die Zahl der europäischen Touristen seitdem stark gesunken. Von Feindseligkeiten gegen Reisende aus dem Westen haben wir jedoch niemals gehört, im Gegenteil: Deutschsprachige Touristen sind bei den Iranern besonders beliebt. Oft wird man hören: „Wir sind auch Arier". Nehmen Sie dies nicht krumm, dies ist weniger in einem rassenideologischen Sinne gemeint, es soll eher die eigene nationale Identität betonen. Das merkt man spätestens dann, wenn man in der abgelegenen Turkmenensteppe von Menschen auf diese Weise angesprochen wird, deren Vorfahren ganz offensichtlich aus Zentralasien stammen. Wichtiger ist der Willkommensgruß, den Sie überall hören werden: *Khosh amadid*, Herzlich willkommen!

Oft haben wir von Iran-Reisenden gehört: „Das Schwierigste für mich war, hierher zu kommen. Nichts, vor dem ich zu Hause gewarnt wurde, ist eingetroffen!" Dieses Reisehandbuch will sowohl dabei helfen, diese Schwelle zu überwinden, als auch ein praktischer Ratgeber für den Aufenthalt im Lande sein. Auch wenn das Buch kein archäologischer oder Kunstführer sein kann oder will, sollen die Beschreibungen der historischen Stätten und Bauwerke den ihnen gebührenden Platz einnehmen. Ein ebenso großes Gewicht hat aber die Darstellung des täglichen Lebens der Iraner.

Dieses Reisehandbuch ist ein Gemeinschaftswerk von zwei Autoren. Der Abschnitt „Land und Leute", die Sprachhilfe sowie einige Exkurse wurden von Ludwig Paul verfasst, die Ortsbeschreibungen und praktischen Reisetipps von Hartmut Niemann.

Inhalt

Stadt und Provinz Teheran

Stadt Teheran

In der Provinz Teheran

Die Provinzen am Kaspischen Meer

Die Provinz Gilan

Die Provinz Mazanderan

Die Provinz Golestan

Die azerbeijanischen Provinzen und Ardabil

Die Provinz West-Azerbeijan

Die Provinz Ost-Azerbeijan

Die Provinz Ardabil

Der Westen

Isfahan und das Zentrum

Shiraz und die Provinz Fars

Die Küste des Persischen Golfs

Der Südosten

Die Provinz Kerman

Die Provinz Sistan va Baluchestan

Exkurse

Der Nordosten

Die Provinz Khorasan

Die Provinz Semnan

Anhang

Danksagung

An der Enstehung dieses Buches waren im Laufe der Jahre viele Freunde und Kollegen beteiligt, die an dieser Stelle nicht alle genannt werden können. Hervorheben möchte ich Herrn Prof. Klaus Schippmann, der sich die Mühe gemacht hat, die archäologischen und historischen Beschreibungen zu überprüfen. Wenn dort dennoch Fehler oder Ungenauigkeiten enthalten sein sollten, so gehen diese allein auf meine „Kappe".

Für die ausführlichen Informationen zur Autoanreise speziell über den Persischen Golf danke ich Kirstin Kabasci, die alle diese Verbindungen ausprobiert hat.

Immer wieder neue Motivation für die Arbeit gaben mir meine Söhne Samad, Mazdak und Bijan, die sich stets mit Iran als ihrem „Mutterland" (dem Herkunftsland ihrer Mutter) identifiziert haben. Mein größter Dank schließlich gilt meiner lieben Frau Soheyla, der ich die Einsichten in das Denken und Fühlen der Iraner verdanke, die man nicht aus Büchern und Reisen allein gewinnen kann. Ihre Zuneigung und Hilfe bei dem Projekt hatten einen großen Anteil an dessen Gelingen.

Von den Freunden und Kollegen in Iran müssen hervorgehoben werden: Ali Baradaran, Farhad Towfighi, Ali Zandbaf und nicht zuletzt Fereshteh Ghassemi, die auf zahlreichen Reisen kundige und hilfsbereite Kollegen waren und nicht zuletzt durch immer wieder neue Informationen dazu beigetragen haben, das Buch „up-to-date" zu halten.

Schließlich ein Gruß an einen der besten Busfahrer, die ich bei meinen langen Fahrten kennen gelernt habe: Abbas Tabataba'i und sein treuer Gehilfe Reza.

Hartmut Niemann

Kartenverzeichnis

Stadt- und Lagepläne

Kartenatlas

Zu Sprache und Schrift

Eine häufig gestellte Frage lautet: „Welche Bezeichnung ist richtig, **Persien oder Iran?**" Der offizielle Staatsname lautet seit 1935 „Iran", abgeleitet von „Eran – Land der Arier". In Europa war früher „Persien" gebräuchlich, abgeleitet vom Namen der Provinz „Pars", heute „Fars", der von den alten Griechen stammt. Wir verwenden in diesem Buch ausschließlich die Bezeichnung „Iran", die man auch vor Ort ausschließlich hören wird. Für die Sprache benutzen wir die Bezeichnung **Persisch,** das deutsche Wort für **Farsi,** die in ganz Iran gebräuchliche Verwaltungssprache.

Seit Langem wird auch darum gestritten, ob man „nach Iran" oder „in den Iran" fährt. Da „Iran" als Ländername im Deutschen (im Gegensatz zum französischen „L'Iran") korrekterweise keinen Artikel hat, fahren wir „nach Iran" oder reisen „in Iran". Es ist aber auch kein Beinbruch, wenn es jemandem „im Iran" gut gefallen hat.

Ein Problem ergibt sich bei der **Transkription** der persischen Eigennamen und Begriffe, da sie mit **arabischen Schriftzeichen** geschrieben werden. Da das Arabische kurze Vokale nicht schriftlich wiedergibt und andererseits Konsonanten mehrfach aufweist und außerdem Laute hat, die das Deutsche nicht kennt, kommt es zu Schwierigkeiten bei der Übertragung in lateinische Schrift. Die wissenschaftliche Umschrift kann dieses Problem lösen, ist aber für einen Reiseführer nicht geeignet. In diesem Buch werden deshalb die Eigennamen so wiedergegeben, wie sie in Iran z.B. auf **Straßenschildern** oder auch auf Landkarten und Fahrplänen erscheinen, z.B. „Shiraz" anstatt „Schiras" oder „Tabriz" anstatt „Täbriz". Eine Ausnahme bildet „Teheran", weil der Name im Deutschen fest eingeführt ist, obwohl er in Farsi eigentlich „Tehran" (mit rollendem r) gesprochen wird. Ebenso verfahren wir bei historisch eingeführten Eigennamen wie „Kyros" anstatt „Kurosh".

Die persisch-arabische Schrift wird für die meisten Iran-Urlauber ein Buch mit sieben Siegeln bleiben. Da jedoch die Verkehrsschilder in der Regel auf Persisch und Englisch geschrieben sind, werden Individualreisende auch ohne Kenntnis der persischen Schrift auskommen.

Obwohl es im Persischen keine Groß- und Kleinschreibung gibt, wurde dies bei Ortsnamen den bei uns gebräuchlichen Regeln angeglichen, z.B. „Meydan-e Rah-e Ahan" (Bahnhofsplatz).

Lassen Sie sich durch diese Probleme nicht abschrecken: Einige wenige Worte in Farsi, auch wenn sie nicht ganz korrekt ausgesprochen sein mögen, werden Ihnen die Herzen der Menschen zufliegen lassen. Die kleine Sprachhilfe im Anhang soll dabei helfen.

Abkürzungen

Bolv.	*Bolvar* (Boulevard)
DZ	Doppelzimmer
EZ	Einzelzimmer
Kuch.	*Kuche* (Gasse)
Kh.	*Khiaban* (Straße)

Was man unbedingt wissen sollte

Seit dem Ende des ersten Golfkrieges 1988 sind touristische Reisen nach Iran wieder möglich. Der Tourismus wird staatlicherseits als ein Mittel gesehen, die internationale Isolierung des Landes aufzuheben und gleichzeitig Devisen zu erwirtschaften. Am liebsten hätte man nur Gruppenreisen, die leichter abzuwickeln und zu kontrollieren sind, aber auch individuelle Reisen sind möglich. Ein Problem für Individualreisende ist immer noch die Erteilung des **Visums,** weswegen sich eine rechtzeitige Planung empfiehlt (⇨Kap. „Vor der Reise: Ein- und Ausreisebestimmungen").

Obwohl eine Reihe von internationalen Fluggesellschaften **Iran-Flüge** im Programm hat, kommt es in bestimmten Jahreszeiten zu Engpässen. Besonders für diese Zeiträume ist die rechtzeitige Reservierung von Flügen unerlässlich (⇨Kap. „Vor der Reise: An- und Weiterreise"). Auch bei rechtzeitiger Reservierung ist innerhalb Irans in jedem Fall eine **Bestätigung des Rückflugs** bis 72 Stunden vor Abflug nötig. Das kann in den meisten Reisebüros überall im Land geschehen.

Iran definiert sich überwiegend als islamisches Land. Seit der Revolution ist die **islamische Kleiderordnung** verbindlich, die vor allem für Frauen – auch Touristinnen – eine Reihe von Vorschriften mit sich bringt, die unbedingt einzuhalten sind (⇨Kap. „Vor der Reise: Ausrüstung und Reisegepäck" und „Reisetipps A–Z: Verhaltenstipps").

Die islamischen Moral- und Ehebestimmungen gelten grundsätzlich auch für Nicht-Muslime, wenn sie in Iran reisen. Dennoch ist es mittlerweile kein Problem mehr, wenn auch **unverheiratete Paare** zusammen reisen und sich ein Doppelzimmer teilen. Falls das in einem Hotel doch nicht möglich sein sollte, wird man in der Regel ein anderes finden.

Die Einfuhr von **alkoholischen Getränken und Rauschmitteln** in jeder Form sowie ihr Genuss sind strengstens verboten und werden auch bei Ausländern verfolgt (⇨Kap. „Vor der Reise: Ein- und Ausreisebest.").

Das iranische Bankenwesen ist staatlich kontrolliert und aufgrund der US-amerikanischen Boykottbestimmungen nicht an die internationalen Kreditkartensysteme angeschlossen. Zahlung mit Kreditkarten ist nur in wenigen Ausnahmefällen möglich. Deshalb sind Reisende zumeist auf die Mitnahme von **Bargeld** angewiesen (⇨Kap. „Vor der Reise: Geldangelegenheiten").

Vor Antritt der Reise ist der Abschluss einer **Auslandsreisekrankenversicherung** dringend zu empfehlen (⇨Kap. „Vor der Reise: Versicherungen"). Besondere **Impfungen** sind für die Einreise nach Iran nicht vorgeschrieben. Empfehlenswert sind dennoch einige Impfungen (⇨Anhang: „Reise-Gesundheits-Information Iran").

Das **Mieten von PKW** als Selbstfahrer ist unüblich, in der Regel werden Autos mit Fahrer vermietet (⇨Kap. „Reisetipps A–Z: Verkehrsmittel).

001i Foto: hn

Vor der Reise

002i Foto: hn

003i Foto: hn

Mädchenklasse an der Freitagsmoschee von Yazd

Weber bei der Arbeit

1 Liter Benzin für 7 Cent

Informationsstellen

Es gibt im gesamten deutschsprachigen Raum **keine iranische Fremdenverkehrszentrale.** Dies ist umso erstaunlicher, weil die meisten europäischen Iran-Touristen aus Deutschland, Österreich und der Schweiz kommen. So ist man für offizielle Informationen auf die Iranischen Botschaften oder die **Kulturabteilung der Iranischen Botschaft** angewiesen (Drakestr. 9 b, D-12205 Berlin, Tel. 030-84313445, Fax 030-84313364, iran.kultur@berlin.de). Auch die Vertretungen von Iran Air (⇨„An- und Weiterreise“) stehen für touristische Informationen zur Verfügung, können jedoch dem Individualreisenden nur mit Einschränkungen helfen.

Kulturvereine von Iranern gibt es eine Reihe, bei ihnen darf jedoch nicht vergessen werden, dass es sich bei den Mitgliedern meist um Menschen handelt, die aus ihrer Heimat fliehen mussten und teils lange zurückliegende eigene Erfahrungen haben. Diese Informationen sind deshalb nur unter Vorbehalt zur Planung einer Reise zu gebrauchen.

Immerhin gibt es mittlerweile eine erste **deutsch-iranische Städtepartnerschaft** zwischen Freiburg und Isfahan. Informationen über Isfahan erhält man unter www.freiburg-isfahan.de.

004i Foto: hn

Spezielle Reiseveranstalter

Gruppenreisen werden von verschiedenen Veranstaltern angeboten, z.B. Studiosus, Ikarus oder gebeco. Auf Iran spezialisierte Veranstalter in Deutschland sind z.B. **Orient Express** in Göttingen (Tel. 0551-486652, Fax 0551-57013, www.orientexpressonline.de) und **Fereshteh-Reisen** in Gießen (Tel. 0641-55990167, Fax 0641-9502260, Fereshteh.Ghasemi@t-online.de). Dort können auch Individualreisende Informationen erhalten. Das Internet-Reisebüro **Sindbad Reisen** in der Schweiz bietet Iranreisen auch für Individualtouristen an (Tel. 01-7340000, Fax 01-7340686, www.sindbad-reisen.ch). Auf Iran spezialisiert ist **Riahi Travel,** Albisstrasse 8, 8038 Zürich (Tel. 01-4830400, Fax 01-4830406, www.riahi-travel.ch, admin@riahi-travel.ch).

Zeitungen

Fremdsprachige aktuelle Informationsquellen in Iran sind noch rar. Es gibt vier offizielle **englischsprachige Tageszeitungen,** von denen „Tehran Times“ und „Keyhan International“ eher konservativ orientiert sind, während „Iran News“ und „Iran Daily“ den Reformern zugerechnet werden. Sie sind an einigen Kiosken in den Großstädten und in den internationalen Hotels zu bekommen. Etliche iranische Publikationen, auch solche, deren Druck verboten ist, sind per Internet verfügbar.

Informationen aus dem Internet

Iran hat sehr schnell den Anschluss ans Internet-Zeitalter gefunden. Sowohl im Lande als auch von vielen Iranern im Ausland gibt es eine ganze Reihe von „Iran-Portalen“, über die man sich vor der Reise informieren kann.

Auch inneriranische Verkehrsverbindungen für Luft und Bahn, Informationsseiten über einzelne Städte, einige Hotels, englischsprachige Zeitungen u.a. kann man mittlerweile im Internet abrufen. Alle einschlägigen Adressen sind im Buch an der jeweiligen Stelle angegeben.

- Zu den wenigen informativen Seiten auf Deutsch gehören z.B. **www.iran-now.de, www.iranmagazine.de** oder **www.iran.at.**
- Das englischsprachige Angebot ist weitaus größer und vielfältiger: Über aktuelle Ereignisse berichtet täglich **www.iranmania.com;** ein beliebtes und sehr umfangreiches Portal mit Zugang zu vielen Informationsquellen über Iran ist **www.gooya.com.**
- Das ausführlichste Angebot mit Informationen aus Tourismus, Geschichte und Verkehr bietet **www.parstimes.com/Itravel.html.**
- Sehr detaillierte touristische Informationen auch über einzelne Städte und Regionen findet man bei **http://user.it.u.se/~pierref/travel/iran.guide.html.**
- Nicht zu vergessen **www.itto.org,** die Seite der offiziellen Iran Tourism & Touring Organisation.
- Umfangreiche Informationen aus Geschichte, Kunst und Literatur bieten **www.persia.org** und **www.salamiran.org,** eine Webseite der Iranischen Botschaft in Kanada.
- Eine ausgezeichnete Seite über viele Museen bietet die staatliche Organisation für das Kulturerbe unter **www.iranmiras.org.**
- **www.irania.tv** bietet eine unglaubliche Übersicht über historische Bauwerke aller Epochen mit Abbildungen und Grundrissen.

Ein- und Ausreisebestimmungen

Visum

Reisende benötigen ein Visum, das vor Einreise bei der zuständigen iranischen Auslandsvertretung (s.u.) beantragt werden muss. Der **Reisepass** muss bei der Einreise noch mindestens sechs Monate gültig sein. Das Visum wird in der Regel nur bei Vorliegen einer **Referenznummer** ausgestellt. Diese Referenznummer wird vom iranischen Außenministerium in Teheran ausgestellt, wenn eine Einladung für den Antragsteller aus Iran vorliegt. Sie kann auch durch eine iranische Agentur beantragt werden. Bei organisierten Reisen übernimmt dies der hiesige Reiseveranstalter. Viele iranische Reiseveranstalter sind mittlerweile im Internet vertreten und können direkt kontaktiert werden (z.B. www.iranway.com, www.gardeshyaran.com). Über die Internetseite www.iranmagazine.com oder www.orientexpressonline.de kann die Referenznummer online beantragt werden (Gebühr 65 €).

Deutsche und Österreicher können sich ihr Touristen- oder Businessvisum auch über die **Visum Centrale** beschaffen (online können die notwendigen Formulare bei www.visum-centrale.de heruntergeladen werden oder man stellt den Antrag bei den Geschäftsadressen: Koblenzer Str. 64, 53173 Bonn, Tel. 0228-367870; Invalidenstr. 34, 10115 Berlin, Tel. 030-230959110; Kurfürstenplatz 42, 60486 Frankfurt, Tel. 069-9799570).

Ein Visum berechtigt zur Einreise nach Iran innerhalb von drei Monaten nach Ausstellungsdatum. Die Aufenthaltsdauer muss im Antragsformular angegeben werden; das Visum wird für höchstens einen Monat ausgestellt, kann aber im Land (für maximal drei Monate) verlängert werden.

Transitvisum

Transitvisa für die Durchreise in andere Länder können **ohne Referenznummer** direkt bei der zuständigen iranischen Auslandsvertretung beantragt werden. Bei Einreise auf dem Luftweg gelten sie für 48 Stunden, auf

Typische Landschaft im Alborz-Vorland

005i Foto: hn

dem Landweg fünf Tage. Eine Verlängerung im Land ist möglich (Adressen der Ämter siehe Ortsbeschreibungen), sie wird aber seit September 2001 kaum noch durchgeführt.

Wer Iran als Transitland für die Hin- und Rückreise benutzt, wobei zwischen Hin- und Rückreise nicht mehr als drei Monate liegen dürfen, kann anstatt von zwei Transitvisa auch ein Touristenvisum zur mehrfachen Einreise beantragen, wofür die Ausstellung einer Referenznummer erforderlich ist (s.o.).

Visagebühren

Die Gebühren für das Visum basieren auf dem Kurs des US-Dollars und schwanken je nach Wechselkurs. Gegenwärtig (Stand Ende 2004) kostet ein Visum für die einmalige Einreise 58 €, für die zweimalige Einreise 76 €, das Transitvisum kostet 29 €.

Mit dem eigenen Fahrzeug durch die Türkei

Vorschrift für die Einreise sind neben dem gültigen Visum lediglich der internationale **Führerschein,** ein internationaler **Kraftfahrzeugbrief** und eine **Versicherungsbescheinigung** (kann auch an der Grenze erworben werden) sowie ein **Carnet de Passage,** das bei einer der Automobilistenvereinigungen in Europa erhältlich ist:

- **ADAC,** www.adac.de, Tel. 0180-5101112
- **ÖAMTC,** www.oeamtc.at, Tel. 0810-120120
- **TCS,** www.tcs.ch, Tel. 022-4172424
- **ACS,** www.acs.ch, Tel. 031-3283111

Ein- und Ausfuhrbeschränkungen

Verboten ist die Einfuhr von Alkoholika, Glücksspielen, Waffen, Explosivstoffen und Munition, Betäubungsmitteln jeglicher Art sowie von jedweder Art von Publikationen, Filmen und Abbildungen oder anderen Gegenständen, die „die islamischen Werte und Normen" verletzen. Nicht streng genug kann betont werden, dass Einfuhr und Konsum von **Betäubungsmitteln** unter Strafe stehen und schärfstens geahndet werden. Auf den Besitz größerer Mengen (ab 1 kg) von Haschisch oder Marihuana steht die **Todesstrafe!**

Devisen werden bei der Einreise nicht kontrolliert, größere Beträge sollten aber deklariert werden. Das betrifft auch die Ausreise.

Die **Ausfuhr** von Antiquitäten wie Kunsthandwerk, Manuskripte und alte Bücher, Kalligraphien, Miniaturen oder antike Münzen ist verboten. Als „antik" gelten alle Objekte, die älter als 80 Jahre sind.

Zollbestimmungen bei Rückeinreise

Bei der Rückkehr gibt es auch auf europäischer Seite Freigrenzen, Verbote und Einschränkungen, die man beachten sollte, um eine böse Überraschung am Zoll zu vermeiden.

In EU-Länder wie Deutschland und Österreich darf man folgende Freimengen einführen: über 17-Jährige: 200 Zigaretten, 100 Zigarillos, 50 Zigarren oder 250 g Tabak; 1 l Spirituosen (über 22 % Vol.), 2 l Alkoholisches (bis 22 % Vol.); über 15-Jährige: 500 g

Kaffee (Österreich auch 100 g Tee); ohne Altersbeschränkung: 50 g Parfüm und 0,25 Liter Eau de Toilette sowie Waren bis zu 175 Euro.

In die **Schweiz** darf man pro Person lediglich 200 Zigaretten, 50 Zigarren oder 250 g Pfeifentabak sowie 2 Liter Alkoholisches (bis 15 % Vol.) und 1 Liter Alkoholisches (über 15 % Vol.) einführen. Andere neuangeschafften Privatwaren sind bis zu einem Gesamtwert von 300 SFr. pro Person abgabenfrei.

Wird der Warenwert von 175 Euro bzw. 300 SFr. überschritten, sind **Einfuhrabgaben** auf den Gesamtwert der Ware zu zahlen und nicht nur auf den die Freigrenze übersteigenden Anteil. Die Berechnung erfolgt entweder pauschalisiert oder nach dem Zolltarif jeder einzelnen Ware zuzüglich sonstigen Steuern.

Einfuhrbeschränkungen bestehen **in Deutschland** für Tiere, Pflanzen, Arzneimittel, Betäubungsmittel, Feuerwerkskörper, Lebensmittel, Raubkopien, verfassungswidrige Schriften, Pornografie, Waffen und Munition; **in Österreich** für Rohgold, Tiere, Pflanzen, Lebensmittel, Arzneimittel und Waffen; **in der Schweiz** für Pflanzen, Lebensmittel, Waffen, Tiere, CB-Funkgeräte, etc.

Nähere Informationen gibt es für die BRD unter www.zoll-d.de oder beim Zoll-Infocenter Tel. 069-469976-00; für Österreich unter www.bmf.gv.at oder beim Zollamt Villach unter Tel. 04242-33233; für die Schweiz unter www.zoll.admin.ch oder bei der Zollkreisdirektion Basel, Tel. 061-2871111.

Diplomatische Vertretungen

Iranische Botschaften und Konsulate

Das Visum für die Iranreise (s.o.) ist bei der zuständigen Vertretung einzuholen. Von den nachfolgend genannten Webseiten können die Antragsformulare für das Visum im PDF-Format heruntergeladen werden.

In Deutschland

- **Botschaft der Islamischen Republik Iran,** Podbielskiallee 65-67, 14195 Berlin, Tel. 030-84353145, Fax 84353139, Mo–Fr 8.30–12.30 Uhr, telefonisch 14–15.30 Uhr, www.iranembassy.de. Konsularbezirk: Berlin, Mecklenburg-Vorpommern, Sachsen-Anhalt, Brandenburg, Thüringen und Sachsen.
- **Generalkonsulat der Islamischen Republik Iran,** Raimundstr. 90, 60320 Frankfurt a.M., Tel. 069-56000734, Fax 56000728, Mo–Fr 8.30–12 Uhr, telefonisch 14.30–16.30 Uhr, www.iran-konsulat.de. Konsularbezirk: Hessen, Baden-Württemberg, Bayern, Rheinland-Pfalz, Saarland und Nordrhein-Westfalen (ausgenommen die Verwaltungsbezirke Münster und Detmold).
- **Generalkonsulat der Islamischen Republik Iran,** Bebelallee 18, 22299 Hamburg, Tel. 040-5144060, Fax 5113511, Mo–Fr 8.30–13 Uhr, telefonisch 14.30–16.30 Uhr. Konsularbezirk: Hamburg, Bremen, Niedersachsen und Schleswig-Holstein sowie die Verwaltungsbezirke Detmold und Münster in Nordrhein-Westfalen.

In der Schweiz

- **Botschaft der Islamischen Republik Iran,** Thunstrasse 68, 3006 Bern, Tel. 031-3510801, Fax 3515652, 9–12.30 Uhr, telefonisch 14– 16.30 Uhr, www.iranembassy.ch.

In Österreich

●**Botschaft der Islamischen Republik Iran,** Jaurèsgasse 9, 1030 Wien, Tel. 01-7122650, Fax 7104363, 9–13 Uhr, www.iran.botschaft.at.

In den Nachbarländern

Wer nicht direkt aus Europa anreist, sondern über andere Länder nach Iran einreisen möchte, kann versuchen, das Visum bei einer der dortigen iranischen Botschaften (Embassy of the Iran) bzw. Generalkonsulaten (Consulate General of the Iran) zu beantragen. Ein vollständiges Verzeichnis aller iranischen Vertretungen im Ausland findet sich unter www.rahyar.com/ipas2003/IranianEmbassiesAndOffice01.htm.

In Pakistan:

●**Botschaft:** Plot No. 222-238, St. No. 2, G-5/1, Diplomatic Enclave, Islamabad, Tel. 051-276270, Fax 824839.

●**Generalkonsulat:** 2/33 Hili Rd., Quetta, Tel. 081-829766, Fax 843098, abbas@qta.infolink.net.pk.

In Turkmenistan:

●**Botschaft:** R. Awaragat Y NQA Temnpreba N=3, Ashghabad, Tel. 012-350237, Fax 350565, isroiref@online.tm.

In den Vereinigten Arabischen Emiraten:

●**Botschaft:** Abu Dhabi, Tel. 4447618, Fax 4448714, iranemb@emirates.net.ae.

In der Türkei:

●**Botschaft:** Tehran St. No. 10, Kavaklidere, Ankara, Tel. 0312-4682821, Fax 4682823, iranembassy_ankara@hotmail.com.

●**Konsulate:** Ankara Cad. No. 1, Cagaloglu, Istanbul, Tel. 0212-5138230, Fax 5115219; Ataturk Bulvari Yenisehir Girisi Ucler Apt. No. 28, Erzurum, Tel. 0442-3159983, Fax 0442-3161182.

In Armenien:

●**Botschaft:** No. 1, Budaghyan St., Komitas Ave., Yerevan, Tel. 0852-151141, Fax 151141, www.iranembassy.am.

In Aserbaidschan:

●**Botschaft:** Boniad Sardarov Str. No. 4, Baku, Tel. 012-926143, Fax 980733.

In Afghanistan:

●**Botschaft:** Kabul, Solh Ave., Shir Pour Cross Rd., Tel. 017-24700/26750.

●**Konsulat:** Herat, Velayat Ave., Tel. 076-1610421.

Vertretungen der Nachbarländer Irans

Wer über Iran in andere Länder weiterreisen will, braucht für das iranische Transitvisum das Visum des Ziellandes.

In Deutschland

●**Botschaft von Turkmenistan,** Langobardenallee 14, 14052 Berlin, Tel. 030-30102452, Fax 30102453, Mo–Fr 9–13 Uhr.

●**Botschaft der Islamischen Republik Pakistan,** Schaperstraße 29, 10719 Berlin, Tel. 030-212440, Fax 21244210, Mo–Do 9–12 Uhr. Außerdem gibt es ein Generalkonsulat in Frankfurt (s. www.pakmissionfrankfurt.de).

●**Botschaft von Afghanistan,** Wilhelmstr. 65, 10117 Berlin, Tel. 030-2067350, Fax 2291510, Mo–Do 9.30–14 Uhr. Es gibt auch ein Generalkonsulat in Bonn.

●**Botschaft der Vereinigten Arabischen Emirate,** Hiroshima Str. 18-20, 10785 Berlin, Tel. 030-516516, Fax 51651900, Mo–Fr 9–12 Uhr, www.vae-botschaft.de. Es gibt auch ein Generalkonsulat in München.

●**Botschaft der Republik Irak,** Berlin (bis auf Weiteres geschlossen).

●**Botschaft der Republik Armenien,** Hillmannstraße 5, 13467 Berlin, Tel. 030-405091-0, Fax 40509125, Mo–Do 9–13 Uhr.

●**Botschaft der Republik Aserbaidschan,** Kommandantenstr. 80, 10117 Berlin, Tel. 030-

20648063, Fax 21916152, Besuchszeiten Mo, Mi, Fr 9–12.30 und 14.30–17 Uhr, telefonisch Di und Do 9–12 Uhr, www.botschaft-aserbaidschan.de.

In der Schweiz

- **Botschaft der Islamischen Republik Pakistan,** Bernastrasse 47, 3005 Bern, Tel. 031-3522992, Fax 3515440, Mo–Fr 10–12 Uhr, telefonisch Mo–Fr 12–14 Uhr, www.swisspak.com. Es gibt auch ein Generalkonsulat in Zürich.
- **Konsulat des Islamischen Staates Afghanistan,** Rue de Lausanne 63, 1202 Genf, Tel. 022-7311449, Fax 7314510, Mo–Fr 9–12.30 Uhr.
- **Generalkonsulat der Vereinigten Arabischen Emirate,** Rue de Moillebeau 58, 1209 Genf, Tel. 022-9180000, Fax 7345562, Mo–Fr 9–15.30 Uhr.
- **Botschaft der Republik Armenien,** Avenue du Mail 28, 1205 Genf, Tel. 022-3201100, Fax 3206148, Mo–Fr 10-12 und 15–17 Uhr.
- **Botschaft der Republik Aserbaidschan,** zuständig ist die Vertretung in Deutschland, siehe dort.

In Österreich

- **Botschaft von Turkmenistan,** Argentinierstr. 22, 1040 Wien, Tel. 01-5036470, Fax 5036473, Mo–Fr 9–12 Uhr.
- **Botschaft der Islamischen Republik Pakistan,** Hofzeile 13, 1190 Wien, Tel. 01-3687381, Fax 3687376, Mo–Fr 10–12 Uhr.
- **Botschaft von Afghanistan,** Lackierergasse 9, 1090 Wien, Tel. 01-5247806, Fax 5247807, Mo–Fr 9–14 Uhr, www.embassyofafghanistan.com.
- **Botschaft der Vereinigten Arabischen Emirate,** Peter-Jordan-Str. 66, 1190 Wien, Tel. 01-3681455, Fax 3684485, Mo–Do 9.30–13 Uhr, Fr nur bis 12 Uhr.
- **Botschaft der Republik Irak,** Johannesgasse 26, 1010 Wien, Tel. 01-7138195, Fax 7138208, Mo–Fr 10–13 Uhr.
- **Botschaft der Republik Armenien,** Neubaugasse 12-14, 1070 Wien, Tel. 01-5227479, Fax 5227481, Mo–Fr 10–12 Uhr.
- **Botschaft der Republik Aserbaidschan,** Hügelgasse 2, 1130 Wien, Tel. 01-4031322, Fax 4031323, Mo–Fr 9.30–12.30 Uhr, www.azembvienna.at.

In Iran

Um Visa für die Weiterreise vor Ort zu beantragen, sind folgende Vertretungen zuständig. Eine vollständige Liste aller ausländischen Botschaften und Konsulate in Iran findet sich unter www.irantour.org/foreign.html.

- **Embassy of Turkmenistan,** No. 39, 5th Golestan St., Kh. Pasdaran., Teheran, Tel. 021-2542178, Fax 2580432.
- **Embassy of the Islamic Republic of Pakistan,** Block No. 1, Kh. Ahmad Etemad Zadeh, Kh. Djamshidabad, Kh. Dr. Fatemi, Teheran, Tel. 021-934332, Fax 935154.
- **Embassy of the Islamic State of Afghanistan,** P.O. Box: 15875-3368, Corner of 4th, Kh. Pakistan, Kh. Beheshti, Teheran, Tel. 021-8735600, Fax 8735600.
- **Embassy of the United Arab Emirates (UAE),** P.O. Box: 19395-4616, No. 355, Kh. Vahid Dastjerdi, Kh. Vali Asr, Teheran, Tel. 021-8781333/4, 8789084.
- **Embassy of the Republic of Iraq,** No. 17, Kuch. Karmian, Pol-e-Rumi, Kh. Shariati, Teheran, Tel. 021-2210672, Fax 2233902.
- **Embassy of the Republic of Armenia,** No. 1, Kh. Ostad Shahriar, Kh. Razi, Kh. Djomhouri-ye Eslami, Teheran, Tel. 021-6704833, Fax 6700657.
- **Embassy of Azerbaijan Republic,** No. 50, Kh. Aghdasiyeh., Kh. Pasdaran., Teheran, Tel. 021-2280063, Fax 2284929.

Heimatbotschaften in Iran

- **Botschaft der Bundesrepublik Deutschland,** Kh. Ferdowsi 324, Teheran, Tel. 021-3114111/4, www.teheran.diplo.de.
- **Botschaft der Schweiz,** 13/1 Kh. Yasaman (Ecke Sharifi Manesh, früher: Bustan und Yasaman), Elahiyeh, Teheran, Tel. 021-2008333.
- **Botschaft der Republik Österreich,** Embassy Building, 3. Stock, Nr. 78, Meydan-e Arjantin, Teheran, Tel. 021-8710753.

An- und Weiterreise

Mit dem Flugzeug

Am schnellsten ist Iran auf dem Luftweg zu erreichen. Allerdings werden dorthin bisher **keine Charterflüge** angeboten, sodass man auf (teurere) Linienflüge angewiesen ist. **Direktverbindungen** aus dem deutschsprachigen Raum nach Teheran bestehen mit Iran Air von Frankfurt, Hamburg, Köln/Bonn und Wien, mit Lufthansa von Frankfurt und München, mit *Mahan Air* von Düsseldorf sowie mit *Austrian Airlines* von Wien und dauern etwa **fünf Stunden.**

Daneben gibt es zahlreiche Umsteigeverbindungen über europäische und nahöstliche Hauptstädte, die zwar billiger sein können als Direktflüge, bei denen man aber auch eine längere Flugdauer einkalkulieren muss. Mit Umsteigen auf dem Weg nach und von Teheran dauert ein Flug etwa zwei bis drei Stunden länger.

Fluggesellschaften

Dies sind die wichtigsten Fluggesellschaften mit Verbindungen von Mitteleuropa nach Teheran:

- **Aeroflot,** www.aeroflot.de. Von vielen Flughäfen in Deutschland, Österreich und der Schweiz via Moskau
- **Alitalia,** www.alitalia.de. Von vielen Flughäfen in Deutschland, Österreich, der Schweiz sowie Amsterdam und Brüssel via Mailand
- **Air France,** www.airfrance.de. Von vielen Flughäfen in Deutschland, Österreich, der Schweiz sowie Amsterdam und Brüssel via Paris

- **Austrian Airlines,** www.aua.at. Von Wien mit Anschlussflügen von vielen Flughäfen in Deutschland, Österreich und der Schweiz
- **British Airways,** www.britishairways.de. Von vielen Flughäfen in Deutschland, Wien, Zürich sowie Brüssel via London
- **Emirates,** www.emirates.de. Von Düsseldorf, Frankfurt, München, Zürich und Wien via Dubai
- **Gulf Air,** www.gulfairco.com. Von Frankfurt via Bahrain
- **Iran Air,** www.iran-air.de oder für mehr Infos www.iranair.com. Von Frankfurt, Hamburg, Köln/Bonn, Genf und Wien nonstop oder direkt
- **KLM,** www.klm.nl. Von vielen Flughäfen in Deutschland, Österreich und der Schweiz via Amsterdam, ab Amsterdam nonstop
- **Kuwait Airways,** www.kuwaitair.de. Von Frankfurt via Kuwait City
- **Lufthansa,** www.lufthansa.de. Von Frankfurt und München nonstop mit Anschlussflügen von vielen Flughäfen in Deutschland, Österreich und der Schweiz
- **Mahan Air,** www.mahan-air.de. Von Düsseldorf nonstop
- **Qatar Airways,** www.qatarairways.com. Von Frankfurt, München, Zürich und Wien via Doha
- **Syrian Arab Airlines,** www.syrian-airlines.com. Von Frankfurt und München via Damaskus
- **Turkish Airlines,** www.turkishairlines.de. Von vielen Flughäfen in Deutschland, Österreich, Zürich sowie Amsterdam via Istanbul

Flugpreise

Je nach Fluggesellschaft, Jahreszeit und Aufenthaltsdauer in Iran kostet ein Flug von Deutschland, Österreich und der Schweiz nach Teheran und wieder zurück **ab 400 Euro** bzw. 900 SFr.

Hauptsaison für Iran mit deutlich höheren Preisen bis über 1000 Euro ist die Zeit in den Sommerferien (Ende Juni bis September), um Weihnachten und ab Anfang März bis April während der Nouruz-Feiertage. Besonders für Flüge in diesen Zeiträumen ist die rechtzeitige Reservierung unerlässlich.

Preiswertere Flüge sind mit **Jugend- und Studententickets** von Alitalia, Austrian Airlines, British Airways, Emirates, Gulf Air, KLM und Lufthansa nach Teheran möglich (je nach Airline alle jungen Leute bis 25 Jahre und Studenten bis 34 Jahre). Dann kostet außerhalb der Hochsaison ein Retourflug Frankfurt – Teheran ab etwa 350 Euro bzw. Zürich – Teheran ab etwa 800 SFr.

Geld sparen können auch in Deutschland, Österreich und der Schweiz lebende Iraner und andere Personen mit Geburtsort in Iran sowie deren Ehepartner und Kinder, für die einige Airlines **Spezialpreise** anbieten. Wenn man zu diesem Personenkreis gehört, kommt man schon ab 350 Euro nach Teheran und zurück.

Von Zeit zu Zeit offerieren die Fluggesellschaften **befristete Sonderangebote.** Dann kann man z.B. mit Air France für ca. 350 Euro von vielen Flughäfen in Deutschland, Österreich und der Schweiz nach Teheran und zurück fliegen.

Ob für die gewünschte Reisezeit gerade Sonderangebote für Flüge nach Iran auf dem Markt sind, lässt sich im Internet auf der Website von Jet-Travel (www.jet-travel.de) unter „Flüge“ entnehmen, wo sie als **Schnäppchenflüge** nach Asien mit aufgeführt sind. Auch bei AirFair (www.AirFair.nl) findet man Angebote in der Rubrik „Aanbiedingen“ (auf Holländisch).

Preiswert sind oft Tickets mit nur 30 oder 45 Tagen **Gültigkeitsdauer,** die sich jedoch nicht für Langzeitreisende eignen. Andere Tickets sind günstiger, weil die gebuchten **Reisetermine** nicht mehr geändert werden können. Solche Tickets sollte man eher früher als später kaufen, da die billigsten Kontingente als Erstes verkauft werden.

In Deutschland gibt es von Frankfurt aus die häufigsten Verbindungen nach Teheran. Tickets für Flüge von und nach anderen deutschen Flughäfen sind oft teurer. Da kann es für Deutsche attraktiver sein, mit einem **Rail-and-Fly-Ticket** per Bahn nach Frankfurt zu reisen (entweder bereits im Flugpreis enthalten oder nur 30 bis 60 Euro extra).

Man kann in Deutschland auch einen preiswerten **Zubringerflug** der gleichen Airline von einem kleineren Flughafen buchen. Außerdem gibt es **Fly & Drive-Angebote,** wobei eine Fahrt vom und zum Flughafen mit einem Mietwagen im Ticketpreis inbegriffen ist.

Stopover-Tipp

Emirates, Gulf Air und Kuwait Airways bieten interessante Stopover-Programme, Transport vom/zum Flughafen, günstige Übernachtungen in guten Hotels, Stadtrundfahrten usw. an. Dies gilt aber nur dann, wenn man über den jeweiligen Heimatflughafen Dubai, Bahrain oder Kuwait City zu einem anderen Ziel weiterfliegt, beispielsweise nach Teheran.

Buchung

Die Preise für Tickets ein und derselben Airline können in den verschiedenen Reisebüros stark variieren. Ein Vergleich (auch über das Internet oder als Anfrage per Telefon) lohnt sich also durchaus. Folgende **zuverlässigen Reisebüros** haben meistens günstigere Preise als viele andere:

- **Jet-Travel,** Buchholzstr. 35, D-53127 Bonn, Tel. 0228-284315, Fax 284086, info@jet-travel.de, www.jet-travel.de. Auch für Jugend- und Studententickets. Sonderangebote auf der Website unter „Schnäppchenflüge".
- **Globetrotter Travel Service,** Löwenstrasse 61, CH-8023 Zürich, Tel. 01-2286666, zh-loewenstrasse@globetrotter.ch, www.globetrotter.ch. Weitere Filialen gibt es in Baden, Basel, Bern, Biel, Chur, Freiburg, Luzern, Olten, St. Gallen, Thun, Winterthur und Zug.
- **Air Fair,** Rokin 52, NL-1012 KV Amsterdam, Tel. 020-6205121, Fax 6205306, info@AirFair.nl, www.AirFair.nl. Ideal für Tickets ab den Niederlanden. Sonderangebote auf der Website unter „Aanbiedingen".

Ein auf Iranflüge spezialisiertes **Reisebüro** ist Caspian (Lange Laube 12, 30159 Hannover, Tel. 0511-15585, Fax 15518, www.caspian-web.de, caspianweb@caspian-web.de).

Meilen sparen: Freiflüge!

Indirekt sparen kann man auch als Vielflieger, indem man Mitglied bei ein oder zwei **Vielflieger-Programmen** wird. An diesen Programmen nehmen auch Autovermietungen, bestimmte Hotels etc. teil. Bei manchen muss man „Airline-treu" sein, d. h. man kann die gesammelten Punkte nur bei der Airline „abfeiern", bei der man Mitglied ist. Andere kooperieren mit Partnern, deren Punkte man ebenfalls sammeln kann. Hier die größten Verbunde:

Kleines „Flug-Know-How"

Komfort und Service

Benötigt man eine **besondere Mahlzeit,** z.B. vegetarisch, vegan oder glutenfrei, sollte man dies schon bei der Buchung im Reisebüro deutlich machen, damit es entsprechend bei der Fluglinie veranlasst wird.

Man sollte beim Reisebüro prüfen, dass alle **Teilstrecken** von der gleichen Airline oder zumindest einer gleichwertigen Airline geflogen werden und nicht im **Codeshare** von einer weniger komfortablen Gesellschaft ausgeführt werden.

Check-in

Bei den meisten internationalen Flügen muss man **zwei bis drei Stunden vor Abflug** am Schalter der Airline eingecheckt haben. Viele Airlines neigen zum Überbuchen, d.h., sie buchen mehr Passagiere ein, als Sitze im Flugzeug vorhanden sind, und wer zuletzt kommt, hat dann möglicherweise das Nachsehen.

Wenn ein **vorheriges Reservieren** der Sitzplätze nicht möglich war, hat man die Chance, einen Wunsch bezüglich des Sitzplatzes zu äußern.

In puncto Beinfreiheit sind die besten Sitzplätze im Flugzeug **Gangplätze,** die weder in der Nähe der Küche noch bei den Toiletten liegen (denn dort herrscht immer reger Betrieb, der einen vom Schlafen abhält). **Plätze bei den Notausgängen** bieten zwar noch mehr Beinfreiheit, aber gleich daneben sitzen im Mittelteil meist auch Eltern mit ihren zuweilen quengeligen Säuglingen und Kleinkindern. Außerdem sind es beliebte Aufenthaltsecken für Passagiere, die sich die Füße vertreten wollen und dort ein Schwätzchen halten.

Reist man ganz allein und hat man keine Sextanerblase, kann es weitaus angenehmer sein, einen **Fensterplatz** reservieren zu lassen, damit man für die Sitznachbarn nicht immer aufstehen muss. Außerdem kann man dann natürlich auch aus dem Fenster sehen.

Wer sehr unter **Flugangst** leidet, sollte sich möglichst weit vorn im Flugzeug einen Platz reservieren lassen, denn dort merkt man weniger von den Vibrationen der Maschine.

- **Buchtipps:** *Frank Littek:* „Fliegen ohne Angst" und *Erich Witschi:* „Clever buchen – besser fliegen" aus der Reihe Praxis, Reise Know-How Verlag, Bielefeld.

Das Ticket

Die **Gültigkeitsdauer des Tickets** kann 30 oder 45 Tage, 3, 6 und 12 Monate betragen. Nach Ablauf der Frist (siehe Gültigkeitsdauer in der Mitte des Tickets über der Flugstreckenangabe) ist keine Verlängerung möglich, das Ticket verfällt dann. Sonst kann der Flugtermin innerhalb der Geltungsdauer beliebig oft verschoben werden, wofür aber fast immer Gebühren erhoben werden. Aber Achtung, in der Hochsaison sind alle Plätze oft auf Wochen ausgebucht! Und die Änderungsmöglichkeit gilt nicht für Billig-Tickets, die einen fixen Termin beinhalten.

Geht ein **Ticket verloren,** das schon rückbestätigt wurde, hat man gute Chancen, einen Ersatz dafür zu erhalten. Einige Airlines kassieren dafür aber noch einmal 50 bis 100 Euro und bei manchen läuft gar nichts mehr. Gut ist es, deutlich lesbare Fotokopien des Tickets zu machen und bei einer Vertrauensperson zu hinterlegen. Dies hilft enorm bei einer Neuausstellung des Tickets.

- **www.star-alliance.com,** Air Canada, Air New Zealand, All Nippon Airways (ANA), Asiana Airlines, Austrian Airlines, bmi, LOT Polish Airlines, Lufthansa, SAS Scandinavian Airlines, Singapore Airlines, Spanair, Thai Airways, United Airlines, US Airways, Varig (bald auch South African Airways, TAP Air Portugal und Blue1).

- **www.oneworld.com,** Aer Lingus, American Airlines, British Airways, Cathay Pacific Airways, Finnair, Iberia, LAN, Qantas.

- **www.skyteam.com,** Aeromexico, Air France, Alitalia, Czech Airlines, Delta Air Lines, Korean Air (bald auch Continental Airlines, KLM, Northwest Airlines und Aeroflot).

All das kann man sich sparen, indem man von den **elektronischen Tickets** (E-Tickets) Gebrauch macht, die immer mehr Fluggesellschaften anbieten. Die werden im Reservierungssystem der Airline, bei der man einen Flug gebucht hat, gespeichert und können nicht verloren gehen und gestohlen werden. Hinzu kommt, dass für die Ausstellung von Papiertickets neuerdings Zuschläge von bis zu 10 Euro berechnet werden.

Das Gepäck

In der Economy-Class darf man in der Regel nur **Gepäck bis zu 20 kg pro Person** einchecken (steht auf dem Flugticket) und zusätzlich ein Handgepäck von 7 kg in die Kabine mitnehmen, welches eine bestimmte Größe von 55 x 40 x 23 cm nicht überschreiten darf. In der Business Class sind es meist 30 kg pro Person und zwei Handgepäckstücke, die insgesamt nicht mehr als 12 kg wiegen dürfen. Eine Sonderregelung gilt für in Deutschland, Österreich und der Schweiz lebende Iraner und andere Personen mit Geburtsort in Iran sowie deren Ehepartner und Kinder, für die einige Airlines auch in Economy-Class **40 kg Gepäck** zulassen. Man sollte sich beim Kauf des Tickets über die Bestimmungen der Airline informieren.

Wenn das Gepäck die Gewichtsgrenze übersteigt, ist die Airline nicht verpflichtet, es auf dem gleichen Flug zu befördern und man trägt die **Mehrkosten** für die Versendung als Frachtgut oder die Zulassung als Übergepäck. Wenn man Glück hat, wird ein Auge zugedrückt. Gepäckstücke, die mehr als 32 kg wiegen, können nicht normal eingecheckt werden – zum gesundheitlichen Schutz des Personals, das diese Gepäckstücke heben muss.

Sperrige Gepäckstücke (z.B. Fahrräder) müssen bei der Fluggesellschaft vorab angemeldet werden. Deren Beförderung kann mit Zusatzkosten verknüpft sein, die je nach Airline unterschiedlich sind.

Aus Sicherheitsgründen gehören Waffen (auch Nagelscheren, Taschenmesser etc.), Explosivstoffe, Munition, Feuerwerke, leicht entzündliche Gase (z.B. in Sprühdosen, Campinggas), entflammbare Stoffe (z.B. in Benzinfeuerzeugen, Feuerzeugfüllung) sowie Aktentaschen oder Sicherheitskoffer mit installierten Alarmvorrichtungen nicht ins Passagiergepäck.

Rückbestätigung

Bei den meisten Airlines ist heutzutage die **Bestätigung des Rückfluges** nicht mehr notwendig. Allerdings empfehlen alle Airlines, sich dennoch telefonisch zu erkundigen, ob sich an der Flugzeit nichts geändert hat, denn kurzfristige Änderungen der genauen Abfluguhrzeit kommen beim zunehmenden Luftverkehr heute immer häufiger vor.

Wenn die Airline allerdings eine Rückbestätigung *(reconfirmation)* **bis 72 oder 48 Stunden vor dem Rückflug** verlangt, sollte man auf keinen Fall versäumen, die Airline kurz anzurufen, sonst kann es passieren, dass die Buchung im Computer der Airline gestrichen wird; der Flugtermin ist dahin. Das Ticket verfällt aber nicht dadurch, es sei denn, die Gültigkeitsdauer wird überschritten, aber unter Umständen ist in der Hochsaison nicht sofort ein Platz auf einem anderen Flieger frei.

Die **Rufnummer** kann man von Mitarbeitern der Airline bei der Ankunft, im Hotel, dem Telefonbuch oder auf der Website der Airline erfahren (s.o.).

Billigairlines nach Istanbul

Die neuen Billigfluggesellschaften schaffen eine Möglichkeit für Kombinationen der Anreise nach Iran auf dem Luftweg nach Istanbul und von dort weiter auf dem **Landweg** (s.u.). Allerdings bleibt abzuwarten, ob die Billigflugverbindungen nach Istanbul Bestand haben werden. Billigairlines nach Istanbul sind:

- **Germania Express,** www.gexx.com, Tel. 01805-737100 (0,12 Euro/Min.). Ab Berlin-

007i Foto: hn

Tegel, Bremen, Düsseldorf, Hamburg, Hannover und München ab 99 Euro zzgl. Kerosinzuschlag.
- **Germanwings,** www.germanwings.com, Tel. 01805-955855 (0,12 Euro/Min.). Von Köln und Stuttgart ab 19 Euro inklusive Gebrühren und Steuern.

Die genannten Preise erhält man jedoch nur bei langer Vorausbuchung für Flüge in der Nebensaison. Bei den Billigairlines gibt es jedoch auch **regelmäßig Sonderaktionen,** bei denen man mit etwas Glück auch in der Hochsaison diese vergünstigten Tarife buchen kann. Auf diese Aktionen wird per E-Mail-Newsletter aufmerksam gemacht, die man auf der Internetseite der Airline abonnieren kann. Die Preise können sonst auch leicht auf über 500 Euro für einen Hin- und Rückflug nach Istanbul steigen.

Wer sich erst im letzten Augenblick für eine Reise in den Iran entscheidet oder gern pokert, kann Ausschau nach Last-Minute-Flügen halten, die von einigen Airlines mit deutlicher Ermäßigung **ab etwa 14 Tage vor Abflug** angeboten werden, wenn noch Plätze zu füllen sind. Diese Last-Minute-Flüge lassen sich nur bei Spezialisten buchen:

- **L'Tur,** www.ltur.com; D: Tel. 01805-212121 (0,12 Euro/Min.); A: Tel. 0820-600800 (0,15 Euro/Min.); CH: Tel. 0848-808088 (0,12 SFr/Min.) sowie 140 Niederlassungen europaweit. Unter „Super Last Minute" gibt es Angebote für den Abflug innerhalb der nächsten 72 Stunden.

Anreise mit der Bahn

Seit 2001 ist es wieder möglich, mit der Bahn nach Iran zu reisen. Dazu braucht man aber viel Zeit.

Nach Istanbul

Etwa 48 Stunden dauert z.B. die Fahrt von Frankfurt/M. bis nach Istanbul, es besteht eine **tägliche Verbindung** über Österreich, Ungarn, Rumänien und Bulgarien. Der Preis für diese Teilstrecke beträgt 225 € für die einfache Fahrt:

- Abfahrt Frankfurt/M. um 9:25 Uhr mit EC 25 nach Budapest. Ankunft um 17:13 Uhr in **Budapest Deli pu.**
- Fahrt mit der Metro zum **Bahnhof Kelti pu.**

Gebetsnische (Mehrab) der Freitagsmoschee von Yazd

- Weiterfahrt um 19:10 Uhr mit D 353 im Schlafwagen nach Bukarest. Ankunft um 10:43 Uhr in **Bukarest Nord Gr. A.**
- Weiterfahrt im Schlafwagen des D 461 um 14:05 Uhr nach Istanbul. Ankunft um 8:27 Uhr auf dem Bahnhof **Istanbul Sirkeci** im europäischen Teil.
- Mit der **Fähre** wird dann der **Bosporus** überquert, die Ablegestelle liegt nur etwa 200 m von Sirkeci entfernt.

Buchen kann man heute sowohl in Deutschland, Österreich und der Schweiz die Bahntickets online. Die Tickets erhält man für solche Auslandsstrecken dann per Post zugeschickt:

- **Deutschland:** www.bahn.de oder Tel. 11861 (0,06 Euro/7,3 Sek.)
- **Österreich:** www.oebb.at oder Tel. 05-1717 (zum Ortstarif)
- **Schweiz:** www.sbb.ch oder Tel. 0900-300300 (1,19 SFr/Min.)

Durch die Türkei

Der Anschlusszug von Istanbul nach Teheran, **Trans-Asia Express,** verkehrt jeden Mittwoch um 22:55 Uhr vom **Bahnhof Heidarpasha** im asiatischen Teil der Stadt. Reservierungen für diesen Zug von zu Hause sind leider nicht möglich, sie müssen an Ort und Stelle oder vorher telefonisch (unter 0090-216-3364470 oder 3378724) vorgenommen werden. Der Fahrpreis für die einfache Fahrt liegt bei 40.400 Tuman (ca. 50 US$). Ticketreservierung auch über Gemini Tourism in Istanbul (pinardemircan@geminitourism.com, www.geminitourism.com), aktuelle Informationen über diese Verbindung unter www.rajatrains.com.

Die ca. 3000 km lange Fahrt bis Teheran dauert knapp 70 Stunden und führt über **Ankara** und **Sivas** zum **Van-See** in der Ost-Türkei. Hier fährt man in türkischen Waggons. Von Tetvan aus verkehrt eine **Fähre** über den See, die den Gepäckwagen und die Passagiere befördert. In Van auf der östlichen Seeseite steigt man in iranische Waggons um. Auf beiden Teilen der Strecke verfügt der Zug über Schlaf-, Liege- und Speisewagen. Der **Grenzübergang** nach Iran ist bei Razi; die Ankunft in **Tabriz** ist samstags um 6:50 Uhr und in **Teheran** am Abend desselben Tages um 19:20 Uhr.

Die Rückfahrt des Trans-Asia Express ab Teheran beginnt donnerstags um 18:35 Uhr, Ankunft in Istanbul/Heydarpasha sonntags um 15:40 Uhr. Plätze können ab einen Monat vor Fahrtantritt reserviert werden. Die Fahrkarten werden gegen Vorlage des Reisepasses auf die Person ausgestellt und sind erhältlich bei verschiedenen Reisebüros in Teheran (z.B. Bozorg Tehran Agency, 969.2, Kh. Motahari, Ecke Kh. Vali Asr, Tel. 021-8865509, Fax 623857, BozorgTehran@Sama.dpi.net. ir, oder Raja, 159 Kh. Sanaee, Ecke Kh. Karimkhan Zand, Tel. 021-5651415/6) und im Bahnhof Teheran (Tel. 021-5125234, 2. Stock, Meydan-e Rah-e Ahan).

Wer **Ostanatolien** ausgiebig bereisen möchte, kann auch den Expresszug von **Van** am Ostufer des Van-Sees nach **Tabriz** nehmen. Er verkehrt donnerstags um 18:50 Uhr ab Van und trifft am folgenden Morgen um 7:10 Uhr in Tabriz ein. In umgekehrter Richtung: mittwochs ab Tabriz 20:30 Uhr, an Van 6 Uhr morgens. Der Fahrpreis beträgt 5.820 Tuman (ca. 8 US$).

Iran und Nachbarländer
ARMENIEN
ASERBAI
ASER.
TÜRKEI
Van-See
Adana
Gaziantep
Tabris
ZYPERN
Aleppo
Orumiyeh
SYRIEN
Mosul
Kirkuk
Zanjan
MITTELMEER
Homs
LIBANON
Beirut
Damaskus
Hamadan
ISRAEL
Kermanshah
Tel Aviv
IRAK
Bagdad
Jerusalem
Amman
Nadschaf
JORDANIEN
Ahvaz
Basra
Abadan
Kuwait
KUWAIT
SAUDI-ARABIEN
BAHRAIN
Medina
Riad
ROTES MEER
Mekka
0
200 km
SUDAN

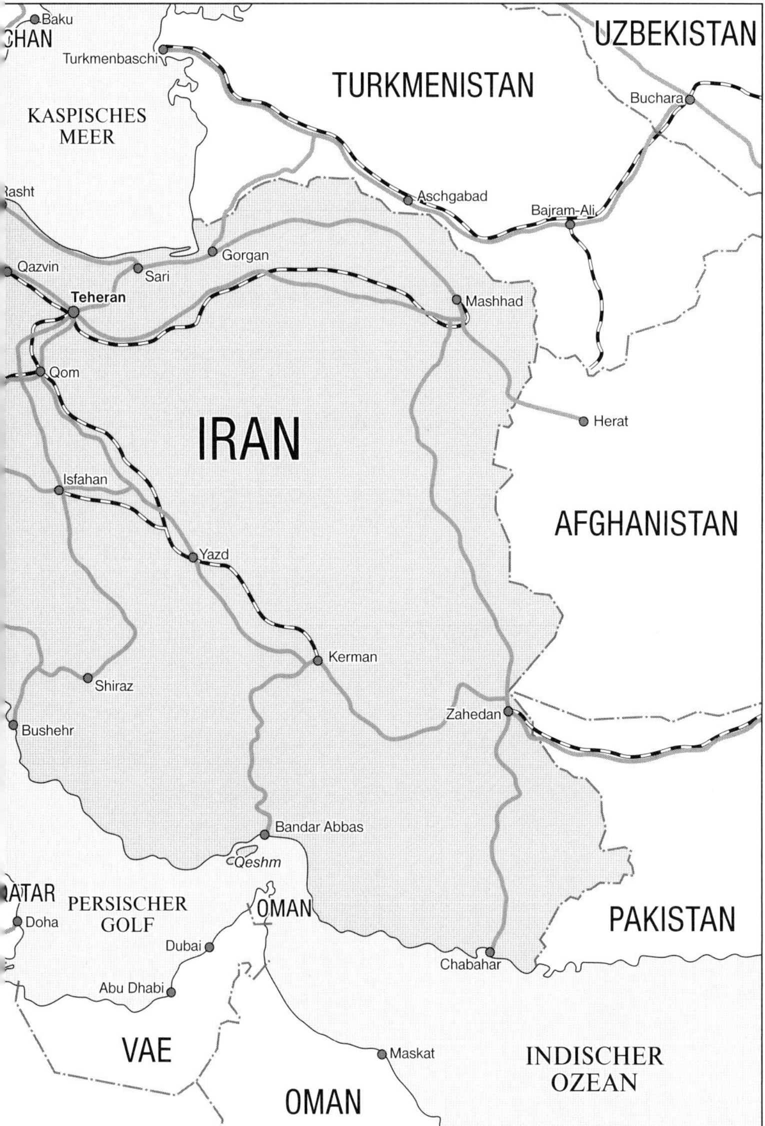
Baku
CHAN
Turkmenbaschi
UZBEKISTAN
TURKMENISTAN
Buchara
KASPISCHES MEER
Rasht
Aschgabad
Bajram-Ali
Gorgan
Qazvin
Sari
Teheran
Mashhad
Qom
Herat
IRAN
Isfahan
AFGHANISTAN
Yazd
Kerman
Shiraz
Zahedan
Bushehr
Bandar Abbas
Qeshm
QATAR
PERSISCHER GOLF
OMAN
PAKISTAN
Doha
Dubai
Chabahar
Abu Dhabi
VAE
Maskat
INDISCHER OZEAN
OMAN

Bahnverbindungen im Internet

Auf der sehr interessanten Website der **iranischen Eisenbahngesellschaft** können die Fahrpläne aller internationalen Züge von und nach Iran sowie die inneriranischen Verbindungen heruntergeladen werden: **www.rajatrains.com.**

Von Syrien nach Iran

Ein weiterer internationaler Zug verkehrt zwischen **Damaskus** und Teheran via Türkei. Der Zug fährt jeden Montag ab Bahnhof Al-Kadam (nicht Hejaz-Bahnhof) um 7:20 Uhr in Richtung **Aleppo** und weiter zur türkischen Grenze. Fahrkarten können ab 24 Stunden vor Abfahrt im Bahnhof gekauft werden (Tel. 00963-21-2286239, Preis für die einfache Fahrt 40 US$). Rechtzeitige Information ist ratsam, weil dieser Zug mittlerweile bei iranischen Pilgern sehr beliebt ist. Bei **Malatya** trifft er auf die Strecke Ankara - iranische Grenze. Es verkehren bis Tetvan syrische Waggons, ab Van iranische. Der Zug erreicht **Tabriz** fahrplanmäßig mittwochs um 6:50 Uhr und **Teheran** nach insgesamt etwa 2400 km am Mittwochabend um 19:20 Uhr.

Die Rückfahrt nach Damaskus ab Teheran beginnt jeweils Montag um 18:35 Uhr, Ankunft in Damaskus Donnerstag um 7:20 Uhr (Reservierung und Fahrkarten s.o.). Der Fahrpreis für die einfache Strecke ab Teheran beträgt 33.600 Tuman (ca. 42 US$).

Verbindung mit Kasachstan

2002 wurde die neue internationale Personenstrecke **Teheran – Alma-Ata** eingeweiht. Auch hier soll zukünftig einmal pro Woche ein Zug in beide Richtungen verkehren. Die vorgesehene Verbindung ist bisher nicht aufgenommen worden.

Verbindung mit Pakistan

Die Verbindung von **Zahedan** nach **Quetta** in Pakistan ist nach Angaben von Raja in Betrieb, die Züge verkehren jedoch nicht regelmäßig. Aktuelle Informationen: info@raja trains.com, www.rajatrains.com.

Anreise mit dem Auto

Für die Anreise mit dem Auto kommen zwei Möglichkeiten in Betracht: durchgehend auf dem Landweg oder mit der Autofähre von Italien nach Griechenland oder gleich in die Tür-

008i Foto: hn

Sicherheits- und Reisehinweise

Zur Vorbereitung einer Reise mit dem Auto nach Iran empfiehlt es sich, die aktuellen Reisehinweise der diversen Verkehrs- und **Automobilistenvereinigungen** einzuholen.

- **ADAC,** www.adac.de, Tel. 0180-5101112
- **ÖAMTC,** www.oeamtc.at, Tel. 0810-120120
- **TCS,** www.tcs.ch, Tel. 022-4172424

Aktuelle Reisehinweise zu allen Transitländern neben Hinweisen zur **allgemeinen Sicherheitslage** erhält man hier:

- **Deutschland:** www.auswaertiges-amt.de (Länder- und Reiseinformationen), Tel. 030-5000-2000, Fax 030-5000-51000
- **Österreich:** www.bmaa.gv.at (Bürgerservice), Tel. 05-01150-4411, Fax 05-01159-0
- **Schweiz:** www.dfae.admin.ch (Reisehinweise), Tel. 031-3238484
- **Buchtipp:** „Fernreisen mit dem eigenen Fahrzeug" aus der Reihe Praxis, Reise Know-How Verlag, Bielefeld.

kei, was die teurere Alternative darstellt.

Ab Deutschland bietet sich für den Landweg folgende Route an: Österreich, Ungarn, Rumänien, Bulgarien und Türkei oder alternativ dazu über Österreich, Slowenien, Kroatien, Serbien, Mazedonien und Nordgriechenland. Die Entfernung zwischen München und Istanbul beträgt knapp 2000 km, zwischen Istanbul und Tabriz noch einmal 2200 km.

Im Zentrum von Yazd

Durch Ungarn

Von Wien kommend, benötigt man ab der österreichisch-ungarischen Grenze eine Autobahnvignette für die M1 (bis Budapest), sie kann an der Grenze und an grenznahen Tankstellen erworben werden. Für 10 Tage Gültigkeit kostet die Vignette für ein normales Auto ca. 22 Euro, für einen Monat ca. 40 Euro. Da man jedoch eher nicht binnen 31 Tagen wieder durch Ungarn zurückreist, wird man bei der Hin- und Rückfahrt jeweils eine 10-Tage-Vignette kaufen müssen (Preise gelten bis 31.12.2004, danach kann man sich unter www.autobahn.hu über die aktuellen Preise informieren). Von Gyor aus geht es quer durchs Land über Budapest bis Szeged.

Die Zahl der **Autodiebstähle** ist seit Mitte der 90er Jahre um knapp die Hälfte zurückgegangen. Trotzdem sind Autos von Touristen, vor allem neue, weiterhin begehrtes Objekt von Autodieben. Es wird empfohlen, sein Fahrzeug auf bewachten Parkplätzen ab- und unterzustellen und auch nicht wild zu campen.

Räuberische Übergriffe auf Autobahnen durch als Polizisten verkleidete Straftäter kommen vor. Vor „freundlichen Helfern", die auf einen – nicht vorhandenen – Schaden am Fahrzeug aufmerksam machen oder den Fahrer durch sonstige Vorwände zum Anhalten bewegen wollen, sollte man sich in Acht nehmen.

Die ungarische Touristeninformation hat eine **Hotline für ausländische Touristen** eingerichtet, die Opfer von Straftaten und Übervorteilungen in

Restaurants oder Bars wurden. Der Anschluss ist wochentags von 8 bis 20 Uhr mit mehrsprachigen Mitarbeitern besetzt, Telefonnummer: 438 8080.

Durch Rumänien

Über die inzwischen gut befahrbare Hauptroute Arad – Deva – Sibiu erreicht man Bukarest, von dort Fortsetzung bis Giurgiu unweit der bulgarischen Grenze. Das Verkehrsaufkommen in Rumänien (überwiegend LKW im Transitverkehr) ist auf den Fernstraßen im Allgemeinen sehr hoch.

Auch hier wurden in letzter Zeit einige Fälle bekannt, in welchen sich die Betrüger als Polizisten ausgaben und vorgaben, die Einhaltung der Devisenbestimmungen kontrollieren zu wollen. Auf die oft rücksichtslose Fahrweise von Bussen und LKW wird hingewiesen. Fahrten nach Einbruch der Dunkelheit sollten vermieden werden, da mangelhaft gesicherte Baustellen und langsame Fuhrwerke, die des öfteren schlecht oder gar nicht beleuchtet sind, zu einer zusätzlichen Gefährdung führen. Von wildem Camping oder Zelten wird abgeraten, es sollten nur die ausgewiesenen Plätze benutzt werden. Bei der Einreise muss mit strengen grenzpolizeilichen und zollamtlichen Kontrollen und der Überprüfung des Gepäcks und des Fahrzeugs gerechnet werden.

Durch Bulgarien

Über Ruse durchquert man Bulgarien in Richtung Dimitrovgrad, wo die Straße auf den „Autoput" stößt und in Richtung türkischer Grenze führt. Bei der Einreise nach Bulgarien wird für jeden PKW eine pauschale Einreisesteuer in Höhe von ca. 8,70 Euro erhoben: Hinzu kommt eine entfernungsabhängige Maut für die Benutzung der Autobahn, sodass man insgesamt in Bulgarien auf ca. 19 Euro kommt.

Kfz-Diebstähle sind zahlreich und werden teilweise unter Einsatz von Schusswaffen begangen. Gerade neuwertige PKW aus westeuropäischer Produktion und mit ausländischen Zulassungskennzeichen sind bevorzugte Ziele von Diebstählen. In diesem Zusammenhang und wegen der **schlechten Straßenverhältnisse** wird von Fahrten bei Dunkelheit und vom Übernachten im Auto am Straßenrand nachdrücklich abgeraten.

Eine starke Sicherheitsgefährdung besteht auch für **Camper** – dies gilt sowohl für Übernachtungen auf Campingplätzen als auch für wildes Zelten.

Durch die Türkei

Über Edirne erreicht man Istanbul und setzt über den Bosporus nach Asien über. Für die Überfahrt muss man eine geringe Gebühr von ca. 1,50 Euro zahlen. Nun ist die ganze Türkei via Ankara, Sivas und Erzurum zu durchqueren, bevor man bei Dogu Beyazit schließlich die türkisch-iranische Grenze erreicht. Ein weiterer Grenzübergang führt von Van aus nach Seray, wo bei Razi auf iranischer Seite die Grenze passiert wird.

Der Aufenthalt außerhalb geschlossener Ortschaften im **Südosten der Türkei** und Fahrten nach Einbruch der Dunkelheit, auch auf den Transitstrecken, sind mit erhöhten Gefahren verbunden und sollten vermieden werden. Wegen der instabilen Sicherheitslage im Irak gibt es Reisewarnungen für die ostanatolischen Provinzen. Die aktuellen Reisehinweise sollten vor der Abreise eingeholt werden.

Griechenland-Fähren

Fähren mehrerer Linien nach Griechenland verkehren von verschiedenen **italienischen Häfen,** z.B. Venedig, Ancona, Bari und Brindisi. Vorher ist zu entscheiden, ob man von Griechenland auf dem Landweg in die Türkei weiterfahren (Saloniki – Alexandropoulos) oder mit der Fähre ab **Athen** über eine der ägäischen Inseln in die Türkei übersetzen möchte. Einige Linien verkehren nur im Sommer.

- Über Verbindungen, Abfahrtzeiten und Preise informiert ausführlich **www.griechische-faehren.com.**
- Über die Seite **www.kavi.gr/german** können Fähren online gebucht werden.
- Reservierungen auch über **Poseidon Reisen,** Mehringdamm 73, 10965 Berlin, Tel. 030-6947885, Fax 6941347, info@poseidon-reisen.de, www.poseidon-reisen.de.

Türkei-Fähren

Fähren in die Türkei der Linie **Turkish Maritim Lines** verkehren auf den Strecken Venedig – Izmir, Brindisi – Cesme und Brindisi – Antalya. **Marmara Lines** verkehrt im Sommer von Ancona über Brindisi nach Cesme.

- Information über Abfahrtzeiten, Preise sowie Buchung über **www.marmaralines.de.**
- Information und Buchung auch über **RECA,** Handels- und Reiseagentur, Neckarstr. 37, 71065 Sindelfingen, Tel. 07031-866010, Fax 876568.
- **RECA-Zentrale Schweiz:** Schaffhauser Str. 35, 8006 Zürich, Tel. 01-3683111, Fax 3683119.
- In Österreich z.B. **bahn.faehren@verkehrsbuero.at,** Tel. 01-58800-545, Fax 58800-570.

Anreise mit dem Bus

Eine durchgehende Busverbindung zwischen Mitteleuropa und Iran gibt es zwar nicht, mit einmal Umsteigen in Istanbul kann man jedoch auch auf diesem Weg ans Ziel kommen.

Nach Istanbul

Eurolines bietet Busverbindungen von verschiedenen deutschen Abfahrtsorten, z.B. Berlin, Frankfurt oder Essen. Die Fahrtzeit ab Essen beträgt rund 40 Stunden, Fahrpreis einfach 150 €, Hin- und Rückfahrt 230 €. Ab Österreich verkehrt eine Linie Wien – Istanbul. Von der Schweiz aus geht es nicht direkt, sondern mit Umsteigen in Wien.

- Zu buchen übers Reisebüro oder direkt über www.deutsche-touring.com, Tel. 069-790350, Fax 7903219, in Österreich: www.eurolines.at, in der Schweiz: www.eurolines-schweiz.ch.

Istanbul – Iran

Von Istanbul (Stadtteil Aksaray), Ankara und anderen türkischen Städten verkehren regelmäßig iranische Busse, z.B. Sairo Safar Iran (www.sairosafariran.com, Tel. 0090-312-4278418, Fax 427 8420). Bustickets ab Istanbul können nur an Ort und Stelle in Istanbul gekauft werden. Die Fahrt nach Teheran dauert ca. 32 Stunden, Fahrpreis ca. 35 €.

Schiffsverbindungen Persischer Golf

Die staatliche iranische Schiffahrtsline Valfajr-8 betreibt regelmäßige Fährverbindungen (auch für Fahrzeuge) von verschiedenen Häfen am Persischen Golf zur **Arabischen Halbinsel** und umgekehrt: Bandar Abbas - Sharjah (Vereinigte Arabische Emirate), Bushehr - Doha (Qatar), Bushehr - Manama (Bahrain), Bushehr - Kuwait, Bandar Abbas - Muscat (Oman). Somit ist es möglich, auf dem Landweg mit einem Fahrzeug von Europa über Iran zur Arabischen Halbinsel oder umgekehrt zu reisen. Vertretungen von Valfajr-8 gibt es in allen genannten Städten. In Iran sind sie meist in Hafennähe zu finden.

- **Valfajr-8-Zentrale:** Kuch. Abyar, Ecke Kh. Shahid Azoudi, Kh. Karimkhan Zand, Teheran, Tel. 021-8892933, Fax 892409. Informationen auch unter: www.iran-export.com/exporter/company/shipping/.
- In Bandar Abbas: Tel. 0761-559075-7.
- In Bushehr: Tel. 0771-24234.
- In Doha (Qatar) ist **Qatar Navigation** der Agent von Valfajr-8: Tel. 00974-4468666, Fax 4833244, navigation@qnntc.com, www.qnntc.com.
- In Manama (Bahrain) läuft alles über **International Agencies Co (Intercool):** Tel. 00973-727114, Fax 210016.
- In Kuwait heißt die Vertretung **Kuwait and Iran Shipping Co.:** Tel. 00965-2410498, Fax 2416685.
- In Muscat (Oman) **Barwil Towell and Co.:** Tel. 00968-708274, Fax 794367.
- Vereinigte Arabische Emirate: **Oasis Freight-Dubai** in Dubai, Tel. 009714-3525000, in Sharjah, Tel. 009716-280294.

Tomaten zu jeder Jahreszeit – das Kilo für 10 Cent

Geldangelegenheiten

Währung

Die offizielle Währung ist der **Iranische Rial** (abgeleitet vom spanischen „Real"). Im Umlauf sind Banknoten in Höhe von 100, 200, 500, 1000, 2000, 5000 und 10.000 Rial. Die Ausgabe eines 20.000-Rial-Scheins ist in Vorbereitung, bisher ist er jedoch nicht erhältlich. Alle Banknoten haben eine Seite mit lateinischer Beschriftung. Zusätzlich gibt es Münzen zu 10, 50, 100 und 250 Rial, mit denen man aber wegen ihres geringen Werts kaum zu tun haben wird.

Das größte Problem beim Umgang mit der iranischen Währung ist die Tatsache, dass im täglichen Geschäftsverkehr in der Regel **in Tuman anstatt in Rial** gerechnet wird. 10 Rial entsprechen 1 Tuman, so ähnlich wie bei uns 10 Pfennig ein Groschen waren. Die meisten Preisauszeichnungen in den Geschäften sind in Tuman: Ist also ein Paar Schuhe mit 8500 ausgezeichnet, so entspricht das ca. 10 € bei einem Nennwert von 85.000 Rial. Wer nicht sicher ist, sollte immer fragen, ob Rial oder Tuman gemeint sind.

Geldwechsel

Der Geldwechsel ist nur möglich bei ausgewählten **Banken,** die in der Regel am **„Exchange"-Schild** an der Eingangstür zu erkennen sind. Der Umtausch in lizensierten **Wechselstuben** ist gegenüber früher stark zurückgegangen und man findet nur noch wenige in den großen Städten. In den **internationalen Hotels** (das sind diejenigen, in

009i Foto: hn

denen auch die Unterkunft in US$ zu entrichten ist) ist das Tauschen ebenfalls möglich, der Umtauschkurs jedoch etwa 10% schlechter als bei der Bank.

Schließlich kann Geld auch **auf der Straße** getauscht werden, was zwar nicht offiziell erlaubt ist, in der Regel aber nicht behindert wird. War noch bis vor wenigen Jahren der „Straßenkurs" wesentlich günstiger als der offizielle Bankkurs, so unterscheiden sich beide heute nur noch wenig. Für den Wechsel bei der Bank spricht, dass man, abzüglich einer geringen Gebühr, ohne Feilschen sein Geld zum offiziellen Kurs bei jedem Umtauschbetrag ausgehändigt bekommt, leicht zu überprüfen durch die eingesetzten Geldzählmaschinen. Auf der Straße dagegen nennen viele Verkäufer einen bestimmten Kurs, versuchen jedoch vor der Geldübergabe, eine Kommission für sich abzuziehen. Außerdem ist nie sicher, ob in den dicken Geldbündeln nicht auch Noten von niedrigerem Wert versteckt sind.

Der Umtausch bei der Bank braucht allerdings Zeit: Mindestens vier Bankangestellte sind mit Zählen, Prüfen, Nachzählen usw. beschäftigt. In jedem Fall sollte man darauf achten, auch **kleinere Noten** im Wert von 1000 und 2000 Rial zu bekommen, um nicht eine Flasche Mineralwasser zu 1500 Rial mit einem 10.000-Rial-Schein bezahlen zu müssen.

In kleineren Städten sind die Möglichkeiten des Geldwechsels eingeschränkt. Dies sollte am besten in Teheran, Isfahan, Mashhad, Tabriz oder Shiraz erledigt werden.

Wechselkurse

- 1 € = 9803 Rial, 100 Rial = 0,01 €
- 1 US$ = 7900 Rial, 100 Rial = 0,01 US$
- 1 SFr = 6317 Rial, 100 Rial = 0,02 SFr

(Stand Ende 2004)

Kreditkarten und Reiseschecks

Leider werden Zahlungsmittel wie Kreditkarten oder Reiseschecks in Iran **kaum akzeptiert.** Für iranische Kunden werden bei iranischen Banken heute Geldkarten ausgestellt, mit denen man Bargeld am Automaten bekommen kann. Internationale Karten (z.B. Mastercard) werden nur in Ausnahmefällen angenommen, etwa bei Händlern, die internationale Beziehungen oder Filialen im Ausland haben, und bei wenigen Bankfilialen. Der Grund dafür ist nicht etwa Rückständigkeit oder Feindschaft gegen die internationale Finanzwelt, sondern die Tatsache, dass die meisten Kreditkartensysteme über die USA abgerechnet werden und dies unter die US-amerikanischen Sanktionen gegen Iran fällt.

Reisekasse

Zwar wird der **Euro** überall in Iran akzeptiert, dennoch ist die Mitnahme von **US-Dollars** in bar unerlässlich, mindestens in Höhe der Kosten für die Unterkünfte. Die Hotels der mittleren und oberen Kategorie akzeptieren von Ausländern nur Dollars. Falls man in Hotels gezwungen ist, Euro in Dollar umzutauschen, wird ein sehr schlechter Kurs zugrunde gelegt. In Geschäften und Bazaren wird immer die iranische Währung berechnet, mit Ausnahme der auf Touristen spezialisierten Teppich- oder Antiquitätengeschäfte oder wenn man Leistungen bei Tourismusagenturen in Anspruch nimmt. Dort werden lieber Devisen genommen.

Die **Ein- und Ausfuhr** von Iranischen Rial ist nur bis zu einer Höhe von 1000 US$ erlaubt. Höhere Devisenbeträge sollten bei der Ein- und Ausreise deklariert werden, obwohl ausländische Touristen in der Regel nicht nach ihrer mitgeführten Reisekasse gefragt bzw. kontrolliert werden.

Preise und Reisekosten

1979 bekam man für 1 DM sage und schreibe nur 38 Rial, also knapp 4 Tuman. Mittlerweile ist daraus etwa das Hundertfache geworden. Iran leidet unter einer **starken Inflation,** die die Preise für Grundnahrungsmittel in die Höhe getrieben hat, sodass sie für viele Iraner kaum noch erschwinglich sind. Für europäische Verhältnisse dagegen sind die Preise niedrig.

Lebensmittel

Das betrifft auch die meisten Lebensmittel. Brot ist sehr billig, weil staatlich subventioniert: 1 kg *Barbari* kostet 300 Tuman, *Lavash* und *Sangak* kosten etwa 150. Gemüse und Obst aus iranischer Produktion ist nicht nur wohlschmeckend und frisch, sondern in der Saison auch preiswert: Für 1 kg Tomaten zahlt man 120 Tuman, 1 kg

Gurken liegt bei 100 Tuman, 1 kg Wassermelonen kostet etwa 100 Tuman. Deutlich teurer dagegen sind Bananen, die meist importiert werden.

Billig sind auch **Getränke,** selbst im teuersten Restaurant zahlt man für eine Cola nicht mehr als 150 Tuman, im Geschäft an der Straße etwa 100 Tuman. Mineralwasser (fast nur in 1,5-Liter-Plastikflaschen erhältlich) kostet ebenfalls 150 Tuman, Leitungswasser gibt es gratis. An der Spitze der Getränkepreise liegt alkoholfreies Dosenbier mit etwa 400 Tuman, weil es importiert wird. Preiswerter ist das einheimische alkoholfreie Bier, Ma Sha'er. Ein Tee im traditionellen Teehaus sollte nicht mehr als 70 Tuman kosten, Kaffee ist fast nur in Form von Nescafé in „feineren" Restaurants oder Hotels zu bekommen und kostet um 200 Tuman.

Im **Restaurant** in größeren Städten muss man für ein Menü mit Suppe, Hauptgang, Salat und Softgetränk mit etwa 3500 Tuman rechnen. Deutlich preiswerter ist es in kleineren Städten oder in Raststätten entlang der Fernstraßen. Als kleine Mahlzeit zwischendurch eignen sich Sandwiches, belegt mit Hühnerfleisch, Falafel oder Lammzunge plus Salat. Dafür zahlt man etwa 400 Tuman.

Unterkünfte

Die Preisspanne zwischen einem *Mosaferkhaneh* (Gasthaus) und einem 5-Sterne-Hotel ist natürlich erheblich. Für 7000 Tuman kann man in der Regel aber auch kein ordentliches und sauberes Zimmer mit separater Dusche und Toilette erwarten. Die Preise für „zumutbare" Zimmer beginnen in der Regel bei etwa 10.000 Tuman, in der mittleren Kategorie muss man mit 30 bis 50 US$ für das Einzelzimmer rechnen, die teuersten Hotels verlangen zwischen 80 und 140 US$ für das Einzelzimmer.

Feilschen

Gefeilscht wird in Iran nur bei Waren des gehobenen Bedarfs, z.B. Teppichen, Antiquitäten oder hochwertigen Handwerkserzeugnissen. Bei vier Gramm echtem Safran für 1500 Tuman, also knapp 2 €, würde jeder Versuch zu Feilschen nur das Unverständnis des Händlers hervorrufen.

Die günstigsten Preise können dort erzielt werden, wo auch Einheimische einkaufen. Ohnehin gibt es nur in wenigen Bazaren wie in Isfahan oder Shiraz spezielle Gassen mit Geschäften, die vorwiegend an ausländische Touristen verkaufen.

Verkehrsmittel

Die Kosten für Reisen im Lande sind für unsere Verhältnisse extrem niedrig: Für eine **Busreise** von Shiraz nach Bandar Abbas zahlt man ca. 2000 Tuman für die fast 600 km in der Luxusklasse.

Die Preise für **Taxis** sind je nach Größe der Städte recht unterschiedlich. Deutlich an der Spitze liegen sie in Teheran, sind aber nach unseren Maßstäben immer noch preiswert: Für eine Fahrt mit dem Airport-Taxi zum Meydan Imam Khomeini im Stadtzentrum zahlt man ca. 1800 Tuman. Fahrten mit dem Sammeltaxi liegen weit darunter.

010i Foto: hn

Bezahlbar: der Liter Diesel für 160 Rial (ca. 1,5 Cent)

Am billigsten sind Fahrten mit der **Bahn.** Für die gut 400 km lange Strecke Gorgan – Tehran z.B. zahlt man 2690 Tuman in der einfachen und 4100 in der Luxusklasse.

Auch **Inlandsflüge** sind erschwinglich; ein Flug mit Iran Air von Teheran nach Kerman kostet gut 20 €, kürzere Strecken sind billiger. Deutlich teurer sind Flüge von/nach Kish (ca. 40 € für die einfache Strecke).

Eintrittspreise

Bis Sommer 2004 galten für iranische und ausländische Besucher von Museen und historischen Stätten unterschiedliche Eintrittspreise: Ausländer zahlten an den meisten Orten 2000 Tuman, in Persepolis gar 6000 Tuman, Iraner dagegen nur etwa ein Zehntel davon. Seit September 2004 wurden – um dem spürbaren Rückgang der Touristenzahlen seit 2001 zu begegnen – diese unterschiedlichen Preise abgeschafft. An allen Orten gelten für Ausländer, vorbehaltlich weiterer Änderungen in der Zukunft, dieselben Preise wie für Iraner.

Versicherungen

Vor Antritt der Reise ist der Abschluss einer Auslandsreisekrankenversicherung **dringend zu empfehlen.** Eine Reisegepäck- oder Reiserücktrittsversicherung ist hingegen im Einzelfall auf Notwendigkeit hin zu prüfen.

Eine Privathaftpflichtversicherung hat man in der Regel schon. Diese ist jedoch oftmals in **„Reiseversicherungspaketen“** enthalten, wodurch man unnötig doppelt – aber nicht besser – versichert ist. Bei der Unfallversicherung, die man schon hat, sollte man prüfen, ob diese im Falle plötzlicher Arbeitsunfähigkeit aufgrund eines Unfalls im Urlaub zahlt.

Auch durch manche **Kreditkarten** oder **Automobilclubmitgliedschaft** ist man für bestimmte Fälle schon versichert. Das sollte man noch mal klären, bevor man sich unnötig doppelt versichert. Achtung: Die Versicherung über die Kreditkarte gilt immer nur für den Karteninhaber!

Bei Schweizern ist die private Krankenversicherung in der Regel auch im Ausland gültig. Wenn nicht, kann bei der gleichen Versicherung eine entsprechende Zusatzversicherung abgeschlossen werden. Aber Achtung: Wenn man länger als sechs Monate verreist und sich korrekterweise bei der Einwohnerkontrolle abmeldet, versichern einen die meisten Krankenkassen nicht mehr.

Tipp: Für alle abgeschlossenen Versicherungen die Notfallnummern notieren und mit der Policenummer gut aufheben! Bei Eintreten eines Notfalles sollte die Versicherungsgesellschaft unverzüglich telefonisch verständigt werden.

Reisekrankenversicherung

Die Kosten für eine Behandlung in Iran werden von den gesetzlichen Krankenversicherungen in Europa nicht übernommen, daher ist der Abschluss einer privaten **Auslandskrankenversicherung unverzichtbar.** Diese sind z.B. in Deutschland ab 5–10 Euro/Jahr auch sehr günstig, wenn man bedenkt, dass man sonst schlimmstenfalls die kompletten Behandlungskosten zu zahlen hat. Ist die Reisedauer länger, z.B. gleich ein ganzes Jahr, kann die Prämie drei Mal teurer werden – das ist dann im Vergleich zur Leistung im Pechfall immer noch ein Schnäppchen!

Die Behandlungskosten beim Arzt sind in der Regel vorab bar zu zahlen. Ausführliche **Quittungen** (mit Datum, Namen, Bericht über Art und Umfang der Behandlung, Kosten der Behandlung und Medikamente) sind Voraussetzung, damit die Auslagen von der Versicherung erstattet werden.

Tipp: Vor besonders teuren Behandlungen sollte man sich von der Versicherung die Kostenübernahme per Fax o.Ä. bestätigen lassen.

Bei der **Wahl der Versicherung** sollte man typische Leistungsunterschiede prüfen:

- **Reisedauer:** Bei einigen Versicherern wird von einer maximalen Reisedauer von 30 oder auch 62 Tagen ausgegangen. Bei längerem Aufenthalt wird auch die Versicherung teurer.
- **Rücktransport:** Wird in der Regel nur auf ärztliches Anraten übernommen. Im Todesfall werden unterschiedlich hohe Beträge für die Rücküberführung gezahlt.
- **Selbstbeteiligung:** Einige haben z.B. Zahnbehandlungen eine Selbstbeteiligung, andere zahlen 100 %.
- **Nachleistungsfrist:** Kann man nicht wie geplant nach Hause reisen, sollte die Versicherung die Rechnungen noch eine Zeit lang weiterzahlen.
- **Altersgrenze:** Die Kosten sind nach Alter gestaffelt. Die Altersgrenzen sind je nach Versicherer unterschiedlich.
- **Chronische Krankheiten:** Wird aufgrund einer Krankheit, die schon vor Urlaubsantritt bestand, eine Behandlung fällig, wird diese von wenigen Versicherungen gedeckt.

Reiserücktrittskostenversicherung

Eine solche Versicherung lohnt sich vor allem, wenn man **„preiswertes" Flugticket** mit einer geringen Gültigkeitsdauer oder mit festen Reiseterminen gebucht hat, die nicht mehr geändert werden können. Denn sonst kann der Flugtermin für eine geringe Gebühr innerhalb der Gültigkeitsdauer beliebig oft verschoben werden und man kann die Reise dann doch noch antreten.

Ob es sich lohnt, die teuren 35 bis 80 Euro für eine Flug-, Pauschal- oder Rundreise im Wert von 1500 Euro auszugeben, hängt nicht zuletzt von der Höhe der **Stornogebühr** ab, die im

Falle des Reiserücktritts fällig würde. Wie hoch die Stornogebühr sein wird und wann sie fällig wird, sollte man bei Buchung der Reise genau klären.

In jedem Fall muss man eine solche Versicherung je nach Versicherer **binnen 8–14 Tagen nach Reisebuchung** abschließen, sonst ist es nicht mehr möglich, sich gegen den Reiserücktritt zu versichern. Bucht man weniger als 14 Tage vor Reiseantritt Last-minute, kann man diese Reise nicht versichern.

Bei der **Wahl der Versicherung** sollte man typische Leistungsunterschiede prüfen:

- **Gründe für Rücktritt:** Tod, schwerer Unfall oder Erkrankung, Impfunverträglichkeit, betriebsbedingte Kündigung, neuer Arbeitsplatz nach Arbeitslosigkeit, Schwangerschaft, Schaden an Eigentum durch Feuer u.Ä. Nicht gelten: Krieg, Unruhen, Streik etc.
- **Schadensgrenze:** Es sollten 100 % der Stornokosten, Reiseabbruchkosten sowie Umbuchungskosten übernommen werden.
- **Selbstbeteiligung:** Bei Krankheit 20 % oder mindestens 25 Euro.

Reisegepäckversicherung

Der Abschluss einer Reisegepäckversicherung **lohnt sich seltener,** da die Policen zu viele Einschränkungen enthalten. Überdies besteht die Gefahr der Doppeltversicherung, denn Einbruch, Raub und Beschädigung von Eigentum sind in der Regel auch im Ausland durch die **Hausratsversicherung** gedeckt.

- **Verlorenes Gepäck:** Bei Flugreisen oft nur nach Kilopreis ersetzt, damit ist der „Armani"-Anzug dann wohl kaum gedeckt. Der Zeitwert wird nur nach Vorlage der Rechnung ersetzt.
- **Sorgfalt:** Wurde eine Wertsache nicht im Safe aufbewahrt, gibt es bei Diebstahl auch keinen Ersatz. Kameraausrüstung und Laptop dürfen beim Flug nicht als Gepäck eingecheckt worden sein. Gepäck im unbeaufsichtigt abgestellten Fahrzeug ist ebenfalls nicht versichert. Die Liste ist endlos ...
- **Höchstsumme:** Die Höchstsumme für die man sich versichern kann, deckt meist nur einen Bruchteil der Wiederbeschaffungskosten für einen Laptop, die Kameraausrüstung etc.
- **Protokoll:** Egal ob man den Flug verpasst – ohne das detaillierte polizeiliche Protokoll oder die Verlustmeldung bei der Airline bekommt man nichts erstattet.

Anbieterauswahl

Bei den Anbietern gibt es große Preis- und Leistungsunterschiede, das Kleingedruckte in den Allgemeinen Versicherungsbedingungen sollte man daher genauestens studieren.

Der Abschluss einer **Jahresversicherungen** ist in der Regel kostengünstiger als mehrere Einzelversicherungen. Günstiger ist auch die **Versicherung als Familie,** statt als Einzelpersonen. Hier sollte man nur die Definition von „Familie" genau prüfen.

Die **Stiftung Warentest** in Deutschland und **Konsument.at** in Österreich testen regelmäßig verschiedene Versicherungsarten. Über ihre Websiten kann man Testberichte herunterladen, Online-Abonnent werden oder Hefte zum Thema bestellen: www.warentest.de; www.konsument.at.

Weitere Informationen erhält man auch in Deutschland bei der **Verbraucherzentrale** (www.verbraucherzentrale.com) und in Österreich bei der **Arbeiterkammer** (www.arbeiterkammer.at).

Reisezeit

Iran ist ein Land mit **unterschiedlichen Klimazonen,** das zu jeder Jahreszeit bereist werden kann (⇨„Land und Leute: Klima"). Von Europäern wird in der Regel das Wetter in den Monaten April und Mai sowie Mitte September bis Anfang November als am angenehmsten empfunden. Die richtige Reisezeit hängt auch entscheidend davon ab, welche Teile des Landes besucht werden. Anfang November oder Mitte März z.B. kann es in Fars und in Khuzestan schön warm sein, während es am Kaspischen Meer in Strömen regnet. Wer im Frühjahr oder Herbst nach Iran reist, sollte bedenken, dass es nachts auf dem Hochland recht kühl sein kann.

Die höchsten Jahresniederschläge fallen von Dezember bis Februar, allerdings je nach Höhenlage unterschiedlich. Oft fällt der Hauptniederschlag in Form von Schnee. Es ist z.B. möglich, Weihnachten nördlich von Teheran Ski zu laufen und anschließend innerhalb von 1½ Stunden nach Kish oder Qeshm zu fliegen, um dort zu Schnorcheln. Selbst die Sommermonate sind erträglich, wenn man nicht gerade an die Golfküste oder in die Wüste Lut möchte. Bergwanderungen in über 2000 m Höhe im Zagros oder Alborz sind auch von Juni bis September sehr angenehm, das Besteigen des Damavand oder Sabalan ist sogar nur in dieser Zeit möglich.

Preisgesichtspunkte müssen bei der Wahl der Reisezeit keine Rolle spielen, denn eine **Haupt- und Nebensaison** mit unterschiedlichen Preisen ist in Iran nicht üblich, obwohl einige Veranstalter von Gruppenreisen zur Hauptreisezeit Aufschläge verlangen.

Wer den Iran als Individualtourist bereisen will, sollte darauf achten, dass die **Neujahrszeit** (ca. 20. März bis 4. April) die Hauptreisezeit für Iraner ist und es dann schwierig sein kann, einen Flug oder ein Hotelzimmer zu bekommen. Während des **Ramadan** kann es tagsüber schwierig sein, ein offenes Restaurant zu finden (⇨„Praktische Reisetipps A–Z: Kalender und Feiertage").

011i Foto: hn

Schnee im Mai – auf der Straße von Teheran nach Dizin im Alborz-Gebirge

Reiseziele

Ein Land von der Größe Irans ist auch in einem Monat nicht vollständig zu bereisen, es sei denn, man flöge von Ort zu Ort und begnügte sich jeweils mit einem flüchtigen Blick. Die meisten Reisenden werden deshalb gezwungen sein, sich einige Teile des Landes gemäß ihren Interessen und der zur Verfügung stehenden Zeit auszusuchen oder mehrere Reisen zu planen. Zu dieser Auswahl einige Tipps:

Wer sich für **Kunstgeschichte, Archäologie und Architektur** interessiert, sollte neben Teheran folgende Orte besuchen: Isfahan, Shiraz und Fars, Kerman/Bam/Mahan, Yazd, Susa und Chogha Zanbil, Hamadan und Kermanshah sowie Kashan.

Wer sich besonders für die (schiitisch-) **islamische Tradition** interessiert, sollte folgende Orte in seine Route aufnehmen: Qom, Mashhad, Mahan, Bastam (Semnan), Rey (bei Teheran) und Ardabil.

Naturliebhaber, Wanderfreunde und Bergbegeisterte sollten nicht versäumen: die Täler des Alborz nördlich von Teheran, die Umgebung des Damavand, die Bergwälder von Naharkhoran bei Gorgan, die Bergtäler Dailams nördlich von Qazvin, die Kaspische Küste, die Bakhtiari-Berge und besonders die Gegend um den Zard Kuh.

Selbst wenn man alle diese Ziele bereisen würde, hätte man noch immer das Gefühl, es fehle etwas Wichtiges. Iran ist eben so groß und so reich an Natur- und Kulturschönheiten, dass

012i Foto: hn

nicht alles zu schaffen ist – zumindest nicht beim ersten Mal!

Routenvorschläge

Die folgenden Routenempfehlungen sind in der angegebenen Zeit nur zu bewältigen, wenn die Reise (vor)organisiert ist und ein Fahrzeug mit Fahrer

zur Verfügung steht. Wer die Reise mit öffentlichen Verkehrsmitteln plant, sollte mehr Zeit einkalkulieren oder die Routen entsprechend verkürzen.

Eine **zweiwöchige Reiseroute,** die sowohl Höhepunkte aus Architektur und Kunstgeschichte als auch Naturschönheiten beinhaltet, könnte so aussehen: Teheran – Kerman (Flug)/Bam – Yazd – Shiraz – Yassuj – Isfahan – Kermanshah – Hamadan – Teheran.

Bootsanleger in Bandar Abbas am Persischen Golf

Alternativ dazu (oder beim zweiten Mal): Teheran – Qazvin – Zanjan/Soltaniyeh – Takab – Orumiyeh – Tabriz – Ardabil – Kaspisches Meer – Gorgan – Mashhad – Teheran (Flug).

Für eine **dreiwöchige Reise** könnte man sich vornehmen: Teheran – Kaspisches Meer – Ardabil – Tabriz – Orumiyeh – Takab – Hamadan – Kermanshah – Ahvaz – Shiraz – Kerman/Bam – Yazd – Isfahan – Kashan – Qom – Teheran.

Ausrüstung und Reisegepäck

Landkarten

Eine gute **Iran-Karte** im Maßstab 1:1,6 Mio. ist im world mapping project beim Reise Know-How Verlag erschienen. Sie ist GPS-tauglich, hat farbige Höhenlinien und -schichten sowie einen Ortsindex; Sehenswürdigkeiten sind eingezeichnet.

Auch die aktuelle Straßenkarte vom Verlag Gitashenasi in Teheran, „Iran 2003" im Maßstab 1:2,5 Mio. (ISBN 964-342-072-8), ist empfehlenswert, zu bestellen über den Buchhandel oder bei Orientexpress, Gotmarstr. 17, 37073 Göttingen, Tel. 0551-486652, Fax 486652, www.orientexpressonline.de, Preis: 8 € zzgl. Versand.

Gitashenasi in Teheran hat die umfangreichste Auswahl an Iran-Karten und Stadtplänen. Das Programm wird im Ausland über www.omnimap.com/catalog/int/iran.htm vertrieben, die Preise liegen aber weit über denen in Iran.

- **Gitashenasi,** Geographical & Cartographical Institute, Nr. 15, Kh. Ostad Shahriyar, Kh. Razi, 11337 Teheran, Tel. 021-6709335, Fax 6705782, www.gitashenasi.com.

Nützliche Dinge

Weniger als noch vor Jahren, aber doch ab und zu kommt es in Iran zu Stromausfällen. Deshalb und auch für Besichtigungen empfiehlt sich die Mitnahme einer **Taschenlampe.** Batterien hierfür gibt es an Ort und Stelle billiger als bei uns, allerdings kaum Akkus zum Wiederaufladen.

Filme und Videokassetten gibt es in großer Auswahl in Iran. Sie sind nicht teurer als in Europa und meist auch qualitativ gut. Ebenfalls gut und viel günstiger ist die Entwicklung des Filmmaterials. Wer allerdings Diafilme bevorzugt, sollte diese mitbringen. In Iran werden Diafilme selten angeboten und sind häufig nahe am Verfallsdatum (siehe auch „Praktische Reisetipps A–Z: Fotografieren und Filmen").

Drogerieartikel findet man überall, oftmals auch internationale Marken, zu günstigen Preisen. **Adapter** für Elektrostecker sind in manchen Hotels erforderlich.

Reiseapotheke

Neben den Medikamenten, die man regelmäßig einnehmen muss, sollten die folgenden Mittel auf jeden Fall im Gepäck sein:

- **Mückenschutz**
- **Mittel gegen** Schmerzen/Fieber, Durchfall, Übelkeit/Erbrechen, Allergie und Juckreiz, Insektenstiche
- **Antibiotika**
- **Antibiotische Salbe**

- **Wundsalbe**
- **Desinfektionsmittel**
- **Augentropfen**
- **Zur Wundversorgung:** Mullbinden, Heftpflaster, Wundpflaster, elastische Binden, Alkoholtupfer (steril verpackt), Sicherheitsnadeln und Pinzette (möglichst steril verpackt)
- **Fieberthermometer**

Kleidung

Bei der Auswahl der Kleidung stehen zwei Gesichtspunkte im Vordergrund: die Beachtung der in Iran gültigen islamischen Vorschriften sowie die Jahreszeit. Iran ist ein Land mit großen Temperaturdifferenzen (⇨„Reisezeit"). Die Temperatur kann im Winter in Azerbeijan -20°C betragen und an der Makranküste am Indischen Ozean im Sommer +50°C. In den Hauptreisezeiten im Frühjahr und Herbst sollte darauf geachtet werden, dass die meisten iranischen Städte über 1200 m hoch liegen und es deshalb nachts durchaus kühl werden kann, auch wenn am Tag 30°C herrschen. Eine **Jacke** oder ein **Pullover** leisten dann gute Dienste, selbst wenn man sie tagsüber nicht braucht.

Luftige Baumwollkleidung ist bei höheren Temperaturen meist am angenehmsten. **Formelle Kleidung** wird bei offiziellen oder geschäftlichen Anlässen noch wichtiger genommen als in Europa. Iraner der Mittel- und Oberschicht zeigen gern, wann immer sich die Möglichkeit bietet, dass sie die neuesten Bekleidungstrends aus Europa und Amerika kennen. Wenn sie zum ersten Mal nach Europa kommen, finden sie die Europäer oft nachlässig gekleidet.

Bei **Touristinnen** wird niemals ein Chador (Ganzkörperschleier) erwartet, aber in der Regel ein Kopftuch sowie Oberbekleidung, die die Hüften nicht betont und die Arme bedeckt, z.B. eine Bluse oder leichte Jacke. Dazu sollte eine lange Hose oder ein langer Rock getragen werden.

Gesundheitsvorsorge

Besondere **Impfungen** sind nicht vorgeschrieben. Empfehlenswert sind jedoch Polio, Tetanus und Diphtherie, für Kinder Polio, Masern, Mumps, Röteln, HIB und Keuchhusten. Bei Kurzaufenthalten sollte man sich gegen Hepatitis A impfen lassen, bei Langzeitaufenthalten gegen Hepatitis A und B, Meningokokken A und C, gegebenenfalls Typhus (eventuell bei Reisen in ländliche Gegenden). Eine Malaria-Chemoprophylaxe empfiehlt sich bei längeren Reisen zwischen März und November im Südosten und -westen des Landes, besonders an den Persischen Golf. Weitere Impfungen (z.B. Tollwut) eventuell nach individueller, fachkundiger Beratung. Zur Einreise für einen Aufenthalt länger als drei Monate oder zur Arbeit im Lande wird ein negatives HIV-Testergebnis verlangt.

Allgemeine, für die Tropen geltende **Hygienehinweise** sollten beachtet werden (⇨„Praktische Reisetipps A–Z: Hygiene"). Weitere Informationen finden sich **im Anhang** unter „Reise-Gesundheits-Information Iran".

013i Foto: hn

Praktische Reisetipps von A bis Z

014i Foto: hn

015i Foto: hn

Teeverkäufer in Lahijan

Gemüsemarkt in Bandar Anzali

Restaurant „Akbar Djudjeh" (Hähnchen Akbar) bei Polur

Autofahren

Eine Iran-Reise mit dem eigenen Auto hat nicht nur den Nachteil einer langen Anreise (ca. 4000 km), das Autofahren im Lande erfordert außerdem Umsicht und Konzentration. Die Strecken zwischen den einzelnen Städten sind lang und die Disziplin der Verkehrsteilnehmer ist sehr dürftig. Im iranischen Straßenverkehr sind jährlich ca. 16.000 Tote zu beklagen, vor allem durch zahlreiche **Autobus- und LKW-Unfälle.** Von diesen Umständen abgesehen ist das Reisen im Land mit dem eigenen Auto jedoch problemlos. Zum einen ist das über 20.000 km lange **Straßennetz hervorragend,** zum anderen klappt die Versorgung mit Kraftstoff, Wasser und Lebensmitteln bestens.

Die **Verkehrsregeln** orientieren sich an den in Europa üblichen, es herrscht Rechtsverkehr. **Verkehrsschilder** sind in aller Regel auch mit lateinischen Schriftzeichen beschriftet. Sie sind allerdings spärlicher als bei uns, manchmal fehlen an Abzweigungen die Wegweiser oder sie sind auf Nebenstraßen nur in Persisch angebracht. Hinweise zu Sehenswürdigkeiten (auf braunem Grund) wurden in jüngster Zeit verstärkt aufgestellt. Wenn man einmal nicht weiter weiß: Die Iraner sind sehr hilfsbereit und es ist nicht unüblich, dass ein Taxi- oder Autofahrer den Reisenden völlig unentgeltlich zu der gewünschten Abzweigung oder Sehenswürdigkeit lotst.

Gewöhnungsbedürftig ist die **Fahrweise** der Einheimischen. Vor allem im doch sehr dichten Stadtverkehr wird dem Fahrer und auch dem Beifahrer vollste Konzentration abverlangt. Besondere Aufmerksamkeit ist auch beim Fahren in der **Dunkelheit** geboten, denn ab Einbruch der Dämmerung wird oft nur das Standlicht eingeschaltet, sodass entgegenkommende Fahrzeuge schwer erkannt werden können.

Tankstellen

Das Netz an Tankstellen ist ausreichend, Kraftstoff ausgesprochen billig. Benzin *(benzin)* kostet pro Liter 65 Tuman, Diesel *(gazoil)* 16 Tuman. Diesel ist bei in Iran hergestellten PKW nicht gebräuchlich, deshalb ist er auch nicht an allen Tankstellen zu bekommen. Orientieren kann man sich gut an LKW und Bussen, wo diese tanken, gibt es Diesel. Zu Wartezeiten kommt es manchmal in grenznahen Gebieten: Weil Kraftstoff in den angrenzenden Ländern meist teurer ist, wird er gern geschmuggelt und fehlt dann in Iran.

Polizeikontrollen

Auf den Überlandstraßen gibt es in regelmäßigen Abständen, meist am Eingang und Ausgang der größeren Städte oder an wichtigen Abzweigungen, Kontrollpunkte der Verkehrspolizei. Anhalten müssen hier nur Überlandbusse und LKW. Aber auch mit dem PKW sollte man unbedingt Schritttempo fahren und bei Aufforderung anhalten.

Die Fahrzeuge der Verkehrspolizei sind an der Aufschrift „Police" und dem Blaulicht leicht zu erkennen. Aus-

länder werden in der Regel nicht besonders kontrolliert.

Sicherheit

Es ist in jüngster Zeit vorgekommen, dass **Diebe** versuchen, ausländische **Autofahrer anzuhalten** und zu „kontrollieren". Sie halten dem Reisenden dann irgendwelche Karten vor die Nase und nach der „Kontrolle" fehlen dann z.B. Pässe oder Geld. Man sollte also nur anhalten, wenn es sich bei den Kontrolleuren zweifelsfrei um Polizeibeamte handelt.

In den grenznahen Gebieten im Osten (Provinz Kerman östlich von Bam, Provinz Sistan und Belutschistan, östlicher Teil von Khorasan) ist die Lage aufgrund der Situation in Afghanistan und wegen des Rauschgiftschmuggels unsicherer als im übrigen Land. Bei Reisen in diese Gegenden sollte man vorher Informationen über die **aktuelle Sicherheitslage** einholen (www.auswaertiges-amt.de).

Unfall und Panne

Ein Verkehrsunfall ist überall auf der Welt unangenehm, besonders jedoch in Iran. Je nach Ort muss man damit rechnen, dass es eine langwierige Prozedur sein kann, bis die Polizei den Unfall aufgenommen hat. In jedem Fall sollten **Kopien aller Reise- und Fahrzeugdokumente** mitgeführt werden. Man benötigt einen gültigen internationalen Führerschein, eine internationale Versicherungskarte sowie ein „Carnet de Passage". Versicherungskarte und Carnet können auch bei der Einreise am Grenzübergang erworben werden. Der **Iranische Automobilklub** ist dem internationalen Verband der Automobilklubs angeschlossen und bietet alle üblichen Leistungen wie Carnet de Passage, internationalen Führerschein, internationalen Kraftfahrzeugschein. Eine **Pannenhilfe** steht unter Tel. 021-6710710-4 ebenfalls zur Verfügung.

- **Kanun-e Djahangerdi va Otomobilrani,** 12, Kh. Shahid Arabali / Kh. Khorramshahr,

Hinweisschild auf eine Kontrollstelle der Verkehrspolizei

016i Foto: hn

Reisetipps A–Z

15338 Teheran, Tel. 021-8741190/1. Eine europäische Niederlassung des Iranischen Automobilklubs ist in Paris angesiedelt: Tel. 0033-142553639. Weitere Informationen unter www.taciran.net.

Mietwagen

⇨ „Verkehrsmittel"

Einkäufe

Der traditionelle Ort des Einkaufs im Orient, der **Bazar,** bildet noch immer das Handelszentrum in den Städten, wird aber mittlerweile durch Einzelhandelsformen, wie sie aus Europa bekannt sind, ergänzt bzw. verdrängt. **Supermärkte** für Lebensmittel, Ladenketten und Einkaufspassagen sind fast überall anzutreffen. Obwohl die Preise oft nicht ausgezeichnet sind, wird hier **nicht gefeilscht.** Die Bazare sind, von wenigen Ausnahmen abgesehen, nicht speziell für Touristen eingerichtet worden; man muss also nicht davon ausgehen, dass ein Touristenaufschlag von 50% und mehr „heruntergefeilscht" werden kann. Dies ist nur üblich bei Waren des gehobenen Bedarfs wie Gold, Schmuck oder Teppichen.

Die Einkäufe können nur in Ausnahmefällen (Teppiche und Kunsthandwerk der gehobenen Art) in Devisen oder gar mit Kreditkarten bezahlt werden. Üblicherweise werden die Preise in Tuman und nicht in Rial ausgezeichnet (⇨ „Vor der Reise: Geldangelegenheiten").

Da die Geschäfte überwiegend in Privatbesitz sind und Ladenschlussgesetze nicht existieren, trifft man alle Modelle von **Öffnungszeiten.** In der Regel wird gegen 8 Uhr geöffnet, über Mittag zwischen 12 und 15 Uhr eine Pause gemacht und abends gegen 20 Uhr geschlossen. Man findet aber auch Lebensmittelgeschäfte, die bis spät in die Nacht geöffnet sind.

0171 Foto: hn

Kunsthandwerk

Iran ist berühmt für sein traditionelles Kunsthandwerk, insbesondere Tep-

Naschub für die Wasserpfeife:
Tabak im Straßenverkauf

Kupferschmied im Bazar von Isfahan

piche. Noch kann man davon ausgehen, dass es keine minderwertige Fabrikation speziell für Touristen gibt, weswegen die Qualität auch von handbedruckten Stoffen, Schachteln und Dosen mit Einlegearbeiten *(khatam)*, Miniaturen u.Ä. in der Regel gut ist. Nur die Bazare in Isfahan und in einem kleinen Teil von Shiraz haben Bereiche, wo die Händler überwiegend auf Touristen eingestellt sind. Die für die einzelnen Orte und Gegenden typischen Produkte werden in den jeweiligen Ortsbeschreibungen erwähnt. Mehr zu Kunsthandwerk und Souvenirs erfährt man im Kapitel „Menschen und Kultur: Kunsthandwerk".

Die größten **Teppichbazare** findet man in Teheran, Isfahan und Tabriz. Pro Person sind zur **Ausfuhr** höchstens zwei Stücke bis zu insgesamt 6 m² zugelassen. Bei der Ausreise müssen Teppiche in der Ausfuhrerklärung deklariert werden. Kelims (Webteppiche) fallen nicht darunter und dürfen unbeschränkt ausgeführt werden. Keinesfalls sollte man vergessen, dass Teppiche bei der Einreise nach Deutschland deklariert werden müssen und der **Einfuhrumsatzsteuer** unterliegen.

Sowohl alle Arten von Teppichen als auch anderes Kunsthandwerk gilt als **Antiquität,** wenn es älter als 80 Jahre ist. Es ist in der Regel nützlich, zumal bei Gegenständen höheren Werts, den Kaufbeleg, möglichst mit Altersangabe, bis zur Ausreise aufzubewahren. Die früher bei der Ausreise penibel-strenge Untersuchung beim iranischen Zoll ist in jüngster Zeit immer lockerer und damit für Reisende angenehmer geworden. Seit 2003 finden bei der Ausreise keinerlei Zollkontrollen mehr statt.

018i Foto: hn

Elektrizität

Die Stromversorgung erreicht in Iran auch das kleinste Dorf; sie ist in der Regel stabil. Kerzen und Streichhölzer, die man in manchen Hotelzimmern noch findet, werden in der Regel nicht benötigt. Die Spannung beträgt wie in Europa **220 Volt,** sodass Spannungsumwandler nicht erforderlich sind. Die **Steckdosen** in manchen Hotels weisen drei Löcher auf; für das Aufladen von elektrischen Geräten sind entsprechende **Adapter** sinnvoll. Diese können auch in Iran gekauft werden.

Essen und Trinken

Die persische Küche ist schmackhaft und vielfältig. Grundnahrungsmittel sind **Reis** und verschiedene Sorten **Fladenbrot.** Zu Mittag wird zwischen 12 und 13 Uhr, zu Abend kaum vor 20 Uhr, oft auch später gegessen.

Frühstück

Das Frühstück ist eher spärlich und eintönig: Zu Fladenbrot werden in der Regel Weißkäse (Schaf oder Kuh), Butter und Marmelade angeboten, dazu Tee. Nur in Hotels der oberen Kategorie gibt es auch Frühstücksbüffets mit reichhaltigerem Angebot wie Oliven, Gurken und Tomaten, Obst, Eiern und Milch. Orte zum Frühstücken außerhalb von Hotels findet man nicht, Teehäuser oder Imbisse öffnen erst mittags.

Ein typisch persisches Frühstück sei hier nur erwähnt, nicht empfohlen: Schon früh am Morgen öffnen Garküchen, in denen es *kale pache* gibt, Hammelfüße und Hammelkopf, lange gekocht. Spätestens wenn der gewesene Hammel einen mit seinen stumpfen Augen anschaut, ist man satt ...

Mittag- und Abendessen

Die Iraner freuen sich mehr auf ihre zwei warmen Hauptmahlzeiten zum Mittag- und Abendessen. Iranerinnen freuen sich darüber weniger, denn einen großen Teil des Tages verbringen sie mit dem Einkaufen und Zubereiten.

019i Foto: hn

Der iranische **Reis** *(berendj),* der überwiegend im eigenen Land angebaut wird, ist besonders langkörnig und duftend, ähnlich wie der indische Basmati-Reis. Seine Zubereitung ist aufwendig: Damit er locker und körnig gelingt, muss er vor dem Kochen gewaschen und eingeweicht werden. Daraufhin wird er gekocht bis er halbgar ist und anschließend noch einmal abgeseiht, um möglichst viel Stärke zu entziehen. Schließlich wird er unter Zugabe von etwas Fett wieder in den Topf geschichtet und gedünstet, wobei ein um den Topfdeckel gewickeltes Küchentuch die letzte Feuchtigkeit aufnimmt. Der Reis soll leicht auf dem Topfboden *(tah-e dig)* ansetzen, dadurch entsteht eine braune Kruste, die besonders begehrt ist.

Zu dieser Reiszubereitung, **polo** genannt, werden unterschiedlichste Arten von **khoresht** serviert, vergleichbar unserem Ragout mit wenig Fleisch, verschiedenen Gemüsesorten oder Früchten und Soße, meist auf der Basis von Tomaten. Der Reis wird gern mit Safran gefärbt.

Zum Auftakt eines Mahls wird Fladenbrot gereicht, dazu Kräuter (Petersilie, Bockshornklee, Zitronenmelisse, Pfefferminz) und Käse. Fast immer gibt es zum Hauptgericht gemischten **Salat** und **Joghurt** mit geraspelten Gurken *(mast-o khiar)* oder wildem Knoblauch *(mast musir).*

Als **Getränk** wird oft Wasser getrunken oder *duq,* ein Sauermilchgetränk mit Kräutern und Gewürzen, sowie die mittlerweile weit verbreiteten Softdrinks. Zum **Nachtisch** ist frisches Obst beliebt, insbesondere Wasser- oder Honigmelonen. Den Abschluss des Mahls bildet in der Regel ein Glas **Tee.** Kaffee oder gar Mokka ist unüblich und nur in Restaurants oder Hotels zu bekommen, in denen oft Ausländer verkehren.

Im Restaurant

Die Reichhaltigkeit der persischen „Hausmannskost" bleibt dem Touristen oft verborgen, denn in Restaurants oder Hotels ist das Angebot an unterschiedlichen Gerichten sehr begrenzt. Wenn Iraner im Restaurant essen, bevorzugen sie **Kebabs,** gegrillte Spieße aus Lamm- oder Hühnerfleisch. Auf die Frage, was angeboten wird, bekommt man in Restaurants oft die Antwort: „alles". Damit ist gemeint: alle Sorten Kebab! Als Krone gilt den Iranern *Chello Kebab,* ein Spieß mit Lammfilet *(barg),* Lammgehacktem *(kubideh)* oder gegrillten, zuvor marinierten Hähnchenstücken *(djudjeh).* Dazu gibt es einen Berg Reis, ein Stück Butter sowie gegrillte Tomaten. Zum Würzen des gegrillten Fleisches wird gern *sumach,* ein Pulver aus den Beeren des Essigbaums, verwendet.

Es empfiehlt sich, in Restaurants stets erst zu fragen, ob es ein *khoresht*-Gericht gibt (einige Vorschläge s. Kasten), auf Kebabs kann man immer noch ausweichen.

Köstliche Oliven aus Rudbar

Typisch iranische Gerichte

Hier einige typische Gerichte, die man einmal versuchen sollte. Ein Land von der Größe und ethnischen Vielfalt Irans weist natürlich auch eine Vielzahl von „Lokalküchen" auf. In den Ortsbeschreibungen wird auf regionale Spezialitäten hingewiesen.

Khoresht-e Ghorme Sabzi: eine dicke Sauce aus frischem oder getrocknetem Gemüse (Porree, meist auch Bohnen) und Kräutern (Bockshornklee, Petersilie, Minze, Zitronenmelisse, manche Rezepte schreiben auch Schnittlauch oder Korianderblätter vor). Ihren typisch sauren Geschmack bekommt die Sauce von getrockneten Limetten. Dazu gehört Lammfleisch in kleinen Stücken, die langsam in dieser aromatischen Kräutersauce geschmort werden.

Abgusht: Eintopf aus Hammelfleisch mit Tomaten, Kichererbsen und Kartoffeln. Die festen Bestandteile werden zu einem Mus zerstampft, das mit Zwiebeln, Brot und Kräutern gegessen wird. Brot (es muss *nun sangak* sein!) wird in die kräftige Suppe gestippt. Dazu schmeckt das Sauermilchgetränk *duq* besonders gut.

Adas Polo: Reis mit Linsen und Rosinen, manchmal mit kleinen Hackfleischbällchen zubereitet, dazu schmeckt Joghurt in jeder Form.

Baghali Polo: Reis mit gedünsteten Bohnen und Kräutern, mit Safran garniert, dazu wird sowohl gekochtes Lamm als auch gekochtes Huhn gereicht.

Khoresht-e Gheimeh: Soße auf Tomatenbasis mit Spalterbsen, frittierten Kartoffeln und kleingeschnittenem Lammfleisch, durch Beigabe von getrockneten Limonen angenehm säuerlich.

Zereshk Polo ba morgh: Reis garniert mit Berberitzen (säuerlich) und Safran, dazu gekochtes Huhn.

Kuku: Omeletts mit Kräutern *(kuku sabzi)* und Berberitzen oder geriebenen Kartoffeln *(kuku sib zamini)*.

Shirin Polo: Reis mit geriebenen Orangenschalen, Pistazien und Safran angemacht, dazu wird Huhn gereicht.

Tahchin: eine Art Reisauflauf, bei dem der Reis mit Joghurt, Eiern, Safran und Fleischstücken (Huhn oder Lamm) angedickt und dann auf einem Blech gegart wird.

Khoresht-e Fesendjan: süß-saure Soße aus geriebenen Walnusskernen und Granatapfelmark mit gekochtem Huhn (seltener auch Ente), sehr dunkel, fast schwarz aussehend, aber ausgesprochen köstlich.

Fisch

Fisch *(mahi)* ist zumindest auf dem Hochland eher selten; in der Regel wird **Forelle** *(mahi ghezelala)* angeboten. Ab Shiraz und weiter südlich zum Golf hin wird das Angebot an verschiedenen **Meeresfischen** vielfältiger, häufig kann man auch frische **Shrimps** bekommen. Das trifft natürlich auch auf das Gebiet am Kaspischen Meer zu, wo gebratener, gegrillter oder geräucherter Fisch zahlreich angeboten wird. Seitdem Revolutionsführer *Khomeini* in den 1980er Jahren sogar den Genuss des Störs für religiös unbedenklich erklärt hat (zuvor galt er als *haram,* nicht gestattet, weil er keine Schuppen hat), kann man auch gegrillten **Stör** *(uzun burun)* in den Restaurants bekommen.

Vegetarisches

Vegetarier haben es recht schwer in Iran, weil fleischlose Gerichte selten auf dem Speiseplan stehen. Am Kaspischen Meer sollte man unbedingt nach *mirza ghasemi* Ausschau halten, einem Mus aus gedünsteten Auberginen, Tomaten und gestockten Eiern, das mit viel Knoblauch zubereitet wird. Oder *baghalaghatagh,* ebenfalls ein typisches *Rashti*-Gericht, das man nur im Norden bekommt, bestehend aus Bohnen, Eiern und Dill. Dazu werden Reis und geräucherter Fisch gereicht. Auch Oliven und Olivenöl sowie Knoblauch bekommt man fast ausschließlich in Nordiran. Vegetarier können sich aber immer mit köstlichem frischen Salat, Kräutern, Reis und frischem Brot und Käse behelfen.

Brot

Fladenbrot *(nan)* wird in unterschiedlichen Sorten zu jedem Essen gereicht: *lavash* ist ein sehr dünn ausgerollter Fladen, der nur frisch gebacken schmeckt; *sangak* ist etwas kräftiger und wird auf heißen Steinen *(sang)* gebacken. Vorsicht beim Zubeißen, manchmal bleiben kleine Steinchen kleben. *Barbari* ist dem türkischen Fladenbrot ein wenig ähnlich, jedoch nicht so dick; es schmeckt insbesondere zum Frühstück köstlich, wenn es frisch ist.

Fotografieren und Filmen

Für das Fotografieren und Filmen zu privaten Zwecken gelten in Iran ähnliche Regeln wie in anderen orientalischen Ländern. **Menschen** sollte man nur zurückhaltend fotografieren und nur, nachdem man sie gefragt hat. In der Regel gibt es dabei keine Schwierigkeiten, denn die Iraner fotografieren selbst gern und viel. Bei sehr religiös oder traditionell gesinnten Menschen empfiehlt sich Zurückhaltung, vor allem in den Pilgerorten, am Persischen Golf, in ländlichen Gegenden und bei Nomaden. Respektieren Sie in jedem Fall, wenn jemand nicht fotografiert werden möchte. Sie werden immer schnell jemanden finden, der sich über eine Aufnahme freut und Ihnen dann vielleicht seine Adresse gibt, mit der Bitte, ihm das fertige Foto zu schicken. Das sollten Sie dann auch in jedem Fall tun.

Die **öffentlichen Gebäude,** die nicht fotografiert werden dürfen, haben in der Regel ein entsprechendes Schild („No photo"). Auf das Fotografieren von Soldaten, Polizisten und deren Einrichtungen sollte grundsätzlich verzichtet werden.

Für **Besichtigungen,** vor allem in den östlichen Landesteilen, sollte man im Herbst davon ausgehen, dass ab 16:30 Uhr das Tageslicht für Fotos **ohne Blitz** nicht mehr ausreichend ist, und sich deshalb möglichst früh am Morgen zu Besichtigungen aufmachen.

Ausrüstung

Besonders für Fahrten in die wüstennahen Gebiete empfiehlt sich eine **staubdichte Verpackung** der Kamera und des Zubehörs. **Filme** für Foto und Video sind in den größeren Städten immer zu bekommen; die Preise sind vergleichbar mit denen in Europa oder günstiger, wenn man sie nicht direkt in der Nähe der touristischen Sehenswürdigkeiten kauft. Für Diafilme gilt das nur mit Einschränkungen, es gibt sie seltener und nicht immer mit neuestem Herstellungsdatum.

Nicht nach Iran eingeführt werden sollten **bespielte Videokassetten;** man riskiert sonst, dass sie bei der Einreise kontrolliert werden, was zu Verzögerung und Unannehmlichkeiten führen kann. Die Einfuhr von Videokameras ist erlaubt; es ist möglich, aber nicht die Regel, dass sie bei der Einreise in den Pass eingetragen werden.

- **Buchtipps:** „Reisefotografie" und „Reisefotografie digital" aus der Reihe Praxis, Reise Know-How Verlag, Bielefeld.

Hygiene

Sanitäre Anlagen

Hotels ab drei Sterne aufwärts haben in der Regel Duschen oder Bäder und Sitztoiletten nach europäischem Vorbild in den Zimmern, einfachere Häuser zumeist Etagenduschen und die im Orient üblichen Abtritte. Toilettenpapier ist nur in Unterkünften vorhanden, wo regelmäßig Touristen verkehren. Landesüblich ist die Reinigung mit Wasser und der linken Hand, die deshalb niemals zum Essen verwendet wird.

Öffentliche Toiletten sind eher selten und oft in einem Zustand, dass man sie lieber nicht aufsuchen möchte. Andererseits gilt es in Iran nicht als ungewöhnlich, dort nach einer Toilette zu fragen, wo man gerade ist. Iraner finden die deutsche Praxis, für die Toilettenbenutzung bezahlen zu müssen, eher unverständlich.

Trinkwasser

Das Wasser ist in Iran fast überall von guter, manchmal sehr **guter Qualität,** weswegen es oft aus der Leitung getrunken wird. Für Touristen ist das zwar eher nicht zu empfehlen, es zeigt aber, dass der Wasserstandard gut ist, von Ausnahmen am Golf und am Kaspischen Meer abgesehen. In Plastikflaschen abgefülltes **Mineralwasser** ist fast überall zu bekommen, oft leider nur in unhandlichen 1,5-Liter-Flaschen.

Internetcafés

In allen größeren iranischen Städten gibt es mittlerweile Internetcafés *(Coffee Net),* sodass es kein Problem ist, regelmäßig über E-Mail in Kontakt mit aller Welt zu bleiben. In vielen der Cafés kann man auch über Internet-Leitungen sehr preiswert internationale **Telefongespräche** führen.

Die auch bei iranischen Jugendlichen sehr beliebten Einrichtungen haben von Zeit zu Zeit Schwierigkeiten mit den Behörden, dennoch nimmt ihre Zahl ständig zu. Beim Surfen im Internet von Iran aus wird man feststellen, dass bestimmte Seiten wegen ihres Inhalts nicht zugänglich sind.

Kalender und Feiertage

Der iranische Sonnenkalender (*hedjri shamsi* oder *djalali*) ist für das administrative und wirtschaftliche Leben Irans maßgeblich, daneben hat jedoch auch der islamische Mondkalender (*hedjri qamari*) offizielle Bedeutung.

Iran zählt zu den Ländern der Welt mit der höchsten Zahl an Feiertagen, ein Umstand, der lebhaft diskutiert wird. Nach der Revolution wurde versucht, die vorislamischen Feiertage abzuschaffen, was sich jedoch nicht durchsetzen ließ.

Der iranische Sonnenkalender

Der iranische Sonnenkalender wurde 1925 eingeführt, geht aber auf weit ältere Vorbilder zurück. Die Jahreszählung setzt als **Jahr 0** das Jahr 622 n. Chr. an, den Auszug des islamischen **Propheten Muhammad** aus Mekka. Ansonsten aber folgt er dem Sonnenjahr, wie es die Iraner schon seit vorislamischen Zeiten gewohnt waren. *Djalali* ist abgeleitet vom Namen des Seldjuqen-Herrschers *Djalal ad-Dowle Malek Shah* (1063–1072), der im 11. Jh. n. Chr. die Entwicklung eines neuen Kalenders in Auftrag gab. Dieser Auftrag wurde von keinem Geringeren als *Omar Khayyam* ausgeführt, der in Europa vor allem als Dichter von Vierzeilern bekannt ist, vorwiegend jedoch als Mathematiker und Astronom tätig war.

Der iranische Sonnenkalender hat gegenüber unserem Gregorianischen Kalender den Vorzug, dass er genauer ist und exakt der **Bewegung der Erde um die Sonne** folgt. Das Sonnenjahr dauert etwa 365 Tage, 5 Stunden und 49 Minuten. Nach dem Kalender beginnt es in Iran (auch in Afghanistan, den kurdischen Gebieten und Teilen Zentralasiens) zur Tag- und Nachtgleiche (Äquinox) im Frühjahr am 20. oder 21. März. Von den zwölf Monaten des Jahres haben die ersten sechs Monate 31 Tage, die Monate sieben bis elf 30, der zwölfte Monat hat 29 Tage, macht zusammen 365 Tage. In einem Schaltjahr zählt der zwölfte Monat 30 Tage. Das iranische Jahr 1382 beispielsweise begann am 21.03.2003 um 1:59 Uhr.

Die Monate nach dem iranischen Sonnenkalender

Farvardin (1): 21. März–20. April, 31 Tage
Ordibehesht (2): 21. April–21. Mai, 31 Tage
Khordad (3): 22. Mai–21. Juni, 31 Tage
Tir (4): 22. Juni–22. Juli, 31 Tage
Mordad (5): 23. Juli–22. August, 31 Tage
Shahrivar (6): 23. Aug.–22. September, 31 Tage
Mehr (7): 23. September–22. Oktober, 30 Tage
Aban (8): 23. Oktober–21. November, 30 Tage
Azar (9): 22. Nov.–21. Dezember, 30 Tage
Day (10): 22. Dezember–20. Januar, 30 Tage
Bahman (11): 21. Januar–19. Februar, 30 Tage
Esfand (12): 20. Februar–20. März, 29 (30) Tage

Staatliche Feiertage

(nach dem iranischen Sonnenkalender)
1.–4. Farvardin: Nouruz, das iranische Neujahrsfest
12. Farvardin: Nationalfeiertag, Gründung der Islamischen Republik

Iranische Feiertage der nächsten Jahre

Staatliche und religiöse Feiertage, nach dem gregorianischen Kalender (in Klammern das iranische Datum)

	2005	2006	2007
Geburtstag *Imam Reza* (11.11.)	12.12.	2.12.	21.11.
Eid-e Qorban (Opferfest) (10.12.)	21.1.	10.1.	31.12.06
Jahrestag der Revolution (22.11.)	10.2.	11.2.	11.2.
Eid-e Qadir (18.12.)	29.1.	18.1.	8.1.
Tasua (9.01.)	18.2.	8.2.	28.1.
Ashura (10.01.)	19.2.	9.2.	29.1.
Jahrestag der Nationalisierung des Erdöls (29.12.)	20.3.	20.3.	20.3.
Nouruz, Neujahrsfest (1.1.–4.1.)	21.–24.3.	21.–24.3.	21.–24.3.
Gründung der Islamischen Republik (12.01.)	1.4.	1.4.	1.4.
Sizdah-bedar (13.01.)	2.4.	2.4.	2.4.
Arba'in (20.02.)	31.3.	21.3.	10.3.
Todestag *Mohammad* und *Imam Hassan* (28.02.)	8.4.	29.3.	18.3.
Todestag *Imam Reza* (29.02.)	9.4.	30.3.	31.3.
Geburtstag *Mohammad* und *Imam Dja'afar-as-Sadeq* (17.03.)	26.4.	16.4.	5.4.
Todestag *Ayatollah Khomeini* (14.03.)	4.6.	4.6.	4.6.
Gedenktag Aufstand 1963 (15.03.)	5.6.	5.6.	5.6.
Geburtstag *Imam Ali* (13.07.)	18.8.	18.8.	28.7.
Id-e Mab'ath (27.07.)	1.9.	22.8.	11.8.
Geburtstag des 12. Imam (15.08.)	19.9.	9.9.	29.8.
Todestag *Imam Ali* (21.09.)	24.10.	14.10.	3.10.
Id-e Fitr (1.10.)	3.11.	24.10.	13.10.
Todestag *Imam Dja'afar-as-Sadeq* (25.10.)	27.11.	17.11.	6.11.
Fastenmonat Ramdan	4.10.–2.11.	24.9.–23.10.	13.9.–12.10.

13. Farvardin: Sizdah-bedar, der 13. Tag von Nouruz
14. Khordad: Todestag *Khomeinis* (gest. 1989)
15. Khordad: Gedenktag zum Aufstand im Jahr 1963
22. Bahman: Nationalfeiertag, Sieg der Islamischen Revolution (1979)
29. Esfand: Nationalisierung der iranischen Ölindustrie (1952)

Der islamische Mondkalender

Nach dem islamischen Mondkalender werden die Daten der **religiösen Feiertage** festgelegt. Da das Mondjahr mit **354 oder 355 Tagen** kürzer als das Sonnenjahr ist, verschieben sich die religiösen Feiertage jährlich um etwa zwölf Tage nach vorn, während die staatlichen Feiertage nach dem Sonnenjahr um höchstens einen Tag (Schaltjahr) differieren.

Die Monate nach dem islamischen Mondkalender

Moharram (1)
Safar (2)
Rabi' al-aval (3)

Rabi' al-sany (4)
Jumaada al-aval (5)
Jumaada al-sany (6)
Radjab (7)
Sha'ban (8)
Ramezan (9)
Shaval (10)
Ze-l-Qaade (11)
Ze-l-Hejje (12)

Religiöse Feiertage

(nach dem islamischen Mondkalender)

9. Moharram: Tasua, Vorabend des Martyriums von Imam *Hossein*
10. Moharram: Ashura, Todestag Imam *Hosseins* (680 n. Chr.)
20. Safar: Arba'in, der 40. Tag nach dem Todestag Imam *Hosseins*
28. Safar: Todestag des Propheten *Mohammad* und Imam *Hassans*
29. Safar: Todestag von Imam *Reza*
17. Rabi' al-aval: Geburtstag *Mohammads* sowie Imam *Djaafar as-Sadeqs*
13. Radjab: Geburtstag Imam *Alis*
27. Radjab: Eid-e Mab'ath, der Tag, als der Prophet zu predigen begann
15. Sha'ban: Geburtstag des zwölften Imam *(Mehdi)*
21. Ramezan: Todestag Imam *Alis*
1. Shaval: Eid-e Fitr, Fest des Fastenbrechens
25. Shaval: Todestag von Imam *Dja'afar as-Sadeq* (6. Imam)
11. Ze-l-Qaade: Geburtstag von Imam *Reza*
10. Ze-l-Hejje: Eid-e Qorban, das Opferfest
18. Ze-l-Hejje: Eid-e Qadir, Gedenktag der Ernennung *Alis* zum Nachfolger *Mohammads*

Wichtige Feiertage und ihre Bedeutung

Neujahrsfest

Der wichtigste säkulare (weltliche) Feiertag Irans ist das Neujahrsfest (Nouruz). Es wird zu Frühlingsbeginn am **20. oder 21. März** gefeiert und bestimmt den ersten Tag des iranischen Sonnenjahres. Das Neujahrsfest hat alte historische Wurzeln, die bis in achämenidische Zeiten (und wahrscheinlich noch früher) zurückreichen und war ursprünglich fest mit zoroastrischen Vorstellungen von der alljährlichen „Wiedergeburt der Natur" verbunden. Es wurde und wird teilweise noch heute auch von anderen Völkern mit iranischen Wurzeln (Kurden, Afghanen, Tadschiken), aber auch von den Turkvölkern Zentralasiens gefeiert.

In Iran wird das Neujahrsfest heute mit einer **Zeremonie im Familienkreis** begangen, bei der man vor einen von Kerzen beleuchteten Spiegel sieben symbolische Nahrungsmittel auf ein Tuch legt, die im Persischen mit dem Buchstaben „s" beginnen müssen (das so genannte *sofre-ye haft sin*). Viele Familien bereiten das Fest durch einen großen Frühjahrsputz (mit Umstellen der Möbel) vor. Am letzten Mittwoch vor Neujahr wird mancherorts ein öffentliches Freudenfeuer mit Tanz, Gesang und Feuerwerk veranstaltet, das eine Reminiszenz an ein altes zoroastrisches Reinigungsritual darstellt.

Vom Neujahrstag (1. Farvardin = 20. oder 21. März) bis einschließlich 4. Farvardin sind in Iran alle **Ämter geschlossen;** die Schulferien dauern bis zum **13. Farvardin.** An diesem Tag (genannt *sizdah be dar,* „der 13. vor der Tür") unternehmen traditionell alle iranischen Familien einen **Ausflug ins Grüne** mit Picknick. In vorislamischer Zeit war dieser Tag dem Engel des Regens gewidmet und man zog ins Freie, um ihn für das kommende Jahr gnädig zu stimmen. Dies wurde in islamischer Zeit umgedeutet, weil die Zahl 13 als Unglück verheißend gilt. So zieht man heute nach draußen, um Unglück im neuen Jahr zu verhindern. Ein wichtiger Brauch am Ende des Picknicks besteht darin, *sabze* (Keimlinge), die immer ein Bestandteil des *sofre-ye haft sin* sind, in Bäche und Flüsse zu werfen, wodurch von der Familie symbolisch schlechte Einflüsse abgewehrt werden oder auch Wünsche in Erfüllung gehen sollen.

Ashura

Von den religiösen Feiertagen ist der bedeutendste Ashura, der zehnte Tag des Muharram, des ersten Monats des religiösen Jahres. An diesem Tag (und an Tasua, am Tag davor) wird in ganz Iran und überall dort, wo Schiiten vertreten sind, der **Ermordung des dritten Imam Hossein,** 680 n. Chr. in Kerbela (heute Irak), gedacht. Zu diesem Anlass hat sich eine Volkskultur von **Trauerprozessionen** entwickelt, bei denen die Gläubigen Standarten und Banner tragen und sich teilweise (in Erinnerung an die Leiden *Hosseins*) selbst **geißeln** (Geißelungen mit dem Schwert wurden in Iran nach der Revolution verboten und kommen nur noch in anderen schiitischen Regionen, z.B. im Libanon, vor).

Ramadan

Ein weiterer wichtiger religiöser Termin ist der **Fastenmonat** Ramadan, der neunte Monat des islamischen Jahres, während dem in Iran die Muslime von Sonnenauf- bis Sonnenuntergang keine Nahrung zu sich nehmen dürfen. Es gibt jedoch bereits für Muslime einige Ausnahmen, z.B. für Kinder, Schwangere oder Reisende. „Westliche" (d.h. nicht-muslimische) Touristen sind hiervon grundsätzlich nicht betroffen, d.h. sie dürfen sich ganz normal ernähren. Da jedoch viele **Restaurants** während des Ramadan mangels Kundschaft tagsüber schließen, kann es unterwegs mancherorts schwierig sein, etwas zu essen zu bekommen. Individualtouristen sollten sich deshalb bei der Reiseplanung vorab informieren, wo auf der Route Restaurants geöffnet sind, bzw. sollten ihr Essen selbst mitnehmen und mit der nötigen Zurückhaltung verzehren.

In den iranischen Großstädten findet man während des Ramadan in den großen Hotels fast immer eine für Ausländer (und auch für iranische Reisende) geöffnete Küche und im Stadtzentrum verkaufen einige Imbissstuben Sandwiches. Höflicherweise sollten Touristen jedoch darauf achten, während dieser Zeit nicht demonstrativ in der Öffentlichkeit zu essen.

Weitere staatliche Feiertage

Aus der Zeit der Islamischen Republik gibt es einige säkulare Feiertage, die an bedeutende politische Ereignisse erinnern. Der wichtigste von diesen ist der 22. Bahman, der als der Tag des endgültigen **Sieges der Revolution** (11. Februar 1979) gefeiert wird, zehn Tage, nachdem *Khomeini* aus Paris zurückgekehrt war. Ein weiterer wichtiger Feiertag, der **Tag der Islamischen Republik** (12. Farvardin, meist der 1. April), erinnert an das überwältigende Votum der iranischen Wahlbevölkerung für die Staatsform der islamischen Republik am 1. April 1979.

Mit Kindern unterwegs

Iran ist ein sehr sicheres Reiseland und deshalb **für Kinder geeignet.** Die Iraner lieben nichts mehr als Kinder und sind fremden Kindern gegenüber mehr als aufgeschlossen. Mit Kindern steht man stets im Mittelpunkt und erntet Zuneigung. Bei einer Reise mit meinen eigenen Kindern war ich erstaunt zu sehen, wie z.B. die farbenprächtigen Moscheen in Isfahan auf meine Kinder (damals zwischen 9 und 15 Jahren) gewirkt haben.

Windeln und medizinische Versorgung stellen in den größeren Städten kein Problem dar, dennoch empfiehlt sich die Mitnahme einer „Notration". Die Auswahl an Spielzeugen ist begrenzt; zumeist findet man billiges Plastikspielzeug und leider viele Waffen. Mädchen unter neun Jahren müssen kein Kopftuch tragen.

Medizinische Versorgung

Die Versorgung mit **Krankenhäusern, Ärzten und Apotheken** in den größeren Städten, insbesondere in Teheran, ist ausreichend bis gut. Viele auch bei uns gebräuchliche Medikamente sind preiswert zu haben. Reisende, die regelmäßig auf bestimmte Medikamente angewiesen sind, sollten diese dennoch mitbringen. In jedem Fall empfiehlt sich der Abschluss einer Reisekrankenversicherung (⇨„Vor der Reise: Versicherungen").

Der **Krankenwagennotruf** in Teheran ist **123.** Ein Notarztwagensystem gibt es in Iran nicht. Teilweise verfügen Krankenhäuser über Ambulanzfahrzeuge, die aber meistens nicht für die Notfallversorgung geeignet sind.

SOS Iran Assistance (SOS Komak Resan) organisiert Evakuierungen innerhalb Irans (Mitgliedschaft ist erforderlich). Ansprechpartner in Teheran: Dr. Assiai, Tel. 021-8794679, 8771293.

Nachtleben

Ein öffentliches Nachtleben existiert in Iran nicht, da es **weder Bars noch Diskotheken** gibt, auch nicht in internationalen Hotels. Cafés und Restaurants schließen spätestens um Mitternacht, meist früher. Um diese Zeit leeren sich auch die belebtesten Straßen, denn auch in Iran lässt es sich im „Dunkeln gut munkeln", und gerade das ist nicht erwünscht.

Öffnungszeiten

Die **offizielle Arbeitswoche** in Iran dauert von **Samstag bis Donnerstagmittag.** Staatliche Einrichtungen, Verwaltungen, Post und Banken sind in der Regel von 7:30 Uhr bis 12 und nach einer Mittagspause bis 16 Uhr geöffnet. Donnerstags ist ab Mittag geschlossen, **Freitag ist Feiertag.**

020i Foto: hn

Museen öffnen in der Regel um 9 Uhr und sind von Frühling bis Herbst bis 18 Uhr, in der restlichen Zeit bis 17 Uhr geöffnet. An den zahlreichen staatlichen und religiösen Feiertagen sind die Öffnungszeiten höchst unterschiedlich. Einen für das ganze Land geltenden Schließtag für die Museen gibt es nicht. Gerade die kleineren Museen halten die offiziellen Öffnungszeiten nicht immer genau ein. Bei den im Buch beschriebenen Museen sind die Zeiten angegeben.

Gesetzliche **Ladenöffnungszeiten** gibt es nicht; jeder öffnet und schließt seinen Laden, wann er möchte. In der Regel ist ab 9 Uhr geöffnet, mittags wird meist geschlossen und spätestens ab 16 Uhr wieder geöffnet, bis 20 Uhr oder länger. Auch am Freitag ist eine große Zahl von Geschäften meist ab mittags geöffnet. In den größeren Städten gibt es **Apotheken,** die 24 Stunden geöffnet sind.

Orientierung

Die Orientierung in den Städten ist nicht immer ganz leicht, obwohl **Straßen- und Verkehrsschilder** in aller Regel auch lateinisch beschriftet sind. Die **Adresse** „Nr. 12, 1. Etage, Kuche-ye Shahrud, Khiaban-e Enqelab, Meydan-e Ferdowsi" in Teheran findet man in der Gasse namens Shahrud, Haus Nr. 12, die abzweigt von der Straße Enqelab, an dem Ende, wo sie auf den

Ferdowsi-Platz stößt. In den Ortsbeschreibungen im Buch ist *Kuche* (Gasse) mit *Kuch.*, *Khiaban* (Straße) mit *Kh.* und *Bolvar* (Boulevard) mit *Bol.* abgekürzt. Im Zweifel hilft immer Fragen. Auch ein Zettel mit der Adresse in lateinischen Schriftzeichen wird zumindest in den Städten von den Einheimischen verstanden.

Die **Namensgebung der Straßen** ist recht eintönig, keine Kleinstadt ohne „Khiaban-e Imam Khomeini" (Imam-Khomeini-Straße), „Meydan-e Azadi" (Freiheitsplatz) oder „Bolvar-e Enqelab" (Boulevar der Revolution), dazu je nach Größe des Ortes etliche Straßen, die nach Märtyrern des Krieges benannt sind. Oft bevorzugen die Einheimischen die früheren Namen, die auf den aktuellen Stadtplänen meist nicht vermerkt sind. Wo dies der Fall ist, sind im Buch die gebräuchlicheren Namen angegeben.

Post

Alle international üblichen Postdienste stehen in Iran zur Verfügung. Die Dichte des Poststellennetzes lässt, besonders in den großen Städten, zu wünschen übrig. Manchmal ist der Weg zum nächsten Postamt doch recht weit. Die **gelben Briefkästen** der iranischen Postgesellschaft sieht man häufig an den Hauptstraßen der großen Städte, sie werden regelmäßig geleert. Ebenfalls findet man häufig blaue Kästen an den Straßen, die deutlich kleiner sind. Dies sind Spendenbehälter für *sadaqe*, religiös gebotene Almosenspenden. Die Schlitze sind deutlich kleiner als bei Briefkästen und deshalb kaum mit diesen zu verwechseln.

Der Tourist hat meist auch die Möglichkeit, seine Post im Hotel abzugeben, wo manchmal auch Briefmarken zu haben sind. In der Regel bekommt man sie jedoch ausschließlich beim Postamt.

Das **Porto** für Luftpostkarten nach Europa ist billig, da es sich aber ständig erhöht, ist es sinnvoll, sich zu erkundigen (zurzeit für eine Postkarte nach Europa 150 Tuman, für einen Luftpostbrief bis 20 Gramm 300 Tuman). Die durchschnittliche Laufzeit beträgt 8 bis 10 Tage, wobei es umso schneller geht, je näher man den Brief von Teheran abschickt, weil jegliche Luftpost über Teheran weitertransportiert wird.

Post, die von Europa nach Iran geschickt wird, kommt in der Regel auch dann an, wenn die **Adresse in lateinischen Schriftzeichen** angegeben wird.

Der Versand von **Paketen** von Iran nach Europa ist möglich und nicht besonders teuer, ein Päckchen von 2 kg kostet etwa 8 €. Kartons gibt es bei der Poststelle, der Reisepass muss vorgelegt werden. Aufpassen muss man bei Fotos und Wertsachen; die werden gern bei den üblichen Kontrollen „gefilzt". Für Pakete interessiert sich natürlich auch der Zoll im Heimatland.

Postamt in Hamadan

Sicherheit

Kriminalität

Obwohl von turbulenten Verhältnissen umgeben, kann Iran auch im internationalen Vergleich als **sicheres Reiseland** bezeichnet werden. Diebstähle an Touristen sind nicht an der Tagesordnung, sie kommen aber vor, was angesichts der sozialen Probleme kaum verwundert. Von Diebstahlskriminalität, die sich speziell auf Touristen und deren besondere Gewohnheiten konzentriert, kann (noch) nicht gesprochen werden – nicht, weil die Iraner bessere Menschen sind, sondern weil angesichts der in den vergangenen Jahren stark rückläufigen Besucherzahlen dies als gewerbsmäßige Beschäftigung nicht lohnt.

Dass dennoch zur **Vorsicht** geraten werden muss, besonders in Teheran, Isfahan und Shiraz sowie im Gedränge der großen Pilgerstädte, wird allein daran deutlich, dass im Moment die Einrichtung einer besonderen Touristenpolizei diskutiert wird. In vielen Hotels und bei den Dienststellen der Fremdenpolizei sieht man Aushänge für Touristen, auf denen geraten wird, **Reisepässe und Bargeld** in größeren Mengen **im Hotel** zu lassen. In der Tat braucht man seinen Reisepass nicht, wenn man sich in den Städten aufhält. Für den Fall, dass man überhaupt von der Polizei angesprochen wird, reicht es aus, das Hotel anzugeben.

Es hat in den vergangenen Jahren Vorfälle gegeben, bei denen Gauner unter Vorzeigen von Versicherungs- oder sonstigen Kennkarten versucht

Notfall-Tipps

Vorsorgemaßnahmen vor Reiseantritt

- Vor der Reise ist es unbedingt ratsam, eine **Auslandsreise-Krankenversicherung** abzuschließen (siehe „Vor der Reise: Versicherungen"). Bei erhöhtem Sicherheitsbedarf kann auch eine Reise-Notfall-Versicherung bzw. ein Schutzbrief nützlich sein.
- Ein **Impfpass** und evtl. ein **Gesundheitspass** mit Blutgruppe, Allergien, benötigten Medikamenten u.Ä. sollte mit auf die Reise genommen werden, ebenso natürlich die Medikamente selbst.
- Für Postempfang und Kontoverfügung sollten bei der Post bzw. Bank an vertrauenswürdige Personen **Vollmachten** ausgestellt werden. Gegebenenfalls sollte man seinem Rechtsanwalt eine Vertretungsvollmacht für Notfälle geben.
- **Zu Hause** ist zu klären, wer im Notfall telefonisch erreichbar ist, R-Gespräche übernimmt und einem Geld überweisen kann. Dort sollten auch die eigene Bankverbindung und die Versicherungsadressen hinterlassen werden.
- **Dokumente** sollten wassergeschützt am Körper (Bauchtasche, Geldgürtel u.Ä.) aufbewahrt oder im Hotelsafe gegen ausführliche Quittung hinterlegt werden.
- Auf alle Fälle sollte man sich **Kopien** von Pass (inkl. Visumseite), Flugticket, Kredit- und Scheckkarten, Reiseschecks und sonstigen Dokumenten anfertigen, einen Satz wasserdicht verpacken und getrennt von den Originalen mitnehmen, einen zweiten Satz zu Hause hinterlegen. Ein ausreichend hoher **Sicherheitsgeldbetrag** sollte getrennt von der Reisekasse aufbewahrt werden.
- Sinnvoll ist es, sich einen **persönlichen Notfall-Pass** zu erstellen und ihn wasserdicht und sicher am Körper aufzubewah-

ren. Eingetragen werden sollten: eigene persönliche Daten, die eigene Adresse und die von Kontaktpersonen zu Hause incl. Tel. und Fax, die eigene Bankverbindung, Notruf-Telefonnummern der Kranken- und/oder Reise-Notfall-Versicherung oder der Schutzbrieforganisation, Adresse und Telefonnummer der Botschaft (⇨„Vor der Reise: Diplomatische Vertretungen"), Deutschland-Direkt-Nummer für R-Gespräche, Nummern des Passes, des Flugtickets, der Reiseschecks, der Kreditkarten.

Im Krankheitsfall

- Wenn ein Auslandskrankenschein nicht akzeptiert wird und man die Kosten selber zu tragen hat, muss man sich vom Arzt eine **ausführliche Bescheinigung** über Diagnose und Behandlungsmaßnahmen, einschließlich verordneter Medikamente, sowie eine **Quittung** über die bezahlte Behandlung ausstellen lassen. Auch von Apotheken sollte man sich Quittungen ausstellen lassen.
- Bei **schweren Fällen** sollte außer dem Notfallservice der Versicherung auch die Botschaft bzw. das Konsulat informiert werden.

Verlust von Dokumenten/Geld

- Von der **Polizei** bei Verlusten ein ausführliches Protokoll ausstellen lassen.
- Den betroffenen Stellen sollte der **Verlust zügig gemeldet** werden, möglichst zusammen mit Nummern bzw. Kopien der verlorenen Dokumente (Pass: Botschaft bzw. Konsulat; Tickets: Fluggesellschaft; Schecks, Kreditkarten: Bank).
- Botschaften bzw. Konsulate (siehe „Vor der Reise") stellen bei Passverlust einen **Ersatzpass** aus, nachdem die Identität geklärt ist. Beste Voraussetzung dafür ist eine Kopie des Originals. Sonst wird beim Einwohnermeldeamt der Heimatstadt angefragt, was Zeit und Geld kostet.

Verlust von Kreditkarten/Schecks

Bei Verlust oder Diebstahl von **Geldkarte** oder **Reiseschecks** sollte man diese umgehend sperren lassen.

- **EC-/Maestro-Karte,** (D) Tel. 0049-1805-021021; (A) Tel. 0043-1-2048800; (CH) Tel. 0041-1-2712230; UBS: 0041-8488-88601; Credit Suisse: 0041-8008-00488.
- **MasterCard und VISA,** (D) Tel. 0049-69-79331910; (A) Tel. 0043-1-717014500 (MasterCard) bzw. Tel. 0043-1-71111770 (VISA); (CH) Tel. 0041-44-2008383 für alle Banken außer Credit Suisse, Corner Bank Lugano und UBS.
- **American Express,** (D/A) Tel. 0049-69-97971000; (CH) Tel. 0041-1-6596666.
- **Diners Club,** (D) Tel. 0049-69-66166-123; (A) Tel. 0043-1-501350; (CH) Tel. 0041-1-8354545.
- **American Express Reiseschecks,** (D) Tel. 0049-69-97971850; (A) Tel. 0043-1-5450120; (CH) Tel. 0041-17454020.
- **Travelex / Thomas Cook,** mehrsprachiger Computer für alle Länder Tel. 0044-1733318949.

Beschaffung von Geld

- **Überweisung** von der **Hausbank.** Dazu sollte man schon vor der Reise die jeweiligen Bedingungen, insbesondere die Korrespondenzbank im Reiseland, klären.
- **Reise-Notfall-Versicherungen** zahlen je nach Vertragsklauseln bis zu 1500 Euro Notfalldarlehen, direkt über Vertreter im Reiseland, falls vorhanden.
- Die **Botschaften bzw. Konsulate** leihen nur in absoluten Ausnahmefällen Geld, zumeist auch nur in Form von Rückflugticket oder Zugfahrkarte. Allerdings kann in Notfällen eine Information an Verwandte in Deutschland erfolgen, die das benötigte Geld dann auf ein Konto des Auswärtigen Amtes einzahlen.

haben, sich **als Polizisten auszugeben.** Diese erkennt man jedoch leicht an ihren grünen Uniformen. In einem solchen Fall sollte man einfach weggehen oder sich, falls irgend möglich, an andere Menschen in der Nähe wenden. Ein Problem besteht darin, dass man sich mit dem „gewöhnlichen Straßenpolizist" in der Regel nicht unterhalten kann, weil dieser keine Fremdsprachen spricht. Im Bedarfsfall ist es am sinnvollsten, sich in einem Hotel zu melden, von wo aus die Polizei verständigt werden kann.

Unsichere Regionen

Besondere Sicherheitsbedingungen herrschen in den **Grenzgebieten** zu Afghanistan und Pakistan und zum Irak. Da insbesondere über die iranische Ostgrenze die Routen der **Rauschgiftschmuggler** verlaufen und es dort zu regelrechten Schlachten zwischen Schmugglern und den Ordnungskräften der Islamischen Republik kommt, sollte man bei Reisen in den Provinzen **Sistan/Baluchestan** und den östlichen Teilen von **Kerman** und **Khorasan** besondere Vorsicht walten lassen und in keinem Fall allein fahren. Das **Auswärtige Amt** warnt bei seinen Reiseempfehlungen vor Reisen in diese Regionen, was auf einige Fälle von Entführungen zurückgeht – die letzte endete im Dezember 2003 glimpflich für die drei entführten Radfahrer. Insbesondere Individualreisende sollten sich vor geplanten Aufenthalten in den genannten Gebieten informieren (Aktuelles erfährt man unter www.auswaertiges-amt.de).

Frauen allein unterwegs

Touristinnen profitieren, so seltsam das auch klingen mag, von den **rigiden Moralvorstellungen** der Islamischen Republik. Nicht, dass iranische Männer Engel wären – aber weil es durch Tradition und Gesetz geächtet ist, sich in der Öffentlichkeit dem anderen Geschlecht zu nähern, haben reisende Frauen in der Regel ihre Ruhe, insbesondere dann, wenn sie nicht versuchen, für die kurze Dauer ihres Aufenthalts die islamische Kleiderordnung zu revolutionieren. Wenn sie Hilfe oder Rat brauchen, werden immer genügend iranische Mädchen oder Frauen in der Nähe sein, die ihnen gern helfen oder gar Kontakt suchen.

- **Buchtipps:** „Als Frau allein unterwegs" und „Schutz vor Gewalt und Kriminalität", beide aus der Reihe Praxis, Reise Know-How Verlag, Bielefeld.

Prostitution

Prostitution ist natürlich offiziell verboten und wird **schwer bestraft.** Gemäß dem religiösen Gesetz gilt jeglicher Kontakt zwischen Mann und Frau, der außerhalb von Familie und Ehe stattfindet, als unzulässig; außerehelicher sexueller Kontakt wird als Prostitution angesehen. Sittenwächter wachen darüber, dass solche Kontakte in der Öffentlichkeit nicht stattfinden. Es ist aber in der iranischen Öffentlichkeit kein Geheimnis, dass Prostitution aufgrund der sich verschlechternden sozialen Verhältnisse mehr und mehr um sich greift. Fast täglich kann man in der iranischen Presse Berichte darüber lesen, dass Prostituierte aufgegriffen wurden, oft sehr junge Mädchen, die aus ihren Familien geflohen sind und vor allem in Teheran versuchen, auf diese Weise ihr Auskommen zu finden. Es versteht sich von selbst, dass insbesondere Ausländer um dieses Phänomen einen großen Bogen machen sollten, auch wenn sie z.B. in der Lobby eines internationalen Hotels in Versuchung geführt werden sollten.

Sport und Aktivitäten

Bergwanderungen

Ideale Möglichkeiten bietet Iran für Bergwanderungen unterschiedlichster Schwierigkeitsgrade. In den ausgedehnten Gebirgsgegenden wird man immer Routen finden, auf denen man völlig für sich allein ist. Die Kehrseite ist allerdings, dass es kaum erschlossene Routen oder Wanderkarten gibt, weswegen sich in aller Regel ein einheimischer Führer empfiehlt. Ähnliches trifft für das Bergsteigen zu.

- Eine auf Trekking- und Gebirgstouren spezialisierte Agentur ist **Caravan Sahra,** No. 29, Kh. Ghaem Magham Farahani, Teheran, 15899, Tel. 021-8811970, Fax 8303623, www.CaravanSahra.com. Hier bekommt man auch Karten von einigen der Gebirgsrouten.
- Interessierte können sich auch wenden an die **Islamic Republic of Iran Mountaineering Federation,** c/o NOC Iran P.O. Box 15815-1881, Kh. Varzandeh./Kh. Mofatteh, Teheran, Tel. 021-8839928, Fax 8306641, irmountfed@neda.net, www.iranmountainfed.com.

Skilaufen

Nördlich von Teheran, auf dem Tochal, in Dizin oder Ab-e Ali sowie am Berg Alvand nahe Hamadan oder am Sahand in der Nähe von Tabriz gibt es erschlossene Skipisten, die von Dezember bis in den Februar hinein schneesicher sind. Ausrüstung kann in der Regel an Ort und Stelle ausgeliehen werden und kostet weniger als in Europa. Eine ausführliche Übersicht über alle Skigebiete und -pisten in Iran bietet die Webseite der Iranischen Skiföderation: www.skifed.ir.

Wassersport

Zum Wassersport, z.B. **Wasserski** und **Schnorcheln,** lockt die Insel Kish im Persischen Golf mit ihrem leuchtend blauen Wasser und den farbenfrohen Korallenbänken. Dafür sind die Wintermonate mit ihren moderaten Temperaturen am besten geeignet.

Sprache und Verständigung

Zwei Drittel der iranischen Bevölkerung sind unter 25 Jahren und viele von ihnen lernen in Schulen und Universitäten als Fremdsprache **Englisch.** Die meisten beherrschen allerdings kaum mehr als einige Grundbegriffe, was zur richtigen Verständigung oft nicht ausreicht. Nicht zu unterschätzen ist die große Anzahl der **Auslandsiraner** oder solcher, die aus dem Ausland zurückgekehrt sind. In den großen Städten und besonders zur Ferienzeit wird es einem oft passieren, dass man auf Englisch oder auch auf **Deutsch** gefragt wird, woher man denn komme. Dennoch kommt man, insbesondere außerhalb der Städte, oft in die Verlegenheit mit „Händen und Füßen" reden zu müssen, was aber aufgrund der großen Hilfsbereitschaft der Iraner meist zum Ziel führt.

Persisch (s. auch Kap. „Menschen und Kultur: Sprachen") ist gar nicht so schwer, wie es anfangs scheint: Wer ein paar Worte oder auch Redewendungen in dieser Sprache beherrscht, kommt natürlich besonders gut an. Die kleine Sprachhilfe im Anhang kann dabei helfen, nicht so sehr, um wirklich Persisch zu lernen, sondern mehr als Ausdruck des Interesses für die iranische Kultur. Eine solche Bereitschaft wird sehr geschätzt und öffnet viele Türen.

• **Buchtipp:** „Persisch – Wort für Wort", handlicher Sprechführer für den Reisealltag, erschienen im Reise Know-How Verlag, Bielefeld. Begleitendes Tonmaterial ist ebenfalls erhältlich.

Telefonieren

Der Stand der Telekommunikation in Iran entspricht internationalem Niveau. Das Netz von öffentlichen Telefonzellen ist dicht geknüpft, die Anzahl von Kartentelefonen, zuverlässiger als die alten Münzautomaten, wird ständig ausgebaut. Die meisten Münzautomaten akzeptieren 5-, 10- und 50-Rial-Münzen, die man als Tourist jedoch kaum in die Hand bekommt. **Telefonkarten** der staatlichen Telefongesellschaft im Wert von 800 Tuman gibt es an vielen Zeitschriftenkiosken oder von Handverkäufern, die sich meist in der Nähe der Fernsprecher aufhalten. Mit diesen Telefonen sind **Orts- und inneriranische Gespräche** möglich.

In den meisten Städten wird das Festnetz rasant ausgebaut, was immer wieder dazu führt, dass Telefonnummern geändert bzw. erweitert werden. In zahlreichen Katalogen und auf Internetseiten findet man z.B. für Isfahan die Vorwahl 031, für Shiraz 071 usw. 2001 sind die Vorwahlen der großen Städte auf vier Ziffern erweitert worden, also 0311 (Isfahan) und 0711 (Shiraz), mit Ausnahme von Teheran, wo nach wie vor die Vorwahl 021 gilt.

Internationale Gespräche

Internationale Gespräche können bei den **Fernsprechämtern** *(mokhaberat)* geführt werden, die es in allen Orten gibt, in größeren Städten auch mehrere. Dort werden die Gespräche handvermittelt: Man gibt dem Operator die Zielnummer, die dieser dann wählt und nach hergestellter Verbindung in eine Kabine weiterleitet.

Eine starke Konkurrenz für die staatlichen Fernsprechämter ist in den letzten Jahren mit den wie Pilze aus dem Boden geschossenen Internetcafés erwachsen, von denen man zumeist per **Internet-Telefonie** viel preiswerter ins Ausland telefonieren kann. Allerdings ist hierbei die Sprachqualität oft nicht befriedigend. Daneben gibt es auch eine Reihe von **Prepaid-Telefonkarten,** die ebenfalls wesentlich preiswerter sind als die Fernmeldeämter, die im Drei-Minuten-Takt abrechnen. Diese Karten werden oft in Buchhandlungen oder an Zeitungskiosks verkauft und funktionieren so ähnlich wie in Europa: Man ruft eine Nummer an (fast immer in Teheran, deshalb innerhalb Teherans ohne Vorwahl, außerhalb mit 021), die auf der Karte aufgedruckte PIN wird abgefragt (fast alle Karten haben neben Persisch auch eine englische Sprachvariante) und dann die Nummer eingegeben.

Die teuerste Möglichkeit ins Ausland zu telefonieren sind natürlich die **Hotels.** Allerdings sind Ortsgespräche vom Hotel aus fast immer umsonst.

Mobiltelefone

Auch Handys sind in Iran mittlerweile stark verbreitet und erleben, wie überall auf der Welt, enorme Zuwachsraten. Die Netzabdeckung ist in den Städten und ihrer unmittelbaren Umgebung ausreichend, auf dem (ausgedehnten!) Land gibt es dagegen viele „Löcher". Die zwei Mobiltelefonanbieter KFZO (TKC, www.tkckish.com) und Mobile Telecommunications Company of Esfahan (MTCE, www.mtce.ir) nutzen wie auch in Europa üblich 900 MHz GSM. Doch von allen Mobilfunkanbietern in den deutschsprachigen Ländern hat nur Swisscom einen Roamingvertrag mit KFZO. Somit macht es bis jetzt keinen Sinn, das Handy mit auf die Reise zu nehmen. Im Zweifel informiert man sich vor der Abreise bei seinem Provider über einen möglichen Roaming-Partner in Iran oder unter www.gsmworld.com.

Vorwahlnummern

Die **internationale Vorwahl** für Iran lautet **+98,** die **nationale Ortsvorwahl 0.** Um also von Deutschland aus den Anschluss 5592xxx in Shiraz anzurufen, müsste man wählen: 0098-711-5592xxx, um denselben Anschluss von Teheran aus anzurufen: 0711-5592xxx. Eine vollständige und aktuelle Übersicht aller Vorwahlen in Iran bietet die Webseite der iranischen Telecom: www.iran-telecom.com/numbering/.

Um aus Iran im Heimatland anzurufen, wählt man für Deutschland 0049, für Österreich 0043 und für die Schweiz 0041.

Wichtige Ortsvorwahlen

Abadan	631
Ahvaz	611
Amol	2421
Ardabil	451
Babol	241
Bandar Abbas	0761
Bandar Anzali	2321
Chalus	2451
Gorgan	271
Hamadan	0811
Isfahan	311
Karaj	2221
Kashan	2521
Kerman	341
Kermanshah	431
Khorramabad	661
Mashhad	511
Qazvin	281
Ramsar	2332
Sari	2431
Shiraz	711
Tabriz	411
Teheran	21
Yassuj	741
Zahedan	541
Zanjan	2821

021i Foto: hn

Ramsar Grand Hotel

Unterkunft

Bis in die Mitte der 1990er Jahre war die Hotelsituation in Iran ziemlich angespannt: Gut ein Jahrzehnt lang hatten kaum Touristen das Land besucht, viele Häuser waren ziemlich heruntergekommen, besonders in Orten mit wenigen Touristen. Seit Ende der 1990er Jahre hat sich auf diesem Sektor einiges getan; Hotels wurden neu gebaut, andere renoviert. Dennoch stieß man in der Frühjahrssaison 2001 an seine Grenzen, zum ersten Mal gab es an manchen Orten Schwierigkeiten, alle Touristen unterzubringen. Auch das hat sich nach dem 11.9.2001 geändert. Seit jener Zeit stehen wieder ausreichend Kapazitäten zur Verfügung, was diejenigen, die in den Ausbau von Hotels investiert haben, mit Sorge erfüllt.

In den Städten, die regelmäßig von Touristen besucht werden, gibt es ausreichend Hotels aller Kategorien. Die meisten befinden sich in den Händen von staatlichen oder halbstaatlichen Organisationen. Ausbildungsstand und Serviceleistungen des Personals können sich in der Regel noch nicht mit internationalem Standard messen. Die meisten der so genannten „Insidertipps“ sind zwar preiswert, genügen aber selten den Mindestansprüchen an eine saubere Unterkunft.

Was in Iran leider weitgehend fehlt, sind einfache und saubere „Familienhotels" und Gasthäuser der unteren und mittleren Preisklasse. 4- und 5-Sterne-Häuser sind mittlerweile fast überall ausreichend vertreten. Private Unterkünfte sind für Ausländer praktisch nicht zu finden, allenfalls in den Urlaubsgebieten am Kaspischen Meer werden Privatzimmer oder Häuser *(villa)* angeboten. Noch widerspricht dies auch der offiziellen Einstellung, denn diese Art von Tourismus ist kaum zu kontrollieren und deshalb staatlicherseits nicht erwünscht. Im Visaformular z.B. muss angegeben werden, ob man private Kontakte in Iran hat.

Ausländer müssen in Iran ihre Unterkunft grundsätzlich in Devisen, überwiegend **US-Dollar,** bezahlen. Diese Maßnahme ist staatlich angeordnet und soll dem weiteren Ausbau des Hotelsektors zugute kommen. Ausnahmen davon werden nur in privat geführten Häusern der einfachen Kategorie gemacht. Iranische Gäste zahlen in Hotels weniger als die Hälfte des Preises für Ausländer. Dies ist durchaus nachvollziehbar, denn die Einkommen in Iran betragen nur einen Bruchteil der in Mitteleuropa üblichen. Manchmal ist es direkt peinlich zu sehen, wenn „backpacker" meinen, sie müssten die Hotelpreise auf den für Iraner vorgesehenen Preis herunterhandeln.

Hotelkategorien

Die **internationale Klassifizierung** ist in Iran nur bedingt anwendbar, manche iranischen 5-Sterne-Hotels würden international keine 4 Sterne bekommen. Dafür ist das Preisniveau recht moderat. Auch im teuersten Hotel in Isfahan oder Teheran wird man für ein Einzelzimmer nicht mehr als 140 US$ bezahlen.

In diesem Reisehandbuch sind die beschriebenen Hotels in **Preiskategorien** unterteilt. Sie werden durch hochgestellte Euro-Zeichen symbolisiert:

- **einfach** €: Hotels und selten Gasthäuser *(mehmansara, mosaferkhaneh)* mit Preisen bis 25 US$ für das Einzelzimmer
- **mittel** €€: Hotels mit 25 bis etwa 50 US$ für das Einzelzimmer
- **gehoben** €€€: Hotels ab 50 US$ für das Einzelzimmer

Verhaltenstipps

Iran ist ein Land zwischen Tradition und Moderne. Die religiösen Traditionen werden seit der Islamischen Revolution wieder besonders betont, stehen aber in einem Spannungsverhältnis zu der sich modernisierenden Gesellschaft. Hunderttausende von jungen Frauen studieren heute im ganzen Land, teils weit entfernt von ihren Familien und Heimatorten. Natürlich entwickeln sie sich in einer solchen Umgebung anders als im geschlossenen Kreis der Familie. Es besteht ein großer Unterschied zwischen privater und öffentlicher Sphäre: In der Öffentlichkeit hat sich jeder so zu bewegen, dass die religiös-gesellschaftlichen Normen eingehalten werden und das Ansehen der Familie nicht leidet. In der privaten Umgebung versucht sich jeder so einzurichten, wie es die persönlichen Umstände erlauben. Dieser Widerspruch ist für Europäer schwer nachzuvollziehen. „In Rome do like Romans do", nach dieser Devise kommt der Reisende auch in Iran am besten zurecht.

In der Öffentlichkeit sollte man sich der Umgebung anpassen, lange Haare (bei Männern) zu einem Zopf binden, kurze Hosen und Muskelshirts vermeiden, **legere Freizeitkleidung** bevorzugen. Bei Feiern oder offiziellen Anlässen wird jeder Iraner, der es sich leisten kann, einen Anzug anziehen, ohne Schlips freilich, der ist in religiösen Kreisen als „westlich" verpönt. Das hindert allerdings „modern" denkende iranische Männer nicht daran, einen solchen anzulegen, wenn sie unter sich sind.

Falls ein Mann einer Frau vorgestellt wird, vermeidet er in jedem Fall, ihr die Hand zu geben. Das schickt sich in der Öffentlichkeit nicht. Handelt es sich dagegen um eine private Einladung, kann es durchaus sein, dass ihm die Frau die Hand entgegenstreckt. In keinem Fall wird er eine Frau auf der Straße ansprechen!

Für **reisende Frauen** ist es ungleich schwerer, sie sind für die Dauer des Aufenthalts in Iran gezwungen, sich an die **islamische Kleiderordnung** zu halten, solange sie sich in der Öffentlichkeit aufhalten. Die jedoch haben die Iranerinnen in den vergangenen Jahren ins Rutschen gebracht, wovon auch Touristinnen profitieren. Ein Mantel *(manto)* oder gar Ganzkörperschleier *(chador)* ist nicht erforderlich; stattdessen tut es neben dem **obligatorischen Kopftuch** auch eine weite Jacke, eine lange Bluse oder ein weit geschnittenes, langes Kleid. Die Kleidung sollte in keinem Fall die Körperformen betonen. Zum öffentlichen Bereich zählen natürlich auch Flugzeuge, Restaurants und Hotels, sogar der Hotelflur. Wenn eine Frau auf Anklopfen die Zimmertür öffnet, sollte sie sich ebenfalls ein Kopftuch umlegen. Auch wird sie sich auf der Straße nicht von einem Mann ansprechen lassen!

Auch was den **Austausch von Zärtlichkeiten** betrifft, gelten in Iran restriktivere Regeln als in Westeuropa. Touristen sollten sich in der Öffentlichkeit zurückhalten: Händchenhalten ist kein Problem, aber auf Umarmen und Küssen sollte man in der Öffentlichkeit lieber verzichten (dies gilt nicht für den Wangenkuss zur Begrüßung und Verabschiedung).

Es kommt freilich oft zu Begegnungen im privaten Bereich, weil die Iraner ausgesprochen gastfreundlich sind. Zur höchsten Auszeichnung für einen Gast gehört es, nach Hause eingeladen zu werden. Es „gehört" sich aber eben auch, deshalb sollte man nicht vor der dritten Einladung einwilligen, denn erst dann ist es wirklich ernst gemeint. Wenn man ein **Privathaus** betritt, zieht man sich in der Regel die Schuhe aus, auch wenn zumeist nicht mehr auf dem Boden gegessen wird.

Da eine solche Einladung eine Auszeichnung ist, sollte man den Gastgebern ein kleines **Gastgeschenk** zukommen lassen. Kinder freuen sich immer über Süßigkeiten, aber auch über Mitbringsel aus Europa wie Bilder, Aufkleber oder Schreibutensilien. Iranische Frauen schätzen, wenn es die persönliche religiöse Auffassung nicht verbietet, Kosmetika und Parfüm, aber auch ein schöner Strauß Blumen kann angemessen sein.

Beim **Fotografieren von Menschen** sollte man vor allem in ländlichen Gebieten zurückhaltend sein. In den Städten ist dies in der Regel kein Problem; die Iraner selbst fotografieren viel und gern und es kann leicht passieren, dass sie die Touristen um Aufnahmen bitten. Öffentliche Einrichtungen und Uniformierte sollten in keinem Fall fotografiert werden, das kann leicht zu Unannehmlichkeiten führen.

Handlungen, die nach unserem Rechtsverständnis **strafbar** sind, werden auch in Iran gerichtlich geahndet. Die verhängten Strafen sind häufig sehr schwer und mit unseren Rechtsvorstellungen oft nicht vereinbar, weil sie sich aus dem religiösen Shari'a-Recht ableiten. Insbesondere **Rauschgiftdelikte** werden streng bestraft.

Verhalten Sie sich also weitgehend so, wie Sie es bei den Iranern sehen. Ansonsten lassen Sie sich überraschen - Sie werden staunen, was möglich ist.

Zum Verständnis der iranischen Mentalität und zum Verhalten als Tourist siehe auch „Land und Leute: Alltagsleben, Sitten und Gebräuche".

- **Buchtipps:** „Islam erleben" und „Respektvoll reisen" aus der Reihe Praxis sowie „KulturSchock Islam" und „KulturSchock Iran", erschienen im Reise Know-How Verlag, Bielefeld.

Verkehrsmittel

Überlandbusse

Überlandbusse sind die am meisten verbreiteten Verkehrsmittel zwischen den Städten. Jede Stadt verfügt über einen oder mehrere **Busbahnhöfe** (Terminals). Die Busgesellschaften sind in Form von Genossenschaften *(Ta'voni)* organisiert und durchnummeriert von Tavoni 1 bis 15. Alle diese Gesellschaften unterhalten ein eigenes Liniennetz, benutzen aber in den größeren Städten dieselben Busbahnhöfe, die meist an der Peripherie der Städte liegen, um den Busverkehr aus dem Zentrum herauszuhalten.

In größeren Städten gibt es Stadtbüros, an denen man Abfahrtszeiten erfragen und Fahrkarten kaufen kann, die es aber in jedem Fall auch am Abfahrtsbahnhof gibt. Die **Fahrpreise** sind für unsere Verhältnisse sehr günstig. Die Fahrt von Shiraz nach Bandar Abbas (knapp 600 km) kostet ca. 2000 Tuman in der Luxusklasse. Die Sitzplätze sind nummeriert, die Nummern werden in die Fahrkarten eingetragen.

Die eingesetzten Busse sind ältere Mercedes-Modelle, die etwas gelitten haben, und moderne Volvo-Busse, die bequemer sind. Die Gesellschaft Seir-o Safar betreibt Verbindungen zwischen allen großen Städten und setzt dabei nur Busse dieses Standards ein.

Stadtbusse

Innerhalb der größeren Städte verkehren oft überfüllte öffentliche Busse. Es dauert einige Zeit, bis ein Fremder

023i Foto: hn

das System durchschauen kann, zumal die **Fahrtziele nur auf Persisch** angegeben sind. In der Regel ist es für den Reisenden einfacher, sich innerhalb der Städte mit Taxis und Sammeltaxis zu bewegen. Eine Ausnahme bildet Teheran mit seinen großen Entfernungen. Im entsprechenden Abschnitt sind die wichtigsten Buslinien angegeben.

Im Unterschied zu den Überlandbussen werden die Fahrgäste in den Stadtbussen **nach Geschlechtern getrennt** befördert: Im vorderen Teil sitzen die Männer, der hintere ist den Frauen vorbehalten, die auch nur hinten einsteigen. Fahrkarten sind billig (50 Tuman); sie werden nicht im Bus verkauft, sondern sind vor der Fahrt an Kiosken erhältlich, die sich in der Nähe von wichtigen Haltestellen befinden. Die Karte wird vor dem Einsteigen vom Beifahrer eingesammelt.

Bakhtiyari-Frauen warten auf den Bus

Taxis und Sammeltaxis

Wie in allen orientalischen Ländern beruht der öffentliche Nahverkehr auf einem System von Taxis und Sammeltaxis. Sammeltaxis *(savari)* erkennt man an der Farbe (in **Teheran orange,** in anderen Städten **blau oder grün**) und daran, dass es zumeist Fahrzeuge des Typs „Peykan" sind. Sie verkehren innerhalb der Städte auf **festen Rou-**

ten und befördern bis zu fünf Passagiere. Wenn man die Wahl hat, sollte man nicht vorn einsteigen, weil es dort besonders eng ist, oder doppelt bezahlen, damit man ausreichend Platz hat.

Es ist an dieser Stelle nicht möglich, verbindliche Preisangaben zu machen, weil das Niveau zwischen den einzelnen Städten zu unterschiedlich ist, wobei Teheran natürlich an der Spitze liegt. Aber auch innerhalb Teherans gibt es nur wenige Strecken, für die man mehr als 1500 Tuman bezahlen muss. In der Regel werden Touristen in den Sammeltaxis nicht übervorteilt, sondern zahlen dasselbe wie Einheimische.

Neben den **lizensierten Taxis,** die an der Farbe und der offiziellen Plakette an der Windschutzscheibe erkennbar sind, gibt es auch Zehntausende **Privatchauffeure,** die versuchen, ihren meist kargen Lohn aufzubessern oder überhaupt eine Möglichkeit des Gelderwerbs zu haben. Die Preise zwischen diesen und den lizensierten Taxis unterscheiden sich nicht.

Es kommt durchaus vor, dass **Männer und Frauen** gemeinsam im Taxi befördert werden, wobei die Frauen meist hinten Platz nehmen.

Für einen Touristen, der die **Routen** der Taxis nicht kennt, ist es mitunter schwierig, ein Taxi zu bekommen, weil man vom Straßenrand aus dem Fahrer sein Fahrtziel zurufen muss. Auf langen Hauptstraßen oder Boulevards kann man es zumindest mit einem herzhaften *mostaqim* (geradeaus) versuchen. Eine andere Möglichkeit besteht darin, sich auf der Straße ein leeres Taxi zu suchen und *dar bast* („verschlossene Tür") zu fahren, was aber voraussetzt, dass man das genaue Fahrtziel kennt und den Preis vorher vereinbart hat. Prinzip für den Preis ist, dass man als einzelner Passagier genau das bezahlt, was ein voll besetztes Taxi dem Fahrer eingebracht hätte.

Daneben gibt es in allen Stadtvierteln **Taxiagenturen** *(ajans),* bei denen man anruft und dann von der bestellten Adresse abgeholt wird. Diese Taxis sind etwa dreimal so teuer wie normale.

Bahn

Iran ist eines der wenigen Länder, in denen das Eisenbahnwesen in den letzten Jahren eine regelrechte Renaissance erlebt. Die **Transiranische Eisenbahn** aus den 30er Jahren des 20. Jh. wurde ausgebaut, einige neue Strecken sind noch im Bau. Knotenpunkt ist natürlich Teheran, das von allen Strecken berührt wird. Von dort aus gibt es täglich Verbindungen nach Mashhad, Tabriz, Kerman, Bandar Abbas, Gorgan und Khorramshahr. Die Preise sind noch niedriger als die der Busse: Auf der Strecke Teheran – Kerman z.B. (1000 km) kostet die einfache Fahrt 2700 Tuman. Selbst die Fahrt mit dem Luxuszug „Simorgh", der als Nachtzug täglich zwischen Teheran und Mashhad verkehrt und mit Telefon, Fernseher und Restaurant mit Livemusik ausgestattet ist, kostet nur 9000 Tuman. Aber auch die normalen Züge sind in recht gutem Zustand, verfügen über Speisewagen und auf Langstrecken auch über Liegewagen.

022i Foto: hn

Die Züge können einen Monat vor Abfahrt **reserviert** werden, namentlich ausgestellte Karten gibt es an den Bahnhöfen sowie in bestimmten Reisebüros. Es empfiehlt sich stets rechtzeitig zu buchen. Eine ausgezeichnete Übersicht über Verbindungen, Fahrtzeiten und Preise bietet die Webseite **www.rajatrains.com.**

Inlandsflüge

Iran verfügt über ein dichtes Netz von Flughäfen, das beständig ausgebaut wird. Die iranische Staatslinie **Iran Air** ist schon lange nicht mehr in der Lage, das ständig steigende Passagieraufkommen zu bewältigen, weshalb in den letzten Jahren einige **private Fluglinien** den Verkehr aufgenommen haben. Ein Problem bildet die Knappheit an Flugzeugen: Aufgrund der US-amerikanischen Sanktionen gegen Iran ist das Land nicht in der Lage, ausreichend Flugzeuge zu kaufen und deshalb gezwungen, Flugzeuge zu leasen. Dies sind meist **Tupolev-Modelle** der russischen Aeroflot und von deren Nachfolgern, die manchmal auch von russischen Piloten geflogen werden. Bei fast allen Zwischenfällen im inneriranischen Luftverkehr in den letzten Jahren waren solche Maschinen betroffen.

Tickets sind nach unseren Maßstäben preiswert: Ein One-way-Flug Teheran – Kerman beispielsweise kostet mit Iran Air ca. 20.000 Tuman. Man bekommt sie entweder bei der Vertretung der jeweiligen Fluggesellschaft oder in Reisebüros, die in der Regel Tickets aller Airlines verkaufen. Da die Flüge stets stark ausgelastet sind, empfiehlt es sich, so früh wie möglich zu reservieren. Vor der Heimreise ist es unbedingt erforderlich, spätestens 72 Stunden vor Abflug eine **Rückbestätigung** vorzunehmen. Das kann bei der Vertretung der jeweiligen Fluglinie in Teheran, aber auch bei den meisten IATA-Reisebüros in allen Städten des Landes passieren.

Auf der Webseite der „Iranischen Vereinigung für Zivilluftfahrt" kann man alle nationalen und internationalen Verbindungen bequem abfragen: **www.cao.ir.**

Mietwagen

Mietwagen nach amerikanischem bzw. europäischem Vorbild sind in Iran (noch) nicht verfügbar. Auch dies ist im Wesentlichen ein Resultat des gestörten Verhältnisses USA/Iran, denn die Zentralen internationaler Autovermietungen sind zumeist in den USA angesiedelt und ohne Verbund mit dem internationalen Kreditkartensystem ist das Vermieten von Autos kaum praktikabel. Immerhin gibt es seit einigen Jahren eine Firma, die unter dem Namen **„europcar"** firmiert und das bekannte Label verwendet, aber dennoch nicht mit der europäischen Gesellschaft vergleichbar ist. „Europcar"-Iran unterhält Stationen in Teheran, Tabriz, Isfahan und Mashhad, jeweils an den Flughäfen (Adressen siehe Ortsbeschreibungen). Die Firma ist nicht ans internationale Europcar-Buchungssystem angeschlossen, d.h. von Europa aus kann nicht reserviert werden.

Das Mieten eines PKW als Selbstfahrer ist unüblich und nur gegen eine hohe Kaution möglich. In der Regel werden die Autos **mit Fahrer** vermietet zu Preisen ab 35.000 Tuman pro Tag mit 300 Freikilometern. Die Fahrzeugpalette umfasst in Iran montierte Modelle wie Kia Pride und Peugeot 405, aber auch ein Mercedes-Modell.

Familienausflug mit dem Pick-up

Zeitverschiebung

Die West-Ost-Ausdehnung Irans beträgt annähernd 3000 km. Um im ganzen Land eine Zeitzone zu haben, wurde deshalb eine Zwischenlösung gewählt und eine **Zeitzone speziell für Iran** geschaffen. Der Unterschied zur mitteleuropäischen Zeit (MEZ) beträgt **+2½ Stunden,** d.h. wenn es in Deutschland 12 Uhr mittags ist, zeigt die Uhr an jedem Ort in Iran 14:30 Uhr.

Diese Regel gilt nicht bei der Umstellung auf **Sommerzeit:** Weil in Iran schon mit Beginn des Frühlings und exakt zum Ende des Sommers die Uhren um eine Stunde vor- bzw. zurückgestellt werden, beträgt der Zeitunterschied vom 21. März bis zum Beginn der Sommerzeit in Mitteleuropa sowie vom 21. September bis zum Ende der Sommerzeit in Mitteleuropa nur 1½ Stunden.

024i Foto: hn

Land und Leute

025i Foto: hn

026i Foto: hn

Der Orumiyeh-See im Nordwesten Irans

Kurdische Jugendliche bei einem Ausflug

Straßenbrücke in Babolsar

Landschaft und Natur

Geographie

Das Hochland von Iran liegt im südwestlichen Teil Asiens und bildet die Landbrücke zwischen Eurasien und dem afrikanischen Kontinent. Es erstreckt sich zwischen 25° und 40° nördlicher Breite und 44° und 64° östlicher Länge. Die Hauptstadt Teheran liegt auf dem Breitengrad von Gibraltar, Shiraz auf dem von Kairo. Die angrenzenden Länder sind im Norden Armenien, Aserbaidschan und Turkmenistan, im Osten Afghanistan und Pakistan, im Westen der Irak und die Türkei.

Das Staatsgebiet umfasst eine Fläche von 1.648.000 km^2, damit ist das Land mehr als viermal so groß wie die Bundesrepublik Deutschland.

Landschaftsformen

Die geographischen Eigenheiten und das Klima Irans werden wesentlich von der Tatsache bestimmt, dass das Land an der Schnittstelle zwischen zwei physisch-geographischen Großstrukturen liegt. Zum einen ist es Teil des sich von den Alpen bis hin zum Himalaya erstreckenden eurasiatischen Hochgebirgsgürtels, zum anderen gehört es dem von der arabischen Halbinsel bis nach Zentralasien verlaufenden altweltlichen Trockengürtel an.

Das wichtigste Gliederungsprinzip ist das sich von Nordwesten in Richtung Südosten erstreckende **iranische Hochplateau.** Es wird zangenartig im Norden von der schmalen Gebirgskette des **Alborz** begrenzt (mit dem Damavand, ca. 5660 m ü.N.N., als höchs-

ter Erhebung Irans) sowie nach Südwesten hin von dem viel breiteren, in mehrere Einzelketten hintereinander gestaffelten **Zagros-Gebirge.**

Das überwiegend in Höhen von 1000 bis 1500 m liegende eigentliche iranische Hochplateau ist wiederum in einzelne Plateau- und Beckenlandschaften unterteilt. Vom Nordwesten zum Südosten nimmt die Größe der Becken eher zu und ihre Fruchtbarkeit ab; die größten zusammenhängenden **Wüstenregionen** Irans sind die im Osten bzw. Südosten gelegenen Dasht-e Kavir und Dasht-e Lut (hierbei handelt es sich größtenteils nicht um Sand-, sondern um Salz- bzw. Kieswüsten).

Die weit über 90% der Staatsfläche einnehmenden Hochplateaus und Gebirge werden im Norden (südlich des Kaspischen Meeres) und im Südwesten (Persischer Golf) durch zwei schmale **Küstenstreifen** begrenzt. Der südliche Küstenstreifen öffnet sich im Westen hin zu einer geographisch und historisch eigentlich Mesopotamien zugehörigen Schwemmlandebene, der heutigen iranischen Provinz Khuzestan. Beide Küstenregionen sind durch

Typische Zagros-Landschaft

028i Foto: hn

ihre fruchtbaren Böden und hohen Niederschläge von großer, weit über ihren flächenmäßigen Anteil hinausgehender Bedeutung für die iranische Landwirtschaft.

Geologie

Geologisch gesehen, ist die kontinentale Herkunft der iranischen Landmasse bis heute nicht zweifelsfrei geklärt. Neuere Forschungen gehen davon aus, dass nur der nördliche Rand des heutigen Iran seit jeher Teil des Nordkontinents (Eurasiens) war, der sich zu Beginn des Mesozoikums (vor ca. 250 Mio. Jahren) konsolidiert hatte. Das heutige Hochland Irans hätte dann zu jener Zeit noch aus mehreren „intermittierenden Mikrokontinenten" zwischen Eurasien und dem Südkontinent (Gondwana) bestanden und wäre erst im Laufe der weiteren Nordbewegung Gondwanas an Eurasien herangeschoben worden. Das Zagros-Gebirge hätte sich somit erst zu Beginn des Neolithikums (vor ca. 50 Mio. Jahren) aufgefaltet, als sich der „saudische Block" von unten gegen die iranische Platte schob.

Der 4811 Meter hohe Sabalan bei Ardabil kann relativ einfach bestiegen werden

Von den bis heute andauernden Faltungsbewegungen an den Bruchstellen zwischen dem „starren" Hochland und den es umfassenden Gebirgszügen zeugen die zahlreichen starken **Erdbeben,** von denen Iran immer wieder heimgesucht wird. Allein das 20. Jh. zählt über ein Dutzend schwere Beben mit jeweils über 1000 Todesopfern (das letzte schwere Erdbeben war im Dezember 2003 in der Stadt Bam mit über 30.000 Toten).

Bodenschätze

An bedeutenden Bodenschätzen verfügt Iran in erster Linie über **Erdöl und Erdgas,** die beide vor allem in der südwestlichen Provinz Khuzestan vorkommen. Die iranischen Erdölvorräte, die seit 1908 gefördert werden, sind die drittgrößten der Erde. Weitere wichtige Bodenschätze sind Kohle (v.a. in der Provinz Kerman), Eisenerze (bei Kerman und Yazd) – mit beidem wird das Stahlwerk bei Isfahan versorgt – sowie weitere Buntmetalle (Kupfer, Blei, Zink) und Industrieminerale (Schwefel, Salz).

Gewässer

Das Gewässernetz Irans unterteilt sich in vier große Bereiche. Ein nördlicher „Saum" von ca. 100 bis 200 km Breite, der von der türkischen Grenze (im Westen) bis kurz vor Mashhad (im Osten) reicht, fließt ins 30 m unter dem Meeresspiegel liegende **Kaspische Meer** ab (nur an der Südwestecke des Kaspischen Meeres ist der Saum etwas breiter und reicht ca. 400 km bis zur Quelle des Sefid Rud). Das Gebiet um den **Oroumiye-See** im Nordwesten (der einen Salzgehalt von über 30% hat!) bildet mit einem Saum von ca. 100 km ein eigenes Abflussgebiet. Der Südwesten Irans, d.h. die Zagros-Berge ab südlich von Hamadan und die Provinz Khuzestan, bilden zusammen mit einem 200 bis 300 km breiten Küstenstreifen an der gesamten Südküste den einzigen Bereich Irans, der in ein Weltmeer, den **Persischen Golf** bzw. **Golf von Oman,** abfließt.

Im gesamten übrigen Iran, d.h. in den zentralen und östlichen Hochplateaus, die über die Hälfte der iranischen Landfläche ausmachen, ist das Klima derart **trocken** und die dadurch bedingte Verdunstung so hoch, dass sich keine ganzjährig unter Wasser stehenden Endseen bilden. Vielmehr ist das Hochland in eine Vielzahl von einzelnen Becken untergliedert, von denen manche abflusslose Endbecken nur periodisch (v.a. im Frühjahr) wasserführende Flüsse sind. Eines dieser Endbecken, 2700 km² groß, sieht man z.B. linker Hand auf der Fahrt von Teheran nach Isfahan, östlich von Qom. Die meiste Zeit des Jahres ist es eine **Salzsteppe.**

Klima

Als ein riesiges Land von der beinahe fünffachen Größe Deutschlands, das sich vom kaukasischen Hochgebirge und den zentralasiatischen Trockensteppen bis in fast tropische Breitengrade erstreckt, ist das Klima Irans von einer großen Vielfalt gekennzeichnet.

Mittlere tägliche Sonnenscheindauer in Stunden

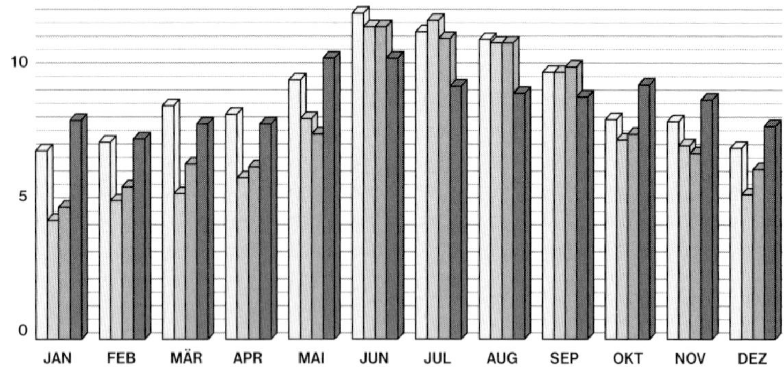

Mittlere Niederschlagsmenge pro Monat in mm

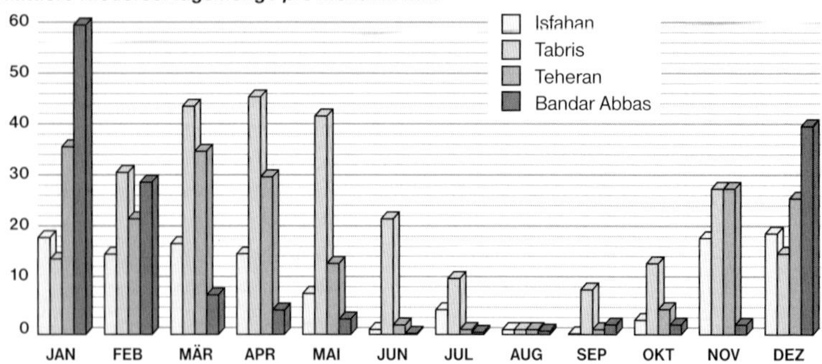

Mittlere tägliche Maximum- und Minimumtemperaturen in °C

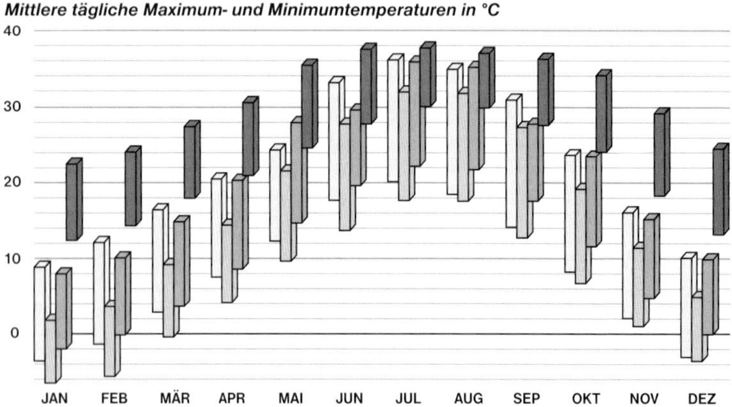

Klimazonen

Die Temperaturen der verschiedenen Regionen sind in erster Linie abhängig von der geographischen Breite und der Höhe über dem Meeresspiegel, in zweiter Linie auch von ihrer Entfernung vom Meer (Meeres- bzw. Binnenklima). Weitgehend parallel zur naturräumlichen Großgliederung lässt sich Iran grob in folgende Klimazonen unterteilen:

- **nördliche Randgebiete des iranischen Hochlands** (Tabriz, Mashhad): sehr winterkalt, im Sommer nicht allzu heiß
- **Südküste des Kaspischen Meeres:** heiße und feuchte Sommer, milde Winter
- **zentrales und östliches Hochland** (einschließlich der wichtigsten Touristikregionen Teheran, Isfahan und Shiraz): winterkalt, trockene heiße Sommer (dabei steigen die Temperaturen generell von Nordwest nach Südost allmählich an)
- **Khuzestan und Südküste:** warm und feucht, im Winter selten Frost

Insgesamt ist die erste Region der „kühlgemäßigten", alle übrigen sind der „warmgemäßigten" Subtropenzone zuzurechnen; nur der östliche Teil der Südküste ließe sich bereits als klimatisch den Tropen zugehörig bezeichnen. Charakteristisch für alle Gebiete außer den Küstenregionen und Khuzestan ist der **kontinentale Charakter des Klimas,** der große saisonale Temperaturschwankungen bedingt (z.B. in Isfahan: 23°C).

Niederschläge

Die Niederschlagsgliederung des Landes folgt ebenfalls weitgehend aus den geographischen Gegebenheiten. Eine besondere Region in dieser Hinsicht stellt das südkaspische Tiefland dar. Hier regnen sich (an den Nordhängen des Alborz) nördliche Feuchtwinde ab, wodurch sich teilweise sehr hohe, von Westen nach Osten abnehmende Jahresniederschlagsmengen ergeben.

Mit Ausnahme gewisser Regionen des westlichen und mittleren Zagros (z.B. westlich von Isfahan), deren jährliche Niederschlagsmengen an zentraleuropäische Verhältnisse heranreichen, ist der gesamte übrige Iran als **regenarm** zu bezeichnen. Im Nordwesten (Tabriz) werden noch Mengen von über 300 mm/Jahr erreicht, zum zentralen und östlichen Hochland hin nimmt die Regenmenge ab und sinkt teilweise auf unter 100 mm/Jahr. Auch der Südwesten (Khuzestan) und die Südküste sind mit weniger als 200 mm/Jahr regenarm. Die meisten Niederschläge fallen in Iran im Spätwinter und Frühling, nur im südkaspischen Tiefland auch im Herbst.

Luftfeuchtigkeit

Die extreme Trockenheit des iranischen Hochlands macht in manchen Regionen die Bildung von Wolken geradezu unmöglich; so ist die **Wüste Lut** mit einer Luftfeuchtigkeit von 3 bis 5% eines der trockensten Gebiete der Welt. Dies hat Iran bei der letzten absoluten Sonnenfinsternis im August 1999 zu einem beliebten Ziel für astronomische Ferntouristen (vor allem aus Japan) gemacht, die diese Naturerscheinung quasi mit „Klarer-Himmel-Garantie" beobachten konnten.

Die **extreme Trockenheit** des iranischen Hochlands mildert die Wirkung

029i Foto: hn

der **Sommerhitze** etwas ab und macht sie auch für Touristen erträglicher. Zudem entfaltet die trockene Höhenluft eine günstige Wirkung auf Beschwerden wie Allergien oder Asthma, von der auch Touristen an vielen Orten wie Isfahan oder Shiraz profitieren können (in Teheran wird diese positive Wirkung teilweise durch den Smog zunichte gemacht).

Reisanbau in Gilan nahe dem Kaspischen Meer

Tal des Rudkhane-ye Nur bei Baladeh im südlichen Zagros-Gebirge

Flora

Die Vegetation Irans spiegelt deutlich die klimatischen und reliefbedingten Gegebenheiten des Landes, aber auch die Eingriffe der menschlichen Besiedlung wider. Charakteristisch ist insgesamt die **kaum vorhandene Vegetation des Hochlands** sowie die durch jahrtausendelange Abholzung bedingte Ausdünnung oder Beseitigung einer ursprünglich dichten Bewaldung südlich des Kaspischen Meeres und im westlichen Zagros.

Der immer noch reichste und dichteste Waldbewuchs existiert südlich des Kaspischen Meeres. Von der Ebene bis auf die über 3000 m erreichenden Nordhänge des Alborz erstreckt sich eine durch großen Artenreichtum gekennzeichnete **Baum- und Strauchvegetation.** Im Tiefland gibt es noch Reste eines erst in jüngerer Zeit weitgehend abgeholzten, dschungelartigen **Feuchtwaldes** von fast tropischer Wuchskraft, z.B. die kastanienblättrige Eiche, den Eisenbaum *Parrotia persica,* Ulmen, Feigen, Buchsbaum oder Granatapfel. Ab ca. 500 Höhenmetern geht der Wald dann über in einen noch besser erhaltenen **Bergwald,** bei dem bis ca. 1000 m die Buche und in höheren Lagen die Weißbuche und Eiche dominieren.

Der nordwestliche und westliche Zagros war früher in 1000–2000 m Höhe vermutlich von einem dichten Trocken-Mischwald bedeckt (Ahorn, Esche, Pistazie, Eiche etc.). Die relativ zentrale Lage dieser Wälder nahe den politischen Zentren und somit Ballungsräumen des Reiches haben wahrscheinlich schon zu Zeiten des Achämeniden- und Sasanidenreichs zu starken **Abholzungen** geführt. Heute sind von diesen Wäldern nur noch Reste zu sehen (z.B. auf der Straße Shiraz – Kazerun), an den übrigen Orten stehen stark ausgedünnte **Eichenwälder** bzw. Eichengehölze, im Nordwesten teilweise auch Wacholder.

Im übrigen Hochland des Landes findet man da, wo überhaupt etwas wächst, eine schüttere, typische **Wüstenvegetation,** z.B. mit Wermutsträuchern oder dem *Dorema ammoniacum.* Bemerkenswert für das Hoch-

Land und Leute

030i Foto: hn

Gefährdete Delikatesse – Störe im Kaspischen Meer

90 % aller Störe weltweit leben auch heute noch im Kaspischen Meer. Sie gehören zu den **größten Süßwasserfischen** und sind in der Fischereiindustrie begehrt. Vor allem liefern sie den berühmten Kaviar und bilden deshalb für die Fischer bzw. Staaten in der Region eine kräftig sprudelnde Einnahmequelle.

Die Störe sind mit ca. 200 Mio. Jahren eine der ältesten Süßwasserfischgruppen, wie Versteinerungen aus Europa und Nordamerika belegen. Ihre Verbreitung ist auf die nördliche Erdhalbkugel, nördlich des 20. Breitengrades beschränkt. Man kann, das ist bei höheren Tieren ein nahezu einmaliges Phänomen, Exemplare unterschiedlicher Störgattungen miteinander kreuzen und die daraus resultierenden Hybriden sind sogar oftmals noch fruchtbar.

25 verschiedene Störarten tummeln sich in den Gewässern der Erde, viele davon ausschließlich im Kaspischen Meer und der Wolga. Der größte Stör ist der Hausen, er wird fast neun Meter lang und bis zu 1200 kg schwer. Alle Störe sind relativ träge Bodenfische, die mit ihren Bartfäden Nahrung am Grund des Sees oder des Flusses aufspüren. Wirbellose Tiere, aber auch Fische, Schnecken und Krebse stehen auf der Speisekarte dieser Tiere ganz oben. Zur Fortpflanzung ziehen die Störe flussaufwärts, wo sie ihre Laichplätze haben. Vor allem in der Wolga wimmelt es in dieser Zeit von Stören, die später dann wieder mit den Jungtieren ins Kaspische Meer zurückwandern.

Doch die Störpopulationen im Kaspischen Meer sind längst nicht mehr intakt. Dies lässt sich schon an der Entwicklung der **Fangquoten** der Störfischer in den letzten 20 Jahren erkennen. Sagenhafte 30.000 Tonnen wurden noch 1985 angelandet, 1990 waren es nur noch 13.300 Tonnen und 1994 dann gerade mal noch 2000 Tonnen. Im Jahr 2000 hatten die Störfischer bereits Probleme, genügend Störe aus dem Meer zu ziehen, um die noch einmal stark reduzierten Fangquoten überhaupt zu erreichen. Nicht nur Ölrückstände und Schadstoffe belasten die Fische, auch die **Wilderei** nimmt immer gewaltigere Ausmaße an. Experten eines Fischereiforschungsinstituts in der Region vermuten sogar, dass zehnmal so viele Störe illegal gefangen werden wie durch die zugelassenen Fischereischiffe. Seit 1990 – so vermuten Experten in Iran – sind die Störbestände auch deshalb um bis zu 90 % zurückgegangen.

Eine Besserung ist wohl nicht in Sicht, weil nur Iran, wo der Störfang staatliches Monopol ist, den Raubbau an den Stören nachhaltig verhindert. Die bisher ergriffenen Maßnahmen zum Erhalt des Bestandes – künstliche Vermehrung aller Störarten in so genannten Störwerken, Aussetzen von Jungfischen oder Fangquoten – haben seit dem Zusammenbruch der Sowjetunion keine Wirkung gezeigt. Die große Armut in den Nachfolgestaaten treibt die Einwohner der Kaspi-Region dazu, den Raubbau an den wertvollen Nutzfischen immer weiter zu treiben. Schutzmaßnahmen schrecken die zahllosen Wilderer dabei kaum. Den Hauptgewinn aus dem illegalen Störfang schöpfen aber nicht die Fischer ab, sondern multinational arbeitende Banden, die vor allem die wertvollen Störeier, den Kaviar, außer Landes schmuggeln und dann in den westlichen Ländern teuer verkaufen ...

Ein erfolgreiches natürliches Ablaichen in den traditionellen Laichgebieten wurde auch früher schon immer seltener. Große **Stauseen,** besonders an den Hauptflüssen Wolga und Kura, führten zu unüberwindlichen Wandersperren für die Fische, die ihre Laichplätze nicht mehr erreichen konnten. Der Entzug von Wasser für die Beregnung landwirtschaftlicher Flächen und die zunehmende Verschmutzung des Wassers ließen in den noch zugänglichen Laichrevieren die Bedingungen für den Schlupf und die Larvenentwicklung sich weiter verschlechtern.

Ähnliche Entwicklungen zeichneten sich auch im Schwarzen Meer ab. Im Mittelmeerraum und den Europäischen Meeresgebieten weiter nördlich sind schon seit längerem, wenn überhaupt, nur noch kleine Populationen von Stören vorhanden. Nicht besser sieht es in Nordamerika und Asien aus. Diese dramatische Entwicklung hat dazu geführt, dass alle Störarten in das **Washingtoner Artenschutzabkommen** aufgenommen worden sind. Zwei Arten, unser Gemeiner Stör, auch Baltischer Stör (Acipenser sturio) genannt, und der amerikanische Kurznasenstör (Acipenser brevirostrum) genießen den höchsten Schutzstatus, der in diesem Abkommen festgelegt ist. Alle übrigen Arten sind in die zweithöchste Schutzkategorie eingeordnet.

Kaviar

Kaviar ist ein gesalzenes Produkt aus dem Rogen (den Eiern) der Störe, das zuerst hell und glasig ist und erst durch Behandlung mit Salz dunkel wird. Echter Kaviar wird aus dem Rogen laichfreier Weibchen gewonnen.

Der beste und teuerste Kaviar stammt vom **Beluga,** einem Fisch, der bis zu 1000 kg wiegen kann. Bei schwarzem Kaviar gilt die Regel: je größer und heller (grau) das Korn, desto ausgereifter und aromatischer der Kaviar. Erstklassiger Beluga-Kaviar, der generell die größten und hellsten Körner hat, kostet 5000 US$ pro kg. Man kann in Iran aber auch Beluga-Kaviar für 90 US$ pro 100 g bekommen.

Immer noch teuer, aber doch eher erschwinglich, ist **Sevruga-Kaviar,** eine Sorte, die in den Geschäften und auf dem Markt am häufigsten angeboten wird. Auch hier gilt: auf möglichst helle, große und vor allem heile Körner achten.

land ist das weitgehende Fehlen der für Steppenregionen typischen Grasfluren. Weite Gebiete wie z.B. die Becken der verschiedenen **Salzwüsten** sind völlig ohne Vegetation. In der Provinz Khuzestan und am Persischen Golf, teils auch an den Südhängen des Zagros wächst **Heißwüstenvegetation** wie z.B. die Arabische und die Nubische Akazie oder die Belutschische Zwergfächerpalme; am Golf von Oman finden sich **Mangrovenwälder.**

Anders als die bisher erwähnte natürliche Vegetation ist diejenige entlang der **oasenartigen Flussläufe** im Hochland (z.B. Zayande-Rud in Isfahan) teilweise vom Menschen mitgestaltet; hier ist eine große Artenvielfalt anzutreffen, z.B. Weiden, Pappeln, Ulmen, Eschen, Platanen und Ahorn.

Fauna

Die Lage Irans zwischen Afrika, Zentral- und Südasien und dem Mittelmeerraum hat eine vielfältige Tierwelt hervorgebracht, deren regionale Zuordnung sich teilweise auch nach klimatischen und geologischen Gegebenheiten richtet. In der südkaspischen Tiefebene und in den westlichen und nordwestlichen gebirgigen Randsäumen des Zagros finden sich Säugetiere wie z.B. **Mufflon, Steinbock, Wildschwein** und **Rotwild.** An Raubkatzen sind noch **Leopard** und **Luchs** verbreitet. Der aus Indien eingewanderte **Mazanderantiger** steht kurz vor dem Aussterben. Zahlreicher und

für den nomadischen und bäuerlichen Nutztierbestand gefährlicher ist der im Norden und Nordwesten verbreitete **Wolf.** Auch der **Braunbär** wird gelegentlich gesichtet.

In den Wüstensteppen des Zagros und im Hochland kommen unter anderem **Gazellen, Füchse** und **Schakale** sowie der einheimische (endemische) **mesopotamische Hirsch** und der **Wildesel** vor.

Teeplantagen bei Lahijan in Gilan

Die **Vogelwelt** Irans ist besonders vielfältig; hier gelten als die bedeutendsten Regionen die Küste des Kaspischen Meeres (vor allem die Süßwasserlagune nordwestlich von Rasht) und der Hilmend-See in Baluchestan. An Greifvögeln gibt es Goldadler und verschiedene Falkenarten, außerdem Bart- und Lämmergeier.

Die im Kaspischen Meer und im Persischen Golf betriebene **Fischerei** spielt in Iran quantitativ nicht die Rolle, die sie aufgrund des vorhandenen Potenzials (v.a. im Golf) spielen könnte. Wirtschaftlich bedeutender ist die Jagd nach dem **Stör** (Beluga und Sevruga) im Kaspischen Meer, dessen Rogen ein wichtiger Exportartikel ist.

Umweltschutz

Der Schutz der Umwelt hat in Iran Verfassungsrang, in Artikel 50 wird er als eine wichtige „Aufgabe aller Bürger" bezeichnet. Trotzdem kann der Umweltschutz in einem Entwicklungsland wie Iran natürlich nicht den gleichen Stellenwert besitzen wie in einem reichen Industriestaat wie Deutschland. Kurz nach der Revolution und während des Krieges gegen den Irak hatten ohnehin andere Belange Vorrang; seit Ende der 1980er Jahre gibt es jedoch in Iran verstärkte Bemühungen um den Umweltschutz.

Diese Bemühungen zielen vor allem auf zwei Punkte ab: erstens darauf, den **Raubbau an der Vegetation einzuschränken.** Dieser ist in Iran seit Jahrhunderten durch Abholzung und Überweidung betrieben worden und hat im 20. Jh. durch die Bevölkerungsexplosion ungeahnte Ausmaße erreicht. Zweitens wird angestrebt, die Lebensbedingungen in den Städten, v.a. die **Luftqualität,** zu verbessern.

Das erste Ziel wird durch zum Teil ehrgeizige Wiederaufforstungs- oder **Aufforstungsprojekte** verfolgt. Deren Sinn ist aber nicht immer über jeden Zweifel erhaben, z.B. im Falle der aufwendigen Beforstung der 150 km langen Fernstraße von Teheran nach Qom. Außerdem ist nicht klar, ob Iran die Abholzung der letzten verbliebenen Wälder etwa südlich des Kaspischen Meeres wirklich verhindern kann.

Das zweite Ziel steht im Zusammenhang mit schon älteren Bemühungen, dem Verkehrsinfarkt in den Großstädten (v.a. Teheran) gegenzusteuern. Dazu wurden seit Mitte der 90er Jahre verschiedene Maßnahmen der Information und Verkehrsleitung bzw. **Verkehrsbegrenzung** ergriffen. So dürfen viele Straßen im Zentrum Teherans nur von städtischen Bussen, Taxis, Ärzten und staatlichen Fahrzeugen wie z.B. Feuerwehrwagen befahren werden. An manchen stark befahrenen Kreuzungen in Teheran stehen Anschlagbretter, die über die momentane Schadstoffbelastung informieren. Auch die im Jahre 2001 eröffnete Teheraner **Metro** soll dazu beitragen, den Dauerstau und die Schadstoffbelastung auf den Straßen zu lindern. Weitere Maßnahmen in diesem Sinne sind insbesondere seit Beginn der 90er Jahre der Bau zahlreicher **Autobahnen** (persisch: *bozorgrah*) innerhalb und um Teheran, die den Verkehr merklich flüssiger gemacht haben.

Staat und Gesellschaft

Geschichte

Iran beherbergt einige der **ältesten bekannten Freilandsiedlungen** der Welt, die bis ins 8. vorchristliche Jahrtausend oder noch früher zurückreichen. Während der Jungsteinzeit (ab ca. 6000 v. Chr.) beginnen sich in Iran die handwerklichen Techniken immer mehr zu verfeinern. Dies zeigt vor allem die Entwicklung der **Keramik** von einfacher, handgeformter Ware bis hin zu bemalter Töpferkunst von hohem künstlerischen Niveau, wie sie um 3500 v. Chr. in Tepe Sialk (Phase III) in Zentraliran erreicht wird.

Zu dieser Zeit existierten im Gebiet des heutigen Iran bereits **Städte von beträchtlicher Größe,** z.B. Tschoga Misch (in Südwest-Iran, südöstlich von Dezful), über deren Bewohner man aber aufgrund des Fehlens schriftlicher Zeugnisse nichts aussagen kann. Dies ändert sich mit dem Auftreten der mesopotamischen Hochkulturen, z.B. der Akkader, die vorübergehend Randgebiete Irans beherrschen, und auch des Reichs der Elamer. Letztere dominierten (mit Unterbrechungen) die Südwest-Provinz des heutigen Iran (Khuzestan) von ca. 3500 bis 640 v. Chr. Zu Beginn lag die Haupstadt Elams, Anshan, sogar im iranischen Hochland nördlich von Shiraz (beim heutigen Malyan); in der späteren Blütezeit des Elamischen Reiches (d.h. vom 15. bis zum 11. Jh. v. Chr.) war Susa, das auch eine der Hauptstädte der Achämeniden werden sollte, eine der wichtigsten Städte.

Die Einwanderung **iranischer Völker** in das Gebiet des heutigen Iran setzt man für die zweite Hälfte des 2. vorchristlichen Jahrtausend an. Verschiedene iranische Volksstämme wanderten wahrscheinlich westlich des Kaspischen Meeres über den Kaukasus und dann langsam weiter in südöstlicher Richtung. Entgegen der früher vorherrschenden Meinung, die Iraner seien die Zagros-Bergketten entlang direkt ins heutige Südpersien (Fars) gewandert, nimmt man heute an, dass sie zunächst aufs zentrale Hochland vorgedrungen sind und sich von dort aus in die übrigen Regionen Irans ausgebreitet haben. Dieser prähistorischen Phase der iranischen Geschichte können einzelne archäologische

Die Schneeziege – ein Symbol für Regen in der frühen iranischen Keramik

Die auf der frühzeitlichen iranischen Keramik abgebildeten Tiermotive, besonders die Darstellungen des heutigen nationalen Symboltiers, der Schneeziege, sind durchdrungen vom Geist der Schlichtheit und Präzision. In ganz Asien sind sie einzigartig.

Der frühzeitliche Mensch lebte beständig in Angst und Sorge. Man fürchtete sich vor Wirbelstürmen, Überschwemmungen, Raubtieren und anderen Naturkräften, die Häuser, Haustiere und Ernten bedrohten. Auch vor den Mächten des Bösen versuchte man sich zu schützen und fand seine Zuflucht in der Anbetung von Göttern oder auch Gegenständen und Tieren, von denen man annahm, dass sie mit ihnen in Verbindung standen. Der göttliche Schutz fand in Talismans, Amuletten und Totems, in Tierdarstellungen auf Keramik seinen bildlichen Ausdruck. Bestimmte Tiere wurden für heilig gehalten und waren ein beliebtes Motiv für die frühzeitlichen Künstler und Töpfer.

Darstellungen der Sonne und der mit ihr verbundenen Tiere wie Adler, Löwe, Kuh, Hirsch und Schneeziege finden sich auf Keramikfunden, die bis ins 4. Jahrtausend v. Chr. datiert werden. Halsbänder mit Anhängern in Gestalt der Schneeziege wurden besonders bei den kassitischen Stämmen in Lorestan getragen. Manchmal waren nur Teile der Tiere auf der Keramik dargestellt. Bei Funden aus dem 4. bis 3. Jahrtausend v. Chr. z.B. finden sich nur die Hörner der Kühe, Hirsche oder Schneeziegen oder nur die Schwingen oder Krallen von Vögeln, zusammen mit geometrischen Motiven.

Die frühen iranischen Stämme sahen in der Schneeziege ein Symbol der guten, nützlichen Elemente. So symbolisierte sie in Lorestan die Sonne. Manchmal dagegen konnte sie auch für den Regen stehen, der mit dem Mond in Beziehung gesetzt wurde, während die Sonne für Hitze und Trockenheit stand. Vielleicht aufgrund der Ähnlichkeit zwischen dem gedrehten Gehörn der Schneeziege und der Mondsichel wurde dem Gehörn die Kraft zugesprochen, für Regen zu sorgen.

Im alten Elam war die Schneeziege Symbol für Wohlstand und den Gott der Vegetation. In Mesopotamien verband man mit ihr die bestialische Natur des „großen Gottes". (Er wurde dargestellt als Gott der Pflanzen mit einem Zweig in der Hand, dessen Blätter von der Schneeziege gefressen wurden.)

Die frühzeitlichen Menschen entwickelten eine große Begabung bei der Abbildung gehörnter Tiere. Ursprünglich wurde die Keramik mit geometrischen Mustern bemalt, Zeichnungen von Tieren verbreiteten sich erst nach und nach. Später traten wieder geometrische Motive in den Vordergrund. Diese Wandlungen können bei den meisten frühzeitlichen iranischen Zivilisationen verfolgt werden, wobei das Motiv der Schneeziege in unterschiedlichen Epochen immer wieder hervortritt.

Fundorte nur mit einer gewissen Wahrscheinlichkeit zugeordnet werden, z.B. Tepe Sialk B, ca. 1000–900 v. Chr., den Medern. Das vermutlich älteste erhaltene Zeugnis iranischer Monumentalarchitektur ist die **medische Anlage von Nush-e Jan** (bei Hamadan, 8. Jh. v. Chr.).

Meder

Mit dem Auftreten der beiden Völker der Meder und Perser beginnt die eigentliche historische Phase der iranischen Geschichte. Den frühesten Beweis ihrer Anwesenheit liefert ein Bericht des Assyrerkönigs *Salmanassar III.* aus dem Jahr 836 v. Chr., der von den

032i Foto: hn

Der Zendan-e Soleyman in der Provinz West-Azerbeijan – aus dem Krater im Inneren entweichen schwefelhaltige Gase

Landschaften Matai (d.h. Medien) und Parsuash (Persien) spricht.

Im Laufe des 8. und 7. Jh. entwickeln sich die Meder von einer losen Föderation einzelner Stämme immer mehr zu einer einheitlichen Kraft unter geeinter Führung und somit zu einer Bedrohung für das Assyrische Reich. Schließlich erobert im Jahr 612 v. Chr. der Mederkönig *Kyaxares* die assyrische Hauptstadt Ninive, unterwirft die Assyrer und macht **Assyrien** zu einem Teil des medischen Reiches. Der Schwerpunkt des medischen Reiches bleibt mit der Hauptstadt Ekbatana (heute Hamadan) im Nordwesten des heutigen Iran.

Es ist umstritten, inwiefern die Meder wirklich über ein Reich mit einheitlichen politischen Strukturen verfügten bzw. inwiefern sie eine Konföderation einzelner Stämme geblieben sind. Leider sind aus der medischen Periode der iranischen Geschichte keine schriftlichen und bisher nur wenige archäologische Quellen erhalten, die darüber Auskunft geben könnten. In Hamadan, das bis heute dicht besiedelt ist, werden erst seit 1983 umfangreichere Grabungen durchgeführt. Indirekte Quellen (z.B. medische Kulturwörter im Altpersischen) machen es aber wahrscheinlich, dass es in der Tat eine mehr oder weniger einheitliche medische Kultur und Herrschaftsstruktur gegeben hat.

Achämeniden

Diejenigen persischen Stämme, die zusammen mit (oder nach) den medischen Stämmen aus dem Nordwesten auf das iranische Plateau einwanderten, waren zunächst

Vasallen der Assyrer, später der Meder, und teilten sich im 7. Jh. v. Chr. in zwei Teile, welche die Regionen **Parsuash** (= ungefähr westlicher Zagros) und **Anshan** (= Fars) besiedelten. *Kyros II. der Große* aus der persischen Dynastie der Achämeniden vereinigte im Jahr 559 v. Chr. beide Teile. 550 schlug er die Meder unter *Astyages* und schuf damit die Grundlage des über 200 Jahre bestehenden achämenidischen Weltreichs unter persischer Herrschaft.

In den folgenden 20 Jahren eroberte *Kyros II.* eine Provinz nach der anderen, z.B. 547 v. Chr. das kleinasiatische **Lydien** unter dem wegen seines Reichtums legendären König *Kroisos* („Krösus") und 539 v. Chr. die Großmacht **Babylon.** Die Inschrift auf dem nach der Eroberung Babylons (auf Babylonisch) verfassten „Kyros-Zylinder" verkündet, dass Kyros ein von der babylonischen Gottheit Marduk geförderter, legitimer Herrscher Babyloniens ist. Dies ist kennzeichnend für den Umgang Kyros' und auch der meisten seiner achämenidischen Nachfolger mit den unterworfenen Völkern: Soweit möglich, wurden lokale und regionale Religionen bzw. Kulte geachtet, sogar gefördert, und dem unterworfenen Volk wurde – solange es sich politisch loyal verhielt – sozusagen **kulturelle Autonomie** gewährt. Auf diese Weise konnten sich die achämenidischen Herrscher die Unterstützung der einheimischen Eliten und Priesterschaft sichern; dies stellte eine wichtige Voraussetzung für den Zusammenhalt des heterogenen, „multiethnischen" achämenidischen Weltreichs dar.

Auf Kyros II., der 529 v. Chr. vermutlich im Kampf gegen östliche Steppenvölker starb und in Pasargadae in einem monumentalen Grabmal seine letzte Ruhe fand, folgte sein Sohn *Kambyses,* der 525 v. Chr. mit **Ägypten** seinem Reich den letzten noch verbliebenen Großmacht-Konkurrenten einverleibte. Während sich Kambyses 522 bei einem Feldzug in Ägypten aufhielt, erhob sich im Zentrum des Achämenidenreiches ein „Magier" (d.h. ein Priester aus dem Volk der Meder) namens *Gaumata,* der sich als Kambyses' Bruder *Smerdis* und somit rechtmäßiger Thronfolger ausgab, und riss die Herrschaft vorübergehend an sich. Als Kambyses daraufhin ins Reich zurückeilen wollte, starb er unterwegs.

Die Ereignisse um die „Usurpation" des achämenidischen Thrones durch den Magier Gaumata zählen zum Spannendsten und zugleich Umstrittensten, was die achämenidische Geschichte zu bieten hat. Die Darstellung, nach der ein Magier sich als Kambyses' Bruder Smerdis ausgibt, stammt von *Darius I.,* der dem Magier bald die Herrschaft wieder entreißen sollte; Darius hat sie auf seiner Bisotun-Inschrift für die Nachwelt festgehalten. Nach Darius konnte sich der Magier deshalb für Smerdis ausgeben, da Kambyses seinen Bruder vorher umgebracht, dies aber vor allen verheimlicht hatte.

Die Darstellung griechischer Historiker unterscheidet sich jedoch in manchen Punkten von derjenigen Darius' I. So spricht der „Vater der Geschichtsschreibung" *Herodot* von zwei Magiern (namens *Patizeithes* und *Smerdis*), die den Thron usurpieren. Dies und andere Widersprüche in verschiedenen Quellen – sowie die Tatsache, dass Darius in seiner Inschrift in jedem Fall daran interessiert sein musste, die Unrechtmäßikeit der Herrschaft des Magiers bzw. der Magier zu betonen – lassen es auch möglich erscheinen, dass Kambyses seinen Bruder Smerdis gar nicht umgebracht hat und dass der Magier Gaumata in Wahrheit mit Smerdis, dem Bruder Kambyses', identisch ist.

Darius I. (522–486 v. Chr.) stammte aus einem anderen Unterzweig der achämenidischen Dynastie als seine Vorgänger Kyros II. und Kambyses; vielleicht deshalb wurde seine Thronbesteigung von einer Reihe von Aufständen in mehreren Provinzen begleitet, die er nur mit Mühe und äußerster Brutalität niederwerfen konnte (auch dies beschreibt Darius in der Bisotun-Inschrift). In die Zeit von Darius' Herrschaft fällt die größte territoriale Ausdehnung des achämenidischen Reichs. Darius verlegte die **Hauptstadt** von Ekbatana nach **Susa,** das näher an den wichtigen Provinzen Babylonien, Elam und Fars lag, und baute Susa und **Persepolis** zu den wichtigsten achämenidischen Residenzen aus. Dem Bau der Paläste in Susa und Persepolis kommt eine reichsweite und grundlegende Bedeutung zu, da Darius aus allen Teilen des

Reichs Arbeitskräfte und Materialien zusammenzog (siehe auch die Bauinschrift). Die Paläste als achämenidische „Gesamtleistungen" erhielten somit die Funktion, der Idee des achämenidischen Vielvölkerstaats architektonischen Ausdruck zu verleihen.

Darius I. führte auch einheitliche Verwaltungsstrukturen in allen Reichsteilen ein, mit dem **Aramäischen als Verwaltungssprache.** Dieses hatte schon in Assyrien Verbreitung gefunden und war, auf Papyrus geschrieben, weit praktischer zu handhaben als jede Art von Keilschrift. Darius schuf ein einheitliches **Geldsystem** und ordnete die regelmäßige Abgabe von Tributen seitens der Reichsprovinzen (Satrapien) an. Außerdem baute er die Infrastruktur des Reiches systematisch und langfristig aus, so z.B. das von den Griechen bewunderte **Straßen- und Postsystem,** mit dem die riesigen Entfernungen innerhalb des Achämenidenreiches schnell überbrückt werden konnten. Er ließ den **Suez-Kanal** bauen und ein flächendeckendes **Bewässerungssystems** (Qanate) anlegen. Im Gegensatz zu der Vereinheitlichung der Verwaltung auf Bundes- und Satrapien-Ebene respektierten und förderten die achämenidischen Herrscher lokale und regionale religiöse und kulturelle Traditionen. In Ägypten durfte weiterhin Isis angebetet und auf lokaler Verwaltungsebene Ägyptisch geschrieben werden, in Babylon wurde weiterhin Marduk verehrt und (vor allem für religiöse Zwecke) auf Babylonisch geschrieben, in Elam und Fars blieb das Elamische sogar bis ca. 460 v. Chr. als regionale Wirtschafts- und Verwaltungssprache in Gebrauch.

Darius' Nachfolger *Xerxes I.* (486–465 v. Chr.) und *Artaxerxes I.* (465–424) setzten die Arbeiten in Susa und Persepolis fort bzw. vollendeten sie. Auch *Artaxerxes II.*, der Achämenidenherrscher mit der längsten Regierungszeit (405–359), wird in Inschriften in Susa noch als Bauherr genannt. Das Achämenidenreich lässt sich während der gesamten beinahe 200 Jahre von der Thronbestei-

112i Foto: hn

gung Darios' I. bis kurz vor der Eroberung durch den Makedonier *Alexander den Großen* (d.h. 521–333) als ein im Wesentlichen **stabiles und blühendes Reich von globalen Ausmaßen** beschreiben. Gelegentliche militärische Niederlagen wie gegen die Griechen bei Marathon (490 v. Chr.) oder Aufstände wie derjenige in Ägypten, der 401–399 vorübergehend zur Unabhängigkeit der Provinz führte, waren Randerscheinungen, die das Achämenidenreich nicht wirklich erschütterten.

Die in früheren geschichtlichen Werken anzutreffende Darstellung, nach Darius I. – und besonders nach Artaxerxes I. – habe bereits ein stetiger und unaufhaltsamer innerer „Zerfall" und Niedergang des Achämenidenreiches begonnen, lässt sich heute nicht mehr aufrechterhalten. Sie basiert wesentlich auf den Darstellungen griechischer Historiker. Diese standen dem Achämenidenreich, das die meisten griechischen (Teil)staaten lange Zeit beherrschte, natürlich nicht unvoreingenommen gegenüber. Vielmehr betrachteten sie das Achämenidenreich als ein Reich von „Barbaren", als eine „orientalische Despotie", die allein schon deshalb scheitern musste, weil sie dem Ideal der griechischen Demokratie ideologisch unterlegen war. Als eigentlicher Grund des Endes des Achämenidenreiches ist in erster Linie nicht seine innere Schwäche, sondern die überlegene strategische und militärische Taktik Alexanders des Großen anzusehen.

Die historische Leistung der Achämeniden besteht vor allem in dem erfolgreichen Aufbau eines stabilen Reiches von bis dahin nicht gekannter territorialer Ausdehnung, das eine große Zahl von Völkern und Kulturen vereinte, ohne diese „gleichzuschalten" oder in ihrem kulturellen Bestand zu unterdrücken. Vielmehr ließen sich die Achämeniden beim Aufbau von Infrastruktur und Verwaltung sowie bei der künstlerischen Ausgestaltung ihrer Residenzen von einem gesunden Eklektizismus leiten, dessen Ergebnis mehr war als die Summe der Einzelteile, aus denen er sich zusammensetzte.

Wesentliche Teile der achämenidischen Kunst, Architektur und politischen Kultur (z.B. das dynastische Denken) gehen auf altorientalische Vorbilder (Assyrien, Babylonien, Urartu) zurück. Und doch ist das Achämenidenreich über diese Vorbilder hinausgegangen. Obwohl manches in Bezug auf ihre Religion noch im Unklaren liegt, lässt sich das „Element X", in dem die Achämeniden über das Erbe ihrer Vorgänger hinausgingen, in der religiösen Basis ihrer Herrschaft sehen. Die achämenidischen Könige waren nicht göttergleich oder göttlichen Ursprungs, aber sie waren mit einem Gottgnadentum und einem göttlichen Charisma (Avestisch *xwarena*) ausgestattet, das ihre Herrschaft legitimierte. Aus der Religion *Zarathustras,* die dieses Gottgnadentum verlieh, ergab sich für die achämenidischen Herrscher nicht nur die absolute Macht über die Untertanen, sondern auch die Verpflichtung, die „gute Schöpfung" des zoroastrischen Gottes zu bewahren, und somit auch eine gewisse Sorgfaltspflicht gegenüber ihren Untertanen.

Alexander und die Seleukiden

Das von dem jungen Alexander innerhalb kurzer Zeit (ca. 333–325 v. Chr.) eroberte Weltreich, das seine makedonische Heimat, alle griechischen Gebiete und das gesamte Achämenidenreich umfasste, war nicht von langer Dauer. Wenige Jahre nach seiner Heirat mit der baktrischen Fürstentochter *Roxane,* die die Verschmelzung der griechisch-makedonischen mit den iranischen Völkern symbolisieren sollte, starb Alexander (vermutlich am Fleckfieber) in Babylon. In den auf seinen Tod folgenden Wirren und Aufständen konnte sich der Satrap (d.h. Provinzgouverneur) *Seleukos* einen großen Teil des ehemaligen achämenidischen Reiches, darunter auch die persischen „Kernlande" um Susa und Persepolis, militärisch sichern und begründete die seleukidische Dynastie, die fast zwei Jahrhunderte lang Bestand haben sollte.

Achämenidische Inschriften
Gandjnameh bei Hamadan

Wie Alexander suchten auch Seleukos und seine Nachfolger den Ausgleich mit den lokalen iranischen Eliten und respektierten die einheimischen Traditionen der einzelnen Teile des immer noch riesigen Reiches. Seleukos heiratete die baktrische Prinzessin *Apama* und versuchte sich, wie Alexander, mehr wie ein rechtmäßiger iranischer Thronfolger zu verhalten denn als „fremder" Eroberer. Trotz der zweifellos bestehenden historischen Kontinuität von den Achämeniden zu den Seleukiden brachten Letztere natürlich auch völlig neue „Dinge" und Errungenschaften mit, vor allem die Gründung griechisch-makedonischer Militärkolonien und Städte (z.B. Alexandria, das heutige Iskenderun in der Türkei, das in Erinnerung an Alexanders Sieg bei Issos 333 v. Chr. gegründet wurde). Als weitere Folge der Umsiedlung griechisch-makedonischer Bevölkerungsteile (darunter viele Wissenschaftler und Künstler) in die östlichen Gebiete des Reiches entstand eine neue Kultur, die unter dem Oberbegriff **„Hellenismus"** zum Teil völlig neue Kunst- und Architekturstile bezeichnet. Hellenistisch beeinflusst ist u.a. auch die später entstandene buddhistische Gandhara-Kultur in Nordindien. Leider ist auf dem Gebiet des heutigen Iran nur sehr wenig hellenistisches Erbe anzutreffen (z.B. Reste eines Tempels in Khorha oder ein Herkules-Relief bei Bisotun).

Parther

Schon ab Mitte des 3. Jh. v. Chr. hatten sich die Parther in der nordöstlichen Grenzregion des seleukidischen Iran als **unabhängiges Fürstentum** etabliert, sie mussten jedoch im Jahre 205 wieder die seleukidische Oberhoheit anerkennen. Erst nach der entscheidenden seleukidischen Niederlage gegen Rom (unter *Scipio dem Älteren*) 190/89 v. Chr. bei Magnesia am Sipylosberg (Lydien) konnten die Parther ihre Herrschaft weiter nach Westen ausdehnen, um bis ca. 140 v. Chr. schließlich ganz **Westiran und Mesopotamien** zu erobern und zu den territorialen Erben der Seleukiden (und auch Achämeniden) zu werden.

Mithradates II. (124–88 v. Chr.) konsolidierte die parthische Großmachtstellung. Zu Beginn des 1. Jh. v. Chr. setzte die lange Phase friedlicher Kontakte und kriegerischer Auseinandersetzungen der Parther (und später der Sasaniden) mit dem **Römischen Reich** ein, wobei die Grenze zwischen den beiden Großreichen oft umstritten war und hin- und herversetzt wurde, aber meist am Euphrat lag. Aus einem überraschenden Angriff *Crassus'*, durch den sich der Konsul innenpolitisch zu profilieren versuchte, resultierte die verheerende Niederlage Roms 53 v. Chr. bei Karrhae. Die Parther waren militärisch vor allem durch ihre hochbeweglichen berittenen Bogenschützen im Vorteil, die eine typische iranische Tradition repräsentieren und von verschiedenen römischen Historikern beschrieben wurden. Aus dieser Niederlage ergaben sich jedoch keine langfristigen Folgen für den römisch-parthischen Antagonismus.

Vermutlich unter *Vologeses I.* (51–80 n. Chr.) wandte sich das bis dahin stark hellenistisch geprägte parthische Reich wieder vermehrt iranischen und zoroastrischen Traditionen zu (jedoch sind noch sasanidische Königsinschriften aus dem 3. Jh. n. Chr. dreisprachig auf Mittelpersisch, Parthisch und Griechisch (!) abgefasst). Nach Vologeses' Tod entriss der römische Kaiser *Hadrian* dem Partherreich vorübergehend das Kernland Assyrien mit der Hauptstadt Ktesiphon-Seleukia (heute im Irak nahe Bagdad), Hadrians Nachfolger *Trajan* zog sich jedoch wieder zurück. Erwähnenswert ist auch der zur damaligen Zeit bereits blühende **Ost-West-Handel entlang der Seidenstraße,** der auf römischem Gebiet wesentlich von palmyrenischen Händlern dominiert wurde und von den periodisch wiederkehrenden kriegerischen Konflikten zwischen Rom und Iran immer nur für kurze Zeit unterbrochen wurde.

Das Ende der Parther kam „von innen heraus": Ein lokaler Fürst aus dem eigentlich persischen Stammland Fars, *Ardeshir* aus dem Geschlecht der Sasaniden, nützte eine Schwächeperiode der parthischen Zentralregierung und eroberte in kurzer Zeit das gesamte parthische Reich. Damit wurde nach über 550 Jahren die **Provinz Fars,** die schon den Ausgangspunkt der achämenidischen Expansion dargestellt hatte, wieder zum politischen Schwerpunkt Irans. Die Hauptstadt

03-4i Foto: hn

wurde anfangs Gur (heute Firuzabad in der Provinz Fars); später, als die Sasaniden eine Großmacht wurden, verlegte man die Hauptstadt nach Ktesiphon.

Sasaniden

Ardeshirs Nachfolger *Shahpur I.* (240–271 n. Chr.) gelang es in mehreren militärischen Auseinandersetzungen mit dem Römischen Reich, teilweise bis nach Zentralanatolien vorzudringen und 260 n. Chr. bei Edessa (dem heutigen Urfa) sogar Kaiser *Valerian* gefangenzunehmen. Für die meiste Zeit jedoch blieb die alte parthisch-römische Grenze, der Euphrat, auch für die Sasaniden in etwa maßgeblich.

Die Regierungszeit Shahpurs I. ist nicht nur für Iran von höchster religionsgeschichtlicher Bedeutung. Denn in diese Zeit fällt die Verbreitung der synkretistischen Religion des **Manichäismus,** die sich rasch zu einer Weltreligion entwickelte und über mehrere Jahrhunderte in vielen Regionen Asiens sowie in Nordafrika eine bedeutende Rolle spielte. Der Gründer dieser Religion, der im südlichen Mesopotamien geborene *Mani* (216–276), verbrachte mehrere Jahre im Gefolge Shahpurs I. und wurde von diesem, vermutlich auch in seinen missionarischen Aktivitäten, gefördert. Der Manichäismus wurde für die in Iran vorherrschende „Mehrheitsreligion" des **Zoroastrismus** zu einer derartigen Bedrohung, dass der zoroastrische Oberpriester *Karder* den übernächsten Nachfolger Shahpurs I., *Bahram I.* (273–276), dazu veranlasste, Mani 276 n. Chr. hinrichten zu lassen.

Karder spielte auch unter Bahrams I. Nachfolger, *Bahram II.* (276–293 n. Chr.), eine bedeutende Rolle nicht nur als religiöser Führer,

Reste der sasanidischen Stadtmauer von Bishahpur in der Provinz Fars sondern erhielt zusätzlich direkte politische Funktion als höchster Richter des Reiches. Für das letzte Viertel des 3. Jh. n. Chr. kann man zum ersten Mal in der iranischen Geschichte unzweifelhaft von einer **zoroastrischen „Staatskirche“** und von damit verbundenen Verfolgungen Andersgläubiger sprechen. Dies und allgemein die herausragende Bedeutung des Oberpriesters Karder ergibt sich aus mehreren in Karders Auftrag verfassten Felsinschriften, in denen er über seine Politik, Ideologie und religiösen Vorstellungen spricht. Von der Religion des Manichäismus, die sich in den folgenden Jahrhunderten vor allem entlang der östlichen Seidenstraße weiter ausbreitete, existieren im heutigen Iran keine Zeugnisse mehr.

Nach Bahrams II. Tod (293 n. Chr.) wurde der Manichäismus im sasanidischen Reich wieder zugelassen. Die von Karder gelegten Grundlagen einer zoroastrischen „Staatskirche“ und die Einführung des Christentums als Staatsreligion im Oströmischen Reich im 4. Jh. n. Chr. führten später jedoch wieder zu grausamen **Christenverfolgungen** im sasanidischen Reich; die Christen wurde nun in Iran als die „5. Kolonne Roms“ angesehen.

In das 4. Jh. n. Chr. fällt die lange Regierungszeit *Shahpurs II.* (309–379), die als ein Höhepunkt der sasanidischen Geschichte bezeichnet werden kann. Shahpur, der als junges Kind den Thron bestieg, gelang es, aus dem Osten einfallende Nomadenstämme zurückzudrängen und gleichzeitig im Westen eine expansive Politik zu verfolgen; er entriss dem Oströmischen Reich **Mesopotamien und Armenien.** Im Jahre 363 n. Chr. fiel in einer Schlacht südlich von Samarra (im heutigen Irak) der römische Kaiser *Julian Apostata* („der Abtrünnige“).

Bereits gegen Ende des 4., aber mehr noch im 5. und 6. Jh. drangen immer wieder **nomadische Reitervölker** (Kidariten, Hephthaliten u.a.) von Osten her ins sasanidische Reich ein und wurden vorübergehend zu einer größeren Bedrohung als der römische (später: byzantinische) Nachbar im Westen. Der für seine List und Klugheit berühmte, in iranischen Legenden bis heute als *Bahram Gur* („Wildesel-Bahram“, gemeint ist „der die Wildesel jagt“) bezeichnete Herrscher *Bahram V.* (421–439) konnte die Hephthaliten 427 entscheidend schlagen, die „Gefahr aus dem Osten“ kehrte aber periodisch zurück und 484 wurden die Sasaniden (nach dem Tode Peroz', 459–484) den Hephthaliten vorübergehend sogar tributpflichtig.

Ab dem 5. Jh. scheint der politische Einfluss des **Adels** im Sasanidenreich immer stärker geworden zu sein. Dies war einer der Auslöser für die sozial motivierte, aber in religiösem Gewand auftretende Erhebung eines gewissen *Mazdak* gegen Ende des 5. Jh. *Kavad I.* (488–496 und 499–531) scheint sich zunächst die Sache der **Aufständischen** zu eigen gemacht zu haben, um die Macht des Adels einzuschränken; vorübergehend wurde er vom Adel entmachtet und floh 496 an den Hof der Hephthaliten, mit deren Hilfe er drei Jahre später auf den sasanidischen Thron zurückkehren konnte. Erst gegen Ende seiner Regierungszeit wandte sich Kavad I. gegen die Mazdakiten, deren Anführer Mazdak und dessen prominenteste Unterstützer er schließlich (ca. 528) hinrichten ließ.

Unter *Khosrow I.* (531–579) erlebte das sasanidische Reich noch einmal eine Renaissance. Khosrow I. führte **Reformen** in Heer und Verwaltung durch, deren wichtigste eine grundlegende Steuerrefom war. Diese sicherte dem Staat in den nächsten Jahrzehnten stabile Einnahmen und erhöhte somit den Handlungsspielraum des Herrschers erheblich, sowohl gegenüber den äußeren Feinden (Byzanz) als auch gegenüber dem sasanidischen Adel. Unter Khosrow I. erlebte Iran auch eine **kulturelle Blüte:** Iran fungierte als Drehscheibe des internationalen Wissensaustausches, griechische Medizin wurde an iranischen Hochschulen (z.B. in Djonde Shahpur nordöstlich von Susa) gelehrt und später von den islamischen Arabern rezipiert, aus dem Osten kommende Literaturwerke wie z.B. die indische Fabelsammlung Pantschatantra wurden ins Persische übersetzt, um später ins Arabische und in europäische Sprachen bzw. Literaturen weiterzuwandern.

Außenpolitisch und militärisch kämpften die Sasaniden unter Khosrow I. mehrmals mit wechselndem Erfolg gegen den Dauerfeind im Westen (Byzanz) und konnten 560 die immer wieder aus dem Osten einfallenden

Hephthaliten endgültig unterwerfen. Zunächst militärisch erfolgreicher als Khosrow I. war sein Enkel *Khosrow II.* (590–628). Er eroberte unter anderem 614 **Jerusalem,** von wo er zur großen Demütigung der byzantinischen Christen das heilige Kreuz nach Ktesiphon verschleppte, entriss 619 den Byzantinern die Kornkammer **Ägypten** und zog 626 bis vor die byzantinische Hauptstadt **Konstantinopel.** Die militärischen Aktionen der Sasaniden und Byzantiner in den 20er Jahren des 7. Jh. ähnelten allerdings immer mehr dem verzweifelten Gegeneinander-Anrennen zweier wirtschaftlich und innerlich ausgebluteter Kontrahenten.

628 gelang dem byzantinischen Kaiser *Heraklios* ein Gegenschlag, er drang bis zur sasanidischen Hauptstadt Ktesiphon vor. Khosrow II., der schon Jahre zuvor durch eine Heeresreform den Unmut vieler Offiziere auf sich gezogen hatte, wurde nach dieser Niederlage entmachtet, ins Gefängnis geworfen und schließlich umgebracht. In den folgenden fünf Jahren wechselten sich nicht weniger als acht Herrscher auf dem Thron des sasanidischen Reiches ab, bis mit *Yazdegerd III.* (633–651) ein Herrscher die Macht übernahm, dem es nur noch beschieden war, den endgültigen Untergang seiner Dynastie zu begleiten.

Inzwischen waren nämlich mit den **muslimischen Arabern unter Mohammed** auf der arabischen Halbinsel eine neue Religion und ein neuer Akteur auf der Bühne der Geschichte erschienen, die innerhalb kürzester Zeit das Schicksal des sasanidischen Iran besiegeln sollten. 628 betraten die mit einer expansiven Ideologie ausgestatteten arabischen Heere im Jemen zum ersten Mal sasanidisches Staatsgebiet. Im Jahre 634 (d.h. zwei Jahre nach Mohammeds Tod 632) erhielt Yazdegerd III. vom islamischen Kalifen *Omar I.* die Aufforderung übermittelt, den „neuen Glauben" anzunehmen; natürlich wies er dies entrüstet zurück. In den folgenden 15 Jahren wurde fast das gesamte Territorium des sasanidischen Iran **von arabischen Truppen nach und nach erobert,** wobei die entscheidenden Schlachten 636 (bei al-Qadisiyya) und 642 (bei Nahavand) geschlagen wurden.

Wie konnte ein Staat wie der sasanidische, der sich immerhin 400 Jahre lang einer gewissen Kontinuität und Stabilität erfreut hatte, derart schnell untergehen? Die Gründe liegen zum einen sicherlich in der neuen und expansiven Religion und Ideologie des Islam. Diese vermochte aus dem Auftrag ihres charismatischen Gründers Mohammed ungeahnte militärische Energien freizusetzen. Der **Untergang der Sasaniden** wäre jedoch undenkbar gewesen ohne das Hinzutreten von vor allem zwei äußeren Faktoren: erstens die jahrelange, Kräfte raubende militärische Auseinandersetzung mit Byzanz, gerade zu Beginn des 7. Jh., und zweitens die Tatsache, dass Khosrow II. in den Jahren 600–602 den unabhängigen Staat der Lachmiden unterwarf, der bis dahin als Vasallenstaat eine Pufferfunktion zwischen den Sasaniden und den arabischen Stämmen der arabischen Halbinsel gehabt hatte. Damit bescherte er ungewollt seinem Reich eine neue potenzielle Front an der Südseite, die den kriegerischen arabischen Stämmen der Halbinsel später einen unmittelbaren Angriff auf die Sasaniden ermöglichte.

Islamische Periode

Die Eroberung Irans durch arabisch-islamische Heere, die 651 n. Chr. mit dem Tod *Yazdegerds III.* bis auf wenige Randgebiete abgeschlossen war, markiert *die* historische Zäsur in der iranischen Geschichte. Das sasanidische Reich lässt sich als das letzte „altorientalische" Reich bezeichnen; mit der islamischen Herrschaft beginnt für Iran eine **neue Zeitrechnung,** die (trotz weiterer kleinerer historischer Brüche) bis heute anhält.

Für die ersten zwei bis drei Jahrhunderte der islamischen Herrschaft lässt sich nur mit Einschränkung von einer eigenständigen iranischen Geschichte sprechen. Unter der Dynastie der **Omayyaden** (661–750), die nach dem Tod des letzten „rechtgeleiteten" Kalifen Ali an die Macht gekommen waren, war der Iran als solcher keine politische Einheit, sondern **Teil eines arabisch-islamisch dominierten Großreichs.** Bei der raschen territorialen Expansion ihrer Herrschaft konnten die

Omayyaden allerdings nicht umhin, für die Verwaltung der riesigen Gebiete zunächst auf die Fähigkeiten ihrer neuen Untertanen zu bauen. Hierbei kam den in Jahrhunderten gewachsenen Verwaltungsstrukturen des ehemaligen sasanidischen Reiches eine besondere Bedeutung zu.

Unter der Dynastie der **Abbasiden** (750–1258), die aus einem mit dem omayyadischen rivalisierenden Stamm ebenfalls mekkanischen Ursprungs hervorging, änderte sich zunächst nichts am politischen Status Irans. Allerdings war die „abbasidische Revolte", die zum Sturz der Omayyaden führte, wohl auch ein Ergebnis von Unzufriedenheit seitens nicht-arabischer (vor allem persischer) Provinzen und wurde nicht zufällig von einem Perser namens *Abu Muslim* aus dem östlichen Iran angeführt. In diesem Sinne ist auch die „Ostverschiebung" der Hauptstadt des Kalifats vom omayyadischen Damaskus (Syrien) ins abbasidische (und stark persisch geprägte) **Bagdad** (Mesopotamien) zu verstehen.

Bereits im Laufe des 9. Jh. begann das abbasidische Reich von seinen Rändern her „auszufransen": Lokale Fürsten und Heerführer erhielten immer mehr Macht und konnten diese teilweise an Nachkommen vererben, wodurch **lokale Dynastien** entstanden. Ab dem 10. Jh. war das abbasidische Kalifat, das ursprünglich und in islamischer Theorie die weltliche und geistliche Macht über alle islamisch beherrschten Gebiete vereinigen sollte, nur noch nominales Oberhaupt der Muslime. De facto wurden die Kalifen nun oft zu Marionetten der jeweils in Bagdad herrschenden, teilweise von außen kommenden Dynastie, etwa der 945–1055 herrschenden Buyiden. Diese waren Schiiten und persischen Ursprungs (aus der historischen Region Dailam im heutigen Nord-Iran) und beherrschten neben dem Kerngebiet des Kalifats (Mesopotamien) auch weite Teile des heutigen Nord-, West- und Zentral-Iran.

Die **Islamisierung** Persiens vollzog sich nicht schlagartig, sondern als allmählicher Prozess über mehrere Jahrhunderte. Zunächst nahm ein Großteil der örtlichen Großgrundbesitzer die neue Religion an, um den angestammten Besitz und Privilegien nicht zu verlieren, dann – aus den gleichen Motiven – die einheimische Verwaltungselite, die von den arabischen Eroberern weitgehend in ihren Funktionen belassen wurde.

Obwohl die öffentliche Sphäre des islamischen Iran von ca. 650 bis 900 stark vom **Arabischen** als Sprache der Religion, Verwaltung, Wissenschaft und Literatur dominiert war, gingen persische Sprache und Kultur während dieser Zeit keineswegs verloren. Vielmehr begann im Laufe des 9. Jh. eine **Renaissance des Persischen,** zunächst als Sprache der Literatur an einigen Fürstenhöfen Nordost-Irans. Als wichtigste Dynastie ist hier diejenige der **Samaniden** (ca. 820–1000, Hauptstadt Buchara) zu nennen, mit Hilfe deren Förderung unter anderem der Dichter *Ferdowsi* begann, das persische Nationalepos „Shahnameh" zu verfassen bzw. zusammenzustellen. Im Laufe des 10. und 11. Jh. sollte sich das Persische schließlich zu einer vollwertigen, dem Arabischen gleichrangigen, nun islamischen Sprache entwickeln.

Hierin unterscheidet sich Iran von anderen islamischen Kernregionen wie Irak, Syrien oder Ägypten, die auf dem Weg der Islamisierung vollständig arabisiert wurden. Dies ist in Iran nicht geschehen, und darin liegt eine wichtige historische Leistung Irans für die islamische Zivilisation: in der „Internationalisierung" islamischer Inhalte. Die auf diesem Wege geschaffene persisch-islamische Kultur diente anderen Kulturen und Völkern (z.B. den türkischen Osmanen) als Modell der **„Islamisierung ohne Verlust der kulturellen Identität".**

Seldjuqen

Die Seldjuqen (1040–1194) waren die erste islamische Dynastie, die große Teile des historischen Iran (d.h. des sasanidischen bzw. achämenidischen Reiches) wieder in einem einheitlichen Staatsgebilde vereinte. Das Persische als Sprache von Literatur und zunehmend auch Verwaltung und Wissenschaft spielte wieder eine bedeutende Rolle. Die Seldjuqen waren ursprünglich ein aus Zentralasien stammender **türkischer Nomadenstamm,** der ca. ab dem 9. Jh. n. Chr. in süd-

035i Foto: hn

westlicher Richtung wanderte und zunächst bei verschiedenen islamischen Dynastien Söldnerdienste verrichtete. Vom 10. bis 20. Jh. n. Chr. sollten fast alle in Iran herrschenden Dynastien türkischen Ursprungs sein; allerdings passte sich die türkische herrschende Schicht in der Regel schnell an die persisch-islamische Kultur und Sprache ihrer Untergebenen an.

Die Seldjuqen traten als Schutzmacht des sunnitischen Kalifats (in Bagdad) auf, dominierten dieses (zumindest bis 1154) politisch jedoch vollständig. Sie machten **Isfahan** zur Hauptstadt ihres Reiches. Den Höhepunkt ihrer Machtentfaltung erlebten sie unter den Herrschern *Alp Arslan I.* (1063–72) und *Malik Shah I.* (1072–92). Daran hatte der führende Wezir der seldjuqischen Periode, *Nezam ol-Molk,* maßgeblichen Anteil. Er gründete unter anderem die berühmte **Hochschule Nizamiya in Bagdad** und verfasste einen berühmten „Fürstenspiegel", in dem er, an altiranische Traditionen und Mythen anknüpfend, die Pflichten eines (damals) modernen islamischen Herrschers beschrieb. 1092 fiel er einem Attentat zum Opfer.

Ab Mitte des 12. Jh. verlor die seldjuqische Zentralmacht zunehmend an Einfluss. Im Westen des Reiches brachen Kleinkriege zwischen rivialisierenden Fürstentümern aus, im Osten konnte das Reich der Khwarezmshahs vorübergehend zu einer regionalen Macht aufsteigen und für kurze Zeit sogar seinen Einfluss auf den westlichen Iran ausdehnen. Die Lage änderte sich grundlegend mit dem Auftreten der Mongolen unter *Dschingis Khan,* der ab 1218, aus Zentralasien kommend, in wenigen Jahren große Teile des Vorderen und Mittleren Orients überrannte und unter seine Herrschaft brachte.

Die Mongolen und ihre Nachfolger

Nach Dschingis Khans Tod 1227 gelang es seinen unmittelbaren Nachfolgern, vor allem seinem Sohn *Ögedei* (1229–41), militärisch im Osten bis nach China (Mandschurei) und im Westen bis nach Mitteleuropa vorzudringen. Die Mongolen konnten ein Reich von derartigen territorialen Ausmaßen nicht einheitlich verwalten und gliederten es in mehrere Teilreiche auf, die sich bald selbstständig machten. Der mongolische Großkhan Möngke (1251–60) beauftragte seinen Bruder *Hülägü* (1256–65) mit der endgültigen Unterwerfung und Verwaltung der Gebiete des **„Östlichen Kalifats"** (d.h. ungefähr des heutigen Iran, Irak, Syrien und Anatolien). Hülägü marschierte 1258 in Bagdad ein und ließ den letzten abbasidischen Kalifen *al-Musta'sim* ermorden, wurde jedoch 1260 bei Ain Djalut (Palästina) von einer ägyptisch-mamlukischen Armee zum ersten Mal geschlagen.

Die von Hülägü begründete **Dynastie der Il-Khane** regierte etwa bis 1350. Die Herrschaft der Dynastie wie auch die vorherge-

Der Grabturm Gonbad-e Kavus in der Provinz Golestan entstand um das Jahr 1000 n. Chr.

hende Eroberung durch die mongolischen Großkhane war insofern ein Trauma für die iranisch-islamische (bzw. generell für die islamische) Geschichte, als zum ersten Mal seit 600 Jahren „Ungläubige", deren Führungsschicht die Religionen des Buddhismus oder Christentums bevorzugten, einen Großteil der islamisch bewohnten Gebiete beherrschten. Nach zwei Generationen jedoch nahm der Il-Khan *Ghazan* (1295–1304) die islamische Religion der Bevölkerungsmehrheit seines Reiches an. Unter ihm und seinem Nachfolger *Mohammed Öldjeitü Khodabande* (1304–16) erlebte das Reich der Il-Khane seine Blüte. Der politische Schwerpunkt lag im Nordwesten des heutigen Iran, wo in Städten wie **Maragheh und Soltaniyeh** (bei Zanjan) prächtige Residenzen errichtet wurden.

Timuriden

Nach dem Zerfall des Ilkhaniden-Reiches und einer darauf folgenden, mehrere Jahrzehnte währenden Zersplitterung Irans in lokale Dynastien trat *Timur Leng* (1370–1405) auf den Plan, der in Europa unter dem Namen *Tamerlan* für seine Grausamkeit bekannt wurde. Ab 1380 gelang es ihm, vom Nordosten kommend, Iran und die angrenzenden Gebiete zu erobern. Unter Timur und seinen Nachfolgern sollte zum letzten Mal – wenngleich nur für kurze Zeit – ein im Wesentlichen iranisch geprägtes Land **weitere große Teile des Vorderen Orient** wie Irak, Syrien und Anatolien umfassen. Obwohl sich Timurs Militärmacht wesentlich auf Nomadenstämme gründete, war er selbst bereits stark von städtischer islamischer Kultur geprägt. Dies hielt ihn bei seinen Feldzügen jedoch nicht davon ab, die islamischen Städte, die sich ihm nicht ergaben, dem Erdboden gleich zu machen und ihre Bewohner niederzumetzeln.

Timur baute das zentralasiatische **Samarkand** zu einer prächtigen Metropole und wichtigen Handelsstadt aus. Unter seinen Nachfolgern, z.B. *Shah Rokh* (1409–47), erlebte der islamische Iran einen seiner **Höhepunkte in Kunst und Kultur,** vor allem in Architektur und Malerei.

Bereits die timuridische Herrschaft über Iran wurde immer wieder durch zwei in Nordwest-Iran und Anatolien ansässige, miteinander konkurrierende **turkmenische Lokaldynastien** bedroht, die Ak-Qoyunlu und Qara-Qoyunlu. Ihnen gelang es mehrmals, weite Teile Irans vorübergehend unter ihre Herrschaft zu bringen. Nach dem Ende der Timuriden sah es so aus, als würden die Ak-Qoyunlu die Oberhand gewinnen. Zwischenzeitlich hatte sich jedoch ein Ereignis von höchster Wichtigkeit für die weitere iranische Geschichte angebahnt. Der in Nordwest-Iran (Ardabil, nahe dem Kaspischen Meer) ansässige **religiöse Orden der Safaviden** (benannt nach dem Ordensgründer Scheich *Safi,* gest. 1334) hatte sich stillschweigend zunächst zu einer wirtschaftlichen und dann zu einer immer bedeutenderen **politischen und militärischen Macht** entwickelt. Noch in den 60er Jahren des 15. Jh. hatte sich der Ordensmeister *Haydar* durch die Heirat mit einer Ak-Qoyunlu-Prinzessin taktisch mit deren Dynastie verbündet. In der Folgezeit gelang es den Safaviden durch Einsatz wirtschaftlicher Macht, aber vor allem durch religiöse Propaganda, eine große Zahl teils nomadisierender turkmenischer Stämme auf ihre Seite zu ziehen. Schließlich, in den Jahren 1499–1510, eroberten sie unter ihrem charismatischen Ordensoberhaupt (und späteren König) *Ismail I.* ganz Iran und begründeten eine neue, stabile Dynastie.

Safaviden

Mit der Dynastie der Safaviden (1501–1722) beginnt die eigentliche **neuere Geschichte Irans** und erreicht das Land zum letzen Mal vor dem Einbruch der Moderne ein hohes Niveau an politischer Konstanz und Macht sowie an wirtschaftlicher und kultureller Blüte. Der Begründer der Dynastie, Ismail I., ist nicht nur der weltliche Herrscher des Reichs; als Oberhaupt eines religiösen Ordens wird er von einer großen Zahl ihm ergebener turkmenischer Stämme (vor allem aus Nordwest-Iran) auch als „Schatten Gottes auf Erden" verehrt.

Historisch bedeutend an den Safaviden ist vor allem die Tatsache, dass Ismails Orden der **schiitischen Richtung des Islam** anhing. Bei seiner Krönung im Jahre 1501 erklärte Ismail die „Zwölfer-Shi'a" (⇨Kapitel „Menschen und Kultur: Religionen") zur neuen **Staatsreligion;** die meisten Regionen Irans waren bis dahin mehrheitlich sunnitisch geprägt. Im Nordwesten Irans, wo der safavidische Orden schon seit Längerem seine Propagandatätigkeit entfaltet hatte, scheint es gegen diese Maßnahme wenig Widerstand gegeben zu haben; in anderen Regionen hingegen ging die Eroberung durch die fanatisierten schiitisch-safavidischen Krieger teilweise einher mit der **Vertreibung oder Ermordung der sunnitischen Geistlichkeit.**

Die Dynastie der Safaviden begründete nicht nur den bis heute maßgeblichen **Nationalcharakter Irans,** der sich ganz wesentlich über die Zugehörigkeit zur Shi'a definiert. Unter den Safaviden erlangt Iran auch mehr oder weniger die territoriale Ausdehnung, die der Staat heute noch besitzt. Das safavidische Reich hatte zwei hauptsächliche außenpolitische Feinde: im Westen das Osmanische Reich, im Nordosten (bis 1600) dasjenige der uzbekischen Schaibaniden. Beide Reiche waren sunnitisch dominiert; die politischen und militärischen Konflikte Irans mit beiden gingen also Hand in Hand mit einem religiös-ideologischen Antagonismus.

Im Osten konnte Ismail I. den Uzbeken Transoxanien und Herat nicht entreißen – beide Regionen liegen seitdem jenseits der Grenzen Irans und sind mehrheitlich sunnitisch geblieben. Im Westen verlor Ismail I. 1514 bei Tschaldiran (Ostanatolien) eine entscheidende Schlacht gegen den Osmanen *Selim I.* und damit nicht nur die Kontrolle über Ostanatolien (das nun für den Iran für immer verloren ging), sondern auch den Nimbus der Unbesiegbarkeit, der ihm als quasi-göttlichem Herrscher bis dahin in den Augen seiner Anhänger zu eigen gewesen war.

Ismails Nachfolger *Tahmasp I.* (1524–76) war in seiner langen Regierungszeit häufig damit beschäftigt, das Reich intern zu stabilisieren und gegen **Einfälle der Osmanen oder Uzbeken** zu verteidigen. Er verlegte die Hauptstadt 1548 von Tabris in das zentralere, für osmanische Angriffe weniger anfällige **Qazvin.**

Unter *Shah Abbas I.* (1588–1629) erreichte der safavidische Iran den Höhepunkt seiner politischen Macht und wirtschaftlichen wie kulturellen Blüte. Durch die Schaffung neuer, ihm direkt verpflichteter Einheiten (die er vor allem aus kaukasischen Kriegsgefangenen rekrutierte) gelang es Abbas endlich, die die Zentralmacht immer wieder gefährdende turkmenische Militäraristokratie zu schwächen. Durch Verwaltungsreformen und die Ausweitung ihm direkt tributpflichtiger Krongüter schuf Abbas die Voraussetzungen für höhere Steuereinnahmen, mit denen er die neugeschaffenen militärischen Einheiten bezahlen und weitere Aufbau- und Infrastrukturprojekte verfolgen konnte.

Abbas I. verlegte 1598 die Hauptstadt von Qazvin in das noch zentraler gelegene **Isfahan** und baute diese Stadt zu einer prächti-

036i Foto: hn

Mausoleum von Sheikh Safi in Ardabil

Land und Leute

gen Residenz und zu der (nach allgemeiner Meinung) bis heute **schönsten Stadt Irans** aus. Er überzog das Land mit einem dichten Netz von Karawanseraien, um den **Ost-West-Handel** entlang der südlichen Route der alten Seidenstraße zu beleben. Aus Nordwest-Iran deportierte Abbas mehrere Tausend im Fernhandel führende Armenier (und ihre Familien) nach Isfahan und stattete sie dort mit Privilegien aus, um die neue Hauptstadt des Reiches auch als wichtige Handelsmetropole zu etablieren. Unter Abbas I. belebten sich die diplomatischen Kontakte und der direkte Handel mit europäischen Ländern; Handelsdelegationen und **europäische Wissenschaftler und Künstler** bekamen Zugang zum safavidischen Herrscherhof (z.B. 1684–1688 der berühmte deutsche Arzt und Forschungsreisende *Engelbert Kaempfer* aus Lemgo).

In merkwürdigem Widerspruch zu seinen großen Verdiensten um das Wohlergehen Irans führte Abbas I. die unselige Angewohnheit ein, potenzielle Thronfolger im Harem des Palastes aufwachsen zu lassen, wo sie in keiner Weise auf ihre zukünftigen Aufgaben vorbereitet und vielmehr zum Spielball des Interesses einzelner Herrscherfrauen und Eunuchen wurden. Andere mögliche Konkurrenten um den Thron ließ er in großer Zahl blenden oder umbringen. Diese auch von seinen Nachfolgern gepflegte Praxis wird als ein wesentlicher Faktor für den schrittweisen Niedergang des safavidischen Iran ab etwa der Mitte des 17. Jh. angesehen.

Nach dem Tod Abbas' I. kam jedoch zunächst - nach einem Zwischenspiel unter dem dem Alkohol ergebenen und an Staatsgeschäften kaum interessierten *Safi I.* (1629–1642) - mit *Abbas II.* (1642–66) ein fähiger Herrscher an die Macht, dessen Gerechtigkeitssinn gerühmt wird und unter dem Iran noch einmal in seiner ganzen wirtschaftlichen und kulturellen Blüte erstrahlt. Nach dem Tod Abbas' II. jedoch lässt sich zu Recht von einem stetigen **Niedergang der safavidischen Dynastie** sprechen: Die Herrscher treten in der Regel nur noch durch ihre exzessive Trunksucht (*Soleiman,* 1666–94) oder religiöse Intoleranz (*Soltan Hosein,* 1694–1722) in Erscheinung. Hierunter haben nicht nur die religiösen Minderheiten (v.a. Armenier) zu leiden, das gesamte Staatswesen wird immer mehr durch **Fraktionierung und Korruption** geschwächt. Die Macht gelangt zunehmend in die Hände einzelner rivalisierender Wesire, Provinzgeneräle oder Hofeunuchen. Schließlich, in den 20er Jahren des 18. Jh., hat der safavidische Staat den Angriffen der aus Afghanistan stammenden, turkmenischen Stammesföderation der Ghilzai nichts mehr entgegenzusetzen.

Nader Shah und Zand

In den folgenden 75 Jahren versinkt Iran in einem „Sumpf der Anarchie", aus dem wenige Herrscher für kurze Zeit als Inseln der Vernunft und Stabilität herausragen. Während der Einnahme der Hauptstadt Isfahan (1722) durch die **afghanischen Ghilzai** konnte der safavidische Kronprinz nach Qazvin fliehen und sich dort als *Tahmasp II.* zum legitimen Herrscher ausrufen, allerdings zunächst ohne faktische politische oder militärische Macht.

037i Foto: hn

Einem seiner fähigsten Offiziere, einem gewissen *Nader Qoli Beg Afshar,* gelang es in den folgenden Jahren, weite Teile Nordwest-Irans unter seine Kontrolle zu bringen und Tahmasp II. im Jahre 1728 wieder in Isfahan auf den Thron zu setzen. Die eigentliche Macht lag jedoch bei Nader, der schließlich 1736 Tahmasp II. und zwei seiner Söhne umbringen ließ und als *Nader Shah* selbst den Thron bestieg.

Nader Shah, dessen Stamm der Afsharen aus Khorasan stammte, verlegte die Hauptstadt des Reiches in seine Heimatregion, nach **Mashhad.** Das **imperiale Konzept,** das Nader Shah verfolgte, unterschied sich grundlegend von demjenigen der Safaviden. Nader Shah neigte dem **sunnitischen Islam** zu, betrachtete sich als Erbe des großen *Timur Leng* und versuchte wie sein Vorbild, von Mashhad aus Zentralasien, Afghanistan und Indien zu erobern. Nach einigen erfolgreichen **Eroberungszügen** (auf denen er unter anderem den Pfauenthron und den Diamanten Kuh-e Nur erbeutete und von Indien nach Persien brachte), verfiel Nader Shah allerdings immer mehr dem Größenwahn sowie extremem Geiz und Grausamkeit und fiel schließlich einer Verschwörung von Offizieren zum Opfer.

Nach Nader Shahs Tod entbrannten wieder Machtkämpfe, in die sich nun auch verschiedene **Kurden- und Loren-Stämme** aus dem westlichen Zagros einschalteten. Im Jahre 1752 ging der Führer der Loren des Zand-Stammes, *Karim Khan Zand,* aus den Kämpfen als Sieger hervor und verhalf zumindest der südlichen Hälfte Irans (mit Shiraz als Hauptstadt) für fast drei Jahrzehnte (1752–1779) zu einer Phase der politischen und wirtschaftlichen Stabilität.

Karim Khan Zand ließ sich nicht zum König krönen, sondern betrachtete sich anfangs nur als Sachwalter (Persisch *vakil*) des jedoch momentan de facto nicht herrschenden safavidischen Regenten. Zusammen mit der Tatsache, dass auch Nader Shah zunächst einen safavidischen (Marionetten-) Regenten eingesetzt hatte, bevor er sich selbst zum König krönte, zeigt dies, dass die mit den Safaviden verbundene Idee des „göttlichen Rechts" der Herrschaft nach dem faktischen Ende der Dynastie (1722) erstaunlich lange lebendig blieb. Erst 1773, als mit *Ismail III.* der letzte safavidische Thronprätendent starb, war die Idee des safavidischen Königtums endgültig erloschen.

Grab mit Denkmal für Nader Shah in Mashhad

Qadjaren

Nach Karim Khan Zands Tod (1779) brachen Machtkämpfe aus und die Lage im südlichen Iran destabilisierte sich. Inzwischen wurde der Norden des Landes von dem **turkmenischen Stamm der Qadjaren** beherrscht. 1786 verlegte deren Stammesführer *Aqa Mohammed Khan* die Hauptstadt seines Reiches nach **Teheran.** 1794 schlug er den letzten Zand-Herrscher *Lotf Ali Khan* bei Kerman und ließ ihn brutal ermorden. Seine Krönung zu *Aqa Mohammed Shah* im Jahre 1795 und die Eroberung letzter Gebiete in Khorasan machten Iran wieder zu einer politischen Einheit.

Nach Aqa Mohammed Shahs Ermordung 1797 folgte sein Neffe *Fath Ali Shah* (1797–1834) auf dem Thron. In seiner Regierungszeit wurde der nördliche Nachbar **Russland,** der bereits seit *Peter dem Großen* (1682–1725) eine konsequente Expansionspolitik auch in südlicher Richtung verfolgt hatte, zu einem bestimmenden Faktor iranischer Politik. 1800 wurde Georgien ein Teil des russischen Reiches, und im **Frieden von Turkmanchai** (1828) verzichtete Iran auch auf den Rest seiner kaukasischen Gebiete (u.a. Erivan). Noch bedeutender waren die in diesem Vertrag festgeschriebenen „Kapitulationen", d.h. die rechtlichen und wirtschaftlichen Privilegien, die russische Staatsbürger und Firmen bei ihren Unternehmungen im (zumeist) nördlichen Iran genossen.

Es wurde nun vollends deutlich, wie weit Iran inzwischen hinter die europäischen Mächte – mit denen es im safavidischen

038i Foto: hn

17. Jh. noch auf Augenhöhe verhandelt hatte – in militärischer, wirtschaftlicher und wissenschaftlicher Hinsicht zurückgefallen war. Von der Mitte des 19. Jh. an sollten die „westlichen" Mächte und das Verhältnis Irans zum „Westen", ein von Nachahmung, Bewunderung und Ablehnung gleichermaßen geprägtes, ambivalentes Verhältnis, die iranische Innen- und Außenpolitik bis heute entscheidend prägen.

Mit *Nasreddin Shah* (1848–96) gelangte ein Herrscher auf den qadjarischen Thron, der die Notwendigkeit erkannte, seinem Land den Zugang vor allem zu militärischen und technischen Kenntnissen des Westens zu ermöglichen. Sein fähiger und reformorientierter Wesir *Amir Kabir* eröffnete 1851 in Teheran eine **technische Hochschule** namens Dar ol-Fonun, auf der iranische Studenten zum ersten Mal westliche technische und medizinische Fächer studieren konnten, ohne ins Ausland gehen zu müssen (der Unterricht war meist auf Französisch). Kurz darauf fiel Amir Kabir einer Intrige zum Opfer.

In wirtschaftlicher Hinsicht versuchte Nasreddin Shah wie seine Vorgänger, durch die Erteilung exklusiver Privilegien und Konzessionen **westliche Unternehmen** und damit westliches Know-how ins Land zu holen (z.B. verlieh er 1872 dem britischen Baron *Julius de Reuter* die Kommission zur Erschließung sämtlicher Bodenschätze und zum Bau sämtlicher Eisenbahnen Irans). Das Resultat hiervon war bis zum Ende des 19. Jh. der quasi vollständige Ausverkauf iranischer Ressourcen und potenzieller iranischer Produktivität an ausländische (vor allem britische und russische) Firmen. Die (in europäischen Wäh-

Das Teheran-Tor, ein qadjarisches Stadttor, in Qazvin

rungen) relativ geringen Summen, die der Schah hierdurch erhielt, erlaubten ihm ein luxuriöses Leben mit einem Harem von mehr als 100 Frauen und mehrere aufwendige Reisen in europäische Länder.

In der zweiten Hälfte des 19. Jh. wurde das **Britische Empire** nicht nur wirtschaftlich, sondern auch innen- und außenpolitisch neben Russland zur entscheidenden Größe in der iranischen Politik. Aufgrund ihrer kolonialen Ambitionen konkurrierten beide Reiche miteinander. Um seine indischen Besitzungen gegen Norden hin zu sichern, verteidigte das Empire 1856 die Integrität Afghanistans gegen iranische territoriale Ansprüche in West-Afghanistan (Herat) und sicherte somit die Existenz Afghanistans als „Pufferstaat" zwischen Indien und Russland. Dies erwies sich als umso notwendiger, als Russland sich bis 1884 die letzten bis dahin noch unabhängigen Fürstentümer bzw. Khanate an seiner zentralasiatischen Südseite einverleibt hatte.

Anders als fast alle übrigen Länder Asiens und Afrikas war Iran im 19. und 20. Jh. **niemals eine Kolonie in formalem Sinne;** es stand jedoch wirtschaftlich, politisch und teils auch militärisch (durch den Aufbau einer iranischen Kosakenbrigade durch russische Militärs ab 1879) unter dem weitgehenden **Einfluss fremder Mächte,** zunächst vor allem Russlands und des Britischen Empires, später für kurze Zeit auch des **Deutschen Reichs,** und ab dem Zweiten Weltkrieg schließlich (bis mindestens 1979) der **USA.**

Als die qadjarische Regierung 1890 einer englischen Firma eine umfassende Tabakkonzession verlieh, regte sich in der iranischen Bevölkerung zum ersten Mal Widerstand gegen die Politik des **Ausverkaufs nationaler Interessen und Ressourcen.** Die Fatwa (= religiöses Rechtsgutachten) eines führenden schiitischen Geistlichen forderte daraufhin die iranische Bevölkerung dazu auf, auf den Tabakkonsum zu verzichten und gegen die Konzession zu protestieren. Nach Demonstrationen in verschiedenen Städten gab der Schah im Dezember 1891 dem Druck der Straße nach und nahm die Konzession zurück.

Der **Tabakprotest** 1891 markiert den Höhepunkt eines politischen Wandels in Iran, der schon Jahrzehnte vorher begonnen hatte. Ab Mitte des 19. Jh. hatte in der zunächst noch sehr dünnen Schicht iranischer Akademiker bzw. Intellektueller (von denen viele im Ausland ausgebildet worden waren) und einiger mit der ineffizienten Verwaltung unzufriedener Bürokraten, Händler und Geistlicher langsam die Erkenntnis zu reifen begonnen, dass Iran ohne grundlegende politische Reformen auf Dauer nicht überlebensfähig sei. Beim Tabakprotest konnten die Intellektuellen diese Ansicht in Form eines **nationalistischen Protests** gegen die „Handlanger-Politik" der Monarchie äußern und sich somit als gute Patrioten noch mit der Mehrheit des konservativen Klerus und der mit diesem verbundenen Händlerschaft vereint wissen. Als jedoch ab 1905 eine explizit **konstitutionalistische Bewegung** entstand, die immer offener die Kontrolle oder gar Ersetzung der Monarchie durch ein parlamentarisch-demokratisches System forderte, führte dies zu einem offenen Konflikt mit großen Teilen der Geistlichkeit und der mit ihr verbundenen konservativen Bevölkerungsteile. Diese waren der Meinung, dass eine Verfassung nach westlichem Vorbild, die Elemente wie Pressefreiheit oder Gleichheit verschiedener Religionen vor dem Gesetz beinhaltet, im Widerspruch zu elementaren Prinzipien des Islam stehe.

Die konstitutionalistische Bewegung erreichte im Oktober 1906 die erste Zusammenkunft eines **nationalen Parlaments** *(madjles)* und im Dezember desselben Jahres die Unterzeichnung des Grundgesetzes durch *Muzaffar al-Din Shah.* Der 1907 inthronisierte neue Herrscher *Mohammad Ali Shah* (ein Sohn Muzaffar al-Dins) und das religiöse Establishment konnten sich damit jedoch nicht abfinden, und im Juni 1908 wurde das Parlament (mithilfe der Kosakenbrigade) **bombardiert und wieder geschlossen.**

Nach nationalistischen Aufständen in verschiedenen Provinzen wurde Scheich *Nuri,* der führende Vertreter des konservativen religiösen Establishments, 1909 hingerichtet und der Schah zur Abdankung gezwungen. Das kurz darauf wieder einberufene Parlament war allerdings wieder nur von kurzer Dauer: geschwächt durch das **administrative und finanzielle Chaos,** in dem sich der Staat befand, und durch interne Kämpfe zwischen Nationaldemokraten, Sozialisten und Konservativen blieb die eigentliche Macht des Staates bei Großgrundbesitzern, qadjarischen Bürokraten, Händlern und ausländischen Gesandtschaften. Im Dezember 1911 besetzten **russische und englische Truppen** große Teile Irans, um dem zunehmenden staatlichen Wirrwar ein Ende zu setzen; damit erreichte die erste Phase des iranischen Konstitutionalismus ihr vorläufiges Ende.

Die Pahlavi-Dynastie

Die chaotischen Zustände, in denen Iran weitgehend ohne funktionierende zentrale staatliche Autorität war, dauerten ein Jahrzehnt an. In den Wirren der Oktoberrevolution zog sich Russland bzw. die Sowjetunion teilweise aus Iran zurück, unterstützte später (1920) südlich des Kaspischen Meeres jedoch vorübergehend eine „Sowjetrepublik Gilan". Beendet wurde diese Phase durch den Führer der königlichen Kosakenbrigade, *Reza Khan*. Im Jahre 1921 putschte er sich an die Macht, setzte 1923 den letzten Qadjaren-Herrscher *Ahmad Shah* ab und ließ sich 1925 als *Reza Shah* zum **König und Begründer einer neuen Dynastie** krönen, die er „Pahlavi" nannte.

Mithilfe einer Reihe durchgreifender Reformen führte Reza Shah Iran ins 20. Jh. Sein Hauptanliegen war zunächst die **Reorganisation des Militärs:** Er schuf ein stehendes nationales Heer, das die Voraussetzung darstellte, auf dem riesigen Staatsgebiet Irans überhaupt staatliche Präsenz zu zeigen bzw. Autorität auszuüben. Reza Shah überzog das Land mit **Straßen und Eisenbahnlinien** (deren erste von deutschen Ingenieuren gebaut wurde), implementierte ein **säkulares Rechtssystem,** baute eine staatliche **Verwaltung nach westlichem Vorbild** auf und ersetzte das traditionelle religiöse Bildungssystem durch ein säkulares nach westlichem Muster, einschließlich **Universitäten** (die erste Universität wurde 1935 in Teheran gegründet) und **Schulpflicht** (die zunächst allerdings nur in den größeren Städten durchgesetzt werden konnte).

Reza Shah war ein Pragmatiker; er führte die Reformen hastig, teils brutal und weitgehend ohne Unterstützung durch irgendeine Ideologie durch. Die grundsätzliche Richtigkeit seiner Reformen wurde von der Bevölkerung nicht in Frage gestellt; die Geistlichkeit, auf Kosten deren Macht die Reformen vor allem gingen, fanden nicht zu einem wirksamen Ausdruck eines gemeinsamen oder organisierten Protests. In manchen Maßnahmen allerdings ging Reza Shah übereilt vor, so z.B. in der zwangsweisen Aufhebung der Verschleierung der Frauen (nach türkischem Vorbild) im Jahre 1936. Dies war bei der nach wie vor sehr traditionell geprägten iranischen Gesellschaft nicht durchzusetzen und wurde einige Jahre später wieder offiziell zurückgenommen. Insgesamt verwirklichte Reza Shah vieles von dem, was die konstitutionalistische Bewegung von 1905 bis 1911 hätte erreichen wollen, mit Ausnahme eines wichtigen Punkts: der politischen Teilhabe der Bevölkerung.

In den 30er Jahren des 20. Jh. lehnte sich Iran vorübergehend wirtschaftlich und politisch stärker ans **Deutsche Reich** an, das ein „neutrales" Gegengewicht zu den die Region dominierenden Mächten Sowjetunion und Großbritannien darstellen sollte. Als während des Zweiten Weltkriegs (1941) Reza Shah die Aufforderung dieser beiden Mächte missachtete, die deutschen Berater des Landes zu verweisen, besetzten sie Iran und zwangen Reza Shah ins Exil nach Südafrika, wo er drei Jahre später starb. Nun konnten die **Alliierten,** vor allem auch die USA, Iran ungehindert als Nachschublinie für militärische Hilfe an die bedrängte Sowjetunion nutzen. Im November 1943 beschlossen *Stalin* und *Roosevelt* in Teheran die Westlandung der Alliierten und die Grundzüge der Aufteilung Deutschlands nach dem Ende des Krieges.

In dieser Situation besaß *Mohammed Reza Shah,* der als Nachfolger seines Vaters sehr jung den Thron bestieg, naturgemäß wenig Spielraum für die Gestaltung einer eigenständigen Politik. Dies begann sich erst 1945 zu ändern, als zunächst die alliierten Truppen Iran verließen. Im Dezember 1946 beendete die iranische Armee dann im Nordwesten des Landes auch die kurzlebigen, mit sowjetischer Hilfe installierten Projekte einer azerbeijanischen autonomen Republik bzw. einer kurdischen Volksrepublik.

In den ersten Jahren nach dem Zweiten Weltkrieg besaß das **iranische Parlament** mehr Freiraum als jemals zuvor, auf die Politik der Staatsführung Einfluss zu nehmen, nutzte diesen aber aufgrund von Streitereien zwischen einzelnen politischen Gruppierungen in der Regel nicht. Die nächsten Jahre standen vor allem unter dem Zeichen des Konflikts zwischen Premierminister *Mosaddegh* (1951–53) und dem Schah. Mosaddegh war Führer der **„Nationalen Front"**, eines heterogenen, aus Nationalisten, Demokraten und Religiösen zusammengesetzten politischen Bündnisses. 1951 verstaatlichte er die Anglo-Iranian Oil Company, die bis dahin die iranische **Ölindustrie** dominiert und einen Teil ihrer Gewinne abgeschöpft hatte, gegen ihren Willen (und Widerstand) und den des Schah. In den folgenden zwei Jahren kam es aufgrund des Ausfalls der Öleinnahmen (durch den Boykott iranischen Öls seitens Großbritanniens und der USA) zu einer wirtschaftlichen Krise und deshalb immer wieder zu politischen Auseinandersetungen und zuweilen Straßenkämpfen zwischen einzelnen Fraktionen der Nationalen Front, der besser organisierten kommunistischen Tudeh-Partei und den Ordnungskräften des Schah.

1952 schwand die politische Unterstützung für Mosaddegh sowohl im politischen Lager als auch bei der Bevölkerung immer mehr dahin, worauf sich Mosaddegh von dem eingeschüchterten Parlament mit quasidiktatorischen Vollmachten ausstatten ließ. Er hoffte, die USA würden ihm bei dem Versuch, mit der Anglo-Iranian Oil Company britischen Einfluss aus Iran hinauszudrängen und Iran in eine Republik zu verwandeln, selbstlos unterstützen; dies erfüllte sich jedoch nicht. Vielmehr kehrte der Schah im August 1953 aus einem kurzzeitigen Exil zurück und konnte mit wesentlicher **Unterstützung der USA** (bzw. der CIA) sich wieder **an die Macht putschen** und Mosaddegh ins Gefängnis werfen. Hierdurch übernahmen die USA in Iran endgültig die imperiale Rolle, die früher Großbritannien gespielt hatte.

Obwohl Mosaddeghs Rolle und Bedeutung für die jüngere Geschichte Irans nach wie vor umstritten ist, hat er durch die Verstaatlichung der iranischen Ölindustrie zweifellos einen bedeutenden Beitrag zur wirtschaftlichen Entwicklung der Region geliefert. Unabhängig davon, ob das Land innenpolitisch schon „reif" für den von ihm betriebenen Übergang zur Republik war, war der eigentliche Grund seines Scheiterns die Einflussnahme der imperialen Mächte zugunsten des Schahs, die vor allem durch die Befürchtung eines „Domino-Effekts" (d.h. Verstaatlichung / Republikanisierung der angrenzenden arabischen Ölstaaten) motiviert war.

Ab Mitte der 1950er Jahre wandte sich der Schah wichtigen Infrastruktur- und Entwicklungsvorhaben wie z.B. dem **Karaj-Staudamm** (vollendet 1961) und verschiedenen großflächigen Bewässerungsprojekten (z.B. in Khuzestan) zu. Politisch gesehen, lassen sich diese Jahre als **„kontrollierte Demokratie"** beschreiben, in der der Schah teilweise per Dekret regierte und teilweise Wahlen abhalten ließ, durch die vor allem Mitglieder zweier königsloyaler Parteien (und nur wenige unabhängige Abgeordnete) ins **weitgehend machtlose Parlament** einzogen. Im Oktober 1960 gebar *Farah Diba,* die dritte Frau des Schah, mit *Reza Cyrus* endlich den (nach 20 Jahren und zwei gescheiterten Ehen) lange ersehnten Thronfolger.

Das innenpolitisch wichtigste Ereignis der 60er Jahre war die zwischen 1961 und 1963 vom Schah initiierte „Weiße Revolution", die dem Land einen entscheidenden Entwicklungsschritt bescheren sollte. Diese „Reform von oben" bestand aus einer Reihe von Maßnahmen, deren wichtigste eine umfassende **Landreform,** die politische **Gleichberechtigung der Frau** (Wahlrecht) und eine **Alphabetisierungskampagne** für ländliche Regionen waren.

Vor allem das Frauenwahlrecht, aber auch die Landreform, die eine Auflösung auch von Teilen des den religiösen Stiftungen gehörenden Großgrundbesitzes bedeutet hätte, erregte den erbitterten **Widerstand der schiitischen Geistlichkeit** und der mit ihr traditionell verbundenen Bevölkerungsschichten (v.a. der Händlerschaft). Im Juni 1963 entlud

Zeittafel: Iranische Geschichte

- **612 v. Chr.:** Meder erobern die assyrische Hauptstadt Ninive
- **550 v. Chr.:** *Kyros II. der Große* schlägt die Meder und begründet das Reich der Achämeniden
- **522–486 v. Chr.:** *Darius I.*
- **330:** *Alexander der Große* zerschlägt das Achämenidische Weltreich
- **ca. 250 v. Chr.:** Parther
- **224 n. Chr.:** *Ardashir* siegt über die Parther und begründet das Reich der Sasaniden
- **636–650 n. Chr.:** Muslimische Araber erobern große Teile Irans
- **1040–1194:** Dynastie der Seldjuqen; Isfahan wird zum ersten Mal Hauptstadt
- **1218–60:** Mongolen unter *Dschingis Khan* und seinen Nachfolgern erobern Iran und große Teile des Vorderen und Mittleren Orients
- **1260–1350:** Dynastie der Ilkhane
- **1380–1420:** *Timur Leng* (Tamerlan)
- **1500–1722:** Safaviden
- **1588–1629:** *Shah Abbas I.*
- **1736–47:** *Nader Shah*
- **1752–94:** Zand-Dynastie (Hauptstadt: Shiraz)
- **1780–1924:** Qadjaren (Hauptstadt: Teheran)
- **1848–96:** *Nasreddin Shah*
- **1851:** Eröffnung der technischen Hochschule Darol-Funun in Teheran
- **1891:** „Tabakprotest"
- **1905–1911:** „Konstitutionalistische Revolution"
- **1924–1979:** Pahlavi-Dynastie
- **1941:** Absetzung *Reza Shahs* durch die Alliierten, Thronbesteigung *Mohammad Reza Shahs*
- **1951–53:** „Ära Mosaddegh"
- **1961–63:** „Weiße Revolution"
- **1971:** Feier zum 2500-jährigen Bestehen der Monarchie in Iran
- **1978/79:** Iranisch-Islamische Revolution
- **1. Februar 1979:** Rückkehr *Khomeinis* nach Teheran
- **August 1980:** Angriff Iraks auf Iran
- **Juni 1981:** Absetzung des Ministerpräsidenten *Bani Sadr*
- **August 1988:** Annahme der UNO-Resolution 598 durch die iranische Führung; Waffenstillstand
- **7. Juni 1989:** Tod *Khomeinis*
- **Mai 1997:** Wahl des „liberalen" Geistlichen *Khatami* zum Staatspräsidenten
- **Ende 1998:** Serie von Morden an kritischen Intellektuellen
- **Februar 1999:** Kommunalwahlen, überwältigendes Votum für die Reformer
- **Februar 2000:** Parlamentswahlen, erdrutschartiger Sieg der Reformer
- **August 2000:** *Khamenei* verhindert Liberalisierung des Pressegesetzes durch das Parlament
- **8. Juni 2001:** Wiederwahl *Khatamis* zum Staatspräsidenten
- **Februar 2003:** Kommunalwahlen, Sieg der Konservativen
- **Februar 2004:** Sieg der Konservativen bei den Parlamentswahlen

sich dieser Widerstand in gewalttätigen Protesten anlässlich einer schiitischen Ashura-Prozession in Teheran. Ein bis dahin nur in religiösen Kreisen bekannter Geistlicher namens *Ruhollah Musavi Khomeini* profilierte sich bei diesen Protestaktionen als Wortführer, wurde verhaftet und ins Exil ins irakische Nadschaf geschickt.

Im weiteren Verlauf der 60er Jahre betrachtete der Schah seine Herrschaft als derart gefestigt, dass er sich – verspätet – 1967 offiziell **zum Kaiser krönen** ließ. Die Öleinnahmen begannen nun immer stärker zu steigen, der Schah konnte das Land wirtschaftlich weiterentwickeln und sich auch außenpolitisch immer stärker (als Ordnungsmacht am Persischen Golf) profilieren. 1971 feierte er das „2500-jährige Bestehen" der iranischen Monarchie; ab 1973 eröffnete ihm die plötzliche **Vervielfachung des Ölpreises** durch die OPEC (im Westen als Ölschock bezeichnet) ungeahnte Möglichkeiten, dem Land einen weiteren **Entwicklungsschub** zu verpassen.

Zunehmender Despotismus

Nun begannen jedoch die Selbstwahrnehmung des Schah als gütiger Monarch, der sein Volk endlich zu einer kultivierten und reichen Nation nach westlichem Muster macht, und die Erwartungen der Mehrheit der iranischen Bevölkerung in Bezug auf ihre politische Zukunft und kulturelle Identität immer mehr auseinanderzuklaffen. Dies wurde offensichtlich, als 1975 aufgrund sinkender Nachfrage die Ölpreise wieder fielen und die in den Jahren 1973–75 im Dollarrausch überhitzte Wirtschaft auf den Boden der Tatsachen zurückgeholt wurde. Zu den geweckten wirtschaftlichen Erwartungen großer Teile der Bevölkerung, die nun enttäuscht wurden, kam eine Reihe unkluger Maßnahmen des seinem Volk schon weit entrückten Monarchen hinzu: z.B. 1975 die Ersetzung des bis dahin herrschenden (kontrollierten) Zwei-Parteien-Systems durch ein Ein-Parteien-System, was dem Schah von allen politischen Seiten den Vorwurf des Despotismus eintrug, oder im Jahre 1976 die Einführung einer neuen Zeitrechnung, basierend auf der Thronbesteigung des Achämeniden *Kyros II.* im Jahre 559 v. Chr., was die schiitische Geistlichkeit gegen den Schah aufbrachte.

Der Versuch des Schah, die **Anknüpfung an vorislamische iranische Traditionen** als ideologischen Überbau seiner säkularen Politik zu etablieren, scheiterte vollständig. Nun erhöhten auch verschiedene **terroristische Organisationen** (teils islamisch-nationalistischer, teils marxistischer oder islamisch-marxistischer Provenienz), die seit den 60er Jahren immer wieder tätig gewesen waren, die Frequenz ihrer Anschläge. Die dagegen verhängten repressiven Maßnahmen, die der Geheimdienst des Schah (SAVAK) auch auf das politische Umfeld der jeweiligen Gruppen ausdehnte, führten zu einem **Teufelskreis der Gewalt** und trugen dem Schah innen- wie außenpolitisch weitere Kritik ein.

Ab 1977 begann dem Schah die Kontrolle der Ereignisse zu entgleiten. Verschiedene Oppositionsgruppen, allen voran die **Studenten,** äußerten ihren **Protest gegen die Politik des Schah** immer offener. Ab Januar 1978 kam es verstärkt zu **Demonstrationen** und organisierten Protesten in mehreren Städten, die von Polizei und Armee immer wieder blutig niedergeschlagen wurden. Den Höhepunkt der Auseinandersetzungen und der staatlichen Gewalt markierte – kurz nach Ausrufung des Kriegsrechts – die überraschende Niederschlagung einer Demonstration in Teheran im September 1978, bei der mehrere Tausend Personen zu Tode kamen. In seiner Verblendung glaubte der Schah immer noch, die Demonstrationen seien von „kommunistischen Aufrührern" gelenkt und die Mehrheit des Volkes stünde hinter ihm. Schließlich aber wurde dem iranischen Militär und auch den USA klar, dass dies schon seit langem nicht mehr der Fall war. Nachdem der Schah den Beistand dieser wichtigsten Stützen seiner Herrschaft und jegliche Hoffnung auf die Erhaltung seiner Macht verloren hatte, floh er im Januar 1979 mit seiner Familie nach Ägypten, wo er 1980 einem Krebsleiden erlag.

Formierung der schiitischen Opposition

Das Jahr 1978 sah auch den endgültigen **Aufstieg Khomeinis** von einem im Wesentlichen nur eingeweihten religiösen Kreisen bekannten Theologen mit politischen Ambitionen hin zur unumstrittenen **Führer- und Vaterfigur der Revolution.** Schon während der 60er und 70er Jahre hatte Khomeini aus dem Exil heraus die iranische Monarchie in Reden und Schriften immer schärfer als „gottlos" attackiert und ihre Beseitigung gefordert. Dem hatten sich allerdings die meisten übrigen schiitischen Geistlichen Irans nicht angeschlossen, und so blieben die Khomeini folgenden Islamisten während der 60er und 70er Jahre nur eine Oppositionsgruppe unter vielen und wurden vom iranischen Staat vermutlich als „weniger gefährlich" eingestuft als etwa die kommunistische Tudeh-Partei.

Seit 1977 aber, als der Protest immer breitere Bevölkerungsschichten erfasste, zeigte sich, dass die religiöse Opposition durch ihre feste Verankerung an der Basis der Gesellschaft in der traditionellen Händlerschaft und in den zahlreichen Moscheen in Stadt und Land ein ungeahntes Mobilisierungspotenzial entwickeln konnte. Die gewalttätig niedergeschlagenen Demonstrationen von 1978 wurden von politisierten Teilen der Geistlichkeit zunehmend in religiösem Sinne umgedeutet zum „Kampf gegen das unislamische Böse" und zur Mobililsierung noch tieferer religiöser Gefühle und von noch stärkerem Widerstand verwendet. In dieser Phase machte der Schah den Fehler, den Irak zu bitten, Khomeini in ein anderes Land abzuschieben, wo er der brenzligen Situation Irans weiter entrückt sein sollte. Im Oktober 1978 kam Khomeini in Paris an, wo er nun dank der westlichen Meinungsfreiheit und vieler in Frankreich ansässiger iranischer Oppositioneller über ein viel besseres und effektiveres Medienumfeld zur weiteren Verbreitung seiner Botschaft verfügte, als dies im Irak der Fall gewesen war.

Khomeini konnte nun selbstbewusst auftreten und die **Errichtung einer „Islamischen Republik"** immer konkreter planen. Zwei Wochen nach der Flucht des Schah, am 1. Februar 1979, hielt er einen **triumphalen Einzug in Teheran,** wo er am Flughafen von über einer Million Menschen begeistert empfangen wurde. Zwei Wochen später kapitulierten die letzten loyalen Einheiten des Schah: Die Pahlavi-Dynastie gehörte nun endgültig der Vergangenheit an.

Die Islamische Republik Iran

Unmittelbar nach dem Ende des Schah-Regimes sah die politische Zukunft Irans zunächst relativ offen aus. Es herrschten weitgehende Meinungs- und Pressefreiheit, es gab eine Vielzahl von politischen Gruppierungen, die behaupten konnten, am Sturz des Schah mitgewirkt zu haben; diese waren teilweise bewaffnet und besser organisiert als die religiöse Gruppierung um Khomeini. Nun konnte letztere davon profitieren, dass sie nicht nur über das größte Mobilisierungspotenzial, sondern mit Khomeini auch über eine von allen Bevölkerungsgruppen geschätzte Integrationsfigur verfügten. Im März 1979 wurde auf Khomeinis Initiative hin von über 99 % der Bevölkerung die Einführung einer „islamischen Republik" als neuer Staatsform beschlossen. Für die meisten Wähler verband sich mit dieser Wahl allerdings vor allem die **Abwahl der Monarchie** (diese war auch die einzige Alternative auf dem Wahlzettel!), und mit der Bezeichnung „islamische Republik" eher die Hoffnung auf eine republikanisch-demokratische Staatsform als ein konkretes islamisches politisches Programm. Mit dieser Wahl hatte jedoch faktisch die **Monopolisierung der Macht durch die religiösen Kräfte** begonnen.

1979 lag die Macht im Lande nur offiziell in den Händen der (provisorischen) Regierung unter dem Ministerpräsidenten *Bazargan* und des (alten) diskreditierten Heeres; die politischen Ereignisse wurden faktisch teilweise von den gut organisierten und bewaffneten linken, linksislamischen und nationalistischen Gruppen sowie den sich soeben formierenden und bewaffneten **islamisch-revolutionären „Komitees" und Milizen** (der *pasdaran* oder „Revolutionswächter") bestimmt. Als Parallelgremium neben der provisorischen Regierung diente außerdem der von Khomeini dominierte, ständig an Einfluss gewinnende **Revolutionsrat.**

Die neugegründete islamische Republik ging nun daran, sich eine **Verfassung** zu geben. Entgegen seinen früheren Versprechungen, alle politischen Gruppen bei der verfassungsgebenden Versammlung gleichberechtigt zu beteiligen, gelang es Khomeini im Sommer 1979, bei dessen Besetzung einen regionalen Proporz durchzusetzen, wodurch die in den Vorstädten und auf dem flachen Land stärkeren religiösen Kräfte eine deutliche Mehrheit erhielten. Die dann ausgearbeitete, stark von religiösen Inhalten bestimmte Verfassung wurde im Dezember von der Bevölkerungsmehrheit befürwortet (allerdings unter Boykottierung durch die meisten der im Expertenrat übergangenen politischen Gruppen).

Parallel zu ihren Bemühungen, die Macht in den politischen Institutionen zu übernehmen, setzten die religiösen Kräfte immer mehr auf die „Macht der Straße“, vor allem auf die oft sehr jungen Revolutionswächter, die zunehmend durch repressive Maßnahmen gegen andere politische Gruppen und gegen einen „unislamischen“ Lebensstil, vornehmlich die fehlende **Verschleierung der Frauen,** in Erscheinung traten. Eine weitere wichtige Maßnahme zur „Mobilisierung der Volksmassen“ für die islamische Sache war die **Besetzung der US-amerikanischen Botschaft** in Teheran durch khomeinitreue radikale Studenten im November 1979. Dies verstärkte die außenpolitische Konfrontation und innenpolitische Polarisierung und nützte den religiösen Kräften. Kurz nach der Botschaftsbesetzung trat die Regierung Bazargan zurück.

Zu Beginn des Jahres 1980 wurde mit Khomeinis Unterstützung *Bani Sadr* zum neuen Ministerpräsidenten gewählt. Bani Sadr war zwar ebenfalls religiös orientiert, aber in einem gemäßigten Sinne. Er galt als ein Mann des Ausgleichs zwischen den radikal-religiösen und den übrigen politischen Gruppen (von denen mehrere ebenfalls religiös orientiert waren). Bani Sadr hatte jedoch nicht die Unterstützung einer Partei hinter sich; trotz hoher Beliebtheit vermochte er seine Vermittlerstellung nicht in eine institutionalisierte Hausmacht umzuwandeln und begann ab Mitte 1980 deshalb, nach und nach seine politische Unterstützung zu verlieren.

Krieg gegen den Irak

Durch interne Kämpfe zwischen den politischen Gruppen, Aufstände ethnischer Minderheiten in einzelnen Provinzen und die zunehmende wirtschaftliche Krise befand sich Iran zu diesem Zeitpunkt in einer labilen Situation. Dies versuchte der **Irak unter Saddam Hussein** im August 1980 auszunutzen, indem er durch einen **Überraschungsangriff** große Teile der iranischen Ölförderungsgebiete besetzte.

Anders als vom Irak (und Teilen der westlichen Welt) erhofft, führte dieser Angriff nicht zum Zusammenbruch der noch ungefestigten islamischen Republik, sondern eher zu ihrer Stabilisierung. Der Krieg gegen den Aggressor Saddam Hussein, hinter dem (nach Meinung nicht nur der iranischen Regierung) letztlich „westliche“ Imperialisten und der „große Satan“ USA stand, konnte nicht nur als gerechter Verteidigungskrieg geführt, sondern zu einem **heiligen Krieg** umgedeutet werden. In der Kriegssituation konnte sich das klerikale Lager durch den verstärkten Aufbau der Revolutionswächter und ihre Ausrüstung auch mit schweren Waffen ein entscheidendes Machtmittel zur Durchsetzung auch ihrer innenpolitischen Ziele verschaffen. Im Juni 1981 wurde Bani Sadr schließlich abgesetzt; mit ihm endete die (im Februar 1979 begonnene) Übergangsphase der islamischen Republik, in der die klerikale Macht zwar dominierte, aber noch nicht absolut geworden war.

Die folgenden Jahre standen vor allem im Zeichen der Konsolidierung der Macht durch das klerikale Regime und der Fortsetzung des Krieges. Die Sicherung der Macht erreichte das Regime, das nach dem Sturz Bani Sadrs alle Schaltstellen der Macht besetzen konnte, durch eine sukzessive Ausschaltung aller noch verbliebenen oppositionellen Gruppen, oft begleitet von Schauprozessen, in denen die Mitglieder einzelner Gruppen sich selbst als „US-Spione“ entlarven mussten. Gleichzeitig mit der Sicherung der Macht konnte das Regime daran gehen, die **Islamisierung aller Bereiche der Gesellschaft** voranzutreiben (z.B. der Universitäten). Das auffälligste äußerliche Zeichen dieser Islamisierung ist bis heute die Durchsetzung der Verschleierung (bzw. des Kopftuchzwangs) für Frauen in der Öffentlichkeit, die ca. 1981 ganz abgeschlossen war.

Der langjährige Krieg gegen den Irak verschärfte einerseits die seit Beginn der Revolution bestehende **wirtschaftliche Krise,** trug andererseits aber zur ideologischen Stabilisierung des Regimes bei. Nachdem Iran bis Mitte 1982 alle vom Irak besetzten Gebiete zurückerobert hatte, suchte die iranische Führung nicht einen ab diesem Zeitpunkt möglichen Waffenstillstand zu erreichen, sondern führte vielmehr den „gerechten Krieg“ gegen den irakischen Aggressor als

Teil einer **expansiven Strategie** fort. Deren Ziel sollte zunächst der Sturz Saddam Husseins und anschließend die Befreiung des „von Zionisten besetzten" Jerusalem sein.

In den Jahren 1982–88 gab es jedoch keine entscheidenden Verschiebungen des Frontverlaufs mehr; der teils mit westlicher Hilfe ausgerüsteten, überlegenen Waffentechnik des Irak stand auf iranischer Seite ein scheinbar grenzenlos mobilisierbares Menschenpotenzial gegenüber. Der zunehmende wirtschaftliche Niedergang, aber auch die Intensivierung des vor allem gegen Zivilisten gerichteten Städtekrieges durch den Irak und die Tatsache, dass dieser 1987/88 sogar vor dem Einsatz von **Giftgas** nicht zurückschreckte, ohne dadurch die Unterstützung des Westens zu verlieren, mag die iranische Führung im August 1988 dazu veranlasst haben, die Resolution 598 des UNO-Sicherheitsrats bezüglich eines **Waffenstillstands** zu akzeptieren und die Kampfhandlungen einzustellen.

Auf einem der zahlreichen „Märtyrer-Friedhöfe"

0391 Foto: hn

Wachsende Unzufriedenheit der Bevölkerung

Nach dem Tod Khomeinis im Juni 1989 wurde der konservative Geistliche *Khamenei* zu seinem Nachfolger bestimmt. *Rafsanjani,* der als enger Vertrauter und Berater Khomeinis schon seit langem über maßgeblichen Einfluss verfügt hatte, wurde zum Staatspräsidenten gewählt. Als „Pragmatiker" versuchte Rafsanjani, das Land vor allem wirtschaftlich zu reformieren, was notwendigerweise ein gewisses Maß an Privatisierung und Öffnung hin zu westlichen Ländern bedeutete. Zunächst verfügte Rafsanjani über die volle Unterstützung des religiösen Führers Khamenei, zusätzlich wurde bei den Parlamentswahlen 1992 ein großer Teil der „radikalen" (zumeist „linksislamistischen") Bremser der Reformen aus dem Parlament hinausgewählt. Dennoch zeigte sich im Laufe des Jahres 1993, dass die Befürworter des status quo in den verschiedenen Institutionen des Staates weiterhin so stark waren, dass wirkliche Reformen nicht durchzusetzen waren. Die neue politische Klasse hatte sich seit der Revolution nicht nur der politischen, sondern auch der wirtschaftlichen Strukturen des Landes bemächtigt und wollte diese nicht mehr aus der Hand geben. Trotz seiner Wiederwahl zum Präsidenten 1993 begann Rafsanjanis politischer Einfluss nun langsam zu sinken.

Innenpolitisch standen die 90er Jahre vor allem im Zeichen der wachsenden Unzufriedenheit breiter Bevölkerungsteile mit der sich **stetig verschlechternden wirtschaftlichen Lage** und dem Ausbleiben zumindest eines gewissen Maßes an gesellschaftlicher Liberalisierung und Öffnung des Landes nach außen. Diese Unzufriedenheit machte sich manchmal Luft in **lokalen Protestaktionen** wie z.B. 1995 in spontanen Demonstrationen in Eslamshahr, einem Vorort von Teheran, aufgrund gestiegener Preise. Der Staat – beziehungsweise die von den Klerikalen dominierten staatlichen Institutionen – antworteten in der Regel mit **repressiven Maßnahmen,** nicht nur gegen diese Protestaktionen, sondern auch immer wieder durch Kampagnen etwa gegen eine Lockerung der islamischen Kleiderordnung oder gegen die Installation und Inbetriebnahme von Satellitenantennen, mit denen westliche Fernsehsender empfangen werden können (die periodische Wiederholung dieser Kampagnen allein beweist, dass die entsprechenden Regeln nicht streng eingehalten wurden und werden).

Gegen Mitte der 90er Jahre nahmen auch Stimmen zu – teilweise aus den Reihen der Geistlichkeit oder von früheren radikalen Anhängern der islamischen Revolution –, die vorsichtig eine gewisse Liberalisierung und Demokratisierung innerhalb des von der islamischen Republik vorgegebenen politischen Rahmens forderten. Diese Tendenzen wurden unnachgiebig unterdrückt. Den ersten Höhepunkt der Unzufriedenheit mit der Politik der Staatsführung stellte im Mai 1997 die **erdrutschartige Wahl des „liberalen" Geistlichen Khatami** zum Staatspräsidenten dar; alle maßgeblichen staatlichen Institutionen hatten vorher den konservativen Geistlichen *Nateq Nuri* bevorzugt und ihn, teils mit unlauteren Mitteln, im Wahlkampf unterstützt.

1997: Die Wende?

Der Wahlsieg Khatamis war das bedeutendste politische Ereignis in Iran seit der Revolution von 1979 und markierte eine potenziell entscheidende politische Wende. Dieser Wende bläst allerdings von Beginn an ein starker Gegenwind ins Gesicht. Khatami, der das Auftreten eines feinsinnigen Intellektuellen hat, war bereits 1992 unter dem Vorwurf zu großer „Liberalität" als Kultusminister entlassen worden. Auch wenn es in gewissem Sinne berechtigt ist, ihn im Vergleich zu konservativen Teilen der Regierung als „liberal" zu bezeichnen, darf man nicht vergessen, dass Khatami aus dem Kern des islamistisch-revolutionären Establishments stammt, niemals die religiös-ideologischen Grundlagen der Islamischen Republik Iran in Frage gestellt und (bisher) immer nur Reformen innerhalb des gegebenen Systems angestrebt hat.

Trotzdem hatte die Wahl Khatamis zum Staatspräsidenten, die das konservative Establishment quasi desavouierte, eine deutliche Aufbruchstimmung und atmosphärische Veränderung zur Folge, die sich z.B. im Januar 1998 in einem bis dahin undenkbaren Interview manifestierte, das Khatami dem US-amerikanischen Fernsehsender CNN gab. Khatami trat sein Amt mit der Absicht an, Iran gesellschaftlich und politisch zu reformieren, ging aber sehr behutsam und vorsichtig vor, was zunächst sicherlich politisch klug war. In den folgenden Jahren sollte sich jedoch zeigen, dass der iranische Staatspräsident trotz der Macht, die er als Chef der Regierung besaß, sich an den verschiedenen vom Führer Khamenei dominierten parlamentarischen Kontrollinstanzen (Wächterrat) und Machtmitteln der Exekutive sozusagen die Zähne ausbeißen und letztlich (bis 2003) den Kürzeren ziehen sollte.

Am besten lässt sich dies an der Entwicklung der iranischen Presselandschaft seit 1997 demonstrieren. Schon vor 1997 hatte es in iranischen Tageszeitungen in gewissem Maße lebendige und offene Diskussionen zwischen einzelnen Machtblöcken innerhalb der Regierung gegeben (z.B. die Auseinandersetzungen der Konservativen mit den „Linksislamisten" in Fragen der Wirtschaftspolitik). Nach Khatamis Wahlsieg kam es zur explosiven Entwicklung einer vielfältigen **Reformpresse,** die im Sinne Khatamis (und teilweise über seine Ziele weit hinausstrebend) offene Diskussionen um politische und gesellschaftliche Reformen in Iran in Gang setzte.

Ein solches Erstarken der „4. Gewalt" im Staate konnte nicht im Sinne der konservativen Teile der Staatsführung sein; deshalb kam es ab Juli 1998 immer wieder zu Verboten einzelner oder mehrerer Reformzeitungen, denen „unislamisches" oder „die Interessen der Islamischen Republik Iran schädigendes" Verhalten vorgeworfen wurde. Schließlich wurde im Juli 1999 das **Pressegesetz verschärft.** Die Reformpresse reagierte auf die Einstellung einzelner Zeitungen in der Regel flexibel, etwa durch die rasche Wiederherausgabe der jeweiligen Zeitung unter neuem Namen; hierauf antwortete der konservative Machtblock im Laufe des Jahres 1999 mit einer weiteren Verstärkung der Repressionen. Das Ende der bedeutenden Reformzeitung „Salam" löste im Sommer und Herbst 1999 massenhafte, seit der Revolution noch nicht vorgekommene **Unruhen** von mit der Reformpresse solidarischen Studenten aus.

Im April 2000 wurden fast alle Reformzeitungen verboten. Als Antwort darauf regte Khatami eine Entschärfung des restriktiven Pressegesetzes auf parlamentarischem Wege an, um den Konservativen die gesetzliche Grundlage für ihre Angriffe auf die Presse zu entziehen. Dazu besaß Khatami insofern die Möglichkeit, als auch das **Parlament** nach erdrutschartigen Wahlen im Februar 2000 klar **von reformorientierten Kräften dominiert** war. Die vereinigte Macht von Staatspräsident und Parlament reichte jedoch nicht aus: Im August 2000 verhinderte Khamenei kraft seiner „unbeschränkten Richtlinienkompetenz" als Führer durch das Verlesen eines Briefes im Parlament handstreichartig das Einbringen der Vorlage des neuen Pressegesetzes. Es kam zu Tumulten, aber die Sache war damit vom Tisch.

Da Khamenei bei weitem nicht über die persönliche und religiöse Autorität seines Vorgängers Khomeini verfügt, war bis zuletzt umstritten, ob er in dieser Weise vorgehen dürfe und, wenn ja, damit Erfolg haben würde. Der „Erfolg" hat ihm und dem konservativen Machtblock „Recht" gegeben, die cohabitation à la iranienne von Staatspräsident und Führer war damit an einem toten Punkt angekommen: der wirksamen Verhinderung der von einem überwiegenden Teil der Bevölkerung und der von ihm legal gewählten Vertreter gewünschten Reformen.

Es ließe sich eine lange Liste weiterer **seitens von konservativen Kreisen gesteuerter Repressalien** aufstellen, z.B. Ende 1998 eine Serie von Morden an kritischen Intellektuellen, wobei sich später herausstellen sollte, dass der Geheimdienst sie verübt hatte, Schauprozesse und langjährige Haftstrafen gegen die 18 iranischen Teilnehmer an einer Veranstaltung der Heinrich-Böll-Stiftung zum Thema „Iran nach den Wahlen" im April 2000 in Berlin oder aus fadenscheinigen Gründen angestrengte Gerichtsverfahren gegen eine Reihe von reformorientierten Parlamentariern zu Beginn des Jahres 2001. Dem stehen immer wieder aufflackernde Teilerfolge der Reformer gegenüber, die aber zumeist sofort oder mittelfristig wieder neutralisiert oder abgewürgt werden, z.B. die im Jahre 1998 zum ersten Mal seit der Revolution wieder mögliche Gründung von Parteien, die im Februar 1999 durchgeführten Kommunalwahlen, die ein überwältigendes Votum für die Reformer erbrachten, oder die Wiederwahl Khatamis zum Staatspräsidenten im Juni 2001 mit 77 % der abgegebenen Stimmen.

Die **Kommunalwahlen** vom Februar 1999 (solche hatte es bis dahin in Iran nie gegeben) waren von Khatami wenige Monate zuvor als „Versuchsballon" initiiert worden, zum Zweck der Schaffung neuer demokratischer Strukturen auf kommunaler Ebene, aber ohne dass von vornherein klar war, welche Kompetenzen die gewählten Volksvertreter im einzelnen erhalten würden. Anders als bei den ersten Kommunalwahlen, lag bei den zweiten Kommunalwahlen im Februar 2003 die Wahlbeteiligung unter 20 % und konservative Kandidaten trugen in fast allen Wahlkreisen den Sieg davon. Dies war nach den vielen kleinen und mittleren Nadelstichen der Vorjahre ein sichtbarer und schwerer Rückschlag für den Reformprozess, der deutlich die Frustration, ja Resignation der iranischen Wähler zeigte, die nicht mehr recht an die Fähigkeit der Reformer zur Durchsetzung wirklicher Reformen glauben wollen.

An die Verwirklichung seiner Reformen glaubt wohl nicht einmal mehr Präsident Khatami selbst, der etwa im Juni 2003 auf die Zurückweisung eines Reformgesetzes durch den Wächterrat (den das Gesetz teilweise entmachtet hätte) mit resignativem Gleichmut reagierte und darauf verzichtete, den Schlichtungsrat anzurufen (vermutlich in der Annahme, dass es ohnehin nichts bringen würde).

Während die innenpolitische Lage bis zum Jahre 2002 noch als ein „Patt" zwischen Reformern und Konservativen beschrieben wurde und man erwartete, dass es irgendwann zu einem spürbaren Zusammenstoß zwischen den beiden Lagern kommen und die Lage sich dann endlich klären würde, scheinen die Konservativen inzwischen einen schleichenden, „kalten", sich aber immer mehr verfestigenden Sieg errungen zu haben, dessen letzter Beweis die im Februar 2004 **von den Konservativen gewonnenen Parlamentswahlen** darstellen. Für diesen Wahlausgang sind nicht nur die zunehmende Resignation der im Prinzip reformwilligen Bevölkerung und deren damit verbundene Wahlenthaltung verantwortlich, sondern auch die seit September 2001 herrschende **wachsende Instabilität** und äußere Bedrohung in der Region, die Iran zu Beginn des Jahres 2003 die Nachbarschaft von fast 300.000 US-amerikanischen Soldaten eingebracht hat. Dies und auch die Tatsache, dass der US-amerikanische Präsident im Jahre 2002 Iran neben Irak und Nordkorea in die so genannte **„Achse des Bösen"** eingereiht hat, spielt mit Sicherheit den iranischen Konservativen in die Hände.

Die politischen und anderen Ereignisse in Iran wurden am 26.12.2003 auf schreckliche Weise überschattet von einem **Erdbeben,** das die Provinzstadt **Bam** (Südostiran, ca. 100.000 Einwohner) und die Dörfer der Umgebung erschütterte und über 40.000 Todesopfer forderte. Diese menschliche, gesellschaftliche und wirtschaftliche Tragödie machte wieder einmal deutlich, dass in Iran, als einer extrem erdbebengefährdeten Region, aus ökonomischen, aber auch verschiedenen anderen Gründen die Standards des erdbebensicheren Bauens noch keineswegs beachtet oder eingehalten werden.

Außenpolitik

Außenpolitisch nahm das Gewicht Irans in den 90er Jahren deutlich zu, was zum Teil an der Schwächung Iraks durch den „Kuwait-Krieg" und zum Teil an der Nachbarschaft Irans zu den neu entstandenen Nachfolgestaaten des Sowjetunion lag. Iran verfolgte in Bezug auf die religiösen und nationalen Konflikte an seiner Nordgrenze in der Regel eine pragmatische Linie und versuchte, vor allem als Vermittler und Wirtschaftspartner zu agieren (z.B. wurde im Mai 1992 der armenisch-aserbeidschaniche Waffenstillstand, der den Konflikt um Berg-Karabach beenden sollte, in Teheran unterzeichnet).

Dies gilt insbesondere im Verhältnis Irans zur Russischen Föderation, mit der Iran intensive und teilweise sensible Wirtschaftsbeziehungen pflegt (einschließlich der Lieferung wichtiger Militärgüter und der Hilfe beim Bau eines Atomkraftwerks). In dieser Hinsicht stellt die Russische Föderation für Iran ein wichtiges politisches und wirtschaftliches Gegengewicht zu den USA dar, mit der sich die Beziehungen Irans auch in den 90er Jahren nicht entscheidend verbesserten. Die Beziehungen Irans zur Europäischen Union, die aufgrund der Rushdie-Affäre vorübergehend stark belastet waren, entwickeln sich insgesamt gedämpft positiv, auch wenn sie immer wieder Rückschläge erleiden (z.B. im März 1996 durch den Erlass eines deutschen Haftbefehls gegen den iranischen Sicherheitsminister Ali Fallahian aufgrund dessen angeblicher Verstrickung in den Mykonos-Mordfall).

Die iranische Außenpolitik wird seit 2003 vor allem durch zwei Faktoren geprägt: die „fürsorgliche Besetzung" Iraks durch die Koalitionsstreitkräfte unter US-amerikanischer Führung sowie durch den seit den 1990er Jahren latent schwelenden Konflikt Irans mit den USA und der internationalen Atomenergiebehörde wegen eines angeblichen iranischen Atomwaffenprogramms. Zur **Besetzung des Irak** gibt es eine klare und einheitliche Position der iranischen Staatsführung: Einerseits empfindet man Genugtuung ob des Verschwindens eines verhassten Nachbarn, dem man selbst einen langwierigen, verlustreichen Krieg zu verdanken hat. Andererseits betrachtet man den vom US-Zivilverwalter eingesetzten irakischen Regierungsrat als illegitim, ohne sich dadurch davon abhalten zu lassen, mit ihm pragmatisch zu kooperieren. Diese Haltung spiegelt das fundamentale Interesse Irans an stabilen Verhältnissen im Nachbarland wieder; trotzdem ist es natürlich möglich oder sogar wahrscheinlich, dass einzelne radikale Kräfte aus dem iranischen politischen Spektrum sich von Instabilität im Irak

Schiitische Geistlichkeit und die Herrschaft im Staat

Die religiös-ideologischen Grundlagen der islamischen Revolution

Abgesehen von den vielfältigen und komplexen sozialen, wirtschaftlichen und kulturellen Ursachen der Revolution von 1979 ist von grundlegender Bedeutung für ihr Verständnis ihre religiös-ideologische Dimension, d.h. die Frage, wie religiöse Inhalte zur Grundlage der Legitimation politischer Herrschaft werden konnten. Um dies zu erklären, ist es zunächst nötig, die historische Entwicklung und heutige Stellung des schiitischen Klerus in der iranischen Gesellschaft zu erläutern.

Das Verhältnis der Schiiten zur „Herrschaft an sich" unterscheidet sich historisch grundsätzlich von demjenigen der Sunniten. Da nach schiitischer Auffassung der im 10. Jh. n. Chr. in die „große Verborgenheit" entschwundene, am Tag des Jüngsten Gerichts wieder zurückkehrende **12. Imam Mahdi** der eigentliche und **einzig legitime Herrscher** ist, sind weltliche Herrscher im Prinzip stets Usurpatoren, also unrechtmäßig an der Macht. Während die Sunniten von Beginn der islamischen Geschichte an zumeist – wie selbstverständlich – die Herrschaft über die meisten islamischen Gebiete innehatten und die dort tätigen sunnitischen Religionsgelehrten somit von vornherein in die staatlichen Machtstrukturen eingebunden werden konnten, war dies für die Schiiten nur sporadisch der Fall. Mit dieser „weniger staatstragenden" Stellung der schiitischen Theologen und dem **Minderheitenstatus der Schiiten** in den meisten frühislamischen Gesellschaften mag es zusammenhängen, dass die schiitische Theologie sich auch nach der Frühphase der islamischen Geschichte (d.h. etwa ab dem 9. Jh. n. Chr.) eine etwas größere Flexibilität im Umgang mit der heiligen Schrift des Islam, dem Koran, erhalten konnte.

Der **Koran** gilt für islamische Religionsgelehrte seit jeher als die hauptsächliche Grundlage, aus der die theologischen, rechtlichen, sozialen und auch übrigen den Menschen und die Gesellschaft betreffenden Regeln abzuleiten sind. Da rechtliche Vorstellungen und Prinzipien nach islamischem Verständnis eine zentrale Rolle für das Wesen der eigenen Religion spielen, sind die Begriffe „Religionsgelehrter" (= Theologe) und „Rechtsgelehrter" im islamischen Kontext fast austauschbar (daher auch die Bezeichnung des Islam als „Gesetzesreligion"). Da der hauptsächliche Zugang zu tragenden Funktionen innerhalb des islamischen Systems über die **Gelehrsamkeit** stattfindet und nicht, wie im Christentum, über Sakrament und Weihe, haben die Bezeichnungen „Geistlichkeit" oder „Klerus" im islamischen Kontext eine grundsätzlich andere Bedeutung als für das Christentum. Wenn diese Begriffe im Folgenden für den modernen Iran verwendet werden, dann im Sinne derjenigen Religionsgelehrten, die in „geistlichen" Berufen arbeiten und sich dadurch mehr oder weniger deutlich gegen die übrigen sozialen Gruppen abgrenzen.

Während unter sunnitischen Religionsgelehrten ca. ab Mitte des 9. Jh. alles wichtige zur Auslegung und zum Verständnis des Koran als gesagt galt und nach allgemeiner Meinung an dem einmal festgelegten Verständnis des Koran nicht mehr gerüttelt werden durfte, genossen die schiitischen Theologen weiterhin **größere Freiheiten in der Auslegung der heiligen Schrift.** Dies ermöglichte, dass im 13./14. Jh. schiitische Rechtsgelehrte eine **neue Theorie** zum Verständnis des Koran entwickelten: Das Prinzip der „selbstständigen Rechtsfindung aufgrund rationaler Erwägungen".

Zu dieser **selbstständigen Rechtsfindung** war allerdings nicht jeder Gläubige berechtigt oder qualifiziert; dies waren nur diejenigen Gelehrten, die über die notwendige Ausbildung (einschließlich Arabischkenntnisse und intensives Studium des Koran) verfügten. Sie werden *modjhtahed* (= zur Auslegung berechtigt) genannt. Die übrigen, nicht selbst zur Auslegung berechtigten Schiiten müssen sich nach dieser Theorie einem allgemein anerkannten, möglichst hochrangigen *modjtahed* anschließen und ihm in religiösen (und somit auch rechtlichen etc.) Fragen Gefolgschaft leisten. Hierauf beruht im Grunde genommen die Macht des schiitischen Klerus im modernen und revolutionären Iran.

Es bedurfte einiger Jahrhunderte, bis dieses im 14. Jh. entwickelte Prinzip in Iran seine volle gesellschaftliche Wirkung entfalten konnte. Im 16. Jh. standen die schiitischen Safaviden vor dem Problem, ein bis dahin überwiegend sunnitisches Land systematisch (und teilweise unter Zwang) schiitisieren zu wollen; dazu war eine **hierarchisch organisierte Geistlichkeit** hilfreich. Weiterhin gab es jedoch viele schiitische Geistliche, die das Prinzip der selbstständigen Auslegung ablehnten, diese wurden erst im Laufe des 18. und 19. Jh. an den Rand gedrängt und stellen seither nur noch eine unbedeutende Minderheit dar.

Ab Mitte des 19. Jh. war dieses Prinzip unter Schiiten weithin anerkannt. Die hochrangigsten, überregional anerkannten Religionsgelehrten, die seither **„Instanzen der Nachahmung"** genannt werden, bekamen nicht nur großen Zulauf von Theologiestudenten. Sie erhielten auch von einer wachsenden Zahl von Gläubigen, die ihnen als „Instanzen der Nachahmung" folgten, eine alljährlich gezahlte **Abgabe,** deren Höhe vor allem vom Einkommen des jeweiligen Gläubigen abhing (besonders fielen hier natürlich die reichen Basar-Händler ins Gewicht). Zusammen mit weiteren Zuwächsen ihres Besitzes u.a. aus Erbschaften vergrößerte sich so die **wirtschaftliche Macht** dieser Geistlichen (bzw. der religiösen Stiftungen, die sie verwalteten) immer mehr. So ist die enge Interessengemeinschaft der Geistlichen mit den **Händlern und Großgrundbesitzern** zu verstehen, die die iranische Politik der vergangenen Jahrhunderte entscheidend prägte (viele Stiftungen verwalten ihrerseits riesige Ländereien).

Keineswegs übte seit ca. 1850 immer nur *ein* schiitischer Religionsgelehrter als einzige „Instanz der Nachahmung" die oberste religiöse Autorität aus. Dies war immer nur vorübergehend der Fall; öfters gab es mehrere nebeneinander existierende, mehr oder weniger gleichrangige Instanzen der Nachahmung, unter denen jeder Gläubige seine persönliche Instanz auswählen konnte. Auch wenn es *eine,* dann „absolut" genannte Instanz gab, existierten in der Regel neben ihm weitere „einfache" Instanzen, die in theologischen Fragen von geringer oder mittlerer Bedeutung durchaus ihre eigene Gefolgschaft behielten.

Trotz des Machtzuwachses, den die schiitischen Religionsgelehrten im Laufe des 19. Jh. erreichten, waren die allermeisten von ihnen bis in die 60er Jahre des 20. Jh. keineswegs politisch orientiert, sondern verstanden sich vielmehr als **Kontrollinstanz der weltlichen Herrschaft,** die nur dann eingreifen musste, wenn ihre Interessen (oder die der ihnen eng verbundenen Händler oder Großgrundbesitzer) direkt gefährdet erschienen. Dies war z.B. 1963 mit der vom Schah initiierten „Weißen Revolution" der Fall, die u.a. eine weitgehende Landreform und die Einführung des Wahlrechts für Frauen vorsah. Durch seine entschlossene Gegnerschaft und sein mutiges Auftreten gegenüber dem Schah in dieser Sache stieg **Khomeini** während dieser Zeit zu einer „Instanz der Nachahmung" und schließlich zum primus inter pares unter den schiitischen Geistlichen auf (auch zu Zeiten von Khomeinis größter Popularität gab es jedoch weiterhin mehrere „Instanzen der Nachahmung" neben ihm, denen jeweils eine bedeutende Zahl schiitischer Gläubiger folgte).

Erst jetzt begannen sich schiitische mit politisch-religiösen Inhalten intensiv zu vermischen. Eine Generation „linker" iranischer Intellektueller erkannte ihrerseits, dass politische Inhalte in religiösem Gewand eine bessere Breitenwirkung entfalten können, und „islamisierten" sich teilweise. Für das ganz und gar nicht traditionelle Verständnis der Rolle, die die schiitische Geistlichkeit in Iran seiner Ansicht nach in Zukunft spielen sollte, prägte Khomeini im irakischen Exil in einer wichtigen Publikation den Begriff der **„Herrschaft des Rechtsgelehrten".** In Anbetracht der Tatsache, dass die weltliche Herrschaft in Iran durch und durch korrumpiert und den Interessen der ungläubigen Imperialmächte verpflichtet sei, sollte die Geistlichkeit selbst – am besten in Gestalt der Instanz oder der Instanzen der Nachahmung – die Herrschaft ausüben.

Der weitere Verlauf der Ereignisse sollte Khomeini Recht geben: Dem anfänglich von verschiedenen, vor allem links orientierten revolutionären Gruppen als „väterliche Integrationsfigur" unterschätzten Geistlichen bereiteten bei seiner Rückkehr aus dem Exil im Februar 1979 Millionen von Iranern einen begeisterten Empfang. Binnen weniger Jahre gelang es Khomeini und den mit ihm verbundenen politischen Kräften, die nur zum Teil religiös begonnene **revolutionäre Bewegung immer mehr mit religiösen Inhalten zu besetzen** und schließlich völlig zu dominieren.

Die ideologische Entwicklung nach der Revolution

Obwohl Khomeini in seiner grundlegenden, im irakischen Exil verfassten Schrift offen ließ, ob ein oder mehrere schiitische Rechtsgelehrte die Herrschaft ausüben sollten, wurde bald nach Beginn der Revolution klar, dass ein **Rechtsgelehrter als „Führer"** die überragende religiöse und politische Autorität in dem neuen Staat ausüben würde, nämlich **Khomeini selbst.** Wie aber wurde das Kernstück der revolutionären Ideologie, die Stellung und Kompetenzen des Führers, in der Verfassung definiert und verankert?

Die Voraussetzung zur Übernahme des Amtes des Führers war die Anerkennung als „Instanz der Nachahmung", die bei Khomeini ohne Zweifel gegeben war. Von den Kompetenzen des Führers im Rahmen der Verfassung wurden zwar einige Befugnisse explizit genannt, z.B. das Recht zur Ernennung von sechs der insgesamt zwölf Mitglieder des Wächterrats (⇨„Staat und Regierung") und weiterer höchster Ämter in Justiz, Armee etc. Anderes blieb aber etwas vage formuliert, z.B. übernehme der Führer die „allgemeine Sachwaltung" und übe die „Aufsicht" über die drei Gewalten im Staat aus. Einerseits verfügt der Führer somit über sehr weitgehende konkrete Kompetenzen, ja steht teilweise sogar über der Verfassung. Andererseits wird klar, dass diese Beschreibung der Stelle des Führers **auf die Person Khomeinis zugeschnitten** war, der dank seiner persönlichen und religiösen Autorität jederzeit imstande war – etwa durch die Erstellung eines religiösen Rechtsgutachtens (*fatwa*) – jede beliebige politische Richtungs- oder Sachentscheidung auch außerhalb des politischen Systems durchzusetzen.

Wie aber würde sich die Sache nach dem Tod des bei der Revolution bereits 77-Jährigen entwickeln? Im Jahre 1985 designierte die iranische Staatsführung den religiös

mehr versprechen und versuchen, die offizielle Politik ihrer Regierung zu konterkarieren.

Der **Atomwaffenkonflikt** wurde 2003 neu entfacht nach der Entdeckung gewisser Anzeichen dafür, dass Iran (trotz gegenteiliger Behauptungen) insgeheim doch ein Atomwaffenprogramm verfolgt. Dieser Konflikt spielt auch den Konservativen in die Hände, die diesen sensiblen Bereich der iranischen Verteidigungs- und Sicherheitspolitik kontrollieren. Bei diesem Thema können sie die „nationale Karte" ziehen, indem sie einerseits auf dem Recht bestehen, ein nationales Atomprogramm zum Zwecke ziviler Nut-

hoch angesehenen Ayatollah *Montazeri* zum Nachfolger Khomeinis. Im Laufe der folgenden Jahre traten allerdings in zunehmendem Maße politische Differenzen zwischen Khomeini und dem als „liberal" geltenden Montazeri auf (später wurde Montazeri sogar unter Hausarrest gestellt, der erst 2003 aufgehoben wurde). Da aus der näheren politischen Umgebung Khomeinis keine weitere als „Instanz der Nachahmung" anerkannte Persönlichkeit zur Verfügung stand, der auch die zur Übernahme des Amtes des Führers notwendige politische Kompetenz und Stehvermögen zugetraut wurde, stand die Staatsführung im März 1989 vor einem großen Problem. (Alle anderen ca. sechs im Jahre 1989 als „Instanzen" anerkannten iranischen Rechtgelehrten waren entweder bereits über 90-jährig oder standen dem politischen Prinzip der „(direkten) Herrschaft des Rechtsgelehrten" kritisch gegenüber, oder beides.)

Dieses Problem wurde durch die eilige Einberufung einer Kommission gelöst, die über eine **Reform der Verfassung** beraten sollte. Bereits im Juli 1989, kurz nach **Khomeinis Tod,** konnte diese Kommission einen in einigen Punkten geänderten Entwurf der Verfassung der Islamischen Republik Iran vorlegen. Dieser sah unter anderem vor, dass der Führer in Zukunft nicht mehr notwendigerweise über die religiöse Autorität einer „Instanz der Nachahmung" verfügen, sondern nur ein „gerechter *modjtahed*" sein müsse, der auch über die für die Übernahme eines so wichtigen politischen Amtes notwendige Erfahrung und Führungsqualitäten sowie über weitere Kenntnisse der in Iran und in der Welt herrschenden politischen, sozialen und kulturellen Bedingungen verfügen müsse. Somit war der Weg frei für einen **Geistlichen von nur mittlerem Rang,** *Hodjatoleslam Ali Khamenei,* den Khomeini wahrscheinlich kurz vor seinem Tod als Nachfolger favorisiert hatte und der vom Tag seiner Wahl zum Führer an – per Verordnung – offiziell „Ayatollah" genannt werden sollte (was allerdings bei weitem nicht alle anderen schiitischen Ayatollahs und Instanzen der Nachahmung akzeptierten).

Durch den Verzicht auf die Einheit von oberster geistlicher und politischer Autorität ergab sich, dass in der sich explizit als „islamisch" definierenden Republik Iran die religiöse und politische Führung im Prinzip auseinandergefallen war. Da der Führer keine „Instanz der Nachahmung" mehr zu sein braucht, verfügt er nicht mehr automatisch über das hohe Ansehen, das mit diesem Titel verbunden ist, und befindet sich somit auch politisch in einer grundsätzlich geschwächten Position. Dies gleicht die reformierte Verfassung teilweise durch eine genauere Definition der politischen Befugnisse des Führers aus. Schließlich sollte sich im Laufe der Jahre, besonders nach dem Wahlsieg *Khatamis* 1997, zeigen, dass der Führer allein aufgrund seiner Machtbefugnisse und der Kontrolle, die er durch die **Besetzung politischer Schlüsselpositionen** ausüben kann, sogar im Konflikt gegen einen in der Bevölkerung weitaus populäreren Staatspräsidenten (nämlich Khatami) – bislang jedenfalls – politisch am längeren Hebel sitzt.

zung zu verfolgen, und andererseits die doppelzüngige Moral des Westens beklagen, der den exklusiven Besitz von Atomwaffen in der Region durch Israel stillschweigend hinnimmt. Mehr noch als die Lage im Irak birgt dieser Konflikt tatsächlichen Sprengstoff für eine etwaige Eskalation.

Aus- und Rückblick: Iran als Nation

Überblickt man die iranische Geschichte im Ganzen, so stellt sich unter anderem die Frage nach der **historischen Kontinuität.** Der heutige Iran blickt auf eine über **2500 Jahre währende Geschichte von Staatlichkeit** zurück, länger als die allermeisten anderen Länder der heutigen Welt. Auch wenn diese Staatlichkeit durch mehrere große Zäsuren unterbrochen wurde (von denen die wichtigste die Eroberung durch arabisch-islamische Heere zwischen 632 und 651 n. Chr. war), besteht kein Zweifel darüber, dass sich auch über diese Zäsuren hinweg eine **kulturelle „Substanz“** erhalten hat: angefangen von der Sprache, die sich über den ganzen Zeitraum hinweg mehr oder weniger kontinuierlich entwickelt hat, über iranische literarische Mythen bis hin zu altiranischen Vorstellungen von Herrschaft, die auch in islamischer Zeit rezipiert wurden. So erscheint es gerechtfertigt, für den gesamten historischen Zeitraum der iranischen Geschichte von historischer Kontinuität zu sprechen.

Andererseits darf man nicht den Fehler begehen, die heutige Situation um 2500 Jahre nach hinten zu projizieren und schon unter dem Achämeniden *Kyros II. dem Großen* von einer „iranischen Nation“ zu sprechen. Hierbei fällt weniger ins Gewicht, dass das damalige Staatsgebiet etwa das Zwei- bis Dreifache des heutigen betrug und eine Vielzahl von (auch nicht-iranischen) Völkerschaften umfasste; dies ist auch heute, wenngleich in viel bescheidenerem Maße, der Fall. Wichtiger ist, dass ein entscheidender Faktor der Selbstdefinition der heutigen iranischen Nation, der **schiitische Islam,** erst im Laufe des 16. Jh. n. Chr. zur Mehrheitsreligion auf dem Gebiet des heutigen Iran gemacht wurde. Damit wurde die wesentliche Voraussetzung für die Entstehung und Entwicklung der modernen iranischen Nation geschaffen, und dies markiert den **eigentlichen Beginn der Geschichte des heutigen Iran.**

Für das 16. und auch das 18. Jh. konnte man jedoch noch nicht von einer iranischen Nation im modernen Sinne sprechen; der Begriff und das Phänomen der „Nation“ ist modernen europäischen Ursprungs und beinhaltet gewisse Merkmale moderner politischer Kultur wie z.B. die Eingliederung der Bevölkerung in Entscheidungs- oder Bewusstseinsprozesse, die im 16. Jh. weder in Iran noch irgendwo anders gegeben waren. Von einer iranischen Nation im heutigen Sinne – oder von deren Entwicklung – kann man deshalb frühestens gegen Ende des 19. oder zu Beginn des 20. Jh. sprechen, d.h. zur Zeit der nationalistisch ausgerichteten konstitutionalistischen Revolution.

Staat und Regierung

Der offizielle Staatsname lautet **Islamische Republik Iran** *(Djomhuri-ye Eslami-ye Iran).* Nach der iranischen Verfassung von 1979 ist die Staatsform die einer islamischen Republik. Die iranische Verfassung ist die einzige der Welt, die sich als „befristet“ versteht. Sie gilt nur so lange, bis der 12. Imam Mahdi, der sich nach Überzeugung der Schiiten in der „großen Verborgenheit“ irgendwo in dieser Atmosphäre aufhält, auf der Erde erscheinen wird. Sie kann als republikanische Verfassung mit stark autoritären Elementen bezeichnet werden. Das Volk wählt zwar das **Parlament** und den **Staatspräsidenten,** daneben gibt es aber noch Instanzen wie **„Wächterrat“** und **„Expertenrat“,** die nicht demokratisch gewählt sind. Über allem thront der **„Revolutionsführer“,** dem insbesondere die Justiz und die bewaffneten Formationen unterstehen. Seit 1988 bekleidet dieses Amt Ayatollah *Seyyed Ali Khamenei.* Staatspräsident ist seit den Wahlen von 1997 *Hodjatoleslam Seyyed Mohammad Khatami.*

Die **Verfassung** beinhaltet wesentliche, auch in europäischen politischen Systemen anzutreffende Elemente wie

040i Foto: hn

Gewaltenteilung, ein vom Volk zu wählendes Parlament sowie einen Dualismus in der Leitung der Exekutive (ein vom Volk direkt gewählter Staatspräsident und ein von diesem ernannter Ministerpräsident). Hinzu kommt das in anderen Verfassungen nicht anzutreffende Amt des politischen und religiösen Führers, das zunächst **Khomeini** innehatte. Einerseits stand Khomeini aufgrund seiner überragenden persönlichen Autorität über dem politischen System und besaß sozusagen eine „uneingeschränkte Richtlinienkompetenz", andererseits verleiht das Amt des Führers (oft auch „islamischer Führer" genannt) seinem Inhaber auch direkte Befugnisse wie z.B. die Ernennung des Generalstaatsanwalts.

Zu der republikanischen und parlamentarischen Grundstruktur kam nicht nur das Amt des Führers hinzu, sondern weitere die Arbeit des Parlaments und der Regierung kontrollierende „islamische" Gremien, von denen das wichtigste der **Wächterrat** war und ist. Dieses aus sechs Geistli-

„Lasst uns die Märtyrer nicht vergessen"

chen und sechs Juristen bestehende Gremium (die Geistlichen werden vom islamischen Führer, die Juristen vom Justizminister bestimmt) hat die Aufgabe, Gesetzesvorhaben des Parlaments auf ihre **„Islamtauglichkeit“** hin zu überprüfen und bei Parlaments- und Präsidentenwahlen die Kandidaten auf ihre „persönliche und relgiöse Eignung“ hin abzuklopfen (und gegebenenfalls abzulehnen).

Der nicht demokratisch legitimierte Wächterrat konnte und kann somit die Arbeit des Parlaments konterkarieren und war seit seinem Bestehen de facto oft ein mit dem Parlament konkurrierendes Parallelgremium in den Händen konservativer Kräfte. Da sich die Zusammenarbeit zwischen Parlament und Wächterrat oft problematisch gestaltete, regte Khomeini 1988 die Gründung eines weiteren Gremiums „zur Feststellung des Interesses des Systems“ an (kurz „Feststellungsrat“), das bei strittigen Fragen zwischen Parlament und Wächterrat vermitteln sollte und deshalb auch **„Schlichtungsrat“** genannt wird.

Etwa ein Jahr vor seinem Tod regte Khomeini auch die Bildung einer **Expertenversammlung** an, die eine Änderung der inzwischen in einigen Punkten als unzulänglich empfundenen Verfassung in Angriff nehmen sollte. Bereits kurz nach Khomeinis Tod im Juni 1989 wurden die Veränderungen verabschiedet. Ihre wichtigsten Ergebnisse waren erstens die deutlichere Herausarbeitung der Kompetenzen des Führers; zweitens wurde die Struktur der Exekutive gestrafft, indem das Amt des Ministerpräsidenten abgeschafft und seine Kompetenzen im Wesentlichen auf den **Staatspräsidenten** übertragen wurden. Während die Kompetenzen des Führers und des Staatspräsidenten sich in der Theorie nun ungefähr die Waage halten sollten, zeigte sich nach der Präsidentschaftswahl 1997, dass der Führer mithilfe der von ihm kontrollierten Gremien letztlich doch „am längeren Hebel saß“ als der Präsident.

Staatsflagge

Die Flagge wurde im Juli 1980 nach dem Vorbild der früheren „kaiserlichen“ Flagge eingeführt. Sie besteht aus drei Querstreifen: **grün-weiß-rot.** Der mittlere weiße Streifen wird durch Schriftbänder in **arabischer Schrift** vom grünen und roten Streifen abgegrenzt. Das rote **Staatswappen** ist zentral im weißen Streifen angeordnet.

Die Farben Grün, Weiß und Rot gehen auf das 18. Jh. zurück. Heute wird ihnen folgende Bedeutung zugesprochen: Grün ist die Farbe des Islam, Weiß die des Friedens und Rot die des Mutes und der Tapferkeit. Die Schriftbänder bedeuten oben und unten je elfmal *Allahu Akbar:* Gott ist sehr groß. Die somit insgesamt 22 Schriftornamente verweisen auf das Datum 22. Bahman (11. Februar 1979) – Tag der Rückkehr von *Ayatollah Khomeini* nach Iran.

Das auf der Flagge in Rot gehaltene Staatswappen besteht aus vier Halbmonden, die zu einem Globus angeordnet sind. Das Schwert steht unter einem Baldachin, dem Symbol für

Geisteskraft und Standhaftigkeit. Das Schwert und die Halbmonde stehen für die Macht und den Glauben des Islam, der Globus soll den weltweiten Kampf der unterdrückten Völker symbolisieren.

Verwaltungsgliederung

Die heutige Verwaltungsgliederung Irans umfasst **28 Provinzen** (Persisch: *ostan,* ⇨Karte letzte Buchseite), von denen jede wiederum in mehrere Departements (insgesamt 195, Persisch: *shahrestan*) unterteilt ist. Unterhalb der Departements gibt es noch die Ebenen der Kreise *(bakhsh),* Städte *(shahr)* und Landkreise *(dehestan)*. Da Iran ein **Zentralstaat** ist, besitzen die Provinzen keine Kompetenzen, die mit denjenigen der deutschen Bundesländer vergleichbar sind (etwa gesetzgebender Natur); in gewissem Umfang können die Gouverneure der einzelnen Provinzen jedoch in den Bereichen Wirtschaftsförderung, Kultur und Tourismus aktiv werden.

Die heutige Verwaltungsgliederung Irans geht im Wesentlichen auf eine Einteilung nach dem Zweiten Weltkrieg zurück. Allerdings kam es immer wieder zu Veränderungen, oft dann, wenn sich innerhalb einer bestimmten Provinz ein regionales Selbstbewusstsein organisierte und artikulierte, das nach größerer Eigenständigkeit strebte. So war Iran im Jahre 1970 noch in 20 Großeinheiten unterteilt, davon 14 Provinzen und sechs Gouvernements; letztere umfassten die weniger entwickelten Regionen, die erst später in den Rang von Provinzen erhoben wurden.

In den 1970er Jahren kamen die Provinzen Yazd und Zanjan hinzu (sie wurden jeweils aus den sie umgebenden Provinzen „herausgeschnitten"), in den 1980er Jahren wurde u.a. die Provinz Teheran in „Teheran" und „Zentralprovinz" unterteilt. 1996 wurden die Provinzen Ardabil (aus Ost-Azerbeijan) und Qom (aus Teheran „herausgeschnitten") gebildet. Die Entstehung einer neuen Provinz verlief nicht immer ohne Probleme, so gingen der Bildung der Provinz Qazvin langjährige, teils gewalttätige Proteste seitens der Einwohner Qazvins voraus, die sich von der Provinzregierung in Zanjan benachteiligt fühlten. 2002 tobten in Khorasan heftige Auseinandersetzungen wegen der Aufteilung der Provinz in drei Einheiten.

Wirtschaft

Die verfehlte Wirtschaftspolitik des Schah (vor allem seit 1973) war ein wesentlicher Auslöser für den Widerstand, der letztlich zur iranisch-islamischen Revolution führte. Deshalb wurde von den Ideologen der Revolution schon frühzeitig Wert auf den Aufbau einer **„islamischen Wirtschaft"** gelegt; dies sollte zunächst vor allem die Abkehr von einseitigen Groß- und Prestigeprojekten, die Verlagerung des Schwerpunkts auf den landwirtschaftlichen und Nicht-Erdöl-Sektor und den Aufbau der Infrastruktur (Versorgung der Dörfer mit Straßen und Elektrizität) bedeuten. In der Verfassung werden als allgemeine Prinzipien „islamischer Wirtschaft" vor allem wirtschaftlich-soziale Gerechtigkeit und wirtschaftliche Autarkie des Landes genannt.

Ob und inwiefern es eine „islamische Wirtschaft" überhaupt gibt und, wenn ja, wie diese aussieht, ist sowohl unter „westlichen" als auch unter islamischen Experten umstritten. Wie in anderen islamischen Ländern, die eine „Islamisierung der Wirtschaft" anstreben, wird auch in Iran die wirtschaftliche Entwicklung von einer Reihe von internen und externen Zwängen entscheidend bestimmt (z.B. von der Notwendigkeit der Kreditaufnahme am internationalen Kapitalmarkt), für deren Überwindung bisher noch kein islamisches Patentrezept gefunden wurde. In Iran kamen zu diesen allgemeinen Zwängen nach der Revolution mehrere ungünstige Sonderfaktoren hinzu, vor allem der lange und teure **Krieg gegen den Irak,** aber auch die **Wirtschaftssanktionen** seitens der US-Regierung (vor allem das Einfrieren der iranischen US-Auslandsguthaben) und die politisch bzw. sozial motivierte **Flucht** eines erheblichen Teils **iranischen Kapitals** und **iranischer Fachkräfte** während und nach der Revolution (die meisten davon in die USA,

041i Foto: hn

vor allem nach Kalifornien, dessen „iranische Hauptstadt“ von Iranern scherzhaft Tehrangeles genannt wird, und nach Westeuropa).

In mancherlei Hinsicht hat sich durch die Revolution wenig an der Struktur der iranischen Wirtschaft geändert. So waren die Bemühungen, den industriellen Nicht-Erdöl-Sektor auszubauen und die Exporterlöse daraus zu erhöhen, bisher nur mäßig erfolgreich. Trotz eines neuerlichen Anstiegs des Exports von Industrieprodukten und Gebrauchsgütern, hauptsächlich in die Nachfolgestaaten der Sowjetunion, wird der iranische Export nach wie vor von **Erdöl** und, mit großem Abstand folgend, Erdgas und Produkten wie **Datteln, Pistazien** und **Teppichen** dominiert. Auch eine die Kleinbauern bevorzugende Landreform, die kurz nach der Revolution angegangen wurde, erregte bald den Widerstand der Großgrundbesitzer und eines Teils des konservativen Klerus und wurde schließlich, trotz eines positiven Parlamentsbeschlusses, vom Wächterrat zu Fall gebracht.

Die deutlichste Veränderung der iranischen Wirtschaft nach der Revolution besteht in der Ausdehnung ihres staatlichen Anteils. Das **Banken- und Versicherungswesen** wurde vollständig, der **Außenhandel** weitgehend **verstaatlicht** (Letzteres wieder gegen den Widerstand des Wächterrats, der hier die Interessen der im Außenhandel tätigen Kaufleute vertrat); auch die **Großindustrie** befindet sich zu über 80% in den Händen des Staates, staatlich gelenkter Institutionen (z.B. Banken) oder halbstaatlicher Stiftungen. Seit 1990 gab es politische Versuche (zunächst von dem „pragmatischen“ Staatspräsidenten *Rafsanjani*), den Staatsanteil an der Wirtschaft zu reduzieren, die aber nur von geringen Erfolgen gekrönt waren.

Weitere Bestrebungen, die iranische Wirtschaft zu beleben, haben wohl erst dann Aussicht auf Erfolg, wenn sich Iran auch politisch an die westlichen Industrienationen (v.a. die USA) weiter annähert, die Rechtssicherheit für ausländische Investitionen erhöht und somit wieder besseren Zugang zu internationalen Märkten und Kapital erhält. Ein erster Schritt in diese Richtung wurde 1999 getan, als der Schlichtungsrat nach langem parlamentarischen Vorlauf ein **Investitionsschutzgesetz** für ausländische Mehrheitsinvestitionen in Iran billigte.

Die offiziellen Eckdaten der iranischen Wirtschaft für das Jahr 2002 lauten: Bruttoinlandsprodukt 119 Mrd. US$; Sektoren: Landwirtschaft 19%, Industrie 26%, Dienstleistungen 55%; Pro-Kopf-Einkommen 1750 US$; Auslandsverschuldung 8 Mrd. US$; Arbeitslosigkeit offiziell ca. 14%, in Wirklichkeit liegt sie vermutlich bei 25%; Inflationsrate (geschätzt) ca. 17%.

Bauer bei der Arbeit im Reisfeld

Tourismus

Beim Tourismus in Iran sind der einheimische von dem der Ausländer sowie der religiöse vom nicht-religiösen zu unterscheiden. Was den Urlaub der Iraner im eigenen Lande betrifft, so werden Reisen zu den wichtigsten historischen und kulturellen Sehenswürdigkeiten wie denjenigen in Isfahan, Shiraz und Persepolis oder auch ein Badeurlaub am Persischen Golf (auf der Insel Kish) vor allem unter städtischen Iranern immer beliebter.

Religiöser Tourismus

Am inneriranischen Tourismus haben nach wie vor **Pilgerfahrten** einen hohen Anteil, bei denen iranisch-schiitische Gläubige für mehrere Tage oder Wochen, allein oder in einer Gruppe, eine **heilige Stätte** (meist das Grab eines berühmten schiitischen Heiligen) besuchen. Die „heiligste" iranische Pilgerstätte ist der Schrein des 8. schiitischen Imam *Reza* (⇨Kap. „Religion") in **Mashhad** (Nordostiran), die deshalb die meisten Pilger anzieht. Weitere bedeutende Heiligtümer befinden sich in **Qom** (wo *Fatima,* die Schwester Imam Rezas begraben liegt), südlich von **Teheran** (das Grabmal *Khomeinis*) und in **Shiraz** (Shah Cheragh). Letzteres wurde im Laufe der vergangenen zehn Jahre von den lokalen Behörden planmäßig ausgebaut und erweitert, vermutlich, um der Bevölkerung auch des südlichen Iran einen bedeutenden „eigenen" Pilgerort zur Verfügung zu stellen, zu dessen Besuch keine langwierige Anreise nötig ist.

Auch aus dem islamischen Ausland zieht es viele schiitische Gläubige an iranische Pilgerstätten, vor allem nach Mashhad. Umgekehrt war iranischen Gläubigen der Besuch der beiden wichtigsten außeriranischen schiitischen Pilgerstätten, der Schreine der 1. und 3. Imame *Ali* und *Hossein* in Nadschaf bzw. Kerbela (Irak), unter der Herrschaft *Saddam Husseins* lange Zeit verwehrt und wurde erst in den letzten Jahren unter Saddam wieder mit Einschränkungen zugelassen.

Iran-Reisen als West-Tourist

Der Tourismus westlicher Ausländer in Iran, für den es im Lande ein hohes historisches, kulturelles und menschliches Potenzial gibt, sieht sich verschiedenen Schwierigkeiten gegenüber. Die nach wie vor bestehende (wenngleich in den letzten Jahren gelockerte) **Hürde der Visums-Erteilung** und die nur zögerlich ausgebaute und erneuerte Infrastruktur von **Hotels auf „westlichem" Niveau** begrenzen die Zahl der möglichen ausländischen Touristen von vornherein auf Nischenbereiche wie z.B. **Studienreisen.** Obwohl Iran für die wenigen ausländischen Touristen ein ausgezeichnetes Reiseland ist und Ausländer von Iranern mit offenen Armen empfangen werden, geistert durch westliche Medien nach wie vor das Bild eines sich

Mädchen bei einem Wochenendausflug

042i Foto: hn

abschottenden, radikal-islamischen und irgendwie „mittelalterlichen" Iran. Dies entspricht in keiner Weise den Realitäten des Landes, allerdings ist an dem ungünstigen Bild, das potenzielle Touristen von Iran haben, auch die uneinheitliche Einstellung maßgeblicher iranischer Kreise zum ausländischen Tourismus schuld. Während einflussreiche Kreise den Tourismus als Devisenbringer (auch für die eigene Tasche) betrachten und fördern, beharren andere, konservativere Kreise nach wie vor auf dem ideologischen Konfrontationskurs mit „dem Westen", in dessen Sinne auch ausländische Touristen und der Kontakt mit ihnen für die einheimische Bevölkerung eine potenzielle Gefahr darstellen.

Mindestens ebenso entscheidend für das periodische Auf und Ab (auf niedrigem Niveau) des ausländischen Tourismus in Iran ist jedoch die **politische Großwetterlage,** die dem Land in den letzten Jahren einige Krisen und Kriege unmittelbar jenseits seiner Grenzen (Kuwait, Irak, Afghanistan) beschert hat. Leider können nicht alle Europäer zwischen Iran und Irak genau unterscheiden und wissen nicht, dass beispielsweise Isfahan von Baghdad mehr als 700 km entfernt liegt. Deshalb sackte in den letzten Jahren, sobald Bilder von entsprechenden Ereignissen über europäische Bildschirme flatterten, der ausländische Tourismus in Iran jeweils sofort auf den Nullpunkt, um sich anschließend wieder langsam zu erholen. Trotz der etwas instabilen politischen Großwetterlage, aber auch, weil das iranische Regime gesellschaftlich eher einem autoritären Stil zuneigt, ist Iran jedoch fast überall (mit Ausnahme der Grenzregionen zu Pakistan, wo sich Drogenschmuggler tummeln) ein **absolut sicheres Reiseland!**

Medien

In den politischen Wirren des Jahres 1979 herrschte zunächst eine weitgehende Pressefreiheit, die jedoch ab Mitte des Jahres mithilfe der gerade im Aufbau befindlichen Einheiten der Revolutionswächter zunehmend eingeschränkt wurde. Die Verfassung von 1979 forderte zwar die Freiheit der Medien, diese müsse aber **„entsprechend der islamischen Prinzipien"** gestaltet sein.

Der iranische Rundfunk und das iranische Fernsehen unterstehen seit 1979 einer eigenen Behörde (keinem Ministerium, somit nicht der Exekutive; es gibt keine Privatsender). Ihr Leiter kann vom islamischen Führer direkt abgesetzt werden. Davon machte *Khamenei* 1994 Gebrauch, als er *M. Hashemi,* einem Bruder *Rafsanjanis,* die Leitung des Rundfunks und Fernsehens entzog, unter dem Vorwurf, er habe der „Propagierung westlicher Kultur" Vorschub geleistet.

In der Berichterstattung iranischer Tageszeitungen spiegeln sich immer wieder die Auseinandersetzungen zwischen den das politische Geschehen bestimmenden Machtblöcken in Iran wieder. So wurde zu Beginn der

1990er Jahre die Diskussion über die Notwendigkeit von Wirtschaftsreformen innerhalb des von der Verfassung vorgegebenen politischen Rahmens weitgehend frei geführt.

Nach der Wahl *Khatamis* zum Staatspräsidenten (1997) entwickelten sich Teile der iranischen Presse zu einem wichtigen Vehikel der von Khatami angestrebten politischen Liberalisierung. Binnen kurzer Zeit entstand eine derart **vielseitige und kritische Presselandschaft,** dass im April 2000 18 der neu entstandenen Reformzeitungen und -zeitschriften vom konservativ dominierten Justizministerium **verboten** wurden. Die „Reformer" versuchten nun, die Pressegesetze auf parlamentarischem Wege zu lockern; im August 2000 verhinderte der islamische Führer *Khamenei* jedoch per Dekret die Vorlage des entsprechenden Gesetzesvorschlags. Der reformorientierte Kulturminister *Mohajerani* wurde von den Konservativen im Oktober 2000 zum Rücktritt gezwungen.

Spionitis oder der Glaube an eine weltweite Verschwörungstheorie

Abgesehen von der mehr oder weniger vernünftigen politischen Meinung, die natürlich viele Iraner besitzen, prägt ein wichtiger Faktor das politische Weltbild etlicher Iraner: die so genannte „große Verschwörungstheorie". Die offizielle Politik lehrt, dass die islamisch-iranische Führung für Wahrheit und Gerechtigkeit kämpft, gegen die Mächte der Dunkelheit: USA, CIA, Israel, Zionismus, Kapitalismus. Obwohl er für die gerechte Sache steht und kämpft, läuft der Iran demnach wie gegen Windmühlen an: Die „anderen" lassen nicht zu, dass sich die Islamische Republik gemäß der ihr zukommenden historischen Rolle entwickelt.

Soviel Ungerechtigkeit lässt sich nicht allein durch das politische und wirtschaftliche Übergewicht der „anderen" erklären. Dazu ist ein erhöhter Grad von Gemeinheit und Feigheit notwendig: Die „anderen" stecken unter einer Decke, sie kämpfen verdeckt, versteckt, mit unlauteren Mitteln, kurz: eine weltweite Verschwörung ist im Gang.

Abgesehen davon, dass ein Körnchen Wahrheit in alledem steckt – der „Westen" war sich nach der islamischen Revolution einig, dass es da etwas einzudämmen gäbe, und unterstützte zunächst den Kriegsgegner und Aggressor Irak –, hemmt die verbreitete Neigung, immer und überall Verschwörer und Spione am Werk zu sehen, die allgemeine politische Reifung und Entwicklung.

Iran steht mit diesen Verschwörungstheorien jedoch nicht allein da. Auch in Europa gehört der Glaube an die Verschwörung des „Weltjudentums" oder des „Weltkapitalismus" (was für manche das gleiche sein mag) seit langer Zeit zur etablierten politischen Folklore.

In den 90er Jahren haben die Verschwörungstheorien in Iran etwas an Attraktivität eingebüßt. Auf Dauer wird es langweilig, im Saft der eingebildeten Rechtschaffenheit zu schwimmen, vor allem, wenn in der Welt draußen so viele zu Hause schwer erhältliche Attraktionen locken.

Bildungssystem

Die iranischen Schulen unterstehen dem Erziehungsministerium, die Universitäten hingegen dem „Ministerium für Wissenschaften, Forschung und Technologie". Das iranische Schul- und Hochschulsystem wurde von *Reza Shah* in den 1930er Jahren nach **französischem Vorbild** gegründet und in den 1960/70er Jahren mithilfe US-amerikanischer Berater teilweise reformiert. Seine Struktur hat sich durch die iranisch-islamische Revolution nicht wesentlich verändert.

Die Schulausbildung ist untergliedert in eine fünfjährige Grund-, dreijährige Orientierungs- und vierjährige Oberstufe. Nur für die **Grundstufe** besteht **allgemeine Schulpflicht,** diese wird inzwischen für ca. 90% der Kinder durchgesetzt. Diejenigen Schüler, die nach dem Abitur an einer **staatlichen Universität** studieren wollen, absolvieren in der Regel einen einjährigen Vorbereitungskurs auf die schwierige Aufnahmeprüfung (*konkur* genannt, = Frz. *concours*), die nur ca. 10% der Teilnehmer bestehen.

Eine Alternative hierzu ist das Studium an einer der inzwischen zahlreichen **privaten Universitäten** Irans. Diese halten zwar auch *konkurs* ab, die eigentliche Zugangshürde stellen jedoch die **Studiengebühren** dar, die für durchschnittsverdienende Familien nur schwer aufzubringen sind. Private Universitäten wurden wenige Jahre nach der Revolution zugelassen, da die öffentliche Hand allein die stetig wachsende Nachfrage nach höherer Bildung nicht bewältigen konnte. Seit einigen Jahren gibt es auch private Schulen (auf allen drei Niveaus), die ebenfalls hohe Gebühren verlangen und den Schülern teilweise ein besseres und „exklusiveres" Lernumfeld als die öffentlichen Schulen bieten können. Dies wird in der Öffentlichkeit oft als **„Zwei-Klassen-Erziehung"** kritisiert.

Die Revolution hat im Bereich des Bildungssystems auch die Lehrinhalte beeinflusst. Sowohl an den Schulen als auch an den Universitäten wurden zusätzlich zum Curriculum obligatorische **Arabisch- und Islamkurse** eingeführt. Nach Angaben vieler Iraner war dies zumindest zum Teil kontraproduktiv, da die zusätzlichen Kurse eher als Ballast, denn als Bereicherung empfunden werden.

Auch die Schul- und Universitätslehrbücher in gesellschaftlich relevanten Fächern wie Geschichte und Politik wurden nach der Revolution schrittweise den neuen politischen Verhältnissen angepasst. So wurde z.B. in den Geschichtsbüchern die Rolle, die der Islam im Rahmen der persischen Geschichte spielt, wieder stärker in den Vordergrund gestellt (im Gegensatz zur tendenziellen Glorifizierung des vorislamischen Iran unter der vorausgegangenen Pahlavi-Dynastie). Die Geschichte der Pahlavi-Dynastie wurde natürlich völlig neu geschrieben und zur Periode der „Gottlosigkeit und Fremdherrschaft" der iranischen Geschichte uminterpretiert.

Die Universitäten, die seit jeher ein Sammelbecken veschiedenster politischer Gruppierungen darstellten und

043i Foto: hn

aus denen wesentliche Impulse für die Revolution ausgegangen waren, wurden vom Regime in dessen Konsolidierungsphase als potenziell gefährlich eingestuft, deshalb 1980 geschlossen und erst 1983 wieder eröffnet.

Die Durchsetzung der Schulpflicht und somit auch die **Alphabetisierungsquote** weicht von Region zu Region teilweise erheblich ab. Vor allem in abgelegenen ländlichen Regionen und in nomadisch besiedelten Gebieten liegt die Einschulungsquote erheblich unter dem nationalen Durchschnitt. Seit einigen Jahren setzt die Regierung deshalb für diese Regionen auch auf flexible Konzepte wie z.B. je nach Bedarf der Bevölkerung „wandernde" bzw. ambulante Dorfschulen. Der Grad der Alphabetisierung der Gesamtbevölkerung Irans dürfte heute etwa bei 75–80% liegen. Nach der letzten offiziellen statistischen Erhebung vor der Revolution lag der Wert im Jahre 1976 knapp unter 50%.

Auf dem Schulhof beim Sportunterricht

Gesundheitswesen und Sozialversicherung

In Iran existiert ein voll ausgebildetes **gesetzliches System der sozialen Absicherung** und Gesundheitsvorsorge. Theoretisch sollte jeder Arbeitnehmer durch seinen Arbeitgeber abgesichert sein. Das Problem besteht darin, dass die Realität der Gesetzeslage hinterherhinkt; de facto kommen nur Staatsbedienstete und bei halbstaatlichen Organisationen (Stiftungen) und Großunternehmen angestellte Personen in den Genuss sozialer Absicherung (Arbeitslosengeld, Rente, Krankenversicherung). Eine große Zahl von in **Kleinbetrieben** (Handwerk, Bazar) und in der **Landwirtschaft** Beschäftigten verfügen über keine soziale Absicherung. Ihr geringes Einkommen erlaubt ihnen auch nicht den Abschluss einer privaten Versicherung. All diese Gruppen sind nach traditioneller Art vor allem **über die Familie abgesichert.**

Da die **Renten** nicht automatisch an die recht hohe Inflation angepasst werden, sind auch Rentner oft gezwungen, zumindest in reduziertem Umfang weiterzuarbeiten, falls sie nicht über anderweitige Enkünfte (z.B. aus Immobilienbesitz) verfügen.

Die zwei wichtigsten Berufsgruppen, die in Iran über ein auch nach westlichen Maßstäben ausreichendes oder sogar **gutes Einkommen** verfügen, sind die **Ärzte und Händler.** Dass die **politischen Entscheidungsträger** und diejenigen, die nahe an staatlichen oder halbstaatlichen Geldtöpfen sitzen, ebenfalls nicht darben müssen, bedarf nicht der Erwähnung.

Ähnlich wie beim Bildungssystem sind auch auf **medizinischem Sektor** die ländlichen Regionen weitaus schlechter versorgt als die Städte. Hier ist der Staat teilweise gezwungen, ausländische Ärzte anzuwerben (z.B. aus Pakistan). Außerdem ist jeder Medizinstudent gesetzlich dazu verpflichtet, nach seinem Studium für einige Jahre in einer ländlichen Region zu praktizieren. Für sehr abgelegene oder von Nomaden bewohnte Gebiete setzt die Regierung, wie bei der Schulbildung, auch auf flexible Konzepte wie z.B. **ambulante Gesundheitszentren** (entsprechendes gilt auch für den Veterinärbereich).

Menschen und Kultur

Bevölkerung

Nach neuesten Zählungen beträgt die Bevölkerungszahl Irans annähernd ca. **72 Millionen** Menschen (2002). Sie hat sich in den vergangenen Jahrzehnten stark erhöht, in den Jahren nach der Revolution lag die Geburtenrate bei 3,2%. Seitdem wird eine staatliche Politik der Geburtenkontrolle durchgeführt, was zu einem Sinken auf 1,2% führte. Betrug die durchschnittliche Kinderzahl pro Familie 1986 noch sieben, so sank sie bis heute auf drei. Dies führte dazu, das etwa 60% der iranischen Bevölkerung 25 Jahre und jünger sind, die Arbeitslosigkeit ist in dieser Gruppe besonders hoch.

Weitere Bevölkerungsgruppen neben den **Persern** (etwas mehr als die Hälfte) sind Azeri-Türken (26%), Kurden (8%), Araber (3%), Loren-Bakhtiaren (4%), Baluchen (2%).

Iran als Vielvölkerstaat

Obwohl Iran von einer Ethnie und Kultur, der persischen, dominiert wird und die **überwiegende Mehrheit** seiner Bevölkerung **Persisch** spricht, beherbergt er doch eine derartige Vielfalt von Völkern, Volksgruppen und Kulturen, dass man mit Recht von einem Vielvölkerstaat sprechen kann.

Im Bereich der Sprache verläuft eine grundlegende Trennlinie zwischen iranischen und nichtiranischen Sprachen. Die wichtigsten in Iran verbreiteten nichtiranischen Sprachen sind das im Südwesten (Khuzestan) gesprochene **Arabisch** und das im Nordwesten (Azerbeijan) gesprochene **Azeri-Tür-**

044i Foto: hn

Turkmenische Frauen

kisch. Innerhalb der iranischen Sprachen, deren wichtigste die offizielle Landessprache Persisch ist (Eigenbezeichnung: **farsi**), gibt es an zahlenmäßig bedeutenden Minderheitensprachen **Kurdisch** und **Balutschi.** In vielen Regionen Irans werden weitere Dialekte von ganz unterschiedlicher Sprecherzahl gesprochen.

Allgemein wird in Iran dem Kriterium der Sprache für die Definition der ethnischen Identität ein geringerer Stellenwert beigemessen, als dies in den meisten europäischen Ländern der Fall ist. So wird etwa die **sprachlich-kulturelle Identität der Kurden** in keiner Weise geleugnet; Kurden dürfen in der Öffentlichkeit bei jeder Gelegenheit Kurdisch sprechen, es darf auf Kurdisch publiziert werden. Trotzdem fehlt bei vielen Iranern das Bewusstsein, dass das Kurdische eine eigene, vom Persischen wirklich unabhängige Sprache ist. Aufgrund der Ähnlichkeit der kurdischen Sprache und Kultur mit der persischen werden die Kurden von den Persern – teilweise gegen ihren Willen – als Bereicherung der nationalen iranischen Kultur umarmt und vereinnahmt.

Grundlegender als der sprachliche Unterschied ist für die persische ethnische Identität der religiöse Gegensatz zwischen der **schiitischen persischen Mehrheit** und den **sunnitischen Minderheiten,** vor allem den Kurden und den Baluchen. Die sunnitischen Kurden werden von den Persern, wenn überhaupt, dann nicht wegen ihrer Sprache, sondern wegen ihrer Religion als „anders" empfunden. Andererseits sind die zahlenmäßig bei weitem stärkeren **Azeri-Türken,** die eine mit dem Persischen nicht verwandte Sprache sprechen, als Schiiten Teil der persischen „Mehrheitsnation" und werden von den meisten Iranern (und auch von sich selbst) gar nicht als „Minderheit" betrachtet.

Die übrigen religiösen Minderheiten Irans – **Christen, Juden, Zoroastrier** – spielten in der Geschichte Irans teils bedeutende Rollen im Handel (z.B. die

Armenier in Neu-Djolfa) oder später, im 20. Jh., beim Import westlichen „modernen" Gedankenguts und westlicher Technologien, die sie in der Regel früher rezipierten als die muslimische Mehrheitsgesellschaft. Im Laufe des 20. Jh. verloren sie langsam diese Sonderstellung und vor allem seit der Revolution 1979 werden sie – zum Teil durch verstärkte Auswanderung bedingt – sowohl zahlenmäßig als auch in anderer Hinsicht immer mehr ein Randphänomen der iranischen Gesellschaft. Gemäß der Verfassung der Islamischen Republik Iran stehen den Christen grundsätzlich drei, den Zoroastriern zwei Parlamentssitze, den Juden ein Sitz zu. Eine weitere autochthone religiöse Minderheit in Iran, die als Religionsgemeinschaft nicht anerkannten **Baha'i,** haben eine Sonderrolle (s.u.).

Nomadische und halbnomadische Lebens- und Wirtschaftsformen spielen in Iran immer noch eine bedeutende Rolle, jedoch mit abnehmender Tendenz. Unter *Reza Shah* waren die Siedlungsgebiete einiger größerer **Nomadengruppen** (z.B. der Qashqa'i) quasi-autonome Gebiete, in denen der iranische Staat wenig zu melden hatte. Seit der Revolution 1979 verändern sich die nomadischen Strukturen zusehends: Neuerrichtete Asphaltstraßen, Massenmedien (Fernsehen) und Bildungsangebote (Schulen), die gerade in ländlichen Gebieten systematisch ausgebaut werden, tragen die moderne Welt und den iranischen Staat immer mehr in die nomadische Gesellschaft hinein. Der Staat verstärkt diesen Prozess der schrittweisen Integration der Nomaden teilweise durch zusätzliche Ansiedlungsprojekte.

Sprachen

Die offizielle Staats- und Verwaltungssprache Irans, die in allen Schulen und Hochschulen gelehrt und von gut der Hälfte der Bevölkerung als Muttersprache gesprochen wird, ist **Persisch (Farsi).** Entsprechend dem Charakter Irans als multiethnisches Land gibt es jedoch eine Reihe weiterer Sprachen: Turksprachen- und dialekte (26%), Kurdisch (8%), Lori-Bakhtiyari (4%), Baluchi (2%) und Arabisch (3%). Da in den Volkszählungen in Iran nicht nach ethnisch-sprachlicher Zugehörigkeit gefragt wird, repräsentieren diese Zahlen nur ungefähre Schätzungen.

Persisch ist die Mutter- oder Verkehrssprache von ca. 65 Millionen Menschen in Iran, außerdem von etwa 10 Millionen in Afghanistan und von ca. 5 Millionen in Tadschikistan. In einer Reihe mit Iran benachbarter Länder wie Kuwait, Irak und Usbekistan leben zahlenmäßig bedeutsame persischsprachige Minderheiten. In Iran wird das Persische *farsi* genannt, in Afghanistan *dari* und in Tadschikistan *todjiki.* In diesen drei Ländern beruht das Persische jeweils auf einer etwas anderen dialektalen Grundlage.

Das Persische ist eine **indogermanische Sprache** und somit weitläufig auch mit dem Deutschen und den meisten anderen europäischen Sprachen verwandt. Diese Vewandtschaft zeigt sich für Laien nur noch an wenigen Wörtern, z.B.:

Deutsch	**Persisch**
Mutter	*madar*
Bruder	*baradar*
greif-en	*geref-tan*

Das Persische blickt auf eine sehr lange Geschichte zurück, vergleichbar etwa dem heutigen Italienisch, das sich weit über zwei Jahrtausende bis zum Frühlatein zurückverfolgen lässt. Die Achämeniden (ca. 550–330 v. Chr.) meißelten ihre Keilinschriften in **Altpersisch** ein. Die Sprache, in der der altiranische Prophet *Zoroaster* seine Botschaft verkündete, wird Avestisch genannt und ist eng mit dem Altpersischen verwandt.

Die Sasaniden (ca. 220–650 n. Chr.) verfassten ihre Inschriften und später ihre religiösen Bücher auf **Mittelpersisch,** einer Fortentwicklung des Altpersischen. Das **Neupersische** (ab ca. 900 n. Chr.) ist mehr oder weniger eine Fortsetzung des Mittelpersischen, wird anders als dieses aber mit **arabischer Schrift** geschrieben. Das bis heute gesprochene Neupersisch verfügt mit über 1100 Jahren über eine ungewöhnlich lange Tradition als einheitliche Sprache. Obwohl sich das Persische während dieser Zeit in mancher Hinsicht deutlich gewandelt hat, werden das im 10. Jh. n. Chr. und das heute gesprochene Persisch immer noch als zwei Entwicklungsstufen einer Sprache betrachtet. Im islamischen Hoch- und Spätmittelalter, bis ins 19. Jh. n. Chr., war Persisch in einem großen Teil der islamischen Gebiete – von der Türkei bis nach Indien – eine bedeutende Verwaltungs- und Literatursprache.

Weitere mit dem Persischen verwandte iranische Sprachen von bedeutender Sprecherzahl sind das **Kurdische** und das **Baluchi,** die sich jeweils in eine Vielzahl von Dialekten untergliedern (Kurdisch in Iran: ca. 6 Mio. Sprecher, Baluchi ca. 1,5 Mio. Sprecher). Zusätzlich gibt es in Iran eine große Zahl weiterer regionaler **iranischer Dialekte,** teilweise mit bis über eine Million Sprechern (z.B. Gilaki), von denen einige auch von Lokaldichtern gepflegt und geschrieben und von Heimatkundlern erforscht werden. Viele kleinere Dialekte (v.a. in Zentraliran) werden jedoch nur noch von wenigen Menschen benutzt und sind vom baldigen Aussterben bedroht.

Eine weitere in Iran von einer Minderheit gesprochene indogermanische, aber nicht iranische Sprache ist das **Armenische** (ca. 80.000 Sprecher). Außerdem sind in Iran zwei nicht-indogermanische Sprachgruppen vertreten: die semitischen Sprachen mit dem in der Provinz Khuzestan gesprochenen **Arabischen** (ca. 2 Mio. Sprecher) und dem am Orumiyeh-See von einer kleinen Volksgruppe gesprochenen **Mandäischen** (ca. 20.000 Sprecher) sowie die Turksprachen, die mit den ca. 17 Mio. Sprechern des **Azeri-Türkischen** nach dem Persischen die zweitgrößte Sprachgruppe Irans stellen. Daneben gibt es weitere kleinere Turksprachen wie das **Qashqa'i** in Südiran oder das **Turkmenische** in Nordostiran (0,5 bzw. 0,2 Mio. Sprecher).

- **Buchtipp:** „Persisch – Wort für Wort", handlicher Sprechführer für den Reisealltag, erschienen im Reise Know-How Verlag, Bielefeld. Begleitendes Tonmateriel (Kassette oder CD) erhältlich.
- Siehe auch die **Kleine Sprachhilfe im Anhang** sowie Kap. „Reisetipps A–Z: Sprache und Verständigung".

Religionen

99% aller Iraner sind **Muslime.** Iran ist das einzige Land der Welt, in dem der schiitiche Islam laut Verfassung **Staatsreligion** ist. Die überwiegende Mehrheit folgt der Richtung der Zwölfer-Shi'a (Ja'fariten). Die Zahlen im einzelnen: Schiiten 89%, Sunniten 10%, Zoroastrier, Juden, Christen und Baha'i zusammen 1%.

Islam

Die **schiitische Richtung** des Islam und ihre Religiosität sind nicht nur bedeutende Faktoren der iranischen Gesellschaft und Politik, sondern durchdringen auch den persischen Nationalcharakter, das Selbstverständnis und das geschichtliche Bewusstsein der iranischen Nation.

Den Ausgangspunkt der islamischen Religion stellen die Visionen des spä-

Land und Leute

Pyjama und Puschen – persische Wörter im Deutschen

Dass Wörter von einer Sprache zu einer anderen wandern, ist eine altbekannte Tatsache. Oft handelt es sich um so genannte „Kulturwörter", d.h. Begriffe für Gegenstände oder Waren, die in besonders hohem Maße dem geschäftlichen oder kulturellen Verkehr zwischen einzelnen Völkern oder Regionen unterliegen. Ein Beispiel hierfür ist der *Walkman,* der, aus dem englischsprachigen Raum stammend, im Deutschen übernommen wurde.

Den wenigsten ist bewusst, dass es im deutschen Wortschatz auch eine ganze Reihe von Wörtern „orientalischen" oder persischen Ursprungs gibt. Sie sind auf verschiedenen Wegen ins Deutsche und in andere europäische Sprachen gelangt. Einige persische Wörter sind zunächst vom Arabischen übernommen worden und übertrugen sich dann über das Mittelmeer oder die Meerenge von Gibraltar nach Spanien und so auch in europäische Sprachen. Ein Beispiel: Die *Orange* heißt auf Persisch *naarandj,* auf Spanisch *naranja.*

Eine weitere Gruppe stellen die vom Persischen ins Indische (früher: Hindustani) gelangten Wörter dar, die im Indien des 19. Jh. in die Sprache der britischen Kolonialmacht, ins Englische, eindrangen und dann in weitere europäische Sprachen. Beispiele: *Pyjama,* auf Persisch *paa-djaama* (eigentlich „Beinkleid"); *khaki,* auf Persisch *khaaki* (eigentlich „staubig").

Weitere vereinzelte persische Wörter gelangten über das Türkische oder das Russische ins Deutsche, z.B. *Kiosk,* türkisch *köschk,* persisch *koshk* (eigentlich „Pavillon"), oder die *Puschen,* russisch *papushki,* persisch *pa push-idan* (*pa* = „Fuß", *push-idan* = „anziehen"). Der *Pfirsich* geht auf das lateinische *malum persicum* zurück, was eigentlich „persischer Apfel" bedeutet.

045i Foto: hn

Bei einer Trauerfeier

teren **Propheten Mohammed** *(Muhammad)* dar, der 570–632 n. Chr. auf der Arabischen Halbinsel lebte und als Kaufmann im Alter von ca. 40 Jahren ein religiöses Erweckungserlebnis hatte. Er begann Anhänger um sich zu sammeln; die steigende Popularität seiner religiös-sozialen Verkündigung brachte ihn in Konflikt mit den alteingesessenen, mächtigen Familien seiner Heimatstadt Mekka, weshalb er 622 n. Chr. mit seinen Anhängern ins Exil nach Medina ziehen musste. Dieser Auszug wird **Hidjra (Hedschra)** genannt und stellt den Ausgangspunkt der islamischen Zeitrechnung dar.

In den folgenden Jahren empfing Mohammed weitere Offenbarungen; er baute seine religiösen und sozialen Vorstellungen nach und nach zu einem einheitlichen System aus, erweiterte seinen politischen Einfluss immer mehr und brachte schließlich auch militärisch einen großen Teil der Arabischen Halbinsel unter seinen Einfluss. 630 n. Chr. konnte er wieder, nun triumphierend über seine früheren Gegner, in **Mekka** einziehen. Der für Mohammeds religiöse Vorstellungen zentrale Begriff des *islam,* d.h. der Unterwerfung unter den Willen Gottes, sollte später zum Namen der neuen Religion werden.

Nach Meinung vieler muslimischer Gelehrter gibt es fünf aus dem **Koran,** dem heiligen Buch des Islam, abgeleitete, besonders wichtige Grundregeln, die jeder Anhänger dieser Religion per definitionem respektieren muss. Sie werden auch die **„Säulen"** des Glaubens genannt:

- das **Glaubensbekenntnis:** „Es gibt keinen Gott außer Gott, und Mohammed ist sein Prophet"
- das tägliche fünfmalige **Gebet**
- das **Fasten** während des Monats Ramadan
- das Entrichten einer **Armensteuer**
- die **Wallfahrt nach Mekka,** die jeder Gläubige, falls er die Möglichkeit dazu besitzt, zumindest einmal in seinem Leben unternehmen sollte

Unmittelbar nach Mohammeds Tod (632 n. Chr.) gelang es seinen Nachfolgern, den Kalifen *Abu Bakr, Omar* und *Osman,* aus der Konkursmasse der stark geschwächten byzantinischen und sasanidischen Reiche ein riesiges **arabisch-islamisches Reich** zu erobern, das von Nordafrika und Anatolien bis nach Zentralasien und Indien reichte. Nach Osmans Tod (656) übernahm zum ersten Mal wieder ein Mitglied der Familie des Propheten, nämlich Mohammeds Vetter *Ali* (656–661), die politische und religiöse Leitung des Reichs.

Zu dieser Zeit war bereits ein Konflikt um die rechtmäßige Nachfolge des Propheten Mohammed entbrannt: Die Mehrheit der Gläubigen war der Meinung, im Prinzip könne jeder männliche Muslim die Leitung der Gemeinde innehaben, und hielt die Wahl von Abu Bakr, Omar und Osman für rechtmäßig. Eine Minderheit jedoch glaubte, dass jeder Nachfolger Mohammeds unbedingt aus der Familie des Propheten stammen müsse, und hielt deshalb Ali für den ersten rechtmäßigen Kalifen seit Mohammed. Diese Gruppe nannte sich *schi'at Ali* („Partei Alis"), was später durch Weglassung des Namens „Ali" zu **Schi'a** abgekürzt wurde.

Mit Alis gewaltsamem Tod (661) und der Begründung der Dynastie der **Omayyaden** durch *Mu'awiya* in Damaskus war die **„schiitische"** Herrschaft wieder beendet. Nach dem Tod Mu'awiyas (680) unternahm Alis Sohn *Hossein* mit einigen Anhängern einen weiteren Versuch, wieder die Herrschaft über die islamischen Gebiete zu erringen, scheiterte jedoch kläglich. Dabei fand Hossein, der nach Ali und seinem ältesten Sohn *Hasan* dritte **Imam** (d.h. religiöser Führer) der Schiiten, bei Kerbela (heute Irak) den Tod.

Bis zu diesem Zeitpunkt war der **Konflikt zwischen Schiiten und Sunniten** im Prinzip politischer Natur gewesen, mit einer gewissen theologischen Komponente, was die Begründung der Rechtmäßigkeit der **Prophetennachfolge** betraf. Nach Hosseins gewaltsamem, von seinen Anhängern als traumatisch empfundenen Tod änderte sich dies: Die Schiiten begannen nun, jedes Jahr im (islamischen) Monat Muharram am **Todestag Hosseins** dessen Tod im Rahmen einer **Bußezeremonie** nachzuspielen. Aus diesem

046i Foto: hn

Eingang zu einem Heiligengrab, getrennt nach Geschlechtern

Ritual entwickelte sich in der Folge eine spezifisch schiitische Trauerkultur und Religiosität. Die Bußezeremonie, die im Rahmen der **Ashura-Prozessionen** begangen wird, ist bis heute das wichtigste kulturelle und religiöse Erkennungszeichen der Schiiten (vor allem gegenüber den Sunniten) geblieben.

Nach Hosseins Tod folgte eine Reihe weiterer schiitischer Imame, deren Tätigkeit von den sunnitischen Kalifen mit Argusaugen beobachtet wurde; es kam aber nicht mehr zu einem offenen Konflikt. Als der 11. Imam *Hasan* 873 n. Chr. starb und (vermutlich) keinen männlichen Nachfolger hinterließ, kam es zu Streitereien und Gruppenbildungen innerhalb der Schiiten. Eine dieser Gruppen vertrat die Meinung, der 11. Imam Hasan habe doch einen Sohn namens Mohammed hinterlassen, der jedoch im Verborgenen wirke. Nach dem Glauben an die Existenz dieses **12. Imams,** der eines Tages als **Messias** zurückkehren soll, nannte sich diese Richtung des schiitischen Islam die **Zwölfer-Shi'a.**

In den folgenden Jahrhunderten entwickelte sich die Zwölfer-Shi'a zu einer wichtigen Richtung, stand jedoch weiterhin in Konkurrenz zu anderen, ebenbürtigen Richtungen der Shi'a. Erst der Aufstieg der Dynastie der **Safaviden** und die Durchsetzung der Zwölfer-Shi'a im safavidischen Iran des 16. Jh. n. Chr. zur Staatsreligion machte diese Richtung zu der (auch zahlenmäßig) vorherrschenden Richtung des schiitischen Islam, die sie bis heute in Iran geblieben ist. In den drei Nachbarländern Irak, Aserbaidschan und Bahrain stellt die Zwölfer-Shi'a ebenfalls die Bevölkerungsmehrheit, in anderen Nachbarstaaten wie Pakistan oder Afghanistan zumindest eine starke Minderheit.

Insgesamt sollte man bei der Zwölfer-Shi'a in Iran (wie eigentlich bei den „Hochreligionen“ ganz allgemein) zwischen einer theologischen und einer kulturellen Komponente unterscheiden. Was theologische Fragen und Glaubensinhalte im engeren Sinne betrifft (z.B. Anerkennung der fünf Säulen des Glaubens; Gottes- und eschatologische Vorstellungen), so basieren Sunna und Shi'a im Prinzip auf weitgehend identischer Grundlage; in einigen Einzelheiten haben sich jedoch gewisse Unterschiede entwickelt. Diese betreffen Bereiche wie die Reinheitsgebote (z.B. Vorschriften zur rituellen Waschung), das Erbrecht oder die Institution der „Ehe auf Zeit". Der Hauptunterschied zwischen Sunna und Shi'a, der als religiös-sozial zu bezeichnen ist, betrifft die Frage der Nachfolge des Propheten Mohammed.

Die sich nach dem Tode Hosseins (680 n. Chr.) aus den Bußezeremonien entwickelnde, spezifisch schiitische Religiosität sicherte der Shi'a als „kulturelle Substanz" später ein langfristiges Überleben. Die Shi'a entwickelte sich zu einer **lebendigen Volksreligion** mit einer Vielzahl von religiösen oder religiös motivierten **Sitten und Gebräuchen,** z.B. den weit verbreiteten Heiligenkulten, bei denen die Gläubigen zu einem Heiligengrab wallfahren, um dort für die persönliche Läuterung oder die Erfüllung von Wünschen zu beten, oder der Brauch, einem kleinen Kind zur Abwehr des „bösen Blicks" ein Amulett umzuhängen. Obwohl die Volksreligiosität in Iran einige spezifisch schiitische Züge aufweist, sind in fast allen sunnitischen Gesellschaften ähnliche Erscheinungen der Volksreligiosität anzutreffen.

Ein weiterer wichtiger Ausdruck schiitischer (wie auch sunnitischer) Religiosität ist die religiöse **Mystik,** die dem Gläubigen einen völlig anderen „Weg zu Gott" anbietet als der „theologische" Islam der Gelehrten und der heiligen Schrift. Mystiker im weiteren Sinne ist jeder, der das Göttliche durch unmittelbares, gefühlsmäßiges Erleben und durch ein **Versenken der Seele in sich selbst** zu erfassen sucht, um auf diese Weise die unmittelbare Vereinigung mit Gott *(unio mystica)* zu erreichen. Die islamische Mystik im engeren Sinne hat sich oft in mystischen (oder Sufi-) Orden organisiert, die eine wichtige Rolle bei der Entwicklung und Verbreitung des Glaubens spielten. Die „Wege zu Gott" unterscheiden sich dabei von Orden zu Orden, so gibt es Orden mit wandernden Bettelmönchen, mit über glühenden Kohlen laufenden Asketen oder mit zu Musik tanzenden Derwischen. Im sunnitischen Islam gibt es ebenfalls viele mystische Orden, z.B. die „Tanzenden Derwische" von Konya (Türkei).

Bisweilen werden gewisse Einzelheiten des schiitischen Zeremoniells mit entsprechenden bei der **katholischen Kirche** anzutreffenden Erscheinungen verglichen (z.B. Bußeprozessionen, Passionsspiele, Heiligenkult). Dies entbehrt nicht ganz der Grundlage, kann aber nicht über andere substanzielle Unterschiede zwischen Shi'a und Katholizismus hinwegtäuschen. So unterscheidet sich z.B. das **System der Geistlichkeit** im schiitischen (wie auch sunnitischen) Islam grundlegend von demjenigen der katholischen Kirche. Es gibt in der iranischen Shi'a keinen der katholischen Amtskirche vergleichbaren institutionalisierten Zentralismus (mit einem solchen ist nicht zu verwechseln die derzeit bestehende Macht der schiitischen Geistlichkeit innerhalb der iranischen politischen Institutionen!) und vor allem **keine Weihen oder Sakramente.**

Der **berufliche Werdegang** eines schiitischen Geistlichen in Iran vollzieht sich allein im Rahmen einer Ausbildung an einer **theologischen Hochschule.** Jeder Student durchläuft zunächst eine vierjährige Grundausbildung und dann eine fünfjährige Mittelstufe; anschließend darf er so lange bei seinem Lehrer und Mentor weiterstudieren, wie er selbst und dieser es möchte bzw. für nötig hält. Der Lehrer entscheidet, wann einem Studenten der Status des *modjtahed* verliehen wird, d.h. ab wann er das Recht erhält, den Koran eigenständig auszulegen und nach dem religiösen Gesetz *(scharia)* Recht zu sprechen. Fortgeschrittene Studenten können als Assistenten unterrichten; nach Beendigung des Studiums werden sie – falls sie die Karriere eines Geistlichen anstreben – z.B. an eine kleine Dorfmoschee in ihrer Heimatregion geschickt, wo sie erste Erfahrungen in der Predigt und im Umgang mit der Gemeinde sammeln können. Viele ausgebildete schiitische Theologen entscheiden sich nach dem Studium allerdings, einen säkularen Beruf als Lehrer, Beamter oder Kaufmann zu ergreifen.

Die theologische Ausbildung enthält naturgemäß vor allem „islamische" Inhalte wie das Studium des **Arabischen,** die Lektüre und Interpretation des **Koran** und weiterer wichtiger religiöser Literatur. Neuerdings sind an manchen Hochschulen jedoch auch **Englisch** und die Beschäftigung mit **„westlichen" Philosophen** wie *Kant* oder *Hegel* hinzugekommen. Während ihres Studiums werden die Theologiestudenten finanziell von religiösen Stiftungen unterstützt, die meist über große eigene Vermögen verfügen und zusätzlich vom Staat Unterstützung erhalten. Die „Karriereleiter" innerhalb der iranischen Zwölfer-Shi'a umfasst für alle als *modjtahed* anerkannten Geistlichen folgende Stufen: Hodjat ol-Eslam (Beweis des Islam), Ayatollah (Zeichen Gottes), Groß-Ayatollah.

Derzeit gibt es in Iran mehrere Tausend Hodjat ol-Eslams, ca. 1000 Ayatollahs und ein gutes Dutzend Groß-Ayatollahs. Zur Erreichung der einzelnen Stufen existiert jeweils kein festgelegtes Berufungsverfahren, sondern man wird z.B. Ayatollah, indem man eine gewisse Anhängerschaft um sich schart und/oder, indem eine gewisse Mindestzahl anderer Ayatollahs oder Groß-Ayatollahs öffentlich anerkennt, dass man diesen Titel aufgrund theologischer Kompetenz und sozialen Ansehens verdient. Von grundlegender Wichtigkeit für die Karriere eines Geistlichen ist nicht nur die **theologische Kompetenz,** die er durch Publikationen nachweisen muss, sondern auch die Anwendung dieser Kompetenz durch sein **Wirken in der Gesellschaft** und durch den Aufbau einer ihn als Autorität anerkennenden Anhängerschaft bzw. Gemeinde.

Neben der großen Mehrheit der Schiiten sind ca. 10% der iranischen

Muslime Anhänger der **sunnitischen Richtung** des Islam. Sie finden sich vor allem in den Randgebieten unter den **Kurden und Baluchen,** wo sie zwar ihre Religion ausüben können, aber auch über Diskriminierung klagen. 1996 z.B. kam es in Mashhad und anschließend auch in der Provinz Sistan und Baluchestan zu schweren Unruhen mit Toten und Verletzten, weil in Mashhad im Zuge der Erweiterung des Heiligtums des Imam *Reza* eine kleine sunnitische Moschee dem Erdboden gleichgemacht worden war. Niemals könnte ein Sunnit in Iran einen einflussreichen staatlichen Rang erreichen.

● **Buchtipps:** „Islam erleben" aus der Reihe Praxis sowie „KulturSchock Islam", erschienen im Reise Know-How Verlag, Bielefeld.

047i Foto: hn

Zoroastrisches Grab

Zoroastrismus

Der altiranische Prophet *Zoroaster* (oder **Zarathustra**) empfing seine religiöse Sendung, die er als **Lieder in Versform** *(Gathas)* verkündete, vermutlich im 8. oder 7. vorchristlichen Jahrhundert irgendwo in der Region des heutigen Ost-Iran oder West-Afghanistan. Da dies in vorgeschichtlicher Zeit geschah und die *Gathas* und andere zoroastrische religiöse Texte mehr als 1000 Jahre lang von der Priesterschaft nur mündlich überliefert wurden, lässt sich nicht genau sagen, wann und wo Zoroaster gelebt und gewirkt hat (von manchen Forschern wird er bis ins 10. vorchristliche Jahrhundert oder sogar noch früher datiert). Die iranischen Dynastien der Achämeniden, Parther und Sasaniden waren mit Sicherheit Zoroastrier. Für die frühen Achämeniden ist es jedoch unklar, inwiefern sie bereits einem mehr oder weniger „orthodoxen" Zoroastrismus im Sinne des Religionsgründers anhingen bzw. noch vorzoroastrischen altiranischen religiösen Vorstellungen verbunden waren.

Die *Gathas* und die übrigen heiligen Texte aus der Frühzeit des Zoroastrismus wurden vermutlich erst unter den Sasaniden niedergeschrieben; zu dieser Zeit gab es eine **zoroastrische**

„Staatskirche“ mit fest gefügten Strukturen und einer Ideologie, die teilweise die Unterdrückung anderer im Reich vorhandener Religionen (z.B. der Christen) verursachte und rechtfertigte.

Nach der Eroberung durch arabisch-islamische Heere im 7. Jh. n. Chr. ging die städtische Bevölkerung Irans mehrheitlich relativ schnell zur Religion der neuen Herrscher über; trotzdem blieb der Zoroastrismus für zwei oder drei Jahrhunderte noch ein wichtiger gesellschaftlicher und kultureller Faktor und war in ländlichen Gebieten sicherlich auch zahlenmäßig dominant. Noch im 8./9. Jh. erlebte die zoroastrische Literatur auf Mittelpersisch (der Sprache des untergegangenen sasanidischen Reiches, die nun zur „Kirchensprache“ geworden war) eine bedeutsame Renaissance im Süden Irans.

Einen Wendepunkt der Geschichte des Zoroastrismus in Iran stellt der Beginn des 10. Jh. dar, als eine große Zahl zoroastrischer Gläubiger den Südosten des Landes in Richtung Indien verließ, um sich nach einer mehrere Jahrhunderte dauernden **Wanderung** schließlich in der Gegend des heutigen **Bombay** niederzulassen. Dort lebt noch heute mit annähernd 100.000 Gläubigen die zahlenmäßig stärkste zoroastrische Gemeinde, während die in Iran verbliebene auf insgesamt ca. 30.000 zusammengeschmolzen ist.

Das **religiöse System** des Zoroastrismus lässt sich nicht ohne weiteres in wenigen Sätzen beschreiben, da die Religion im Laufe ihrer Geschichte verschiedene Wandlungen und Brüche erlebt hat, deren Hintergründe teilweise heute unklar sind. Auch sind ihre ältesten religiösen Texte nur bruchstückhaft überliefert und können heute teilweise nicht mehr richtig verstanden werden. Ausgehend von den drei wichtigsten Texten bzw. Textgruppen, den Gesängen Zoroasters selbst (den *Gathas*), den etwas jüngeren Hymnen und anderen Texten der frühen Priesterschaft (zusammen mit den *Gathas* bilden sie das so genannte *Avesta*) und den viel späteren Erläuterungen, die die sasanidischen Religionsgelehrten zum *Avesta* gegeben haben, lassen sich drei der auffälligsten Merkmale des Zoroastrismus herausgreifen:

Dualismus: Dem obersten, das Gute bewirkenden **Gott** des Zoroastrismus *Ahura Mazda* (später: *Ohrmazd*) steht ein beinahe gleich mächtiger **„böser Geist“** namens *Angra Mainyu* (später *Ahriman*) gegenüber. Immer wieder gab es innerhalb des Zoroastrismus monotheistische Tendenzen, die Ahura Mazdas stärkere Position gegenüber Angra Mainyu betonten, sie vermochten sich aber nie ganz durchzusetzen.

Kosmologie: Die Weltgeschichte wird im Zoroastrismus in vier Perioden von jeweils 3000 Jahren unterteilt: zunächst die der geistigen, dann die der körperlichen **Schöpfung,** dann die der Vermischung der beiden Sphären; in den letzten 3000 Jahren tritt schließlich Zoroaster auf und bereitet die Vollendung der Weltgeschichte vor, an deren Ende der **böse Geist endgültig besiegt** wird.

Eschatologie: Nach dem Tod wird die Seele eines jeden Zoroastriers gemäß dem Grundsatz „guter Gedanke, gute Rede, gute Tat" beurteilt. Überwiegen die positiven Momente, wird er über eine Brücke ins **Paradies** geführt; überwiegen die schlechten, so wird die Brücke schmal wie ein Messer und er fällt in die **Hölle.**

Das wichtigste Element des zoroastrischen Kults ist die **Verehrung des Feuers,** das im Mittelpunkt des Gottesdienstes steht. Von dem „ewigen" Feuer, das sich im Heiligtum in Yazd befindet, stammen nach zoroastrischem Glauben alle übrigen kleineren heiligen Feuer ab. Neben dem Feuer werden auch andere Naturelemente wie Erde und Wasser verehrt. Eine wichtige Konsequenz aus der Verehrung der Erde ist die zoroastrische **Begräbnisart** des Aussetzens des Leichnams auf hohen **„Türmen des Schweigens",** wo das verwesende, „schmutzige" Fleisch des Verstorbenen von Geiern gefressen wird und somit nicht die Erde verunreinigen kann (bis vor zwei Generationen noch in Yazd üblich, seitdem aus hygienischen Gründen verboten).

Christentum

Die zwei wichtigsten christlichen Bevölkerungsgruppen Irans sind die Armenier und die Assyrer, die ca. 80.000 bzw. 20.000 Gläubige zählen. Die **Armenier** sind eines der ältesten christlichen Völker, sie nahmen bereits 301 n. Chr. das Christentum als Staatsreligion an. Im 6. Jh. übernahmen sie im Gegensatz zu den meisten übrigen Christen die Lehre des **Monophysitismus,** d.h. sie erkannten an, dass die göttliche und menschliche Natur Jesu Christi eins sei; seitdem haben sie ihre religiöse und ethnische Selbstständigkeit (im Sinne einer „Nationalkirche") weitgehend bewahrt.

Die Armenier siedelten seit alters her in den nordwestlichen Grenzregionen Irans, d.h. in den heutigen Provinzen **Ost- und West-Azerbeijan.** Im 16. Jh. wurde ein Teil von ihnen von *Shah Abbas* nach Zentraliran (Neu-Jolfa nahe Isfahan) deportiert, wo sie eine führende Stellung im Fernhandel übernahmen. Nach der Revolution von 1979 zeigten sich zwei Tendenzen: erstens eine Binnenwanderung der iranischen Armenier aus den früheren Siedlungsgebieten (v.a. Tabriz, Neu-Djolfa) in die Metropole **Teheran,** wo heute über drei Viertel aller in Iran lebenden Armenier wohnen, zweitens eine verstärkte Abwanderung ins Ausland, v.a. nach Armenien, Westeuropa und in die USA.

Die **Assyrer** gehen auf die alte **nestorianische** Kirche zurück, die sich auf dem Konzil von Ephesus (431 n. Chr.) von der Hauptkirche trennte. Auf diesem Konzil wurde die Lehre des *Nestorius* verurteilt, dass in Jesus Christus nicht nur zwei Naturen miteinander verbunden sind (die göttliche und die menschliche), sondern auch zwei Personen. Im Sasanidenreich wurden die nestorianischen Christen, die in einem Konflikt mit der byzantinischen Staatskirche (d.h. dem ideologischen Gegner der Sasaniden) standen, teilweise weniger verfolgt bzw. mehr geduldet als andere christliche Gruppen.

Dies setzte sich unter islamischer Herrschaft zunächst fort, die Nestorianer konnten sogar im Osten (Zentralasien, China) eine rege Missionstätigkeit entfalten. Erst im 14. Jh. begann nach den Verwüstungen durch die Mongolen ein steter Niedergang der Nestorianer. Wie die Armenier streben auch die in Iran verbliebenen Assyrer heute verstärkt aus ihrem historischen Siedlungsgebiet am **Orumiyeh-See** in die Metropole **Teheran** bzw. ins westliche Ausland.

Judentum

Die Juden verbindet eine lange gemeinsame Geschichte mit Iran. Der Achämenide *Kyros der Große* gestattete ihnen nach der Eroberung Babylons (539 v. Chr.) die Heimkehr aus dem Exil nach Jerusalem. *Xerxes I.* (486–465 v. Chr.) verschonte die im Achämenidenreich ansässigen Juden, die einer Intrige des Ministers *Hamon* zum Opfer fallen sollten, aufgrund der Fürsprache durch Xerxes' Lieblingsfrau, der Jüdin *Esther* (Bericht im Buch Esther des Alten Testaments). Seit 2500 Jahren sind Juden vor allem in den städtischen Zentren Irans als Minderheit ansässig und konnten es trotz gelegentlicher **Diskriminierung** seitens einzelner islamischer Herrscher teilweise zu **Wohlstand** und sogar zu **hohen Positionen** in der Verwaltung bringen.

Die Revolution von 1979 mit ihren stark antiisraelischen Ober- und Untertönen hat die Lage der Juden in Iran verändert. Obwohl der iranische Staat immer wieder darauf hinweist, dass er nicht gegen Juden, sondern lediglich gegen Israel und den Zionismus sei und Politik betreibe, hat sich die Atmosphäre insgesamt doch verschlechtert, sodass vor allem zu Beginn der Revolution ein großer Teil der iranischen Juden sich zur **Auswanderung** entschloss. Vor der Revolution lebten in Iran ca. 100.000 Juden, heute sind es etwa noch 22.000.

Baha'ismus

Die **Baha'i** stellen die in Iran und im Ausland am wenigsten bekannte und doch in mancher Hinsicht bemerkenswerteste religiöse Minderheit Irans dar. Sie sind in der zweiten Hälfte des 19. Jh. aus der messianischen schiitischen Bewegung (und späteren Häresie) des **Babismus** hervorgegangen, die vom iranischen Staat blutig unterdrückt wurde. Die Baha'i vertreten im Grunde ein **tolerantes und fortschrittliches Weltbild,** das auf der Anerkennung der Propheten und Begründer der wichtigsten Weltreligionen (Zoroaster, Buddha, Jesus, Mohammed etc.) beruht. Diesen fügen die Baha'i allerdings ihren eigenen Religionsgründer *Baha'ollah* (1817–92) als bislang letzten Propheten hinzu. Auf ihn können mit fortschreitender Menschheitsentwicklung noch weitere folgen.

Indem die Baha'i den Propheten des Islam *Mohammed* anerkennen und in ihr religiöses Weltbild integrieren, bedienen sie sich desselben Argumenta-

048 Foto: hn

tionsmusters, dessen sich auch der Islam gegenüber seinen Vorläuferreligionen Judentum und Christentum bedient hat (durch die Anerkennung Moses und Jesu Christi als muslimische Propheten). Die Baha'i wenden sozusagen die islamische Argumentation auf den Islam selbst an; dies hat ihnen in der islamischen Welt, vor allem in Iran, teilweise beträchtliche missionarische Erfolge, aber auch schonungslose Verfolgung eingebracht. In Iran litten die Baha'i auch nach der Revolution zunächst sehr; heute werden sie offiziell ignoriert bzw. **stillschweigend geduldet.** Die Zahl ihrer Gläubigen liegt in Iran bei ca. 200.000–300.000 (Schätzung), weltweit bei etwa sechs Millionen.

Alltagsleben, Sitten und Gebräuche

Das Alltagsleben und die Sitten und Gebräuche der Iraner unterscheiden sich in einigen Punkten deutlich von denjenigen der Mitteleuropäer. Zwar erwartet kein Iraner, dass ein Tourist sich den in Iran üblichen Gepflogenheiten ganz anpasst, ein grundlegendes Verständnis gewisser Zusammenhänge kann jedoch auch dem Touristen dabei helfen, seinen Aufenthalt in Iran bewusster zu erleben und mehr zu genießen. Einige wenige „Benimm-

Typisches Bauernhaus in den Talesh-Bergen Gilans

regeln“ sollte er in jedem Fall erlernen oder sich zumindest Mühe geben, dies zu tun.

Ganz allgemein fällt den meisten den Iran bereisenden europäischen Touristen zunächst das große Interesse, die Unbefangenheit und die teilweise geradezu überwältigende **Freundlichkeit** auf, die ihnen von fast allen Iranern entgegengebracht wird. Dies steht in einem krassen Gegensatz zu den oft gehegten Befürchtungen bzw. Erwartungen der Touristen, hier eine „radikal islamische“ und vermeintlich allem „Westlichen“ gegenüber feindlich gesonnene Gesellschaft vorzufinden. Dass dieses seit den 1980er Jahren in den westlichen Massenmedien transportierte Bild Irans der heutigen iranischen Gesellschaft nicht gerecht wird (und auch früher nicht gerecht wurde), spricht sich vor allem seit dem Wahlsieg des Präsidenten *Khatami* 1997 auch bei westlichen Journalisten immer mehr herum.

Um das iranische Alltagsleben zu verstehen, muss man zunächst den ganz anderen **Lebensrhythmus** bedenken, der die iranische Gesellschaft im Vergleich zu unserer bestimmt: In Iran sind die einzelnen Abläufe des privaten und beruflichen Alltags weniger dem starren Diktat der zeitlichen Planung unterworfen. Die Abläufe werden dadurch zwar in gewissem Sinne **chaotischer,** sind aber insgesamt doch **weniger stressbeladen.** Privat und beruflich nimmt man sich füreinander Zeit und redet miteinander. Hat man z.B. im Stadtzentrum von Teheran einen Termin für 10 Uhr vereinbart, so kommt man vielleicht erst um 10:30 Uhr oder um 11 Uhr, je nach Verkehrsaufkommen. Es macht nichts, denn der Geschäftspartner rechnet mit Verzögerungen und plant von vornherein mehr Zeit ein. Ohnehin trinkt man zuerst mal in Ruhe einen Tee miteinander, irgendwann kommt das Gespräch dann „zufälligerweise“ auf das gewünschte Thema.

Die ideologische Gegnerschaft zur „westlichen“ Welt, in die die neue politische Führung den iranischen Staat nach der Revolution zunächst positioniert hat, hat teilweise sicherlich zu einer Abschottung der iranischen Gesellschaft gegen westliche Einflüsse geführt. Andererseits stand diese zunehmend von oben verordnete Gegnerschaft von Beginn an auch in einem widersprüchlichen Verhältnis zu der Offenheit der einzelnen Iraner gegenüber dem Westen. Viele (auch unpolitische) Iraner sahen die **Regierungspropaganda** von Anfang an durchaus skeptisch und wollten lieber aus eigener Anschauung etwas über „den Westen“ erfahren. So erklärt sich die große **Aufgeschlossenheit und Neugier,** mit der die Iraner (vor allem die junge Generation) „westlichen“ Ausländern, die ihr Land bereisen, heute begegnen. Dabei wird der Ausländer in der Regel nicht nur als Privatperson, sondern auch als Abgesandter seiner Kultur und seines Landes angesehen.

● **Buchtipps:** „Islam erleben“ und „Respektvoll reisen“, Reihe Praxis, sowie „KulturSchock Islam“ und „KulturSchock Iran“, Reise Know-How Verlag, Bielefeld.

Teheraner Taxifahrer

Nicht erst seit *Jim Jarmushs* Film „Night on Earth“ sind Taxifahrer zum Objekt der ethnologischen und sozialwissenschaftlichen Forschung geworden. Als „Mund und Ohr des Volkes“ hätten auch die Teheraner Taxifahrer für diesen Film reiches Anschauungsmaterial geboten.

Die meisten Teheraner Taxifahrer sind ausgesprochen nett, hilfsbereit und gesprächig. Besonders einem Ausländer, der aus einer „befreundeten“ Nation wie der deutschen stammt, öffnen sie bereitwillig ihr Herz. Manche schlichte Naturen unter ihnen lassen sich dabei von ihrem Mitteilungsbedürfnis dazu verleiten, drastische historische und politische Meinungen zu äußern.

Der „Rundumschlag“, zu dem sie während der Fahrt ausholen, beginnt in der Regel mit einer Klage über die schlechte wirtschaftliche Lage. Früher war alles besser, erst recht unter dem Schah, da lebte man wie im Paradies. Seit der Revolution wurde alles immer schlimmer. Ein Taxifahrer deutete bei diesen Worten auf die Bäume, die links und rechts der Straße wuchsen, und sagte: Schauen Sie, wenn der Spuk hier vorbei ist, wird an jedem dieser Bäume ein Geistlicher hängen.

Bei der Klage über die Zustände wird kräftig nach allen Seiten hin ausgeteilt und auch nach den Schwächsten der Gesellschaft getreten: den afghanischen Flüchtlingen. Bis zu zwei Millionen von ihnen leben seit 20 Jahren am Rande der iranischen Gesellschaft und verdingen sich großteils als Tagelöhner oder Flickschuster. Die „Stimme des iranischen Volkes“ macht sie für viele gesellschaftliche Probleme wie Drogenhandel, Kriminalität oder Lohndumping verantwortlich.

Meine bescheidenen Bemühungen um eine differenzierte Betrachtungsweise wurden oft nur mit weiteren Klischees beantwortet. – Hatte der Schah nicht auch Dreck am Stecken? „Ja natürlich, im Prinzip geschah es ihm Recht. Aber wenn wir gewusst hätten, was nach ihm kommt ...“ – War der Schah nicht letztlich selbst schuld durch seine falsche Wirtschaftspolitik, vor allem die Vernachlässigung der Landbevölkerung? „Landbevölkerung? Nein, worauf es ankommt, sind die Großstädte. Teheran, Autobahnen, Großindustrie! Vergessen Sie die ländlichen Regionen, die sind unwichtig.“ – Hat die Revolution eigentlich nur Schlechtes bewirkt? Oder hat sie nicht auch die moralischen Werte der Gesellschaft wieder gestärkt? „Ja natürlich, das hat sie, und das ist sehr gut. Familie, Ehre und Charakter sind für uns Iraner sehr wichtig und werden es immer bleiben.“ – Hat Khomeini nicht die ursprünglich guten Absichten der Revolution später zunichte gemacht? „Nein, das waren seine Berater, die Politiker, die sind immer korrupt.“

Das nach europäischem Verständnis krudeste Gebräu aus Ideologie und Halbinformation tritt zutage, wenn die Rede auf das „Dritte Reich“ kommt. „Sie sind Deutscher? Hitler war ein guter Mann!“ – Aber hat er nicht einen Krieg mit vielen Millionen Toten verursacht? „Ja sicher, aber die anderen (d.h. die Alliierten) haben ihn eben nicht machen lassen, was er vorhatte. Wenn er den Krieg gewonnen hätte ... (bedeutsames Schweigen), dann wäre vieles anders gekommen und stünde auch heute anders in den Geschichtsbüchern!“ (Womit der Taxifahrer, auf seine Weise, gewiss Recht hat.) – Aber hat Hitler nicht Millionen unschuldiger Juden umbringen lassen? „Ja gut, aber bedenken Sie nur: wenn er den Krieg gewonnen hätte! ... Wenn er nur seine Pläne verwirklicht hätte, dann würde heute alles ganz anders dargestellt ...“

Zur Ehrenrettung der Taxifahrer muss man sagen, dass sie in der Regel keine Ahnung von den Verbrechen Nazi-Deutschlands haben und unter der „Verwirklichung von Hitlers Plänen“ meist die diffuse Errichtung einer neuen und gerechten, vor allem gegen die (damaligen) Kolonialmächte Sowjetunion und Großbritannien gerichteten Weltordnung verstehen.

Kleiderordnung

Für Frauen

In Bezug auf die Regeln, die die iranische Gesellschaft nach außen hin kennzeichnen, kann man zunächst von einem deutlichen Unterschied zwischen öffentlicher und privater Sphäre sprechen. Was dem Tourist – genauer gesagt, der Touristin – bei der Einreise in Iran zuerst ins Auge fällt, ist die Notwendigkeit, ihr Hauptthaar in der Öffentlichkeit mit einem **Kopftuch** zu bedecken und einen zumindest **knielangen Mantel** anzuziehen, in möglichst gedeckten Farben. Ohne die Bereitschaft, sich diesen minimalen Grundregeln zu unterwerfen, braucht man den langen Weg nach Iran als Touristin nicht anzutreten.

Diese Regeln gelten nur für die **Öffentlichkeit,** nicht aber z.B. im Hotelzimmer. Als „Öffentlichkeit" gelten in Iran alle Bereiche außerhalb des eigenen Wohnraums, in denen eine Frau möglicherweise einem ihr unbekannten Mann begegnen kann, d.h. Restaurants, Kinos, Flugzeuge, Behörden, Geschäfte etc. (üblicherweise befinden sich Friseursalons für Frauen in der ersten Etage, mit dicken Gardinen an den Fenstern). Wenn ein männlicher Gast, der nicht zur engsten Verwandtschaft zählt, zu Besuch kommt, kann auch das Zuhause für eine Iranerin zur „Öffentlichkeit" werden.

049i Foto: hn

In diesem Fall hängt die Kleiderordnung von der persönlichen Einstellung der jeweiligen Familie (bzw. ihres Oberhaupts) ab. In traditionell und religiös geprägten Familien, zumal in konservativen Gegenden, werden die weiblichen Familienmitglieder bei männlichem Besuch in der Regel das Kopftuch aufsetzen oder sich dem Besucher sogar überhaupt nicht zeigen. In den Großstädten hingegen wird der „westliche" Besucher einer weltlich orientierten Mittelstandsfamilie keinen wesentlichen Unterschied zu europäischen Gepflogenheiten feststellen können: Die Frauen des Hauses sitzen ohne Kopftuch mit am Tisch, Alkoholika werden angeboten, bei Feiern wird (von der Jugend) ausgelassen zu iranischer und westlicher Musik getanzt. Dabei besteht kein unbedingter Zusammenhang zwischen Religiosität und „westlichem" Lebensstil: Viele iranische Familien, die einen eher „westlichen" Lebensstil pflegen, verstehen sich als durchaus religiös und der iranischen Kultur verbunden, aber eben nicht in dem nach der Revolution von der Obrigkeit verordneten Sinn.

Für einzelne Bereiche der iranischen Gesellschaft existieren noch restriktivere Kleiderregeln als das in der Öffentlichkeit obligatorische Kopftuch: So müssen Schülerinnen und Studentinnen und in Behörden beschäftigte Frauen einen langen, meist **schwarzen oder grauen Überwurf** und ein besonderes, am Kinn **zusammengebundenes Kopftuch** tragen.

„Der Schleier ist wie eine Muschel für die Perle"

Hat man sich erst einmal an das Erscheinungsbild der Frau in der iranischen Öffentlichkeit gewöhnt, kann man bei genauem Hinsehen auch als Tourist erstaunliche Beobachtungen machen. Kopftuch ist nicht gleich Kopftuch, und viele Iranerinnen betonen unter ihrem kunstvoll drapierten Tuch eine farbenfrohe Haarsträhne oder hochgesteckte Haarpracht, anstatt diese zu verbergen. Auch der Bereich „von den Knien abwärts", der weniger stark reglementiert ist als die meisten übrigen Körperregionen, erlaubt der iranischen Frau, durch die Wahl geeigneter **Damenstrümpfe** modebewusst Akzente zu setzen. In neuester Zeit sieht man auch zunehmend wieder von Frauen getragene, eng geschnittene, die **weiblichen Formen betonende** und nicht einmal bis zu den Knien reichende **Mäntel.** Insgesamt lässt sich sagen, dass sich in Iran unter dem „Deckmantel" des Kopftuchs und Überhangs geradezu ein eigener modischer Ausdruck, eine **eigene „Modesprache"**, entwickelt hat, die sich aber nur dem aufmerksam beobachtenden Touristen erschließt.

Für Männer

Eine restriktive Kleiderordnung existiert in Iran nicht nur für Frauen, sondern auch für Männer, wenngleich in weit geringerem Ausmaß. Männliche Iraner sollten **keine kurzen Ärmel** tragen; **kurze Hosen** sind mit Sicherheit tabu und sollten auch von männlichen

Touristen auf keinen Fall getragen werden. Obwohl an das Kurze-Ärmel-Verbot im Rahmen von Regierungskampagnen immer wieder erinnert wird (gern anlässlich des Fastenmonats Ramadan), ist es doch viel weniger bindend als die für Frauen geltenden Regeln und braucht von Touristen nicht wirklich beachtet zu werden (außer etwa beim Betreten gewisser als besonders heilig geltender Moscheen).

Im Gefolge der Revolution von 1979 haben sich auch für die männliche Bevölkerung Irans einige neue Akzente in der Kleider- und sonstigen äußerlichen Mode ergeben. „Typische" äußere Erscheinungsmerkmale eines mit dem Regime oder seiner Ideologie sympathisierenden männlichen Iraners, v.a. eines Technokraten, sind z.B. ein **grauer oder dunkel-beiger Anzug** mit weißem oder hellgelbem Hemd **ohne Krawatte** und ein **Drei- bis Fünf-Tagebart,** kurz: eine Art „gepflegter, wohldosierter Ungepflegtheit", die deutlich mit dem westlichen Erscheinungsbild der Elite des Schah-Regimes (Krawatte, glatt rasiert) bricht. In den Jahren unmittelbar nach der Revolution konnte das Tragen einer Krawatte oder von Jeans von eifrigen Revolutionswächtern sogar geahndet werden.

Zu Gast bei einer iranischen Familie

Um das iranische Alltagsleben zu veranschaulichen, soll der mögliche Ablauf eines Besuches bei einer iranischen Mittelstandsfamilie beschrieben werden.

Betreten der Wohnung

Beim Betreten der Wohnung sind aus hygienischen Gründen die **Straßenschuhe auszuziehen.** In der Regel werden dem Besucher als Ersatz saubere Plastikschlappen angeboten, auf dem meist mit Teppich belegten Fußboden kann man jedoch durchaus auch mit Strümpfen laufen. Nur wenige Großstädter, die mit westlichen Sitten besonders gut vertraut sind, werden von Ausländern nicht erwarten, dass sie die Schuhe ausziehen; grundsätzlich sollte man es immer von sich aus anbieten.

Geschenke

Für vom Gast mitzubringende Geschenke gibt es keine festen Regeln. Ein **Strauß Blumen** ist gern gesehen, möglich ist auch eine schön verpackte Portion **Süßigkeiten oder Gebäck.** Ist man als Ausländer bei einer iranischen Familie länger zu Gast (d.h. mehrere Tage) und weiß man dies schon vor der Abreise, sollte man von zu Hause ein größeres Geschenk mitbringen, z.B. einen Bildband über das Heimatland, ein schönes Kinderbuch, Parfum (oder andere hochwertige Kosmetika) für die Gastgeberin oder ein T-Shirt oder Turnschuhe für den heranwachsenden Sohn der Familie.

Begrüßung und Verabschiedung

Bei Begrüßung und Verabschiedung **schüttelt** man auch in Iran die **Hände,** bei größerer Vertrautheit umarmt man sich und verteilt beidseitige Wangenküsse. Als männlicher Gast sollte man jedoch darauf achten, den weiblichen

„Nimm keine Geschenke an!"

Folgende Begebenheit soll ein Beispiel für typisch iranische Höflichkeit geben und die Schwierigkeiten verdeutlichen, in die ein Ausländer in Iran bei einer anscheinend so einfachen Sache wie der Annahme von Geschenken kommen kann.

Ich war bei einer „westlich orientierten" Familie in Nord-Teheran zum Abendessen eingeladen. Wir sprachen über iranische Kunst und Architektur, der Gastgeber zeigte mir einen aufwendig gestalteten, ca. 300 Seiten starken, in Europa erschienenen Bildband über iranische Kunst (mit vielen Farbfotos). Der Wert dieses Buches erreichte vermutlich annähernd das Monatseinkommen meines Gastgebers, der als Lehrer an einer Grundschule unterrichtete.

Da ich von den Fotos begeistert war und das Buch überschwänglich lobte, bot mein Gastgeber es mir als Geschenk an. Etwas konsterniert und überwältigt von der iranischen Freigebigkeit, nahm ich es an.

In der folgenden Viertelstunde, während die Konversation etwas lustlos dahinplätscherte, dämmerte mir, dass ich wohl einen Fehler gemacht hatte. Das Angebot des Buches war die automatische Reaktion meines Gastgebers auf meine Begeisterung; aufgrund der Regeln iranischer Höflichkeit musste er mir den Band anbieten, ob er wollte oder nicht. Er war ein Durchschnittsverdiener und würde sich das Buch – das er vermutlich selbst als Geschenk erhalten hatte – wohl nicht wieder kaufen. Ich hingegen würde es mir in Deutschland von meinem monatlichen studentischen Bücheretat ohne weiteres leisten können.

Mir wurde klar, dass kein Iraner ein solches Geschenk jemals annehmen würde, es sei denn, im Hause eines stadtbekannten Multimillionärs. Ich tat, als ob ich mich plötzlich daran erinnerte, das Buch bereits zu besitzen, und gab es meinem Gastgeber freundlich lächelnd zurück ...

Mitgliedern der Familie eines iranischen Gastgebers nur dann die Hand zu geben, wenn die Familie erkennbar nicht-traditionell bzw. nicht-konservativ eingestellt ist (also z.B. kein Kopftuch trägt). Noch besser ist es, bei der Begrüßung und Verabschiedung von weiblichen Familienmitgliedern stets der Frau die Initiative beim Händeschütteln zu überlassen. In der Öffentlichkeit sollte es ein Ausländer grundsätzlich vermeiden, einer Iranerin (bzw. eine Ausländerin einem Iraner) die Hand zu geben.

Aufgepasst: niemals einem Iraner die linke Hand geben, denn diese wird in Iran zur Reinigung auf der Toilette benutzt.

Abendessen

Hat der Besucher einer iranischen Familie erst einmal deren Haus betreten, wird ihm in der Regel ein Getränk, meist **Tee,** manchmal mit Gebäck oder Süßigkeiten, gereicht. Bei einer Einladung zum Abendessen kann man sicher sein, dass die Dame des Hauses keine Mühen gescheut hat, um dem Gast (vor allem, wenn es ein Ausländer ist) eine oder mehrere **Köstlichkeiten der persischen Küche** anzubieten, in der Regel große Mengen von gekochtem Reis *(polo)* mit zwei oder drei verschiedenen Fleischsoßen *(khoresht)*. Das Abendessen wird oft etwas **später** serviert als in Deutschland, gegen 21 oder sogar erst 22 Uhr, und vorher werden den Gästen nur Getränke (Tee, Alkoholika) und Knabbereien gereicht. Das Essen kann dann sogar den **Abschluss** des gemeinsamen Abends bilden, nach dessen Beendigung die Gäste zügig aufstehen und sich verabschieden sollten. Als Ausländer braucht man sich deshalb nach einem späten Abendessen bei einer iranischen Familie nicht noch zu einer halben oder gar ganzen Stunde Smalltalk verpflichtet zu fühlen.

Stehen erst einmal die Speisen auf dem Tisch, greift man in der Regel „ohne Vorwarnung" zu und wartet mit dem Essen nicht, bis die Hausfrau zu Tisch sitzt; es ist auch nicht üblich, „guten Appetit" zu wünschen. Da aber in einigen „westlich" orientierten Familien doch auf die Hausfrau gewartet wird, sollte man sich als Ausländer auch hier keine Blöße geben und mit dem Essen warten, bis das erste anwesende Familienmitglied isst.

„Weiblicher Bereich" des Hauses

In konservativen und ländlichen Gegenden nehmen die **Frauen** des Hauses in der Regel **nicht am Essen teil,** wenn männliche Gäste beteiligt sind. Ist ein ausländisches Paar eingeladen, werden hingegen auch konservative iranische Familien nichts dagegen einwenden, dass der weibliche Gast als einzige Frau mit den Männern zu Tisch sitzt. Falls es sich aus der Situation heraus ergibt und eine ausländische Touristin daran interessiert ist, die iranischen Frauen in ihrem eigenen Bereich (d.h. auch ohne Verschleierung) kennen zu lernen, könnte sie sich im Laufe des Abends höflich nach den Damen des Hauses erkundigen. Vielleicht wird ihr der Hausherr dann seine Frau vorstellen und diese ihr anbieten, den „weiblichen Bereich" und die weiblichen Bewohner kennen zu lernen. Der für die Frauen bestimmte, männlichen Besuchern nicht zugängliche Bereich eines Hauses wird in Iran traditionell *andaruun* (wörtlich: „drinnen") genannt, der zugängliche Bereich hingegen *biiruun* („draußen").

Übernachten

Bereist man das Land allein oder zu zweit auf eigene Faust, so wird man immer wieder, besonders in ländlichen Gegenden, von Einheimischen angesprochen, die dem „exotischen" und interessanten Gast ihre Hilfe anbieten wollen. Man wird zum Essen eingeladen und oft (besonders in entlegenen Regionen, wo es keine oder nur sehr einfache Hotels gibt) auch zum Übernachten aufgefordert. In der Regel kann man, falls eine gewisse Sympathie vorhanden ist, ein solches Angebot annehmen. Hierbei muss man jedoch Folgendes bedenken:

In der iranischen Gesellschaft gilt es als **unbedingte Pflicht,** einem Alleinreisenden ein Nachtlager anzubieten, ob man will bzw. kann oder nicht. Das heißt, dass auch ein in sehr bescheidenen Verhältnissen lebender Landbewohner dies einem Ausländer anbietet, auch wenn es für ihn schwierig wird, den Gast unterzubringen (etwa weil er mit seiner Familie nur zwei Zimmer bewohnt, von denen eines mit den Frauen belegt ist, die der Gast vor allem nachts nicht zu Gesicht bekommen darf).

Deshalb sollte man ein solches Angebot, auch wenn man es gerne annehmen würde, **zunächst ablehnen** – wenn es ehrlich gemeint war, wird es in jedem Fall wiederholt werden. Falls man aufgrund der äußeren Umstände irgendwelche Zweifel hat, ob das Angebot ehrlich gemeint ist (beziehungsweise, ob der Anbieter sich das Angebot überhaupt „leisten“ kann), sollte man mehrmals ablehnen, bis man möglicherweise schließlich „breitgeschlagen“ wird.

Das „System der Höflichkeit“

Dies führt zu einem grundlegenden Merkmal des iranischen Sozialverhaltens: dem Ritual- und **Wettkampfcharakter bei Höflichkeitsäußerungen.** Das in der iranischen Gesellschaft geltende System der Höflichkeit zwingt einen Iraner in gewissen Situationen, einem anderen etwas anzubieten oder sogar aufzudrängen. Der andere muss aber die Regeln des Spiels kennen und ihnen gemäß mitspielen. Dies lässt sich an einem typischen Restaurant- oder Teehausbesuch zweier männlicher Iraner verdeutlichen: Beim Bezahlen werden beide mit allem Nachdruck versuchen, die ganze Rechnung zu begleichen. Der „Wettkampf“ um die Frage, wer von beiden letztendlich bezahlen darf, kann über mehrere Minuten verbissen geführt werden, bis sich einer der beiden schließlich durchsetzt (der Brauch, dass im Restaurant jeder für sich bezahlt, ist in Iran völlig unbekannt). Ähnliches kann passieren, wenn zwei Iraner durch eine Tür gehen wollen: Jeder versucht – teilweise unter Andeutung handgreiflicher Maßnahmen – dem anderen den Vortritt zu lassen.

Dieser Wettkampf (der von außen vielleicht wie ein Spiel aussieht, obwohl es bitterer Ernst ist) kann auf Dauer nur dann funktionieren, wenn die Freigebigkeit der Teilnehmer, sofern diese wirtschaftlich in etwa gleichgestellt sind, letzten Endes mehr oder weniger ausgeglichen ist. Ein Iraner, der mehrere Male hintereinander bei einem Restaurantbesuch zu schwachen Widerstand gegen die Einladung eines Kollegen zeigt und sich aushalten lässt, wird bald als Schmarotzer dastehen und gemieden werden.

Für Ausländer gilt dies nicht in gleichem Maße; wer sich jedoch etwa von einer iranischen Familie, bei der er eine Woche lebt, mehrmals zum Essen und zu anderen Dingen einladen lässt und die für mitteleuropäische Verhältnisse unbekannte Gastfreundschaft genießt, sollte bedenken, dass er damit im Prinzip – nach den iranischen Spielregeln – die Verpflichtung übernimmt, auch der iranischen Familie oder einem ihrer Mitglieder, wenn er oder sie nach Deutschland kommt, zumindest in gewissem Maße eine vergleichbare Gastfreundschaft zu gewähren.

Das die iranische Gesellschaft charakterisierende System der Höflichkeit bezieht sich nicht nur auf das Geben und Nehmen, sondern zeigt sich auch in vielen anderen Bereichen. So sollte man in einer Gesellschaft nach Möglichkeit zu verhindern suchen, einem Iraner **den Rücken zuzuwenden.** Lautes oder demonstratives **Schneuzen** gilt in Iran ebenfalls als unhöflich. Die

Höflichkeit spiegelt sich auch in der Gestik und Mimik wider, so würde ein Iraner einer anderen Person irgendeinen Gegenstand (Buch, Teller etc.) niemals mit nur einer Hand reichen; höflicherweise nimmt er dazu **beide Hände.** Bevor er in Gesellschaft anderer etwas zu sich nimmt, wird er immer zuerst dem Gegenüber anbieten.

Auch in der Sprache zeigt sich die Höflichkeit in einer Reihe von (für unsere Begriffe) **„aufgebauschten" Ausdrucksweisen,** die ihren eigentlichen Sinn verloren haben und nur in ganz bestimmten Situationen verwendet werden. So sagt ein iranischer Gast, dem die Gastgeberin am Tisch den Teller füllt, nicht einfach „danke" *(mersîi),* sondern: „Möge Ihre Hand nicht schmerzen" *(dast-e shoma dard nakonad),* was in diesem Fall genau dem „danke" entspricht. Die Gastgeberin antwortet mit: „Möge Ihr Kopf nicht schmerzen" *(sar-e shoma dard nakonad).* Das iranische System der Höflichkeit insgesamt wird mit dem Begriff *ta'aarof* bezeichnet (hierfür gibt es keine deutsche Entsprechung).

Liebe und Ehe

Die Verschleierung bzw. der Kopftuchzwang für Frauen ist das deutlichste äußere Zeichen einer restriktiven Haltung gegenüber dem Zeigen weiblicher Reize in der iranischen Öffentlichkeit und scheint nahe zu legen, dass auch die Beziehungen der beiden Geschlechter zueinander strengen Restriktionen unterworfen sind. Obwohl dies im Prinzip – im Vergleich zu europäischen Ländern – zutrifft, ist Iran doch weit davon entfernt, in allen gesellschaftlichen Bereichen eine auch nur annähernd so strenge Trennung der Geschlechter durchzuführen, wie dies in anderen islamischen Ländern wie z.B. Saudi-Arabien oder Pakistan der Fall ist. Auch was das Kennenlernen und die Beziehungen zwischen Jugendlichen betrifft, ist die heutige iranische Gesellschaft keineswegs ein monolithischer oder sozusagen „mittelalterlicher" Block, sondern bietet ein durchaus differenziertes Bild.

Für alles, was Heirat und Ehe betrifft, spielt die **Familie** in Iran nach wie vor eine entscheidende Rolle. Wohl ohne nennenswerte Ausnahme würden alle Iraner dem Satz zustimmen, dass eine Heirat nicht nur eine Sache zwischen zwei Einzelpersonen, sondern auch zwischen zwei Familien ist. Dies bedeutet nicht, dass eine Heirat in Iran in all ihren Phasen nur von der Familie geplant und durchgeführt wird. Vielmehr gibt es ein breites Spektrum von möglichen Szenarien, wie sie angebahnt werden kann.

Aufbau einer Beziehung

In vielen **ländlichen Gegenden** und auch in konservativen städtischen Kreisen werden Ehen nach wie vor von den **Eltern** der Brautleute arrangiert. Auch in solchen Gegenden kann jedoch die Initiative zum Kennenlernen eines Paares durchaus von einem der beiden (meist dem männlichen Part) ausgehen. Sieht z.B. ein junger Mann bei einer Hochzeitsfeier ein Mädchen, das ihm gefällt (und mit dem er während der Feier nicht sprechen darf), so wechselt er mit ihr möglicherweise ein paar **verstohlene Blicke.** Erwidert das Mädchen seinen Blick öfter als nur ein oder zwei Mal, so erklärt sie ihm dadurch ihr eindeutiges Interesse. Nun kann der junge Mann, sofern die Blicke des Mädchens ihre Wirkung nicht verfehlt haben, seine Mutter bitten, bei der Mutter des Mädchens vorzufühlen, ob Interesse an einer Verbindung besteht. Wird dies positiv beantwortet (wobei in der Regel nicht nur die Meinung der Familie, sondern auch die Neigung des Mädchens zumindest mitberücksichtigt wird), können die beiden Familien vereinbaren, dass sich die Jugendlichen mehrmals **treffen,** um sich kennen zu lernen - **unter Aufsicht** und natürlich mit Verschleierung des Mädchens.

Finden die beiden Gefallen aneinander, kann sich eine länger andauernde **platonische Beziehung** entwickeln, die, falls oder sobald die finanziellen und sonstigen Voraussetzungen (Abschluss der Ausbildung etc.) gegeben sind, in eine Ehe münden soll. Bei zunehmendem Vertrauen der beiden und ihrer Familien zueinander können sie auch die Erlaubnis erhalten, **ohne Begleitung spazierenzugehen.**

In vielen städtischen Gegenden, vor allem in den **Großstädten** und dort in der **Mittel- und Oberschicht,** ergibt sich ein völlig anderes, aber keineswegs einheitliches Bild. Hier reicht das Spektrum von einen „westlichen" Lebenswandel pflegenden Familien, deren Söhne dennoch, wenn es um die Auswahl der richtigen Frau geht, auf das **Urteil ihrer Mutter** vertrauen, bis hin zu - wenngleich sehr seltenen - studentischen Paaren, die illegal (und mit hohem Risiko) in einer **unehelichen Lebensgemeinschaft** zusammenleben.

Dabei gibt es inzwischen in den iranischen Großstädten - nicht nur für die **Teheraner Oberschicht,** die in ihren Villen im Norden der Stadt ausgelassene Partys feiert - genug Gelegenheit, sich über die Geschlechtergrenzen hinweg kennen zu lernen und anzufreunden.

050i Foto: hn

Junges Hochzeitspaar

Land und Leute

Insgesamt kann man sagen, dass ein großer Teil der iranischen Jugendlichen, vor allem aus der Mittel- und Oberschicht, vor der Ehe durchaus eine oder mehrere meist **platonische Beziehungen** mit einem Vertreter / einer Vertreterin des anderen Geschlechts gehabt hat. Ganz unabhängig jedoch davon, wie sich ein Paar kennen gelernt hat: Wenn es zur Heirat kommt, werden die Brautleute stets das Einverständnis ihrer Familien einholen bzw. alles tun, um dies zu erreichen.

Das Brautgeld

Die Ehe und der Aufbau einer eigenen Familie ist für die meisten Iraner nach wie vor ein vorrangiges Ziel der persönlichen Lebensplanung. Auf dem Weg dorthin müssen allerdings nicht nur die gesellschaftlichen Restriktionen, sondern auch weitere Probleme überwunden werden, deren größtes das bei der Eheschließung vom Bräutigam an die Braut zu zahlende Brautgeld *(mahriye)* ist. Das Brautgeld ist eine alte Einrichtung; es stellt die **finanzielle Absicherung der Frau** im Falle einer Scheidung oder des Todes des Ehemannes dar. Es kann aus Bargeld, aber auch aus Goldmünzen und Goldschmuck bestehen, eventuell auch aus Immobilien (z.B. kann ein Mann, der ein Haus besitzt, bei der Eheschließung seiner Frau ein Drittel davon überschreiben).

Der Wert des Brautgelds ist so hoch, dass es den meisten Iranern schwerfällt, es bei der Eheschließung aufzubringen (in den Städten kann es einen Wert von 50.000 bis 100.000 Euro haben, bei reichen Familien noch mehr, auf dem Land teilweise erheblich weniger). Dies hat dazu geführt, dass der Mann inzwischen in der Regel das Brautgeld bei der Eheschließung (noch) nicht bezahlt; die Frau erhält jedoch das uneingeschränkte Recht, sich den Betrag bzw. die Wertgegenstände zu jedem beliebigen, von ihr gewählten Zeitpunkt vom Ehemann auszahlen bzw. aushändigen zu lassen.

Dies **stärkt die Position der iranischen Frau** sowohl in der Ehe als auch im Fall der Scheidung (bei der das Brautgeld in der Regel sofort fällig wird) in erheblichem Maße. Die Frau kann durch die Drohung, andernfalls die Auszahlung des Brautgelds zu verlangen, eine vom Ehemann angestrebte Scheidung verhindern oder aber eine von ihm nicht gewünschte Scheidung durchsetzen. In einem Rechtssystem, das die Frau familienrechtlich gegenüber dem Mann immer noch benachteiligt, hat das Brautgeld somit einen weitgehenden Wandel durchgemacht von einer Wertsache zu einem **juristischen Instrument** in den Händen der Frau.

Natürlich wird die Frau das Brautgeld in einer einigermaßen funktionierenden Ehe weniger als Waffe benutzen denn als flexible Verhandlungsmasse. Die meisten Frauen werden im Interesse ihrer Ehe keine Auszahlung anstreben, da dies ihren Mann in den wirtschaftlichen Ruin treiben würde. Sicher kommt es vor, dass Frauen (v.a. aus den weniger gebildeten Bevölkerungsschichten), die über ihre Rechte nicht gut informiert sind oder unter Druck gesetzt werden, bei der Eheschließung ein zu geringes Brautgeld vereinbaren oder später auf das Recht auf Auszahlung verzichten. Andererseits kann eine gut informierte Iranerin ihren Mann, sollte er sich von ihr scheiden lassen wollen und nicht in der Lage oder bereit sein, das Brautgeld zu zahlen, sogar ins Gefängnis bringen lassen.

Die Schwiegermutter

Ein großes Problem für viele verheiratete Iranerinnen ist immer noch die Schwiegermutter. In früheren Zeiten und auch heute noch in ländlichen Gegenden, wo eine junge Frau nach der Heirat zur **Großfamilie des Mannes** zieht, muss sie sich mühsam ihre Position und ihr Ansehen „unter" bzw. „gegenüber" der Schwiegermutter erkämpfen, die ihre Schwiegertochter als **potenzielle Konkurrentin** ansieht. Auch heutzutage ist in den iranischen Städten (wo junge Paare meist eigene Wohnungen nehmen) die dominierende Stellung der Schwiegermutter noch stark spürbar: Überall kann sie sich einmischen und versuchen, von ihrem Einfluss auf ihren und der Zuneigung von ihrem Sohn möglichst wenig an die Schwiegertochter „abzugeben".

Weitere Kosten

Außer dem Brautgeld fallen bei einer Hochzeit weitere hohe Kosten an, vor allem für das **Brautgeschenk** (oft Goldschmuck), die **Ausrichtung der Hochzeitsfeier** und die **Aussteuer.** Die Feier wird für sehr wichtig gehalten und mit großem Aufwand veranstaltet; die Kosten trägt in der Regel die Familie des Bräutigams. Die Aussteuer hingegen (v.a. die Wohnungseinrichtung) wird von der Familie der Braut gestellt. Dabei gibt es eine gewisse Korrelation zwischen Brautgeld und Aussteuer: je höher das eine, desto höher wird in der Regel auch das andere ausfallen. Der Wert des Brautgelds allein übersteigt aber in der Regel bei weitem den Wert der Summe von Brautgeschenk, Aussteuer und Hochzeitsfeier zusammen.

Trauung

Bei der Hochzeitsfeier ist meist ein **islamischer Geistlicher** anwesend, der die religiöse Trauung vollzieht. Die Eheschließung ist schon einen oder ein paar Tage zuvor bei einem **Notar** eingetragen worden. Im Vergleich zu christlich geprägten Ländern ist anzumerken, dass die Eheschließung nach islamischer Vorstellung kein Sakrament darstellt (so etwas existiert nach islamischer Vorstellung nicht), sondern lediglich einen Privatvertrag zwischen zwei Personen.

Scheidung

Deshalb ist es auch theoretisch kein Problem, eine islamische Ehe im Falle ihres Scheiterns später wieder zu scheiden. Praktisch gesehen, ist eine Ehescheidung in Iran jedoch eine langwierige Angelegenheit. Vor allem, wenn Kinder vorhanden sind, wird der Richter (meist ein Geistlicher) zunächst versuchen, ein scheidungswilliges Paar dazu zu bewegen, sich die

Heirat ohne Hochzeitsfest? Eine wahre Geschichte

Ein iranischer Bekannter aus Teheran wollte heiraten. Er und seine zukünftige Frau hielten nicht viel von einem tradtitionellen, mit großem Aufwand und unter hohen Kosten veranstalteten Hochzeitsfest. Beide waren gut ausgebildet, verdienten gut und entschlossen sich, mit einer relativ geringen Brautgabe und im engsten Familienkreis ohne jede Festlichkeit still und leise zu heiraten.

Der Widerstand beider Eltern, die ein großes Hochzeitsfest veranstalten wollten, konnte nach langem Erklären und Argumentieren schließlich überwunden werden. Womit das Brautpaar jedoch nicht gerechnet hatte, waren die sofort nach der Trauung einsetzenden Anrufe aus der engeren und weiteren Verwandtschaft: Wann findet eigentlich das Hochzeitsfest statt? Wir freuen uns schon darauf!

Alles Reden und Erklären der Eltern half nichts: Einige Kusinen und Tanten konnten partout nicht verstehen, dass es keine Hochzeitsfeier geben sollte. Das gibt es nicht! Das kann nicht sein! Hat man so etwas jemals schon gehört? ... Und schließlich: Habt ihr etwa schon ohne uns gefeiert? Wollt ihr unter euch bleiben? Und das uns, die wir euch immer zu jeder Gelegenheit eingeladen, die wir euch immer jede Ehre erwiesen haben!

Nach drei Monaten war die Brautmutter zermürbt, sie flehte die Tochter an: Bitte lass uns ein Fest veranstalten, um den Familienfrieden zu retten!

Das junge Paar beriet sich und entschied: Nein, das wollen wir nicht, und das werden wir nicht tun. Sie schrieben einen Brief und sandten ihn in 60 Fotokopien an alle Verwandten; in ihm erklärten sie genau ihre Beweggründe. Ein paar Tage später rief eine Tante bei der Brautmutter an und sagte: Ja, das ist gut, die beiden sind jung und haben ihre eigene Meinung, aber sie haben vergessen, eines zu schreiben: Wann findet endlich das Hochzeitsfest statt?

Sache noch einmal zu überlegen, und er wird zumindest eine Bedenkzeit festlegen, nach der man noch einmal miteineinader spricht. Anders als noch vor wenigen Generationen, kann heute in Iran auch eine **Frau eine Ehescheidung beantragen,** obwohl für sie die Hürden noch immer höher liegen als für den scheindungswilligen Mann. Für diesen ist die Zahlung des Brautgelds der größte Hinderungsgrund, von einer Frau wird hingegen meist der Nachweis des Vorliegens „objektiver" und **schwerwiegender Gründe** erwartet, von denen die gängigsten sind: Unfähigkeit des Mannes, für ihren Lebensunterhalt zu sorgen, Impotenz, Drogenabhängigkeit oder Kriminalität des Mannes, wiederholte schwere Misshandlung durch den Mann.

Vielehe

Zum Thema „Ehe in Iran" müssen zwei weitere Institutionen des iranischen Familienrechts erwähnt werden: die Vielehe und die „Ehe auf Zeit". Die Vielehe ist zwar in Iran religiös und gesetzlich **erlaubt,** es stehen aber ihrer Durchführung eine Reihe von gesetzlichen und sozialen Hürden entgegen, sodass sie heute sehr selten geworden ist (möglicherweise seltener als in Ländern wie der Türkei, wo sie gesetzlich verboten ist). So muss ein Iraner, der eine zweite Frau heiraten will, nachweisen, dass er beide Frauen **gleichrangig behandeln** kann, womit vor allem seine finanziellen Möglichkeiten gemeint sind. Dies bedeutet, dass eine Mehrehe nur für vermögende Iraner in Frage kommt. Auch kann eine Iranerin bei der Heirat sich juristisch vom Ehemann zusichern lassen, dass er später nur **mit ihrer Erlaubnis** eine zweite Ehefrau nehmen darf; dies schränkt die Möglichkeiten des Mannes stark ein.

Ehe auf Zeit

Die „Ehe auf Zeit" (Persisch *sighe*) gilt als **spezifisch schiitisch.** Unter dem Namen *mut'a* existiert sie auch in einigen sunnitischen Ländern, ist dort aber weniger verbreitet. Durch sie kann ein muslimischer Iraner, der z.B. eine Pilgerreise nach Maschhad unternimmt, für die Dauer seines dortigen Aufenthalts („zwischen einer Stunde und 99 Jahren") eine Ehe mit einer Frau eingehen, die nach dem Ablauf der festgesetzten Zeit **automatisch wieder aufgelöst** wird. Im Rahmen dieser Ehe übernimmt der Mann alle üblichen Versorgunsansprüche (Unterhalt für die Frau während der Zeit der Ehe sowie für eventuell aus der Ehe hervorgehende Kinder). Nach einer Ehe auf Zeit darf die Frau drei Monate lang keine Ehe auf Zeit mit einem anderen Mann eingehen, um Unsicherheiten über die Vaterschaft eines etwaigen Kindes gar nicht erst aufkommen zu lassen (dies wird nicht immer eingehalten).

Die Ehe auf Zeit wird fast ausschließlich von **religiös orientierten Iranern** in Anspruch genommen und hat seit der Revolution einen Aufschwung erlebt (Geistliche treten als Vermittler zeit-heiratswilliger Frauen auf und verdienen dabei mit). Sie hat sich gelegentlich den Vorwurf eingetragen, eine **„legalisierte Form der Prostitution"** zu sein. Obwohl dies nicht ganz von der Hand zu weisen ist, ließe sich dieser Vorwurf aus islamischer Sicht auch umkehren: Da man die Prostitution in keiner Gesellschaft ganz beseitigen kann, dient die Ehe auf Zeit in religiös sanktionierter Weise dazu, die „nun einmal existierenden" Bedürfnisse des Mannes zu befriedigen und somit der Prostitution (die aus islamischer Sicht streng verpönt ist) „das Wasser abzugraben".

Zu Beginn der Revolution gab es Versuche seitens fortschrittlicher islamistischer Ideologen wie *Ayatollah Taleqani,* die Zeitehe zu reformieren und z.B. Studenten generell während eines vierjährigen Studiums eine Zeitehe mit einer Studentin zu empfehlen, um ein von unerfüllten Beziehungssehnsüchten freies Studium zu ermöglichen. Andere fortschrittliche Geistliche strebten eine Abschaffung oder starke Einschränkung der Zeitehe an. Diese Pläne fanden keine Mehrheit. Auch heute wird die Ehe auf Zeit als **„flexible, vorläufige Lösung für junge Menschen"** wieder verstärkt diskutiert, vor allem wegen des aufgrund langer Ausbildungszeiten und fehlender wirtschaftlicher Grundlagen stetig ansteigenden Heiratsalters in Iran.

Literatur

Die schöngeistige Literatur, vor allem die Lyrik, hat für die persische Gesellschaft eine grundsätzlich andere Bedeutung als für die deutsche. Während man in Deutschland Literatur und Poesie zum Teil mit der Vorstellung von etwas Elitärem verbindet und die Kenntnis der Werke klassischer Autoren wie *Goethe* als eine Domäne des Bildungsbürgertums betrachtet, ist in Iran ein Respekt vor, eine Verehrung für und auch eine gewisse Kenntnis von „klassischer" Literatur auch in nichtakademischen Schichten der Bevölkerung weit verbreitet.

Bemerkenswert an der persischen Literatur im Vergleich zur deutschsprachigen ist auch ihre **lange Überlieferungsgeschichte.** Die Anfänge der persischen Literatur der islamischen Zeit reichen bis ins 9./10. Jh. n. Chr. zurück, und die damals verfassten Werke sind auch heute noch zumindest einem Iraner mit Schulabschluss ohne weiteres verständlich. Nachdem das **Arabische,** die Sprache der islamischen Eroberer, in Verwaltung, Wirtschaft, Wissenschaft und Literatur über 200 Jahre lang dominiert hatte, erlebte das **Persische,** ausgehend von den Fürstenhöfen Nordost-Irans, zunächst als **Sprache der Lyrik und Epik** eine kulturelle Renaissance.

0511 Foto: hn

Grab von Ferdowsi in Tus

Vorislamische Literatur

Auch während der Dominanz des Arabischen brach die Verbindung zu den vorislamischen literarischen Überlieferungen niemals ganz ab. Diese vor allem **zoroastrisch geprägten epischen und mythischen Stoffe** wurden von den frühen persischen Dichtern allerdings in neue Formen gegossen, die zum großen Teil von der islamisch-arabischen Poesie übernommen waren.

Im Bereich der **Volksepik** drangen vorislamische Stoffe und Formen stärker wieder durch als in der Lyrik; hier wurde das **„Masnavi",** ein aus reimenden Doppelversen bestehendes Epos von teils beträchtlicher Länge, zur wichtigsten Form. Das bedeutendste epische Werk der persischen Literatur, das von dem Dichter **Ferdowsi** im 10./11. Jh. n. Chr. verfasste **Nationalepos „Shahnameh"** (= Königsbuch), überliefert einen großen Teil der vorislamischen iranischen Geschichte und Mythologie, bringt sie jedoch in Einklang und „versöhnt" sie mit der neuen nationalen Religion des Islam. Bis heute wird das „Shahnameh" von vielen Iranern als das bedeutendste literarische Einzelwerk der persischen Literatur verehrt.

Klassische Epoche

Die im 11. Jh. beginnende und ca. bis ins 15. Jh. reichende „klassische" Phase der persischen Literatur hat viele hervorragende Dichter von internationalem Rang hervorgebracht, von denen hier nur eine kleine Auswahl vorgestellt werden kann. **Nezami** aus Gandje (heute Aserbaidschan, ca. 1141–1209) gilt als der bedeutendste Verfasser romantischer Epen wie z.B. „Leila und Madjnun", eine Erzählung von der Liebe zweier Kinder zueinander, die aufgrund des Unverständnisses ihrer Eltern ein tragisches Ende nimmt. Zu seinem künstlerisch vielleicht vollendetsten Werk „Die sieben Prinzessinnen", von dem auch eine schöne deutsche Übersetzung vorliegt (⇨Literaturverzeichnis im Anhang), entwirft Nezami das Bild und den Charakter eines „idealen Herrschers" am Beispiel des historischen sasanidischen Königs *Bahram Gur*. Die in das Epos eingebetteten Erzählungen der sieben Prinzessinnen schildern auf vielschichtige Weise das Phänomen der Liebe.

Die bedeutendste lyrische Form der persischen Dichtung war zunächst die **Qaside,** d.h. ein Lobgedicht auf den Herrscher (der meist auch der Geldgeber des Dichters war). Der Dichter **Sa'di** aus Shiraz (ca. 1215–92) führte die aus der Qaside entwickelte neue, kürzere Gedichtform des **Ghasel** zu ihrer ersten formalen Vollendung. Im Ghasel wird nicht mehr, wie in der Qaside, dem Herrscher Lobpreis dargebracht, sondern es werden Liebe und Wein besungen, unter diesem „Mantel des Bacchischen" mystische Botschaften transportiert und mitunter auch gesellschaftliche Missstände beklagt.

In Europa ist Sa'di vor allem durch sein in gereimter Prosa verfasstes Werk **„Golestan"** (= Rosengarten) bekannt geworden. Hier beschreibt Sa'di mit gesundem Menschenverstand die in seiner Zeit und Gesellschaft gültigen moralischen Prinzipien, gekleidet in praktische Lebensweisheiten. Das Werk besticht formal durch eine natürliche, aber als unnachahmbar geltende Verbindung von Prägnanz und Schlichtheit. Durch sie gilt Sa'dis Sprache unter manchen gebildeten Iranern bis heute als der eigentlich gültige Standard des Hochpersischen.

Eine Generation nach Sa'dis Tod wurde ebenfalls in Shiraz der Dichter **Hafis** geboren (ca. 1323–89), der die persische Liebeslyrik in der Form des Ghasel zu ihrem Höhepunkt geführt hat. In der heutigen iranischen Gesellschaft gilt Hafis quasi als nationaler

Heiliger, der der „iranischen Seele" den tiefsten und schönsten Ausdruck verliehen hat. In Hafis' Dichtung vermischen sich hedonistische Themen wie Liebe und Wein mit einer auf intimer Kenntnis der islamischen Tradition basierenden Verwendung religiöser Bilder und Anspielungen. Beides zusammen ergibt in Hafis' **„Diwan"** (= Gedichtsammlung) ein lyrisch-mystisches Ganzes, das zu den größten Leistungen der Weltliteratur gezählt werden kann (⇨Exkurs im Kap. „Shiraz und die Provinz Fars").

Anders als Sa'di, der in der islamischen Welt weit herumgekommen war, bevor er sich in Shiraz niederließ, verbrachte Hafis fast sein ganzes Leben in seiner Heimatstadt. Zum Gedenken an beide Dichter wurden in neuerer Zeit in Shiraz Mausoleen erbaut, die sich zu Ausflugszielen für einheimische und ausländische Touristen entwickelt haben und den Anspruch Shiraz' untermauern, die „literarische Hauptstadt" Irans zu sein. Durch seine Wirkung auf *Goethe,* der seinen **„West-Östlichen Diwan"** wesentlich als Antwort auf Hafis' Werk verfasst hat, hat Hafis auch auf die deutsche Literatur einen gewissen Einfluss ausgeübt.

Ausklang der klassischen Phase

Einige Literaturhistoriker sind der Meinung, dass ab dem 15. Jh. der Höhepunkt der persischen Literatur überschritten ist. Zwar gibt es noch vereinzelt hervorragende Dichter wie den Universalgelehrten **Djami** (1414–1492), doch dominiert unter seinen Zeitgenossen bereits eher die Nachahmung klassischer Vorbilder wie Nezami oder Hafis und nicht mehr die kreative Weiterentwicklung poetischer Formen und Bilder. Dabei muss jedoch betont werden, dass Kreativität und Originalität in der persischen Literatur nicht die gleiche Bedeutung haben und Rolle spielen wie in der modernen europäischen Literatur. Bei jener stand niemals die Überwindung oder Aufhebung irgendwelcher als veraltet empfundener Formen oder Inhalte im Mittelpunkt, sondern die Beherrschung der von den Vorgängern vorgegebenen Formen sowie das möglichst kunstvolle und souveräne Spiel mit den in der literarischen und religiösen Tradition lebendigen Inhalten und Bildern.

Persische Kultur in den Nachbarländern

Ab dem 16. Jh. errichtete die Dynastie der Safaviden in Iran durch die Einführung der Shi'a als Staatsreligion eine **religiös-kulturelle Barriere** zwischen Iran und den angrenzenden, teilweise persischsprachigen oder von persischer Kultur stark geprägten Gebieten wie **Transoxanien** (Zentralasien) und **Indien,** die weiter sunnitisch blieben. Trotzdem gab es weiterhin Wanderungsbewegungen und einen Austausch von persischen Dichtern und Literaten mit diesen Gebieten, besonders nachdem zu Beginn des 16. Jh. der aus Transoxanien stammende Timuride *Babur* in Indien die **Moghul-Dynastie** begründete, die der persischen Sprache und Kultur einen breiten Einfluss einräumte. Persisch wurde im Moghulreich zwar im Wesentlichen nur von einer zahlenmäßig relativ kleinen Schicht v.a. von Höflingen, Gelehrten und Dichtern benutzt. Es erlebte jedoch eine starke literarische Blüte in dem so genannten **„indischen Stil"**, der allerdings heute von Iranern und iranischen Literaten generell als überladen empfunden und nicht mehr sehr geschätzt wird. Bis zur Unterwerfung unter das Britische Empire (1857) blieb Persisch die Literatursprache und eine offizielle Staats- und Verwaltungssprache des indischen Moghulreiches. Im 18. und 19. Jh. überstieg die Zahl der in Indien publizierten persischen Literaturwerke (v.a. Dichtung) sogar diejenige der in Iran selbst publizierten.

0521 Foto: hn

Grab von Hafis in Shiraz

Rückgriff auf die Klassik im 18. und 19. Jh.

In der zweiten Hälfte des 18. Jh. beginnt eine in der persischen Literatur „Rückkehr" *(bazgasht)* genannte Periode, d.h. zunächst auf dem Gebiet der Poesie die Rückkehr zum schlichteren Stil der frühen und klassischen Dichter und, damit verbunden, die Abkehr von dem als überladen empfundenen indischen Stil. Im Laufe des 19. Jh. erfasste diese Bewegung zunehmend auch die Prosa. Hierbei stand weniger der Gedanke der Rückkehr zu klassischen Vorbildern im Vordergrund als vielmehr die Notwendigkeit, in der wissenschaftlichen und Gebrauchsprosa **neue, angemessene Ausdrucksformen** für die vielen aus Europa eindringenden Technologien, Ideen etc. zu finden. Ein Beispiel dieser neuen Schlichtheit der persischen Prosa stellen die vom Qadjarenherrscher **Nasreddin Shah** am Ende des 19. Jh. verfassten und zu großer Popularität gelangten Tagebücher über seine drei Europareisen (1853, 1879 und 1889) dar.

20. Jahrhundert

Die eigentliche Geschichte der persischen Kunstprosa beginnt erst im 20. Jh. Erst jetzt wirkt der Einfluss der europäischen Novellen- und Romanliteratur immer stärker auf die persische Literatur ein, in deren Tradition es diese literarischen Formen bis dahin nicht gegeben hatte. Als einer der bedeutendsten iranischen Prosaschriftsteller des frühen 20. Jh. gilt **Mohammad Ali Djamalzade.** In seiner Novellensammlung „Yeki bud, yeki nabud" („Es war einmal ...") beschreibt er realistisch und ironisch die zeitgenössische iranische Gesellschaft in all ihren Schichten und Facetten.

Als Höhepunkt, ja geradezu Verkörperung der persischen Prosa des 20. Jh. gilt (bis heute) **Sadeq Hedayat** (1903–51), der die Formen der Kurzgeschichte und Novelle endgültig in der persischen Literatur etabliert und die Prosa noch weiter als Djamalzade an die einfache und lebendige Sprache des Volkes angenähert hat. Aus einer bedeutenden Beamtenfamilie stammend, verweigerte er sich dem vorgegebenen beruflichen Aufstieg innerhalb der noch halbfeudalen staatlichen Institutionen und zog es vor, vier Jahre (1926–30) in Paris zu verbringen, wo er sich intensiv mit europäischer Literatur befasste. Hedayats Stil ist von Schriftstellern wie *Tschechow, Poe* und vor allem *Kafka* geprägt; der Einfluss des Letztgenannten zeigt sich besonders deutlich in Hedayats selbstquälerisch-tragischer, halluzinatorischer Novelle „Die blinde Eule" („Buf-e kur"). Frustriert von der politischen Repression und den düsteren Zukunftsaussichten in seiner persischen Heimat, aber auch resignierend vor den grundlegenderen Problemen, die seiner Ansicht nach sein Dasein und seine ganze menschliche Existenz prägten, nahm sich Sadeq Hedayat 1951 in Paris das Leben.

Gegenwart

Ein Blick auf die persische Literatur der Gegenwart, in der die Prosaschriftsteller auch gesellschaftlich und politisch eine wichtige Rolle spielen, muss naturgemäß vorläufig und selektiv bleiben. Als der bedeutendste iranische Erzähler der Gegenwart gilt **Mahmud Doulatabadi** (*1940), der vor allem durch seine fünfbändige Saga „Kelidar" bekannt geworden ist. In diesem Werk schildert er in epischer Breite die teils tragische Geschichte einer kurdischen Familie in Khorasan (Nordostiran). Es wird wegen seiner sprachlichen Ausdruckskraft, dem gelungenen Spiel mit traditionellen Erzähltechniken und der assoziativen Erzählweise gerühmt. Daneben hat Doulatabadi weitere Romane und Novellen veröffentlicht, z.B. „Die Reise" und „Der leere Platz von Ssolutsch".

Anders als Doulatabadi, der ein literarischer Autodidakt war und sich bis zu seinem literarischen Durchbruch mit Tätigkeiten verschiedenerlei Art über Wasser hielt, studierte **Houshang Golshiri** (1938–2000) und arbeitete anschließend über zehn Jahre lang als Grundschullehrer in Isfahan. Seine literarische Karriere entwickelte sich in engem Kontakt zu progressiven, teils avantgardistischen Literatenkreisen. Golshiri beschäftigte sich in theoretischen Schriften mit modernen Erzähltechniken und verwendete diese auch, zum Teil experimentell, in seinen Kurzgeschichten, Novellen und Romanen. Ebenso spiegelt Golshiris Werk aber auch seine intime Kenntnis von und Beschäftigung mit persischer Geschichte und Literatur wider. So lässt er etwa in dem Kurzroman „Prinz Ehtejab" die iranische Geschichte kaleidoskopartig vor den Augen eines alten, sterbenden qadjarischen Prinzen Revue passieren. In dessen fiebernden Fantasien werden aus den Helden der Vergangenheit meuchelnde Schurken, und in dem körperlichen und geistigen Verfall des Prinzen spiegelt sich die Fragwürdigkeit der Macht.

Sowohl Doulatabadi als auch Golshiri gehören zu denjenigen 134 persischen Schriftstellern, die 1994 an die iranische Regierung einen vielbeachteten öffentlichen Protestbrief schrieben, in dem sie sich gegen die **Zensur und Schikanierung** iranischer Schriftsteller und Intellektueller wandten.

Moderne Poesie

Für die modernen Formen der persischen Prosa wie Kurzgeschichte, Novelle oder Roman gab es in der klassischen Literatur keine Vorbilder, deshalb konnten sich die modernen Prosaschriftsteller relativ frei ausdrücken und entwickeln, beeinflusst natürlich durch die moderne europäische Prosaliteratur. Die moderne persische Poesie hingegen stand vor einer anderen Situation: Sie musste sich gegenüber mächtigen Vorbildern wie den Ghazelen Hafis' behaupten. Deshalb war die Einführung moderner, metrisch ungebundener Formen in der persischen Poesie ein schwieriger Prozess, der zudem bis heute noch keineswegs abgeschlossen ist. Auch heute gibt es viele gebildete Iraner, die in der Poesie nur die „klassischen" Formen anerkennen; in diesen wird im Übrigen noch heute in Iran gedichtet.

Noch zu Beginn des 20. Jh. gab es Dichter wie **Parvin E'tesami** (1906–1941), die in ihren Werken zwar moderne, sozialkritische Themen ansprachen, dies aber in klassische Formen kleideten und somit eine „Brücke" zwischen klassischer Poesie und Moderne schlugen. Auch **Nima Yushidj** (1897–1960) wandelte zunächst (durchaus mit Erfolg) auf den Spuren der Klassiker. Später wandte er sich jedoch einem radikalen Modernismus zu, brach mit den alten poetischen Formen und wurde dadurch zum Wegbereiter der modernen, ungebundenen persischen Poesie.

Die „Ikone" der modernen persischen Literatur stellt die jung verstorbene **Forough Farrokhzad** (1935–1967) dar. Ihr Leben war skandalumwoben – im Alter von 20 Jahren verließ sie Ehemann und Kind und hatte später mehrere Affären mit teils verheirateten iranischen Kulturschaffenden. Sie wurde zum Sensationsthema der iranischen Kulturszene und Regenbogenpresse. Indem sie die **Frauenfeindlichkeit der iranischen Gesellschaft** anklagte und (als erste iranische Dichterin) intime Gedanken und Gefühle auch sexueller Natur veröffentlichte, brach sie in ihrer Dichtung mit literarischen und gesellschaftlichen Tabus. Die Form ihrer Dichtung ist hochkreativ und visionär, wobei sich an ihrem Werk ein allmählicher Übergang von noch durchaus klassischen hin zu modernen, freien Formen feststellen lässt.

An weiteren wichtigen persischen Dichtern der neueren und neuesten Zeit sind zu nennen: **Ahmad Shamlu** (1925–98), **Sohrab Sepehri** (1928–80) und **Mehdi Akhavan-Sales** (1928–2000). Shamlu ist durch Gedichte von großer sprachlicher Ausdruckskraft hervorgetreten, in denen er Elemente der klassischen Sprache mit moderner Folklore und sogar Argot kunstvoll verbindet. Er ist auch der Autor einer umfassenden Enzyklopädie zur Folklore und Alltagskultur des Persischen („Ketab-e Kuche"). Sepehri war nicht nur Dichter, sondern auch Maler. Die Stärke seines dichterischen Werks liegt in der Bildhaftigkeit, mit der er z.B. die Natur beschreibt. Sein Werk ist durchzogen von einer mystischen Weltsicht, die man als pantheistische Naturschwärmerei bezeichnen könnte. Akhavan-Sales gilt als der in formaler Hinsicht vielleicht größte moderne iranische Dichter, der moderne Elemente mit Formen klassischer Dichtung zu verbinden weiß. In seinen früheren Jahren war er politisch engagiert; sein poetisches Werk ist stark durch pessimistische und resignative Untertöne gekennzeichnet.

Kunsthandwerk

Die Herstellung von Gebrauchs- und Ziergegenständen aus Materialien wie Holz, Stein, Metall oder Stoff und die hierbei verwendeten Techniken und Traditionen spielen für die iranische Kunst und Kultur seit jeher eine wichtige Rolle. Dies zeigt bereits eine altpersische Bauinschrift König *Darius' des Großen* aus Susa, in der verschiedene für den Bau des Palastes verwendete Materialien und ihre Herkunftsorte aufgezählt werden (Zedernholz aus Libanon, Gold aus Lydien und Baktrien, Lapis aus Soghdien, Silber und Elfenbein aus Ägypten etc.).

Die Verbreitung moderner industrieller Produktionsmethoden des 20. Jh. hat das traditionelle iranische Kunsthandwerk natürlich nachhaltig verändert und seine wirtschaftliche Bedeutung eingeschränkt. Trotzdem existieren heute nach wie vor viele der traditionellen Techniken weiter, vor allem im Bazar und in ländlichen Gegenden. Manche der Techniken sind eng mit bestimmten Regionen bzw. regionalen Kulturen Irans verbunden.

Teppiche

Eine Sonderstellung unter den kunsthandwerklichen Techniken in Iran nimmt die Teppichknüpfkunst ein. Persische Teppiche – der Ausdruck **„Perser"** im deutschen Sprachgebrauch zeugt hiervon – gelten seit dem 19. Jh. auch in Europa nicht nur als bevorzugter Gebrauchsgegenstand, sondern als **Kunstobjekt und Wertanlage.**

053i Foto: hn

Stoffdrucker im Bazar von Isfahan

Geknüpfte Teppiche hat es in Iran und in angrenzenden Regionen schon vor sehr langer Zeit gegeben, davon zeugt u.a. der berühmte, in einem Grab bei Pazaryk (Südsibirien, Altai) gefundene älteste erhaltene Teppich der Welt (er stammt ca. aus dem 3. Jh. v. Chr.). Die Ursprünge der Teppichknüpfkunst sind vermutlich im nomadischen Bereich zu suchen. In Iran selbst stammen aufgrund der Vergänglichkeit des Materials die ältesten datierbaren Teppiche aus der Safaviden-Zeit (16. Jh.). Hier zeigt sich bereits eine Knüpfkunst auf **hohem technischen und künstlerischen Niveau.**

Bei der Weiterentwicklung der Knüpfkunst ab dem 16. Jh. spielten königliche safavidische Hofmanufakturen eine wichtige Rolle. Dies zeigt sich unter anderem in der Motivwahl dieser frühen Teppiche, die einen Einfluss seitens **höfischer Miniaturmalerei** erkennen lassen (Medaillons, figürliche Darstellungen wie z.B. Jagdszenen etc.). Im Laufe des 17. Jh. haben sich die für persische Teppiche bis heute typischen **floralen und Arabeskenmuster** zu voller Blüte entwickelt.

Bereits zur Safavidenzeit florierte der **Export** persischer Teppiche nach Osten (vor allem ins indische Moghul-Reich), aber auch nach Europa. Dies hatte zur Folge, dass sich auch in anderen Regionen wie **Indien** eine Teppichknüpfindustrie in **Konkurrenz** zur persischen entwickelte. Als in der zweiten Hälfte des 19. Jh. die europäische Nachfrage nach persischen Teppichen immer weiter anstieg, reagierten die persischen Manufakturen darauf teilweise mit einer Verschlechterung der Qualität der Produkte, z.B. durch die Verwendung chemischer statt mineralischer oder pflanzlicher Farbstoffe. Dies versuchte der iranische Staat durch Gesetze zu verhindern.

Ab den 1920er Jahren verlagerte sich die Teppichherstellung zunehmend von den städtischen und höfischen Zentren in **ländliche Regionen**

054i Foto: hn

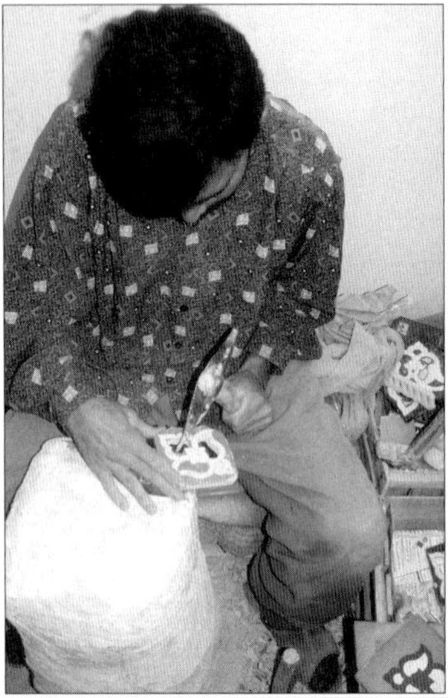

Fayencenkünstler

wie Hamadan, Kaschan oder Arak. Bis heute ist die Teppichherstellung bzw. -knüpfkunst für viele ländliche Gegenden Irans ein bedeutender Wirtschaftsfaktor, der mehrere Hunderttausend Arbeiter beschäftigt (meist junge Frauen). Diese arbeiten heute in der Regel unter staatlich kontrollierten und einigermaßen humanen Arbeitsbedingungen. Mengenmäßig hat Indien Iran als Teppichexportland inzwischen überholt. Persische Teppiche sind aber nach wie vor von derart hoher Qualität und genießen ein so großes Ansehen, dass der Wert ihrer Exporte etwa nach Deutschland denjenigen der indischen Teppiche bei weitem übertrifft.

Andere Arten von Kunsthandwerk

Von den übrigen Arten iranischen Kunsthandwerks soll nur eine Auswahl kurz erwähnt werden, etwa das **Bedrucken von Tüchern** *(qalamkari)*, die **Metallverarbeitung** (v.a. Zinn) oder die nach wie vor für den Moscheenbau gepflegte traditionelle Herstellung und Bemalung von **Fliesen.** Der interessierte Tourist kann über einzelne dieser Techniken mehr erfahren oder den Handwerkern bei der Arbeit sogar zusehen, z.B. beim Bedrucken von Tüchern im Bazar von Isfahan, bei der Zinnverarbeitung (Teller, Schalen etc.) im Innenhof der Karawanserai des Bazars von Kerman oder bei der Fliesenherstellung anhand eines „Tortenstücks“ für die Moscheekuppel in der Imam-Moschee von Isfahan.

Als **Souvenirs** eignen sich besonders gut die schönen **Holzeinlegearbeiten** *(khatamkari)*, für die die Bazare von Isfahan und Shiraz bekannt sind, oder die teilweise auf alt gemachten, aber durchaus schönen **Keramikgefäße,** die man in Zentraliran (z.B. Kashan oder Yazd) kaufen kann. Viele dieser Souvenirs (nur nachgemachte, keine alten) sind auch in **staatlichen Kunsthandwerkläden** zu moderaten Preisen erhältlich.

Malerei

Die wohl bedeutendste Art der persischen Malerei, die auch vielen Europäern ein Begriff ist, ist die **Miniaturmalerei.** Obwohl es schon in vorislamischer Zeit eine bedeutende Tradition iranischer Malerei gegeben hatte, gingen die wesentlichen Impulse für die Entwicklung der persischen Miniaturmalerei von den **Mongolen**, die das Gebiet des heutigen Iran im 13. Jh. eroberten, und ihren Nachfolgedynastien aus. Nicht nur erwiesen sich die aus Zentralasien stammenden Herrscher trotz der Verwüstungen, die sie in Iran anrichteten, als große Förderer der Künste und besonders der Miniaturmalerei, seit dem 13. Jh. zeigen sich auch deutliche **ostasiatische künstlerische Einflüsse,** die zu einem integralen Bestandteil der persischen Miniaturmalerei werden (siehe z.B. die Physiognomie der Gestalten; wilde, ausgewaschene Farbtöne; ein knorriger, verkrüppelter Baum als Reliquie).

Vom 15. bis zum 17. Jh. erlebte die persische Miniaturmalerei ihre Blütezeit, zunächst in verschiedenen Zentren wie Shiraz und Herat, ab dem 16. Jh. vorwiegend in der jeweiligen Hauptstadt der safavidischen Dynastie (zunächst Tabriz, dann Qazvin, dann Isfahan), später auch im indischen Moghul-Reich. Die persische Miniaturmalerei ist von Beginn an eng verbunden mit der Kunst der **Buchillustration,** vor allem des persischen Nationalepos „Shahnameh" von *Ferdowsi,* von dem aus dem 14. bis 17. Jh. viele Handschriften mit künstlerisch wertvollen Illustrationen existieren.

Teilweise aus dieser „dienenden" Funktion der persischen Miniaturmalerei ergeben sich gewisse künstlerische Charakteristiken wie z.B. die flächige, **zweidimensionale Darstellung** von Personen und Szenen. Eine dreidimensionale, perspektivische Darstellung hätte die Aufmerksamkeit des Lesers zu sehr vom Text abgelenkt. Die Flächigkeit der Darstellung (auch ohne Schattenwurf!) kam außerdem den grundsätzlichen islamischen Bedenken gegenüber der bildlichen Darstellung von Personen entgegen, die in „unlebendiger" und nicht-naturalistischer Form eher akzeptabel war (das Gleiche gilt übrigens auch für die christlich-orthodoxe Ikonenmalerei).

Ab Mitte des 17. Jh. spricht man generell von einem schrittweisen „Abstieg" der persischen Miniaturmalerei. Einerseits werden noch gewisse herausragende safavidische Maler wie *Reza* (auch *Reza Abbasi* genannt, 1565–1635) nachgeahmt, andererseits wird der **Einfluss der europäischen Malerei** immer deutlicher sichtbar. Dies zeigt sich z.B. in der zunehmenden Beliebtheit der **Porträtmalerei** ab dem 17. Jh. Seit dieser Zeit wird auch in Iran zum ersten Mal in Öl gemalt.

Im Lauf des 18. und 19. Jh. verstärken sich diese Tendenzen und es halten auch die **dreidimensionale Perspektive,** die **historische Freskenmalerei** und Motive wie z.B. **Stillleben** Einzug in die persische Malerei. Obwohl die europäisch beeinflusste **qadjari-**

sche Malerei von vielen traditionellen Kunsthistorikern als „degeneriert" oder „unpersisch" bezeichnet wird und sie natürlich auch nicht in vollem Umfang als europäische Malerei gewürdigt werden kann, lässt sie sich doch vor dem gesellschaftlich-historischen Hintergrund, vor dem sie entstanden ist, sozusagen als historisch bedingte „Antwort" iranischer Künstler auf eine veränderte gesellschaftliche Situation und Nachfrage verstehen und schätzen.

Ein iranisches Malereigenre ganz eigener Art entstand um die Mitte des 19. Jh. mit der so genannten **„Kaffeehausmalerei"**, d.h. mit szenischen Darstellungen in Öl aus iranischer Geschichte und Mythologie, die vor allem dem Nationalepos „Shahnameh" entommen sind und die seither an Wänden in iranischen Kaffeehäusern aufgehängt werden. Diese teilweise kitschig und holzschnittartig wirkende Malereirichtung wird der Volkskultur zugerechnet und wurde von traditionellen Kunsthistorikern bisher oft ignoriert. Als Ausdruck volkstümlichen Kunstempfindens ist sie jedoch bemerkenswert und wirft interessante Fragen auf (z.B., ob sie die Illustration für traditionelle Rezitationen aus dem „Shahnameh" lieferte). Inzwischen findet sie unter Historikern zunehmend Beachtung und wird auch an der Teheraner Kunstakademie unterrichtet.

Festung in Khorramabad, Lorestan

Architektur

In der Geschichte der iranischen Architektur lassen sich, wie in vielen anderen Bereichen, regionale Vielfalt und eine je nach Epoche sich unterschiedlich ausprägende Vermischung von eigenen iranischen, teilweise geographisch oder klimatisch bedingten Elementen mit fremden Einflüssen feststellen.

Vorislamische Monumentalbauten

Besonders auffällig ist die Vermischung verschiedener Baumaterialien und -techniken in der **achämenidischen** imperialen Monumentalarchitektur, etwa den **Palästen von Persepolis,** die der Idee des achämenidischen Vielvölkerstaats sozusagen architektonischen Ausdruck verleihen. In der **parthischen Periode** erhält die iranische Architektur mit dem **Iwan** (d.h. einem von einem Tonnengewölbe überspannten Halbraum), durch den sich ein Palast nach außen oder zu einen Innenhof hin öffnen kann, ein spezifisch iranisches Element, das möglicherweise nomadischen Zeltformen nachempfunden ist.

In **sasanidischer Zeit** zeigt sich die iranische Monumentalarchitektur in Palästen wie denjenigen von **Firuzabad** oder **Sarvestan** dann weiterentwickelt und vervollkommnet. Neben dem rechteckigen, durch bis zu vier symmetrische Iwane gegliederten **Innenhof** ist ein weiteres wichtiges Element der meist vom Eingang her zu durchschreitende **Kreuzkuppelbau.**

055i Foto: hn

Islamische Sakralarchitektur

Dieselben Elemente sollten später in islamischer Zeit auch zu Kennzeichen der islamisch-iranischen Sakralarchitektur werden: Die **Freitagsmoschee von Isfahan,** eines der architekturgeschichtlich bedeutsamsten Bauwerke der Welt, wird im Laufe des 12. Jh. vermutlich zum Modell der iranischen **Vier-Iwan-Hof-Moschee,** die sich im gesamten iranischen Sprach- und Kulturraum durchsetzt. Alle iranischen Moscheen, die diesem Typus nicht entsprechen (z.B. die „arabischen Säulenhallenmoscheen" in Damghan und Na'in), sind älteren Datums. Möglicherweise ist die iranische Form der Moscheen aus einem räumlichen Zusammenwachsen von Moschee und benachbarter **Medrese** (= theologische Schule, mit Vier-Iwan-Hof) entstanden.

Weitere iranische Bauformen

Wer heutzutage das iranische Hochland bereist, bemerkt im Bereich der profanen Alltagsarchitektur ebenfalls einige typisch (wenngleich nicht immer ausschließlich) iranische Entwicklungen, z.B. die im Wüstenklima auch anderer Länder der Region vorkommenden **Windtürme** (*badgir,* der höchste in Yazd mit 33 m), **Kühlhäuser** (*yakhchal*) oder die im ganzen

056i Foto: hn

Land verbreiteten, oft aus safavidischer Zeit stammenden **Karawansereien,** von denen sich einige gut für einen Zwischenstopp zur Unterbrechung langer Fahrten eignen. In einigen Gegenden Irans sieht man auch die charakteristischen **Taubentürme** (*bordj-e kabutar,* z.B. in und um Isfahan), in denen viele Hundert Tauben zur Gewinnung von Taubenkot als Dünger gehalten werden.

● Im Anhang findet sich ein **Glossar** mit Erläuterungen zu vielen architektonischen Begriffen.

Musik

Die traditionelle oder **„klassische" persische Musik** geht auf Traditionen aus vorislamischer (sasanidischer) Zeit zurück und nahm im Lauf der Jahrhunderte verschiedene Einflüsse seitens byzantinisch-hellenistischer, arabischer, türkischer und anderer Musikrichtungen auf. Sie wird heutzutage auf Instrumenten wie *santur* (eine Art Hackbrett) oder *tar* (eine Art Banjo) gespielt und ist im Vergleich zur klassischen europäischen Musik durch eine ganz **eigenständige Tonalität** gekennzeichnet. Persische Musik wurde an iranischen Königs- und Fürstenhöfen gespielt und weiterentwickelt, daneben wurden (und werden) in einzelnen Regionen stets auch lokale Formen von Volksmusik gepflegt. Von großer Bedeutung für das Verständnis persischer Musik ist die enge Symbiose, die sie mit persischer epischer und lyrischer Dichtung eingeht: Oft wird persische Dichtung von Musik begleitet, dabei wird die Dichtung als „Braut" der Musik bzw. die Musik als „Schmuck" der Dichtung beschrieben.

Das „Herz" der persischen Musik ist der so genannte *radif,* d.h. eine festgelegte Abfolge von ca. 250 einzelnen *gushes* (Musikstücken), die gesungen oder auf verschiedenen Instrumenten gespielt werden können. Der *radif* ist in zwölf Abschnitte unterteilt, die *dastgah* bzw. *avaz* genannt werden. Jeder von diesen besteht wiederum aus ca. 10 bis 40 *gushes* (Einzelstücken). Jeder *dastgah* bzw. *avaz* steht auch für eine bestimmte Tonart, in der seine Einzelstücke komponiert sind und der jeweils ein bestimmter „Charakter" (traurig, forsch etc.) zugesprochen wird.

Die **Tonarten** der *dastgahs* bzw. *avaz* (bzw. die Tonleitern, auf denen sie basieren) zeigen eine gewisse Ähnlichkeit mit europäischen Moll-Tonarten. Allerdings gibt es bezüglich der **Intervalle** in der persischen Musik nicht nur ganze und halbe, sondern auch **Vierteltöne,** z.B. einen etwa in der Mitte zwischen „A" und „As" liegenden Ton (*a-koron* genannt). Vor allem diese Vierteltöne verleihen der Tonalität der persischen Musik insgesamt

Der badgir, „Windturm", ist ein Beispiel für traditionelle Wüstenarchitektur

ihren spezifischen Charakter im Vergleich zu derjenigen der europäisch-klassischen Musik.

Die Elemente, aus denen die persische Musik besteht, bildeten sich im Wesentlichen in der klassisch-islamischen Zeit des 8.–10. Jh. n. Chr. aus und existieren bis heute auch in anderen islamischen (z.B. arabischen) Ländern. Das spezifisch Persische ist die Auswahl der *dastgahs, avaz* und *gushes* und die Festlegung ihrer Reihenfolge im *radif.* Letzterer repräsentiert das gesamte iranisch-nationale **musikalische Repertoire,** das iranische Musiker im Rahmen ihrer Ausbildung erlernen, auf dessen Grundlage sie jedoch **improvisieren** können. Der *radif* (bzw. die drei wichtigsten, „kanonischen" Varianten desselben) wurde erst im Laufe des 18. und 19. Jh. zu seiner bis heute gültigen Form entwickelt.

Im 20. Jh. wurde die persische Musik – wie viele andere Kulturgüter – zunehmend von in Iran immer beliebter werdenden **westlichen Musikrichtungen** (zunächst Klassik, später Popmusik etc.) zurückgedrängt. Die Revolution von 1979 bewirkte eine teilweise Unterbrechung dieser Entwicklung, da schon bald danach das öffentliche Abspielen von und der Handel mit moderner westlicher Musik **verboten** wurde. Zusätzlich wurde aus religiösen Erwägungen **weiblicher Gesang** in der Öffentlichkeit verboten, was auch die traditionelle persische Musik beeinträchtigte (der Grund für dieses Verbot war die angebliche „Zur-Schau-Stellung" weiblicher Reize, die mit weiblichem Gesang zwangsläufig einhergehe). Nach der Revolution wurden auch **öffentliche Konzerte** – gleich welcher Musikrichtung – für einige Jahre **verboten.**

Bald jedoch war klar, dass die Revolution den Menschen die Musik nicht „wegnehmen" konnte. Die Regierung ihrerseits setzte gewisse Musikformen wie z.B. religiös-martialische Schlacht- und Aufputschlieder im Krieg gegen den Irak bewusst als **Mittel der Propaganda** und Mobilisierung ein. Nach dem Ende des Irak-Krieges wurden die generellen Einschränkungen bzgl. der Musik etwas gelockert; Konzerte iranischer traditioneller Musik, später auch „westlicher" (aber nur klassischer!) Musik wurden wieder erlaubt (auch dürfen Frauen wieder im Radio singen, wenngleich nur im Chor!).

Die Verbote moderner westlicher Musik ändern nichts an der Beliebtheit von Musikern wie **Michael Jackson** oder **Madonna** innerhalb der iranischen Jugend (v.a. der Mittel- und Oberschicht). Diese werden von geschmuggelten oder unter der Hand kopierten Tonträgern in den eigenen vier Wänden oder sonn- und feiertags aus „Ghettoblastern" auf den Bergen nördlich von Teheran gehört (wo Jugendliche und Sommerfrischler „unter sich" sind).

Insgesamt lässt sich trotzdem sagen, dass die Revolution von 1979 der traditionellen persischen Musik – obwohl sie selbst ihr gegenüber zunächst kritisch eingestellt war – eine Atempause gegenüber dem Vordringen westlicher Musikrichtungen verschafft hat.

Theater und Ta'ziye

Iran ist das einzige islamische Land, das eine eigene Tradition und ein eigenes Genre des **Dramas** hervorgebracht hat. Seit alters her gab es in schiitischen Gegenden jedes Jahr im Trauermonat Muharram **Erinnerungsrituale** (Gesänge) zum gewaltsamen Tod des 3. schiitischen Imams und Märtyrers *Hossein* sowie lokale **Trauerumzüge** (Prozessionen), die demselben Zweck dienten. In safavidischer Zeit erfuhren diese Praktiken eine systematische Förderung seitens des schiitischen Staates und konnten sich freier entwickeln, als dies unter sunnitischer Herrschaft der Fall gewesen war. Nach dem Ende der safavidischen Dynastie, vermutlich im Lauf des 18. Jh., verschmolzen beide Praktiken – Gesang und Prozession – zu **szenischen Darstellungen** der Geschehnisse um den Tod Hosseins mit **Gesang und Kostümen,** die meist auf offenen Plätzen neben der Hauptmoschee eines Dorfes bzw. einer Stadt aufgeführt und als *ta'ziye* bezeichnet wurden.

Diese dramatischen Aufführungen sind von großer Bedeutung für die iranische **Volkskultur.** In ihnen drückte sich im 19. und beginnenden 20. Jh. die der persischen Volkskultur eigene tiefe Religiosität und ihr Bedürfnis nach dramatischer Darstellung und Nacherleben auf leidenschaftliche und teilweise explosive Weise aus. Unter *Reza Shah* (ab 1925) wurden die *ta'ziyes* als Zeichen „rückständiger" Kultur aus den Städten verbannt, blühten jedoch in ländlichen Regionen weiter. Die Revolution von 1979 hat, teilweise zu Zwecken der Mobilisierung im Irak-Krieg, zu einem gewissen Wiederaufleben der *ta'ziyes* auch im städtischen Umfeld geführt und dazu, dass sie in zunehmendem Maße unter professionellen Bedingungen organisiert und aufgeführt werden.

Europäisches (und somit „säkulares") **Theater** existiert in Iran seit Mitte des 19. Jh. Der aserbaidschanische Dramatiker *Mirza Fath'ali Akhondzade* (1812–1878) trug durch Übersetzungen sozialkritischer europäischer Dramen ins Persische wesentlich zur Entstehung einer persischen Theaterkultur (im westlichen Sinne) bei. Völlig neu an dieser Kunstrichtung war für Iran nicht nur die Form, sondern vor allem die Tatsache, dass die Theaterstücke anders als die meisten traditionellen iranischen Literaturgenres viel mehr Wert auf die Vermittlung einer (oft sozialkritischen) **Botschaft** legten als auf die Hervorrufung ästhetischer Gefühle. Zur Zeit der Qadjaren-Dynastie war die dramatische Kunst in Iran im Wesentlichen eine Angelegenheit männlicher, reformorientierter **Intellektueller** aus Tabriz und Teheran.

Erst unter Reza Shah betraten auch **weibliche Schauspieler** die Bühne des persischen Theaters. Einen großen Aufschwung nahm das iranische Theater in den 60er Jahren des 20. Jh., als Autoren wie *Gholamhossein Sa'edi* (1935–1985) oder *Bahram Beiza'i* (*1938) mit zunehmender Kunstfertigkeit „westliche" Theatertechniken in ihre Werke integrierten, ohne jedoch den persischen Charakter ihrer Stücke aufzugeben.

Die Revolution von 1979 führte nach einer kurzen Phase großer künstlerischer Freiheit zunächst zu einer Verstärkung der politischen Kontrolle über das Theater, sodass eine Reihe wichtiger Theaterautoren (wie z.B. Sa'edi) das Land verließen. Trotzdem ist das Theater in der iranischen Gesellschaft eine wichtige Kunstform geblieben, die nach wie vor, auf hohem künstlerischen Niveau stehend, auch aktuelle Themen wie z.B. die gesellschaftlichen Nachwirkungen des Irak-Krieges behandelt.

Kino

Die Anfänge des persischen Kinos reichen zum Beginn des 20. Jh. zurück. Erst seit den 1960er Jahren gibt es jedoch ein ernstzunehmendes nationales iranisches Kino. In den 1970er Jahren erreichten iranische Regisseure wie *Dariush Mehrju'i* oder *M. Kimiya'i* internationale Anerkennung durch künstlerisch hochwertige Filme zumeist sozialkritischer Inhalte. Kassenschlager waren diese Filme jedoch nicht; die Masse des iranischen Publikums ging lieber in einheimische, *filmfarsi* genannte, melodramatische Genrefilme, die zumeist von „Sex and Crime" handelten, und zunehmend auch in US-amerikanische (und auch in indische Bollywood-) Filme.

Die Revolution von 1979 führte zu einem mehrjährigen Rückgang der iranischen Kinoproduktion, vor allem bedingt durch die Ablehnung der angeblich dekadenten und sexistischen Hollywood-Filme, die damals die iranischen Kinosäle beherrschten, seitens der Geistlichkeit sowie durch die Auswanderung vieler fähiger Regisseure vor allem in die USA. Bald erkannte die iranische Regierung jedoch, dass es sinnvoller sei, das Kino (wie auch das Fernsehen) im Sinne der eigenen Ideologie und Politik zu fördern, als es zu verbieten. Deshalb entstand seit Mitte der 80er Jahre ein neues iranisches Kino, teilweise mit „vor-revolutionären" Regisseuren wie *Kiarostami,* teilweise mit ganz neuen Gesichtern wie z.B. *Mohsen Makhmalbaf.*

Die Regisseurinnen und Regisseure erhielten zum Teil erstaunliche Freiheiten, Themen wie den Irak-Krieg und seine sozialen Folgen oder die Probleme der Landbevölkerung, der Frauen etc. in der iranischen Gesellschaft zu behandeln. Ab 1989 wurde das System der Vorauszensur (der Drehbücher) sogar teilweise durch ein System der **Zensur** ersetzt, bei dem die Regisseure weitgehend unbehelligt ihre Filme drehen durften und nur Gefahr liefen – wenn diese inhaltlich nicht genehm waren –, sie nicht im Inland in die Kinosäle bringen zu dürfen (und eventuell keine Drehgenehmigung für den nächsten Film zu erhalten).

Zusammen mit der Abwesenheit der „plattmachenden" Hollywood-Filmkultur in der Öffentlichkeit führte dies seit dem Ende der 80er Jahre zu einem erstaunlichen **künstlerischen Aufschwung** des iranischen Kinos. Iranische Filme wurden auf **internationa-**

len Festivals regelmäßig dekoriert (z.B. *Kiarostamis* „Geschmack der Kirsche" in Cannes 1997 oder *Majidis* „Kinder des Himmels" bei der Oscar-Verleihung 1998). Seit Mitte der 90er Jahre gilt das iranische Kino weltweit als eines der produktivsten und künstlerisch hochwertigsten. Der künstlerische Erfolg zahlt sich allerdings nicht immer auch vor dem eigenen Publikum aus: Einige der international prämierten, aber „politisch bedenklichen" Filme dürfen nicht oder nur mit mehrjähriger Verzögerung in Iran gezeigt werden.

Gerade wegen der Einschränkungen, denen der Verleih iranischer Filme vor dem heimischen Publikum ausgesetzt ist, ist das Erscheinen eines neuen sozialkritischen Films oft ein Politikum. Das künstlersich anspruchsvolle iranische Kino scheint jedoch vorwiegend auf den Geschmack internationaler Cineasten (und der Juroren in Cannes, Venedig etc.) ausgerichtet zu sein. Trotz (oder wegen) ihres künstlerischen Anspruchs kommen diese Filme bei der Masse des iranischen Publikums oft weniger gut an als einheimische Seifenopern. Auch in Europa werden sie zumeist nur in den **Programmkinos** gezeigt.

Kennzeichnend für das nachrevolutionäre iranische Kino ist die Bedeutung der **allegorischen und symbolischen Ausdrucksweise** und die Meisterschaft, mit der die Regisseure sich ihrer bedienen. Oft werden sozialkritische Themen nicht direkt angesprochen, sondern der iranischen Gesellschaft wird anhand der scheinbar unverfänglichen Geschichte eines Kindes oder einer Nomadenfamilie der Spiegel vorgehalten.

Als einer der vielen hervorragenden iranischen Filme der letzten Jahre sei beispielhaft der Film **„salam sinema"** („Hallo Kino!") des vielleicht bedeutendsten iranischen Regisseurs der 80er und 90er Jahre, *Mohsen Makhmalbaf,* genannt. Der Film beschreibt das Casting eines iranischen Filmstudios vor den Toren Teherans. Hunderte von männlichen und weiblichen Jugendlichen stellen sich dem Regisseur (gespielt von Makhmalbaf selbst) vor, um eine Rolle zu erhalten und ihren kleinen, persönlichen Traum von Hollywood zu verwirklichen, der auch in Teheran (wie fast überall auf der Welt) von einem großen Teil der Jugend geträumt wird. Dabei exponieren sich die Möchtegern-Schauspieler vor der Casting-Kommission in Rollenspielen, um zu zeigen, wie begabt sie sind. Die anrührenden Geschichten einiger Jugendlicher, die ihr Innerstes nach außen kehren, werden zum Verzweiflungsschrei einer Generation, die hinaus will: aus Teheran, aus Iran, aus ihrer Gesellschaft, aus sich selbst – in den Film, ins Leben, irgendwohin.

Sport

Fußball

Die beliebteste Sportart, sozusagen der iranische **Massen- und Nationalsport** schlechthin, ist seit mehreren Jahrzehnten der Fußball. Hierbei ist Iran auf nationaler wie auf Vereinsebene international erfolgreich und kann z.B. auf mehrere gewonnene Asienmeisterschaften zurückblicken. Die Anerkennung, die etliche iranische Spieler im Ausland gefunden haben, taten ein Übriges, um die Begeisterung der Massen noch zu steigern. Wenn in Teheran die Teams von Esteqlal und Persepolis aufeinander treffen, strömen regelmäßig über 100.000 Zuschauer zusammen.

Der bisherige Höhepunkt in der Geschichte des iranischen Fußballs war die Teilnahme an der **Fußballweltmeisterschaft 1998** in Frankreich und hier vor allem das Vorrundenspiel gegen den „ideologischen Erzfeind" USA, das Iran mit 2:1 Toren gewann. Bei diesem Spiel war auf dem Feld und auf den Zuschauerrängen von Feindschaft nichts zu spüren, vielmehr war das Spiel eine Demonstration der völkerverbindenden Kraft, die dem Fußball immer noch zu eigen ist.

Der Fußball als Massensportart ist im nachrevolutionären Iran auch zu einem **Politikum** geworden. Als westliches und die Gesellschaft vermeintlich verderbendes Kulturgut war der Fußball den Herrschenden nach der Revolution zunächst suspekt, die nationale Fußball-Liga musste ihre Aktivitäten für mehrere Jahre unterbrechen. Hierbei ist zu bedenken, dass in einem Land ohne Versammlungsfreiheit eine schwer kontrollierbare Ansammlung von mehreren 10.000 Menschen in einem Stadion an sich bereits eine sensible Angelegenheit darstellt. Als die iranischen Machthaber jedoch sahen, dass sie den mit „Volldampf fahrenden" Fußball nicht stoppen konnten, sind sie (vor allem in der Vorbereitungsphase der Weltmeisterschafts-Endrunde 1998) auf den fahrenden Zug aufgesprungen und haben versucht, die internationalen Erfolge als „nationales iranisches Anliegen der islamischen Revolution" zu vereinnahmen. Trotzdem kommt es im Zusammenhang mit Fußball-Großveranstaltungen in Iran immer wieder zu politisch brisanten Aktionen, z.B. tanzten in der Euphorie nach dem Sieg gegen die USA zum ersten Mal nach der Revolution wieder auch unverschleierte Frauen auf Teherans Straßen.

Insgesamt kann man sagen, dass der Fußball als Massenphänomen im heutigen Iran zu einem wichtigen Faktor des weltlichen, zumindest indirekt gegen die Regierung und ihre islamistische Ideologie gerichteten iranischen Nationalismus geworden ist.

Traditionelle Sportarten

Als aus vorislamischer Zeit stammende, traditionell iranische Sportarten gelten das Reiten, das Bogenschießen und der **Ringkampf.** Vermutlich in safavidischer Zeit begann sich der traditionelle iranische Ringkampf in einer Art „Zunft" zu organisieren und wurde in eigens dafür erbauten Häusern, den **zurkhanes** (= „Krafthäuser"), veranstaltet. Diese *zurkhanes,* die auch heute noch in allen größeren Städten zu finden sind, beherbergen eine von Zuschauerrängen eingerahmte, tiefer gesetzte Trainings- und Kampffläche.

Der Ringkampf wurde traditionell von **gymnastischen Übungen** vorbereitet, die u.a. aus dem rhythmischen Hochwerfen und Wiederauffangen von schweren, massiven **Holzknüppeln** bestanden. Dabei waren nicht nur die Bewegungsabläufe **choreographisch** festgelegt, der Ablauf wurde auch von einem **Sprecher** begleitet, der mit markerschütternder Stimme an die Tapferkeit des 1. schiitischen Imams *Ali* erinnerte, Passagen aus dem persischen Königsbuch („Shahnameh") rezitierte oder die Zuschauer zu religiösen Ausrufen animierte. In diesem Sinne ist die Kultur der *zurkhanes* eng mit der **iranisch-schiitischen Volksreligiosität** verbunden.

Mit dem Aufkommen westlicher Sportarten in Iran im Laufe des 20. Jh. wurden auch die westlichen bzw. „weltlichen" Formen des Ringkampfs immer beliebter. Dies führte dazu, dass sich der Ringkampf aus seiner engen Verbindung mit den *zurkhanes* löste. Übrig blieben etwa ab Mitte des 20. Jh. die von einem Sprecher moderierten gymnastisch-choreographischen Übungen. Diese **Kraftsportübungen,** z.B. das Schwingen von schweren hölzernen Keulen oder eisernen Bögen, werden von in Nachbarschaftsvereinen organisierten Männern ausgeübt. Meist werden die Übungen von einem Trommler begleitet. Dieser Sport ist in zunehmendem Maße zu einer Erscheinung der städtischen Subkultur und, in neuerer Zeit, zu einer Veranstaltung für Touristen geworden.

Nach der Revolution von 1979 wurde versucht, die *zurkhanes* als traditionelles iranisches Kulturgut zu „islamisieren" und zu fördern. Langfristig hat der Sport der *zurkhanes* jedoch einen schweren Stand gegenüber westlichen Sportarten wie Ringkampf und Bodybuilding oder ostasiatischen Kampfsportarten. Die „westlichen" Arten des Ringens (Freistil, griechisch-römisch) sind im heutigen Iran Massensportarten und bei weitem verbreiteter und beliebter als der Zurkhane-Sport, haben doch iranische Sportler in diesen Disziplinen auch international (bei Weltmeisterschaften und Olympiaden) immer wieder Medaillen errungen.

Wenn man Glück hat, kann man manchmal in den Dörfern der Turkmenensteppe anlässlich von Hochzeiten **Ringkämpfe unter freiem Himmel** sehen. Ein schöner Ersatz ist eine Reportage vom Ringen im Rundfunk, besonders bei internationalen Wettkämpfen, wenn sich die Stimme des Reporters regelmäßig überschlägt.

0571 Foto: hn

Stadt und Provinz Teheran

075i Foto: hn

Eingangstor Baq-e Melli, ein qadjarischer Bau, hinter dem heute Verwaltungsgebäude liegen

Stausee von Lar nordöstlich von Teheran

Stadt Teheran

Überblick

↗ IV/B3

Die Provinz Teheran bildet den südlichen Teil des zentralen Alborz, an dessen Ausläufern die moderne Metropole gelegen ist. Die Stadt zu Füßen des Berges Tochal (3944 m) zählt mit etwa **10 Mio. Einwohnern** zu den größten Städten Asiens. Seit sie 1788 mit der Machtergreifung durch die Dynastie der Qadjaren zur **Hauptstadt** erwählt wurde, konzentrieren sich hier Wirtschaft, Verkehr, Verwaltung und Kultur Irans. Ihre Bedeutung verdankt sie in erster Linie der Lage am alten Handelsweg von Mesopotamien nach Zentralasien. Historischer Vorläufer von Teheran (der Name bedeutet „die warmen Abhänge") war die Stadt Rey, die heute einen der südlichen Vororte bildet. Erst nachdem Rey im Mongolensturm des 13. Jh. zugrunde ging, konnte sich Teheran an seiner Stelle entwickeln.

Das Wachstum der Bevölkerung ist nach wie vor ungebrochen, gegenüber den sechziger Jahren des vergangenen Jahrhunderts hat sich die Zahl der Einwohner mehr als verfünffacht. Während den Einwohnern anderer iranischer Städte bestimmte charakterliche Merkmale nachgesagt werden (Isfahanis: geschäftstüchtig, Shirazis: gastfreundlich, Yazdis: aufrichtig), haben sich in Teheran alle miteinander vermischt. **Muslimische Iraner, Kurden** und **Türken** leben hier neben und mit **Juden, Armeniern** und **Assyrern.** Der Dialekt von Teheran prägt heute weitgehend das moderne Persisch.

Verkehrschaos und Luftverschmutzung in Irans moderner Metropole

Mit dem Anwachsen der Bevölkerung Teherans geht ein ständig zunehmender Verkehr einher. Mehrere Millionen Tehranis kämpfen sich jeden Morgen zwischen 7 und 9 Uhr von den Wohnvierteln im Norden in die Büros, Verwaltungen und Betriebe im Zentrum und Süden der Stadt und zwischen 17 und 19 Uhr in umgekehrter Richtung. Alle Versuche seitens der Stadtverwaltung, das Verkehrgewühl in den Griff zu bekommen, sind bisher in Ansätzen stecken geblieben. Zwar gibt es mittlerweile ein System von **Stadtautobahnen** und viele der alten Hauptstraßen wurden zu **Einbahnstraßen** gemacht, außerdem erlaubt ein System der **Verkehrslenkung** je nach Kennzeichen nur tageweise die Zufahrt zum Stadtzentrum. Dennoch wird, bevor nicht moderne Massenverkehrsmittel zur Verfügung stehen, das Chaos nicht zu beherrschen sein und vor allem die Luftverschmutzung nicht eingedämmt werden können. Solange die meisten PKW und Busse mit völlig **veralteten Motoren** fahren, wird sich die Situation kaum verbessern. Laut Aussage des Teheraner Bürgermeisters werden in der Stadt täglich mehr als 8 Mio. Liter Kraftstoff verbraucht, etwa 20% des Gesamtverbrauchs in Iran. Jeder PKW ist im Durchschnitt mit 1,3 Personen besetzt, ein Wert, der uns aus Mitteleuropa bekannt vorkommt.

Vor allem im Herbst und Winter konzentrieren sich die Abgase in einem Ausmaß, dass öfter **Kindergärten und Grundschulen geschlossen** und ältere Menschen und Kranke vor dem **Aufenthalt im Freien** gewarnt werden müssen. Häufig begegnet man Menschen mit einer **Maske** vor Mund und Nase. Auch das kann nicht verhindern, dass täglich ca. 20 Menschen, meist ältere und Kinder, an den Folgen der Luftverschmutzung sterben. Der Berg Damavand (5671 m), ca. 80 km nordwestlich von Teheran gelegen und fast so etwas wie ein Wahrzeichen der Stadt, ist nur noch bei klarem Wetter zu erkennen.

Teheran

Noch bis vor zehn Jahren schienen die **neuen Stadtviertel** im Norden die Berghänge hinaufzukriechen, bis dem mit einem Baustopp Einhalt geboten wurde. Seitdem werden die Vorstädte *(shahrak)* vornehmlich nach Süden und Westen erweitert. Die neu nach Teheran Zugewanderten lassen sich zumeist in diesen Vierteln nieder. Nach Schätzungen lebt etwa ein Drittel der Wohnbevölkerung Teherans illegal in der Stadt.

Bei Rohbauten fallen als erstes die aufwendigen Stahlkonstruktionen ins Auge; wegen der besonderen **Erdbebengefahr** am Südrand des Gebirges müssen alle Häuser mit einer Art Fachwerk aus Stahl errichtet werden, in das man hinterher Ziegel verbaut.

Die Stadt wirkt wie in zwei Hälften geteilt: Im südlichen Teil (ca. südlich der Achse Kh. Azadi – Kh. Enqelab) wohnen die unteren Bevölkerungsschichten, nördlich davon, wo die Luft vergleichsweise besser und im Sommer kühler ist, erstrecken sich die Viertel der Mittel- und Oberklasse. Je weiter man nach Norden kommt, desto teurer sind die Grundstücke bzw. Häuser. Dies hat dazu geführt, dass die

Skyline von Hochhäusern zunehmend die Aussicht auf die Berge im Norden verdeckt.

Den Reiz des alten Orients sucht der Reisende im heutigen Teheran vergebens. Nur wenige Bauten aus dem 19. Jh., vor allem in der Gegend um den Bazar, haben die Modernisierung der Stadt durch *Reza Shah* überlebt. Sehenswert sind vor allem die zahlreichen **Museen und Parkanlagen.** Daneben lohnen sich Abstecher in den Norden, zu den **Bergen und Hochtälern des Alborz.**

059i Foto: hn

Offene Halle mit Spiegelverzierungen im Golestan-Palast

Geschichte

Im Gegensatz zu den „klassischen" iranischen Städten wie Isfahan, Hamadan oder Shiraz tritt Teheran erst spät ins Licht der Geschichte. Noch im 11. Jh. n. Chr. wird es als einer der **Vororte von Rey,** damals Hauptstadt der Seldjuqen, erwähnt. Nach der Plünderung Reys durch die Mongolen scheinen viele seiner Einwohner u.a. nach Teheran geflüchtet zu sein, sodass es von Geographen des 13. Jh. schon als einer der größeren Orte der Gegend verzeichnet wird.

Clavigo, ein Gesandter des spanischen Königs, passierte die Stadt 1404 auf seiner Reise zum Timuridenhof nach Samarkand. Als der Safavide *Shah Tahmasb* Mitte des 16. Jh. die Hauptstadt nach Qazvin verlegte, ließ er auch Teheran mit einem Wall aus Erde und Ziegeln ausstatten, ein Zeichen für die gestiegene Bedeutung der Stadt. Später jedoch wurde Isfahan Hauptstadt der Safaviden und Teheran rückte wieder mehr an den Rand. *Karim Khan Zand,* vor allem durch seine Bautätigkeit in Shiraz bekannt, ließ 1758 auch an den schattigen und wasserreichen Hängen des Alborz bei Shemiran ein Jagdschloss errichten.

Das Ende des 18. Jh. brachte einen wichtigen Einschnitt in der Geschichte Irans: Nach dem Ende der Safaviden und ihren kurzlebigen Nachfolgern

Nadir Shah und *Karim Khan* gelangten die **Qadjaren** an die Regierung. Ursprünglich waren sie turkmenische Nomaden aus den Steppen Nordost-Irans, die in jenen wirren Zeiten in Gestalt von *Aqa Mohammad Shah* (1787–1796) die Macht an sich rissen. Dieser wählte 1791 Teheran als neue **Hauptstadt des Reiches,** weil es näher zu den heimatlichen Weidegebieten der Turkmenensteppe gelegen war.

Nahe dem Schlösschen von Karim Khan ließ der neue Herrscher eine befestigte Residenz (Ark) erbauen, von der heute nichts mehr erhalten ist. Unter einer Treppe des Palastes soll der Kopf seines letzten Widersachers aus der Zand-Dynastie, *Lotf Ali Khan,* vergraben gewesen sein, auf dass er das Haupt seines Rivalen jeden Tag mit Füssen treten könne. Sein Nachfolger *Fath Ali Shah* (1796–1833) setzte das Werk des Onkels fort und ließ als Stadtschloss der Dynastie den **Golestan-Palast** sowie mehrere Moscheen erbauen. Langsam nahm Teheran die Konturen einer wirklichen Landeshauptstadt an, die allmählich die Safavidenmetropole Isfahan überflügelte.

Nasreddin Shah (1848–1896) vergrößerte Teheran weiter, neue Stadtviertel wurden gebaut und eine neue **Mauer** musste errichtet werden. Während seiner Regierungszeit verstärkten sich die Kontakte zu Europa, das der Schah selbst als erster iranischer Herrscher besucht hatte. Offensichtlich hatte ihm dort die Eisenbahn besonders imponiert, denn er befahl den Bau einer **Kleinbahnstrecke** nach Shahr-e Rey zum Heiligtum von *Shah Abdol Azim.* Europäische Gesandte berichten aus jener Zeit, dass sie in den heißen Sommermonaten gern die höher gelegen Gebiete wie Vanak oder Tajrish aufsuchten, um der drückenden Hitze im Stadtzentrum zu entfliehen.

Die Öffnung Irans für die europäischen Großmächte durch die Qadjaren rief in weiten Kreisen der iranischen Gesellschaft Ablehnung und Widerstand hervor, der sich unter den Nachfolgern Nasreddin Shahs noch verstärkte. Dies führte zum Anwachsen einer konstitutionellen Bewegung, die die Beschränkung der Autokratie in Form eines Grundgesetzes forderte. Auf ihren Druck hin trat das **erste iranische Parlament** 1906 in Teheran zusammen.

Vor diesem Parlament wurde 1926 *Reza Shah Pahlavi* gekrönt, indem er sich selbst die Krone auf den Kopf setzte. Mit seinem Namen ist der **umfassende Ausbau** Teherans in den Folgejahren verbunden: Die engen verwinkelten Gassen wurden durch einen regelmäßigen Grundriss ersetzt, die alten Stadttore und -mauern geschleift sowie neue, großzügige Durchgangsstraßen angelegt.

1941 wurde der Herrscher ins Exil gezwungen und die **Alliierten** der Anti-Hitler-Koalition übernahmen die Macht. Vom 28.11. bis 1.12.1943 fand in der Britischen Botschaft in Teheran die erste Konferenz zwischen *Churchill, Roosevelt* und *Stalin* statt. Hier wurde erstmals über die Nachkriegsordnung in Europa nach dem Zweiten Weltkrieg verhandelt.

Fast alle wesentlichen Ereignisse der iranischen Geschichte seit jener Zeit verbinden sich mit dem Namen der Hauptstadt; erinnert sei nur an die Rückkehr *Ayatollah Khomeinis* aus dem Exil im Februar 1978, als mehrere Millionen Menschen den Weg vom Flughafen in die Innenstadt säumten. 1991 wurde der **200. Jahrestag** der Ernennung Teherans zur Hauptstadt offiziell begangen.

Hinweisschild zur Metro am Meydan-e Haft Tir

Orientierung

Die Stadt mit ihren 22 Stadtbezirken und der Großraum Teheran („Tehran-e Bozorg") erstrecken sich auf 600 km² von der großen iranischen Salzwüste im Süden bis zu den Abhängen des Alborz im Norden auf einer Höhe zwischen 1250 und 1750 m.

Das Zentrum befand sich ursprünglich im heutigen Süden der Stadt in der Gegend des heutigen Bazars. Die wichtigen **Ministerien, Verwaltungen,** und auch die **Wohnviertel der Mittel- und Oberschicht** liegen nördlich davon, ebenso wie die touristischen **Sehenswürdigkeiten.** Eine Ausnahme bilden Shahr-e Rey und das

Grabmal Khomeinis im Süden der Stadt, wo ansonsten die **Wohnviertel der ärmeren Schichten** sowie **Handwerk und Industrie** angesiedelt sind. Die Scheidelinie zwischen Norden und Süden verläuft in etwa entlang einer Achse, die durch die Kh. Azadi und Kh. Enqelab-e Eslami gebildet wird vom Meydan-e Azadi im Westen bis zum Meydan-e Imam Hossein im Osten.

Um das Stadtgebiet verläuft ein System von **Stadtautobahnen** *(bozorg rah)*. Die wichtigsten Nord-Süd-Verbindungen neben den Autobahnen sind die Kh. Vali Asr (eine Bezeichnung für den erwarteten 12. Imam) und die Kh. Shari'ati.

Natürlich sind nach der Revolution viele der alten **Straßennamen** geändert worden. Fast jede zweite Straße oder Gasse ist nach einem Kriegsgefallenen *(shahid)* benannt. Dennoch halten sich unter den Tehranis die alten Namen hartnäckig: Für viele ist Vali Asr immer noch die Pahlavi-Straße, die Kh. Ostad Nejatollahi immer noch die Villa-Straße, die Kh. Ostad Motahari noch Takht-e Djamshid und die Kh. Doktor Beheshti wird weiterhin Takht-e Tavous genannt.

Für Touristen besonders interessant ist das Gebiet zwischen dem **Bazar** im Süden und dem **Meydan-e Ferdowsi** im Norden, die Kh. Enqelab-e Eslami zwischen der Kreuzung Vali Asr und Meydan-e Enqelab sowie die Kh. Vali Asr zwischen der Kreuzung Kh. Enqelab und Kh. Fatemi. Die **Kh. Vali Asr** gilt als die berühmteste Straße von Teheran: Über gut 20 km führt sie vom Bahnhof (Meydan-e Rah-e Ahan) im Süden bis zum Meydan-e Tajrish im Norden. Fast durchgängig ist sie zu beiden Seiten von Platanen gesäumt, die angenehmen Schatten spenden.

Ankunft

Mit dem Flugzeug

Der internationale **Flughafen Foroudgah-e Mehrabad** liegt am südwestlichen Rand des Stadtzentrums unweit des Meydan-e Azadi und der Autobahn nach Karaj. Er besteht aus drei Komplexen: dem **internationalen Teil** mit zwei Terminals, dem **Terminal für Inlandsflüge** (Domestic Airport) sowie dem Hadj-Terminal für Pilgerflüge nach Mekka. Der Flughafen ist längst an der Grenze seiner Kapazität angelangt, ein **neuer Großflughafen** ca. 35 km südlich von Teheran ist seit Jahren im Bau. Ursprünglich schon in der Schah-Zeit geplant, wurde seine Eröffnung bisher mehrfach verschoben und ist nun für Anfang 2004 angekündigt, Zweifel sind jedoch angebracht.

Bis es soweit ist, wird es weiterhin zu hektischem Gedränge kommen, vor allem, wenn mehrere internationale Maschinen gleichzeitig eintreffen. Weiterhin wird ein **Hotel** am Flughafen schmerzlich vermisst. Reisende, die aus der Provinz kommen und von Teheran ins Ausland fliegen wollen, müssen für den Fall einer Übernachtung entweder in die Stadt fahren oder mit den harten Stühlen im Flughafen vorlieb nehmen.

Am Ausgang des Terminals warten Taxifahrer, zuverlässiger ist es jedoch, ein **Airport Taxi** zu nehmen. Der Kiosk, an dem die Karten verkauft werden, befindet sich direkt gegenüber dem Ausgang. Die Fahrt ins Stadtzentrum kostet ca. 2000 Tuman; es wird vor der Abfahrt kassiert, sodass das Feilschen mit dem Fahrer entfällt.

Vom internationalen Teil des Flughafens verkehren keine **Busse.** Die Haltestelle befindet sich bei der Abzweigung zum Terminal für Inlandsflüge, ca. 400 m von Terminal 2 entfernt. Von dort aus verkehren Busse in Richtung „Meydan-e Enqelab" (Linie 511), „Meydan-e Rah-e Ahan" (Linie 518) und „Meydan-e Vanak" (Linie 520). Wirklich nützlich ist das nicht, denn es fehlt eine Verbindung ins Stadtzentrum, wo sich die große Mehrzahl der Hotels befindet. Spät abends und nachts, wenn die meisten internationalen Flüge ankommen, fahren keine Busse.

Mit dem Überlandbus

Teheran verfügt über **drei Busterminals:** im Westen (Terminal-e garb) am Meydan-e Azadi, im Süden (Terminal-e jenoubi) am Bozorgrah-e Be'sat und im Osten (Terminal-e sharqi) am östlichen Ende der Kh. Damavand. Von allen drei Terminals verkehren **Taxis und Busse ins Zentrum,** vom Süd-Terminal aus verkehrt auch die **U-Bahnlinie 1** in Richtung Norden.

Daneben gibt es noch das Terminal der Busgesellschaft Seyro Safar am Meydan-e Arjantin im Norden der Stadt. Hier kommen sowohl Busse dieser Gesellschaft aus allen Städten Irans an als auch aus Busse aus Damaskus und Ankara/Istanbul. Von hier verkehren ebenfalls Busse und Taxis in alle Richtungen.

Mit dem Zug

Teherans **Bahnhof** liegt südlich des Bazars am Meydan-e Rah-e Ahan (Bahnhofsplatz). Da Bahnfahren in Iran sehr preiswert ist, herrscht bei Ankunft und Abfahrt meist ziemliches Gedränge. Leider ist er noch nicht direkt an die **U-Bahn** angeschlossen. Die Station der Linie 1 liegt etwa 1 km westlich vom Hauptausgang an der Kh. Shush. Sie verkehrt in Richtung Norden bis zur Station Mirdamad. **Busse und Taxis** fahren vom Meydan-e Rah-e Ahan gegenüber vom Bahnhofseingang ab.

Mit dem eigenen Fahrzeug

Wer einmal den Teheraner Autoverkehr erlebt hat, mag sich fragen: „Wie kann man hier fahren?" Millionen von Tehranis tun das täglich und es herrscht ein entsprechendes Gewühl. Wer mit dem Auto anreist, sollte sich dringend überlegen, sein Gefährt während des Aufenthalts **abzustellen** und die Stadt **zu Fuß** zu erkunden. Das Nahverkehrssystem Teherans mit Sammeltaxis, Taxis, Bussen oder neuerdings U-Bahn ist für unsere Begriffe nicht teuer. Einen Platz zum Unterstellen des Autos oder Wohnmobils bieten die meisten Hotels. Wer dennoch fahren muss oder möchte, orientiere sich wie folgt:

Aus Richtung Norden und Westen (Rasht, Chalous)

Aus Richtung Qazvin/Karaj erreicht man Teheran nördlich des **Meydan-e Azadi** (weithin sichtbar durch das Azadi-Monument). Von dort aus führt die Kh. Azadi / Kh. Enqelab direkt ins Zentrum. Wer allerdings den Bereich südlich des Meydan-e Ferdowsi als Ziel hat, sollte schon vor dem Erreichen des Platzes nach Süden abbiegen (Kh. Hafez) und sich dann links halten. Die Kh. Ferdowsi ist als Einbahnstraße nur in Richtung Norden zu befahren.

Um in Teherans Norden zu gelangen, nimmt man nördlich des Meydan-e Azadi die **Stadtautobahn** *(bozorg rah)* **Sheikh Fazlollah Nouri.** Diese an der Abfahrt *bozorg rah-e Doktor Chamran* verlassen und diesem in Richtung Norden (Shemiran, International Trade Fair) folgen. An der Kreuzung *chahar rah-e Parkway* geht es links in Richtung Tajrish und rechts in Richtung Vanak.

Aus Richtung Nordosten (Amol, Gorgan)

Von Rudehen kommend, erreicht man Teheran auf der **Kh. Damavand.** Wer von hier ins Zentrum fährt, folgt der Straße bis zum **Meydan-e Imam Hossein.** Ins Zentrum geht es weiter geradeaus über die Kh. Enqelab. In Richtung Süden nimmt man die Kh. 17. Sharivar. Wer von der Kh. Damavand nach Norden will, biegt schon vor dem großen Busterminal (Terminal-e sharq) rechts ab und befährt die Kh. Hojr ebn-e adiyy bis zur Kreuzung Bozorgrah-e Resalat. Dieser führt in den Norden und Westen Teherans.

Aus Richtung Osten (Semnan, Mashhad)

Von der Jaddeh-ye Khorasan aus führt der **Bozorgrah-e Imam Reza** direkt ins Stadtzentrum. Nach Norden hält man sich am Meydan-e Basidj-e Mostazafin über den Bozorgrah-e Basidj-e Mostazafin in Richtung Nordosten. Dieser trifft am Busterminal (Terminal-e sharq) auf die Kh. Damavand (s.o.). Nach Süden und Westen fährt man am Meydan-e Basidj-e Mostazafin nach links auf den Bozorgrah-e Azadegan, den südlichen Teil der Stadtautobahn. Westlich vom Flughafen Mehrabad trifft dieser auf die Straße Teheran – Qazvin.

Aus Richtung Süden (Qom, Kashan, Isfahan, Saveh)

Von der Autobahn aus Richtung Qom erreicht man Teheran kurz hinter dem **Khomeini-Mausoleum.** In Richtung Zentrum, Süden und Osten der Stadt fährt man von hier am besten über den **Bozorgrah-e Behesht-e Zahra,** direkt am gleichnamigen Friedhof vorbei. Ihm folgt man in Richtung Norden, seine Verlängerung **Bozorgrah-e Shahid Tondgooyan** endet am Meydan-e Bahman südlich des Bahnhofs, von wo aus man ins Zentrum gelangt. In Richtung Osten nimmt man vom Meydan-e Bahman aus den Bozorgrah-e Be'sat, der bis zum Meydan-e Basidj-e Mostazafin führt (s.o.).

Mit dem Auto durch Teheran

Sich innerhalb der Stadt mit dem eigenen Fahrzeug zu bewegen erfordert **Geduld und Übung.** Vor allem in der Nähe der Kreuzungen und Plätze verknotet sich der Verkehr auf für uns unvorstellbare Weise. Zwar beachten die meisten Autofahrer mittlerweile die Ampeln, im **Stau** jedoch fährt jeder so, wie er meint, am besten voranzukommen. Die beiden großen Nord-Süd-Verbindungen (Kh. Vali Asr, Kh. Dr. Shari'ati) sollte man möglichst meiden. Sie sind fast immer verstopft und in vielen Bereichen nur als Einbahnstraßen zu befahren. Stattdessen sollte man die Stadtautobahnen **Bozorgrah-e Modarres** (nördlich des Meydan-e 7. Tir) und **Bozorgrah-e Shahid Chamran** (nördlich des Meydan-e Tohid) benutzen.

Wer in den Westen oder Norden muss, fährt hinter dem Khomeini-Mausoleum geradeaus weiter bis zum Meydan-e Jahad; dort nach Westen auf den Bozorgrah-e Azadegan abbiegen (s.o.).

Die Metro

Angesichts der bisherigen Verzögerungen beim Bau der Metro nimmt es nicht Wunder, dass die Tehranis dieses **neue Verkehrmittel** noch nicht richtig angenommen haben. Viele wissen nicht, welche Linien überhaupt verkehren. Aufgrund der bisherigen Erfahrungen sind viele Planungsdaten mit Skepsis zu betrachten. Andererseits kann man dem Gesamtprojekt den Respekt nicht versagen. Die bestehenden Verbindungen schaffen schon jetzt **Erleichterungen auch für Touristen.** Zudem ist die Metro das einzige Mittel, um den absehbaren Verkehrskollaps in der iranischen Hauptstadt aufzuhalten.

Die Teheraner Metro ist auch im Internet vertreten, mit Streckenplan, Haltestellen und einem sehr nützlichen Verzeichnis der Busanschlüsse an den Stationen: **www.tehranmetro.com.**

Als erster Abschnitt wurde 1998 die **Linie 5,** Teheran – Karaj, in Betrieb genommen, deren Fertigstellung einfacher war, weil sie ausschließlich **oberirdisch** verläuft. Über 32 km verbindet sie den westlichen Teil der Hauptstadt mit **Karaj,** der iranischen Großstadt, die sich in den letzten Jahrzehnten am schnellsten vergrößert hat. Von hier kommen täglich mehrere Zehntausend Pendler nach Teheran zur Arbeit. Ein **Ticket** kostet nur 100 Tuman und die Fahrt in bequemen doppelstöckigen Waggons chinesischer Bauart dauert eine halbe Stunde. Dennoch ziehen viele Fahrgäste das Sammeltaxi vor. Dies wird sich wohl auch kaum ändern, solange man damit von jedem der größeren Plätze in West- oder Nord-Teheran direkt bis in die Innenstadt von Karaj fahren kann. Die gefürchtete Teheraner Luft wird dadurch allerdings auch nicht besser.

Die **Linie 1** verbindet die **nördlichen Stadtteile** mit dem **Süden** Teherans. Sie verläuft derzeit von **Shahr-e Rey** über ca. 30 km nach Norden, vorläufig bis zum **Bahnhof Mirdamad.** An der Weiterführung bis Tajrish im Norden und zum Khomeini-Mausoleum im Süden wird gegenwärtig gebaut. Nach der Fertigstellung wird es möglich sein, innerhalb einer Stunde Teheran in Nord-Süd-Richtung zu durchqueren.

Die **unterirdischen Bahnhöfe** sind sauber und im Sommer angenehm kühl. Mittlerweile sind die Züge, die im 15-Minuten-Takt verkehren, oft überfüllt. Eine rigide Geschlechtertrennung wie in den Stadtbussen gibt es nicht. Zwar ist mindestens ein Wagen in jedem Zug **für Frauen reserviert,** aber auch in die anderen Wagen steigen Frauen ein. **Tickets** zu 50 Tuman werden am Eingang zu jeder Station verkauft, damit kann man die Sperre passieren.

Der **einzige Umsteigebahnhof** ist bisher am **Meydan-e Imam Khomeini** im alten Stadtzentrum. Von hier aus verkehrt die **Linie 2** bisher nur in westlicher Richtung bis Sadeqiye, wo an der Station „Teheran" Anschluss an Linie 5 nach Karaj besteht. An der Weiterführung vom Stadtzentrum nach Osten wird gegenwärtig gebaut. Nach der Fertigstellung soll die Gesamtlänge der Linie 2 etwa 20 km betragen.

Die **Linien 3 und 4** befinden sich noch weitgehend im Planungsstadium. Sie werden Kazemabad im Nordosten mit der Vorstadt Eslamshahr im Südwesten (Linie 3) und Dushan Tappeh im Osten mit dem Stadtteil Ekbatan und dem Flughafen Mehrabad (Linie 4) verbinden. Von hier ist eine Weiterführung bis zum neuen Großflughafen Imam Khomeini geplant, der etwa 70 km vor den Toren Teherans an der Autobahn nach Qom gebaut wird.

Sehenswertes

Teheran ist bekannt für seine zahlreichen **Museen,** die über das gesamte Stadtgebiet verstreut sind, und **Parks,** die sich vorwiegend im Norden befinden. Durch seine Funktion als Hauptstadt verfügt es über eine Reihe von **Palästen** der vergangenen Dynastien, die heute ebenfalls als Museen zu besichtigen sind. Daneben lohnt ein Besuch der Gegend um den Meydan-e Tajrish im Norden am Ende der Kh. Vali Asr und von dort aus ein Abstecher in die Ausflugsgebiete im Norden, z.B. Darband oder Darake.

Eine Riesenstadt wie Teheran zu erkunden erfordert Zeit und Ausdauer. Um den Zeitaufwand für den Besucher in Grenzen zu halten, versuchen die folgenden Vorschläge, die einzelnen Sehenswürdigkeiten in eine sinnvolle Reihenfolge zu bringen.

Im Zentrum

Rund um den Meydan-e Imam Khomeini

Ein guter Ausgangspunkt für Besichtigungen im Zentrum Teherans ist der Meydan-e Imam Khomeini am südlichen Ende der Kh. Ferdowsi, im Volksmund häufig noch Toupkhaneh genannt. („Kanonenhaus", hier gab es im 19. Jh. eine Kanonengießerei). Mit dem hoch aufragenden **Fernmeldegebäude** an seinem Südrand ist er schwer zu übersehen. Auch wer sein Hotel nicht in der Nähe hat, erreicht den Platz leicht mit Taxi, Bus oder U-Bahn.

061 Foto: hn

Um von dort aus zum Nationalmuseum zu gelangen, folgt man der Kh. Imam Khomeini in Richtung Westen. An der rechten Seite beeindruckt das Gebäude der **Hauptpost,** ein Backsteinbau aus der Zeit *Reza Shahs* mit kunstvoll gesetzten Rund- und Eckhalbsäulen. Daran schließt sich das **Eingangstor Baq-e Melli** an, ein Bau aus der Qadjaren-Zeit, wo früher die Musiker des Hofes aufspielten. Hinter diesem Tor befindet sich ein großer Komplex mit **Ministerien und Verwaltungsgebäuden.** Weitere 100 m dahinter schließt sich ein Platz mit einer kleinen Parkanlage an. Durch die Bäume kann man den Eingangsbogen zum Iranischen Nationalmuseum erkennen.

Imam-Khomeini-Moschee am Rande des Bazars

Iranisches Nationalmuseum

Durch den Park erreicht man das Eingangstor des Komplexes, der aus **zwei Gebäuden** besteht: dem klassischen Bau der vorislamischen Abteilung zur linken und dem Neubau der islamischen Abteilung zur rechten.

Die **vorislamische Abteilung** wurde 1937 nach den Entwürfen des französischen Architekten *A. Godard* erbaut.

Zum Eingangstor des Museums führt ein aus Ziegeln gemauertes Gewölbe mit Iwan nach Vorbild des Bogens von Ktesiphon (Taq-e Kisra). Am Eingang findet eine Taschenkontrolle statt, Fotografieren ist im Innern nur ohne Blitz gestattet. Das zweistöckige Gebäude wird derzeit umgebaut, alle Exponate sind im Erdgeschoss ausgestellt.

Dem Eingang direkt gegenüber in der Ecke des Saales hängt eine große **Relieftafel,** die die Betrachtung lohnt. Hier wird die iranische Hochebene mit ihren hoch aufragenden Gebirgsketten, die einen Großteil des Landes in Hochbecken aufteilen, anschaulich dargestellt.

Bis heute gibt es leider keinen Museumsführer und da die Exponate nur sparsam, teils auch nur auf Persisch beschriftet sind, sei hier ein kurzer Rundgang beschrieben:

Gegenüber der Relieftafel befinden sich Vitrinen mit **Keramikgefäßen,** die bis ins 5. Jtsd. v. Chr. zurückgehen, viele davon mit kunstvollem Dekor. Weitere Vitrinen enthalten die ocker-gelbliche Ware aus Susa, daneben Fundstücke aus Tappeh Sialk. Am beeindruckendsten ist der Formen- und Ausdrucksreichtum der frühen Kunsthandwerker. Die Vitrinen am Fenster enthalten eher unspektakuläre Stücke, die dennoch für die Archäologie von größter Bedeutung sind. Hier sind **Flach- und Rollsiegel** aus elamischer und achämenidischer Zeit zusammen mit ihren Abrollungen ausgestellt. Darunter befindet sich auch ein Rollsiegel *Darius' des Großen* mit einer Darstellung der Löwenjagd. In der Mitte des Saales sind in einem Zwischenflügel zur Linken **Bronzen** aus Luristan ausgestellt, leicht zu erkennen an dem großen Wagenrad mit Bronzebeschlag.

Daran schließt sich der berühmte **Kodex des Hammurabi** an (hier als Kopie, das Original befindet sich im Louvre in Paris). Dahinter folgt eine erst kürzlich aufgebaute **Sandsteinstele** aus dem 8. Jh. v. Chr., die auf *Sargon II.* von Assyrien zurückgeht. Über weitere Vitrinen mit Keramik erreicht man das berühmte **Schatzhausrelief** aus Persepolis mit der Darstellung einer Empfangsszene beim achämenidischen Großkönig.

Links abbiegend erreicht man eine Nische mit einer großen **Statue von Darius** im ägyptisierenden Stil, die in Susa gefunden wurde. An den Wänden werden glasierte Ziegel des Darius-Palastes in Susa gezeigt. Im Folgenden sind einzelne Bauteile aus **Persepolis** ausgestellt: ein Treppenaufgang mit prachtvollen Reliefdarstellungen, eine Säule mit Kapitellaufbau sowie ein Löwe aus schwarzem Stein. In der Ecke, hinter dem Treppenaufgang, sind einige der Gründungssteine zu sehen, denen man wichtige Aufschlüsse über die Erbauung von Persepolis verdankt.

Der folgende Teil ist einigen wenigen Exponaten aus der **Parther-Zeit** gewidmet, am eindrucksvollsten der **„Prinz von Shami"**, eine überlebensgroße Bronzestatue eines parthischen Prinzen (links im Zwischenflügel direkt gegenüber den Luristan-Bronzen). Den Abschluss des Rundgangs bilden Stücke aus der **Sasaniden-Zeit.** An den

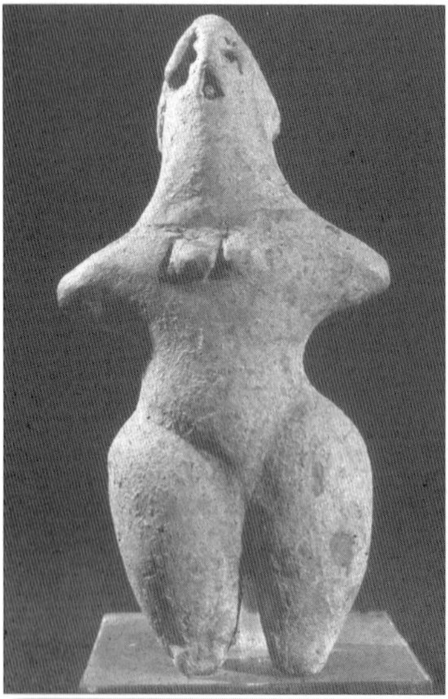

062i Foto: hn

Wänden sind Lehmornamente von sasanidischen Palästen zu sehen, an der Wand in der Ecke vor dem Ausgang Teile der **Mosaiken** aus dem Palast von Bishahpur.

Zurück am Ausgang wendet man sich nach links, von dort sind es nur wenige Schritte bis zum Neubau des Nationalmuseums von 1996, in dem die **islamische Abteilung** untergebracht ist. Ein Treppenaufgang führt zum Eingangsbereich des zweistöckigen Gebäudes, in dem ein **Modell der Moschee Tarikkhaneh** in Semnan, einer der ältesten Moscheen in Iran, aufgebaut ist.

Ausstellungsstücke im Nationalmuseum: Figurine (4. Jtsd. v. Chr.) und Keramikgefäß

Chronologisch beginnt der Rundgang im zweiten Stock. Das Innere des Gebäudes ist nach neuesten museumspädgogischen Gesichtspunkten gestaltet, die Erklärungen sind ausführlich. Um einen großen Zentralraum gruppieren sich drei große Nebenräume mit Stoff- und Teppichkunst, Prunkhandschriften und Büchern, Miniaturen, Schriftbändern und Fliesen aus Keramik, einer kunstvollen Gebetskanzel aus Holz, Metallgegenständen und weitere Exponaten.

● **Muz-ye Melli-ye Iran,** täglich außer Montag und an Feiertagen 9 bis 13 und 14 bis 17 Uhr, April bis Oktober bis 18 Uhr, Eintritt 300 Tuman, www.nationalmuseumofiran.org. Hingewiesen sei auf den Verkaufsstand im Treppenhaus der islamischen Abteilung. Hier wird eine große Vielzahl von Büchern, Plakaten, Postkarten, CDs sowie Nachbildungen von klassischen Motiven der altpersischen Kunst angeboten.

Museum für Glas und Keramik

Wer noch mehr Lust auf Museen hat, dem sei ein Abstecher zum Museum für Glas und Keramik empfohlen. Vom Ausgang des Nationalmuseums wendet man sich nach rechts und geht am Zaun entlang ca. 40 m bis zur Ecke der Kh. 30. Tir. An der Ecke rechts abbiegen und der Straße folgen.

An der nächsten Querstraße fällt der Blick auf ein Gebäude vom Beginn des 20. Jh. mit einem großen Eingangstor, einer Abteilung des Verteidigungsministeriums, vor dem Soldaten in Gardeuniform Wache stehen. Die möchten in keinem Fall fotografiert werden! Nach weiteren 250 m erreicht man rechts der Straße eine Ziegelmauer mit einem Fenster, in dem ein Keramikgefäß steht. Es gewährt einen Blick auf ein Kleinod von einem Museum.

Durch das große Durchgangstor gelangt man in den kleinen Garten vor dem Museum. Das Gebäude, ein Bau vom Beginn des 20. Jh., diente ursprünglich als Residenz eines qadjarischen Ministers, später als ägyptische Botschaft. Ab 1976 wurde es im Auftrag von Ex-Kaiserin *Farah Diba* unter Leitung des österreichischen Architekten *Heinz Hollein* umgebaut und nach der Revolution 1980 eingeweiht.

Der zweistöckige Bau besticht durch seinen **achteckigen Grundriss** und die mit Ziegeln aufwendig gestaltete Fassade. Das Innere wurde behutsam restauriert, die **Stuckdecken** sind z.T. original. Auf zwei Stockwerken werden in vier Räumen Höhepunkte der iranischen Glas- und Keramikkunst gezeigt, wobei besonderer Wert auf die Präsentation gelegt wurde: Eigens für das Museum angefertigte Vitrinen und behutsam gestaltetes Licht bringen die Exponate angemessen zur Geltung. Eine prächtig geschnitzte, **geschwungene Holztreppe** bildet das Highlight des offenen Innenraums. Das Erdgeschoss beherbergt rechts hinter dem Eingang eine kleine Buchhandlung.

● **Muze-ye Abgine,** täglich außer Montag 9–17 Uhr, April bis Oktober bis 18 Uhr, Eintritt 250 Tuman, www.glasswaremuseum.org.

063i Foto: hn

Stadtpark

Südlich des Nationalmuseums lohnen der Golestan-Palast und das Bazarviertel einen Besuch. Vom Museumseingang führt der Weg geradeaus zurück zur Kh. Imam Khomeini und nach deren Überquerung südlich über den Platz mit einem Terminal für Minibusse. Daran schließt sich der **Park-e Shahr** an, den man bei dieser Gelegenheit gleich mit anschauen kann. In der Zeit *Reza Shahs* angelegt, ist er noch heute einer der größten Parks in Teheran und quasi die „grüne Lunge" des Stadtzentrums. Vor allem aber ist er **Treffpunkt** für die Bewohner, die sich dort die Zeit vertreiben, spazieren gehen oder Schach spielen, was in der Öffentlichkeit seit einigen Jahren wieder erlaubt ist.

Inmitten des Parks befinden sich ein großes Wasserbecken und ein **Teehaus mit Restaurant,** wo man die typischen Kebabs, aber auch *Abgusht* essen kann. Neben Tischen und Stühlen finden sich im Innern die klassischen *Takhts,* mit Teppichen ausgelegte Sitzgestelle, auf denen sich die Iraner zum Essen niederlassen oder eine Wasserpfeife rauchen. Dazu werden vorher die Schuhe ausgezogen.

Golestan-Palast

Am besten verlässt man den Park durch den östlichen Ausgang an der Kh. Khayyam. Von dort aus weiter in südlicher Richtung und an der nächsten Querstraße links einbiegend, stößt man nach ca. 150 m auf die Mauer des Golestan-Palastes. Schon *Abbas I.* hatte hier im 17. Jh. einen Park mit einem Palast errichten lassen. Anfang des 19. Jh. ließ *Fath Ali Shah* die Anlage zum **Stadtpalast der Qadjaren** ausbauen. Heute umfasst der Komplex mehrere **Museen.**

Der Eingang befindet sich am nördlichen Ende des Meydan-e 15. Khordad. Die ehemaligen Wohntrakte liegen am hinteren Ende des Gartens, direkt gegenüber dem Eingang. Die Außenfassaden sind mit farbigen Fliesen bedeckt, ein **offener Saal mit Holzsäulen,** der zum Schutz vor der Sonne meist mit Planen verhängt ist, birgt einen kunstvoll gestalteten **Marmorthron.** Das Innere dieses Saales ist vollständig mit Spiegelelementen und verzierten farbigen Gläsern ausgestattet. In zwei Nebengängen zu beiden Seiten des Saals finden sich Gemälde an aufwendig bemalten Wänden.

Nach dem Verlassen des Marmorthrons wendet man sich nach links. An der Ecke des Traktes öffnet sich dieser in einen von Säulen getragenen offenen Vorbau. Von hier aus führt der Weg an der Gebäudefront weiter; an der folgenden Ecke biegt man rechts ab und erreicht das **Shams ol-Emareh,** den ehemaligen Raum für Empfänge, über einen Treppenaufgang. Das Innere ist mit Verspiegelungen und Bemalungen prunkvoll gestaltet, in Vitrinen sind alte Koran-Handschriften ausgestellt.

Vom Shams ol-Emareh hält man sich in westlicher Richtung. Zur linken erheben sich zwei mächtige, fliesenverkleidete **Windtürme** *(badgir),* die sonst nur in Zentral- und Süd-Iran zu sehen sind. Etwa in der Mitte des Hofes führt der Weg zur Linken in ein Kellergeschoss, wo eine sehr interessante Ausstellung mit **historischen Fotos** aus qadjarischer Zeit gezeigt wird. Von besonderem Interesse sind frühe Fotos aus dem 19. Jh. mit den Frauen *Nasreddin Shahs.*

Auf dem Weg zurück zum Haupteingang stößt man an der südwestlichen Ecke des Komplexes auf das „Weiße Palais", in dem heute das **Ethnologische Museum** (muze-yeh mardomshenasi) untergebracht ist. Es enthält eine Ausstellung der verschiedenen ethnischen Gruppen Irans, dargestellt anhand von **Wachsfiguren** mit traditionellen Trachten, Gebrauchsgegenständen, Musikinstrumenten usw.

064i Foto: hn

Eine Sonderausstellung ist den schiitischen Trauerprozessionen und den dabei verwendeten rituellen Gegenständen gewidmet.

● **Kakh-e Golestan,** täglich außer Sonntag und Donnerstag und an Feiertagen 9 bis 15 Uhr, Eintritt pro Museum zwischen 100 und 200 Tuman, www.golestanpalace.org.

Marmorthron im Golestan-Palast

Bazar

Zurück am Eingang des Golestan-Palastes führt der Weg in südlicher Richtung zur Kh. 15. Khordad, die den nördlichen Abschluss des Bazarviertels bildet. Der Teheraner Bazar, einer der **größten des Nahen und Mittleren Ostens,** bildete im 19. Jh. das Stadtzentrum. Noch heute ist er einer der wirtschaftlichen Schwerpunkte der Stadt, wenn er auch zur wirtschaftlichen Versorgung von 10 Mio. Menschen bei weitem nicht mehr ausreicht. Die überwiegend konservativen Bazaris, die an der Organisation der Islamischen Revolution einen entscheidenden Anteil hatten, bilden noch heute eine wichtige Stütze der

Herrschaft und verfügen über maßgeblichen politischen Einfluss.

Verglichen mit Isfahan oder Shiraz ist der Bazar in Teheran architektonisch eher reizlos. In seinem ausgedehnten Gewirr von Haupt- und Nebengassen findet man jedoch alles, was in Iran hergestellt oder hierher importiert wird. Der Bazar erstreckt sich über ein Gelände, das im Norden von der Kh. 15. Khordad, im Süden von der Kh. Moulavi, im Osten von der Kh. Shahid Mostafa Khomeini und im Westen von der Kh. Khayyam begrenzt wird. Die für Touristen interessantesten Teile (obwohl es sich nicht um einen Touristenbazar handelt) erreicht man am besten von Norden her, durch den großen Eingang an der Kh. 15. Khordad, gegenüber der Einmündung der Kh. Naser Khosrow.

Ein besonders schöner Eingang liegt ca. 50 m östlich davon: Über eine abwärts führende Treppe erreicht man eine kleine Gasse, von Läden und Handwerksgeschäften gesäumt, die am Eingangsportal der heutigen **Masdjed-e Imam Khomeini** endet, ursprünglich im 19. Jh. von *Fath Ali Shah* als „Königsmoschee" erbaut. Über das mit Fliesen geschmückte Portal erreicht man den Innenhof mit dem Wasserbecken im Zentrum. Bei der Anlage handelt es sich um eine Hofmoschee im klassischen Stil mit umlaufenden Arkaden. Der überkuppelte Gebetssaal mit Eingangs-Iwan befindet sich an der Südseite des Hofs.

Über einen Ausgang an der westlichen Seite des Hofs gelangt man direkt zur Hauptgasse des „Großen Bazars", dicht gesäumt von Geschäften aller Art mit **Haushaltsartikeln, Stoffen, Schmuck, Teppichen** und vielem mehr. Es gibt hier allerdings nichts, was nicht auch anderswo in Iran erhältlich wäre. Teheran ist nicht für ein bestimmtes Produkt oder Souvenir berühmt; hier kommen die Waren aus allen Teilen des Landes zusammen.

Pamenar-Viertel

Vom Haupteingang des Bazars folgt man auf der gegenüberliegenden Seite der Kh. Naser Khosrow, die direkt auf den Meydan-e Imam Khomeini mündet, dem **Ausgangspunkt des Rundgangs.** Wer noch mehr vom alten Teheran sehen möchte, macht noch einen kleinen Abstecher durch das Pamenar-Viertel nördlich des Bazars, ein typisches altes **Wohn- und Geschäftsviertel.** Dazu folgt man vom Haupteingang des Bazars der Kh. 15. Khordad in östlicher Richtung und biegt nach ca. 200 m links in die Kh. Pamenar ab.

Große Moschee

Von hier aus ist mit einem kurzen Fußweg die größte Moschee von Teheran, heute **Masdjed-e Shahid Motahari** genannt, zu erreichen: von der Kh. Pamenar rechts in die Kh. Amir Kabir abbiegen und dann an der Kreu-

Innenhof der Medrese Motahari am Meydan-e Baharestan

zung Kh. Mostafa Khomeini nach links gehen. Die Moschee liegt an der südöstlichen Ecke des Meydan-e Baharestan, an dem auch das Gebäude des ersten iranischen Parlaments liegt. Wenn der Haupteingang nicht geöffnet ist, kann der Eingang an der Kh. Mohammad-e Nakhshab benutzt werden.

Mit dem Bau der Moschee wurde 1878 während der Regierung *Nasreddin Shahs* begonnen, bis zur Revolution war sie nach einem seiner Minister benannt (Masdjed-e Sepahsalar). Heute dient die Anlage als Medrese (Koran-Schule). Die Unterkünfte der Theologiestudenten liegen rund um den gut 60 x 60 m² großen Innenhof in doppelstöckigen Arkaden.

An der Kh. Ferdowsi

An der Nordseite des Meydan-e Imam Khomeini, gegenüber der U-Bahn-Station, beginnt die Kh. Ferdowsi, eine der **Hauptgeschäftsstraßen** von Teheran aus der Zeit *Reza Pahlavis* und deshalb benannt nach dem persischen Nationaldichter. Hier findet man neben allen Arten von Geschäften auch zahlreiche **Imbisse** *(sandewichi)*, wo man billig (150 Tuman) belegte Weißbrote mit Hühnerfleisch und Salat, Wurst *(kalbas)* und Lammhirn *(maqz)* oder -zunge *(zaban)* bekommt. Für gehobene Ansprüche eignet sich z.B. das Restaurant des **Grand Hotel Ferdowsi** in der Kh. Sargord Sakha'i.

0665i Foto: hn

Nationales Juwelenmuseum

Von Süden kommend erreicht man dann das Gebäude der **Bank-e Markazi-ye Iran** im klassischen Stil, direkt gegenüber der **Deutschen Botschaft.** Im Keller der Iranischen Zentralbank befindet sich das berühmte Nationale Juwelenmuseum (früher „Kronjuwelenmuseum"). Es ist leicht erkennbar an dem schwarz gestrichenen Gitterzaun mit Posten davor. Besonders in der Touristensaison empfiehlt es sich, rechtzeitig zu kommen, denn dann bilden sich lange Schlangen von Gruppenreisenden vor dem Eingang. Die Eingangskontrollen sind penibel, größere Taschen sollte man besser nicht mitbringen. Jegliches Handgepäck und auch Kameras müssen am Eingang deponiert werden. Dennoch lohnt sich der Besuch, auch für diejenigen, die keine Leidenschaft für Edelsteine haben.

Im Innern des durch eine mächtige Stahltür verschlossenen Kellerraums ist eine Fülle von **Gold, Schmuck und Edelsteinen** zu sehen, die Exemplare sind auf der Welt einmalig. Neben Tausenden von Schmuckstücken ehemaliger Herrschergenerationen beeindrucken zwei mit Juwelen verzierte **Thronsitze,** ein im Auftrag von *Nasreddin Shah* angefertigter **Globus** mit mehr als 50.000 Edelsteinen, die **Krone** der beiden *Pahlavi-Shahs* sowie das **Diadem** von *Farah Diba*. Außerdem findet sich hier mit dem *Darya-ye-e Nur* („das Meer des Lichts") der **größte jemals geschliffene Diamant** mit einem Gewicht von 182 Karat. Wer sich schon zu Hause einstimmen möchte, kann dies im Internet tun, wo ein Teil der Exponate gezeigt und auf Englisch erklärt wird.

- **Muze-ye Djavaherat,** Freitag bis Dienstag 14 bis 16 Uhr, Eintritt 300 Tuman, www.cbi.ir/treasury/collections.asp.

Geschäfte an der Kh. Ferdowsi

Nach dem Verlassen des Museums wendet man sich in Richtung Norden und überquert die Kh. Jomhuri-ye Eslami. Auf der östlichen Seite der Ferdowsi folgt hier ein **Antiquitäten- und Kunsthandwerksgeschäft** dem nächsten, unterbrochen von zahlreichen **Wechselstuben, Teppichgeschäften** und Läden für **Lederbekleidung.** Die Ferdowsi gilt auch als Straße der Geldwechsler. Ständig wird man von Herren mit dicken Geldbündeln angesprochen: „Change? Dollar, Euro, Pound?" Darauf sollte man aber nicht eingehen (⇨Kap. „Vor der Reise: Geldangelegenheiten").

Zahlreiche weitere Geschäfte für den touristischen Bedarf finden sich auch in der **Kh. Manouchehri** und den angrenzenden Seitenstraßen. Den Abschluss der Kh. Ferdowsi bildet der gleichnamige Platz mit einer Büste des Dichters in der Mitte.

Ehemalige Amerikanische Botschaft

Vom Meydan-e Ferdowsi kann man einen Abstecher zu einem berühmten Ort des Zeitgeschehens machen, der ehemaligen amerikanischen Botschaft in der Kh. Taleqani. Vom Platz aus geht man die Kh. Sepahbod Qarani in nördlicher Richtung bis zur Kreuzung Kh. Taleqani, dort rechts abbiegen. Nach etwa 400 m liegt auf der nördlichen Seite hinter einer mit Parolen bemalten Mauer mit Wachtürmen das Gebäude, das zum Beginn der islamischen Revolution die Welt für 444 Tage in Atem hielt. Hier hatten im **November 1979** „revolutionäre" Studenten (von denen heute übrigens viele zu den „Reformern" zählen), die us-amerikanische Botschaft **besetzt** und deren Angehörige bis Januar 1981 als **Geiseln** gehalten. Zu besichtigen ist das Gebäude allerdings nur von außen. Fotografieren sollte man nur unauffällig und wenn keine Wachen auf den Türmen stehen.

Universitätsviertel

Mit **Sammeltaxis und Minibussen** hat man vom Meydan-e Ferdowsi eine gute Verbindung zum Universitätsviertel und weiter zum Azadi-Monument. Am besten nimmt ein Taxi bis zur Kreuzung Kh. Enqelab / Kh. Vali Asr (Chaharrah-e Vali Asr). Dort steigt man aus und geht in Richtung Meydan-e Enqelab weiter. Nach 250 m taucht rechts das große **Eingangstor** zur Universität von Teheran auf. Der Zugang ist leider nicht gestattet, aber während des Semesters (Semesterferien von Mitte Juni bis 21. September) trifft man hier zahlreiche Studenten.

Hinter dem Tor sind auf dem Campus überdachte Aufbauten zu erkennen. Hier findet jeden Freitagmittag das **Freitagsgebet** statt; dann allerdings ist das ganze Gelände weiträumig abgesperrt. Der Zuspruch beim Freitagsgebet hat in den letzten Jahren beständig abgenommen. Ich erinnere noch gut meinen ersten Aufenthalt in Teheran im Sommer 1979, als Millionen von Menschen aus allen Gegenden herbeiströmten. Heute verlieren sich meist nicht mehr als 15.000 Teilnehmer auf dem großen Gelände.

Der Campus und die Studentenheime der Teheraner Universität bildeten im Sommer 1999 das Zentrum der Studentenproteste. Auch deswegen ist das gesamte Gelände eingezäunt, es gibt nur wenige Zugänge.

Gegenüber dem Universitätsgelände findet man auf einem Abschnitt von etwa 500 m zahlreiche **Buchhandlungen,** die jegliche Art von Literatur anbieten, daneben aber auch CD-ROMs, Kassetten und CDs. Fremdsprachige Literatur ist zwar nur selten dabei, aber die Vielfalt des Angebots hat etwas Beeindruckendes.

Azadi-Monument

Um zum Azadi-Monument zu gelangen, nimmt man nun wieder eines der **Taxis,** die zahlreich zwischen Meydan-e Enqelab und Azadi verkehren. Inmitten eines großen, begrünten Platzes erhebt sich dieses 45 m hohe **Wahrzeichen** der Hauptstadt. Erbaut im Jahre 1971 anlässlich der 2500-Jahrfeier der iranischen Monarchie, vereint es Elemente der altpersischen Architektur mit moderner Stahlbetonbauweise. Das Zentrum des **dreistöckigen Turms** durchbricht ein mehr als 20 m hoher Bogen nach sasanidischem Muster, ausgelegt mit 25.000 farbig glasierten Steinen nach dem Vorbild der islamischen Moscheen. Im Erdgeschoss befindet sich ein kleines

Das Azadi-Monument, modernes Wahrzeichen Teherans, beherbegt ein kleines Historisches Museum

Museum mit Exponaten aus allen Epochen der iranischen Geschichte. Zur offenen **Plattform** des Turms gelangt man über Lifts oder Treppenaufgänge an den vier Ecken des Gebäudes.

● **Banna-ye Azadi,** täglich 9 bis 12 und 14 bis 17 Uhr, Eintritt 200 Tuman.

Meydan-e Azadi

Der Meydan-e Azadi ist einer der **verkehrsreichsten Plätze Teherans,** weswegen es sich nicht empfiehlt, einfach über die Straße zu gehen. An der Westseite des Platzes befindet sich der Eingang zu einem Fußgängertunnel, der zwischen 8 und 20 Uhr geöffnet ist. Hier liegt auch der **Busbahnhof-West** (Terminal-e gharb), von dem die Busse nach Norden und Westen verkehren. Den Flughafen erreicht man von hier aus ebenfalls schnell.

Museum für zeitgenössische Kunst

Vom Meydan-e Enqelab aus bietet sich ein Abstecher zu einem weiteren Teheraner Park an. Vom Platz aus in nördlicher Richtung, über die Kh. Kargar, gelangt man nach zehn Minuten Fußweg oder mit dem Taxi zum **Tulpenpark** (Park-e Laleh). An seinem westlichen Rand liegt der Eingang zum Museum für zeitgenössische Kunst, leicht zu erkennen an den modernen Skulpturen vor dem Eingang. Sie gehören zu einem **Skulpturenpark,** der den nördlichen Abschluss des Museumsgeländes bildet und u.a. Arbeiten von *Max Ernst* und *Henry Moore* zeigt.

Das Museumsgebäude mit dem Eingang an der Kh. Kargar verbindet Tradition und Moderne: Nach oben strebende Lichtöffnungen nach dem Vorbild von Windtürmen lassen das Licht in den Innenhof des Museums fallen. Von den neun Ausstellungsräumen zeigen drei Gemälde **international bekannter moderner Künstler,** sechs weitere werden für wechselnde Ausstellungen, auch von **iranischen Künstlern,** genutzt.

Das Museum wurde 1977 im Auftrag der Kunst liebenden Kaiserin *Fa-*

rah Diba errichtet; nach der Revolution war es lange Jahre geschlossen, weil das islamische Regime moderne Kunst ablehnte.

● **Muze-ye Honarha-ye Mo'asser,** täglich 9 bis 18 Uhr außer an religiösen Feiertagen, Eintritt 200 Tuman, www.ir-tmca.com.

Kunstgewerbe-Bazar

Eine weitere Attraktion des Park-e Laleh ist der Kunstgewerbe-Bazar auf dem nördlichen Teil des Geländes. Hier bieten Künstler, Händler und Handwerker an zahlreichen Ständen ihre Erzeugnisse an. Neben Büchern und Kalligraphien findet man auch Gemälde, Zeichnungen und Miniaturen.

Teppichmuseum

Direkt an der Nordwest-Ecke des Parks, am Beginn der Kh. Dr. Fatemi, liegt der Eingang zum Teppichmuseum, natürlich ein Muss im klassischen „Land der Teppiche". 1978 eröffnet, stellt es eine gelungene Verbindung von klassischer und moderner Bauweise dar. Das Gebäude hat das **Aussehen eines Nomadenzeltes,** die Fassade wurde mit Stahlbetonelementen gestaltet, die an Knüpfstühle erinnern.

Hinter dem Kassenhäuschen führt der Weg zum Haupteingang; die Ausstellung über zwei Stockwerke erreicht man über ein Foyer. Dort ist – eine große Ausnahme in iranischen Museen – ein gemütliches **Teehaus** untergebracht, wo man sich vor oder nach der Besichtigung entspannen kann. Im Innern werden klassische Teppiche aller wichtigen Herkunftsgebiete gezeigt.

● **Muze-ye Farsh,** täglich außer Montag 9 bis 17 Uhr, April bis Oktober bis 18 Uhr, Eintritt 200 Tuman, www.carpetmuseum.org. Nach vorheriger Anmeldung (Tel. 8962703) kann man einen erfahrenen Knüpfer seine Kunst ausüben sehen.

Wichtige Straßen

Am anderen Ende der Kh. Dr. Fatemi stößt man auf die **längste und schönste Straße Teherans,** die frühere Kh. Pahlavi, nach der Revolution umbenannt in **Kh. Vali Asr,** einer der Namen des von den Schiiten herbeigesehnten 12. Imams. Sie verbindet über gut 20 km den Hauptbahnhof im Süden mit dem Meydan-e Tajrish im Norden der Stadt. An beiden Seiten verlaufen die für Teheran typischen, offenen **Wasserkanäle,** mit denen das Wasser von den Bergen in die Ebene transportiert wird. Die beiderseits angepflanzten **Platanen** schaffen den Eindruck einer Allee, die mitten durch das Häusermeer verläuft. Um den Verkehr auf dieser Nord-Süd-Achse in den Griff zu bekommen, ist sie zumeist nur als Einbahnstraße zu befahren.

Am interessantesten für Touristen ist der Abschnitt zwischen **Chaharrah-e Vali Asr** (Kreuzung Kh. Enqelab-e Eslami / Kh. Vali Asr) und **Sar-e Fatemi** (Kreuzung Kh. Vali Asr / Kh. Dr. Fatemi). Auf beiden Seiten findet man eine Vielzahl unterschiedlichster **Geschäfte,** die nicht speziell auf Touristen eingestellt sind und wo Ausländer das gleiche zahlen wie Iraner. Sammeltaxis verkehren sowohl vom äußersten Süden bis nach Tajrish als auch auf Teilabschnitten, z.B. vom Meydan-e Vali Asr bis Meydan-e Vanak.

Eine weitere interessante **Einkaufsstraße** ist die Kh. Karim Khan Zand zwischen dem Meydan-e Enqelab und Meydan-e Haft-e Tir. An der Kreuzung Karim Khan / Ostadh Najatollahi (Villa) steht eine der größten armenischen Kirchen von Teheran, die **Kathedrale des Heiligen Sarkis.** In Teheran leben mehrere Tausend Armenier. Eines ihrer Wohnviertel erstreckt sich südlich der Kh. Karim Khan. Ca. 200 m vom Haft-e Tir entfernt findet man zwei **Buchhandlungen** mit fremdsprachiger Literatur, den *Zand Bookshop* sowie *Entesharat-e Tavakolli.*

Im Norden

Eine ganz andere Umgebung als im übervölkerten, im Sommer drückend heißen Süden erwartet den Besucher im Norden Teherans. Die **Luft am Fuß der Berge** ist hier deutlich besser, auch im Sommer ist es in einer **Höhe von 1700 m** angenehm kühl. Deshalb ist der Norden d as bevorzugte Wohngebiet der vermögenden Einwohner der Stadt. Auch die Herrscher der Pahlavi-Dynastie haben in dieser angenehmen Umgebung ihre Sommerpaläste errichten lassen.

Rund um den Meydan-e Tajrish

Ausgangspunkt für die Besichtigung ist der Meydan-e Tajrish am nördlichen Ende der Kh. Vali Asr, leicht mit Bus, Minibus, Taxi und in einigen Jahren auch mit der U-Bahn zu erreichen. Tajrish war früher ein Sommerweideplatz der Hirten mit einer kleinen dörflichen Siedlung.

0671 Foto: hn

Am südlichen Rand des Platzes liegt das **Busterminal,** daneben der Eingang zum kleinen **Bazar** von Tajrish, wo hauptsächlich Lebensmittel, Obst und Gemüse angeboten werden. Einige Teile mussten in den vergangenen Jahren dem Ausbau des **Imamzadeh Saleh** weichen, das am Südrand des Bazars liegt. Der überkuppelte Grabbau geht zurück aufs 13. Jh., wurde aber in qadjarischer Zeit renoviert. Der Innen-

Grabbau Imamzadeh Saleh
im Bazar von Tajrish

hof ist erst in den letzten Jahren völlig neu gestaltet worden.

Saadabad-Paläste

Um zu den Saadabad-Palästen zu gelangen, nimmt man entweder ein Taxi an der Ecke Kh. Saadabad / Meydan-e Tajrish oder geht die Straße hinauf und biegt bei der nächsten Möglichkeit links ab in die Kh. Kazemi. Weiter geht es rechts in die Kh. Javadan (immer bergauf) bis zur Kh. Shahid Taheri. Von hier aus liegt das Gelände zur Rechten.

Der Weg führt vorbei an einem modernen Tagungsgebäude, das anlässlich der Gipfelkonferenz der Islamischen Staaten in Teheran 1999 errichtet wurde, und endet schließlich am Eingangstor zum Palastgelände. Rechts daneben befindet sich das Kassenhäuschen. Insgesamt liegen auf dem 410 ha großen Gelände **18 frühere Paläste** für die Mitglieder der Herrscherfamilie, von denen sieben als **Museen** (alle am Eingang auf Englisch angegeben) freigeben wurden.

Am interessantesten sind der ehemalige Palast *Mohammad Reza Shahs,* heute **Kakh-e Mellat** (Palast der Nation), sowie der **Kakh-e Sabz** (Grüner Palast), erbaut für dessen Vater *Reza Shah.* Im Innern der Gebäude herrscht Fotografierverbot, größere Taschen müssen am Eingang abgegeben werden. Auf dem Gelände pendeln Minibusse, die kostenlos zu benutzen sind, reizvoller ist es jedoch, den ausgedehnten Garten zu Fuß zu besichtigen.

Zum Kakh-e Mellat geht man vom Eingang 100 m bergab und folgt dann dem Weg nach links unter einem Torbogen hindurch. Das wegen seiner hellen Fassade früher auch **„Weißer Palast"** genannte Gebäude ist leicht zu erkennen an dem Treppenaufgang, neben dem die **abgetrennten Beine einer Bronzestatue** aufgestellt wurden. Sie stammen von einer überlebensgroßen Statue Reza Shahs, die früher auf einem der Teheraner Plätze aufgestellt war und nun in ihrem zerstückelten Zustand den Sieg der Revolution über die Monarchie symbolisieren soll.

Von außen mutet das Gebäude nicht wie ein orientalischer Palast an; es erscheint eher **nüchtern und europäisch.** Im Innern ist die Einrichtung aus der Schah-Zeit im Wesentlichen belassen worden: Die verschiedenen, durch Plexiglasscheiben in halber Höhe verschlossenen Räume enthalten überwiegend **Mobiliar nach französischem Vorbild** und prachtvolle Teppiche. Beschriftungen in Englisch geben über jeden einzelnen Raum Auskunft.

Um zum **„Grünen Palast"** zu gelangen, hält man sich am Ausgang links und folgt dem Weg an einem kleinen Getränkekiosk vorbei, um dann wiederum links den Weg bergauf zu nehmen. Nach etwa zehn Minuten ist der an der höchsten Stelle im Norden des Gartens gelegene Palast erreicht. Seinen Namen verdankt er dem grünlich marmorisierenden Stein der Außenfassade. Am Eingang sind die Schuhe auszuziehen.

Das gegenüber dem „Weißen Palast" deutlich kleinere Bauwerk weist im Innern mehr **orientalische Elemen-**

Wandern und mehr in den Teheraner Bergen

Am Wochenende laden die Berge im Norden Teherans zum Wandern ein, und vor allem im Sommer folgt ein großer Teil der Teheraner Jugend willig dem Lockruf der Natur und des kühleren, angenehmen Wetters. Dabei steht jedoch weniger der Genuss der recht kargen Landschaft als vielmehr der soziale Lustgewinn im Vordergrund.

Auf langen Spaziergängen, schmale und verwinkelte Bergpfade entlang, lassen sich auch über die Geschlechtergrenzen hinweg Kontakte knüpfen, die in der Teheraner Innenstadt, unter dem potenziell wachsamen Auge des Gesetzes, gefährlich werden könnten. Ein solcher Spaziergang kann folgendermaßen ablaufen:

Eine Gruppe von drei männlichen Jugendlichen marschiert stramm nach oben und überholt dabei eine Gruppe von drei Mädchen. Man blickt sich kurz aus den Augenwinkeln an. 20 Meter weiter bleiben die Jungen stehen, um die Landschaft zu betrachten. Nun gehen die Mädchen gemächlich an ihnen vorbei, lassen achtlos ihre Blicke schweifen, scheinbar in ein wichtiges Gespräch vertieft.

Nun sind die Jungs wieder dran. Überholen! Nach einem weiteren Überholmanöver haben sie genug gesehen, um zu wissen, ob ein prinzipielles Interesse am Kennenlernen bestehen könnte. Ist dies der Fall und funkeln die schwarzen Augen der Mädchen beim dritten Überholmanöver mit etwas größerer Leuchtkraft als beim ersten und zweiten Mal, dann verständigen sich die Jungs mit Blicken: „Wir versuchen's!"

Nun kommt eine sensible Phase. Die drei Jungen bleiben ein weiteres Mal stehen, um die unvergleichliche Formation der Nord-Teheraner Nacktfelsen zu bewundern. Als die Mädchen nun vorbeigehen, entfährt einem der Jungen ein kurzer Satz, ganz höflich und unverbindlich: „khaste nabaashid", das heißt: „Mögt ihr nicht müde sein!". Die Bedeutung dieses Satzes geht gegen Null, er ist eine reine Floskel, die man bei fast jeder Gelegenheit (im Bus, Geschäft etc.) hören kann, wo sich Iraner begegnen, aber hier erfüllt er einen Zweck: den der Kontaktaufnahme.

Eines der Mädchen antwortet mit: „shomaa ham khaste nabaashid!" („Mögt ihr auch nicht müde sein!"), und das Eis ist gebrochen. Man kommt zwangslos ins Gespräch, geht zusammen zu einer Berghütte auf über 2000 m Höhe, trinkt Tee und lernt sich kennen. Nach ein, zwei Stunden wandert man gemeinsam wieder nach unten, tauscht Telefonnummern aus und geht getrennt seiner Wege.

Nun ist alles offen: Hat man einen schönen Nachmittag verbracht, so wird er sich vielleicht eine Woche später wiederholen. Die Dreier-Dreier-Kombination ist unverdächtig und kann beim Auftauchen von Sittenwächtern jederzeit aufgelöst werden. Entwickelt sich mehr, so können individuelle Rendez-vouz vereinbart werden; ab hier beginnt eine andere Geschichte.

te auf: neben den Teppichen bemalte Wandpaneelen, aufwendige Stuckarbeiten und verspiegelte Decken. Es lohnt sich auch, um das Gebäude herum zu gehen und den **Ausblick** auf den Berg Tochal im Norden und das Häusermeer Teherans im Süden zu genießen, dass allerdings oft unter einer Dunstglocke aus Abgasen verborgen liegt. Bei klarer Sicht ist in Richtung Westen der Gipfel des Damavand zu sehen.

- **Kakh-e Muze-ye Sa'adabad,** täglich 8 bis 17 Uhr außer an religiösen Feiertagen, April bis Oktober bis 18 Uhr, Eintritt pro Museum zwischen 150 und 300 Tuman, www.saadabadpalace.org.

Taxis stehen meist am Ausgang zur Rückfahrt zum Meydan-e Tajrish bereit, fahren aber vorzugsweise Touristen und sind teurer. **Sammeltaxis** erreicht man an der Ecke Kh. Shahid Taheri / Kh. Javdan.

Niavaran-Park und Khomeini-Unterkunft

Ein weiterer ehemaliger Pahlavi-Palast, der Kakh-e Niavaran, ist im gleichnamigen Stadtteil zu besichtigen. Sammeltaxis verkehren ab Meydan-e Tajrish oder Meydan-e Qods über die Kh. Shahid Bahonar, an dessen Ende der Niavaran-Park liegt.

Auf dem Weg kann in Djamaran ein weiterer Ort der jüngsten Geschichte Teherans besichtigt werden. Dort liegt die Unterkunft, die der **Revolutionsführer Khomeini** nach seiner Rückkehr aus dem Exil bewohnte, wenn er sich in Teheran aufhielt. Auf Höhe der Polizeistation Niavaran in der Kh. Shahid Bahonar führt die Kh. Djamaran bergauf nach Norden. Ihr folgt man ca. 400 m bis zu einem Postenhaus. Das Gelände ist durch eine Kette abgesperrt, von hier aus geht es rechter Hand nur zu Fuß weiter. Das Anwesen liegt in einer engen Gasse inmitten eines Wohnviertels. Am Eingang findet eine Taschenkontrolle statt, besondere Öffnungszeiten gibt es nicht und Eintritt wird nicht erhoben. Neben einem **Andachts- und Versammlungsraum,** in dem Khomeini viele seiner Ansprachen hielt, ist auch seine spartanisch eingerichtete **ehemalige Wohnung** zu besichtigen.

Sahebqaraniye-Palast

Der Niavaran-Park wurde von *Nasreddin Shah* im 19. Jh. errichtet und enthält neben dessen Palast Sahebqaraniye mit einem kleinen **Museum** einen **Pavillon** des letzten Qadjaren-Herrschers *Ahmad Shah* (1911–25). Beide Gebäude wurden in den letzten Jahren im qadjarischen Stil renoviert. Die Pahlavis ließen den Niavaran-Palast errichten, der in seiner Ausstattung dem von Saadabad gleicht.

● **Kakh-e Niavaran und Kakh-e Sahebqaraniye,** täglich 9 bis 17 Uhr außer an religiösen Feiertagen, Sahebqaraniye samstags geschlossen, Eintritt je nach Palast zwischen 150 und 300 Tuman, www.niavaranpalace.org.

Djamshidiye-Park

Einer der schönsten Parks von Teheran, der Park-e Djamshidiye, liegt nördlich von Niavaran direkt am **Fuße des Tochal-Massivs.** Von der Kh. Bahonar zweigt in Höhe der Polizeistation Niavaran die Kh. Djamshidieyeh nach Norden ab, die direkt zum Eingang des Parks führt. Unter Verwendung unterschiedlichen Gesteins aus verschiedenen Gegenden Irans und einer großen Vielfalt von Bäumen, Sträuchern und Skulpturen wurde hier ein eindrucksvolles **Ensemble von Natur und Kunst** geschaffen, das nach einem Um- und Ausbau 1997 neu eröffnet wurde. Mehrere **Restaurants** bieten regionale Gerichte der iranischen Küche an. Die mit Steinen ausgelegten Wege führen teils steil bergan, weswegen sich festes Schuhwerk empfiehlt. Zur Belohnung gibt es eine **atemberaubende Aussicht auf Teheran!**

Museum Reza Abbasi

Auf dem Rückweg vom Norden Teherans zum Zentrum ist noch ein weiteres Museum zu „entdecken“, das Museum Reza Abbasi, benannt nach dem berühmten Miniaturisten aus dem 17. Jh. Obwohl von außen kaum als Museum kenntlich, findet man es leicht in der Kh. Dr. Shariati auf der westlichen Seite direkt unterhalb der Autobahnbrücke Pol-e Seyyed Khandan. Auf drei Stockwerken ist hier eine kleine, aber erlesene Sammlung von Exponaten aus **allen Epochen der iranischen Kunstgeschichte** versammelt.

Die Besichtigung beginnt im dritten Stock mit der vorislamischen Abteilung. Sie zeigt z.B. Keramikware, goldene Gefäße aus achämenidischer und Silberschalen aus sasanidischer Zeit. Der zweite Stock beherbergt die islamische Abteilung mit Keramik, Metallgegenständen, Stoffen und Kunsthandwerk. Ein Höhepunkt ist die **Miniaturenausstellung** im ersten Stock mit Miniaturen des 14. bis 17. Jh., darunter auch Werke von *Reza Abbasi* und seinen Schülern.

- **Museum Reza Abbasi,** täglich außer Montag 9 bis 17 Uhr, April bis Oktober bis 18 Uhr, Eintritt 250 Tuman, www.rezaabbasimuseum.org.

Volkspark

Auch ein anderer Rückweg vom Norden zurück zum Stadtzentrum ist interessant: vom Meydan-e Tajrish mit dem Taxi die Kh. Vali Asr entlang, in Richtung Süden. Etwa 1,5 km südlich der Kreuzung Chamran liegt rechter Hand der Eingang zum größten Teheraner Park, dem **Park-e Mellat.** Hier herrscht stets buntes Treiben, vor allem an Wochenenden. Über einen großen, gepflasterten Eingang gelangt man an eine breite Treppe, die an beiden Seiten mit Büsten zahlreicher iranischer Geistesgrößen geschmückt ist. Das weitläufige Gelände ist mit **Blumen, Rasen und Bäumen** bepflanzt; Bänke laden zum Verweilen ein. Die Iraner allerdings lieben es mehr, sich auf dem Rasen niederzulassen, ein Picknick einzunehmen und Ballspiele jeglicher Art zu spielen. Oberhalb des Treppenaufgangs kann man auf einem künstlich angelegten See **Tretboot fahren.** Vom Park aus fahren Taxis zurück in Richtung Meydan-e Vanak und Zentrum.

Im Süden

Rey

Im Süden Teherans, geprägt von Industrie und Handwerk und den Wohnstädten der ärmeren Bevölkerung, erwartet man nicht unbedingt touristische Sehenswürdigkeiten. Aber auch dort sind sie zu finden, vor allem in Shahr-e Rey, dem „Vorläufer“ des heutigen Teheran, einem schon aus der Antike bekannten Ort, der im 11. Jh. immerhin Hauptstadt der Seldjuqen war.

Taxis und Busse nach Rey verkehren vom Meydan-e Imam Khomeini oder vom Meydan-e Rah-e Ahan. Mit der U-Bahn-Linie 1 kommt man vorerst nur bis zur Station Aliabad, auch von dort aus kann man ein Taxi nehmen.

Das Zentrum Reys bildet der heilige Bezirk des **Shah Abdol Azim,** eine der wichtigsten schiitischen **Pilgerstätten** in Iran. Nicht-Muslimen ist der Zutritt nicht erlaubt. Unter einer vergoldeten Kuppel liegt das **Grabmal** des Heiligen, eines Nachkommen des 2. Imams *Hassan.* Daneben gibt es weitere Gräber von Mitgliedern der Familie des Propheten und der Imame sowie zahlreicher anderer religiöser und weltlicher Würdenträger. Auch das Grab *Nasreddin Shahs* ist darunter, während das von *Reza Shah* nach der Revolution abgetragen wurde.

Kettengeißler bei einer Ashura-Prozession

Antikes Rey

Einen Teil des antiken Rey (Rhages) kann man bei der Quelle **Cheshm-e Ali** sehen. Vom Meydan-e Shahr-e Rey im Norden des heiligen Bezirks führt die Kh. Feda'iyan-e Eslam nach Norden. Man folgt ihr und im weiteren Verlauf der Kh. Ebn-e Babuyeh bis zu einem freien Gelände links der Straße. An dessen Ende biegt die Gasse Cheshm-e Ali links ab und führt dann nach rechts. An ihrem Ende liegt ein kleiner Park am Rande des Quellteichs von Cheshm-e Ali unterhalb des gleichnamigen antiken Siedlungshügels. Traditionell werden in dem **klaren Wasser der Quelle** Teppiche gewaschen und danach zum Trocknen ausgelegt. Oberhalb des Teiches ließ *Fath Ali Shah* in der Tradition altiranischer Herrscher ein **Relief** in den Fels hauen, das ihn umgeben von seinem Gefolge zeigt. Der antike **Siedlungshügel,** der aufs 4. Jtsd. v. Chr. zurückgeht, befindet sich auf der rückwärtigen Seite des Felsens.

Grabturm des Toghrul Beg

Auf dem Rückweg lohnt sich noch ein Abstecher zum Grabturm des *Toghrul Beg,* dem Begründer der Seldjuqen-Dynastie. Er liegt in einem kleinen Garten in der Kh. Toghrul, die von der Kh. Ebn-e Babuyeh abzweigt. Der Eingang befindet sich links der Straße. Noch heute ragt der mehrfach restaurierte **Ziegelturm** 20 m empor, obwohl das Dach seit langem eingestürzt ist. Die Außenfassade des im 19. Jh. restaurierten Rundbaus wird gegliedert durch regelmäßige Vorsprünge, den oberen Abschluss bildet ein Moqarnas-Fries. Die Grabkammer im Innenraum ist heute leer. Der Haupteingang im Süden wird durch drei ineinanderlaufende Nischen gegliedert.

- **Bordj-e Toghrul,** täglich 9 bis 17 Uhr außer an Feiertagen, April bis Oktober bis 18 Uhr, Eintrit 1500 Tuman.

Khomeini-Grabmal

Südwestlich von Rey, direkt an der Autobahn Teheran – Qom, liegt das Grabmal von *Ayatollah Khomeini,* mit dessen Bau bald nach dem Tod des Revolutionsführers 1989 begonnen wurde. Noch immer ist es nicht ganz fertig gestellt. Von offizieller Seite wird versichert, dass die Mittel für den Bau ausschließlich durch Spenden aufgebracht worden seien. Angeblich war es der Wunsch Khomeinis, in der Nähe der *mostazafan,* der Entrechteten, und in unmittelberer Umgebung der vielen Kriegstoten auf dem Friedhof Behesht-e Zahra beigesetzt zu werden.

Der **Grabbau mit vergoldeter Kuppel** steht im Zentrum eines riesigen Hofes, umgeben von vier ebenfalls vergoldeten **Minaretten.** Um den Hof herum sind weitere Einrichtungen im Bau: Religonsschulen, Bibliotheken, Unterkünfte. Der Zugang zum Grab erfolgt über den großen Parkplatz an der Nordseite durch getrennte Zugänge für Männer und Frauen. Fotografieren im Innenraum ist gestattet, allerdings bestehen die Wächter meist darauf, dass die Kamera einmal ausgelöst wird, um sicherzustellen, dass keine Waffen eingebaut sind. Tatsächlich ist auf diese Weise einmal ein Anschlagsversuch unternommen worden, denn die Grabstätte ist nicht nur ein Pilgerziel, sondern auch häufig Ort von offiziellen Zeremonien im Beisein von Staats- und Religionsführern.

Der Fußboden des riesigen Innenraums ist vollständig mit **Marmor** ausgekleidet und wird beherrscht von dem Grabbau in seinem Zentrum. Die Bereiche für Frauen und Männer sind voneinander abgetrennt. Neben dem Grab Khomeinis ist 1995 das seines Sohnes *Ahmad* angelegt worden.

Durch Schlitze im Gitter werfen die Gläubigen Geldscheine zur Bestärkung ihrer Gelübde, die sie am Grab ablegen. Die Atmosphäre wirkt im Gegensatz zu anderen Heiligengräbern eher nüchtern, Verspiegelungen und gleißendes Licht fehlen, die Deckenverkleidungen wirken eher wie in einer Flughafenhalle.

Friedhof Behesht-e Zahra

Unweit des Khomeini-Grabes liegt der größte Friedhof Irans Behesht-e Zahra („das Paradies der Prophetentochter Fatemeh"), noch zu Schah-Zeiten als Stadtfriedhof von Teheran angelegt. Durch Revolution und Krieg hat er sich schnell über alle Maßen ausgedehnt. Der Gang durch die dicht gedrängten Gräberreihen hat etwas Bedrückendes. Auf zahlreichen Grabaufbauten sind die Bilder der hier Beigesetzten zu sehen, z.T. sind es Jugendliche, die dem Krieg zum Opfer fielen; in anderen Gräbern wurde die gesamte männliche Linie einer Familie beigesetzt. Meist Donnerstagnachmittag oder an religiösen Feiertagen kommen zahlreiche trauernde Angehörige zum Besuch der Gräber.

Gläubige vor dem Grab von Ayatollah Khomeini

Praktische Tipps

- **Telefonvorwahl Teheran:** 021

Information

- **Am Flughafen:** Die Touristinformation am Flughafen Mehrabad ist nur von bedingtem Nutzen, weil sie zu den Zeiten, zu denen Maschinen aus dem Ausland ankommen, meist geschlossen ist. Auch ist das Angebot an Broschüren oder Plänen eher spärlich.
- **Am Bahnhof:** Auch die Touristinformation am Bahnhof hat wenig zu bieten, was dem Reisenden weiterhelfen könnte.
- Eine Informationsstelle des **Ministeriums für Islamische Führung** (auch zuständig für Tourismus) befindet sich in der Kh. Dameshq Nr. 11 / Kh. Vali Asr, Tel. 892212-5.
- Die Zentrale der **Iran Touring and Tourism Organisation (ITTO)** in der Kh. Azadi / Ecke Kh. Rudaki bietet Informationsmaterial.

Geldwechsel

- **Bank-e Melli,** im Ankunftsterminal im Flughafen Mehrabad.
- **Bank-e Melli,** in der Kh. Ferdowsi (gegenüber der Deutschen Botschaft), hier wird auch Master Card akzeptiert.
- **Bank-e Melli,** Ecke Vali Asr / Kh. Motahari, Umtausch nur bis 13 Uhr.
- **Bank-e Refah Kargaran,** Karim Khan Zand (Nord) in Höhe Pol-e Karim Khan.
- **Lizensierte Wechselstuben:** auf dem Parkplatz vor dem Terminal 2 des internationalen Flughafens Mehrabad, *Atlas Exchange,* Kh. Ferdowsi Nr. 2, *Zarrin Exchange,* Kh. Dr. Shari'ati, Nr. 1207.

Post

- Die **Hauptpost,** untergebracht in einem Gebäude im klassischen Stil aus den 1930er Jahren, befindet sich in der Kh. Imam Khomeini neben dem Bagh-e-Melli-Tor. Geöffnet täglich 8 bis 19 Uhr.

070i Foto: hn

● Im Norden findet sich ein **Postamt** in der Kh. Shari'ati auf Höhe der Pol-e Rumi.

Telefon

● Das **Haupttelefonamt** liegt am Meydan-e Imam Khomeini in dem Gebäude mit dem Funkturm, Eingang von der Kh. Naser-e Khosrow; es ist 24 Std. geöffnet.

Internetcafés

Hier nur eine kleine Auswahl der zentral gelegenen Internetcafés. Es gibt weitere in allen Teilen der Stadt. Aufgrund von meist zeitlich befristeten staatlichen Einschüchterungskampagnen kann es immer wieder zu zeitweiligen Schließungen kommen. Eine Liste mit Internetcafés in Teheran bietet: www.irantour.org/intercafe.html.

● **Pars Internet,** 369 Kh. Ferdowsi, gegenüber der Britischen Botschaft.
● **Fajr Internet Hall,** 54 Kh. Fajr, Kh. Motahari, Tel. 8828636.
● **Golestan Cyber Café,** Nr. 1338, 1. Stock, gegenüber der Universität, Kh. Enqelab, Tel. 6406292, 6410230.
● **NetCom,** 212 Kh. Vali Asr.
● **Shahab Computer Block,** Kh. Vali Asr, gegenüber Tankstelle am Park-e Sa'i, Tel. 8728751.

Messen und Ausstellungen

Teheran ist das größte Messezentrum in Iran. Regelmäßig finden hier Messen und Ausstellungen der verschiedensten Art auf dem großen **Messe- und Ausstellungsgelände** im Norden (Chamran-Autobahn in Richtung Tajrish) statt. Am bedeutendsten sind die **Industriemesse,** die jährlich im Oktober mit internationaler Beteiligung durchgeführt wird, sowie die **Internationale Buchmesse.**

Friedhof Behesht-e Zahra im Süden der Stadt

Visumverlängerung

● **Atba'e khareje** (Department of Foreigner's Affairs), Kh. Vali Asr/Ost zwischen Kh. Zartosht und Sar-e Fatemi. Tägl. außer freitags 7:30 bis 12:30 Uhr. Zügige Abfertigung an mehreren Schaltern, Bearbeitung in der Regel nicht länger als 1½ Std.

Botschaften

● **Botschaft der Bundesrepublik Deutschland,** Kh. Ferdowsi 324, Teheran, Tel. 3114111/4, Fax 3119883, www.teheran.diplo.de.
● **Botschaft der Schweiz,** 13/1 Kh. Bustan, Elahieh, P.O. Box 19395-4683, Tel. 268226/7, Fax 269448.
● **Botschaft der Republik Österreich,** Embassy Building, 3. Stock, Nr. 78, Meydan-e Arjantin, P.O. Box 15115-455, Tel. 8710753, Fax 8710778.
● **Botschaften der Nachbarländer:** ⇨Kap. „Vor der Reise: Diplomatische Vertretungen".

Medizinische Versorgung

Dass die ärztliche Kunst unter den Iranern sehr verbreitet ist und hohes Ansehen genießt, wissen wir durch die vielen iranischen Ärzte, die in Deutschland praktizieren. Natürlich gibt es auch in Teheran eine Anzahl Ärzte, die **Deutsch** sprechen. Die folgenden Adressen wurden freundlicherweise von der Deutschen Botschaft in Teheran zur Verfügung gestellt.

Eine umfangreiche Übersicht über die Krankenhäuser in Teheran gibt **www.irantour.org/Iran/health.html.**

Private Krankenhäuser:

● Im Norden: **Bimarestan-e Arad Chaharrah-e Iradj,** Kh. Bahar, Tel. 761097-8, 761001-6, Ansprechpartnerin: Dr. Zagar (Vertrauensärztin der Botschaft), Besonderheiten: spezialisiert auf Neurochirurgie und Magen-Darm-Erkrankungen.
● Im Zentrum: **Day General Hospital,** Kh. Vali Asr / Ecke Kh. Tavanir, Shahid Abadour, Tel. 8870031-50, Ansprechpartnerin: Frau Rahmati, Tel. 7540052, empfehlenswert bei Herzbehandlungen und -operationen, Ver-

trauensärzte Dr. Ansari, Dr. Djalilian oder hilfsweise Dr. Amiri Feiz kontaktieren, 24-Std.-Ambulanz.

Staaliches Krankenhaus:

- Im Norden: **Rajai Hospital,** Kh. Vali Asr, Park-e Mellat, Tel. 21921-40, Ansprechpartner: Dr. Madjid Maleki, Tel. 2042038.

Ärzte:

- **Dr. Djamshid Ansari,** Familienarzt/Allgemeinmedizin, Kh. Ghandi/Kh. 11 Nr. 2, Tel. 8888952.
- **Dr. F. Sheybani,** Kh. Mirdamad 332, gegenüber dem Eskan Shopping-Center, Tel. 8882456.
- **Dr. Riaz Nafash,** Zahnarzt, Kh. Motahari 335, Tel. 8713408 (Englisch/Französisch).

Notfallversorgung:

Ein Notarztwagensystem gibt es in Teheran nicht. Teilweise verfügen Krankenhäuser über Ambulanzfahrzeuge, die aber meistens nicht für die Notfallversorgung geeignet sind. Notruf für **Krankenwagen: 125,** Polizei: 110, Feuer: 115 (die Notrufnummern helfen nur bedingt weiter, da fast ausschließlich Persisch verstanden wird).

Apotheken:

In Teheran gibt es über die ganze Stadt verteilt Apotheken, die rund um die Uhr geöffnet sind. Die gebräuchlichen Medikamente wie Schmerzmittel sind dort sehr preiswert zu bekommen. Hier eine kleine Auswahl:

- **29. Farvadin,** Meydan-e Hor, Kh. Kargar Jonubi, Tel. 6400073.
- **Bonyad Shahid 1,** Nikoo-Kreuzung, Kh. Sepahbod Qarani, Tel. 8906695.
- **Bonyad Shahid 2,** Kh. Felestin, Bol. Keshavarz, Tel. 650994.
- **Setareh,** Pol-e Mudiryat, Bozorgrah-e Shahid Chamran, Tel. 2071307-8.
- **Qanun,** Meydan-e Vanak, Tel. 8779360.
- **Bou Ali,** Kh. Damavand, Meydan-e Imam Hossein, Tel. 336046.
- **Abedini,** Meydan-e Baharestan, Tel. 7522562.

Unterkunft

Natürlich verfügt Teheran von allen iranischen Städten über die meisten Hotels in allen Kategorien. In der Goldgräberstimmung der 1970er Jahre hatten die großen internationalen Hotelkonzerne auch Irans Metropole mit vielstöckigen Hotelkästen beglückt. Nach der islamischen Revolution zogen sie sich dann zurück und die Hotels (ver)fielen in iranische Hände, zumeist die der „Stiftung der Entrechteten und Kriegsteilnehmer". Mittlerweile sind die meisten renoviert worden.

- Das **Hotel Laleh** €€€, das frühere Intercontinental, ist von allen teuren Häusern in Teheran das empfehlenswerteste. Es liegt günstig zum Stadtzentrum und Flughafen. Wenn man im Südflügel untergebracht ist, hat man einigermaßen Ruhe und einen schönen Ausblick über den Laleh-Park. EZ ab 120 US$. Kh. Dr. Fatemi, Tel. 8965021-9, Fax 8965517, info@lalehhotel.com, www.lalehhotel.com.
- Zwar nominell nicht zu den „großen vier" zählend, steckt das **Hotel Simorgh** €€€ doch die meisten von ihnen spielend in die Tasche! In keinem Hotel in Teheran gibt es einen besseren Service, die Kellner im Restaurant wissen sogar, wie man Fondue serviert. Trotzdem ist es angenehm privat. Das Hotel liegt ziemlich in der Mitte zwischen Tajrish im Norden und dem Stadtzentrum im Süden, direkt an der „Hauptstraße" Teherans, der Kh. Vali Asr. Fünf Minuten entfernt ist der Park-e Sa'i, wo es sich schön spazieren gehen lässt und an den Wochenenden das Leben tobt. EZ ab 98 US$. 1069 Kh. Vali Asr / Ecke Kuch. Delbasteh, Tel. 8719911, Fax 8719913, sales@simorghhotel.com, www.simorghhotel.com.
- Das **Grand Hotel Ferdowsi** €€ ist eine gute Wahl, wenn man viel im Stadtzentrum zu tun hat. In den mittlerweile renovierten Zimmern direkt neben der Kh. Ferdowsi kann man sich schon ausruhen, wenn andere Touristen noch zu den weit entfernt im Norden liegenden Hotels unterwegs sind, was zur Hauptverkehrszeit schon mal eine Stunde dauern kann. Geschätzt wird das Hotel wegen seines reichhaltigen Büfetts im Restaurant. Auch der PC in der Lobby darf gegen geringe Gebühr benutzt werden. Nicht zuletzt die neben dem Hotel liegende *qanadi* (Konditorei) macht die Entscheidung leicht. EZ ab 45 US$. Kh. Fer-

dowsi / Kh. Foroughi, Tel. 6719991-3, Fax 6711449.

- Etwas weiter im Norden, unweit der ehemaligen us-amerikanischen Botschaft liegt das **Hotel Mashhad** €€. Es hat schon deutlich bessere Tage gesehen; die Zimmer sind ein wenig abgewohnt, aber das Personal ist nett und bemüht. Eindeutiges Highlight des Hauses: der Frühstücksraum im Obergeschoss, von dem man einen prachtvollen Ausblick auf die Berge im Norden Teherans hat. EZ ab 40 US$. Kh. Talaghani, Kh. Mofateh, Tel. 8825145-6, Fax 8822681, mashad_hotel@hotmail.com.
- Die beste Wahl, die man bei den einfachen Unterkünften treffen kann, ist das **Naderi Now** € (nicht zu verwechseln mit dem „alten" Naderi in der lauten Kh. Jomhuriyeh Eslami), hinter der Britischen Botschaft im alten Armenierviertel Teherans gelegen. Natürlich hat es schon bessere Zeiten gesehen, aber die Zimmer sind geräumig und ordentlich, das Personal ist freundlich und Herr Khachaturian, der Manager, ist äußerst professionell. Mitunter gleicht der Hinterhof einer Karawanserei, weil Händler aus Armenien und der GUS auch gern hier unterkommen. Das Hotel ist groß genug für alle und vor allem ruhig. Hier kann man auch mit Rial zahlen, z.B. 16.000 Tuman für das Einzelzimmer. Kh. Goharshad 82, Kh. Jomhuri-ye Eslami, Tel. 6709530-1, Fax 6709532.
- Sehr ruhig, obwohl recht zentral gelegen, ist das **Hotel Fardis** € in einer Seitenstraße der Kh. Forsat. Das Personal ist versiert und freundlich. EZ 20 US$. Kh. Enqelab, Kh. Forsat / Kh. Soheyl, Tel. 8820951, Fax 8838301, fheydari@pegah.net.
- Um den Meydan-e Imam Khomeini gibt es eine Fülle einfachster Hotels und *mehmansara,* von denen nur die wenigsten zu empfehlen sind. Eine Ausnahme macht das **Hotel Arman** € mit recht sauberen Zimmern. Es ist für diese Gegend wirklich ruhig. EZ 15 US$. Kh. Saderat 35, Kh. Ekbatan, Kh. Saadi, Tel. 3112323.

Essen und Trinken

Die Auswahl an Restaurants in Teheran steigt ständig. Seit einiger Zeit gibt es in manchen Restaurants auch **Musikvorführungen** als Ersatz für sonst fehlende Vergnügungsmöglichkeiten. Die folgenden empfehlenswertes Adressen sind über alle Ecken der Stadt verteilt, beginnend im Norden:

- Im Djamshidieh-Park gibt es mehrere Restaurants mit iranischen Regionalküchen, z.B. das **Kordestan-Restaurant** (Tel. 2801309) oder das **Azerbeijan-Restaurant** (Tel. 2297540). Beide bieten neben gutem Essen auch eine tolle Aussicht auf Teheran.
- Eine schöne Mischung aus Musikdarbietungen, netter Umgebung (z. B. im Anschluss an eine Wanderung in Darband) und gutem Essen bietet das Restaurant **Kuhsar,** Sar-e-Band, Kh. Darband, Meydan-e Qods, Tel. 2712444.
- Das Restaurant **Ali Qapu** war eines der ersten, das zu gutem Essen (reichhaltiges Salatbüfett) regelmäßig Musikvorführungen bietet. Deshalb ist es auch bei den „besseren Leuten" Teherans sehr beliebt – unbedingt reservieren! Ab vier Personen empfehlenswert: die gemischte Platte mit drei verschiedenen Sorten Reis und gemischtem Grillfleisch. 55 Kh. Gandhi, Meydan-e Vanak, Tel. 8784120.
- Tradition ist sicher kein schlechter Gradmesser für die Qualität eines Restaurants, deshalb kann das **Khan Salar** gar nicht schlecht sein. Es gehört zu den ältesten seiner Art, dekoriert in klassischem Stil. 22 Kh. Alvand, Meydan-e Arjantin, Tel. 8788764.
- Das **Mahi Sara** (Haus des Fisches) im Westen der Stadt in der Nähe von Pol-e Gisha bietet neben Kebabs auch Gerichte aus Nord-Iran, neben *mirza ghasemi* (gedünstetem Auberginenpüree) auch gegrillten Stör, *(mahi sefid)* und als Vorspeise stets sauer eingelegten Knoblauch und Oliven. Pol-e Gisha / Kh. Jekom, Tel. 8266052.
- Im Herzen der Stadt, in der Kh. Karim Khan Zand Nr. 166, auf Höhe der Brücke/Einmündung Kh. Iranshahr findet man im Untergeschoss das traditionell eingerichtete Restaurant **Karim Khan,** wo neben Mittag- und

Gute Tipps zum **Ausgehen** in Teheran und Hinweise auf neu eröffnete Cafés und Restaurants findet man im Internet unter **www.tehranavenue.com.**

Teheran

Abendessen auch Frühstück angeboten wird – eine Seltenheit in Iran! Tel. 8317753/4.

- Klassische Dekoration gibt es im Restaurant **Shabestan,** dazu auch noch schmackhaftes Essen und Musik. Kh. Somayeh, zwischen Kh. Hafez und Kh. Ostad Najatollahi (Villa), Tel. 8897542.
- Ein gutes und dabei nicht teures Hotel-Restaurant gibt es im **Hotel Qanari.** Die Besitzer stammen aus dem Norden, so bekommt man hier z.B. auch *mirza ghasemi* (gedünstetes Auberginenpüree) und *mahi uzunburun* (gegrilltes Störfilet). 92 Kh. Somayeh, zwischen Kh. Mofateh und Kh. Forsat, Tel. 8825616.
- An der Südwestecke des Meydan-e Ferdowsi / Ecke Kh. Enqelab wurde das **Sofre Khane-ye Ayyaran** neu eingerichtet, wo man außer für *dizi* (Hammeleintopf) und Kebab auch auf einen Tee mit Wasserpfeife einkehren kann. An den Wänden finden sich zahlreiche Gemälde mit Darstellungen des alten Teheran. Tel. 6707848 oder 6700550.
- Das **Naderi** in der Kh. Jomhuriyeh Eslami (ca. 100 m vor der Kreuzung Ferdowsi neben dem Eingang zum gleichnamigen Hotel) gehört zu den klassischen Etablissements in Teheran. Hier hat in den dreißiger Jahren schon der berühmte Schriftsteller *Sadeq Hedayat* seinen Kaffee oder Tee getrunken. Daneben gibt es Shakes, Eis und Gebäck. Das Restaurant ist weniger berühmt wegen seines Essens als wegen der Atmosphäre und der „klassischen" Kellner, die ein paar Sätze in fast allen Sprachen der Welt beherrschen.
- Von außen unscheinbar inmitten eines der geschäftigsten Viertel im Stadtzentrum liegt das kleine und einfache, aber saubere Restaurant **Khoshbin** in der Kh. Saadi, südlich der Einmündung der Kh. Manuchehri, mit typischer Gilaki-Küche, d.h. den leckeren Köstlichkeiten aus Rasht und Umgebung. Ungewöhnlich für Teheran ist die große Auswahl an Fischgerichten: Neben Stör gibt es auch Lachs, Forelle sowie geräucherten Fisch.
- Weit im Süden in der Nähe des Bahnhofs liegt das traditionelle Restaurant **Azeri.** Hier wird ausschließlich *dizi* serviert, ein kräftiger Hammeleintopf mit Kräutern und frischem Fladenbrot. Dazu gibt es abends Vorführungen klassischer persischer Musik. Unbedingt

033i Foto: hn

reservieren! Kh. Vali Asr, oberhalb Meydan-e Rah-e Ahan, Tel. 5373665.

Überlandbusse

Die Überlandbusse aus allen Gegenden Irans verkehren von den drei Terminals; in die Stadt hinein dürfen sie aus verständlichen Gründen nicht fahren. Fast alle Busgesellschaften *(taavoni)* unterhalten Büros in allen Terminals. Die Tickets können vorher telefonisch reserviert oder direkt vor der Fahrt gekauft werden. Ein umfangreicher Fahrplan mit vielen Destinationen findet sich unter **irantourism.org/transport/coach.htm.**

Ein **Stadtbüro** in der Kh. Ferdowsi (nördliche Ecke Kh. Nofle-le-Chateaux) unterhält **Taavoni Nr. 1** (Iran Peyma, Tel. 6707148 oder 6707432). Hier können Plätze für alle Linien, auch die internationalen, reserviert werden.

Grob lassen sich die Terminals folgendermaßen zuordnen:

Vom **Süd-Terminal** fahren die Busse nach Süden und Südwesten ab und auch nach Syrien. **Terminal-e Djenoub,** Bozorgrah-e Be'sat, Tel. 550047/8.

Vom **Ost-Terminal** fahren die Busse nach Osten und Nordosten ab. **Terminal-e Sharq,** Serah-e Tehranpars, Kh. Damavand, Tel. 7864010, 7864355.

Vom **West-Terminal** fahren die Busse nach Westen und Nordwesten ab und auch nach Armenien und Aserbeidschan. **Terminal-e Gharb,** Meydan-e Azadi (shomali), Tel. 4656812.

Natürlich gibt es teilweise Überschneidungen: Busse nach Hamadan z.B. kann man sowohl am West-Terminal (über Qazvin), als auch am Süd-Terminal (über Saveh) bekommen. Am besten vorher telefonisch erkundigen (s.u.).

Eine Ausnahme bildet das **Beihaqi-Terminal** am Meydan-e Arjantin, wo die Busse verschiedener Gesellschaften abfahren, sowohl innerhalb Irans als auch in die Türkei, nach Syrien und Armenien: Seir-o-Safar, Meydan-e Arjentin, Tel. 8732523/8734649, oder Iran Peyma, Tel. 8753601, oder Hamsafar, Tel. 8756680/8753608.

Auch einen **Zustellservice** kann man hier buchen: Wichtige Briefe, Dokumente oder kleine Päckchen, aufgegeben z.B. im Büro von Seir-o Safar in Shiraz am Nachmittag um 17 Uhr, sind am Morgen des kommenden Tages im Beyhaqi-Terminal abholbereit. Funktioniert natürlich auch umgekehrt: nachmittags um 16 Uhr in Teheran aufgegeben, am kommenden morgen um 9:30 Uhr in Kerman eingetroffen. Kosten: so gut wie nichts (DIN A 4-Umschlag von etwa 250 g 1000 Tuman!).

Busgesellschaften:

- **Taavoni Nr. 1** (Iran Peyma): Tel. 4663954 im West-Terminal, Tel. 555177 im Süd-Terminal, Tel. 7865530 im Ost-Terminal
- **Taavoni Nr. 3:** Tel. 5578433, West-Terminal
- **Taavoni Nr. 4:** Tel. 4640552, West-Terminal
- **Taavoni Nr. 5:** Tel. 4660116, West-Terminal
- **Taavoni Nr. 8:** Tel. 7523851, West-Terminal
- **Taavoni Nr. 16:** Tel. 6054060, West-Terminal
- **Seir-o-Safar,** Tel. 6058484, West-Terminal Tel. 7865696; Ost-Terminal Tel. 7864010; Süd-Terminal Tel. 550047.

Bahn

Teheran ist der Eisenbahnknotenpunkt Irans. Hier kreuzen sich die Verbindungen aus Richtung Tabriz, Khorramshahr, Gorgan, Mashhad und Bandar Abbas sowie die beiden internationalen Strecken. Der **Bahnhof** liegt südlich des Bazars am Meydan-e Rah-e Ahan (s.o.: Ankunft). Im Innern des Bahnhofsgebäudes gibt es zwar eine Zuginformation, jedoch keinen Fahrkartenverkauf. **Fahrkarten** bekommt man bei ausgewählten **Reisebüros** (s.u.) oder übers Internet: Man klickt Teheran auf der Landkarte der Webseite www.rajatrains.com/english/ticket/agency.asp an. Wer über eine in Iran gültige Bankkarte verfügt, kann die Tickets per Internet bestellen.

Autovermietung

Autos mit Fahrer (Selbstfahren ist in Iran nicht üblich, ⇨Kap. „Reisetipps A–Z: Verkehrsmittel") kann man auch bei den Reiseagenturen oder speziellen Taxi-Agenturen *(ajans)* mieten, von denen es in jedem Stadtviertel zahlreiche gibt, oder aber bei der Busgesellschaft Seir-o Safar, Tel. 8732535.

Vertretungen von Europcar:

- **Zentrale (Reservierung):** No. 2, Golbarg 1, Kh. Golha, Kh. Ponak Bakhtari, Shahrak-e Ghods, Tel. 8562144, Fax 8562143, headquarter@europcariran.com, www.europcariran.com.
- **Niederlassung Teheran:** Beyn-e Kh. Zafar va Bolv. Mirdamad 2, Kh. Svariati, Tel. 2550221, 2226566, Fax 2250222, tehran@europcariran.com.
- **Flughafen Mehrabad:** CIP Lounge, Tel. 6025179, Fax 6025182, cipairport@europcariran.com.

Reiseagenturen

Reiseagenturen gibt es in Teheran besonders zahlreich zu beiden Seiten der Kh. Ostad Nejatollahi (Villa). Bei den meisten kann man **internationale und Inlandsflüge** reservieren sowie **Bahnfahrkarten** kaufen. Viele Veranstalter, bei denen man **organisierte Touren** buchen kann, haben ebenfalls in Teheran ihren Sitz. Hier drei Adressen, wo auch deutsch gesprochen wird:

- **Iran Way (Rah-e Iran),** Nr. 12, 1. Stock, Kuch. Shahrud, Kh. Enqelab, Meydan-e Ferdowsi, Tel. 8913367-9, Fax 8899292, ftnamin@mail.dci.co.ir, www.iranway.com.
- **Gardesh Yaran,** Nr. 4, Kh. Pandjam, Kh. Khaled Eslamboli, Tel. 8717165, Fax 8723051, info@gardeshyaran.com, www.gardeshyaran.com.
- **Caravan Sahra,** Nr. 29, Kh. Ghaem Magham Farahani, Tel. 8811970, Fax 8303623, caravan@caravansahra.com, www.saravansahra.com. Diese Agentur ist besonders für Trekking- und Bergtouren bekannt.

Flüge

Eine Online-Abfrage internationaler Flüge nach/von Iran und auch der Inlandsflüge bietet die Webseite der Iranischen Zivilluftfahrtgesellschaft: **www.cao.ir/timetable.**

Eine detaillierte Übersicht über die inneriranischen Linien findet man auf der Seite **www.irantourism.org/transport/air.htm.**

Iranische Fluggesellschaften:

- **Iran Air** bietet Flüge in fast alle iranischen Städte, teilweise auch mit der Tochtergesellschaft Iran Air Tour. Zentralbüro: 22 Kh. Ostad Nejatollahi, Tel. 8800314, www.iranair.co.ir.
- **Kish Air** fliegt von Teheran u.a. nach Kish, Khoramabad, Isfahan, Tabriz, Bam und Jiroft; ab Kish nach Abadan, Mashhad, Tabriz, Shiraz, Dubai, Asaluyeh, Isfahan, Bandar Abbas. Jahan-e Kudak, Bozorgrah-e Afriqa, Tel. 8775006, Fax 8775006, www.kishairline.com.
- **Caspian Air** fliegt ab Teheran nach Ahvaz, Mahshahr, Mashhad, Kish, Kiew, Damaskus, Erewan. Verkaufsbüro: Nr. 306, Kh. Motahari Ecke Kh. Miremad, Tel. 8736930.
- **Iran Aseman** fliegt ab Teheran in viele Städte des Landes, z.B. nach Bam, Lar, Noshahr, Parsabad, Jahrom und Gorgan, www.iran-aseman-airlines.com.
- **Faraz Qeshm Airlines** fliegt von Teheran nach Qeshm, Tabriz, Bandar Abbas, Isfahan, Hamadan, Ilam, Noshahr, Kermanshah. Verkaufsbüro: 17 Kh. Ghandi, neben Kuch. 11, Tel. 8770593, 8770594, www.farazqeshm.com.
- **Mahan Air** fliegt u.a. ab Teheran nach Kerman, Dubai, Sirjan, Mashhad und Düsseldorf; ab Kerman nach Bangkok, Isfahan, Jiddah, Dubai, Kish und Mashhad. Verkaufsbüro: Sakhteman-e Mahan 21, Kh. Azadegan, Bozorgrah-e M. A. Jenah, Tel. 4076081-3, Fax 4070404, www.mahanairlines.com.

Internationale Fluggesellschaften:

Auch viele der internationalen Fluggesellschaften unterhalten Büros in Teheran:

- **Lufthansa:** 2 Kh. Daryayeh Nour, Abbas Abad, Tel. 8738701, www.lufthasa.com.
- **Austrian Airlines:** 32 Kh. Motahari, 3. Stock, Tel. 8745313, Fax 8736647, www.aua.com.
- **Swiss:** Meydan-e Arjantin, Swiss Air Building, Tel. 8748332/5, www.swiss.com/net.

In der Provinz Teheran

Zentraler Alborz

↗ IV/B-C2

Darband und Tochal-Berg

Vom Platz Meydan-e Tajrish im Norden der Stadt lohnt sich ein Abstecher nach Darband am Fuße des Berges Tochal (3957 m), einer beliebten **Sommerfrische** der Tehranis. Der Fußweg ist, weil bergauf, ein wenig beschwerlich. Sammeltaxis nach Darband verkehren ab der Ecke Meydan-e Tajrish/ Kh. Shahid Gholam Dja'afari bis zu dem Bronzedenkmal eines Bergsteigers direkt am Fuß des Berges.

Darband ist ein beliebtes Ausflugsziel. Vor allem donnerstags nachmittags und freitags in aller Frühe zieht es zahlreiche Ausflügler an. Besonders junge Tehranis schätzen die relative Freiheit der Berge, wo sie Dinge unternehmen können, die inmitten der Stadt unvorstellbar sind. Deshalb muss man auch mit der Anwesenheit von Uniformierten rechnen, die über die „Einhaltung der Sitten" wachen.

Links des Bergsteigerdenkmals ist der Zugang zu einer kleinen **Seilbahn,** mit der man durch eine reizvolle Berglandschaft bis zur Station in 1900 m Höhe fahren kann (in Betrieb nur Donnerstag und Freitag von 5:30 Uhr bis Sonnenuntergang).

Wer eine **Wanderung** in den Bergen unternehmen möchte, folgt einfach dem Weg bergan, vorbei an zahlreichen **Ausflugsrestaurants** am Rande eines Baches. Hier kann man es sich vor oder nach der Wanderung auf Dachterrassen unter freiem Himmel,

073i Foto: hn

ausgestreckt auf *takhts*, bei Kebabs, Tee oder Wasserpfeife gemütlich machen und dem munteren Treiben von oben zuschauen.

Seilbahn auf den Tochal

Der bequemere Weg auf den Gipfel des Tochal ist der mit der Seilbahn, die von **Velenjak** aus verkehrt. Die Talstation erreicht man von Tajrish aus mit dem Taxi. Die Kh. Velenjak westlich des gleichnamigen Flüsschens führt in nördlicher Richtung direkt dorthin. Die *Tochal Telecabin* gilt mit 7,5 km als **längste Seilbahn der Welt** und führt von Station 1 in 1900 m Höhe bis zu Station 7 auf 3800 m. Sie wurde noch in der Schah-Zeit von europäischen Unternehmen errichtet und entspricht europäischem Standard. Man kann an mehreren Stationen aus- oder zusteigen und einzelne Etappen wandern.

Eine weitere Sommerfrische befindet sich in Darake, westlich von Velenjak, wo zahlreiche Gasthäuser an einem Flüsschen zum Verweilen einladen.

Nomadenkinder in einem Sommerlager im Alborz

• **Tochal Telecabin,** in Betrieb Dienstag bis Freitag, Preis für die einfache Fahrt je nach Fahrstrecke zwischen 1000 und 1800 Tuman,

Hin- und Rückfahrt 2000 bis 4800 Tuman, Abfahrtszeiten 8 bis 12:30 Uhr zur Gipfelstation und bis 15:30 Uhr zur 5. Station.

Skigebiete nördlich von Teheran

Teheran eignet sich im Winter gut als Ausgangspunkt von Skiausflügen. Die bekanntesten Pisten in der Umgebung liegen am Tochal, erreichbar über die Seilbahn ab Velenjak (s.o.). Von der Talstation fährt man bis zu Station 5, wo Skier und Schuhe geliehen werden können (pro Tag 10 US$, Skipass 3500 Tuman, am Wochenende 5000 Tuman). Von dort fährt man weiter bis zur 7. Station, wo von Ende November bis Juni **leichte bis mittlere Pisten** zur Verfügung stehen. Zwei **Skilifte** gehen bis zum Gipfel.

Unterhalb des Tochal-Gipfels wurde kürzlich in 3545 m Höhe ein **Hotel** eröffnet, es verfügt über 30 Zimmer und entspricht der gehobenen Kategorie. Für das Einzelzimmer zahlt man je nach Saison zwischen 65 und 85 US$. Reservierung über die Reservierungsnummer des Hotels Evin: 021-2421501-3.

Dizin, das wohl bekannteste Skigebiet Irans, erreicht man über die Chalous-Straße. Kurz hinter Gachsar zweigt die Straße rechts ab. Hotel Dizin: Karaj-Chalus Road, Tel. 021-5607814.

Etwa 20 km östlich von Dizin liegen die Skigebiete von **Shemshak** und das neu errichtete von **Darbandsar.** Unterkunft im Hotel Shemshak, Tel. 021-651986.

Unterkünfte gibt es auch **Meygoon,** 8 km von Shemshak entfernt im Hotel Maygoon Tourism, Tel. 021-651986. Die Anfahrt vom Nordosten Teherans über Lashgarak und Lavasan ist wesentlich kürzer, im Winter ist die Straße jedoch bei Schneefall oft gesperrt – manchmal sogar bis in den Mai hinein.

Rundfahrt durch den zentralen Alborz

In den Sommermonaten kann man nördlich der Hauptstadt einen schönen **Tagesausflug mit dem Auto** unternehmen (falls irgend möglich nicht im Wochenendverkehr am Donnerstag oder Freitag): vom Stadtzentrum Teherans aus die Kh. Damavand in Richtung Osten nehmen und von dieser kurz hinter dem Ost-Terminal auf dem Bozorgrah-e Parvin in Richtung Norden abbiegen. Er führt in seiner nördlichen Verlängerung über die Berge nach **Lashgarak.**

Wer von Nord-Teheran aus startet, fährt vom Meydan-e Tajrish aus nach Osten über Meydan-e Qods. Von hier der Kh. Shahid Dr. Lavasani (Farmaniyeh) folgen, die in ihrem weiteren Verlauf in den Bozorgrah-e Lashgarak und die Landstraße nach Lashgarak übergeht. Vor dem Erreichen dieses Orts nicht rechts in Richtung Lavasan fahren, sondern halblinks in Richtung Oushan – Fasham halten. In allen Orten an der Straße gibt es zahlreiche Ausflugslokale sowie Wochenendhäuser von Teheranis, die sich das leisten können.

Nach der Durchfahrt von **Fasham** halblinks in Richtung **Meygoon** halten. Etwa 8 km hinter Meygoon zweigt links die Straße nach **Darbandsar** ab (3 km), rechts geht es nach **Shemshak** und **Dizin.** In beiden Wintersportorten gibt es an der Hauptstraße eine Reihe von Restaurants und Imbissen. Die klare Luft in über 2000 m Höhe lädt zum Verweilen und spazierengehen ein.

Von Dizin bis zur Straße Karaj – Chalous sind es gut 30 km, kurz hinter **Gachsar** trifft man auf diese vor allem an Wochenden stark befahrene Hauptstraße von Teheran ans Kaspische Meer. Nach der Fahrt durch den **Kandovan-Tunnel** zweigt nach ca. 6 km eine Straße rechts in Richtung Baladeh ab, entlang des **Flusses Nour.** Dieses Tal mit seinen grünen Wiesen und den Pappeln am Ufer bietet vor allem im Frühling einen lieblichen Anblick. Man passiert einige Dörfer mit den für Irans Norden typischen Blechdächern. Die größte Ortschaft ist **Baladeh,** etwa in der Mitte zwischen den Straßen Teheran – Chalous und Teheran – Amol gelegen. Unterkünfte oder Restaurants allerdings sucht man hier vergeblich, das Tal von Nour ist touristisch noch nicht erschlossen – und gerade deshalb reizvoll!

Etwa 50 km hinter Baladeh trifft man auf die Hauptstraße nach Amol, rechts geht es nach Teheran zurück. Die Straße verläuft in **Sichtweite des Damavand;** bei der Ortschaft **Gazanak** zweigt rechts die Straße nach Larijan und Reineh am Fuße des Bergriesen

074i Foto: hn

ab. In der Nähe von **Polur** hat man die schönste Aussicht auf den Gipfel, mehere Restaurants und Teehäuser laden zu einer Pause ein. Über **Rudehen,** wo die Straße von Firuzkuh mit der von Amol zusammentrifft, geht es dann zurück nach Teheran.

Besteigung des Damavand

Die Besteigung des Damavand ist eine Herausforderung, der auch Nicht-Bergsteiger ohne weiteres gewachsen sind. Der **5671 m hohe,** längst erloschene **Vulkan** stellt keine besonderen Anforderungen an Bergerfahrung oder Ausrüstung, wenn man ihn zwischen Mitte Juli und Anfang September besteigt. Schneefälle in diesem Zeitraum sind eine große Ausnahme. **Drei Tage** sollte man für dieses unvergessliche Erlebnis mindestens einplanen und am besten morgens aus Teheran aufbrechen. Für die schneefreien Monate im Sommer braucht es neben geeigneten Schuhen auch ein **Zelt und warme Kleidung,** denn in fast 6000 m Höhe ist es auch im Hochsommer um 0°C oder darunter.

● In jedem Fall sollte man sich vorher über die Schnee- und Wetterlage informieren, z.B. bei der **Iranian Mountaineerung Federation,** Tel. 021-8839928, Fax 836641, oder bei einer der Teheraner Tourismus-Agenturen, die auf Wandertouren spezialisiert sind, z.B. bei **Caravan Sahra,** Tel. 021-8811970, Fax 8303623.

● Bei Gitashenasi gibt es eine **Wanderkarte** des zentralen Alborz-Gebiets, die u.a. die verschiedenen Routen verzeichnet, die auf den Damavand führen: **Gitashenasi,** Geographical & Cartographical Institute, Nr. 15, Kh. Ostad Shahriyar, Kh. Razi, Tel. 6709335, Fax 670 5782, www.gitashenasi.com. In Europa zu bestellen bei Orientexpress, Gotmarstr. 17, 37073 Göttingen, Tel. 0551-486652, Fax 486652, www.orientexpressonline. de.

Dorfladen im Alborz

Anfahrt

Taxis und Minibusse ab Teheran in Richtung Damavand verkehren ab dem Ost-Terminal (⇨Teheran: Überlandbusse). Man kann auch versuchen, im Verlauf der Damavand-Straße ein Sammeltaxi zu bekommen. Wichtig ist, dass sie in **Richtung Amol** (jade-ye Haraz) verkehren, denn bei Rudehen, ca. 50 km östlich von Teheran, teilt sich die Straße: Eine führt über Firuzkuh und Pol-e Sefid in Richtung Sari und Gorgan; die Straße, die am Damavand vorbeiführt, ist die in Richtung Amol.

Bis **Rudehen** ziehen sich die Trabantenstädte rund um Teheran hin. Die Stadt **Damavand,** ca. 20 km hinter Rudehen, lohnt für Kulturinteressierte einen kurzen Abstecher. Sie wurde schon in vorislamischer Zeit gegründet und erhielt zur Abbassidenzeit eine Freitagsmoschee, die im 11. Jh. umgebaut wurde. In der knapp 2000 m hoch gelegenen Stadt und ihrer Umgebung gibt es eine Reihe von alten Grabtürmen.

Zurück auf der Damavand-Straße hat man kurz vor Erreichen von **Polur** den ersten, unvergesslichen **Blick auf**

012i Foto: hn

den Gipfel, der bis in den Sommer hinein von Schnee bedeckt ist. Mehrere Teehäuser und kleine Restaurants mit offenen Terrassen und Gipfelblick laden zum Verweilen ein.

Der geeignetste Ausgangsort für die Besteigung des Damavand ist **Reineh,** nur etwa 5 km von der Hauptstraße entfernt. Ca. 4 km hinter Ab-e Ask zweigt die Straße links ab. 9 km weiter bei **Gazanak** gibt es eine weitere Zufahrt. In Reineh gibt es private **Unterkunftsmöglichkeiten** und in der Ortsmitte eine Unterkunft der Iranian Mountaineering Federation, die z.B. Gruppen vor und nach der Damavand-Besteigung nutzen können.

Imbiss an einer Passstraße im Alborz

Von Reineh aus führt eine asphaltierte Straße nach Südwesten in Richtung des **Stausees von Lar** (Sadd-e Lar). Dieser folgt man ca. 4 km, wo rechts ein Schotterweg abzweigt, der bergauf nach **Gusfandsara Sara** (3050 m) führt. Ab hier können nur noch geländegängige Fahrzeuge verkehren, der Aufstieg zu Fuß dauert etwa eine Stunde. In Gusfandsara besteht die Möglichkeit der **Übernachtung** in einer Schutzhütte, frisches Bergwasser gibt es ebenfalls. Andere Lebensmittel müssen mitgebracht werden. Wandergruppen können hier auch **Tragtiere** mieten, die das Gepäck bis zur Schutzhütte Bargah-e sevom in 4150 m transportieren.

Schutzhütte Bargah-e Sevom

Der Aufstieg zu diesem Ausgangspunkt für den Gipfelsturm dauert drei bis vier Stunden. Es empfiehlt sich langsam und bedächtig aufzusteigen und sich so an die Höhe anzupassen. Für Bergungeübte ist es durchaus empfehlenswert, noch ein paar Hundert Meter über die Schutzhütte hinaus aufzusteigen und dann zum Nachmittag zurückzukehren. So gelingt die Höhenanpassung besser. Bargah-e Sevom ist oft von Gruppen belegt, die aus ganz Iran hierher kommen. In der Umgebung der Hütte gibt es eine Reihe geglätteter Flächen, wo sich das Zelt aufbauen lässt.

Für die bis zum Gipfel verbleibenden 1520 Höhenmeter muss man, je nach Konstitution und Bergerfahrung, bis zu sechs Stunden einplanen. Um mittags oben anzukommen, sollte man also spätestens gegen 6 Uhr aufbrechen.

Gipfelsturm

Die von der Hütte aus links gelegene Aufstiegsroute entlang eines Grates ist kürzer, aber auch anspruchsvoller. Ungeübte sind besser beraten mit dem **ausgetretenen Pfad,** der in direkter Verlängerung von der Hütte zum Gipfel führt. Von unten ist einige Hundert Meter rechts dieses Pfades eine immer vergletscherte Stelle (*yakhchal,* „Eisschrank") zu erkennen, die auch im Hochsommer nicht abtaut. Der Weg führt in stetigen Windungen den Berg hinauf. Je näher man dem Gipfel kommt, umso intensiver steigen die **Schwefeldämpfe** in die Nase. Spätestens hier wird deutlich, dass der Vulkan zwar nicht mehr aktiv ist, aber immer noch eine Verbindung zum Erdinneren besteht.

Der bei klarem Wetter **grandiose Ausblick** belohnt alle Anstrengungen: In Richtung Südwesten ist die türkisfarbene Wasserfläche des Stausees von Lar zu sehen, im Norden verschwimmt die riesige Wasserfläche des Kaspischen Meeres zumeist unter dem aufsteigenden Dunst. Lange sollte man sich dem ausströmenden Schwefeldunst nicht aussetzen und bald den **Rückweg** antreten, der nur etwa halb so lange dauert wie der Aufstieg. Die Route über Gusfandsara gilt als die einfachste und wettersicherste. An der Nordost- und Nordwestseite des Berges verlaufen weitere Routen mit Schutzhütten.

Rück- oder Weiterfahrt

Von Reineh aus führt eine asphaltierte Straße in Richtung Norden etwa 8 km bis **Ab-e garm-e Larijan,** den warmen **Mineralwasserquellen,** die aus dem Fuße des Damavand sprudeln. Dort gibt es eine Reihe von kleinen **Hotels,** die in Wannen das Mineralwasser sammeln. Nichts ist nach einem Aufstieg zum Damavand entspannender als ein ausgiebiges **Mineralwasserbad.** Die Hotels sind sehr einfach und preiswert, viele Zimmer sind ohne Möbel und nur mit Teppichböden ausgelegt, sodass man im Schlafsack schlafen kann.

Wer mit eigenem Fahrzeug unterwegs ist, kann auch zum **Stausee von Lar** fahren oder zurück auf die Hauptstraße und weiter in Richtung **Amol.** Der oben beschriebene Ausflug zum **Tal von Nour** (⇨„Rundfahrt durch den zentralen Alborz") lässt sich natürlich auch von hier aus unternehmen. **Baladeh** eignet sich als Ausgangspunkt für Wanderungen zu den Bergwäldern am Nordhang des Alborz und bis zum Kaspischen Meer.

Varamin

↗ IV/B3

Die alte Stadt Varamin, knapp 50 km südlich von Teheran an der Bahnlinie nach Gorgan gelegen, kann im Rahmen eines Tagesausflugs besucht werden oder im Anschluss an die Besichtigung von Shahr-e Rey. Minibusse verkehren vom Süd-Terminal in Teheran, vom Bahnhof oder ab Rey.

Varamin hat davon profitiert, dass Rey von den mongolischen Heeren im Jahre 1220 so stark verwüstet wurde, dass viele seiner Einwohner sich hierher flüchteten. Heutzutage ist es auch schon fast ein Vorort von Teheran.

Im Zentrum des Ortes ist die **Freitagsmoschee** vom Anfang des 14. Jh. zu besichtigen, eine Anlage nach klassischem Grundriss mit ursprünglich vier um den Hof gruppierten Iwanen. Vor allem der Süd-Iwan und der sich anschließende überkuppelte Gebetssaal sind sehenswert, die restlichen Teile der Anlage werden seit einiger Zeit renoviert.

Ebenfalls im Ort, nahe dem zentralen runden Platz erhebt sich in einer Höhe von 17 m ein runder **Grabturm** aus dem 13. Jh., benannt nach *Ala al-Din Takesh.* Aus der runden Ziegelfassade springen Vorsprünge heraus, die oben zum gefliesten Kegeldach hin mit kleinen Nischen abschließen. Un-

076i Foto: hn

Stuckfassade in der Freitagsmoschee von Varamin

ter dem Dach verläuft ein schönes Schriftband. Einige weitere Grabtürme am Rande Varamins sind nicht mehr gut erhalten.

Auf dem Rückweg nach Rey fällt etwa 10 km vor der Stadt unweit der Straße einer der in dieser Gegend zahlreichen **prähistorischen Siedlungshügel** ins Auge, **Tepe Mil.** In vielen Epochen wurde hier übereinander gesiedelt und gebaut, wie sich an den zahlreichen Scherben ablesen lässt. Auf der Spitze der Kuppe stehen Reste eines zweistöckigen Palastbaus aus sasanidischer Zeit mit mächtigen Mauern, aber auch umgestürzte Säulen und Kapitelle hat man bei diesem Gebäude gefunden.

Karaj

↗ IV/B2

Karaj, 45 km westlich von Teheran gelegen, ist die am schnellsten wachsende iranische Großstadt und seit einigen Jahren auch die **jüngste Millionenstadt des Landes.** Noch 1935 war sie ein kleines Landstädtchen im fruchtbaren Tal des Karaj-Flusses. Dann begann man mit den Planungen zu einem Stahlwerk (es wurde nie gebaut), eine agrar- und forstwissenschaftliche Abteilung der Universität wurde errichtet und die neue Straße von Teheran nach Chalous zweigte hier nach Norden ab.

In den 1960er Jahren begann man mit dem Bau eines Stausees nördlich von Karaj, der nicht nur Teheran mit Wasser und Elekrtizität versorgt, sondern auch das Bewässerungsland bedeutend vergrößerte. Mittlerweile hat sich der Industriegürtel rund um Teheran bis Karaj ausgedehnt und die Stadt ist zu einem **Wohnvorort** der Hauptstadt geworden. Jeden Tag fahren Zehntausende zu ihren Arbeitsstellen in und um Teheran und kehren abends zurück, Tausende von Taxis und Minibussen pendeln auf der Autobahn hin und her und verpesten die Luft.

Gesünder ist es, mit der 1998 eingeweihten (oberidischen) **U-Bahnlinie 5** zu fahren, die zwischen Sadeqiye, der Endstation der U-Bahnlinie 2 im Westen Teherans, und Karaj im Halbstundentakt verkehrt. Die Fahrt in den modernen, doppelstöckigen Wagen dauert 35 Minuten, in der Hauptverkehrszeit morgens und abends sind sie jedoch oft überfüllt. Von der Endstation in Karaj verkehren Taxis in alle Richtungen. Das Stadtzentrum liegt nördlich der Station an der Kh. Beheshti zwischen Meydan-e Feda'iyan-e Islam und Meydan-e Shohada.

Mit dem Auto nimmt man von Teheran vom Meydan-e Azadi aus die Autobahn in Richtung Westen (mautpflichtig). Noch vor Erreichen von Karaj-Zentrum biegt rechts die Umgehungsstraße in Richtung Norden nach Chalous ab, die auch am Stausee vorbeiführt. Sammeltaxis von Teheran nach Karaj verkehren ab Meydan-e Azadi, vom Meydan-e Vanak und auch ab Meydan-e Tajrish.

Morvarid-Palast

Als völlig moderne Stadt verfügt Karaj nicht über historische Bauwerke, mit einer Ausnahme: der **moderne Pa-**

077i Foto: hn

lastbau in **Mehrshahr** im Südwesten der Stadt. Hier haben amerikanische Architekten aus der Schule des berühmten *Frank Lloyd Wright* (u.a. Guggenheim-Museum, New York) noch kurz vor der Revolution einen aufwendigen Bau für Prinzessin *Shams,* die ältere Schwester von *Mohammad Reza Shah,* erbaut, der heute besucht werden kann. Inmitten eines Parks auf einem Hügel gelegen, wird sein Inneres durch eine flache **Kuppel aus Plexiglas** von Licht durchflutet. Wegen seiner Ähnlichkeit mit einer schimmernden Perle erhielt er den Namen *Morvarid.* Mehrshahr liegt ca. 5 km südwestlich von Karaj an der Straße in Richtung Mardabad.

Stausee

Das bekannteste Ausflugsziel in Karaj ist der Stausee ca. 15 km nördlich der Stadt. Seine Staumauer ist mit einer Höhe von 180 m eine der höchsten im ganzen Mittleren Osten. Der See ist im Sommer ein beliebtes Ziel von Wassersportlern, die hier **Bootfahren** und **Wasserski** laufen. Entlang der Hauptstraße nach Chalous reiht sich an seinem Ufer ein **Restaurant** oder **Teehaus** ans nächste. Taxis pen-

Stausee von Karaj

deln regelmäßig zwischen Karaj und dem Erholungsgelände, am Wochenende und abends drängeln sich hier Scharen von Besuchern.

Hashtgerd

↗ IV/B2

Hashtgerd, eine Kreisstadt ca. 30 km westlich von Karaj an der Autobahn nach Qazvin, beherbergt eine interessante **Pilgerstätte,** die sich in den vergangenen Jahren wachsender Beliebtheit erfreut und im Vergleich mit anderen religiösen Plätzen in Iran völlig untypisch ist. Es ist die Ruhestätte von *Nour Ali Elahi* (1895–1974), dem **spirituellen Führer** einer Gruppe von **Ahl-e Haq** („Besitzer der Wahrheit"). Unter diesem Begriff fasst man die Anhänger von in West-Iran und Nord-Irak seit langem ansässigen **esoterischen Gruppen** zusammen, die in zahlreiche Untergruppen zerfallen. Die Richtung unter der Leitung von *Ostad* (Meister) *Elahi* stammt ursprünglich aus Djeyhounabad im kurdischen Bergland, zählt aber mittlerweile auch viele Anhänger in den Großstädten und auch unter den Iranern im Ausland.

Ihre Andachten und Meditationen haben auch starke musikalische Momente. Ostad Elahi ist als bedeutender Virtuose des Zupfinstruments der *tanbur,* einer ursprünglich zweisaitigen Laute, hervorgetreten. Aufnahmen seiner Musik sind auch in Europa erhältlich. Gegenwärtiger spiritueller Führer ist sein Sohn, *Dr. Bahram Elahi,* der als Mediziner in Paris praktiziert und lehrt.

Der Garten mit dem **Grabbau** heißt **Kuh-e Nour** und ist nur donnerstags und freitags zugänglich. Man erreicht ihn aus Richtung Karaj kommend ca. 200 m hinter dem ersten Kreisverkehr, wo ein Weg an Gärten entlang nach Süden abbiegt. Der Grabbau ist beeindruckend in seiner Klarheit und Schlichtheit. Auf einem quadratischen Innenraum, vollständig mit weißen Marmorplatten verkleidet, erhebt sich ein ebensolches Spitzdach, hoch in den Himmel strebend. Das Innere, im Gegensatz zu anderen Grabbauten in Iran, passt zum äußeren Eindruck: ein mächtiger Quader aus poliertem weißen Marmor, nur mit einem Tuch darüber; an den weißen Wänden hängen ein Porträt von Ostad Elahi und eines von seinem Vater *Hadj Ne'mat.*

Aus Richtung Karaj verkehren Minibusse und Taxis nach Hashtgerd von der großen Kreuzung am westlichen Ende der Kh. Beheshti. Mit dem Auto fährt man auf der Hauptstraße in Richtung Qazvin oder auf der Autobahn in gleicher Richtung, diese dann bei der Abfahrt Hashtgerd verlassen, unter der Autobahn hindurchfahren in Richtung Süden bis zum Kreisverkehr (s.o.) bei der Ortseinfahrt Hashtgerd.

078i Foto: hn

Die Provinzen am Kaspischen Meer

079i Foto: hn

Strandfischer bei Bandar Anzali

Holzhäuser an der Kaspischen Küste

Überblick

Kahle Gebirgshänge, ausgedörrte, wüstenartige Hochebenen im Zentrum und Süden Irans – vielfältige Vegetation und dichte Wälder am Nordabhang des Alborz-Gebirges: Krasser kann der Gegensatz von Klima und Vegetation auf nicht einmal 200 km Entfernung kaum sein.

Verursacht wird dieser Gegensatz durch die bis fast 6000 m aufragende Kette des **Alborz.** Sie trennt die **Küstenregion** des Kaspischen Meeres vom iranischen Hochland. An ihr regnen sich von Herbst bis Frühjahr niederschlagsreiche Wolken, die von Norden heranziehen, ab und sorgen im Südwesten für eine Regenmenge von bis zu 1600 mm/m² jährlich, die nach Osten hin bis zur Turkmenensteppe auf ca. 600 mm/m² abnimmt. Das Gebirge bildet eine deutlich spürbare **Klimascheide** zwischen feuchter, subtropischer Luft im Norden und trockenheißer Luft im Süden.

Nie wird der Verfasser dieser Zeilen vergessen, wie er im Sommer des Jahres 1979 an der Straße von Teheran nach Gorgan ausgerechnet einen Pilgerbus bestieg, der auf dem Weg nach Mashhad war. Kurz vor Amol, wo die Luft im Hochsommer oft Schweiß treibend ist, machte er seinen Oberkörper bis auf das T-Shirt frei. Was heute keinerlei Anstoß mehr erregen würde, trug ihm im Sommer nach der Revolution die vorwurfsvollen Blicke von gut 30 Pilgern ein.

Von Herbst bis Frühjahr sind die Gebirgspässe oft von Nebel und tief hängenden Wolken verhangen, die Uferregionen des Kaspischen Meeres, unter dem Spiegel der Weltmeere gelegen, waren noch bis ins 20. Jh. stark versumpft und galten als Brutstätte von Malaria und anderen Krankheiten. Die frühen Iraner gingen deshalb davon aus, dass nach dem Tode jenseits des Gebirges die Scheidelinie zwischen Hölle und Paradies verläuft. Der Damavand, mit 5671 m der höchste Berg westlich des Hindukusch, galt ihnen als Sitz der Götter. *Faridun* und *Zal,* Helden aus dem „Shahnameh", wuchsen im Schutz des Gebirges heran.

Aufgrund seiner **Fruchtbarkeit** ist der an einigen Stellen nur wenige Kilometer breite Küstenstreifen sehr viel stärker besiedelt als das Hochland. Wenn man die knapp 400 km lange **Küstenstraße** von Gorgan im Osten nach Rasht im Westen zurücklegt, hat man das Gefühl, die geschlossene Ortschaft nicht zu verlassen. Insbesondere die Provinz Gilan gilt als **Reiskammer** Irans, auch ausgedehnte **Zitrusplantagen** erstrecken sich zwischen Straße und Gebirge. In der Gegend um Lahijan wird seit Beginn des 20. Jh. auch **Tee** angebaut.

Seit dem Zusammenbruch der Sowjetunion hat ein neuer Wettlauf um die reichen **Erdöl- und Erdgasvorkommen** im Bereich des Kaspischen Meeres begonnen und zu Spannungen zwischen den Anrainerstaaten Iran, Aserbaidschan, Russland, Turkmenistan und Kasachstan über deren Anteile an den Rohstoffvorkommen geführt. Die wichtigsten iranischen **Häfen** sind Bandar

Gaz, Nowshahr und Bandar Anzali. Wirtschaftliche Bedeutung hat auch die Fischerei, vor allem der als Staatsmonopol organisierte Störfang, Grundlage für die **Kaviarproduktion.**

Bezüglich kunsthistorischer und architektonischer Schätze kann sich der Norden Irans nicht mit dem Zentrum oder dem Süden messen. Von hier aus wurden nur selten Reiche erobert und Hauptstädte gegründet. Außerdem setzt das feuchte Klima alten Baudenkmälern viel stärker zu als das trockene Hochlandklima. Für **Naturliebhaber, Wanderfreunde** und an der Vielfalt des Landes interessierte Reisende hat der Norden jedoch nicht weniger zu bieten als die anderen Landesteile.

Von Teheran aus gibt es **Flüge** nach Gorgan, Sari, Ramsar, Nowshahr und Rasht, **Überlandbusse** verkehren auf allen vier Hauptstrecken (nach Rasht, Chalus, Amol und Gorgan). Die reizvollste Möglichkeit, von Teheran in den Norden zu reisen (allerdings auch die zeitraubendste), ist die Fahrt mit der **Bahn** durchs Gebirge über Firuzkuh nach Gorgan: Auf einer Strecke mit **abenteuerlichen Windungen und Serpentinen,** Viadukten und Gebirgspässen geht es in elf Stunden ca. 1000 Höhenmeter hinauf und jenseits des Gebirges 2400 Höhenmeter wieder hinunter. Die Strecke verläuft noch genau so, wie sie vor über 60 Jahren unter maßgeblicher Mitarbeit deutscher

Ingenieure gebaut wurde. Bei Pol-e Veresk überspannt sie mit einer kühnen Stahlkonstruktion eine tiefe Schlucht.

Geschichte der Region

Der Islam erreichte die Gebiete jenseits des Alborz mit einigen Jahrhunderten Verspätung, die abgelegenen Gebirgstäler waren stets **Rückzugsgebiet für ethnische und religiöse Minderheiten.** Das Bergland von Dailam nordwestlich von Teheran z.B. war berühmt für seine Krieger, die zahlreichen Herrschern dienten. Die Dynastie der Buyiden (945–1055) stammte aus dieser Umgebung; sie herrschte über große Teile Irans und wurde auch vom Kalifen in Bagdad anerkannt. Bis zum Machtantritt der Safaviden 1501 hielten sich immer wieder unabhängige lokale Fürstentümer in dem unzugänglichen Gebirge. Bis nach Europa bekannt waren auch die Ismailiten, eine Richtung der Schia, deren iranischer Zweig unter *Hassan Sabah* mehrere Stützpunkte und Burgen in den Alborz-Bergen errichten ließ, von wo aus sie Anschläge ausführten. Noch heute gelten die Küstenbewohner für die Hochlandiraner als Sonderlinge. Nur über die iranischen Türken werden noch mehr Witze gemacht als über die „Rashtis", die Bewohner von Rasht und Umgebung.

Bis zum Beginn des 19. Jh. waren die Gebiete an der Kaspischen Küste recht unzugänglich, nur wenige, schwer gangbare Wege führten nach Norden. In der Pahlavi-Ära wurde das Gebiet auch verkehrsmäßig erschlossen: Eine **Bahnlinie** von Teheran zur südöstlichen Ecke des Kaspischen Meeres wurde gebaut. Mittlerweile verbinden **vier Straßen** Teheran mit den drei nördlichen Provinzen: Gilan im westlichen Teil der Küste, Mazanderan im Zentrum und die kürzlich hiervon abgetrennte Provinz Golestan im Osten. Zurzeit ist der Bau einer **Autobahn in Planung,** die nördlich von Teheran über 121 km nach Chalus führen soll. Mit insgesamt 40 Tunneln wird etwa die Hälfte der Strecke unter dem Gebirge verlaufen – was mehr für reiche Teheranis auf dem Weg zu ihrer Villa am Kaspischen Meer als für Touristen von Interesse sein dürfte.

Die Provinz Gilan

Überblick

Die Provinz Gilan erstreckt sich am **südwestlichen Ufer des Kaspischen Meeres** vom Grenzort Astara im Norden bis kurz vor Ramsar im Osten. Sie reicht vom östlichen Abhang des azerbeijanischen Berglandes über die ausgedehnte, fruchtbare Schwemmlandebene des Sefid Rud zum Nordabhang des Alborz-Gebirges.

Die im Süden und Westen hoch aufsteigenden Gebirge bilden eine nahezu unüberwindliche Barriere für die im Herbst und Winter von Norden heranziehenden Wolken. Dies sorgt für **ergiebige Regenfälle,** die die Provinz mit Niederschlagsmengen von über 1500 mm zur regenreichsten in ganz Iran macht. In Verbindung mit dem wasserreichen Mündungsdelta des Sefid Rud, der seinen Ursprung im westiranischen Bergland hat, bildet dies die ideale Umgebung für ausgedehnten **Reisanbau** und macht Gilan zur „Reiskammer" Irans. Daneben gedeihen Obst und Gemüse sowie Oliven in der Gegend um Rudbar. Reis wird auch in der Umgebung von Lahijan angebaut.

Die ausgedehnten **Bergwälder** des Talesh-Gebirges wurden zum Aufbau einer Holz verarbeitenden Industrie genutzt sowie zur Erzeugung von Papier. An der „Kaspiküste" bildet der **Fischfang** eine wichtige Einnahmequelle, der Hafen von Bandar Anzali ist Hauptstützpunkt des staatlichen Kaviarfangs und der Fischverarbeitung.

Die hier ansässige Bevölkerung spricht eigene **Dialekte** (Gilaki, Taleshi), die mit dem Persischen verwandt

081i Foto: hn

Herbstliche Bergwälder

sind. Bei den Taleshi ist Halbnomadismus noch anzutreffen: Nach der Schneeschmelze im Frühjahr ziehen viele von ihnen mit dem Vieh auf die Hochweiden. Eine Fahrt z.B. auf der Straße von Asalem im Tiefland nach Khalkhal in der Provinz Ardabil ist ein Erlebnis: Während in den Dörfern der Ebene der Reisanbau dominiert, nimmt die Bewaldung zu, je höher man kommt. Ab Ende September färbt die Natur die Laubbäume gelb, braun und rot. Ab etwa 1500 Höhenmetern bricht die Bewaldung abrupt ab, saftige Wiesen wachsen an den Berghängen. An der Passhöhe finden sich die Sommerhäuser der **Taleshi-Nomaden;** die früher gebräuchlichen Langhäuser, deren Holzgestänge mit farbenprächtigen Decken und Teppichen überzogen wurden, sind leider außer Gebrauch geraten, nur noch die „Skelette" säumen die Straße. Heute wohnt man im Sommer lieber in Holzhütten, bevor man im Herbst wieder in die tiefer gelegene und mildere Küstenebene zieht.

Früher war Gilan wegen seiner ausgedehnten Sümpfe und der damit verbundenen Krankheiten gefürchtet und im Herbst und Winter unwegsam.

Heute ist das Flussdelta reguliert, eine moderne Straße führt von Teheran durch das Tal des Sefid Rud und weiter bis Astara an der aserbaidschanischen Grenze.

Rasht

↗ III/C3

Mitten im Delta des Sefid Rud auf einer Höhe von 7 m unter NN, etwa 30 km von der Küste des Kaspischen Meeres entfernt, liegt Rasht, die **Hauptstadt** der am dichtesten besiedelten Provinz Irans. Die Stadt zählt knapp eine halbe Million Einwohner und soll schon in früher islamischer Zeit besiedelt gewesen sein, wenngleich keine Bauten aus dieser Epoche erhalten sind.

Die lokalen Herrscher während der **Sasasaniden-Zeit** waren als „Gilanshahs" bekannt; in einer Chronik aus dem Jahr 682 wird die Stadt bereits unter ihrem heutigen Namen erwähnt. Der Safavide *Shah Ismail* hielt sich als Jüngling in der Nähe von Rasht vor dem Zugriff des Turkmenen *Uzun Hassan* verborgen. Nach seiner Machtübernahme wurden Gilan und Rasht fester Bestandteil des Reiches. Während der Regierungszeit *Abbas' des Großen* ließ dessen Sohn *Safi* eine Moschee erbauen. Ab dem 17. Jh. geriet die Stadt in den Strudel des **russischen Vordringens** nach Iran und wurde mehrfach erobert, um 1666 für kurze Zeit von den Donkosaken des *Stjenka Rasin*.

Im 19. Jh. spielte Rasht eine wichtige Rolle als Handelsstadt und Mittelpunkt der landwirtschaftlich genutzten Umgebung. Die letzte russische Besatzung erlebte die Stadt nach dem Ende des Ersten Weltkriegs, als ganz Gilan in den Strudel der **britischen Intervention** gegen die russische Oktoberrevolution geriet. Dagegen kämpfte eine nationale Bewegung unter Führung von *Mirza Kuchek Khan,* die ihre Rückzugsgebiete in den dichten Wäldern hatte und deshalb „Djangali-Bewegung" genannt wurde. Die Briten mussten sich schließlich nach Bagdad zurückziehen. An Mirza Kuchek Khan erinnert noch heute ein Museum.

Am 21. Juni 1990 erschütterte ein katastrophales **Erdbeben** mit einer Stärke von 7,7 auf der Richter-Skala die Stadt und ihre Umgebung, mindestens 40.000 Menschen verloren dabei ihr Leben. Große Teile von Rasht wurden dem Erdboden gleichgemacht – umso erstaunlicher, dass heute kaum noch etwas von diesen Schäden zu sehen ist.

Von der früher in Rasht bedeutenden Seidenraupenzucht ist leider fast nichts übrig geblieben. Rasht ist heute ein bedeutendes Zentrum für den neu belebten **Handel** mit den Nachbarn im Norden.

Orientierung

Das **Stadtzentrum** befindet sich südlich des **Bazars** und wird im Norden begrenzt von der Kh. Shariati, im Osten von der Kh. Motahari und im Westen von der Kh. 22. Bahman. Die Straße aus Richtung Teheran bildet in ihrer Verlängerung, der **Kh. Imam Khomeini,** die Hauptachse des Zen-

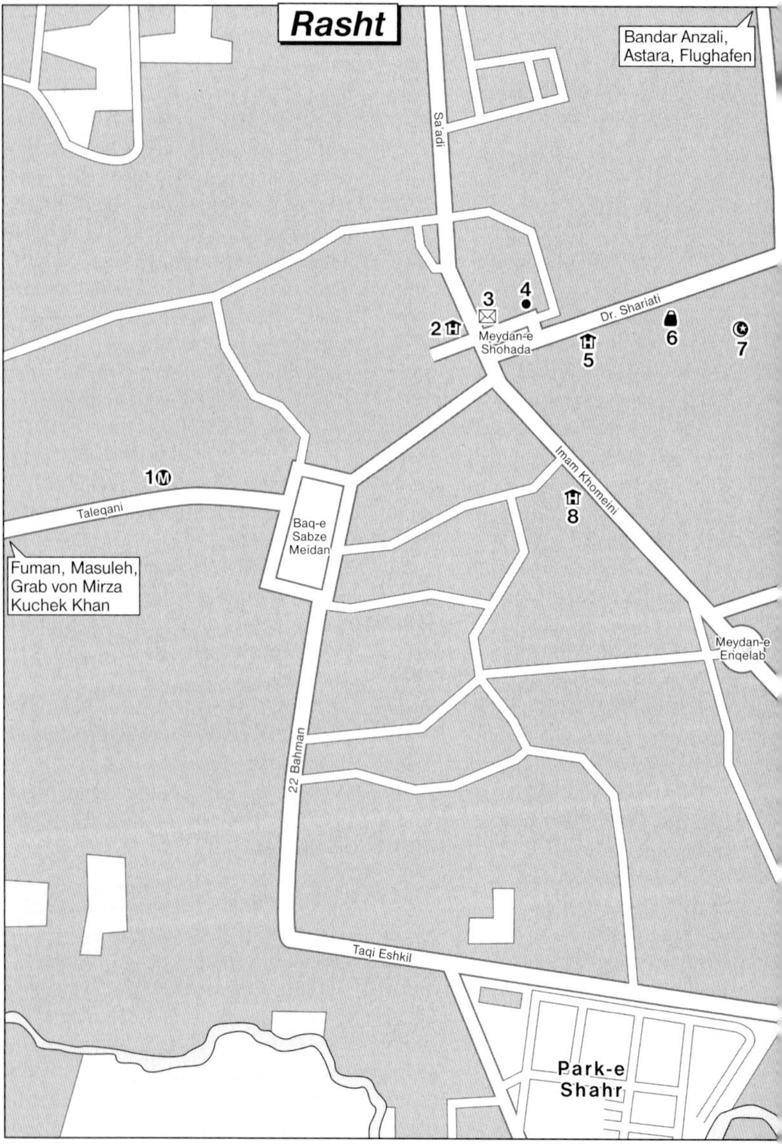
Rasht
Bandar Anzali, Astara, Flughafen
Sa'adi
Dr. Shariati
Meydan-e Shohada
1
2
3
4
5
6
7
8
Imam Khomeini
Taleqani
Baq-e Sabze Meidan
Fuman, Masuleh, Grab von Mirza Kuchek Khan
Meydan-e Enqelab
22 Bahman
Taqi Eshkil
Park-e Shahr

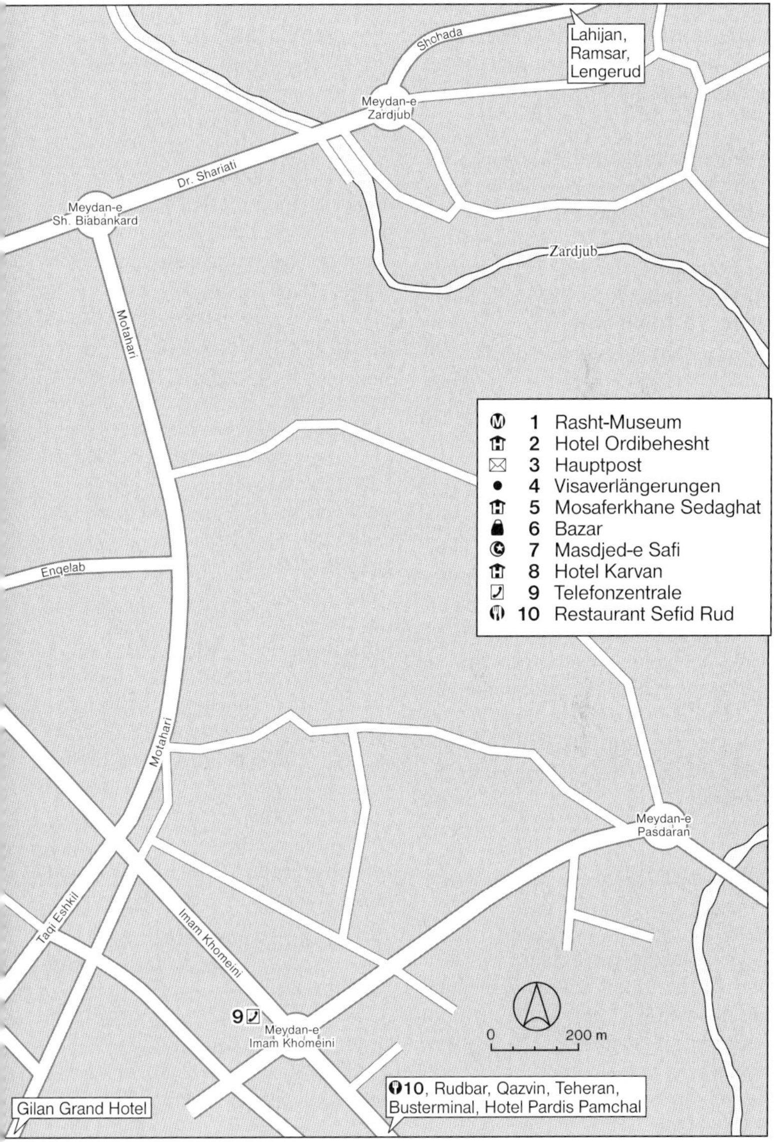
Shohada
Lahijan, Ramsar, Lengerud
Meydan-e Zardjub
Dr. Shariati
Meydan-e Sh. Biabankard
Zardjub
Motahari
1 Rasht-Museum
2 Hotel Ordibehesht
3 Hauptpost
4 Visaverlängerungen
5 Mosaferkhane Sedaghat
6 Bazar
7 Masdjed-e Safi
8 Hotel Karvan
9 Telefonzentrale
10 Restaurant Sefid Rud
Engelab
Motahari
Meydan-e Pasdaran
Taqi Eshkil
Imam Khomeini
9
Meydan-e Imam Khomeini
0
200 m
Gilan Grand Hotel
10, Rudbar, Qazvin, Teheran, Busterminal, Hotel Pardis Pamchal

trums. Aus Richtung Bandar Anzali im Norden und Lahijan im Osten erreicht man das Zentrum über die Umgehungsstraße und die Kh. Shohada.

Ankunft mit eigenem Fahrzeug

Aus Richtung Süden an der Stadteinfahrt immer geradeaus auf dem Bol. Imam Khomeini, die Umgehungsstraße überqueren und über Meydan-e Imam Khomeini und Meydan-e Enqelab bis ins Zentrum fahren.

Aus Richtung Osten auf der Jade-ye Lahijan bis zum Meydan-e Zardjub und nach Überquerung des Flusses geradeaus auf der Kh. Shari'ati bis ins Zentrum.

Aus Richtung Norden auf dem Bol. Ansari bis zum Meydan-e Ansari, dort links abbiegen und auf der Kh. Takhti bis zum Ende fahren. Links in die Kh. Shari'ati abbiegen und geradeaus bis ins Zentrum.

Aus Richtung Westen (Fuman/Masuleh) auf der Kh. Taleqani immer geradeaus bis zum Sabze Meydan fahren. An der nordöstlichen Platzausfahrt über die Kh. A'lam ol-Hoda ins Zentrum.

Sehenswertes

Bazar

Der Meydan-e Shohada nördlich des Stadtzentrums mit dem Gebäude der Stadtverwaltung, leicht an dem Uhrturm an seiner Westseite zu erkennen, ist der Verkehrsknotenpunkt von Rasht. Von hier aus sind es nur wenige Schritte zum Bazar südlich der Kh. Shari'ati, der stets prall mit den Schätzen Gilans gefüllt ist. Die Auslagen quellen über von Obst, Gemüse und Reis und natürlich von allen Sorten **Fisch,** die das Kaspische Meer zu bieten hat: Weißfisch *(mahi sefid),* Stockfisch *(mahi dudi),* Stör *(uzunburun)* und viele andere Arten werden angeboten. Kaviar ebenfalls, aber unter der Hand und man sollte genau prüfen, ob er frisch ist.

Baulich ist der Bazar keine Attraktion, während der russischen Besatzung ging er 1920 in Flammen auf und musste oft renoviert werden. Das bunte Treiben und das reichhaltige Angebot lohnen einen Besuch aber allemal.

Die **Safi-Moschee** im Bazarviertel südlich der Kh. Shari'ati stammt aus dem 17. Jh. Sie ist mehrfach renoviert worden und wegen ihrer schönen Verfliesungen sehenswert.

Museum

Das Museum von Rasht befindet sich 200 m westlich des Sabze Meydan in der Kh. Taleghani. Das dreistöckige Gebäude war früher im Besitz eines der Kampfgefährten von *Mirza Kuchek Khan.* Nach 1970 und nach Umbauten wieder seit 1989 zeigt es **archäologische Funde** aus Gilan und lokale **Trachten.**

- **Muze-ye Rasht,** täglich außer freitags von 8 bis 17 Uhr, April bis Oktober bis 18 Uhr, Eintritt 200 Tuman.

Grab von Mirza Kuchek Khan

Das Grab von Mirza Kuchek Khan liegt im südlichen Stadtteil Soleiman Sarab. Von der Kh. Taleghani folgt man der Kh. Sardar Jangal in südlicher Richtung und biegt etwa 400 m nach Überquerung der Stadtautobahn links in die Kh. Manzariye ab. Dort steht der achteckige, auf Säulen gestützte, **offene Pavillon** mit dem Grab des Nationalhelden. Der moderne, mit farbigen Ziegeln geschmückte Bau trägt ein für Gilan typisches Holzdach.

Volkspark

Von den Parks in Rasht ist der neu angelegte **Bustan-e Mellat** am Bol. Shahid Ansari der sehenswerteste. Dort hat man eines der für Gilan typischen **strohgedeckten Holzhäuser** auf Stelzen wiedererrichtet. Auch wurde in dem Park 2002 eine neue Sonnenuhr in Betrieb genommen.

Praktische Tipps

- **Telefonvorwahl Rasht:** 0131

Information

- **Tourist-Information:** Kh. Sa'di, neben der Filiale der Bank-e-Tejarat, ca. 5 Min. Fußweg vom Meydan-e Shohada, Tel. 22006, 22284.
- Die regionale Tourismusbehörde hat eine informative Seite (auf Englisch) unter **www. guilantourism.org.**

Geldwechsel

- **Mehrpooya Money Exchange,** in einer kleinen Gasse rechts vom Bol. Imam Khomeini, in der auch das Hotel Golestan liegt.

Post und Telefon

- Die **Hauptpost** liegt am Meydan-e Shoahada neben dem Polizeipräsidium, die Post- und Telefonzentrale **Refah** am Meydan-e Imam Khomeini.

Internetcafés

- Gegenüber dem Hotel Gilan Bozorg, weitere am Meydan-e Shohada.

Visumverlängerung

- Das Visum kann im **Polizeipräsidium** am Meydan-e Shohada verlängert werden.

Unterkunft

- **Gilan Grand Hotel (Kadous)** €€€, Bol. Azadi (Manzariye), Tel. 30991/2, Fax 30050, bietet saubere Zimmer und freundlichen Service für 70 US$ im DZ. Auch das Restaurant ist empfehlenswert, jedoch entfernt vom Zentrum.
- **Hotel Pardis** €€, Bol. Imam Khomeini, Tel. 31177, Fax 30997, an der Ausfallstraße nach Teheran.
- Zentraler liegen **Hotel Pamchal** €€, Meydan-e Mossala, Bol. Imam Khomeini, Tel. 43032/5 (DZ 30 US$), und **Hotel Ordibehesht** €€ am Meydan-e Shohada, Tel. 29210, Fax 29211, DZ 30 US$, auch mit ordentlichem Restaurant.
- In der Gegend um den Bazar gibt es eine ganze Reihe einfacher und preiswerter Gasthäuser, die aber in der Regel keine separaten Duschen haben, z.B. **Mosaferkhane Sedaghat** €, Kh. Shari'ati, Tel. 22911, oder **Mosaferkhane Karvan** €, Bol. Imam Khomeini, Tel. 22613.

Essen und Trinken

Eine Reihe von kleinen Restaurants gibt es in der Kh. Shari'ati und um den Meydan-e Shohada. Die **Gilaki-Küche** ist von allen iranischen Lokalküchen die reichhaltigste und abwechslungsreichste. Auch Vegetarier kommen hier auf ihre Kosten. Man versuche zu probieren: *baghalaghatagh* (ein Bohnen-Ei-Gericht) oder *mirza ghasemi* (Auberginenmus) und natürlich auch Fisch. *Fesendjan* (⇨Kap. „Reisetipps A–Z: Essen und Trinken") ist ebenfalls eine Spezialität; im Gegensatz zum übrigen Iran wird es hier nicht gezuckert und das Granatapfelmark schmeckt durchdringend sauer.

- Ein gutes Restaurant in Rasht liegt leider etwas außerhalb, an der Straße nach Teheran. Der Besuch lohnt sich aber in jedem Fall. Das

Das Kaspische Meer – halb See, halb Ozean

Über 1200 km lang, fast 500 km breit und bis zu 1000 m tief: Das Kaspische Meer ist der größte See der Erde. Er entstand vor ca. fünf Millionen Jahren als die Paratethys, ein riesiger, jungtertiärer Ozean zwischen dem Voralpenland und dem heutigen Aralsee, in Einzelbecken wie das Schwarze und das Kaspische Meer zerfiel.

Die zahlreichen später folgenden Eiszeiten speisten das Kaspische Meer immer wieder mit Frischwasser und sorgten dafür, dass neue Tier- und Pflanzenarten in die Region einwandern konnten. 370.000 km² Fläche bedecken die Wassermassen des Kaspischen Meeres heute. Zum Vergleich: Der Bodensee würde in dem riesigen Gewässer problemlos 650-mal Platz finden.

Der größte See der Welt liegt in einer geologisch gesehen hoch aktiven Zone. Die Anatolische und Iranische Kontinentalplatte schieben sich hier über die Eurasische Platte. Im Laufe von Jahrmillionen ist dabei beispielsweise das Kaukasus-Gebirge entstanden. Berge wie der Damavand reichen in Höhen bis zu 5671 Meter hinauf.

Ähnlich wie der einige Hundert Kilometer östlich gelegene Aralsee liegt das Kaspische Meer in einer Senke und zählt zu den am niedrigsten gelegenen Regionen der Welt: Seine Oberfläche liegt 28 m unterhalb des Meeresspiegels.

Mehrere mächtige Gebirge und Höhenzüge umrahmen das Kaspische Meer. Im Westen ragen die Gipfel des Kaukasus in den Himmel, im Süden und Osten setzen ihm das Elbrus-Massiv und das Ust-Urt-Plateau enge Grenzen. Im Norden dagegen geht das Meer fast nahtlos in das Kaspische Tiefland über. Dort gibt auch die Wolga ihre gewaltigen Fluten in einem flachen Delta ins Kaspische Meer ab. Fast 80% des Wassereinflusses in den Binnensee stammen aus dem mächtigen russischen Strom. Die Wolga bringt aber nicht nur Wasser, auch Schadstoffe wie Phosphate (120 Tonnen pro Jahr) und Nitrate (1500 Tonnen jährlich) gelangen in großen Mengen in den See und beeinflussen das empfindliche Ökosystem.

Ural, Emba, Terek oder Kur – insgesamt versorgen neben der Wolga noch weit mehr

Sefid Rud (Tel. 6663075) gehört zu einer Kooperative, die ihre Erzeugnisse aus Fischzucht, Rinderzucht, Geflügelfarm und Gemüseanbau direkt vermarktet. Im Restaurant werden all diese Köstlichkeiten angeboten.

Reiseagentur

- **Jam-e Jam Travel Service,** Bol. Imam Khomeini, Sakhteman-e Ziba, Tel./Fax 40950.

Verkehrsverbindungen

- Der **Busterminal** liegt im Süden der Stadt an der Ausfallstraße nach Rudbar. Ein weiterer, von dem Busse nach Osten, aber auch nach Teheran verkehren, befindet sich im Osten an der Ausfallstraße nach Lahijan.

Büros der Busgesellschaften (Ta'avoni 7 und 11) sind in der Kh. Sa'adi nördlich des Meydan-e Shohada und am Bol. Imam Khomeini (Ta'avoni Nr. 8).

- Der **Flughafen** von Rasht liegt ca. 5 km nördlich der Stadt an der Straße nach Bandar Anzali. Iran Air und Aseman Air bieten je einen täglichen Flug nach Teheran (Flugauskunft Tel. 727001). Vom Flughafen in die Stadt verkehren Taxis.

Iran Air: 97, Kh. Golsar (nördlich des Meydan-e Ansari), Tel. 7724444.

als 100 Flüsse das Kaspische Meer mit Süßwasser. Fast alle größeren von ihnen münden wie sie in den Nordteil des Kaspischen Meeres. Natürliche Abflüsse dagegen fehlen völlig. Ausschließlich Verdunstung und Niederschlag bestimmen deshalb neben dem Wasser der zuführenden Flüsse den Wasserspiegel.

Fast 100 Jahre lang – so konnten Hydrogeologen feststellen – nahm der Wasserspiegel des Kaspischen Meeres immer weiter ab. Zahlreiche Bewässerungsprojekte im Ober- und Mittellauf der Flüsse sorgten dafür, dass weniger Wasser in den See strömte, als durch die Verdunstung verloren ging. Er schrumpfte deshalb in diesem Zeitraum um mehr als zehn Prozent. Erst seit 1977 zeigt sich eine Trendwende. Seitdem steigt der Spiegel des Sees erstaunlicherweise wieder kontinuierlich an. 1995 hatte der Pegel des Kaspischen Meeres bereits wieder das Level der 1930er Jahre erreicht. Einige Forscher vermuten, dass durch die Klimaerwärmung vermehrt Schmelzwasser aus den Gebirgen in den See transportiert wird. Mittlerweile nimmt der Anstieg in einigen Gebieten bedrohliche Formen an; durch den Anstieg um ca. 120 cm innerhalb von 20 Jahren wurde fruchtbares Reisland überschwemmt. Auch große Müllhalden in der Gegend von Rasht, Chalus und Tonekabon liegen heute unter Wasser, was zu starker Verschmutzung geführt hat.

Das Tiefenwasser des Kaspischen Meeres wird nur sporadisch durch frisches, sauerstoffreiches Oberflächenwasser ersetzt. Zum letzten Mal erfolgte eine solche Tiefenwassererneuerung vermutlich um 1980. Welche Ereignisse diesen Wasseraustausch auslösen, ist heute noch weitgehend unbekannt.

Halb See, halb Ozean: Vom Salzgehalt her nimmt das Kaspische Meer eine Mittelstellung zwischen Süßwasser und Meerwasser ein. Die Salinität des Sees liegt bei 12,3 Promille im Gegensatz zu 35 Promille im Wasser der Weltmeere. Erstaunlich hoch ist dagegen der Sulfat-Gehalt des Sees. Schuld daran ist vermutlich unter anderem ein übermäßiger Düngemitteleinsatz in der Landwirtschaft der Kaspi-Region.

Bandar Anzali

↗ III/C2

Bandar Anzali, vor der Revolution Bandar Pahlavi genannt, ist der wichtigste iranische **Hafen** an der Küste des Kaspischen Meeres. Die Stadt liegt 20 m ü.N.N. am Rande einer ausgedehnten **Lagune** an der Mündung fünf kleinerer Flüsse. Fischerei-, Fracht- und Marinehafen sind um den Ausläufer der Lagune angelegt, der ebenfalls ins Kaspische Meer mündet. Zwei Brücken überspannen die Lagune und den Fluss Nahang Ruga. Am Interessantesten ist die Gegend um Bazar und Fischmarkt sowie die Hafenpromenade. Dort findet man noch zahlreiche der typischen Häuser mit hölzernen Vorbauten.

Schon im 16. Jh., als Qazvin für etwa ein halbes Jahrhundert die Hauptstadt des Safavidenreichs war, wurde von Bandar Anzali aus die in Gilan produzierte Seide nach Europa verschifft. Seit dem Ende des 18. Jh. war Bandar Anzali oft **von russischen Truppen besetzt,** zahlreiche russische und armenische Händler ließen sich in der

Stadt nieder. Schon 1832 betrug der Wert der aus Russland importierten Waren 2,2 Mio. Franc, für die damalige Zeit eine enorme Summe. 20.000 Personen reisten im Laufe des Jahres 1899 über Bandar Anzali nach Russland und Europa. Sie taten es dem qadjarischen Herrscher *Nasreddin Shah* gleich, der sich ebenfalls dort zu seiner berühmten Reise nach Europa einschiffte.

Schiffe der staatlichen Fischfangflotte in Bandar Anzali

Diese Vergangenheit prägt die Hafenstadt noch heute, sie war stets das Einfallstor für Modernisierungen in Iran. Schon 1838 wurde ein Schulamt eingerichtet, später eine Abendschule gegründet und 1918 die erste Mädchenschule in Iran eröffnet. Die Zeitung „Habl-ul-Matin" gibt für das Jahr 1908 ihre eigene Auflage mit 523 Exemplaren an; ein weit höherer Prozentsatz der Einwohner als im übrigen Iran konnte Lesen und Schreiben. Früher als in anderen Gegenden Irans gab es in Bandar Anzali eine Stadtverwaltung (1897), Telegraf und Postverkehr (1896) sowie Elektrizität (1876).

Das erste Kino wurde im Jahre 1899 eröffnet.

Die Stadt und der Hafen profitierten heute in besonderer Weise vom Zusammenbruch der Sowjetunion und den neuen Nachbarstaaten am Kaspischen Meer. Die Einwohnerzahl ist auf etwa 150.000 angewachsen.

Ankunft mit eigenem Fahrzeug

Von Rasht aus erreicht man die Stadt auf der Kh. Taleqani, die über die Ghazian-Brücke und die Kh. Takavaran zum Meydan-e Imam Khomeini führt. Aus Richtung Astara/Talesh kommend, führt die Kh. Motahari direkt zum Platz. Dort links halten und in Richtung Pier gehen.

Sehenswertes

Zwei Stahlbetonbrücken aus dem Jahre 1938 überspannen Lagune und Fluss: Die **Ghazian-Brücke** am Meydan-e Towhid ist 210 m lang, die **Anzali-Brücke** zum Stadtteil Miyanposhteh 127,50 m.

Die Hauptgeschäftsstraße von Bandar Anzali ist die Kh. Motahari. Die **Hafenpromenade** erstreckt sich auf beiden Seiten des Lagunenarms. Von der Anzali-Brücke kann man von den Bootsanlegern aus über ca. 500 m bis zum Meeresufer gehen.

Markt

Der tägliche Markt findet an der Straße statt, die die Kh. Takavaran mit dem Pier verbindet, direkt unterhalb der Brücke. Hier gibt es neben Obst und Gemüse auch *torshi,* sauer Eingelegtes, und vor allem Fisch. Frische Fische werden vormittags angeboten, *mahi dudi,* den berühmten **Räucherfisch** des Kaspischen Meeres, findet man ständig in den Geschäften unter der Brücke.

Rechts davon findet der große Samstagsmarkt *(shanbe bazar)* statt, eine Art **Riesenflohmarkt,** zu dem sogar Händler aus Aserbaidschan und Armenien kommen.

Bandar Anzali ist Stützpunkt der staatlichen Fischereiflotte und der Kaviarverarbeitung. Da **Kaviar** eine begehrte Ware und der Fang saisonal begrenzt ist, kann man nicht einfach eine Kaviarfabrik besichtigen. Genehmigungen müssen bei der Shilat, der staatlichen Fischereigesellschaft, in der Kh. Taleqani beantragt werden (Iran Fisheries, Dept. for Int. Relations, Tel. 021-650858, Fax 658229, shilat-intl@neda.net). Kaufen kann man Kaviar nur im offiziellen Shop gegen Devisen, auf dem Fischmarkt wird er jedoch schwarz angeboten. Hier sollte man vorsichtig sein und nur dann kaufen, wenn man sicher ist, dass die Ware frisch ist und die Gelegenheit besteht, sie kühl zu lagern. 100 Gramm der einfachen Sorte kann man für etwa 30.000 Tuman haben.

Miyanposhte-Palast

Der Miyanposhte-Palast in der Kh. Takavaran wurde 1928 anstelle eines bei einem Brand zerstörten zweistöckigen, hölzernen Palastes erbaut. Zwischen 1931 und 1969 diente er den Pahlavi-Herrschern als Unterkunft. Dann wurde er der Marine übergeben und ist seit 1977 **Marinemuseum.** Zur Dekoration gehören zahlreiche Kristallleuchter, unter den Decken sind kleine Statuen iranischer Dichter angebracht. U.a. sind Waffen seit der Safavidenzeit und Schiffsmodelle ausgestellt. Dazu gehört ein 28 m hoher Uhrturm, auch Minarett genannt.

- **Muze-ye Nazami-ye Irani,** täglich außer freitags 8–13 Uhr, Eintritt 100 Tuman.

Lagune

Die Lagune von Bandar Anzali nimmt eine Fläche von etwa 450 km² ein und gewährt Nistplätze für fast 150 Arten von Vögeln, u.a. **Ibisse, Reiher, Schwäne, Kormorane und Brachvögel.** Da das Wasser am Südufer des Kaspischen Meeres nie zufriert, nutzen viele **Zugvögel aus Sibirien** das ausgedehnte Schilfdickicht der Lagune als Unterschlupf während der Wintermonate. Eine Reihe von Unterständen zur Vogelbeobachtung wurde eingerichtet. Große Flächen der Lagune sind mit Seerosen bewachsen.

Für ausgedehntere Beobachtungen empfiehlt sich der Zugang über die Landseite mit Hilfe eines einheimischen Führers. **Bootsausflüge** starten von den Anlegern direkt unterhalb der Anzali-Brücke. Führer mit Motorbooten für bis zu fünf Personen berechnen, je nach Umfang der Tour, zwischen 8.000 und 15.000 Tuman, Dauer 45 Minuten bis 1½ Stunden.

Praktische Tipps

- **Telefonvorwahl Bandar Anzali:** 0181

Nützliche Adressen

- Filialen der **Bank-e Melli** und **Bank-e Sepah** am Meydan-e Imam Khomeini.
- **Post und Telefon** in der Kh. Navvab-e Safavi.
- **Internetcafés** in der Kh. Motahari.
- **Reiseagentur:** *Khazar Gasht,* Kh. Taleqani, Tel. 30988, Fax 30988.

Unterkunft

- Das **Hotel Kadoosan** €€ verlangt für ein ordentliches DZ mit Aussicht auf das Kaspische Meer 50 US$, Kh. Pasdaran, Tel. 43001/3.
- Das Strandhotel **Sefid Kenar** €€ liegt etwa 5 km außerhalb von Bandar Anzali an der Straße nach Astara direkt am Meer. Die Zimmer sind lange Zeit nicht renoviert worden. In der Nähe des Hotels kann man öfter Strandfischer bei der Arbeit beobachten. DZ 50 US$, Tel. 43032/5, Fax 42400.
- **Hotel Iran** €, Kh. Motahari, Tel. 22524, DZ 30 US$.
- **Mehmanpazira'i Hemmat** €, Meydan-e Emam, Tel. 23844. DZ 8000 Tuman, gutes Restaurant.

Essen und Trinken

- Das **Restaurant Guilan** in der Nähe der Stadtverwaltung hat einen armenischen Besitzer und eine schöne Auswahl an Fischgerichten, Tel. 22984.

Verkehrsverbindungen

- Einen Busbahnhof gibt es in Bandar Anzali nicht, die **Busse** verkehren von den Garagen der einzelnen Gesellschaften am Meydan-e Imam Khomeini.
- Vom Meydan aus verkehren ebenfalls **Sammeltaxis** und Minibusse nach Rasht sowie nach Ardabil und Astara.

Masuleh

↗ III/C3

Etwa 60 km südwestlich von Rasht liegt inmitten **dichter Bergwälder** in ca. 1050 m Höhe das Dorf Masuleh. Der Höhenunterschied im Dorf beträgt etwa 100 m, weswegen die Häuser am Hang übereinander gebaut sind. Die Dächer der unteren dienen als Aufgang zu den nächsthöheren. Das **Klima ist mild,** auch im Sommer steigen die Temperaturen selten über 25°C. Im Herbst und Winter regnet es häufig, weswegen das Dorf oft von Nebel eingehüllt wird. Angeblich sind die Häuser mit hellem Lehm verputzt, damit man sie auch im Nebel erkennen kann.

Die knapp 800 Einwohner sind **Taleshis,** die untereinanander ihre eigene Sprache sprechen. Reste einer früheren Siedlung, die offenbar aufgegeben wurde, befinden sich ca. 4 km südwestlich des heutigen Dorfes, ebenso die **heißen Quellen** von Zamzameh und Alizakhani, deren Wasser als heilsam gilt.

Masuleh eignet sich gut als Ausgangspunkt für **Wanderungen** in den Bergwäldern, wofür man sich am besten einen ortskundigen Führer nimmt.

083i Foto: hn

Gasse im Bergdorf Masuleh

Anfahrt

Von Rasht aus verkehren **Minibusse und Taxis** nach Fuman, von dort aus ist leicht ein **Sammeltaxi** nach Masuleh zu finden.

Mit dem **eigenen Fahrzeug** nimmt man von Rasht aus die Kh. Taleqani stadtauswärts und fährt bis Soumeh Sara, dort in Richtung Süden nach Fuman abbiegen. Die asphaltierte Straße endet in Masuleh, nur mit geländegängigem Fahrzeug kann man das Talesh-Gebirge auf der Straße nach Shahrud erkunden.

Unterkunft

- Wer länger die gute Luft und die schöne Umgebung genießen möchte, findet Unterkunft im **Hotel Monfared** € (Tel. 01864-3250/1, DZ 20 US$) am Ortseingang bei der Bushaltestelle. Hier gibt es auch ein **Dachrestaurant** mit schöner Aussicht auf das Dorf.
- Einige der Dorflbewohner vermieten **Fremdenzimmer,** am besten fragt man in einem der Teehäuser.

Lahijan

↗ III/D3

Lahijan ist die **Hauptstadt des Teeanbaus** in Iran und liegt malerisch an den Ausläufern der Dailaman-Berge. Vor der Gründung von Rasht war die Stadt einer der Hauptorte der Provinz Gilan. Heute lebt Lahijan von den landwirtschaftlichen Erzeugnissen der Umgebung, die hier gehandelt und verarbeitet werden, vor allem Tee.

Eine schöne **Legende** verbindet die Stadt mit der Frühzeit der Safaviden-Dynastie: Als Jugendlicher soll hier der spätere Shah *Isma'il* am Hofe eines Lokalfürsten Unterschlupf vor der Verfolgung durch *Uzun Hassan,* dem damaligen Herrscher der Qara Qoyunlu, gefunden haben. Als Uzun Hassan davon erfuhr, habe er den Fürsten aufgefordert, ihm Isma'il, vor dessen Ambitionen auf den Thron er sich fürchtete, herauszugeben, falls er sich auf seinem Boden aufhielte. Um dem nicht nachkommen zu müssen, habe man den kleinen Isma'il in einer an einem Baum aufgehängten Kiepe eine Zeit lang „aufbewahrt", bis er sich mächtig genug fühlte, die ihm ergebenen Qizilbash-Truppen zu sammeln und Uzun Hassan den Garaus zu machen.

Tee – das Hauptgetränk ist ein Import aus Indien

Wie überall zwischen China und Marokko wird Tee auch in Iran mit dem türkischen Wort *chai* bezeichnet. Tee ist heute das **Hauptgetränk** in Iran, das mehrfach am Tag genossen wird. Das ist jedoch nicht immer so gewesen, wie sich z.B. daran ersehen lässt, dass viele heutige Teehäuser noch immer *qahvekhane* (Kaffeehäuser) heißen, obwohl ausschließlich Tee ausgeschenkt wird. Erst ab dem Ende des 19. Jh. breitete sich der Teegenuss in Iran aus, wobei der Tee aus Indien und Ceylon importiert wurde. In Iran wurde der Teeanbau erst heimisch, als *Kashef os-Soltane* Anfang des 20. Jh. bei seiner Rückkehr aus Indien, wo er als Konsul gedient hatte, einige Teepflanzen aus dem Land schmuggelte. Später reiste er dann nach Japan und China, um sich in die Geheimnisse des Teeanbaus einweihen zu lassen.

In den **Teeanbaugebieten Gilams und Mazanderans** leben heute etwa 100.000 Menschen von der Arbeit in den Teeplantagen.

0R4i Foto: hn

Ankunft mit eigenem Fahrzeug

Aus Richtung Rasht kommend, folgt man einfach der Kh. Imam Khomeini, die direkt ins Zentrum von Lahijan um den Baq-e Melli führt. Aus Richtung Lengerud/Ramsar hinter dem großen künstlichen Teich am Ostrand der Stadt links halten und am Meydan-e Pasdaran rechts in die Kh. Imam Khomeini einbiegen. Linker Hand taucht dann der Park mit der überdimensionalen Teekanne auf.

Sehenswertes

Das **Mausoleum der vier Fürsten,** Boqe-ye Chahar Oliya, ist ein Grabbau, der vermutlich aus dem 13. Jh. stammt und die typische Bauweise für den Norden aufweist: ohne Kuppel, mit schön geschnitzten Türen und Sarkophagen. Der Weg zur Grabkammer führt über einen Iwan mit zwei Eingangstüren. Der Bau liegt südlich der Kh. Imam Khomeini am Meydan-e Sardar Djangal. Direkt gegenüber liegt ein historisches **Badehaus** das *Hamam-e Golshan,* auf der nördlichen Seite des Platzes die **Freitagsmoschee** von Lahijan aus dem 16. Jh. Das **Mausoleum von Mir Shams od-Din,** einem Sohn des 7. Imams der Schiiten *Musa al-Kazem,* befindet sich am Nordrand der Kh. Imam Khomeini. 100 m nördlich des Meydan-e Shohada zweigt eine kleine Gasse links zum Grabmal ab, das in seiner heutigen Form aus der Safaviden-Zeit stammt.

An der westlichen Stadtausfahrt am Ende der Kh. Kashef-e Gharbi führt eine noch gut erhaltene **Ziegelbrücke** aus dem 17. Jh. über den Lahijan Rud.

Unterkunft

- In der Regel wird man Lahijan auf der Durchreise oder im Rahmen eines Ausflugs von Rasht oder Ramsar aus besuchen. Wer über Nacht bleibt, ist mit dem **Lahijan Tourist Inn** €€ (Mehmansara-ye Lahijan) direkt am Westrand des Teiches von Sheitan Kuh (s.u.) gut beraten. Es ist malerisch und ruhig gelegen, das DZ kostet 45 US$, Tel. 0141-3051, Fax 3987.

Umgebung von Lahijan

Sheitan Kuh

Sheitan Kuh, der **„Teufelsberg",** ist ein bei den Einwohnern beliebtes Ausflugsgebiet am Ostrand der Stadt, gegenüber einem ausgedehnten, künstlich angelegten Teich. Ein ebenfalls künstlich angelegter Wasserfall führt Wasser von den Bergen herunter. Eindrucksvoll ist der Ausblick vom Gipfel des Berges auf die Teeplantagen an den Hängen und die Kaspische Ebene.

Der Weg zum Parkplatz auf dem Gipfel des Sheitan Kuh führt am östlichen Ende der Kh. Kashef am Grabmal von Kashef os-Soltaneh mit **Tee-Museum** vorbei (täglich außer Montag und an Feiertagen 8 bis 16 Uhr, April bis Oktober bis 18 Uhr, Eintritt 150 Tuman).

Wer sich länger in Lahijan aufhält, kann vom Sheitan Kuh aus Spaziergänge durch die **Teepflanzungen** und **Bergwälder** unternehmen.

Die überdimensionale Kanne ist das Wahrzeichen von Lahijan, Zentrum des iranischen Teeanbaus

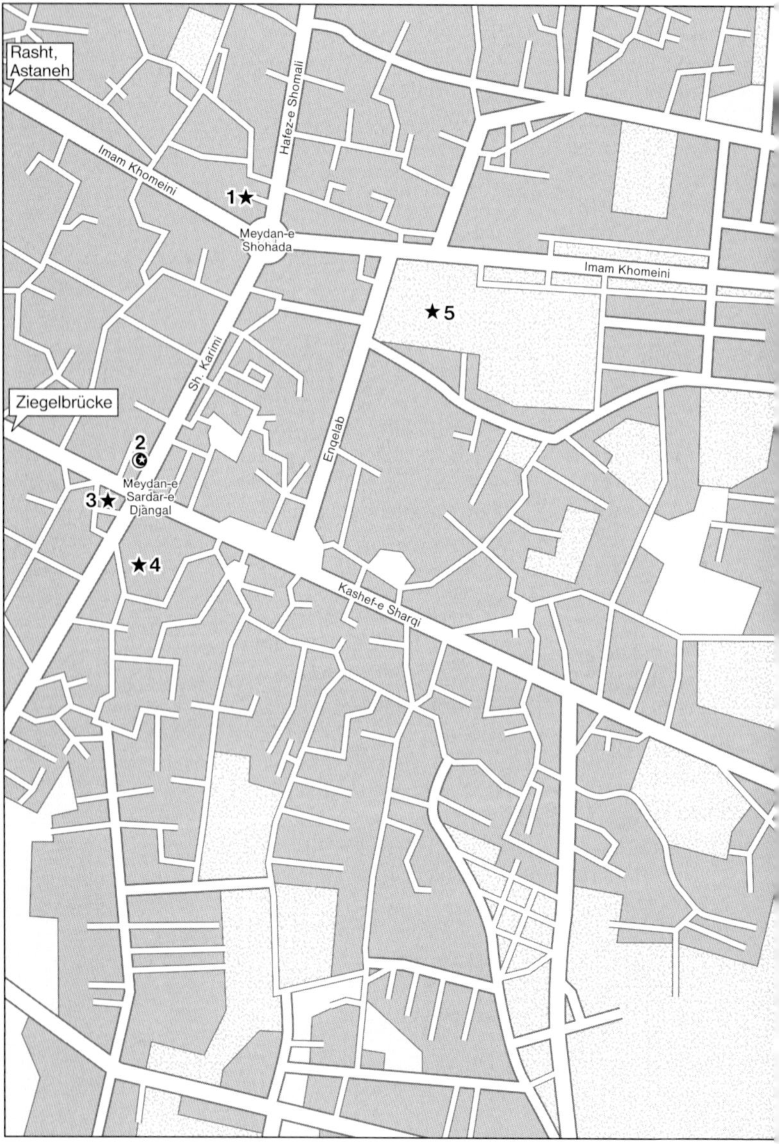
Rasht, Astaneh
Imam Khomeini
Hafez-e Shomali
1
Meydan-e Shohada
Imam Khomeini
5
Sh. Karimi
Engelab
Ziegelbrücke
2
Meydan-e Sardar-e Djangal
3
4
Kashef-e Sharqi

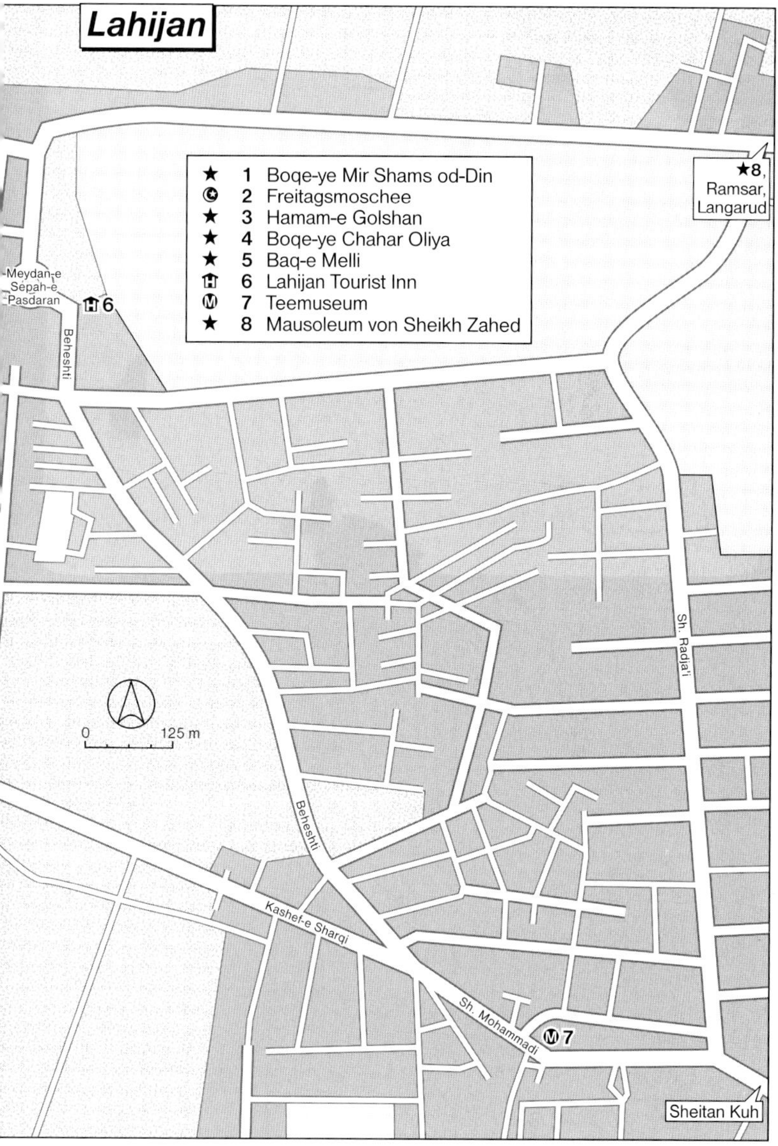
Lahijan
★ 1 Boqe-ye Mir Shams od-Din
2 Freitagsmoschee
★ 3 Hamam-e Golshan
★ 4 Boqe-ye Chahar Oliya
★ 5 Baq-e Melli
6 Lahijan Tourist Inn
7 Teemuseum
★ 8 Mausoleum von Sheikh Zahed
★8, Ramsar, Langarud
Meydan-e Sepah-e Pasdaran
Beheshti
Sh. Radja'i
0
125 m
Kashef-e Sharqi
Sh. Mohammadi
Sheitan Kuh

Mausoleum von Sheikh Zahed bei Lahijan

Mausoleum von Sheikh Zahed

Das Mausoleum von Sheikh Zahed liegt anmutig am Berghang inmitten von Teeplantagen südlich der Straße nach Ramsar. Mit seinem hoch aufragenden, mehrfach abgestuften, türkisfarbenen Spitzdach in der Form eines chinesischen Pavillons ist es weithin sichtbar. Unter diesem Dach ist der Sarkopharg eines wichtigen Gefährten *Sheikh Safis* vom Ende des 14. Jh. in einem schlichten quadratischen Grabraum untergebracht. An der Westseite führt eine Tür zu einem Anbau mit einem weiteren Grab. Das ziegelgedeckte Walmdach wird an drei Seiten von einem umlaufenden Säulenvorbau getragen.

100 m unterhalb des Bauwerks ist meist eine kleine **Teestube** geöffnet, in der der Besitzer selbst angebauten Tee serviert und in die Geheimnisse der Teeherstellung einführt.

Mausoleum von Seyyed Jalalod-Din Ashraf

Wer nach Rasht fährt, hat ca. 15 km nordwestlich von Lahijan in **Astaneh Ashrafiye** die Gelegenheit zur Besichtigung des in Gilan sehr verehrten Mausoleums von *Seyyed Jalalod-Din Ashraf,* eines Bruders des 8. Imams. Es geht in seinen Ursprüngen auf das 11. Jh. zurück und stammt in seiner heutigen Form mit dem ummauerten Hof, in dem noch eine Reihe weiterer Gräber untergebracht ist, vom Beginn des 20. Jh.

Die Provinz Mazanderan

Überblick

Mazanderan bildet den zentralen Teil der südlichen „Kaspiküste" und zerfällt in zwei Abschnitte: die dicht bewaldeten Nordhänge des Alborz mit der teils nur wenige Kilometer breiten Küstenebene und die von Westen nach Osten verlaufenden Ketten des zentralen Alborz mit ihren nur spärlich besiedelten Hochtälern.

Drei Hauptstraßen verbinden den südlichen Teil des Alborz und Teheran mit dem dicht besiedelten Küstenstreifen: Die *jade-ye Chalus* verläuft von Teheran nach Karaj und biegt dort nach Norden in Richtung Chalus ab, vorbei am Stausee von Karaj. Eine weitere führt von Teheran nordostwärts nach Rudehen, wo sie sich teilt in die *jade-ye Haraz,* die über Amol ans Kaspische Meer führt, und die *jade-ye Firuzkuh, die* weiter östlich über Pol-e Sefid bis nach Sari verläuft, der Hauptstadt der Provinz. Ab Firuzkuh ist sie identisch mit der Trasse der Eisenbahn nach Gorgan.

Der historische Name von Mazanderan ist **Tabaristan.** Aufgrund seiner Unzugänglichkeit war es die letzte Provinz Irans, die nach der arabischen Invasion islamisiert wurde. Die Herrscher der iranischen Dynastie der Bavandiden, die in verschiedenen Linien von 665 bis ca. 1350 regierten, trugen den Titel eines *Ispahbad* (Militärführer) oder wurden auch „Könige der Berge" genannt. Dies zeigt, dass sie zumeist von der Zentralmacht unabhängig waren. Oft wurden die mazanderanischen Städte von den Turkmenen der nordöstlichen Steppe angegriffen und verwüstet. Erst im 16. Jh. gelang den Safaviden die volle Integration dieses Gebiets ins iranische Reich.

Im 20. Jh. nahmen viele Orte einen Aufschwung durch die Förderung seitens *Reza Shahs,* der aus Alasht, einem Bergdorf im zentralen Alborz, stammte und sich deshalb für seine Heimatprovinz einsetzte.

Die wichtigsten Orte an der Küste sind Ramsar, Chalus/Nowshahr (heute praktisch zusammengewachsen), Mahmudabad und Babolsar.

Ramsar

↗ IV/B2

Das bekannteste Kurbad am Kaspischen Meer ist Ramsar, wo heilkräftige **Schwefelquellen** aus dem Berg austreten. Hier reichen die Ausläufer des Gebirges fast ans Ufer heran. Auf einem der Hügel ließ sich Reza Shah einen Palast bauen, in dessen Nähe später auch ein Hotel errichtet wurde. Während der Pahlavi-Dynastie war Ramsar ein **exklusiver Kurort,** bevölkert von den Reichen und den damals zahlreich vertretenen amerikanischen Beratern. Für sie ließ man einen Flughafen und ein Kasino bauen, das nach der islamischen Revolution umgehend geschlossen wurde. Gern hielt man hier Tagungen und Kongresse ab, so z.B. 1971 eine internationale Naturschutzversammlung, auf der die „Ramsar-Konvention", ein Übereinkommen zum Schutz von Feuchtgebieten, beschlossen wurde.

Der ehemals prunkvolle **Boulevard,** der vom Ramsar Grand Hotel aus über fast zwei Kilometer bis zum Kasino in Strandnähe führte, hat stark an Glanz eingebüßt und dient in den Sommermonaten als **Campingplatz** für diejenigen Urlauber, die keine andere Unterkunft finden oder sie sich nicht leisten können.

Reisfelder im Alborz an der Bahnstrecke von Firuzkuh nach Sari

Eine Reihe von hässlichen **Apartmenthochhäusern** zeugt davon, dass mittlerweile wieder Sommerurlauber nach Ramsar kommen, während der Ort in den ersten Jahren nach der Revolution mitunter wie ausgestorben wirkte. Die **Strandpromenade** selbst erstreckt sich vom ehemaligen Kasino in westlicher Richtung und ist vorwiegend in den Sommermonaten bevölkert, das Publikum kommt zumeist aus Teheran.

Zu besichtigen ist ein kleiner **Palast** aus der Pahlavi-Zeit hinter dem Ramsar Hotel. Der **Bazar** mit Fischmarkt befindet sich am westlichen Ende der Kh. Imam Khomeini.

Mineralquellen

Die bekannten Mineralquellen befinden sich in der Umgebung Ramsars, z.B. in den Dörfern **Javaherdeh, Katalam** und **Sa'adat Mahale,** wunderschön in den Bergen gelegen. Dazu mietet man am besten ein Taxi. Sa'adat Mahale eignet sich auch gut für **Wanderungen** in den Bergwäldern des Alborz.

Unterkunft

- Das bekannteste Hotel Ramsars ist das **Hotel Azadi** €€, auf dem Hügel über der Stadt gelegen, bestehend aus dem alten Grand Hotel und einem Neubau aus den 1960er Jahren. Es stammt noch aus der „guten alten Zeit" von Ramsar, als es noch Hyatt hieß, und verströmt auch wirklich den Geruch dieser Zeit. Außer in den Sommermonaten ist es meist leer und man verliert sich in dem großen Speisesaal, genießt aber eine tolle Aussicht auf den Ort. Unbedingt sehenswert: die 60er-Jahre-Sitzgarnituren im **Café.** Der Kellner erzählt gern Geschichten aus der Zeit, als er noch im Kasino gearbeitet hat!

Unter dem Eingang zum Altbau des Hotels befindet sich ebenfalls ein Café mit auf traditionell getrimmter Einrichtung.

Preise: 25/36 US$ (im Sommer) für ein EZ im neuen Trakt und 35 US$ im Altbau, der allerdings nicht immer geöffnet ist. Tel. 019252-23593/5, Fax 019252-25174, info@ramsarazadihotels.com, www.ramsarazadihotels.com.

Westlich des Hotels liegen einige Anlagen mit „Suiten", kleinen Ferienapartments, die manchmal auch für einzelne Nächte vermietet werden.

- Das **Hotel Khazar** €€ liegt in Strandnähe, ist einfacher als das Azadi, aber auch kaum billiger, Tel. 019252-5176/7.
- Daneben kann man auch zahlreiche **Privatquartiere** finden, entlang der Kh. Shahid Rajai, in Strandnähe oder entlang der Kh. Motahari. Sie sollten pro Nacht nicht mehr als 10 US$ kosten, im Sommer sind die Preise etwas höher.

Essen und Trinken

- Das **Gol-e Sorkh** in der Kh. Motahari bietet neben Kebabs auch Fisch.
- Das **Anahita** am anderen Ende der Stadt, gegenüber dem Teheran-Busterminal, hat eine ähnliche Auswahl.

Verkehrsverbindungen

- Der kleine **Flughafen** liegt östlich der Stadt und ist mit Taxis zu erreichen. Es gibt zwei Flüge pro Woche von und nach Teheran mit Aseman Airlines (Verkaufsbüro in der Kh. Motahari).
- Die An- und Abreise per Bus oder Auto ist wegen der schönen Strecke über die Berge und am Meer entlang vorzuziehen. **Busse** von/nach Teheran verkehren vom Terminal am östlichen Stadtrand, die nach Rasht am westlichen Stadtrand in der Nähe des Meydan-e Imam Khomeini.

Überwachtes Vergnügen: Baden im Kaspischen Meer

Für einen Strandurlaub ist das Kaspische Meer nur bedingt geeignet. Dies aus mehreren Gründen: Nur an wenigen Stellen ist der Strand sandig, zahlreiche aus dem Gebirge kommende Flüsse und Flüsschen bringen gerade im Frühjahr **Schwemmland und Geröll** mit und vielerorts werden auch Abwässer aus den zahlreichen Küstensiedlungen ins Meer geleitet. So erscheint das Wasser meist mehr **gräulich-trüb** als blau und zum Bade einladend. Außerdem sind weite Regionen der Küste im privaten Besitz von Hotel- und Feriensiedlungen und somit nicht öffentlich zugänglich.

Vor allem jedoch die **islamischen Sitten und Gebräuche** schmälern die Möglichkeit des für westliche Touristen klassischen Strandurlaubs. Beim Thema Baden in der Öffentlichkeit prallen scheinbare oder tatsächliche Gegensätze zwischen islamischer Tradition und „moderneren" Auffassungen besonders heftig aufeinander. Für einen strenggläubigen Muslim ist seine Frau oder Tochter schon nackt, wenn sie sich ohne Körperschleier oder Kopftuch in der Öffentlichkeit zeigt, weswegen dies auch am Strand nicht praktiziert werden kann.

Die Badefreuden am Kaspischen Meer, nicht umsonst früher „iranische Riviera" genannt, galten den religiösen Eiferern als unmoralische Sitte der verwestlichten Mittel- und Oberklasse. Unmittelbar nach der Revolution im Sommer 1979 fielen die islamischen Sittenwächter über alle Strände her, um die neuen Vorschriften durchzusetzen: öffentliches Baden nur noch nach Geschlechtern getrennt, Frauen nur mit islamischem Hejab. Dass den meisten dabei das Vergnügen am Baden verging, wundert nicht, vielleicht war gerade das erwünscht. Jedenfalls verfielen die meisten Strände und beleben sich erst langsam seit Beginn der 90er Jahre wieder.

Die islamischen Badesitten fördern das Schwimmvergnügen auch nicht gerade. Baden geschieht am Kaspischen Meer folgen-

Entlang der Küste nach Chalus

↗ IV/B2

Von Ramsar aus ist es nicht schwierig, sich mit Sammeltaxis oder Minibussen in kleinen Etappen entlang der Küstenstraße zu bewegen und in einigen Orten kurz zu verweilen. **Tonekabon** z.B., ca. 30 km östlich von Ramsar gelegen, ist ein bei den Iranern beliebter Urlaubsort. Von **Abbasabad** aus, 25 km östlich von Tonekabon, führt eine Straße über die Berge auf malerischer Strecke nach Kalardasht (s.u.). Weitere 20 km östlich bei der Ortschaft **Sangabrood** führt eine Seilbahn *(Telekabin)* die Berge hinauf zum **Waldpark von Namakabrood,** von wo aus man eine wunderbare Aussicht auf die Küstenebene und das Kaspische Meer genießt. Zur Seeseite hin liegt das Strandhotel Azadi (vormals Hyatt), vor der Revolution sehr beliebt bei der Teheraner Schickeria, heute nur noch ein schwacher Abglanz früherer Zeiten.

Chalus und seine Nachbarstadt **Nowshahr,** wo die Straße von Karaj ans Kaspische Meer stößt, ist eine bei

dermaßen: An jedem Strand gibt es einen **Sektor für Frauen,** abgetrennt durch weit ins Wasser hineinreichende **Vorhänge.** Dazu kommen ein **Wachturm,** auf dem ein weibliches Mitglied des „Komitees für Islamische Führung" auf die Einhaltung der islamischen Sitten achtet, eine Bademeisterin, ein Schild „Fotografieren nicht gestattet" und ein durch Sichtblenden verdeckter Eingang zum Badestrand der Frauen. Innerhalb dieses absolut sichtgeschützten Sektors dürfen die Frauen im Badeanzug baden. An der anderen Seite des jeweiligen Strandes, möglichst weit entfernt, gibt es eine ähnliche Einrichtung für die Männer. Dazwischen findet sich die Infrastruktur: Bootsverleih, mit Strohdächern überdachte Plätze, Sitzbänke, Spielplätze, öffentliche Telefone, Betraum, Polizeirevier, Kiosk und Toiletten. Die Einhaltung der strengen Sitten wird regelmäßig von Patrouillen überwacht und heutzutage ebenso häufig durchbrochen.

Die bei den Iranern zum Baden **beliebtesten Küstenabschnitte** liegen zwischen Fereydoonkenar und Babolsar, in Hosseini Sahel bei Nowshahr und in Zibakenar bei Kiashahr/Gilan.

Iranern beliebte Sommerfrische. Der Hafen von Nowshahr ist in den letzten Jahren zu einem wichtigen Umschlagplatz für den Seehandel mit den Anrainerstaaten des Kaspischen Meeres geworden. Daneben haben die Städte für Touristen nichts Interessantes zu bieten, wohl aber die Umgebung: Der **Wald von Sisangan,** 30 km östlich von Nowshahr, lädt zu ausgedehnten Wanderungen ein.

Kalardasht

↗ IV/B2

Etwa 30 km von Chalus entfernt an der Straße nach Karaj zweigt bei Marzanabad eine Straße nach Westen ab zum Tal von Kalardasht. Bei Ausgrabungen in den 1930er Jahren wurde hier der **„Schatz von Kalardasht"** gefunden, vermutlich ein Fürstengrab aus dem 10. Jh. v. Chr., mit wertvollen Grabbeigaben (heute im Museum in Teheran). Das **malerisch gelegene Dorf** ist ein beliebter Ausgangsort für Ausflüge im Sommer und Skiwanderungen im Winter.

Kalardasht liegt am nördlichen Abhang eines gewaltigen Gebirgsmassivs mit einem guten Dutzend **Gipfeln über 4000 m.** Die bekanntesten sind der Alam Kuh (4850 m) und der Takht-e Soleiman (4659 m, nicht zu verwechseln mit der historischen Stätte im azerbeijanischen Bergland). Von Kalardasht aus führt ein Höhenweg zu einem **Camp der Iranischen Bergsteigervereinigung** (*Mountaineering Federation,* ⇨„Praktische Reisetipps A–Z: Sport und Aktivitäten"). Zum Besteigen der Gipfel sollte man sich in jedem Fall an die Vereinigung wenden.

In den vergangen Jahren haben sich in Kalardasht viele vermögende Teheranis niedergelassen und **Sommerhäuser und Villen** erbaut, sodass es um die Ruhe früherer Jahre geschehen ist und die Aussicht auf die Berge von Apartmenthochhäusern verschandelt wird. Die Stadtverwaltung des Ortes hat eine Seite im Internet: www.kelardasht.com.

087i Foto: hn

Bergsee Valasht bei Kalardasht

See von Valasht

Noch weitgehend unberührt ist der in gut 1000 m Höhe gelegene **Bergsee** von Valasht. Man erreicht ihn von Chalus kommend, indem man ca. 4 km vor Marzanabad in Richtung Westen abbiegt über die sich in Serpentinen den Berg hinauf windende Straße, die die Dörfer Senarpa'in und Senarbala durchquert. Nach ca. 12 km schimmert das klare Wasser des Sees **türkisfarben.** Zwar gibt es keinen offiziellen Campingplatz, doch im Sommer ist der See ein beliebtes Ausflugsziel, an dem auch übernachtet wird.

Nur und Mahmudabad

↗ V/C2

45 km östlich von Nowshahr liegt der bei Iranern beliebte **Urlaubsort** Nur, wo es eine Reihe von Feriensiedlungen am Strand gibt. Drei Kilometer östlich von Nur ist der Eingang zum Djangal-e Nur, einem ausgedehnten **Waldgebiet,** in dem man schöne Wanderungen unternehmen kann. Von der Hauptstraße aus zweigt man rechts ab. Das Gelände wird im Sommer von Iranern gern als Campingplatz genutzt, neben einem Kiosk gibt es auch Trinkwasser und Toiletten.

Zwischen Nur und Mahmudabad, weitere 25 km östlich gelegen, ist der Strand des Kaspischen Meeres von **Fe-**

riensiedlungen gesäumt. Viele ortsansässige Familien vermieten in den Sommermonaten, wenn Scharen von Teheranis hier ihren Urlaub verbringen, ihre Häuser. An den Straßen sieht man dann oft Männer mit Schildern in der Hand, die ihre „Villa" anbieten. Mahmudabad ist in diesen Monaten ein lebendiger und bevölkerter Urlaubsort.

Von hier führt die Hauptstraße nach Süden über Amol, vorbei am Berg Damavand, nach Teheran.

Amol

↗ V/C2

Amol war schon unter der Dynastie der Taheriden im 9. Jh. Hauptstadt des weitgehend unabhängigen Gebiets von Tabaristan. Es besaß 25 km nördlich sogar einen Hafen an der Mündung des Flusses Haraz ins Kaspische Meer. Im 11. und 12. Jh. war Amol wegen seiner Glasarbeiten und der glasierten Fliesen berühmt. Beim ersten Mongoleneinfall 1220 wurde es be-

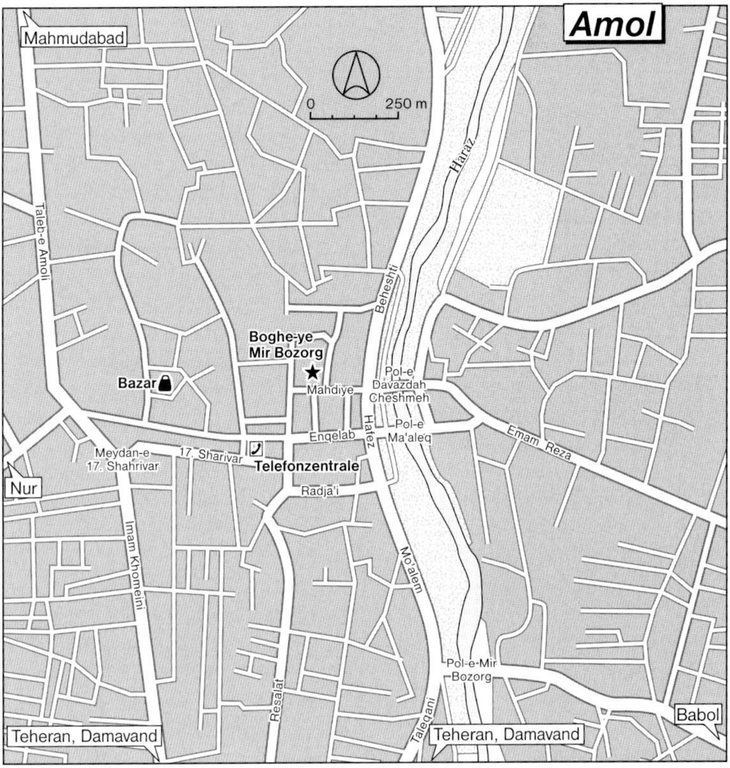

setzt und im 14. Jh. von den Truppen Timurs geplündert.

Seit in den 1930er Jahren die Hauptstraße von Teheran gebaut wurde, die bei Amol auf die Küstenstraße trifft, hat sich die Stadt zu einem Verkehrsknotenpunkt entwickelt. Auf dem Weg von Teheran zum Kaspischen Meer oder entlang der Küste lohnt sich ein kurzer Besuch durchaus.

Die Stadt liegt zu beiden Seiten des Flusses Rudkhnaneh-e Haraz, über den mehrere Brücken führen. Die beiden alten Brücken der Stadt stammen aus dem 17. Jh. Das Zentrum liegt auf der Westseite des Flusses nördlich des Meydan-e 17. Shahrivar, wo sich auch der **Bazar** befindet. In den kleinen Gassen gibt es noch eine Reihe **typischer alter Häuser** mit Steildächern und vorgebauten Veranden.

Am Sabze Meydan in der Nähe des Flusses liegt das **Mausoleum Mir Bozorg,** erbaut im 17. Jh. für das Oberhaupt einer in Amol wichtigen Familie anstelle eines im 15. Jh. von den Truppen Timurs zerstörten Vorläuferbaus. Der große quadratische Mittelraum weist noch schöne Fliesenverkleidungen und einen mit Schriftbändern geschmückten Mehrab auf.

Der **Grabturm Mir Heidar** (auch *Imamzadeye Se Tan*) liegt nördlich des Zentrums im Stadtviertel Pa'in Bazar. Der achteckige Grabturm aus Ziegeln mit Spitzdach stammt ursprünglich aus dem 12. Jh., ist aber kürzlich renoviert worden.

Verkehrsverbindungen

- **Busse und Taxis** in Richtung Osten und nach Teheran sowie in Richtung Mahmudabad findet man am Meydan-e Hezar Sangar im Osten der Stadt.

Babol

↗ V/C2

Auch Babol zählt zu den Küstenstädten mit langer Geschichte. Wie die meisten anderen hat sie sehr unter den Mongoleneinfällen des 13. und 14. Jh. gelitten. In der Stadt gibt es ein aus dem 15. Jh. stammendes Mausoleum, das **Imamzade-ye Qassem** mit einem auf 1483 datierenden Kenotaph.

Vier Kilometer östlich der Stadt an der Straße nach Kia Kela liegt das Dorf **Mohammd Taher** mit dem gleichnamigen **Grabturm** aus dem Jahre 1470. Er ist damit einer der letzten dieser Art, denn mit dem Aufkommen der Safaviden in Iran ab 1501 kam die Sitte der Beisetzung in Grabtürmen außer Gebrauch. Die Tür und das Grab weisen schöne Schnitzereien aus Holz auf.

Unterkunft

- Ein einfaches Hotel in der Stadt ist das **Marjan Hotel** € am Meydan-e Shahid Keshvari, Tel. 0111-2252186, Fax 2252188, DZ 30 US$.

Babolsar

Der Küstenort von Babol ist Babolsar, 20 km nördlich am Kaspischen Meer gelegen. Hier finden sich die am weitesten östlich gelegenen **Strände,** die relativ leicht von Teheran aus erreichbar sind. Die Stadt hat einen kleinen

Fischereihafen; in Strandnähe und in den umliegenden Dörfern gibt es einige Feriensiedlungen und Hotels.

Unterkunft

- Ein einfaches Hotel ist das **Hotel Michka** €, Bol. Saheli/Kh. Shari'ati, Tel. 01291-24856, Fax 21022, DZ 30 US$.

Sari

↗ V/C2

Sari liegt am Westufer des Flusses Tajan, über den die Hauptstraße nach Gorgan und Mashhad im Osten verläuft. Die **Hauptstadt** der heutigen Provinz Mazanderan hatte diesen Rang wahrscheinlich schon in der Sasaniden-Zeit. Nach der islamischen Eroberung Anfang des 8. Jh. wurde Sariye Hauptstadt der damaligen Provinz Tabaristan, bevor diese nach Amol verlegt wurde. Die Seidenproduktion, für die Sari im Mittelalter berühmt war, existiert schon lange nicht mehr. Im Laufe seiner Geschichte litt die Stadt wegen der Nähe zur Turkmenensteppe immer wieder unter **Einfällen von Nomaden.** Erst nach dem Ende des Ersten Weltkriegs und dem Machtantritt *Reza Shahs* wurden die Nomaden „befriedet" und die Städte Mazanderans erlebten einen Aufschwung, nicht zuletzt, weil der Herrscher aus dieser Provinz stammte. In den 30er Jahren des 20. Jh. wurde Sari an die Eisenbahn angeschlossen, in den 80er Jahren kam ein Flughafen dazu. Heute ist Sari eine lebendige Provinzmetropole mit ca. 200.000 Einwohnern.

Das Stadtzentrum ist die Gegend um den Meydan-e Sa'at, so genannt nach dem Wahrzeichen der Stadt, einem **Uhrturm** aus der Zeit Reza Shahs. Die Bazargassen zweigen links und rechts der Kh. Djomhuri-ye Islami ab. Die Hauptsehenswürdigkeiten von Sari sind einige alte Grabtürme aus dem 14. und 15. Jh.

Mit dem Auto aus Richtung Teheran kommend, erreicht man die Stadt auf dem Bolvar-e Pasdaran, in dessen Verlängerung man direkt zum Platz mit dem Uhrturm gelangt. Aus Richtung Gorgan führt nach der Überquerung des Tajan der Bolvar-e Taleqani über den Meydan-e Shohada direkt ins Stadtzentrum.

Sehenswertes

Ein Rundgang durch die engen Gassen des alten Sari lohnt sich wegen der für Mazanderan typischen Häuser mit Ziegeldächern und hölzernen Vorbauten. Wenn man immer rechts herum geht, kommt man irgendwann südlich des Uhrturms wieder auf die Hauptstraße.

Grabtürme

Wenn man vom Uhrturm aus in südwestlicher Richtung der Kh. Djomhuri-ye Islami in Richtung Südwesten folgt und nach ca. 100 m rechts abbiegt, erreicht man nach kurzer Zeit einen freien Platz mit zwei Sehenswürdigkeiten: Der runde **Grabturm des Sultans Zein al Abedin** mit modernem Anbau hat ein etwa 20 m hohes, achteckiges

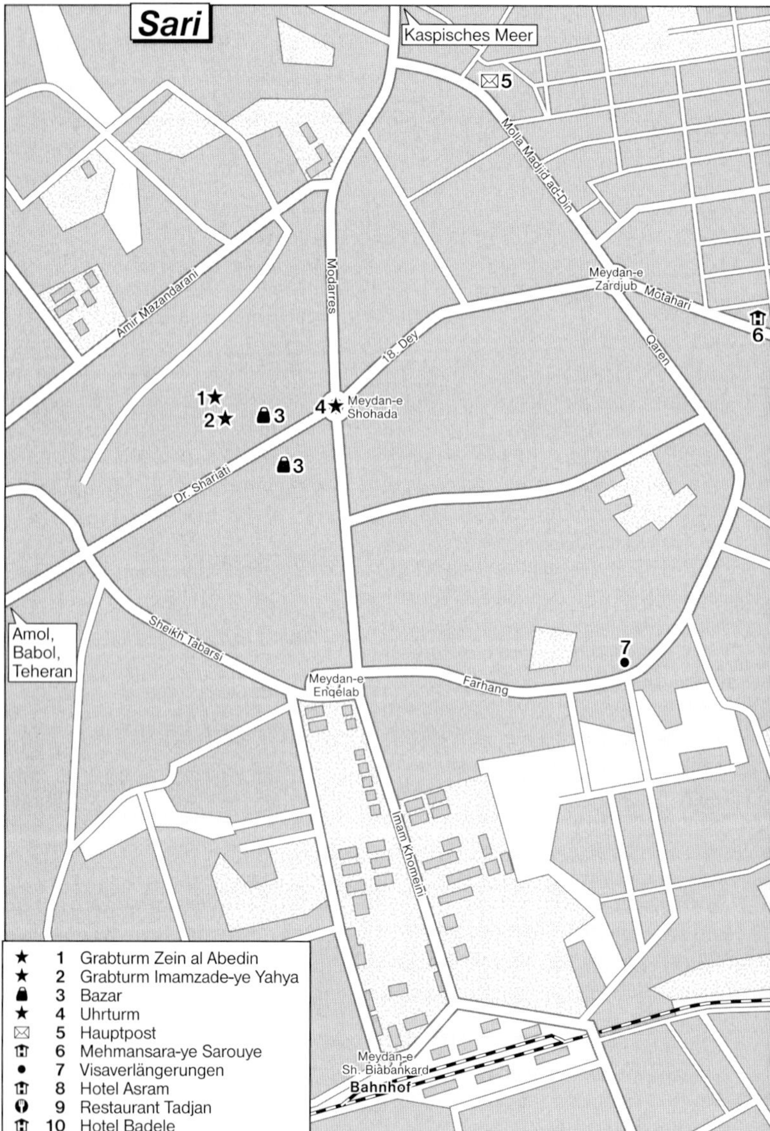
Sari
Kaspisches Meer
Amol, Babol, Teheran
Molla Madjid ad-Din
Meydan-e Zardjub
Motahari
Qaren
Modarres
Amir Mazandarani
18. Dey
Meydan-e Shohada
Dr. Shariati
Sheikh Tabarsi
Meydan-e Enqelab
Farhang
Imam Khomeini
Meydan-e Sh. Biabankard
Bahnhof
1 Grabturm Zein al Abedin
2 Grabturm Imamzade-ye Yahya
3 Bazar
4 Uhrturm
5 Hauptpost
6 Mehmansara-ye Sarouye
7 Visaverlängerungen
8 Hotel Asram
9 Restaurant Tadjan
10 Hotel Badele

Busterminal
Zardjub
8
Motahari
9
10, Flughafen, Gorgan, Mashhad, Imamzade-ye Abbas
0
200 m

Der Uhrturm – das Wahrzeichen von Sari

Spitzdach und ist einem der Söhne des 7. Imams gewidmet. Das Innere ist nicht besonders sehenswert.

Dahinter liegt der **Grabturm des Imamzade-ye Yahya,** ein interessant gestalteter Ziegelbau aus dem 15. Jh. Der quadratische Bau wird über vier Trompen in ein Achteck überführt, auf das das Spitzdach aufgesetzt ist. Unter den Trompen und unterhalb des Dachansatzes sind Nischen eingearbeitet, teilweise sparsam farbig verziert. Der schlichte Grabraum im Inneren hinter der neuen Holztür weist zwei Gräber auf. Eines davon ist mit Schnitzereien aufwendig verziert und mit einem grünen Tuch abgedeckt.

Das **Imamzade-ye Abbas** liegt links der Straße nach Gorgan auf der östlichen Seite des Flusses. Gut 500 m hinter der Brücke führt eine Straße zum Viertel Azad Gale. 150 m weiter liegt links der Eingang zu einem Freigelände, auf dem der Grabbau aus dem 15. Jh. mit den Gräbern von drei Heiligen steht. Der aus Ziegeln gemauerte Turm hat eine schön gestaltete Fassade und einen umlaufenden Moqarnas-Fries unterhalb des Dachansatzes. Das Dach ist achteckig und ebenfalls aus naturfarbenen Ziegeln gemauert. Der moderne Anbau mit Flachdach, der zur Versorgung der Pilger dient, stört den Gesamteindruck ein wenig.

Praktische Tipps

- **Telefonvorwahl Sari:** 0151

Nützliche Adressen

- **Touristinformation:** Kh. Khayyam.
- **Visaverlängerung** im Polizeipräsisdium in der Kh. Farhang.
- **Post:** in der Kh. Molla Majd od-Din, 300 m nordwestlich des Meydan-e Shohada.
- **Reisebüro:** *Golsar,* Meydan-e Shohada, Tel./Fax 39313.

Unterkunft

- Nahe dem Zentrum, einfach und preiswert ist das **Mehmansara-ye Sarouye** € am Bol. Taleqani gegenüber der Tankstelle, Tel. 47679, Fax 43280. Für das Einzelzimmer zahlt man 6 US$, für das DZ 9 US$.
- Das **Hotel Badele** €€ liegt etwa 10 km außerhalb an der Straße nach Neka, Tel./Fax 01598-254850, das DZ kostet 35 US$.

● Das ordentliche **Hotel Asram** €€ liegt in der Kh. Vali Asr, schräg gegenüber dem Terminal ein wenig abseits vom Zentrum, Tel. 55090/1, Fax 55092. Das DZ kostet 45 US$.

Essen und Trinken

● Restaurant **Tajan,** direkt an der Westseite der Brücke über den gleichnamigen Fluss.

Verkehrsverbindungen

● Der **Flughafen** liegt ca. 20 km östlich der Stadt an der Straße nach Behshahr/Gorgan. Er ist nur mit dem Taxi zu erreichen. Iran-Air-Büro: Bol. Azadi, Tel. 69402-3.

● Der **Bahnhof** von Sari findet sich südlich des Stadtzentrums in Fußweite. Der tägliche Frühzug aus Teheran kommt um 13:35 Uhr in Sari an, der Nachtzug von Teheran nach Gorgan nachts um 3:30 Uhr. Abfahrt von Sari in Richtung Teheran täglich um 15:20 bzw. 21:35 Uhr. Wenn man vom Bahnhofsvorplatz dem Bolvar-e Atesh in Richtung Norden folgt, gelangt man über den Meydan-e Mostazafin zum Meydan-e Sa'at.

● Der **Busterminal** liegt am Beginn der Umgehungsstraße (Kamarbandi) im Nordosten der Stadt nahe dem Westufer des Flusses. Minibusse nach Gorgan und in Richtung Kaspisches Meer verkehren vom Terminal an der Brücke. Von dort aus gelangt man mit dem Taxi in die Innenstadt.

Behshahr

↗ V/D2

Etwa 45 km östlich von Sari passiert man auf der Hauptstraße nach Gorgan die kleine Stadt Behshahr. Die reizvollen Hügel rechts der Straße erinnern ein wenig an Norditalien. *Abbas der Große* ließ hier die Stadt gründen und einen Palastbezirk erbauen. Heute ist davon lediglich der **Safiabad-Palast** übrig geblieben, etwa einen Kilometer östlich des Stadtzentrums auf einem Hügel gelegen und weithin sichtbar. Er liegt inmitten eines parkähnlichen Geländes, ein Fußweg führt von der Hauptstraße hinauf.

Behshahr ist per Zug von Teheran und Gorgan oder mit dem Sammeltaxi von Gorgan und Sari erreichbar.

Unterkunft

● Direkt im Zentrum gegenüber dem Park-e Mellat gibt es ein empfehlenswertes kleines Hotel, das **Miyankaleh Hotel** €, wo man auch gut und preiswert essen kann. Das EZ kostet 26.000 Tuman. Tel. 0152522-29161, Fax 22150.

Die Provinz Golestan

Überblick

Die Provinz Golestan bildet den Übergang des Küstentieflands am Kaspischen Meer zur **Turkmenensteppe** und der Landbrücke nach **Zentralasien.** Die Kette des Alborz flacht nach Osten hin merklich ab und geht über in das Kopet-Dagh-Gebirge. Im Norden grenzt die Provinz an **Turkmenistan,** Turkmenen stellen auch auf iranischer Seite einen Großteil der Bevölkerung. Golestan ist gegenwärtig die jüngste iranische Provinz, gebildet 1996 durch Abtrennung des östlichen Teils von Mazanderan.

Schon in **prähistorischer Zeit** siedelten Menschen am Nordrand des Alborz-Gebirges, was sich aus vielen **Siedlungshügeln** in diesem Gebiet ergibt. Der bekannteste ist Turang Tepe (20 km nordöstlich von Gorgan) mit den Resten einer Palastterrasse aus dem frühen 1. Jtd. v. Chr. Bei Kiaram in der Nähe von Minoudasht wurde eine urzeitliche Höhle mit Spuren menschlicher Besiedlung von vor 100.000 Jahren gefunden.

Für die Nomadenvölker Zentralasiens bildete diese Ebene im Lauf der Geschichte das bevorzugte Einfallstor für Vorstöße nach Iran. Deshalb wurde unter dem parthischen Herrscher *Mithridates II.* um das 1. Jh. v. Chr. zwischen dem Kaspischen Meer und den Ausläufern des Gebirges ein Wehrdamm in der Art der Chinesischen Mauer über fast 160 km errichtet, von dem heute nur noch bescheidene Reste nördlich von Gorgan zu sehen sind. Im Volksmund wird diese Anlage Alexander-Wall *(sad-e Eskandar)* genannt, obwohl sie mit dem Makedonen nichts zu tun hat.

Ähnlich wie die anderen Gebiete am Kaspischen Meer erfreute sich auch diese Region nach der islamischen Eroberung über lange Perioden einer relativen Unabhängigkeit von der Zentralregierung. Meist übten lokale Dynastien wie die Ziyariden (10./11. Jh.) die Macht aus. Erst unter den Safaviden wurden Gorgan und Umgebung fester Bestandteil des Reiches; so stammten die Qadjaren (1793–1925) aus der Turkmenensteppe.

Informationen über die Provinz Golestan (in Englisch) finden Interessierte auf der hervorragenden **Webseite** http://medlem.spray.se/davidgorgan.

Gorgan

⇗ V/D2

Gorgan, das alte **Astarabad,** war früher wie heute die **Hauptstadt** des Gebiets und liegt in einer Höhe von etwa 120 m. Um 720 wurde es von islamischen Truppen erobert. Wenn die Stadt heute modern erscheint, so liegt das an den zahlreichen Zerstörungen, die im Laufe der Jahrhunderte über sie hinweggegangen sind. Sowohl von den Truppen der Mongolen als auch von *Timurs* Heer wurde sie verwüstet; zahlreiche Erdbeben haben von der Stadt wenig übrig gelassen. Das letzte große Beben im Jahre 1928 zerstörte weite Teile. Seit der Gründung der Provinz Golestan hat Gorgan einen gewaltigen Aufschwung genommen. Es zählt heute über 200.000 Einwohner.

Gorgan lohnt vielleicht keine lange Anreise, aber zur Erkundung der überaus interessanten Umgebung kann man sich einige Tage in der Stadt aufhalten. Sie ist sicher keine Touristenmetropole, weshalb man bei Hotels und Restaurants Abstriche machen muss. Dafür bekommt man Einblicke in das typische Leben einer **aufstrebenden iranischen Großstadt.**

Das Zentrum Gorgans liegt beiderseits der Kh. Imam Khomeini zwischen dem gleichnamigen Platz und dem Meydan-e Shahrdari.

Ankunft mit eigenem Fahrzeug

Die Hauptstraße aus Sari erreicht Gorgan auf der Kh. Djomhuri-ye Eslami, die auf den Meydan-e Imam Khomeini trifft. Von hier aus hält man sich in nördlicher Richtung. Von Aliabad (Mashhad, Shahrud, Gonbad-e Kavus) kommend, nimmt man bei der Stadteinfahrt die Umgehungsstraße, folgt dieser bis zum Busterminal und biegt dann links ab in Richtung Stadtzentrum.

Anfahrt mit dem Zug

Die **Strecke von Teheran** nach Gorgan ist eine der **schönsten Eisenbahnstrecken des Landes.** Von Teheran aus verläuft sie zuerst in Richtung Osten, bevor sie beginnt, sich die anfangs noch kahlen Berge des Alborz hinaufzuwinden. Über Firuzkuh und Pol-e Sefid überspannt die Trasse etliche tief ausgeschnittene Täler. Bevor sie bei Qa'emshahr die Kaspische Ebene erreicht, passiert man Reisterrassen in 1500 m Höhe.

Sehenswertes

Bazar

Der Bazar von Gorgan liegt westlich der Kh. Imam Khomeini und ist nicht an einem großen Eingangstor oder überkuppelten Gängen zu erkennen. Er besteht aus einem Netz kleiner, meist nicht überdachter Gassen mit den für Nordiran typischen Häusern mit gedeckten Walmdächern und hölzernen Vorbauten. Für Gorgan typische Erzeugnisse sind z.B. die bunten **Kopftücher** der Turkmeninnen sowie deren **Teppiche** und **Sitzkissen** *(poshti)* mit schwarz-weißen Ornamenten auf rotem Grund.

Freitagsmoschee

Die Freitagsmoschee liegt inmitten des Bazars und geht in ihren ältesten Teilen auf die Seldjuqen zurück. Aus dieser Zeit stammt das kurze, turmartige Ziegelminarett mit Holzdach und Schriftband. Entsprechend der lokalen Bauweise sind auch die klassischen Partien der den Innenhof umlaufenden Trakte von einem Walmdach bedeckt. Inschriften im Hauptgebetssaal belegen Renovierungen im 17. Jh. unter den Safaviden, während der Mehrab noch aus der Ursprungszeit der Moschee stammt.

Imamzadeh Nur

Etwa 200 m westlich der Freitagsmoschee findet man den Bau des Imamzadeh Nur (auch *Imamzadeh Ishaq* genannt). Der **achteckige Ziegelbau** mit schönen Ziegelornamenten stammt aus dem 15. Jh. und soll die Begräbnisstätte eines Verwandten des 7. Imams, *Musa al-Kazem,* sein. Im Inneren stechen der Stuck-Mehrab und der prachtvoll geschnitzte Holzaufbau über der Grabstelle sowie die umlaufenden Schriftbänder hervor. Leider ist das ursprüngliche Dach zerstört; an dessen Stelle überdeckt ein modernes Blechdach das Bauwerk.

Museum

Das Museum von Gorgan liegt in der Kh. Shohada. Es bietet vorwiegend in der Umgebung gefundene Exponate aus Turang Tepe und Gonbad-e Kavus. Die ethnologische Abteilung repräsentiert Ausstellungsstücke aus dem **Alltags- und Nomadenleben.** Im Hof des Museums sind Grabsteine aus der Umgebung Gorgans ausgestellt.

- **Muze-ye Gorgan,** Tel. 33364, täglich außer montags und an Feiertagen von 8 bis 14 Uhr, Eintritt 200 Tuman.

Praktische Tipps

- **Telefonvorwahl Gorgan:** 0171

Nützliche Adressen

- **Post und Telefon:** Tel. 223839, Kh. 5. Azar, Sakhteman-e Baharestan.
- **Internetcafé:** *Pishrow Rayane,* Kh.Valiasr, Sakhteman-e Albesko, Tel. 2227955, Pishro-Gor gan@yahoo.com.
- **Reisebüro:** *Gorgan Tour,* Kh. 5, Meydan-e Vali-e Asr, Tel. 29079, Fax 24249.

Unterkunft

- Kürzlich eröffnet wurde das **Hotel Azin** €€ an der Straße nach Sari direkt hinter dem Ortsausgang. Die Lage an der vielbefahrenen Hauptstraße ist nicht gerade einladend. An der Rückseite ist es jedoch ruhig, die Zimmer sind ordentlich, das Restaurant ebenfalls. DZ 60 US$, EZ 45 US$, Tel. 4423004/5, Fax. 4420222.

- Das beste Hotel in Gorgan ist das **Tourist Inn** €€ in Nahar Khoran und das aus drei Gründen: Die Lage am Waldrand ist ideal, das Personal ist freundlich und hilfsbereit, die Zimmer wurden renoviert. Das wiegt den Nachteil der Entfernung vom Stadtzentrum (s.u.) bei weitem auf. Das Hotel verfügt auch über ein Restaurant. DZ 35 US$, Tel. 0171-5520034, Fax 5521278.
- **Hotel Tahmasebi Djadid** € an der Kh. Djomhuri-ye Islami verlangt für ein einfaches, aber sauberes DZ mit Dusche 20 US$, Tel. 23780.
- Das **Tourist Home** € am Meydan-e Kakh bei der Abfahrtsstelle der Minibusse in Richtung Gonbad ist billig, aber laut. Ein Zimmer (ohne Dusche) kostet 5 US$.

Essen und Trinken

- Das **Baba Taher** liegt etwas außerhalb an der Kh. Nahar Khoran hinter der Straßenbrücke; Tel. 2231334.
- Zentraler liegt das **Razi** am Meydan-e Vahdat (Shahrdari), hinter dem Einkaufszentrum Imam, Tel. 2224613.
- Ein **Eiscafé** liegt innerhalb des Stadtparks, ein weiteres direkt gegenüber dem Eingang in der Kh. Pasdaran.

Verkehrsverbindungen

- Der **Flughafen** von Gorgan liegt ca. 7 km nördlich der Stadt an der Straße nach Aq Qal'eh. In die Stadt verkehren Taxis. Aseman Airlines fliegt täglich von und nach Teheran. Büro von Aseman Airlines: Tel. 2244508.
- Der neue **Busterminal** von Gorgan befindet sich im Norden der Stadt an der Umgehungsstraße am Meydan-e Enqelab. Busse verkehren in Richtung Mashhad, Teheran, Rasht und Shahrud. In die Innenstadt verkehren Sammeltaxis. Dort fahren auch die **Minibusse** in Richtung Westen (Kord Koy, Sari). Minibusse nach Gonbad-e Kavus fahren vom Terminal am Bol. Jorjan ab.
- Der **Bahnhof** von Gorgan liegt im Nordwesten der Stadt unweit des Busterminals. Tel. für Reservierungen: 0171-2232587. Mit Taxis erreicht man die Innenstadt. Zugtickets können auch reserviert werden beim Reisebüro *Laleh*, Kh. Valiasr, gegenüber der Firma *Daroupakhsh Co.*, Tel. 0171-2227777.

Die Fahrt von Teheran kostet 3285 Tuman in der 1. Klasse, dauert aber elf Stunden und die Züge verkehren nur nachts. Es ist aber möglich, z.B. mit dem täglichen Morgenzug von Teheran bis Sari zu fahren und die Streckenabschnitte im Gebirge bei Tageslicht zu erleben. Ab Teheran 9:20 Uhr, an Sari 16:20 Uhr, einfache Fahrt in der 1. Klasse 1025 Tuman, Rückfahrt von Sari nach Teheran 20:35 Uhr, an 4:00 Uhr.

Ein täglicher Zug fährt von Gorgan nach Pol-e Sefid um 4:20 Uhr. Aktuelle Fahrpläne unter www.rajatrains.com.

Umgebung von Gorgan

Wälder von Nahar Khoran

In Iran ist Gorgan vor allem berühmt wegen der Wälder in seiner Umgebung. Das Gebiet von Nahar Khoran liegt etwa 10 km südlich des Stadtzentrums. Heute ist die jade-ye Nahar Khoran eine beliebte Wohngegend und die Stadt hat sich dicht an die Wälder herangefressen. Sammeltaxis verkehren zwischen dem Zentrum und Nahar Khoran und auch ein öffentlicher Bus ab Meydan-e Kakh. Insbesondere an Wochenenden ist es hier sehr bevölkert.

Rechts der Straße führen zahlreiche Wege in die teils **dichten Laubwälder,** die zu Rundwanderungen einladen. Hinweisschilder finden sich leider nicht, sodass man für ausgedehntere Wanderungen auf einheimische Führer zurückgreifen sollte. Die Wälder sind als **Jagdgebiet für Wildschweine** bekannt.

089i Foto: hn

Wanderer im Wald von Nahar Khoran

Am Ende der asphaltierten Straße gibt es eine Reihe von **Vergnügungsparks** und Restaurationseinrichtungen sowie zwei Hotels. Das erste direkt am Rondell gehört der Stadtverwaltung von Gorgan und ist nicht auf die Übernachtung ausländischer Touristen eingestellt; man wird hier in der Regel abgewiesen, wenn man Zimmer haben will. Das macht aber nichts, denn nur ca. 100 m dahinter liegt das *Nahar Khoran Tourist Inn* mit kürzlich renovierten Zimmern in ruhiger Lage direkt am Waldrand (⇨Unterkunft Gorgan).

Hezar Pich

Am westlichen Stadteingang von Gorgan biegt eine Straße nach Süden ab in Richtung Hezar Pich („1000 Kurven"). Nur wenige Kilometer außerhalb der Stadt windet sich die kurvenreiche Straße die Hügel hinauf, die früher bewaldet waren. Heute werden sie meist landwirtschaftlich bebaut. Von mehreren **Aussichtspunkten** hat man einen wunderbaren Blick auf die sich immer weiter ausdehnende Stadt.

Naturschutzgebiet Djahan Nama

Landschaftlich besonders reizvoll ist das mehr als 30.000 Hektar große Naturschutzgebiet von Djahan Nama, 25 km südwestlich von Gorgan. Der höchste Berg ist 3086 m hoch. Eine Vielzahl von Tieren und Pflanzen kommt in den teils dichten Wäldern vor. Für einen Ausflug nach Djahan Nama bucht man am besten eine Tagestour bei einem Reisebüro in Gorgan (s.o.) oder Kord Koy (z.B. *Ila Travel Agency*, Meydan-e Shahrdari, Tel./Fax 0173322-4695).

Shahkuh

Auch Shahkuh, das erste **„virtuelle Dorf"** Irans im Internet liegt in der Nähe von Gorgan. Auf Initiative eines aus dem Dorf stammenden Elektroingenieurs und mit Hilfe der Shahkuhis, die in die Stadt zum Studium gegangen waren sowie mit Unterstützung durch die Stadtverwaltung von Gorgan sind die meisten Dorfbewohner seit dem Jahre 2000 mit Computern ausgestattet. Die meisten können mittlerweile damit umgehen und einige von ihnen haben in Gorgan Geschäfte eröffnet. Die Webseite **www.shahkooh.com** zählt seit Beginn ihrer Präsenz über 900.000 Besucher. Über sie ist das Dorf viel einfacher zu erreichen als in der Realität: Shahkuh liegt ca. 60 km südlich von Gorgan sehr abgelegen in den Bergen. Im Winter wird es dort sehr kalt, weswegen viele Bewohner in tiefer gelegene Orte ausweichen.

In Qarnabad, 20 km südlich von Gorgan, sind gegenwärtig einige von ihnen dabei, die erste virtuelle landwirtschaftliche Bibliothek ins Internet zu stellen. Qarnabad liegt am Ende der Straße, die von Gorgan über Nahar Khoran nach Süden führt.

Aq Qal'eh und die Turkmenensteppe ↗V/D1

Für einen Ausflug in die Turkmenensteppe bietet sich ein Abstecher nach Aq Qal'eh und Bandar Torkaman an. Minibusse verkehren vom Busterminal in Gorgan. Wer sich in Gorgan ein Taxi für einen Tag mieten möchte, kann **Aq Qal'eh, Bandar Torkaman** und auch **Gonbad-e Kavus** bequem in einem **Tagesausflug** besuchen.

Aq Qal'eh, etwa 20 km nördlich von Gorgan, ist eine **typische turkmenische Kleinstadt** und ein kleines Zentrum für die umliegenden Dörfer. Einmal in der Woche am Mittwoch kommen die Bewohner der Umgebung zu einem großen **Markt** zusammen, wo sie ihre landwirtschaftlichen und Handwerkserzeugnisse zum Kauf anbieten. Farbenprächtige Tücher für die Frauen und Teppiche sind zahlreich und preiswert zu finden.

Sehenswert ist auch eine alte **Ziegelbrücke** über den Gorgan Rud, deren Gründungen im Flussbett noch aus der Seldjuqen-Zeit stammen. Der ca. 75 m lange Brückenkörper überspannt den Fluss mit vier Bögen und geht auf die Safaviden-Zeit zurück.

Alexander-Wall

Etwa 13 Kilometer nördlich von Aq Qal'eh entlang der Straße, die zur turkmenischen Grenze führt, sind an einigen Stellen noch Reste des so genannten Alexander-Walls zu erkennen. In einer Höhe von knapp einem Meter und ca. fünf Meter breit ragen Reste dieses **einst monumentalen Bauwerks** aus der Steppe empor. Ursprünglich waren in Abständen von 5 km Basteien zur Verstärkung angeordnet. An den meisten Stellen ist die Mauer heute überbaut und im Laufe der Jahrhunderte wurden die Ziegel als begehrtes Baumaterial verwendet. In Richtung Westen endet der „Wall" bei der Ortschaft Gomish Tape, ca. 5 km vor dem heutigen Ufer des Kaspischen Meeres, was ein Hinweis darauf ist, dass vor seiner Erbauung vor etwa 2000 Jahren der Wasserstand deutlich höher war (⇨Provinz Golestan: Überblick).

Bandar Torkaman ⇗V/D2

Bandar Torkaman ist neben Bandar Anzali einer der **Häfen** der staatlichen iranischen **Kaviarflotte.** Ein Teil des Seehandels mit der GUS und Turkmenistan wird ebenfalls hier abgewickelt. Er liegt gegenüber der Meerenge, die den Golf von Gorgan mit dem Kaspischen Meer verbindet und ist an die Eisenbahnlinie von Teheran nach Gorgan angeschlossen. Montags findet in der Stadt, ähnlich wie in Aq Qal'eh, ein großer **Turkmenenmarkt** statt.

Radkan

Auf der Rückfahrt nach Gorgan kann man kurz hinter Kordkuy noch einen Abstecher zum Dorf Radkan unternehmen. Östlich der Stadt zweigt eine Straße nach Süden ab, der man ca. 24 km bis zu ihrem Ende folgt. Auf einem Hügel am Rand des Dorfes liegt ein schlichter, **runder Ziegelturm,** 37 m hoch, mit einem kegelförmigen Dach. In seiner Bauweise ähnelt er dem berühmteren Turm von Gonbad-e Kavus und stammt auch aus einer ähnlichen Zeit (Baubeginn 11. Jh.), wie aus dem Inschriftenband unter dem Dach hervorgeht.

Gonbad-e Kavus ⇗VI/A1

Die heutige **„Turkmenenhauptstadt"** Gonbad-e Kavus hatte unweit der heutigen Stadt einen Vorläufer, der vermutlich Anfang des 8. Jh. unmittelbar nach der arabischen Invasion an einem nördlichen Ausläufer der Seidenstraße gegründet wurde. Ausgrabungen belegen, dass von hier aus Waren nach Russland und Osteuropa exportiert wurden. Dass dieses Gebiet eine erhebliche Bedeutung gehabt haben muss, ergibt sich aus den zahlreichen Funden von kunstvoller **Keramik,** von der hervorragende Beispiele im Museum für Glas und Keramik in Teheran zu bewundern sind.

Bedeutung hatte Gonbad auch als Regierungssitz der lokalen Dynastie der Ziyariden, für deren Herrscher *Qabus ibn Vashmgir* ein berühmter Grabturm erbaut wurde. Er galt als Förderer der Künste und verfasste selbst Gedichte – nicht selbstverständlich für einen Herrscher des 9./10. Jh. Sein Enkel schildert ihn in seinem Buch „Qabusname" aber auch als mordlustigen Mann.

Sowohl die Vorläufer des heutigen Gonbad-e Kavus als auch der von

Gorgan gingen im Ansturm der Mongolen unter. Die Bewohner scheinen zahlreiche ihrer Keramikgegenstände in größeren Gefäßen im Boden vergraben zu haben, bevor sie flüchteten. Zahlreiche Funde in der Umgebung von Gonbad lassen diesen Schluss zu. Reste des alten Djordjan wurden ca. 4 km südwestlich der heutigen Stadt ausgegraben.

Grabturm Gonbad-e Kavus

Der Grabturm ist die einzige Attraktion der Stadt – aber was für eine! Auf einem künstlichen Hügel errichtet, ragt der gewaltige, bis zur Spitze 52 m hohe Turm scheinbar bis in den Himmel. Er wurde im Jahre 1006 vollständig aus Ziegeln erbaut und ist angesichts seines Alters von ziemlich genau 1000 Jahren erstaunlich gut erhalten. Der Durchmesser verjüngt sich nach oben. Aus der Fassade treten zehn aufstrebende, prismatische Pfeiler heraus, das Spitzdach misst mit ca. 18 m etwa die Hälfte des Schaftes. Diese scheinbar einfachen, in Wirklichkeit genial zusammengestellten Komponenten machten diesen Turm zu einem heute noch sehenswerten **Vorbild für alle anderen Grabtürme** dieser Art in Iran. Die geniale Schlichtheit der Fassade

Turkmenische Frauen beim Teppichknüpfen

wird betont durch zwei umlaufende Schriftbänder in Kufi, eines etwa 7 m über dem Grund, ein weiteres unter dem Dachansatz. Sie erwähnen den Namen des Bauherrn und auch das Datum der Erbauung.

Das Innere der völlig schmucklosen Grabkammer ist zugänglich über eine Eingangstür mit Spitzbogen, der Durchmesser beträgt ca. 10 m. In welcher Form und ob *Qabus ibn Voshmgir*, verstorben 1012, hier überhaupt beigesetzt wurde, wird vermutlich niemals geklärt werden können. Natürlich gibt es Legenden darüber, wie z.B. die, dass der Leichnam in einem gläsernen Sarg an Ketten aufgehängt beigesetzt worden sei – Tatsache ist jedoch, dass auch Grabungen im Inneren der Kammer bis über 10 m Tiefe und in der Umgebung des Turms keinerlei Hinweise auf eine Grab erbracht haben.

- **Gonbad-e Kavus,** täglich 8 bis 17 Uhr, April bis Oktober bis 18 Uhr, Eintritt 150 Tuman.

Verkehrsverbindungen

- Man erreicht die Stadt von Gorgan aus mit **Minibussen** vom Terminal im Norden oder man lässt sich vom **Bus** nach Mashhad an dem großen Kreisel nördlich von Azarshahr absetzen und nimmt ein **Taxi** für die 12 km bis Gonbad.
- Es verkehren auch **Sammeltaxis** von und nach Gorgan und Busse nach Shahrud.

091i Foto: hn

Nationalpark Golestan

↗ VI/A1

Der mehr als 90.000 Hektar große Nationalpark Golestan, ca. 150 km östlich von Gorgan, hat der neugegründeten Provinz den Namen gegeben. Sein Vorläufer wurde schon ab 1958 errichtet und hieß vor der islamischen Revolution Nationalpark Mohammad Reza Shah. Er umfasst Höhen zwischen 600 und über 3000 m und beherbergt sowohl die Spezifika der Fauna und Flora des Kaspischen Meeres in seinem westlichen Teil als auch die der zentralasiatischen Steppen im östlichen. Deshalb weist er eine für Iran außerordentlich große Vielfalt von Pflanzen und Tieren auf. Durch die im Park eingerichteten überwachten Zonen ist der Tierbestand geschützt.

An Säugetieren sind z.B. **Bären, Gazellen** und der **Persische Ibex** vertreten. Es existiert eine große Vielfalt an Vögeln (Meisen, Spechte, Wachteln), auch **Raubvögeln** (Steinadler, Bussarde, Sperber, Lämmergeier).

Noch ist die touristische Infrastruktur des Golestan-Parks schwach entwickelt, für die **Übernachtung** sollte man Zelte und Essensvorräte mitnehmen. Zufahrt zum Park aus Richtung Gorgan über Minou Dasht und Galikesh, aus Richtung Mashhad über Bojnurd und Ashkhaneh. Da die Überlandbusse aus beiden Richtungen den Park durchqueren, kann man sie für die Anreise benutzen.

Ringen ist traditioneller Volkssport Nr. 1 – auch unter der turkmenischen Bevölkerung

092i Foto: hn

Die azerbeijanischen Provinzen und Ardabil

093i Foto: hn

Armenische Kirche Qarah Kelisa bei Chaldiran

Mädchen nach dem Broteinkauf

Überblick

Die **drei nordwestlichen Provinzen** Irans, West-Azerbeijan, Ost-Azerbeijan und Ardabil, bilden die Brücke zwischen den Gebirgszügen des Alborz und Zagros, dem Kaukasus im Norden sowie Pontus und Taurus im Westen. Das Hochland von azerbeijan hat ein ausgeprägtes **Kontinentalklima** mit Temperaturen bis zu -25°C im Winter und 40°C im Sommer. Durch die Gebirge des Sabalan (4811 m) und Sahand (3707 m) wird es in mehrere Becken untergliedert, von denen das größte das **Becken des Orumiyeh-Sees** ist. Nach der Küste des Kaspischen Meeres ist Azerbeijan die fruchtbarste und bedeutendste **Agrarregion** Irans.

Geschichte der Region

Aufgrund seiner Lage war dieses Gebiet seit dem 15. Jh. eine Puffer- und **Grenzregion gegen das osmanische und russische Reich.** Viele Völkerschaften sind hier durchgezogen; auch die iranischen Stämme des 10. vorchristlichen Jahrhunderts sind wahrscheinlich auf diesem Wege in den heutigen Iran gelangt. Einige, wie die heute dominierenden Türken, haben sich dauerhaft niedergelassen. Seit dem Vordringen der Russen über den Kaukasus im 18. Jh. lebt die **turksprachige Bevölkerung der Azeri** in zwei Gebieten: in Iran und in der früher zur Sowjetunion gehörigen und heute unabhängigen **Republik Aserbaidschan,** was zu gewissen Spannungen zwischen Iran und Aserbaidschan führt. Auf beiden Seiten der Grenze gibt es den **Traum von einem vereinigten Groß-Aserbaidschan.**

Der Name Azerbeijan geht vermutlich auf *Aturpat* zurück, einen Statthalter aus der Sasaniden-Epoche, der den Truppen *Alexanders des Großen* Widerstand entgegensetzte. Durchgesetzt hat sich die Bezeichnung erst seit der islamischen Zeit.

Die Provinz West-Azerbeijan

Überblick

Die Provinz West-Azerbeijan (Azerbeijan-e Gharbi) grenzt im Norden an die Berge des **Kaukasus** und im Westen ans **kurdische Bergland.** In ihrem Zentrum liegt das Becken von Orumiyeh mit dem gleichnamigen Salzsee, das für seine Fruchtbarkeit bekannt ist. West-Azerbeijan hat eine gemeinsame Grenze mit der **Türkei,** dem **Irak** und der Republik **Aserbaidschan** und stand aufgrund dieser Lage immer im Spannungsfeld zwischen vielen Reichen. Während des ersten vorchristlichen Jahrtausends erstreckte sich das Reich der kleinasiatischen Urartäer bis zum Orumiyeh-See, andere indoeuropäische Völkerschaften wie die Mannäer siedelten in seiner fruchtbaren Ebene. Heute sind die Einwohner überwiegend **türkischstämmig,** es gibt aber neben **Iranern** auch **Kurden** sowie wenige **Assyrer** und **Armenier.**

Orumiyeh

↗ II/A2

Die Provinzhauptstadt Orumiyeh, während der Pahlevi-Zeit auch *Rezaiye* genannt, liegt an der **Westseite des gleichnamigen Sees** inmitten zahlreicher Obstgärten in 1340 m Höhe. Es gibt Grund zu der Annahme, dass hier schon im 7./8. Jh. v. Chr. eine urartäische Siedlung bestanden hat, denn *Urmi* bedeutet auf urartäisch „Festung“. Obwohl über die vorislamische Stadt wenig bekannt ist, muss sie auch

094i Foto: hn

Assyrische Kirche in Orumiyeh

für die alten Iraner von Bedeutung gewesen sein, die Zarathustrier glauben, dass ihr Prophet hier geboren wurde.

In islamischer Zeit war Orumiyeh ähnlich wichtig wie Maragheh auf der anderen Seite des Sees und wurde oftmals von den sich abwechselnden Eindringlingen erobert. In unmittelbarer Nähe des Osmanischen Reiches gelegen, war es ab dem 16. Jh. ein ständiger Zankapfel zwischen Osmanen und Safaviden, ab dem 19. Jh. traten auch noch die Russen auf den Plan. Nach dem Ersten und Zweiten Weltkrieg fiel die Stadt wie fast ganz Azerbeijan unter türkische bzw. russische Besatzung.

In den letzten Jahrzehnten hat Orumiyeh sich stürmisch entwickelt, die landwirtschaftlichen Produkte der Umgebung werden in den Fabriken der Stadt verarbeitet, die heute etwa 700.000 Einwohner zählt.

Orientierung

Orumiyeh liegt ca. 10 km vom Ufer des Sees entfernt. Das Stadtzentrum befindet sich südlich des Meydan-e Velayat-e Faghih, begrenzt durch die Kh. Imam Khomeini im Westen und die Kh. Ayatollah Montazeri im Norden. Die historischen Bauten der Stadt liegen alle in diesem Bereich.

Ankunft mit eigenem Fahrzeug

Aus Richtung Süden (Mahabad) fährt man über die Kh. Ayatollah Montazeri bis zum Meydan-e Velayat-e Faghih im Stadtzentrum. Aus Richtung Osten (Orumiyeh-See, Bandar Golmankhaneh) über Bolvar-e 7. Tir und Kh. Vali Asr bis zur Kreuzung 17. Shahrivar, dort in Richtung Süden bis zum Meydan-e Velayat-e Faghih. Aus Richtung Norden (Khoy/Salmas/Flughafen) kommt man auf der Kh. Shohada bis zum gleichnamigen Platz und dann über die Kh. Motahari weiter bis zum Zentrum.

Grenzverkehr Türkei

Auch die Straße von der türkischen Grenze (Grenzübergang Serou, ca. 50 km nordwestlich der Stadt) erreicht Orumiyeh im Norden. Seitdem der Bürgerkrieg im türkischen **Kurdistan** beendet ist, ist der Grenzübergang mit dem eigenen Fahrzeug **normal zu passieren.** Er wird fast ausschließlich von iranischen und türkischen Staatsbürgern benutzt und hat keinerlei Infrastruktur (Unterkünfte, Restaurants u.Ä.). Da es **keinen grenzüberschreitenden Bustransport** gibt, ist man ohne eigenes Fahrzeug darauf angewiesen mitgenommen zu werden. Wer sicher gehen will, erkundigt sich beim türkischen Konsulat, Kh. Shahid Beheshti, Tel. 228970 *(konsulgari-ye torkiye).*

Sehenswertes

Bazar und Freitagsmoschee

Das bekannteste Bauwerk von Orumiyeh ist die Freitagsmoschee *(masjed-e djame)* im Bazarviertel. Man erreicht sie über die Kh. Ayat. Montazeri. Etwa 100 m südlich des Meydan-e Velayat-e Faghih zweigt von ihr die Kuche-ye Eqbali rechts ab. Nach weiteren 100 m führt eine kleine Gasse rechts zum Hof der Moschee, die nurmehr musealen Charakter hat.

Der von außen **schlichte Ziegelbau** geht auf das Jahr 1277 zurück, wahrscheinlich wurde er an der Stelle eines alten, sasanidischen Feuertempels erbaut. Prunkstück der Moschee ist der Mehrab-Saal mit einer **prachtvollen Gebetsnische aus Stuck.** Auch unter dem Kuppelrund verlaufen reich verzierte Schriftbänder aus Stuck.

Das Gebäude ist normalerweise geschlossen, den Schlüssel verwaltet der Besitzer des Imbisses links vom Hofeingang. Es ist allerdings schon passiert, dass er ohne schriftliche Genehmigung durch die *Miras-e Farhangi* nicht bereit war zu öffnen.

Der Bazar von Orumiyeh lohnt einen Spaziergang durch die engen, teils überkuppelten Gassen. Neben lokalen **Handarbeiten aus Holz** werden auch viele **türkische Waren** angeboten.

Se Gonbad

Nicht weit von der Freitagsmoschee liegt neben der Kh. Janbazan ein freier Platz mit einem **Grabturm,** genannt Se Gonbad wegen seiner drei Innenkuppeln. Der Bau vom Ende des 12. Jh. besteht aus einer unterirdischen Krypta mit separatem Eingang und dem eigentlichen Grabraum. Das Eingangsportal trägt aufwendige Stuckverzierungen mit Kufi-Schriftbändern, von denen eines den Monat Moharram 580 erwähnt, was dem Jahr 1184 entspricht.

Assyrische Kirchen

Früher lebte in Orumiyeh eine große Gemeinschaft von Armeniern und auch Assyrern, so genannten **chaldäischen Christen,** die schon im 3./4. Jh. aus Syrien und anderen Teilen des Römischen Reiches geflohen waren. Seit dem 19. Jh. wurden sie insbesondere von aus dem Süden nachrückenden kurdischen Siedlern verdrängt. Noch im Jahr 1966 wurde die Zahl der Armenier in der Provinz West-Azerbeijan mit etwa 4000 angegeben, die der Assyrer mit ca. 7000, davon gut 4000 in den ländlichen Gebieten. Mittlerweile sind sie auf ein paar Hundert Seelen zusammengeschmolzen, die in Orumiyeh und einigen umliegenden Dörfern wohnen. Wer immer kann, insbesondere die jungen Leute, geht nach Teheran oder ins Ausland.

Zwei der assyrischen Kirchen liegen in der Nähe des Stadtzentrums von Orumiyeh. Von der Kh. Imam Khomeini zweigt die Kh. Khayyam Djenoubi nach Süden ab. Nach ca. 100 m liegt rechts am Eingang einer Gasse die **moderne Kirche der assyrischen Protestanten.** Nach Klingeln an der Eingangstür wird meist geöffnet. Man freut sich über Besuch und ist gern bereit, auch auf Englisch über die Situation der Assyrer zu informieren.

Die bekannteste Kirche von Orumiyeh ist die **„Kirche der Heiligen Maria“** *(Kelisa-ye Maryam-e Moqadas).* Man folgt der Gasse bei der protestantischen Kirche, biegt links um die Ecke und erreicht nach ca. 100 m links den Eingang zum Kirchhof. Heute wird der moderne Kirchenbau zur Linken benutzt. Rechts daneben ist der Eingang zur alten Kirche, deren Dach nicht mehr vorhanden ist und deren Inneres keinen Saal enthält, sondern mehrere gedrungene Räume mit Gräbern und einer der Heiligen Maria geweihten Nische.

Orumiyeh-Museum

Das Orumiyeh-Museum in der Kh. Shahid Beheshti (gegenüber dem türkischen Konsulat) enthält in zwei Räumen **Fundstücke** aus prähistorischer, vorislamischer und islamischer Zeit, daneben auch **Kostüme** verschiedener iranischer Ethnien.

- **Muze-ye Orumiyeh,** täglich 8:30 bis 17 Uhr, April bis Oktober bis 18 Uhr, Eintritt 200 Tuman.

Praktische Tipps

- **Telefonvorwahl Orumiyeh**: 0441

Information

- **Touristinformation:** Kh. Ghods-Djenoubi, Tel. 45018/20. Man spricht Englisch und hat in der Regel auch einen Stadtplan.

Nützliche Adressen

- **Geldwechsel:** *Markazi Exchange,* Kh. Be'-sat, Tel. 32584; *Bank-e Melli,* Kh. Kashani.
- **Türkisches Generalkonsulat:** Kh. Shahid Beheshti, Tel. 228970.
- **Behörde für Umweltschutz** *(sazeman-e mohit-e zist),* Genehmigung für den Besuch der Kabudan-Insel, Tel. 40620.
- Die **Hauptpost** ist im südlichen Teil der Kh. Imam.
- **Telefonzentrale:** Kh. Imam an der Kreuzung Kh. Qods.
- **Reisebüro:** *Orum Tour,* Passaj-e Amiriye, Rasteh Gholam Khan, Kh. Imam Khomeini, Tel./Fax 220400.

Unterkunft

- Das **Hotel Sahel** €€ liegt im Südwesten der Stadt an der Umgehungsstraße (Bol. Val Fadjr) gegenüber einem Vergnügungspark. Für saubere Zimmer zahlt man für das DZ 60 US$. Tel. 369970/5, Fax 363267.
- Das staatliche **Mehmansara** €€ liegt südlich des Meydan-e Enqelab an der Kh. Kashani, das DZ kostet 50 US$.
- Nahe dem Stadtzentrum gelegen und sauber ist das einfache **Hotel Iran Setare** € in

der Kh. Janbazan, Tel. 354454, DZ mit Bad 8 US$.

- In der Nähe des Bazars liegt das **Hotel Reza** € in der Kh. Be'sat, Tel. 226580, DZ 20 US$.

Essen und Trinken

- **Darya-ye Nour** in der Kh. Taleqani, Tel. 50773, und **Tak Setare** in der Kh. Sh. Beheshti, Tel. 44281, bieten die üblichen Gerichte, aber nicht schlecht.

Verkehrsverbindungen

- **Flüge:** Der Flughafen liegt im Norden an der Straße nach Salmas. Es gibt einen täglichen Flug von Teheran mit Iran Air (Kh. Shahid Beheshti, Tel. 468400).
- **Busse und Minibusse:** Einige Busgesellschaften haben Verkaufsbüros entlang der Kh. Imam Khomeini, ansonsten am Hauptterminal am Bol. 7. Tir östlich der Stadt. Minibusse verkehren auch von dort, ansonsten auch vom Meydan-e Towhid (nach Norden und zur türkischen Grenze/Serou) sowie ab der Kreuzung Kh. 17 Shahrivar und Kh. Vali Asr (Richtung Bandar Golmankhane und Orumiyeh-See). In die Innenstadt verkehren Taxis.

Orumiyeh-See

↗ II/A2

Der Orumiyeh-See ist der größte der für Iran typischen abflusslosen Seen. Seine Ausdehnung beträgt ca. 135 km in Nord-Süd- und zwischen 15 und 50 km in Ost-West-Richtung. In einer Höhe von ca. 1300 m gelegen, wirkt er wie eine große Wanne, in die alle Flüsse der umliegenden Berge ihre Wasser ergießen. Sein **Salzgehalt** beträgt **bis zu 30%,** verursacht durch die von den Flüssen mitgeführten Salzlösungen und die starke Verdunstung im Sommer. Bis auf Plankton ist biotopisches Leben im See nicht möglich. Am Ostufer des Sees wird an einigen Stellen, z.B. bei Khaneqa (zwischen Azarshahr und Adjabshir), in Lagunen **Salz gewonnen.**

Der Wasserstand schwankte im Lauf der Geschichte stets: 1961 lag der Pegel etwa 5 m unter dem des Jahres 1911, während 1969 ein Höchststand zu verzeichnen war. Im Durchschnitt hat der See eine Tiefe von 8 m, die tiefsten Stellen sind um 15 m. Die Fläche schwankt um 5500 km². Damit ist er immer noch ca. **zehnmal so groß wie der Bodensee.** Sowohl Wasserstand als auch Salzgehalt sind in erster Linie abhängig von den Niederschlägen und der daraus resultierenden Einleitung durch seine Hauptzuflüsse, Aji Chai und Zarrin Rud.

Der **Schlamm** am Ufer gilt als **heilsam** gegen Rheuma, verschiedenste Hautkrankheiten und Ekzeme. Bei Sharaf Khaneh am Nordufer (⇨Ost-Azerbeijan) und Golmankhane (20 km östlich von Orumiyeh) gibt es **Strände und Unterkünfte** für Heilbäder. Das Schwimmen im See ist einfach und entspannend, weil der Körper vom Wasser getragen wird, das man jedoch nicht schlucken sollte.

Berühmt sind die **Früchte,** die in den Uferebenen angebaut werden. Anbau und Trocknung von Weintrauben und auch die Zubereitung von **Wein** sind hier seit Jahrtausenden bekannt. In Maragheh, Orumiyeh und anderen Städten gibt es große Fabriken zur Weiterverarbeitung des Obstes. Daneben spielen auch Anbau und Verarbeitung von **Zuckerrüben** eine große Rolle.

095i Foto: hn

Inseln

Im südlichen und westlichen Teil des Sees gibt es eine Reihe von Inseln, von denen nur die **Djazire-ye Kabudan** (Blaue Insel) bewohnt ist. Hier soll 1265 *Hülägü,* der Enkel von *Dschingis Khan* und Begründer des Reichs der Il-Khane, zusammen mit dem Reichsschatz und seinen Konkubinen begraben worden sein, weswegen das Eiland bei den Iranern als „Schatzinsel" gilt.

Die Inseln sind Irans größtes **Vogelschutzgebiet.** Hier finden sich Adler, Flamingos, Störche, Pelikane, Reiher und zahlreiche Entenarten, die nicht gejagt werden dürfen. Vor einigen Jahren wurden auch **Gazellen, Steinböcke** und **Wildziegen** ausgesetzt.

Für Touristen ist der Besuch nur mit einer Sondererlaubnis der iranischen Umweltschutzbehörde möglich, die in der Regel nur beim Vorliegen von besonderen Gründen und erst einige Tage nach Beantragung erteilt wird (zu beantragen bei der Behörde für Umweltschutz, ⇨Orumiyeh, oder über eine iranische Tourismusagentur).

Fähre zum Ostufer

Mit dem eigenen Fahrzeug kann man auf dem Weg nach Tabriz den See mit der Fähre überqueren. Sie verkehrt zwischen **Bandar Golmankhaneh** 20 km östlich von Orumiyeh und **Bandar Aq Gonbad** am Ostufer. Die Fähre legt immer ab, wenn sie voll ist. Auch die meisten Sammeltaxis zwischen Orumiyeh und Tabriz verkehren auf dieser Route, für die eine Brücke über den See in Planung ist.

Prähistorische Siedlung von Hasanlu

↗ II/A3

Hasanlu und seine Umgebung (Hajji Firuz Tepe, Dalma und Pisheli Tepe) sind einer der wichtigsten iranischen Fundorte aus der Zeit vor den Achämeniden. Inmitten einer fruchtbaren Ebene südlich des Orumiyeh-Sees gelegen, geht die Besiedlung der Gegend auf das 6. Jtsd. v. Chr. zurück. Unter einem Hügel von etwa 25 m Höhe und 200 m Durchmesser liegen noch große Teile der **prähistorischen Siedlung** verborgen. Die Grabungen amerikanischer Archäologen ab 1957 haben hier vor allem die **Reste einer Zitadelle** freigelegt, die auf den Resten früherer Gebäude errichtet worden war.

Um das 10. Jh. v. Chr. war Hasanlu von indoeuropäischen Mannäern besiedelt, die aus ihrer Heimat in den Steppen Südrusslands über den Kaukasus vorgedrungen waren. Um 800 v. Chr. rückten vermutlich Urartäer, die ihr Reich aus Richtung das Van-Sees nach Osten ausdehnten, zum Orumiyeh-See vor, eroberten auch Hasanlu und umgaben es mit einer neuen **Mauer.**

Die heute sichtbaren Teile gliedern sich um **zwei Höfe** mit den Resten der Zitadelle im Norden. Am südlichen Rand des unteren Hofes befand sich ein Palast- oder Tempelgebäude mit Vorhalle. Durch ein hölzernes Tor gelangte man in eine 18x24 m große Säulenhalle, deren Dach von 7 m hohen Holzsäulen getragen wurde. Diese fielen bei der Eroberung von Hasanlu den Flammen zum Opfer. Am südlichen Abschluss der Halle befindet sich ein erhöhter, über Stufen zugänglicher Raum, der möglicherweise ein Heiligtum war. Bei den Ausgrabungen fand man einen dreifüßigen, eisernen Kandelaber und einen kunstvoll verzierten Holzstuhl. An drei Seiten war die Halle von Vorräumen umgeben, weswegen ihr Grundriss dem einer Apadana ähnelt, wie sie in späterer Zeit von den Achämeniden gebaut wurden, die möglicherweise Hasanlu zum Vorbild nahmen.

Teile des Bodens waren mit großen, steinernen Platten ausgelegt, die aus 30 km Entfernung herangeschafft worden waren. Die Mauern der teils mehrstöckigen Gebäude und Höfe bestanden aus luftgetrockneten Ziegeln, in Lehmmörtel verlegt. Manche Innenmauern waren mit glasierten Kacheln geschmückt.

Die bei den Ausgrabungen freigelegten Grundmauern sind zum Schutz vor Verwitterung mit Lehmmörtel abgedeckt. Ein Besuch von Hasanlu ist besonders schön im Mai, wenn die umliegenden Felder und Gärten in sattem Grün leuchten.

Anfahrt

Mit dem **Minibus/Sammeltaxi** ab Orumiyeh in Richtung Mahabad/Miandoab, bei Mohammadiye aussteigen und mit dem **Taxi** weiterfahren.

Mit dem **eigenen Auto** von Orumiyeh: nach Süden auf der Hauptstraße in Richtung Mahabad. Etwa 70 km hinter Orumiyeh, ca. 3 km vor der Kreuzung in Richtung Naqade, zweigt rechts eine asphaltierte Straße ab (kein Schild). Dieser Straße etwa 3 km folgen und nach Überquerung eines Kanals und dem Erreichen einer Ortschaft rechts beim Wegweiser nach Hasanlu abbiegen. Von hier noch etwa 4 km auf der befestigten Straße weiterfahren. Der nächste Ort ist Hasanlu. Am Dorfplatz rechts halten. Der Hügel ist am Ortsrand gelegen, im Zweifel nach dem *tepe* fragen.

Bazargan

↗ II/A1

Bazargan im Norden der Provinz, 20 km nordwestlich von Maku, ist der wichtigste Übergang an der **iranisch-türkischen Grenze.** Die Grenzabfertigung, auf einem Hügel ca. 2 km westlich der Ortschaft, liegt in einem abgesperrten Streifen. Sammeltaxis verkehren zwischen Bazargan und dem Kontrollpunkt.

Die **Ein-/Ausreiseprozedur** ist gegenüber früheren Jahren wesentlich einfacher geworden, insbesondere für ausländische Touristen. Iraner, die die Grenze per Bus überqueren, werden dagegen gründlicher kontrolliert. Für die Abfertigung sollte man ein bis zwei Stunden einkalkulieren. Wenn man mittags die Grenze passiert, erreicht man abends noch Tabriz.

Es ist verschiedentlich vorgekommen, dass von Reisenden, die mit dem eigenen Fahrzeug unterwegs waren, Beträge von 200 US$ und mehr als **„Benzinsteuer"** zum Ausgleich für das extrem billige iranische Benzin verlangt wurden. Dagegen sollte man sich wehren, denn dafür gibt es keine rechtliche Grundlage. Einzelne Beamte wollen sich so ein Zubrot verdienen.

Geben Sie nichts auf so genannte heiße Tipps für den **Geldumtausch auf der Straße!** Seit einiger Zeit unterscheidet sich der Bankkurs nicht wesentlich vom „Schwarzmarktkurs" und ein Umtausch bei der *Bank-e Melli* am Grenzübergang ist wesentlich sicherer als in Bazargan auf der Straße.

An der Hauptstraße des Ortes gibt es eine Reihe einfacher und billiger Hotels und Imbisse. Auch Telefonbüros und Internetcafés sind vorhanden. Sammeltaxis und Minibusse verkehren regelmäßig nach Maku oder auch nach Tabriz.

Das Beeindruckendste an Bazargan ist sicher der **Blick auf den Großen und Kleinen Ararat** in der Türkei bei klarem Wetter. Ansonsten gibt es hier nichts, was den Reisenden zum Bleiben veranlassen könnte.

Unterkunft

- Wer dennoch ein Hotel braucht: Für 20 US$ bietet das **Hotel Hamid** € saubere Zimmer mit Dusche, Tel. 04638-2786/7.
- Einfacher, aber auch preiswerter ist das **Hotel Jafapour** € mit DZ (ohne Dusche) für 3 US$, Tel. 04638-2058.

Maku

↗ II/A1

Die **alte Grenzstadt** zwischen Iran und der **Türkei** wird man wohl nur dann aufsuchen, wenn man auf dem Landweg aus der Türkei einreist bzw. auf diesem Weg zurückreist. Vom Terminal am Ostrand der Stadt verkehren Minibusse und Sammeltaxis zum Grenzübergang nach Bazargan sowie Busse nach Tabriz und Orumiyeh.

Für diejenigen, die über die Türkei einreisen, ist Maku der erste Aufenthaltsort. Das wissen natürlich auch die iranischen Händler und Hoteliers. Manche von ihnen versuchen, die Unerfahrenheit der eben angekommenen Touristen auszunutzen, indem sie überhöhte Preise verlangen. Darauf muss man sich nicht einlassen: Einfach zum nächsten gehen, auf einen Unehrlichen kommen stets mehrere Ehrliche!

096i Foto: hn

Blick auf den kleinen und großen Ararat von Maku aus

Palast von Baghche-ye Djuq

Wer etwas Zeit hat, kann sich ein Taxi nehmen und ca. 5 km in Richtung Bazargan zum kleinen Palast von Baghche-ye Djuq fahren, einem zweistöckigen Gebäude vom Beginn des 20. Jh., inmitten eines Gartens gelegen. Es wurde für einen Militärführer des Qadjaren-Shahs *Mozaffar od-Din* errichtet und war bis 1974 bewohnt. Heute dient es als **Museum,** es sind Teile der alten Einrichtung, Teppiche, Textilien usw. ausgestellt (täglich 8–12 und 14–17 Uhr, April bis Oktober bis 18 Uhr).

Sandjar

Ebenfalls ein Taxi braucht man für die Besichtigung von Sandjar, den Resten einer in Terrassen am Berg angelegten **Festung der Urartäer.** Sie befindet sich ca. 9 km westlich von Maku unweit des Maku-Flusses beim heutigen Dorf Sandjar und geht auf das 8. Jh. v. Chr. zurück. Einzigartig ist die in den Felsen gehauene, große Kammer, zu der in den Stein gehauene Treppen hinaufführen.

Unterkunft

Wer in Maku übernachten muss, dem bietet sich eine Reihe einfacher Hotels und Gasthäuser in der Ortsmitte an der Hauptstraße.

- Das beste und ruhigste, aber auch teuerste Hotel der Stadt ist das **Tourist Inn** € in der Kh. Imam Khomeini, Tel. 04634-25310, Fax 23184, DZ 25 US$.
- Preiswerter ist das **Hotel Alvand** € an der Kreuzung Markazi/Kh. Imam Khomeini, DZ (ohne Bad) 8 US$.

Armenische Kirche von Qarah Kelisa

↗ II/A1

Die **Schwarze Kirche** *(Qarah Kelisa)*, von den Armeniern „Kirche des Heiligen Thaddäus" genannt, liegt im äußersten Nordwesten Irans unweit von Maku und der türkischen Grenze. Sie wird als wichtigster Kirchenbau der **armenischen Christen** in Iran betrachtet. Diese glauben, dass hier im Jahre 68 n. Chr. anstelle eines heidnischen Tempels eine Kirche entstanden ist. Die Gebeine des **Apostels Thaddäus,** der in Edessa den Märtyrertod gestorben war, sollen später hierher überführt worden sein und sein Grab wird noch heute verehrt.

Ursprünglich inmitten armenischer Siedlungen gelegen (was die Reste alter Kapellen auf den Hügeln in der Umgebung belegen), reicht die Baugeschichte der Kirche bis ins 10. Jh. zurück. Zur Anlage gehörte ein Kloster, dessen von einer Mauer umgebener Wirtschaftshof südlich an die Umfassungsmauer der Kirche anschließt. Die ehemaligen Mönchszellen verlaufen um die Kirche herum.

Die ältesten Teile der Kirche, wohl aus dem 10. Jh., bestehen aus dem Altar, dem Baptisterium und einer kegelförmigen Kuppel. Dieser Teil ist leicht an den Lagen aus **schwarzen** (diese gaben dem Bauwerk den Namen) und **weißen Steinblöcken** zu erkennen. In einer Nische rechts vom Altar soll der Heilige Thaddäus sein Grab gefunden haben.

Die restlichen Teile der Anlage, ganz in gelblich leuchtendem Stein gehalten, mussten nach dem verheerenden Erdbeben von 1319 neu erbaut werden, worauf eine Inschrift im Innern hinweist. Diese Teile wurden im 19. Jh. nochmals renoviert, ebenso wie der dem Eingang vorgelagerte Glockenturm. Besonders eindrucksvoll sind die **Reliefs an der Außenfassade,** die fast um das gesamte Bauwerk herumlaufen. Sie enthalten sowohl ornamentale Motive als auch Szenen aus der Kirchengeschichte und erinnern stark an die Reliefs der bekannten armenischen Kirche auf der Insel Achtamar im Van-See (Türkei).

Zum **Fest des Heiligen Thaddäus** versammeln sich noch heute jedes Jahr im Juli Tausende von Armeniern in Qarah Kelisa. Sie schlagen in der Umgebung der Mauern ihre Zelte auf, halten Messen und Andachten ab und führen ihre alten Tänze auf.

- **Qarah Kelisa,** täglich 8 bis 18 Uhr, Eintritt 200 Tuman.

Anfahrt mit eigenem Fahrzeug

Von der **türkischen Grenze** kommend, zweigt ca. 3 km hinter Bazargan rechts eine Straße nach **Chaldiran (Siyah Cheshmeh)** ab. Dort links in die Straße nach Qareh Ziya' Eddin einbiegen. Nach ca. 25 km links in Richtung Sut fahren und nach ca. 1 km links die Asphaltstraße nach Qarah Kelisa nehmen. Nach ca. 4 km erreicht man ein kurdisches Dorf, an dessen Rand Qarah Kelisa liegt. Die beiden spitzen Türme sind schon von weitem sichtbar.

Von **Orumiyeh** aus die Straße in Richtung Salmas und Khoy nehmen. In **Khoy** nicht die Umgehungsstraße in Richtung Maku und Tabriz nehmen, sondern in den Ort hineinfahren und von dort aus weiter nach Chaldiran (Siyah Cheshmeh). Diese Strecke ist besonders im Frühjahr landschaftlich sehr reizvoll, die Berghänge sind von grünen Weiden bedeckt, die Flüsse und Bäche führen reichlich Wasser. An klaren Tagen kann man ca. 30 km nördlich von Khoy die schneebedeckten Gipfel des Kleinen (3896 m) und Großen Ararat (5165 m) sehen. In **Chaldiran (Siyah Cheshmeh)** rechts nach Qareh Ziya' Eddin abbiegen. Ab hier siehe oben.

Von **Tabriz** aus über Marand in Richtung Maku bis **Qareh Ziya' Eddin** fahren und dann links in Richtung Chaldiran (Siyah Cheshmeh). 25 km vor Chaldiran die Abzweigung rechts in Richtung Sut nehmen. Ab hier siehe oben.

Anfahrt mit Bus und Taxi

Nach Qarah Kelisa direkt gibt es keine öffentlichen Verkehrsmittel. Von Tabriz aus mit dem Bus in Richtung Maku und in **Qareh Ziya' Eddin** aussteigen, von hier aus mit dem Taxi weiterfahren. Von Orumiyeh und Khoy aus mit dem Bus in Richtung Maku und in **Chaldiran (Siyah Cheshmeh)** aussteigen. Auch von hier fährt man mit dem Taxi weiter. Ab Maku nimmt man einen Bus in Richtung Orumiyeh und steigt in Chaldiran (Siyah Cheshmeh) aus.

Urartäische Festung bei Qareh Ziya' Eddin

II/A1

Auf dem Weg von Qareh Ziya' Eddin nach Qarah Kelisa lohnt sich für archäologisch Interessierte ein Abstecher zu einer alten, urartäischen Festung bei dem Dorf Bastam. Ca. 1,5 km hinter dem Ortsausgang von Qareh Ziya' Eddin zeigt ein Hinweisschild links den Weg nach Bastam an, 7 km sind es von hier. Im Sommer und Herbst sind auf den Feldern links und rechts Tabakpflanzen zu sehen. Schon von weitem erblickt man am Berghang im Vordergund die **Reste mächtiger alter Befestigungsmauern.** Die Straße führt bis zum Dorf Bastam, das am Rande der alten Festung gelegen ist.

Ihre Erbauung geht zurück auf die Mitte des 7. Jh. v. Chr., als die Urartäer das Gebiet zwischen dem Van-See in der heutigen Türkei und dem Orumiyeh-See beherrschten. Einige Forscher sehen in den Urartäern Vorläufer der späteren Armenier. Einer ihrer Könige, *Rusa II.*, ließ an dieser Stelle, von der aus man das ganze Flusstal und auch die alte Straße in Richtung Khoy beherrschte, neben einer Wohnsiedlung die Zitadelle errichten. Sie erstreckte sich, teilweise kunstvoll in den Berghang hineingebaut, über eine Fläche von ca. 850x400 m. Am eindrucksvollsten sind die Reste der mächtigen Wehrmauern mit regelmäßigen Vorsprüngen.

Von Bastam aus führt die Straße nicht weiter, sodass man zur Hauptstraße zurückfahren muss.

Khoy

↗ II/A1

Bis vor 30 Jahren war Khoy, das etwa auf halber Strecke zwischen Maku und Orumiyeh liegt, ein malerisches Landstädtchen mit 60.000 Einwohnern und einer schönen Stadtmauer aus Lehmziegeln. Die umliegenden Landstriche sind sehr fruchtbar und so bildet Khoy seit Jahrhunderten den größten Marktflecken der Gegend; die Hauptstraße in die Türkei verlief über die Stadt. Heute ist Khoy zersiedelt und gesichtslos wie viele der sich schnell entwickelnden iranischen Städte.

Vom alten Khoy haben sich noch Teile des **Bazars** erhalten sowie ein Stück der **alten Mauer** mit einem **Stadttor** aus der Safaviden-Zeit aus schwarzem und weißem Stein mit einem Löwenrelief als oberem Abschluss.

Von der historischen Bedeutung der Stadt zeugt das **Museum** mit einer archäologischen und einer ethnologischen Abteilung (Kh. Imam / Kh. Nourollah-Khan, täglich außer freitags 9–13 und 14–18 Uhr, April bis Oktober 9–13 und 15–19 Uhr, Eintritt 200 Tuman).

Etwa 2 km südlich der Stadt findet sich eine alte, etwa 60 m lange **Ziegelbrücke** vom Anfang des 19. Jh.

Unterkunft

- Eine einfache Unterkunft findet man im **Mehmansara-ye Khoy** €, Kh. Enqelab, Tel. 0461-40351/2, DZ 20 US$.

Takab und Takht-e Soleyman

↗ II/B3

Die **Kleinstadt Takab** liegt im Süden der Provinz West-Azerbeijan, wo diese ins **kurdische Bergland** übergeht. Takab selbst hat nichts Interessantes zu bieten, ist jedoch in der Regel Ausgangsort für die Besichtigung von Takht-e Soleyman, was „Thron des Salomo" bedeutet, obwohl keinerlei Beziehung zwischen dem Ort und dem alttestamentarischen König besteht.

In dieser ursprünglich weit von jeder menschlichen Siedlung gelegenen Bergregion findet sich in über 2000 m Höhe eine **uralte Kultstätte,** die ihre größte Bedeutung in sasanidischer Zeit hatte. Noch vor 30 Jahren war der Ort völlig abgelegen und nur per Allradwagen oder Esel erreichbar. Heute verbindet eine asphaltierte Straße Takab mit dem 45 km nordöstlich gelegenen Takht-e Soleyman und seitdem diese Straße über die Berge nach Zanjan ausgebaut wurde, ist die Abgeschiedenheit dahin. Dennoch bleibt ein Besuch dieses magischen Ortes ein unvergessliches Erlebnis.

Das gesamte Tal von Takht-e Soleyman liegt auf einer Trennlinie zwischen zwei Gebirgszügen mit früher erheblicher **vulkanischer Aktivität,** von der noch eine Reihe unterirdi-

Kurdische Besucher in Feiertagskleidung am Eingang von Takht-e Soleyman

scher warmer Quellen zeugen. Sie drücken beständig stark kalk- und säurehaltiges Wasser nach oben.

Zendan-e Soleyman

Aus Richtung Takab erreicht man etwa 3 km vor Takht-e Soleyman links der Straße einen **Bergkegel,** der Zendan-e Soleyman (Gefängnis des Salomo) genannt wird und auf den ersten Blick wie ein kleiner Vulkan anmutet. Ein Blick auf das Gestein zeigt allerdings, dass es sich um im Laufe der Jahrmillionen von der Natur aufgeschichtetes Kalksintergestein handelt. Durch eine mit Gasen angereicherte **unterirdische Quelle** ist hier ein 110 m hoher Kegel mit einem 70 m breiten **Krater** im Inneren aufgeschichtet worden; noch heute entweichen **schwefelhaltige Gase** aus dem 100 m tiefen Krater.

Heute führt eine künstliche **Treppenanlage** den Berg hinauf. Dort, wo sie endet, sind noch deutlich Reste von künstlich angelegten Terrassen mit **Mauern früherer Gebäude** zu sehen. Hier wurde während des Reichs der Mannäer (830–660 v. Chr.) ein Heiligtum verehrt, das sicher im Zusammenhang mit den hier manifesten Naturkräften stand. Da keine späteren Besiedlungsreste gefunden wurden, ist davon auszugehen, dass der Krater ausgelaufen ist und dies als böses Omen gedeutet wurde. Jedenfalls sind noch heute Spalten an den Rändern zu sehen, vermutlich hervorgerufen durch Erdbeben, und größere Teile des Kraterrandes sind abgebrochen und auf den Kraterboden gesunken.

Von der Spitze des Zendan ist in Richtung Westen deutlich das Plateau des Takht-e Soleyman zu erkennen. Auf halber Strecke zwischen beiden Orten liegt das **Dorf Tazekand,** wo es ein kleines Restaurant gibt.

Takht-e Soleyman

Bei der Annäherung an den Takht fallen zuerst die mächtige **Wehrmauer,** die das gesamte Plateau umschließt, sowie die Abflüsse kalkhaltigen Wassers auf, die mehrere kleine Bachbetten geschaffen haben. Der jetzige Eingang ist beim Südost-Tor der Anlage. Auch hier hat eine unterirdische Quelle einen **See** geschaffen, um den herum sich ein etwa 50 m hohes Kalksinterplateau mit einer Fläche von fast zehn Hektar gebildet hat. Da das Wasser durch zwei Abflüsse entweichen kann, ist das Ansteigen zum Stillstand gekommen und der See beginnt, von den Ränden her zuzuwachsen. Er hat einen Durchmesser von ca. 100 m und eine durchschnittliche Tiefe von 65 m. Dass unterirdisches Wasser ihn speist, wird daran deutlich, dass dessen Temperatur im Sommer wie im Winter 21 °C beträgt und einen hohen Gehalt an Sulfat, Eisen und anderen Mineralien aufweist.

Die Ausgrabungen seit 1959 haben auch spärliche Siedlungsreste aus der achämenidischen Epoche erbracht, die größte Bedeutung jedoch hatte Takht-e Soleyman im **5. Jh. n. Chr.,** als der **Sasaniden-Herrscher** *Khosrow I. Anushirvan* (531–579) das **Reichsfeuer der Krieger,** „Adhur Gushnasp", an diesen Ort verlegte. Es vertrat im sasanidischen Reich den Stand der Ritter und genoss als Symbol der Einheit des Reiches **höchste Verehrung.** Nach der Krönung in Ktesiphon beim heutigen Bagdad begab sich der Herrscher mit reichen Geschenken zu Fuß hierher, um ihm die Ehre zu erweisen. *Khosrow II.* widmete das 611 bei der Eroberung Jerusalems erbeutete **„Heilige Kreuz der Christenheit"** dem Heiligtum, was den Anlass zu seinem Untergang lieferte: 629 eroberte es der **byzantinische Kaiser Heraklios** bei seinem Rachefeldzug, führte das Kreuz nach Byzanz zurück und ließ Takht-e Soleyman zerstören.

Nach 1270, als *Abaqa,* Herrscher der Il-Khaniden, in Maragheh residierte, ließ er in Teilen der alten Anlage ein **Jagdschloss** errichten.

Der Grundriss der gesamten Anlage ist links vom Eingang für die Besucher abgebildet: Um den See herum befand sich zu drei Seiten ein Säulengang, die Hauptgebäude lagen nördlich des Sees, ihnen an der Westseite vorgelagert war ein Gewölbe von riesigen Ausmaßen. Der heilige Bezirk befand sich östlich der Mittelachse und bestand aus mehreren Tempeln und Nebengebäuden. Der Weg zum ehemaligen Feuertempel ist ausgeschildert, seine Mauern sind bis zu 4 m dick und bestehen vollständig aus gebrannten Ziegeln, verbunden durch Kalkmörtel. In einem zu den Seiten offenen *chahar taq* (Vier-Bogen-Bau), dessen Kuppel eingestürzt ist, wurde das ständig von Priestern unterhaltene Feuer verehrt. Hinter dem Haupttempel ist ein weiterer Tempel ausgeschildert, in dem die altiranische Fruchtbarkeitsgöttin Anahita verehrt wurde.

Vom nördlichen Rand des Tempelbezirks ist das Nordtor zu sehen, früher der Haupteingang, später wurde es zugemauert. Gegenüber dem Tempelbezirk befinden sich an der Westseite ausgedehnte Räumlichkeiten, darunter eine große Säulenhalle, deren Bedeutung noch nicht endgültig geklärt werden konnte. Da man in einigen Räumen Nischen zur Aufbewahrung von Kultgegenständen fand, kann dieser Komplex auch als weiteres Heiligtum gedeutet werden.

Die Reste des mongolischen Jagdpalastes sind an der Westseite des Sees zu sehen, wo sich Reste mehrerer Kuppel- und Gewölberäume befinden, die im Innern teilweise mit Stuck überzogen sind. Zahlreiche ebenfalls hier gefundene glasierte Fliesen, mit denen die Gebäude verziert waren, sind nur noch in Museen zu bewundern.

Kuh-e Bilqis

7 km nordöstlich des Takht auf dem Gipfel des Kuh-e Bilqis hat man Reste einer weiteren Befestigung gefunden, die **Thron der Bilqis** (der Königin von Saba und Geliebten des Salomo) genannt wird. Die Mitte des quadratischen Gebäudes ist genau auf die Achse des Takht-e Soleyman ausgerichtet, weshalb man davon ausgehen kann, dass zwischen beiden Anlagen ein Zusammenhang besteht.

Anfahrt

Aus Richtung Maraghe/Miandoab verkehren **Minibusse und Busse nach Takab.** Wer nicht mit dem eigenen Fahrzeug nach Takht-e Soleyman fährt, nimmt von Takab aus ein **Taxi.**

Unterkunft

- Einzige Unterkunft in Takab ist das **Hotel Randji** €, dessen einfache Räume kürzlich renoviert wurden und zum Stolz von Herrn Randji seit 2003 auch einen Trakt von sieben neuen Zimmern mit europäischen Toiletten haben. Das DZ mit Dusche kostet 25 US$, Tel. 04837-3179. Zum Hotel gehört auch ein Restaurant.

Karaftu-Höhle

↗ II/B3

Ca. 30 km südwestlich von Takab in der Nähe der Straße nach Divanderreh befindet sich eine der größten Höhlen Irans, die Karaftu-Höhle. Sie erstreckt sich über mehrere Hundert Meter in den Fels hinein; am Ende liegt ein riesiger, 150 m langer und 30 m breiter „Dom“. Offensichtlich ist sie früher auch bewohnt worden, wie an mehreren künstlich angelegten Räumen und Korridoren und einer hellenistischen Inschrift deutlich wird. In den vergangenen Jahren wurde sie touristisch erschlossen, sodass eine gefahrlose Besichtigung möglich ist. Die An- und Abfahrt ist nur mit dem Taxi möglich, öffentliche Verkehrsmittel verkehren nicht.

Die Provinz Ost-Azerbeijan

Überblick

Ost-Azerbeijan (Azerbeijan-e Sharqi), die größte und bevölkerungsreichste der drei nordwestlichen Provinzen, grenzt im Norden an Armenien und die Republik Aserbaidschan und im Westen an den Orumiyeh-See. Die wirtschaftliche Grundlage ist hier noch weitgehend die Land- und Viehwirtschaft; ausgedehnte Becken und Täler mit guten Böden sowie ausreichender Niederschlag führen zu guten Erträgen. Dazu kommt die Transitfunktion für den Verkehr z.B. in die Türkei, nach Aserbaidschan und weiter in die GUS-Staaten, deren Bedeutung als Handelspartner seit 1989 stark gewachsen ist.

Tabriz

↗ II/B2

Tabriz liegt in gut 1300 m Höhe an den südlichen Ausläufern des Sahand-Gebirges (3707 m) an der Hauptstraße von Zentral-Iran nach Norden und Nordwesten. Die Metropole ist seit jeher wichtigstes **Zentrum Nordwest-Irans.** Die zweite Konstante in der Geschichte von Tabriz sind die Erdbeben, die die Stadt oft getroffen haben. Aus diesem Grunde gibt es kaum Baudenkmäler aus den unterschiedlichen Epochen.

Tabriz wurde vermutlich bald nach der islamischen Eroberung, angeblich gegen Ende des 8. Jh., im Auftrag einer der Frauen des Abbasiden *Harun ar-Rashid* gegründet. Gerade erst zu

einiger Bedeutung gelangt, wurde es Mitte des 11. Jh. von einem verheerenden Erdbeben mit über 40.000 Opfern zerstört.

Zu Beginn des 14. Jh. wurde Tabriz zur **Hauptstadt** des Reichs der **mongolischen Il-Khane** und damit zur wichtigsten Stadt Irans. Der Vezir von Öldjeitü, *Rashid ad-Din,* und sein Rivale *Tadj od-Din Ali Shah* wetteiferten um den Ausbau der Stadt. So entstand z.B. die riesige Moschee des Ali Shah, vermutlich die größte im Mittelalter erbaute Moschee, an deren Stelle später die Zitadelle von Tabriz gebaut wurde.

Auch die **turkmenischen Qara Qoyunlu** („schwarze Hammel") hatten im 15. Jh. hier ihre Hauptstadt. Zu ihrem Ruhm ließ *Djahan Shah* (1436–67) die damals weltberühmte „Blaue Moschee" erbauen. Auch der Safavide *Isma'il I.,* gekrönt in Ardabil, beließ seine Hauptstadt anfangs in Tabriz. Unter dem Eindruck der ständigen Angriffe durch die **Osmanen,** die die Stadt mehrfach eroberten und ihre berühmten Handwerker und Künstler zum Ausbau von Istanbul ans Goldene

Restaurant Al-Goli in Tabriz

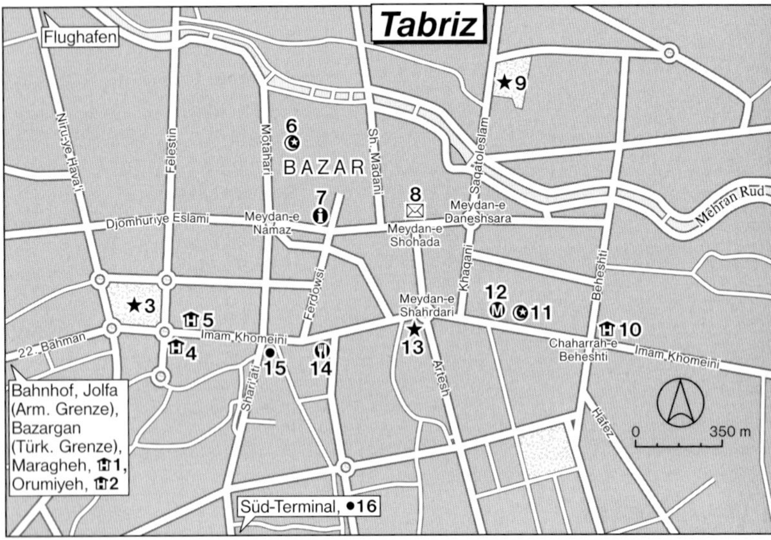

Horn verschleppten, verlegte *Shah Tahmasp* (1524–76) sein Regierungszentrum schließlich nach Qazvin, bevor *Abbas der Große* seine Residenz in Istanbul errichtete.

So geriet Tabriz an den Rand der politischen Entwicklung, aufgrund seiner Lage am Schnittpunkt wichtiger Handelswege jedoch behielt es seine Bedeutung. Der französische Reisende *Chardin* berichtet bei seinem Aufenthalt im Jahre 1673 von einer Einwohnerzahl von 550.000. Viele Menschen wurden abermals Opfer des verheerenden Bebens von 1721.

Ab Mitte des 18. Jh. machte sich der Druck des russischen **Zarismus** bemerkbar, der über den Kaukasus nach Süden vordrang. Im russisch-iranischen Krieg 1726–28 wurde die Stadt kurzzeitig von russischen Truppen besetzt.

Während der **Qadjaren-Epoche** war Tabriz stets der Sitz des Kronprinzen und Thronfolgers, was die Bedeutung der Stadt belegt. Aufgrund seiner Lage in der Nähe zur Türkei und zu Russland erreichten neue Ideen und Technologien Iran meist auf dem Weg über Tabriz. Neben Teheran wurde die Stadt deshalb das **Zentrum der konstitutionellen Revolution** von 1906, die Reformer hatten hier zahlreiche Anhänger.

Während des Ersten Weltkriegs wurde Tabriz zum Zankapfel zwischen dem Osmanischen und dem Zarenreich, mehrfach wechselte der Besitz

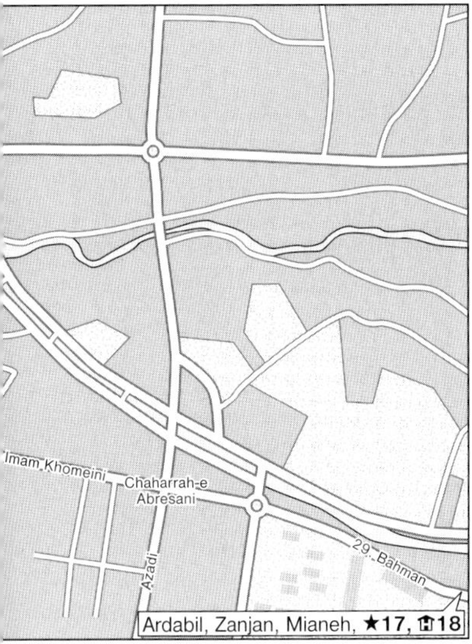

- 1 Hotel Iran
- 2 Hotel Darya
- ★ 3 Baq-e Golestan
- 4 Hotel Morvarid
- 5 Hotel Park
- 6 Freitagsmoschee
- 7 Tourist-Information
- 8 Post
- ★ 9 Dichterfriedhof
- 10 Hotel Gostaresh
- 11 Blaue Moschee
- 12 Azerbeijan-Museum
- ★ 13 Arg-e Ali Shah
- 14 Restaurant Kandu
- • 15 Stadtverwaltung
- • 16 Visaverlängerung
- ★ 17 Park El-Goli
- 18 Hotel Pars

über die Stadt. Während der **russischen Besatzung** wurde sie an das Eisenbahnnetz angeschlossen.

Im Zweiten Weltkrieg geriet Iran wiederum zwischen die Fronten der sich bekämpfenden Parteien. Tabriz wurde erneut von russischen Truppen besetzt, die nur widerstrebend abzogen. Im Ausklang des Zweiten Weltkriegs geriet Iran in den Sog des beginnenden „Kalten Krieges". 1946 wurde unter dem Patronat der Sowjetunion eine kurzlebige **„Republik Azerbeijan"** ausgerufen. Iranische Truppen besetzten Tabriz, die Grenze zur Sowjetunion wurde abgeriegelt. Die Hauptstadt Azerbeijans lag ein weiteres Mal im „Schatten der Geschichte". Dieser Zustand dauerte an, bis in den 70er Jahren mit der Errichtung großer **Industriebetriebe** begonnen wurde, eine Entwicklung, die sich auch nach der Islamischen Revolution fortsetzte.

Die Stadt ist heute Schwerpunkt des iranischen **Maschinen- und Fahrzeugbaus,** auch eine **Erdölraffinerie** wurde gebaut. Seit dem Zusammenbruch der Sowjetunion und der Öffnung der Grenzen zu den nördlichen Nachbarn hat Tabriz einen neuerlichen Aufschwung erlebt und ist heute mit ca. 1,5 Mio. Einwohnern die **drittgrößte Stadt Irans.**

Orientierung

Der Überlandverkehr umgeht die Stadt in einem großen Bogen, gebildet durch die moderne Stadtautobahn.

Das Zentrum befindet sich in der Gegend um den Bazar und wird begrenzt durch die Straßen Azerbeijan im Westen, Azadi im Süden und Osten sowie Shams-e Tabrizi im Norden. Die West-Ost-Achse der Stadt wird von der Kh. Imam Khomeini gebildet, die von der Chaharrah-e Abresani bis zum Baq-e Golestan verläuft.

Ankunft mit eigenem Fahrzeug

Aus Richtung Nord/Nordost (Zanjan/Ardabil) erreicht man die Stadt über den Bolvar-e Basidj, der in seiner Verlängerung in die Kh. Imam Khomeini übergeht und direkt ins Zentrum führt. Von Südwesten (Mahabad/Maragheh) erreicht man Tabriz auf dem Bolvar-e Mellat und folgt diesem bis zum Bahnhofsvorplatz. Hier rechts in die Kh. 22 Bahman abbiegen und auf dieser bis ins Zentrum fahren. Von Nordwesten aus (Maku/Jolfa/Orumiyeh) erreicht man die Stadt auf dem Bolvar-e Kargar. Diesem bis zum Bahnhofsvorplatz folgen und links in die Kh. 22 Bahman abbiegen, bis ins Stadtzentrum fahren.

Sehenswertes

Die Hauptsehenswürdigkeiten lassen sich bequem an einem Tag und weitgehend zu Fuß besichtigen.

Arg

Ein guter Ausgangspunkt ist der so genannte Arg in der Kh. Imam Khomeini, gleich hinter der Kreuzung Kh. Shariati. Die Reste des einst riesigen **Ziegelbaus** stehen an der Stelle, an der im 14. Jh. die größte damals bekannte Moschee errichtet worden ist, die **Moschee des Ali Shah.** Außer der Frontmauer ist nichts von diesem Bau erhalten, der wegen seiner monumentalen Ausmaße noch heute *Arg* (Zitadelle) genannt wird. Die Ruine wirkt ein wenig deplatziert inmitten eines Parkplatzes.

Rathaus

Von hier aus führt unser Weg weiter in östlicher Richtung zum Meydan-e Shahrdari mit einem der Wahrzeichen der Stadt, dem Gebäude der **Stadtverwaltung** mit dem **Uhrturm.** Erbaut wurde es in den 1930er Jahren nach russischen Vorbildern. Die Fassade erscheint klassizistisch, das Rathaus selbst jedoch ist gelungen in die Platzarchitektur eingepasst.

Azerbeijan-Museum

Weiter östlich auf der Kh. Imam Khomeini folgt der Bau des Azerbeijan-Museums, wie das Nationalmuseum in Teheran nach den Plänen des französischen Archäologen *André Godard* erbaut und 1962 eröffnet. Im Erdgeschoss ist die vorislamische, im 1. Stock die islamische Abteilung dieser sehenswerten Ausstellung untergebracht. Von den Fundstücken aus der Umgebung sind die **Exponate aus Hasanlu** besonders interessant, daneben auch **Goldarbeiten** aus achämenidischer Zeit sowie **Keramik** aus Shahr-e Suhkte in Baluchistan. An der Wand zum Treppenhaus ist ein riesiger **Grabstein** (sang-e bismillah) angebracht, der ursprünglich für die Große Moschee in Medina bestimmt war, wegen Streitigkeiten über die Bezahlung des Steinmetzen aber nie dorthin gelangte. Das Untergeschoss beherbergt die ständige Ausstellung von **Skulpturen** eines zeitgenössischen Tabrizer Bildhauers.

Blaue Moschee

Das berühmteste Baudenkmal von Tabriz ist zweifellos die Blaue Moschee, neben dem Museum gelegen und durch den neuen Park mit der Büste des Dichters *Khaqani* zu erreichen. Sie wurde im Jahre 1465 im Auftrag der *Khatun Jan Beygom,* Gattin des damaligen Herrschers *Djahan Shah,* fertig gestellt. In jener Zeit war die Moschee wegen ihrer vollendet komponierten Fliesenverkleidung in **Kobaltblau** weltberühmt. Vermutlich bei einem Erdbeben im Jahre 1779/80 stürzte der größte Teil des Baus ein. Seit 1973 wird am Wiederaufbau gearbeitet, der im Wesentlichen abgeschlossen ist. Man hat nicht versucht, die Zerstörungen zu verbergen. Die wiedererrichteten Teile lassen den Besucher den perfekten Raumeindruck des Originals und die immer noch spürbare Magie der Dekorationen nachempfinden. Die Blaue Moschee ist heute ein Museum.

Im Innern des Kuppelbaus beeindruckt besonders die fast spielerische Leichtigkeit, mit der die **riesige Kuppel** auf die sie tragenden, nach allen Seiten **durchbrochenen Mauern** aufgesetzt ist. Dem quadratischen zentralen Kuppelsaal sind an drei Seiten überkuppelte Gänge vorgelagert; zur Südseite schließt sich ein kleinerer Zentralraum mit Kuppel an, das so genannte *shabestan-e kuckek,* das ursprünglich als Familienmausoleum Djahan Shahs gedacht war. Die hier verbliebenen **Originalfliesen in tiefem Indigo** zählen zu der ungewöhnlichsten und eindrucksvollsten Farbgebung, die man in iranischen Moscheen finden kann. Bei den Renovierungen hat man große Teile der Dekoration nur angedeutet, wodurch die noch vorhandenen Fliesenpartien umso mehr hervorstechen.

Der einzige noch vom Originalbestand verbliebene Teil ist das **Eingangsportal** mit aus den tiefblauen Fliesen hervorspringenden Schriftbändern.

● **Masdjed-e Kabud,** täglich von 8 bis 17 Uhr, April bis Oktober bis 18 Uhr, Eintritt 300 Tuman.

Dichterfriedhof

Nach dem Besuch der Moschee führt unser Weg ein Stück zurück auf der Kh. Imam Khomeini bis zur nächsten Querstraße noch vor dem Rathaus. Rechts in die Kh. Khaqani abbiegend und dieser bis zum nächsten Platz folgend, dem Meydan-e Daneshsara, führt links der Weg zum **Haupteingang des Bazars.** Geradeaus gelangt man nach Überquerung der Brücke über den Mehran Rud nach etwa 300 m zum „Dichterfriedhof" *(maqbare al-sho'ara),* wo in einem Park über 400 Grabstätten von in Azerbeijan bekannten **Persönlichkeiten aus Politik, Wissenschaft und Kunst** zu sehen sind. Sein Bau wurde schon 1962 geplant, eingeweiht jedoch hat man das Stahlbetonmonument im Zentrum erst 1988.

Bazar

Der Haupteingang zum großen Bazar von Tabriz liegt in der Kh. Djomhurie-ye Eslami, gegenüber von neu erbauten Einkaufspassagen. Dem Haupteingang vorgelagert ist ein Gebäude, in dessen 1. Stockwerk die Tourist-Information untergebracht ist (s.u.). Der Bazar von Tabriz zählt zu den **größten und stimmungsvollsten in ganz Iran;** hier schlägt noch immer das wirtschaftliche Herz von Nordwest-Iran. Sehenswert ist insbesondere der **Teppichbazar** mit seinen zahlreichen Innenhöfen, überkuppelten Gängen und kleinen Geschäften im Souterrain. Hier ist die ganze „Infrastruktur" des Knüpfhandwerks angesiedelt, nicht nur Verkauf, sondern auch Reparatur und Handel mit Wolle und Zubehör. Dabei gibt es nichts, was nur für Touristen hergerichtet wäre. (Das merkt man allein daran, dass viele Händler Devisen nicht akzeptieren.)

Im Zentrum des Bazars, erreichbar über eine kleine Gasse, liegt die alte **Freitagsmoschee** von Tabriz, ein Bau aus früher islamischer Zeit, der aufgrund von zahlreichen Beschädigungen ständig renoviert werden musste. Die Säulenmoschee mit gemauerten Kuppeln wird durch vier Reihen von je sechs Säulen gegliedert. Im Osten wird der Bazar begrenzt durch die Kh. Shahid Madani, im Westen durch die Kh. Motahari.

Parks

Um sich zu vergnügen, besuchen die Tabrizis den **Baq-e Golestan,** einen Park am Ende der Kh. Imam Khomeini. Im Zentrum der 53.000 m² großen Anlage liegt ein Wasserbecken, von dem strahlenförmig mehrere Alleen ausgehen.

Ein weiterer Vergnügungspark findet sich am südöstlichen Stadtrand, der Park **El Goli.** Man erreicht ihn per Taxi vom Meydan-e Shahrdari aus oder per Sammeltaxi. Um ein großes künstliches Wasserbecken herum finden sich zahlreiche Freizeitanlagen, Sitzgelegenheiten, Teestuben, Imbisse und kleine Restaurants. Über eine Treppe gelangt man auf eine Terrassenanlage mit schönem Blick über die südlichen Stadtteile von Tabriz. Noch etwas höher liegt der Neubau des Hotels Pars, des neuesten Hotels der Stadt. Am südlichen Seerand ist ein Tretbootverleih; hier führt auch ein Steg zum Restaurant in der Seemitte, wo man die längsten Schaschlikspieße von ganz Iran serviert bekommt.

Praktische Tipps

- **Telefonvorwahl Tabriz:** 0411

Information

- **Touristinformation:** am Haupteingang zum Bazar, 1. Stock, eine der freundlichsten und am besten ausgestatteten in ganz Iran (Tel. 5272502). Hier gibt es u.a. einen Stadtplan in Englisch, Russisch und Persisch für Touristen.
- Außerdem gibt es ein **Tourism Center** in der Kh. Pastor-e Djadid Nr. 330/Kh. Atesh, Tel. 5416682/5, sowie weitere an den Zufahrtsstraßen von Westen (Posten der Stra-

ßenpolizei an der Straße nach Marand) und Osten (Jade-ye Tehran beim Park-e Sadaf).

Geldwechsel

- **Bank-e Melli** am Meydan-e Shohada, Nordseite.
- **Bank-e Sepah,** Kh. Imam Khomeini, Kreuzung Taleqani.
- **Bozorgui Exchange Office,** Kh. Djomhuri-ye Eslami.

Post und Telefon

- **Hauptpost** in der Kh. Atesh-e Djenoubi, ein weiteres **Postamt** am Meydan-e Shohada gegenüber der Bank-e Melli.
- **Haupttelefonamt** in der Kh. Saqatoloeslam, nordwestlich des Bazars, links vor dem Flussübergang.

Internetcafés

- **Baqer al Olum:** Meydan-e 17. Shahrivar.
- **Kavosh:** Meydan-e Shahrdari, gegenüber der Tankstelle.
- **Faraz:** Chaharrah-e Abresan, Passage Masoud.

Visumverlängerung

- Die **Fremdenpolizei** ist im Gebäude der Passbehörde (Edare-ye Gozarname) unweit des Stadtzentrums in der Kh. Saeb/Kh. Shariati im 3. Stockwerk untergebracht. Geöffnet täglich außer freitags 7:30 bis 12:30 Uhr, Tel. 4796666.

Konsulat

- **Generalkonsulat der Türkei:** 516 Kh. Shari'ati Djenoubi, Tel. 407590.

Krankenhäuser

- **Bimaristan-e Asadabadi,** Kh. Shahid Ranjbar, Tel. 807263/6.
- **Bimaristan-e Azar,** Kh. Khayyam, Tel. 57851/3.

Unterkunft

- Seit dem Neubau von zwei Luxushotels ist auch diese Klasse in Tabriz vertreten. Beide liegen aber weit außerhalb des Stadtzentrums. Wegen der Nähe zum Il-Goli-Park ist das **Hotel Pars** €€€ empfehlenswerter. Bozorgrah Kasa'i, Tel. 3807820, Fax 3808545, tabriz@parshotels.com, DZ 120 US$.
- Näher zur Innenstadt, an der Kreuzung Abresani/Kh. Imam Khomeini, liegt das **Hotel Gostaresh** €€, das auch ein gutes Restaurant hat. Tel. 345021/4, Fax 346778, DZ 70 US$.
- Das **Hotel Darya** € liegt günstig, wenn man aus Richtung Süden/Westen oder am Bahnhof in Tabriz eintrifft. Kh. 22. Bahman, Tel. 459501/8, Fax 459509. Einfache Doppelzimmer mit Dusche kosten 25 US$.
- Gleich daneben liegt das **Hotel Iran** €, wo man für ein DZ 10 US$ zahlt. Tel. 459515/6. Von beiden Hotels beträgt der Fußweg zum Bazar ca. 20 Minuten.
- Näher zum Zentrum, am Meydan-e Golestan, liegt das einfache **Hotel Morvarid** € mit Doppelzimmern mit Dusche für 8 US$, Tel. 5560520, Fax 5556398.
- Für diesen Preis kann man auch im **Hotel Park** € in der Kh. Imam Khomeini unterkommen, allerdings ohne Toilette im Zimmer. Entlang der Kh. Imam Khomeini und der Kh. Shari'ati gibt es noch eine Reihe weiterer sehr einfacher Hotels und Gasthäuser.

Essen und Trinken

Tabriz ist bekannt für sein *abgusht* (Eintopf aus Hammelfleisch), seine mächtigen Kebabspieße und für *kufte tabrizi,* Klöße aus Hackfleisch, gemischt mit Reis, Kräutern und Gewürzen, die in einer Suppe mit frischem Brot serviert werden. Leider gibt es diese leckere Spezialität in den Restaurants nur selten oder nur auf Vorbestellung.

- Sehr leckere *kufte tabrizi* gibt es zuweilen in dem sehr einfachen Restaurant **Kandu** in der Kh. Imam Khomeini, kurz vor dem „Arg".
- **Momtaz,** in der Kh. Sharifi, Tel. 57187.
- **Il Goli,** auf der künstlichen Insel im Park Il-Goli, mit riesenlangen Shishlik-Spießen, *kufte* nur auf Vorbestellung, Tel. 309912.

Reiseagenturen

- **Golbad,** Kh. Azadi, gegenüber Kh. Golbad, neben dem Park-e Tuba, Tel. 350001-3.

●**ALP Tour,** Meydan-e Bozorg, Ku-ye Vali Asr, Tel. 310340, Fax 310825.

Autovermietung

●**Europcar** hat eine Filiale in der Kh. Imam Khomeini, Tel. 5560861, Fax 5534790, tabriz @europcariran.com.

Verkehrsverbindungen

●**Flüge:** Der Internationale Flughafen von Tabriz liegt im Nordwesten der Stadt, ca. 6 km vom Zentrum entfernt, Tel. (Informationen): 2665802/3. Internationale Flüge gibt es momentan nicht, inneriranische gehen nach Teheran und Mashhad. Von Flughafen aus verkehren Taxis ins Zentrum. Iran-Air-Büro: Kreuzung Abresani / Kh. Imam Khomeini, Tel. 3343515, Fax 3345252

●**Busse:** Der Hauptterminal von Tabriz liegt im Süden, an der Verlängerung der Kh. Shariati. Es fahren Taxis in die Innenstadt (Chaharrah-e Shariati). Von Tabriz aus verkehren Busse in viele iranische Städte und auch ins Ausland nach Baku, Eriwan, Ankara, Antalya, Istanbul und Damaskus.

●**Bahn:** Der Bahnhof von Tabriz liegt am Ende der Kh. 22. Bahman im Westen der Stadt, Tel. (Informationen): 4444479. Es fahren Taxis und Busse in die Innenstadt. Täglich geht ein Nachtzug nach Teheran über Miyaneh und Zanjan, der morgens um 6:25 Uhr ankommt, Fahrpreis in der 1. Klasse 4770 Tuman. Ebenfalls täglich um 9 Uhr fährt ein Zug nach Jolfa an der Grenze zur Republik Aserbaidschan. Eine wöchentliche Verbindung nach Van, Ankara/Istanbul (freitags 7:10 Uhr) und auch nach Istanbul und Damaskus (dienstags 7:10 Uhr).

Kandovan

↗ II/B2

Am nordwestlichen Abhang des **Sahand-Gebirges** (3307 m), etwa 50 km südlich von Tabriz, liegt Kandovan. Hier haben die Bewohner ihre Behausungen direkt in den weichen Tuffstein gegraben. Die teils kegelförmig ausgewaschenen Felsen beherbergen auch die Stallungen für das Vieh. Um allen Einwohnern Platz zu bieten, frisst sich das Dorf die Felswand hinauf, die **Wohnhöhlen** werden terrassenweise übereinander errichtet.

Es ist erstaunlich, wie die Bewohner von Kandovan die Geduld aufbringen, sich des fast täglichen Besuchs von Fremden zu erwehren. Man darf nicht erwarten, freundlich in die Häuser ein-

099i Foto: hn

Im Dorf Kandovan

geladen zu werden. Wegen der **Mineralquellen** am Rande des Dorfes kommen auch iranische Besucher, um sich das heilkräftige Wasser abzufüllen; auf diese Art von Tourismus ist man eingestellt. Am Fluss, der sich am Dorfrand entlangschlängelt, gibt es einige kleine Geschäfte mit Lebensmitteln, einfache Restaurants und Gasthäuser.

Anfahrt

Kandovan erreicht man von Tabriz aus über die Straße nach Maragheh, in **Khosrow Shahr** in Richtung **Osku** nach Osten abbiegen; nach etwa 20 km endet die Straße in Kandovan. Vom Terminal in Tabriz aus verkehren auch Minibusse; mit dem Bus oder Sammeltaxi fährt man bis Osku, wo man umsteigen muss.

Maragheh

↗ II/B2

Maragheh ist der Hauptort des südöstlichen Orumiyeh-Beckens. Die Stadt liegt in 1485 m Höhe am Südhang des Sahand-Massivs und kann auf eine lange Geschichte zurückblicken. Vermutlich schon in vorislamischer Zeit gegründet, war sie im 10. Jh. eine der Hauptstädte Azerbeijans. Auch einigen der Mongolenherrscher diente sie im 14. Jh. als Hauptstadt. Mit deren Verlegung nach Soltaniyeh durch den Herrscher *Öldjeitü* und später nach Tabriz verlor Maragheh seine Bedeutung.

Im Mittelalter war Maragheh für sein **Observatorium** *(ressadkhane)* weltberühmt, zwischen 1260 und 1272 im Auftrag von *Hülägü* für den Wissenschaftler *Khadje Nasir od-Din Tusi* erbaut. Keine 100 Jahre später war es bereits verfallen. Heute lohnt die Besichtigung der spärlichen Überreste auf einem Hügel westlich der Stadt nicht. Wegen einer Sendeeinrichtung in der Nähe ist das Gelände außerdem abgesperrt.

Die fruchtbare Umgebung ist für ihre **Obstgärten,** insbesondere den Weinbau, bekannt. In den vergangenen Jahrzehnten wurde eine obstverarbeitende Industrie aufgebaut; der in ganz Iran verkaufte Fruchtsaft „Pakdiz" stammt von hier.

Grabtürme

Maragheh kann man auch als „Stadt der Grabtürme" bezeichnen, von denen es gleich vier sehenswerte Exemplare gibt.

Im Südwesten liegt inmitten eines Gassengewirrs der **Gonbad-e Sorkh,** so genannt wegen der rötlich schimmernden Ziegel; nur im Bogenfeld über dem Eingang sind sparsam türkisfarbene Kacheln eingelegt. Errichtet wurde er 1147, angeblich als Grabbau für einen lokalen Fürsten der Ahmalidi-Dynastie, die in jener Zeit in Maragheh herrschte. Das Vorbild des berühmten Mausoleums der Samaniden in Buchara ist ihm deutlich anzusehen. Das nicht mehr vorhandene achteckige Spitzdach erhob sich auf einem quadratischen Grundriss mit an den Ecken hervortretenden Stützpfeilern. Sowohl der Zentralraum als auch die darunter liegende Krypta sind leer.

Von den Einheimischen wird der im Zentrum von Maragheh gelegene **Gonbad-e Kabud** (der Blaue) auch als

„Bordj-e Madar-e Hulagu“ (Turm der Mutter des Hülägü) bezeichnet, was allein deshalb nicht sein kann, weil das Bauwerk schon gegen 1196, also 60 Jahre vor der Ankunft des Mongolen in Iran, errichtet wurde. Der achteckige Ziegelbau ruht auf einem steinernen Fundament, an den Ecken gliedern Dreiviertelsäulen die Fassaden, die im unteren Teil mit geometrischen Stuckornamenten ausgefüllt sind und oben in Blendbögen auslaufen. Die Bogenfelder und der darüber liegende Moqarnas-Fries, auf dem früher das Dach aufsetzte, sind mit den blau glasierten Fliesen ausgelegt, ebenso wie das nicht mehr vorhandene Kegeldach.

Beim direkt daneben stehenden **Bordj-e Moddavar** (der Runde), der etwa 30 Jahre älter ist, bezeichnet der Name nicht die Farbe, sondern die Form: der runde Grundriss ruht auch hier auf einem steinernen Sockel, die Fassade ist bis auf den Eingang schmucklos. Dieser Grabturm ist mit einem Kufi-Schriftband auf türkisfarbenem Grund geschmückt. Der Erbauer und die Person, für die der Bau errichtet wurde, sind unbekannt.

Der **Gonbad-e Ghaffariye,** jenseits des Flusses in einem kleinen Park gelegen, wurde benannt nach einer früher in der Nachbarschaft befindlichen Medrese (Koran-Schule) und gleicht vom Aufbau her, obwohl fast 200 Jahre jünger als dieser, dem Gonbad-e Sorkh. Errichtet wurde er von *Il-Khan Abu Said,* dem Nachfolger des Öldjeitü, für einen lokalen Herrscher von Maragheh. Seine glasierten Fliesen sind farbenprächtiger als die seines Vorbilds: Auf der rötlichen Ziegelfassade leuchten sie in Schwarz, Weiß, Kobalt und Türkis.

Museum

Am nördlichen Stadtrand liegt das Museum von Maragheh in der Nähe eines modernen Grabbaus für den im 14. Jh. in der Stadt geborenen Mystiker *Owhadi.* In mehreren Abteilungen werden **Keramik** und andere Fundstücke aus prähistorischer, parthischer und sasanidischer Zeit gezeigt, daneben auch **Münzen** und **Koranhandschriften** aus der islamischen Epoche.

- **Muze-ye Maragheh,** täglich außer montags 9 bis 17 Uhr, April bis Oktober bis 18 Uhr, Eintritt 200 Tuman, Tel. 0421-223700.

Anfahrt

Der Besuch von Maragheh empfiehlt sich als Tagesausflug von Tabriz oder Orumiyeh oder auf der Weiterreise in Richtung Takab zum Takht-e Soleyman. Busse und Taxis aus Tabriz verkehren regelmäßig.

Unterkunft

- Wer zum Bleiben gezwungen ist, findet Unterkunft im ziemlich einfachen **Hotel Darya** €€, Darvaze-ye Tabriz, Tel. 0421-252220, Fax 250533, das allerdings mit 50 US$ für das DZ ziemlich teuer ist.
- Viel billiger, aber auch keine rechte Alternative ist das **Hotel Arya** €, in der Nähe des Bahnhofs im Süden der Stadt, Tel. 0421-2294, DZ 8 US$.

Besteigung des Sahand

Maragheh ist ein guter Ausgangspunkt für das Besteigen des Berges Sahand (3710 m). Der **flache Vulkankegel** stellt keinerlei bergsteigerische Anforderungen. Jeder, der die Höhe vertragen kann, vermag auf den Gipfel zu wandern. Von Maragheh aus kann man mit dem Minibus oder Taxi zu einem der kleinen Dörfer am Südhang fahren, z. B. nach **Yai Shahr** oder **Azizabad.** Zelt und Verpflegung müssen mitgeführt werden.

● Informationen und Führer auch über das **Reisebüro Rakhsh** in Maragheh, Chaharrah-e Koreh Khaneh, Tel. 0421-235700, Fax 234514.

Bandar Sharaf Khaneh

↗ II/A2

Von Tabriz bis zum **Nordufer des Orumiyeh-Sees** sind es etwa 80 km. Wer die Gelegenheit nutzen möchte, im heilkräftigen Wasser des Sees zu baden, fährt am besten nach Sharaf Khaneh, wo es **Strände** und die nötige Infrastruktur gibt. Minibusse und Sammeltaxis fahren in Tabriz vom Bahnhofsplatz ab. Mit dem eigenen Fahrzeug erst in Richtung Marand fahren, bei Soofian in Richtung Shabestar.

Unterkunft

● In Sharaf Khaneh gibt es einige Hotels in Strandnähe, die auch auf ausländische Gäste eingestellt sind, z.B. **Hotel Suite** €€, Kh. Sahebi, Tel. 0472216-2955, Fax 2020, DZ 35 US$.

100i Foto: hn

Salzgewinnung am Rande des Oroumiyeh-Sees

Jolfa und Kloster St. Stephanos

↗ II/A1

Jolfa, heute **Grenzstadt** zwischen Iran und **Armenien** (bzw. der armenisch besetzten aserbaidschanischen Enklave Nakhdjevan), spielte in der iranischen Geschichte eine besondere Rolle. Mehrere Tausend seiner Bewohner wurden zu Beginn des 17. Jh. von *Abbas dem Großen* nach Isfahan verschleppt, um dort den Ausbau der Stadt zur königlichen Residenz und Handelsmetropole zu unterstützen. Der Stadtteil südlich des Zayandeh Rud, in dem sie angesiedelt wurden, heißt noch heute Jolfa-ye Now, „das neue Jolfa".

Ca. 16 km nordwestlich des alten Jolfa liegt unweit der iranisch-armenischen Grenze am Zusammenfluss des Grenzflusses Aras mit dem Aq Chai das **Kloster des heiligen Stephanos.** Nach armenischer Überlieferung soll es im 1. Jh. n. Chr. vom Heiligen *Bartholomäus* gegründet worden sein. In malerischer Umgebung an einem Berghang gelegen, lohnt sich der Ausflug unbedingt, ist aber beschwerlich, weil öffentliche Verkehrsmittel nicht zur Verfügung stehen. Wegen der Grenznähe ist außerdem eine Genehmigung erforderlich, die bei der Polizei in Jolfa, besser noch in Tabriz, eingeholt werden kann. Man erkundige sich bei der Touristinformation von Tabriz, wo Tagesausflüge angeboten werden.

Die Anlage besteht aus zwei Teilen, eingefasst durch eine Wehrmauer aus Bruchsteinen, an deren Innenseite die Wohntrakte des Klosters angebaut sind. Man betritt den überkuppelten Kirchenbau durch einen Vorbau, rechts vom Eingang schließt ein Glockenturm an die Kirche an. Der Kuppelsaal läuft in einem kegeligen Dach aus, die sorgfältig zugehauenen und gefügten Steine sind geschmackvoll in unterschiedlichen Farbtönen zusammengesetzt. Die Außenfront ist, wie bei armenischen Kirchen üblich, mit großen Reliefbildern und Ornamenten verziert. Die heutige Anlage stammt im Wesentlichen aus dem 16. Jh., ist aber verschiedentlich erneuert worden.

Marand

↗ II/A2

Auf dem Weg nach Jolfa lohnt sich ein Halt in Marand, wo von der Hauptstrecke Tabriz – Maku die Straße nach Norden abzweigt. Im Zentrum des Ortes liegt die alte **Freitagsmoschee** aus dem 12. Jh., von den Mongolen Anfang des 14. Jh. erneuert. Ihr Prunkstück ist ein sehr gut erhaltener Stuck-Mehrab im Gebetssaal. Der reich mit Ornamenten und Schriftbändern ausgestattete Mehrab erinnert an den von *Öldjeitü* gestifteten in der Freitagsmoschee von Isfahan.

Unterkunft

- In Marand gibt es an der Staße nach Tabriz ein *mehmansara* (Gasthaus), Tel. 0491-220279, DZ 25 US$.

Festung Qal'e-ye Babak

↗ II/B1

Im Nordosten der Provinz, etwa 70 km von Ahar entfernt, liegt 5 km südwestlich der Kleinstadt **Kalaybar** die in Iran sehr bekannte Festung des Babak (Qal'e-ye Babak). Sie gilt als Sitz des Nationalhelden *Babak Khorramdin,* der zwischen 816 und 837 n. Chr. einen Aufstand gegen die islamisch-arabische Besatzung anführte. Anfang Juli versammeln sich jedes Jahr Hunderttausende in der Gegend, um diesem Ereignis zu gedenken.

Die Festung, die nur wenige Kilometer vom Aras, dem Grenzfluss zu Armenien und Aserbaidschan, entfernt liegt, ist vermutlich schon in sasanidischer Zeit errichtet worden. Sie thront auf der Spitze eines Berges in 2600 m Höhe und ist nur über einen mühsamen Anstieg über mehr als 500 Treppenstufen zu erreichen. Zum Eingang führt ein enger, steinerner Korridor, im Inneren sind zwei Stockwerke durch eine Treppe verbunden.

Unterkunft

- Die einzige Unterkunft in Kalaybar ist das **Hotel Babak,** Tel. 427422.

Die Provinz Ardabil

Überblick

Die Provinz Ardabil bildet den östlichen Abschluss des **azerbeijanischen Berglands** und ist erst 1996 durch Abtrennung von Ost-Azerbeijan gebildet worden. In ihrem Zentrum liegt das **Sabalan-Massiv** mit dem zweithöchsten Gipfel Irans (4811 m), an den sich im Norden die Hochebene Dasht-e Moghan anschließt, die sich bis zum Aras, dem Grenzfluss zur Republik Aserbaidschan, erstreckt. Nach Westen fällt das Bergland steil zur Kaspischen Küstenebene ab.

Wirtschaftlich wird die Provinz weitgehend von **Ackerbau und Viehzucht** bestimmt. Die Stadt Ardabil ist das Zentrum dieses bäuerlichen Umlands, daneben haben auch Ahar, Meshgin Shahr und Sarab eine Bedeutung für die in ihrer Umgebung lebenden **Nomaden** und als Sammelpunkte für deren **Teppiche.** Shahsavan-Nomadenteppiche und Heris-Teppiche werden weltweit geschätzt.

Die Sommerweiden der Shahsavan liegen in den tiefer gelegenen Gebieten um den Sabalan, wo es im Winter bis zu -25°C kalt werden kann.

Ardabil

↗ III/C2

Stets war Ardabil der **Hauptort Nordost-Azerbeijans.** Der Sasaniden-Herrscher *Peroz* soll hier Ende des 5. Jh. eine Stadt namens Firuzgerd gegründet haben, die nach der arabischen Eroberung in Ardabil umbenannt wurde. Besondere Bedeutung hatte sie als Keim-

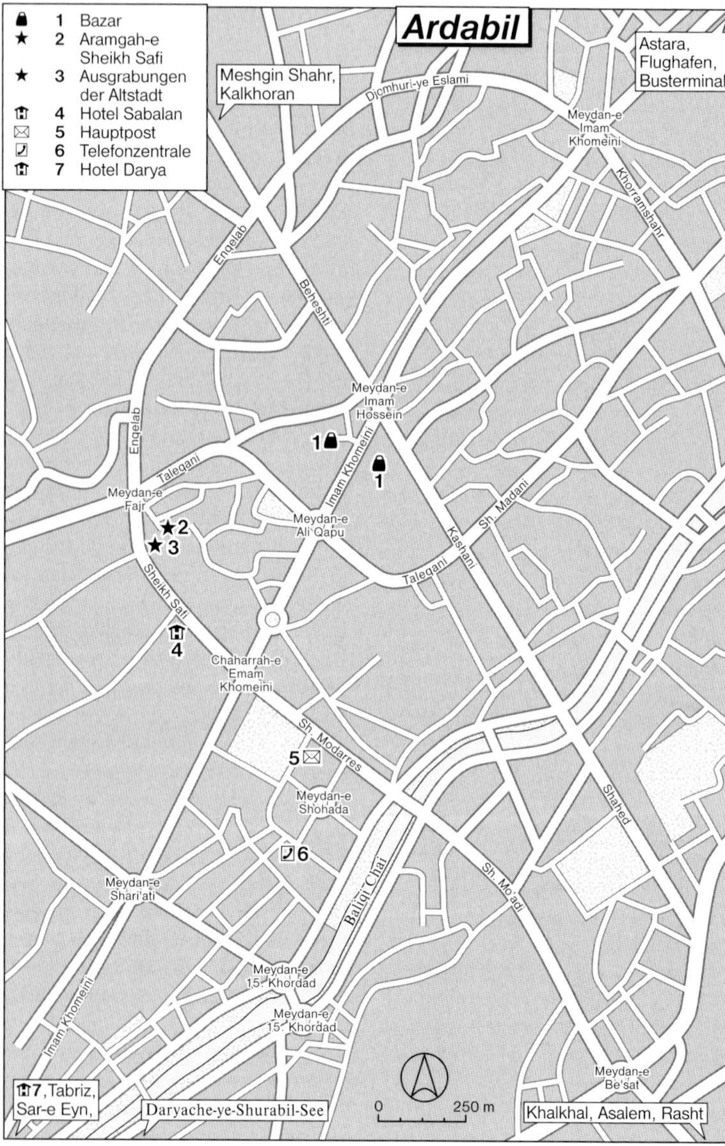

Ardabil
1 Bazar
2 Aramgah-e Sheikh Safi
3 Ausgrabungen der Altstadt
4 Hotel Sabalan
5 Hauptpost
6 Telefonzentrale
7 Hotel Darya
Meshgin Shahr, Kalkhoran
Astara, Flughafen, Busterminal
Djomhuri-ye Eslami
Meydan-e Imam Khomeini
Khorramshahr
Engelab
Beheshti
Meydan-e Imam Hossein
Imam Khomeini
Taleqani
Meydan-e Fajr
Meydan-e Ali Qapu
Sh. Madani
Kashani
Sheikh Safi
Chaharrah-e Emam Khomeini
Sh. Modarres
Meydan-e Shohada
Shahed
Baliqi Chai
Sh. Mo'adi
Meydan-e Shari'ati
Meydan-e 15. Khordad
Meydan-e Be'sat
7, Tabriz, Sar-e Eyn,
Daryache-ye-Shurabil-See
0 250 m
Khalkhal, Asalem, Rasht

zelle und Ausgangspunkt der Schia in Iran; die Safaviden ließen ihrem Ordenssitz ab dem 16. Jh. besondere Förderung zukommen. Der deutsche Orientreisende *Adam Olearius* bezeichnete nach seinem Besuch im Jahre 1556 die Stadt als Mittelpunkt von Handel und Gewerbe von internationalem Zuschnitt, die allerdings Ziel von Angriffen der Osmanen war. 1736 wurde hier *Nadir Shah* zum Herrscher gekrönt. Schwierige Zeiten brachen für ganz Nordiran und besonders für Ardabil ab dem Ende des 18. Jh. mit der Süd-Expansion des russischen Zarismus an. Die Stadt wurde mit einer neuen Verteidigungsmauer umgeben und trotzdem von 1826 bis 1828 von russischen Truppen besetzt.

Schon in den Jahren vor der Revolution erlebte Ardabil einen starken Aufschwung. Die Einwohnerzahl stieg von 65.000 im Jahre 1956 auf 150.000 in 1976. Diese Tendenz hat sich bis heute fortgesetzt, besonders, seitdem Ardabil Hauptstadt der neugegründeten Provinz ist. Heute zählt es etwa 350.000 Einwohner.

Ardabil erstreckt sich zu beiden Seiten des Flusses Baliqi Chai, das Zentrum liegt am Westufer. Wegen der zahlreichen Erdbeben in diesem Gebiet (das letzte schwere Beben erschütterte Stadt und Umgebung 1996) sind nur wenige alte Bauwerke erhalten. Im Viertel südlich des Meydan-e Imam Hossein liegt der sehenswerte, sehr lokaltypische Bazar mit teilweise überdachten Gassen.

Ankunft mit eigenem Fahrzeug

Mit dem Auto fährt man auf dem Bol. Esteqlal über den Meydan-e Basidj und von dort aus immer geradeaus auf der Kh. Imam Khomeini, die direkt ins Zentrum führt. Aus Richtung Norden (Germi/Meshgin Shahr) fährt man über die Jade-ye Meshgin Shahr bis zum Meydan-e Vahdat und von dort aus immer geradeaus über Kh. Kargar und Kh. Beheshti ins Zentrum. Aus Richtung Astara über den Meydan-e Azadi geradeaus zur Kh. Imam Khomeini, die direkt ins Zentrum führt. Aus Richtung Khalkhal schließlich über den Meydan-e Isar geradeaus der Kh. Be'sat und Kh. Sh. Mo'adi folgen. Etwa 500 m hinter der Brücke über den Fluss rechts in die Kh. Imam Khomeini abbiegen und ins Zentrum fahren.

Sehenswertes

Mausoleum von Sheikh Safi

Das bedeutendste Bauwerk Ardabils ist das Mausoleum von *Sheikh Safi* am Meydan-e Ali Qapu. Allein seinetwegen lohnt der Besuch dieser Stadt. Über das Leben und Wirken von *Sheikh Safi od-Din* liegt immer noch vieles im Dunkeln, seine Herkunft ist ungeklärt. Er wirkte als Oberhaupt eines sunnitischen Ordens und sammelte viele Anhänger unter der Türkisch sprechenden Bevölkerung Azerbeijans. 1334 verstarb er in Ardabil. Seine Nachfolger stellten sich in die schiitische Tradition und im Jahre 1500 n. Chr. brach *Ismail* von Ardabil auf, um ganz Iran zu erobern und zur Schia zu bekehren.

Die ältesten Teile des Komplexes gehen auf Safi selbst zurück, der hier eine Grabstätte für seinen früh verstorbenen Sohn anlegen ließ. Unter seinem Nachfolger *Sadr ad-Din Musa* wurde der Bau erweitert. Die heutige Form stammt im Wesentlichen aus dem 17. Jh.

Ein mit Fliesen geschmücktes Portal am Platz Meydan-e Ali Qapu ist der Zugang zum safavidischen Familienmausoleum. Durch einen kleinen Garten gelangt man durch ein weiteres Portal zum Eingang, hinter dem ein kleiner Vorhof liegt. Nach dessen Durchquerung betritt man den **Hof** der Anlage, dessen **Fliesenschmuck** in jüngster Zeit erneuert wurde. Der überkuppelte Gebetssaal links vom Eingang wird schon seit einiger Zeit renoviert und ist gegenwärtig nicht zu besichtigen. Hier versammelten sich früher die Derwische zum Gebet.

Die Gräber von Sheikh Safi und den Angehörigen seiner Familie liegen unter mit kleinen Kuppeln gedeckten Türmen. Dem Hof am nächsten gelegen ist der **Grabturm von Sheikh Safi,** aus gebrannten Ziegeln rundgemauert und mit kleinen, türkisfarbenen Kacheln verziert, die in ständig wechselnder Ausrichtung immer den Namen Allahs ergeben. Unter der Kuppel ist ein prächtiges Schriftband auf blauem Grund zu sehen.

Ein wenig links, zurückversetzt vom Turm Safis und niedriger, erscheint der überkuppelte Turm über dem Grab Ismails I. Die in Blau, Gelb und Weiß gehaltenen Fliesen an der Außenfassade wurden kürzlich erneuert. Der dritte Turm ist erst zu erkennen, wenn man rechts herumgeht.

Zugang zum **Inneren** des Mausoleums gewährt der Eingang in der linken Ecke des Hofes. Hier müssen die Schuhe ausgezogen werden, der gesamte Innenraum ist mit Teppichen ausgelegt. Die heutige Eingangstür aus Holz verdeckt eine kunstvoll aus Silber ziselierte Tür. Vom Vorraum aus gelangt man in den Innenraum, das so genannte „Ghandilkhaneh", den **Lampenraum.** Er erhielt seinen Namen aufgrund der vielen Lampen, die hier früher aufgehängt waren und diente als Andachtshalle für die Pilger. Die oberen Partien dieses Raums lösen sich in mehrere Iwane auf, deren Wandungen und Nischen bemalt sind. Auf einem kräftig blauen Grund befinden sich Ornamente in tiefem Rot und Braun.

Den Boden des Raums bedeckte früher der berühmte **„Ardabil-Teppich"**, der heute im Victoria and Albert Museum in London aufbewahrt wird. An der linken Seite des Raums ist ein mächtiger, raumhoher **Knüpfstuhl** aufgebaut, an dem seit 1997 eine Kopie des klassischen Teppichs hergestellt wird. Manchmal kann man zuschauen, wie Knüpfer mit flinken Bewegungen unablässig Knoten um die Kettfäden schlingen, immer wieder kurz auf ihr Muster schauen und regelmäßig die Knoten mit einem Kamm festklopfen. Nach Fertigstellung soll dieser Teppich wieder den Boden des Ghandilkhaneh schmücken.

Direkt gegenüber dem Eingang liegt der Zugang zu Safis Grabturm. Diesem vorgelagert ist ein oben in einer

101i Foto: hn

Mausoleum von Sheikh Safi

Halbkuppel zulaufender Raum, vom Hauptraum abgetrennt durch ein mit Silber ziseliertes Gitter. Er wird „Shahneshin" genannt, weil hier früher der Platz des Herrschers bei den Zeremonien war. Der **hölzerne Grabaufbau** innerhalb des Grabraums mit feinen Schnitzereien ist ein Geschenk des Moghulherrschers *Homayun*. Die Innenwände des Grabraums sind weiß gekalkt, nur die Kuppel ist mit dunklen Farben bemalt.

Links von Safis Grab ist der Zugang zum Grab Ismails und dahinter das so genannte „Haramkhane", der älteste Raum der Anlage, der ursprünglich der **Wohnraum** Sheikh Safis war. In einem Nebenraum befindet sich eine Reihe weiterer Gräber von Familienmitgliedern, darunter das der Frau von Sheikh Safi.

Der benachbarte Anbau wurde in seiner heutigen Form von *Shah Abbas* ausgestattet und als **Empfangssaal** genutzt. Die Nischen sind, ähnlich wie im Ali-Qapu-Palast von Isfahan, mit golden bemalten Gipsverkleidungen ausgestattet, die die Konturen von Gefäßen nachahmen. Dieser Saal wird „Chini khane", **Porzellanraum,** genannt, weil Abbas hier neben wertvollen Büchern und Handschriften auch kostbares chinesisches Porzellan aufbewahrte. Viele dieser Gegenstände wurden 1828 nach der Eroberung Ardabils durch die Truppen des russischen Zaren nach St. Petersburg verschleppt, wo sie heute noch in der Eremitage zu bewundern sind.

Der Saal wird heute als **Museum** genutzt, auch ein kleiner Buchverkaufsstand ist vorhanden.

- **Aramgah-e Sheikh Safi,** täglich von 8 bis 18 Uhr, Eintritt 300 Tuman, Tel. 0451-22665.

Weitere Sehenswürdigkeiten

Am Rand des Grabbezirks sind in den letzten Jahren **Ausgrabungsarbeiten** unternommen worden, bei denen Teile der alten Stadt freigelegt wurden.

In **Kalkhoran,** in der unmittelbaren Umgebung Ardabils, liegt ein **Grabbau,** der *Sheikh Djibra'il,* dem Vater Sheikh Safis, gewidmet ist. Nach Kalkhoran gelangt man vom Stadtzentrum am Meydan-e Imam Hossein in Richtung Norden. Nach 3 km liegt der schlichte, im 16. Jh. errichtete Bau am Ortseingang rechts der Straße in einem kleinen Garten mit zahlreichen Gräbern safavidischer Würdenträger.

Einen Besuch lohnt auch der **Bazar** von Ardabil, südlich des Meydan-e Imam Hossein.

Ein beliebtes Ausflugsziel der Stadtbewohner ist der **See Daryache-ye Shurabil** am südlichen Stadtrand, um den ein Wanderweg herumführt. Auf einer künstlichen Insel in der Mitte des Sees gibt es ein Restaurant.

Praktische Tipps

- **Telefonvorwahl Ardabil:** 0451

Nützliche Adressen

- **Geldwechsel:** Mehrere Banken gibt es an der Kreuzung Kh. Imam Khomeini/Sheikh Safi.
- Ein **Postamt** liegt südlich des Meydan-e Shohada.
- **Reisebüro:** *Mehr Parvaz,* 566 Kh. Imam Khomeini, Tel. 443438, Fax 443517.

Unterkunft

- Am südlichen Stadtrand in der Nähe des Flusses, also recht ungünstig zu den Sehenswürdigkeiten, liegt das **Hotel Darya** €€, DZ 35 US$, Tel. 450035, Fax 450036.
- Nahe dem Heiligtum in der Kh. Sheikh Safi liegt das **Hotel Sabalan** €€ mit einfachen, aber sauberen Zimmern, DZ 25 US$, Tel. 232910, Fax 232877. Hier sollte man zum Frühstück unbedingt *shir asal* probieren, den berühmten Honig von Ardabil auf Rahm mit einem speziellen Brot.
- Viele einfache Unterkünfte finden sich entlang der Kh. Imam Khomeini, die aber oft Ausländer an die Hotels verweisen. Das **Mosaferkhane Odjahan** € vermietet billige Zimmer ohne Dusche für 5 US$, Tel. 22481.

Verkehrsverbindungen

- **Flüge:** Der Flughafen von Ardabil liegt etwa 5 km nordöstlich der Stadt an der Straße nach Astara. Es gibt täglich einen Flug von Iran Air von/nach Teheran, an drei Tagen in der Woche fliegt Aseman Airlines Ardabil an. Vom Flughafen gelangt man mit dem Taxi ins Zentrum. Iran Air: 444 Kh. Imam Khomeini, Tel. 2248808.
- **Busse:** Der Terminal liegt an der Kh. Moqadas-e Ardabili im Nordosten der Stadt. Es verkehren Busse in Richtung Kaspisches Meer, Teheran, Tabriz und Meshgin Shahr.

Fahrt zum Kaspischen Meer

Zur Weiterfahrt mit dem PKW zum Kaspischen Meer sollte man nicht die kurze Hauptstrecke nach Astara nehmen, sondern die schönere Route über **Khalkhal** im Süden der Provinz nach Asalem. Etwa 10 km hinter Khalkhal zweigt die Hauptstrecke nach Osten ab und beginnt sich die Berge hinaufzuwinden. Nach gut 20 km erreicht man die Passhöhe in über 2200 m. Die Täler sind im Sommer grün, die Almen geben einem fast das Gefühl, man sei in der Schweiz. Dies sind die **Sommerweiden der Taleshi,** die von ihren Dörfern in den Tälern im Frühjahr mit ihrem Vieh hier hinaufziehen. Jenseits der Klimascheide nimmt die Bewaldung rasch zu und auf einer Strecke von etwa 22 km geht es von 2000 m auf Null hinunter.

Mit einem geländegängigen Fahrzeug ist es auch möglich, durch die Wälder nach **Masuleh** (⇨Provinz Gilan) zu fahren. Hierzu hinter Khalkhal nicht nach Osten in Richtung Asalem abbiegen, sondern in Richtung **Shahrud** weiterfahren. Bis dahin ist die Straße asphaltiert, danach geht sie in eine Schotterpiste über. Die atemberaubende Landschaft entschädigt jedoch allemal für diese Schwierigkeit!

Sar-e Eyn und Berg Sabalan

↗ III/C2

Berühmt für seine Mineralquellen ist Sar-e Eyn am Fuße des Sabalan, etwa 25 km von Ardabil entfernt. Von der Umgehungsstraße Bozorgerah-e Basidj zweigt die Jade-ye Gol Moghan nach Osten ab, die nach Sar-e Eyn führt. Man kann auch die Hauptstraße in Richtung Tabriz nehmen und nach etwa 20 km nach Norden abzweigen. Taxis verkehren ab Pol-e Hava'i im Südwesten von Ardabil.

Die verschiedenen **Thermalquellen** von Sar-e Eyn kommen aus der Tiefe des Vulkans und sind reich an Kalzium und Schwefel. Sie gelten als heilsam besonders gegen Hauterkrankungen, Rheuma und Gelenkbeschwerden und erreichen Temperaturen von bis zu 45°C. Neben weiteren Bädern bietet das **Hydro-Therapie-Zentrum** Sabalan mehrere Hallenbäder, Saunen, Wannenbäder und Massagen.

Eine Spezialität von Sar-e Eyn ist *Ash-e Duq,* eine heiße Suppe aus Sauermilch mit viel Knoblauch, die mit Brot gegessen wird.

Unterkunft

- Es gibt eine Reihe von Hotels und Unterkünften, z.B. das **Hotel Kowsar** €€, Ku. Behdari/Kh. Danesh, Tel. 452222-2474, DZ 30 US$, oder das **Hotel Rose** € bei der Stadtverwaltung, Tel. 452222-2471.

Wanderung auf den Sabalan

Sar-e Eyn eignet sich als Ausgangspunkt für eine Wanderung zum Gipfel des Sabalan, mit 4811 m der dritthöchste Berg Irans. Der **abgeflachte Vulkankegel** stellt außer Höhenverträglichkeit keine besonderen Anforderungen. Verpflegung und Zelt müssen mitgeführt werden, außerhalb der Monate Juni bis September auch Winterkleidung. Zwar gibt es in der Nähe des Gipfels eine Schutzhütte, gerade in den Sommermonaten ist der Andrang jedoch groß. Auf dem Weg gibt es eine Reihe von Quellen, die direkt aus dem Berg kommen, auf dem Gipfel befindet sich ein malerischer **Kratersee.**

Die Nordseite des Sabalan ist die Sommerweide für das Vieh der **Shahsavan-Nomaden,** die sich über den Besuch von Touristen nicht unbedingt freuen. Als Zentrum der Shahsavan gilt **Meshgin Shahr,** ca. 70 km von Ardabil entfernt am nördlichen Fuß des Sabalan. Auf dem Weg liegt **Lahrud,** von wo aus eine Straße in Richtung Gipfel führt.

102i Foto: hn

Der Westen

103i Foto: hn

Nomadenlager in Khuzestan

Blume im Zagros-Gebirge

Die Provinzen Qazvin und Zanjan

Das westliche Alborz-Vorland

Die **Gebirgszüge des Alborz** bilden eine gewaltige Klima- und Wasserscheide zwischen dem subtropischen Tiefland am Kaspischen Meer und dem trockenheißen iranischen Hochplateau. Südlich dieser Gebirgszüge erstreckt sich ein mehr oder weniger breiter Streifen Gebirgsvorland, der vom azerbeijanischen Hochland im Westen bis Shahrud im Osten reicht. Entlang diesem Streifen verläuft der **uralte Durchzugsweg von West nach Ost,** an dem in regelmäßigen Abständen Haltestationen lagen: Miyaneh – Zanjan – Qazvin – Karaj – Teheran. Der westliche Teil des Alborzvorlandes wird heute von den Provinzen Qazvin und Zanjan eingenommen. Die Bevölkerung von Qazvin besteht überwiegend aus türkischsprachigen Iranern, in Zanjan leben auch viele Kurden.

Geschichte der Region

Die unzugänglichen Gebirgstäler des Alborz, auch Bergland von Dailam genannt, bildeten in der Geschichte stets Rückzugsgebiete für ethnische und religiöse Minderheiten. Die Dailamiten und Ismailiten spielten im Laufe der iranischen Geschichte eine besondere Rolle. **Dailamiten** nannte man die Stämme aus den Bergtälern nordwestlich von Qazvin, die den arabischen Invasoren noch Widerstand leisteten, als der Rest Irans längst eingenommen war. Aufgrund ihrer Kriegstüchtigkeit waren sie bei den Herrschern des 10. Jh. als Soldaten beliebt. Einer ihrer Militärführer, *Mardavij ibn Ziyar,* ergriff 927 die Macht über Gorgan und Tabaristan, weitete sie aber schnell bis Isfahan und Hamadan aus. Nachdem er 935 von türkischen Truppen ermordet worden war, ergriffen die drei Brüder *Ali, Hassan* und *Ahmad* aus der Dynastie der Buyiden, die als Heerführer im Dienste Mardavijs tätig waren, die Macht und weiteten sie über fast ganz Iran und bis nach Bagdad aus, blieben jedoch dem abbasidischen Kalifen formell untertan. Das Besondere an den Buyiden war, dass sie die erste schiitische Dynastie Irans waren, die die kulturelle Identität Irans festigten, z.B. indem sie versuchten, ihre Abstammung bis zurück zu den Sasaniden zu verfolgen und selbst den alten Titel „Shahanshah" (König der Könige) wieder annahmen.

Auch die **Ismailiten** wählten die abgelegenen Bergtäler von Dailam als Stützpunkte. Sie sind Anhänger einer schiitischen Glaubensrichtung, die davon ausgeht, dass ein (765 n. Chr schon vor seinem Vater gestorbener) Sohn des 6. Imams mit Namen *Ismail* der 7. Imam der schiitischen Gemeinschaft ist. Ab dem 9. Jh. bildeten sie Gemeinschaften in verschiedenen Gebieten der islamischen Welt, die sich gewaltsam gegen die sunnitische Obrigkeit wandten.

Von ihren Festungen in den Alaviten-Bergen in Syrien sickerten sie ab Mitte des 11. Jh. in die Dailam-Berge ein und eroberten einige Bergfestungen, um von hier aus Anschläge gegen Würdenträger der Seldjuqen auszuführen. Ihr bekanntester Führer war *Hassan Sabah,* der „Alte vom Berge", der die Festung Alamut zu seinem Hauptquartier ausbaute. Er wurde 1040 in Rey geboren, und Legenden wollen wissen, dass er ein Jugendfreund zweier berühmter Zeitgenossen gewesen sei, von *Omar Khayyam,* dem Astronomen und Dichter, sowie *Nezam ol-Molk,* der drei seldjuqischen Herrschern als Wesir diente. Nach der Eroberung Alamuts breitete er sein Netz von Stützpunkten über große Teile des südlichen Alborz aus und sammelte dort seine Anhänger um sich. Von diesen unzugänglichen Stützpunkten aus starteten sie zu ihren Überfällen, die sich vor allem gegen Würdenträger des seldjuqischen Hofes richtete, der streng sunnitisch orientiert war. Ihr berühmtestes Opfer war Nezam ol-Molk, der 1092 dem Messerattentat eines assassinischen Feda'i erlag, eine Art Selbstmordattentat, denn auch der Täter wurde von der Leibwache Nezam ol-Molks ergriffen und getötet.

Der Name *Assassinen* stammt angeblich von „Hashishi" (Haschisch-Esser), weil Hassan Sabah seinen für die Mordanschläge ausgewählten Anhängern angeblich Hanfpräparate verabreichte, um sie auf die Segnungen des Paradieses vorzubereiten. Zu beweisen ist diese Legende allerdings nicht, trotzdem gehört das englische Verb „to assassinate" heute zum allgemeinen Sprachgebrauch als Bezeichnung für einen Mord mit politischem Hintergrund.

„Der Alte vom Berge“ ließ in der Abgeschiedenheit von Alamut aber auch eine riesige Bibliothek anlegen. Er starb 1124 in Qazvin. Das Regime seiner Nachfolger dauerte noch bis 1256, als die Mongolen unter *Hülägü* Alamut einnahmen und die Ismailiten aus den Bergen vertrieben.

Qazvin

↗ IV/B2

- ★ 1 Darvaze-ye Darb-e Kushk
- 2 Tourist-Information
- 3 Bazar
- 4 Masdjed al-Nabi
- 5 Hotel Iran
- 6 Hauptpost
- ★ 7 Chehel Sotun
- 8 Eqbali
- 9 Hotel Khaksar
- 10 Hotel Alborz
- 11 Ali Baba
- ★ 12 Grabturm von Mostowfi
- ★ 13 Madrese-ye Heidariye
- ★ 14 Ali Qapu
- ★ 15 Hamam-e Hadji Mohammad Rahim
- ★ 16 Hosseini-ye Aminiha
- ★ 17 Imamzade-ye Hossein
- 18 Freitagsmoschee
- ★ 19 Darvaze-ye Tehran

Die **Provinz Qazvin** entstand erst 1996 durch Abtrennung des Gebiets von der Provinz Zanjan. Dieser Maßnahme waren 1994 schwere Unruhen mit Toten und Verletzten vorausgegangen, weil sich die Regierung anfangs weigerte, der Forderung nach einer eigenen Provinz zuzustimmen. Provinzhauptstädte haben das Recht auf Zuschüsse seitens der Regierung.

Die **Stadt Qazvin** liegt in einer Höhe von 1290 m am Fuße des Alborz-Gebirges. Der Raum zwischen Qazvin und dem 150 km entfernten Teheran gilt als der mit der dynamischsten Entwicklung in ganz Iran. Die traditionellen Haupterzeugnisse waren Rosinen und Melonen. Mit dem Bau der vierten Straßenverbindung zum Kaspischen Meer wurde Qazvin auch zum Verkehrsknotenpunkt, die Straße nach Rasht zweigt hier nach Norden ab. Bei einem schweren Erdbeben im Jahre 1962 mit Tausenden von Toten wurde auch das alte Bewässerungssystem stark in Mitleidenschaft gezogen und in der Folge die landwirtschaftliche Produktion und Wasserversorgung reformiert. In zwei Stauseen am wasserreichen Taleqan-Fluss nördlich von Qazvin, der seine Wasser ins Kaspische Meer ergießt, wird Wasser gewonnen und mit einem unterirdischen Kanal unterhalb der Wasserscheide nach Süden geführt.

Man profitiert von der Nähe Teherans mit seinem riesigen Markt. Es entstanden zahlreiche Hühnerfarmen, Rindermastbetriebe sowie Obst- und Gemüsefarmen. Mittlerweile sind auch viele Industriebetriebe aus dem Großraum Teheran herübergewachsen.

Die Geschichte der Stadt Qazvin reicht zurück bis in die Zeit der Sasaniden. Sie soll von *Shahpur I.* unter dem Namen „Shad-e Shapur“ (Shapurs Freude) gegründet worden sein. 644 von den Arabern eingenommen, wurde sie befestigt, um als Stützpunkt für Feldzüge gegen die Dailamiten zu

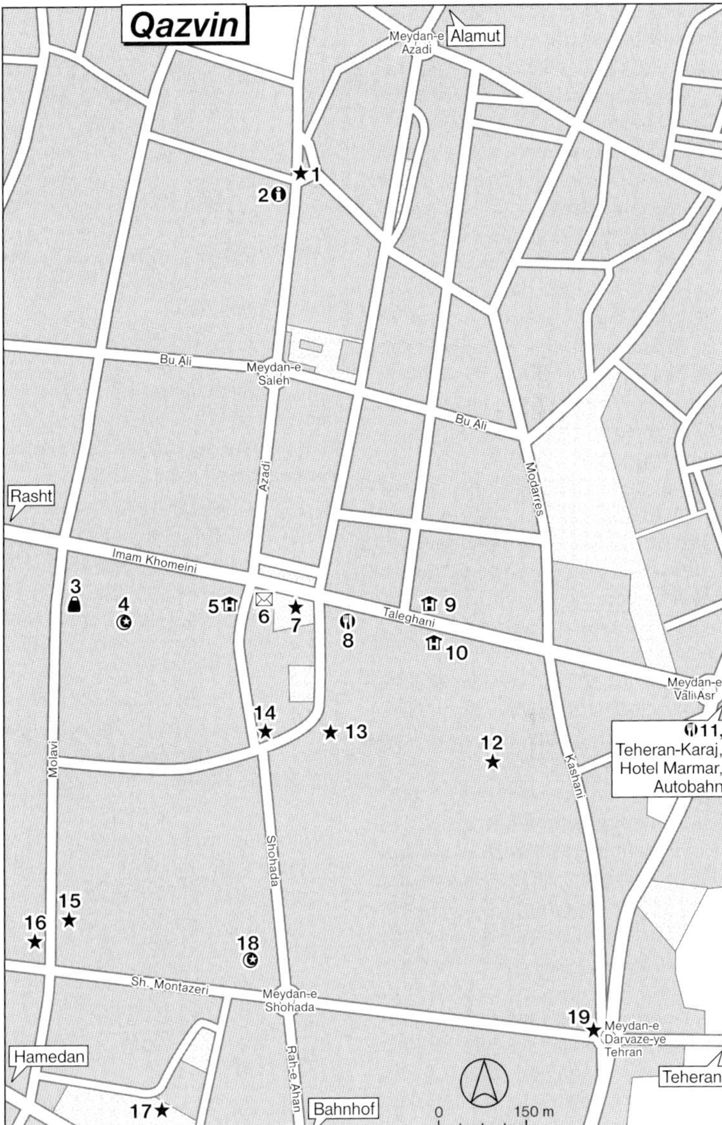
Qazvin
Meydan-e Azadi
Alamut
1
2
Bu Ali
Meydan-e Saleh
Bu Ali
Azadi
Modarres
Rasht
Imam Khomeini
3
4
5
6
7
8
9
10
Taleghani
Meydan-e Vali Asr
14
13
12
11, Teheran-Karaj, Hotel Marmar, Autobahn
Molavi
Kashani
Shohada
15
16
18
Sh. Montazeri
Meydan-e Shohada
19
Meydan-e Darvaze-ye Tehran
Hamedan
Rah-e Ahan
17
Bahnhof
0
150 m
Teheran

dienen. Unter den Abbasiden errichtete einer der Brüder von *Harun ar-Rashid* hier ein neues Stadtviertel, der Kalif selbst hielt sich bei einer Reise nach Khorasan hier auf.

Unter den Einfällen der Mongolen 1220 und 1256 hatte die Stadt schwer zu leiden. In Qazvin wurde im 14. Jh. der berühmte Geograph *Hamdallah Mostowfi* geboren und auch begraben. Ihre größte Zeit erlebte die Stadt, als sie von *Shah Tahmasp* (1524–76) zur **Hauptstadt des safavidischen Reiches** erwählt wurde. Der Glanz verlosch sehr schnell wieder, als *Shah Abbas* Ende des 16. Jh. den Hof nach Isfahan verlegte.

Orientierung

Das Stadtzentrum mit den meisten Sehenswürdigkeiten wird im Norden begrenzt von der Kh. Taleqani / Kh. Imam Khomeini, im Westen von der Kh. Molavi, im Osten von der Kh. Shohada und im Süden von der Kh. M. Montazeri. Fast alle sehenswerten Gebäude lassen sich bequem zu Fuß erreichen.

Ankunft mit eigenem Fahrzeug

Zwischen Teheran und Qazvin gibt es eine Autobahn; von der Abfahrt aus erreicht man die Stadt auf der Kh. Ayat. Khamenei. Man fährt über den Meydan-e Vali Asr hinaus immer geradeaus ins Zentrum.

Auf der Landstraße aus Richtung Karaj und Teheran (Jade-ye Tehran-e qadim) kommt man beim alten Teheran-Tor an, biegt dort rechts ab und fährt auf der Kh. Ayat. Kashani bis zur Kreuzung mit der Kh. Taleqani. Aus Richtung Westen (Tabriz/Hamadan) bei der Ankunft im Südwesten der Stadt in die Kh. Assadabadi links abbiegen und bis zum Meydan-e Enqelab fahren. Dort rechts abbiegen und ins Stadtzentrum fahren.

Sehenswertes

Palast Chehel Sotun

Für eine Besichtigung zu Fuß eignet sich als Ausgangspunkt der Meydan-e Azadi (früher Sabz-e Meydan) im Stadtzentrum. An seiner Südseite liegen die **Reste der Bauten aus der Safavidenzeit** mit dem Palast Chehel Sotun, der von den Qazvinis auch „Kolah Farangi" (Franzosenhut) genannt wird. Der zweistöckige Bau von *Tahmasp* aus dem 16. Jh. liegt heute in einem kleinen Park. Sein Obergeschoss ruht auf 20 gemauerten Rundsäulen. Der Zentralraum im Untergeschoss ist verfallen und zurzeit nicht zu besichtigen. Zum Obergeschoss, in dem sich ein kleines **Museum** befindet, gelangt man über eine Treppe an der Südwestseite. In mehreren Vitrinen sind **alte Waffen und Gebrauchsgegenstände, Stoffe und Keramik** ausgestellt. Im oberen Bereich der Wand, die ursprünglich üppiger bemalt war, sind noch drei Felder mit höfischen Szenen zu erkennen, die leider mutwillig zerstört wurden. Ein von Holzsäulen gesäumter Rundgang führt um das Obergeschoss herum.

- **Chehel Sotun,** täglich außer Montag und an Feiertagen von 8 bis 14 Uhr sowie 16 bis

17:30 Uhr, April bis Oktober bis 18:30 Uhr, Eintritt 100 Tuman.

Medrese Heidariye

Östlich des Parks führt die Kh. Helal-e Ahmar nach Süden. Von dieser Straße zweigt links die kleine Gasse Kuche-ye Balaghi ab. Um eine weitere Ecke nach links gelangt man zur Medrese Heidariye, ein im 12. Jh. auf dem Gelände eines sasanidischen Feuertempels errichteter Bau. Vom ursprünglichen Bauwerk ist nur noch der **Gebetssaal aus Lehmziegeln** erhalten, der Mehrab aus Lehmstuck mit Resten von Bemalungen zählt jedoch zu den schönsten Exemplaren, die heute noch zu finden sind.

Grabturm von Hamdallah Mostowfi

150 m östlich der Medrese liegt der Grabturm des Qazviner **Geschichtsschreibers und Geographen** *Hamdallah Mostowfi* (1281–1350). Er war Schüler von *Rashid od-Din,* dem berühmten Verfasser einer Weltgeschichte, der den Mongolenherrschern als Wesir diente. Zu seinen bekanntesten Werken zählt das „Zafarname" (Buch des Sieges), einer der zahlreichen Versuche der Fortschreibung des „Shahnameh" von *Ferdowsi,* das freilich den Rang des Originals nicht erreicht.

Sein Grab ist in einer Krypta unter dem Gebäude untergebracht, das im Aufbau schön gegliedert ist: Von einem Quadrat geht es in halber Höhe in ein Achteck und darauf in einen Kreis über, auf den das Spitzdach aufgesetzt ist. Die grünlichen Fliesen entsprechen mongolischem Vorbild, sind aber neu.

Palast

Wo die Kh. Helal-e Ahmar auf die Kh. Shohada trifft, liegt gegenüber der Kreuzung Ali Qapu (Hohe Pforte) der frühere Torbau als Zugang zum Palastbezirk. Leider darf dieser weder besichtigt noch fotografiert werden, weil er heute als **Polizeirevier** dient. Wie schon zur Safaviden-Zeit stehen auch heute uniformierte Wächter vor dem Gebäude. Dies ist umso bedauerlicher, als die noch erhaltenen Tholth-Inschriften auf blauem Grund von dem berühmtesten Kalligraphen Irans, *Reza Abbasi,* stammen.

Freitagsmoschee

Wenn man der Kh. Shohada in Richtung Süden folgt, erreicht man nach ca. 150 m zur Rechten einen Vorplatz mit einem Scheinportal, dem Eingang zur Freitagsmoschee, deren älteste Teile auf das 8. Jh. zurückgehen. Sie liegen links vom überkuppelten Eingang zum Moscheehof und werden **Masdjed-e Haruni** gennant. Der mehr als 4000 m² große Innenhof, einer der größten, den man in Moscheen in Iran sehen kann, ist mit kleinen Baumgruppen bepflanzt, unter denen Bänke zum Verweilen einladen; die vier Iwane liegen sich kreuzförmig gegenüber. Der Süd-Iwan führt hin zum großen Gebetssaal, mit Fliesen in Gelb- und Blautönen dekoriert, die aus dem Jahre 1658 stammen. Der quadratische Gebetssaal geht auf den Seldjuqen *Malik Shah* (1113) zurück, der Mehrab aus rechteckigen Marmorplatten wird von Fliesen mit geometrischen Motiven eingerahmt. Die Fliesendekorationen des Nord-Iwans erstrahlen in frischen Farben; sie sind kürzlich renoviert worden.

Stadttor Darvaze-ye Tehran

Vom Meydan-e Shohada aus führt die Kh. Tehran-e Qadim nach Osten zum alten Stadttor nach Teheran, dem Darvaze-ye Tehran. Im 19. Jh. hatte Qazvin acht solcher Tore, ein weiteres, das Darvaze-ye Darb-e Kushk, liegt im Norden der Stadt an der Kh. Hafez. Darvaze-ye Tehran, 1960 renoviert, ist ein Torbau mit großem Durchlass im Zentrum und zwei kleineren links und rechts für Fußgänger. Aus der Fassade wachsen im Zentrum und an den Seiten insgesamt vier Türme heraus, die aber nur Zierfunktion haben. Bei den Fliesenverkleidungen dominieren Blau und Gelb, über dem Hauptdurchgang prangt das Symbol der Qadjaren mit Sonne und Löwe.

Mausoleum Imamzade-ye Hossein

Vom Meydan-e Shohada aus in westlicher Richtung auf der Kh. M. Montazeri zweigt nach wenigen Metern die Kh. Salamgah ab, die zum wichtigsten Mausoleum von Qazvin führt, dem Imamzade-ye Hossein, mit Vorplatz und großem Wasserbecken vor dem Eingang. Hier wird das Grab eines Sohnes des 8. Imams *Reza* verehrt. Der Bau stammt aus der Zeit *Tahmasps* im 16. Jh. und wird von einer umlaufenden Ziegelmauer mit Fliesenverzierungen über den Bögen eingefasst. Das Eingangsportal ist von sechs kleinen Minaretten umgeben, seine Fliesendekoration stammen aus dem 19. Jh., wie auch die des Grabbaus und der Kuppel. Der Eingang zum überkuppelten Grabraum besteht aus einer offenen, mit Spiegelmosaiken verkleideten Vorhalle. Auch der Innenraum ist vollständig mit farbigen Spiegeln ausgekleidet, die durch die künstliche Beleuchtung eine Fülle von Licht erzeugen. Der Scheinsarg im Zentrum des Raumes wird von einem Aufbau mit versilberten Gitter bedeckt.

Der Mauern des Innenhofs beherbergen unter ihren Bögen alle Einrichtungen, die von den zahlreichen Pilgern gebraucht werden. Wie bei Heiligengräbern üblich, finden sich im Hof etliche weitere Gräber mit beschrifteten Grabplatten, auch Angehörige des Safaviden-Hauses sind hier beigesetzt.

Badehaus

Zurück auf der Kh. M. Montazeri folgt man dieser in Richtung Westen bis zur Kreuzung Kh. Molavi und biegt dort rechts ab. Nach einigen Metern liegt zur Rechten der Eingang zu einem alten Badehaus vom Ende des 19. Jh., dem **Hamam Hadji Mohammad Rahim.** An seinem Eingang mit Löwenskulpturen ist das auch im Inneren sehenswerte Badehaus leicht zu erkennen.

Hosseiniye Aminiha

Schräg gegenüber dem Bad befindet sich der Eingang zur Hosseiniye Aminiha vom Beginn des 19. Jh. Die **religiöse Versammlungsstätte,** hauptsächlich für die Trauerzeremonien im Monat Moharram, weist schöne, verspiegelte Innendekorationen im qadja-

rischen Stil, bemalte Holzpaneelen sowie Fensterverkleidungen aus farbigem Glas auf.

Bazar

Am nördlichen Ende der Kh. Molavi erreicht man den Bazar von Qazvin. Seine historische Bausubstanz stammt überwiegend aus dem 19. Jh; er ist zu großen Teilen überdeckt und lohnt einen kleinen Bummel. Man sollte durch den Bazar hindurchgehen zur früheren

Imamzade-ye Hossein in Qazvin

Masdjed-e Shah, zu Beginn des 19. Jh. zur Regierungszeit von *Fath Ali Shah* erbaut. Nach der Revolution wurde sie in „Moschee des Propheten" (Masdjed an-Nabi) umbenannt. Die Fliesendekorationen des Innenhofs mit den vier Iwanen sind nach dem Vorbild der floralen Ornamente der Shirazer Masdjed-e Vakil gestaltet.

Praktische Tipps

- **Telefonvorwahl Qazvin:** 0281

Information

- **Tourist-Information:** In der Provinzverwaltung des Ministeriums für Islamische Führung (Ershad-e Eslami) in der Kh. Hafez unweit des Darvaze-ye Darb-e Kushk.

Post

- An der Südseite des Meydan-e Azadi, Kh. Peyghambariye.

Unterkunft

Von gehobenen Hotels kann in Qazvin keine Rede sein. Zur mittleren Kategorie gehören direkt im Zentrum:

- **Hotel Alborz** €€, Kh. Khayyam / Kh.Taleqani, Tel. 26484, Fax 27367.
- An der Ausfallstraße nach Teheran liegt das **Hotel Marmar,** Kh. Ayat. Khamenei, Tel. 55771/4, Fax: 55770. Obwohl es gegenwärtig das neueste Hotel in Qazvin ist, waren zur Recherchezeit die Duschen und Bäder in einem beklagenswerten Zustand. Der Manager versprach jedoch, dass sie bald repariert würden.
- **Hotel Iran** €, Kh. Pighambariye, gegenüber der Post, einfache, aber saubere Zimmer, freundliches Personal.
- **Hotel Khaksar** €, Kh. Taleqani, schräg gegenüber vom Hotel Alborz, Tel. 24229.

Essen und Trinken

- **Restaurant Eqbali** in der Kh. Taleqani, ca. 100 m östlich vom Chehel Sotun entfernt, im 1. Stock gelegen, gutes Essen, außer Kebabs gibt es auch andere Gerichte sowie Vorspeisen.
- **Restaurant Ali Baba** an der Kh. Ayat. Khamenei, gegenüber vom Hotel Marmar.

Reiseagentur

- **Yadegar,** Kh. Khyyam Nord, Nr. 480 Ave, Tel. 38143, Fax 38143.

Verkehrsverbindungen

- Einen **Busterminal** gibt es in Qazvin nicht, dafür aber zahlreiche Verbindungen nach Teheran, Rasht, Tabriz und Hamadan. Die Busse von Teheran nach Rasht halten beim Meydan-e Enqelab im Westen der Stadt, die nach Tabriz und Hamadan an der Kreuzung Kh. Assadabadi / Jomhuri-ye Eslami.
- Der **Bahnhof** liegt im Süden der Stadt, die Fernzüge halten jedoch nicht in Qazvin. Die früher tägliche Verbindung mit Teheran wurde eingestellt; es gibt aber ausreichende Verbindungen per Bus und Taxi.

Festung Alamut

↗ IV/B2

Mitte Mai bis Ende September ist die schönste Zeit für einen Ausflug zur Assassinen-Festung von Alamut. Der Winter beginnt in den Bergen früh und bis Mitte April kann der Schnee hoch liegen.

Mit dem eigenen Fahrzeug fährt man auf der Autobahn Richtung Teheran. Ca. 8 km hinter Qazvin gibt es einen beschilderten Abzweig links nach Alamut. Von hier aus sind es etwa 85 km. Als erstes wird ein Pass (2300 m) überquert. Dann windet sich die Straße hinunter zum **Taleqan-Fluss,** der bei dem Dorf Rajabi Dasht überquert wird. Von hier aus sind es 31 km bis zu der Ortschaft **Mo'allem Kalayeh.** Einige Kilometer hinter diesem Ort zweigt ein Weg nach links ab zu dem wunderschönen und völlig unberührten **Evan-See.** Dort gibt es keinerlei Infrastruktur, dafür kann man unbeaufsichtigt baden.

11 km hinter Mo'allem Kalayeh wird bei Shahrak der Fluss Alamut überquert. Ca. 9 km hinter Shahrak folgt links der Straße eine örtliches **Heiligengrab** mit auffälliger, blechgedeckter Kuppel und kurz darauf ein Wasserlauf, über den keine Brücke führt. Er ist in der Regel ohne Schwierigkeiten zu durchqueren. Direkt hinter diesem Wasserlauf, ein großes Tableau „Historic Castle of Alamut" weist darauf hin, zweigt eine asphaltierte Straße links

106i Foto: hn

Der Felsen von Alamut

ab. Sie führt über 6 km durch zahlreiche Kirschbaumplantagen bis zum Dorf **Ghazor Khan.**

Vom kleinen Dorfplatz führt eine kurvige Straße bergauf. Nach etwa 1,5 km erreicht man eine scharfe Linkskurve, an der ein kleiner Parkplatz liegt. Die Beschilderung ist nur auf Persisch. Ein Fußweg führt von hier nach rechts um einen Felssporn herum, auf dem sich die Reste der Festung befinden. Mittlerweile ist eine Treppe aus Steinen gebaut worden, die auch bei rutschigem Untergrund einen leichten Aufstieg ermöglicht.

Oben auf knapp 2000 m Höhe angekommen, eröffnet sich durch einen ausgewaschenen Bogen im Fels ein grandioser **Ausblick auf das Tal von Alamut,** gesäumt von Bergen, die über 4000 m aufragen. Von hier aus kann man die Kunst der Baumeister bewundern, die die Befestigungsmauer der Burg förmlich in den Fels hineingebaut haben. Rechts führt ein Weg hinauf auf die Spitze des Felsens, die früher die Hauptburg trug. Archäologen haben hier **Mauerreste von Gebäuden und Höfen** gefunden. Im Berg verlaufen zahlreiche Gänge. Die Anlage ist (bisher) nicht bewacht und die Besichtigung kostet keinen Eintritt.

In der weiteren Umgebung von Alamut gibt es noch zwei weitere Burgen der Assassinen, **Meymoun Dez** nördlich von Shams Kelaye sowie die noch recht gut erhaltene Burg von **Lammassar,** ca. 4 km nördlich der Ortschaft Sharestan-e Bala.

Anfahrt per Bus

Von Qazvin aus verkehren regelmäßig **Minibusse** nach Mo'allem Kalayeh, von dort verkehren Minibusse nach **Gazar Khan.** Die Anreise kann auch über die **Hotels** oder ein **Reisebüro** in Qazvin organisiert werden, die für den Ausflug 25–30 US-$ verlangen.

Essen und Trinken

- Am Dorfplatz in Gazar Khan liegt das Restaurant und Gasthaus **Kuhsaran,** wo man eine einfache, aber schmackhafte Mahlzeit einnehmen kann: selbst gemachten Joghurt und Schafskäse mit Fladenbrot. Auf Vorbestellung oder in der Saison gibt es auch Reis mit Kebabs. Gegessen wird auf dem mit Teppichen ausgelegten Fußboden. Das „Restaurant" ist gleichzeitig auch der **Schlafraum:** nachts wird der Raum zur Gemeinschaftsunterkunft mit Matratzen, die ausgelegt werden. Der Schlafplatz kostet 1200 Tuman. In jedem Fall vorher anrufen, weil der Platz begrenzt ist: Ali Sami'i, Tel. 0281-554004.

Sefid-Rud-Stausee

↗ IV/A2

Wenn man nicht ohnehin von Qazvin nach Rasht weiterfährt, lohnt ein Ausflug zum Stausee des Sefid Rud und nach **Rudbar.** Der Sefid Rud bzw. auf Türkisch *Qezel Uzun* ist der größte Fluss im Norden Irans und der wichtigste Zufluss zum Süden des Kaspischen Meeres. Er entspringt in den Bergen Azerbeijans unweit von Tekab; sein weit verzweigtes Delta bildet die Grundlage für die Reiskulturen Gilans.

Um möglichst viel Wasser zu nutzen, bevor es sich ins Meer ergießt, wurde 1962 etwa 80 km nordwestlich von Qazvin der Sefid-Rud-Staudamm gebaut. Mit seiner 470 m langen Dammkrone zählt er zu den **größten Wasserbauwerken Irans.** Bei dem verheerenden Erdbeben von 1990, das auch Rasht schwer zerstörte, brach die Staumauer an mehreren Stellen ein und setzte einige Dörfer unter Wasser.

Kurz vor dem Erreichen des Stausess überspannt bei Lowshan ein alte Brücke den Sefid Rud. Es folgt Manjil und dann Rudbar. Das ganze Tal ist ausgefüllt mit **Olivenpflanzungen,** überall in der Gegend kann man zubereitete Oliven und Öl günstig kaufen.

Zanjan

↗ IV/A2

Das Hochbecken von Zanjan schließt direkt an das Hochland von Azerbeijan an und hat aufgrund seiner Höhenlage (1900 m) und der sie in drei Himmelsrichtung umgebenden Berge schneereiche Winter und damit ausreichend Wasser im Frühjahr und Sommer. Wegen dieser günstigen Bedingungen war die Ebene schon in voriranischer Zeit besiedelt, wie durch Ausgrabungen nachgewiesen wurde. Der Sasanide *Ardeshir* gründete hier eine

Stadt mit Namen Shahan. Die Provinz wird noch heute geprägt von Getreideanbau, Weide- und Viehwirtschaft sowie Obstanbau. In den vergangenen Jahren wurde der Abbau von Erzen in verschiedenen Minen verstärkt, z.B. Mangan, Eisen und auch Gold.

Die Provinzhauptstadt Zanjan bildet das Zentrum dieser ländlichen Umgebung und besitzt durch ihre Lage an Hauptstraße und Eisenbahnlinie zwischen Teheran und Tabriz gute Verkehrsverbindungen. Auch eine Industrie mit Metall,- Lebensmittel- und Chemiebetrieben ist in der Umgebung der Stadt im Entstehen begriffen. Vor wenigen Jahren wurde die Straße in Richtung Süden nach Bidjar als Fernstraße ausgebaut, daneben gibt es jetzt auch eine durchgehende Verbindung nach Takab in Ost-Azerbeijan. Im 14. Jh. stand Zanjan für einige Jahrzehnte im Schatten von Soltaniyeh, welches mit dem Grabbau des Öldjeitü touristisch die Hauptattraktion der Provinz ist.

Nach Zanjan wird man entweder auf der Durchreise kommen oder um von hier aus nach Soltaniyeh zu fahren. Die Stadt ist trotz der fast 300.000 Einwohner recht gemütlich, Touristen verirren sich nur selten hierher.

Bazar

Das Sehenswerteste an Zanjan ist der alte Bazar, der in seiner heutigen Gestalt vom Beginn des 19. Jh. stammt. Das Stadtzentrum mit dem Bazar liegt westlich des Meydan-e Enqelab. Der Teil zwischen Kh. Enqelab und Kh. Ferdowsi wird „Unterer Bazar" genannt. Hier werden in erster Linie die Erzeugnisse des Umlands verkauft, im Sommer und Herbst reichlich Obst und Gemüse. Der westlich daran anschließende Teil ist der „Obere Bazar", der noch nach klassischem Muster in acht verschiedene Bereiche eingeteilt ist: Goldbazar, Textilien, Schuhe, Mützen und Hüte usw., insgesamt über 900 Geschäfte auf einer Fläche von 150.000 m².

Daneben existiert noch eine weitgehend intakte Infrastruktur von Karawansereien, Badehäusern und kleinen Moscheen innerhalb des Bazars. In diesem Viertel liegen auch die **Freitagsmoschee** aus dem 19. Jh. mit einer angeschlossenen Medrese und ein kleines **Heiligengrab,** das Imamzadeye Seyyed Ebrahim, sowie die **Mirza'i-Moschee** vom Beginn des 18. Jh.

Im Gebäude einer ehemaligen öffentlichen Wäscherei ist heute ein kleines **Ethnologisches Museum** mit dem Namen *Rakhtshu'i* untergebracht. Es zeigt lokale Handwerksgegenstände und Trachten.

- **Rakhtshu'i,** Kh. Baba Jamal / Kh. Saadi, 9–13 und 16–20 Uhr, Eintritt 200 Tuman.

Praktische Tipps

- **Telefonvorwahl Zanjan:** 0241

Post und Telefon

- Ecke Kh. Imam Khomeini / Kh. Ferdowsi.

Unterkunft

- **Park Hotel** €€, Meydan-e Azadi / Kh. Imam Khomeini, Tel. 22228.

- **Hotel Sepid** €€, Kh. Imam Khomeini / Meydan-e Enqelab, Tel. 24882-3.
- **Hotel Khay** €, Kh. Ferdowsi.

Essen und Trinken

- **Nemune,** Kh. Imam Khomeini, Tel. 39978, und die Restaurants der Hotels **Sepid** und **Park.**

Reiseagentur

- **Farous Tour,** 129 Kh. Sa'di, Tel. 28550-1, Fax 61700.

Verkehrsverbindungen

- Der **Busterminal** liegt im Osten der Stadt in der Nähe des Meydan-e Azadi. Busse verkehren in Richtung Bijar/Hamadan, Rasht, Tabriz und Teheran.
- Der **Bahnhof** liegt im Süden der Stadt, zehn Minuten zu Fuß vom Zentrum. Züge nach/von Teheran verkehren morgens und nachmittags, die Fahrzeit beträgt knapp vier Stunden.

Mausoleum des Öldjeitü in Soltaniyeh

Soltaniyeh

↗ IV/A2

Soltaniyeh liegt 37 km südöstlich von Zanjan an der Straße (nicht der Autobahn!) nach Takestan/Qazvin. Autobusse halten an der Abzweigung, von wo aus es noch 5 km bis zum Ort sind, Minibusse verkehren vom Meydan-e Azadi in Zanjan.

Schon von weit her ist der mächtige **Dom** zu erkennen. Wie auch der Name ausdrückt (Stadt der Sultane), geht die große Zeit Soltaniyehs zurück in die **Epoche der Mongolen.** Viele iranische Städte sind von den Mongolen stark zerstört worden, es gab aber auch das Gegenteil: Städte, die aufblühten. Soltaniyeh zählt dazu wie auch Tabriz und Maragheh, die vorher Hauptstadt waren. Gegründet wurde Soltaniyeh 1290 von dem Il-Khan *Arghun,* der kurz darauf verstarb. Der Ausbau jedoch wurde fortgesetzt. Einer der Nachfolger Arghuns, *Öldjeitü,* der sich nach seinem Übertritt zum Islam *Mohammad Khodabande* (der Sklave Gottes) nannte, verlegte um 1310 seine Hauptstadt nach Soltaniyeh, das damals eine der prachtvollsten Städte Irans war. Auch nach Öldjeitüs Tod 1316 blieb es Hauptstadt, wurde aber von den Truppen *Timurs* 1384 stark zerstört und erholte sich davon nicht wieder. Ab dem 16. Jh. setzte ein vollständiger Niedergang ein und Soltaniyeh war nur noch ein unbedeutendes Dorf.

Der Grund, diesen ansonsten unbedeutenden Flecken zu besuchen, ist das grandiose **Mausoleum des Öldjeitü.** Wie oft bei gerade Konvertier-

107i Foto: hn

ten wollte der Mongolen-Khan seine Treue zum neuen Glauben besonders unter Beweis stellen, z.B. durch den prachtvollen Mehrab, den er für die Freitagsmoschee in Isfahan stiftete. Nun war er nicht nur Moslem geworden, sondern bekannte sich nach einer Wallfahrt nach Nadjaf und Kerbela auch zur Shi'a. Deshalb fasste er den Plan, ein Bauwerk zu errichten, das angemessen war für die heiligsten Persönlichkeiten der Schiiten, die Imame *Ali* und *Hossein,* deren Gebeine er aus Nadschaf und Kerbela umbetten lassen wollte. Die Geistlichkeit und die Bewohner lehnten jedoch dankend ab, war doch ihr Ansehen und Einkommen auf die Schreine der heiligen Imame gegründet. So musste Öldjeitü seinen Plan aufgeben und ließ einen kleinen Anbau für sein eigenes Grab vornehmen.

Über fast 700 Jahre hat dieses beeindruckende Bauwerk seitdem Zerstörungen, Erdbeben und Zerfall getrotzt, die dennoch ihre Spuren hinterlassen haben. Seit einigen Jahren werden grundlegende Renovierungsarbeiten unternommen, die noch einige Jahre andauern werden; so lange wird die gigantische Kuppel noch von innen und außen eingerüstet bleiben.

Das Mausoleum ist in drei Geschossen vollständig aus gebrannten Ziegeln errichtet. Das untere Geschoss hat einen Grundriss, der vom Erdboden bis zur halben Höhe die Form eines Quadrats und darüber die eines Achtecks hat; die beiden oberen bilden ein Achteck mit zwei umlaufenden Galerien. Innen ist er durch abgeschrägte Ecken achteckig gestaltet, an der Südseite ist ein Mehrab-Saal vorgebaut.

Die äußere Höhe der zweischaligen Kuppel beträgt knapp 53 m und ist damit die **höchste gemauerte Kuppel der Welt.** Das Mausoleum war auch das erste Bauwerk in Iran, das in großem Umfang mit farbigen Fliesen ausgestattet war. Von dem Fliesenschmuck in unterschiedlichen Blautönen sind noch Teile erhalten. Auf jeder der acht Ecken waren Minarette aufgesetzt, die in unterschiedlicher Höhe noch stehen.

Im Innern hat man Teile der Dekoration behutsam restauriert, andere nur angedeutet. Obwohl der Blick des Betrachters vom Gerüst beeinträchtigt wird, genießt er einen überwältigenden Raumeindruck. In Vitrinen werden Grundrisse, alte Ansichten und ein Modell des Endzustandes nach der Restaurierung gezeigt.

Über Treppenaufgänge im Nordost- und Westflügel erreicht man die beiden **Galerien,** wo sich in den Kuppeln des Umgangs schöne **Ausmalungen,** überwiegend in Rottönen, auf Stuck erhalten haben. Die Ornamentik ähnelt der von Buchmalereien. Ein in Hamadan für Öldjeitü angefertigter Koran, der heute in Kairo aufbewahrt wird, enthält sehr ähnliche Muster. An Decken und Wänden sind deutlich die Risse der diversen Erdbeben zu erkennen. Die Restaurateure haben begonnen, einige davon mit Gips und Jahresmarken zu verbinden, um so weitere Verwerfungen des Mauerwerks leichter feststellen zu können.

Südlich von Soltaniyeh liegen zwei weitere Mausoleen, die gut von der Galerie aus zu erkennen sind.

In der Stadt gibt es leider kein Restaurant, Hotel oder ähnliches. So ist man gezwungen, nach Zanjan oder in Richtung Takestan zur Straße nach Hamadan zu fahren. Eine kleine Straße, die nur für PKW befahrbar ist, führt auf einsamer Strecke über Zarrin Rud und Shirin Su zur **Tropfsteinhöhle von Ali Sadr** (s.u.: „Hamadan, Umgebung“).

Tropfsteinhöhle von Katle Khor

↗ IV/A2

Eine weitere interessante Höhle, die Tropfsteinhöhle von Katle Khor, erreicht man ebenfalls von dieser Strecke aus. In **Zarrin Rud** biegt man in Richtung **Garmab** ab. Am Rande des Saghizlou-Gebirges sprudeln hier warme Qellen aus dem Berg. Der Eingang zur erschlossenen Höhle liegt in ca. 2000 m Höhe. Die Wände sind mit einem Geflecht aus Kalkstein und Kristallen bedeckt, von den Decken hängen Stalaktiten herunter. Die Höhle ist mit dem eigenen Fahrzeug oder mit dem Taxi ab Zarrin Rud zu erreichen.

Die Provinzen Hamadan, Kordestan und Kermanshah

Überblick

Die drei Provinzen im Westen Irans sind geprägt durch die **Bergketten des Zagros,** die von hier aus in südöstlicher Richtung über etwa 1500 km bis zur Meeresküste von Oman verlaufen und dabei eine durchschnittliche Breite von 300 km aufweisen. Zwischen den einzelnen Ketten liegen Hochbecken, die überwiegend landwirtschaftlich genutzt werden. Die Zagros-Region ist in mehrfacher Hinsicht eine Grenze: Sie trennt das mesopotamische Tiefland vom iranischen Hochland, bildet eine Barriere für die Wolken, die meist aus Westen heranziehen, und ist damit auch eine Klimascheide. Sie ist auch eine historische Grenze, die die alten Kulturen Mesopotamiens von den Bergvölkern und später das iranische vom Osmanischen Reich trennte.

In den Provinzen **Kordestan und Kermanshah** überwiegt die **kurdische Bevölkerung.** Die Herkunft dieses Volkes liegt noch weitgehend im Dunklen. Obwohl auch ihre Existenz in Iran nicht frei von Spannungen ist, ist ihre Lage hier bei weitem nicht so bedroht wie im Irak oder in der Türkei. Das hängt auch damit zusammen, dass sie eine iranische Sprache sprechen. Unter verschiedenen iranischen Dynastien, namentlich den Safaviden, wurden sie dennoch über ganz Iran verstreut. So findet sich heute eine größere Anzahl Kurden in Khorasan, Mazanderan und anderen Provinzen.

Die meisten Kurden leben von Ackerbau oder Viehhaltung, viele aber

108i Foto: hn

auch in Städten wie Sanandaj, Kermanshah oder Mahabad. Zu ihren Stammesbrüdern im **Nordirak** pflegen sie zumeist gute Beziehungen. Die **Grenze** ist zwar offiziell geschlossen, für die Kurden aber immer durchlässig gewesen, ähnlich wie die zur Türkei.

In der Provinz **Hamadan** dagegen, die den Übergang vom Zagros zum Zentrum Irans bildet, ist die Landbevölkerung überwiegend **türkischen Ursprungs,** während in den Städten die Perser dominieren.

Pferd mit Trekkingausrüstung im Zagros

Geschichte der Region

Jahrhunderte lang waren die meisten Gegenden relativ abgelegen, die alte **Königsstraße** von Mesopotamien in Richtung Nordost-Iran bildete den Hauptdurchgang. Die meisten historischen Sehenswürdigkeiten befinden sich deshalb im Verlauf dieser Straße. In Nord-Süd-Richtung gab es wegen der hohen Gebirgsketten kaum Verbindungen. Erst in den vergangenen Jahrzehnten sind alle drei Provinzen verkehrsmäßig erschlossen worden.

Schon die altorientalischen Keilschrifttexte berichten von den **Bergvölkern des Zagros** wie etwa den Gutäern oder Lullubäern. Die ersten iranischen Stämme, die um die Wende zum 1. Jt. v. Chr. auf das Hochland kamen, zogen von Norden hindurch oder siedelten sich wie die **Meder** in der Ebene von Hamadan an und begründeten hier im 7. Jh. v. Chr. ihr Reich, das später im **achämenidischen Reich** aufging. Hegmatana (griechisch Ekbatana), das alte Hamadan, war eine Königsstadt der Achämeniden, Kangavar an der Straße nach Kermanshah war ein wichtiges Zentrum des Anahita-Kults in parthischer Zeit und Kermanshah hatte große Bedeutung unter den Sasaniden.

Die Hochebene südlich des Berges Alvand bildete das Einfallstor für die **arabischen Heere** zu ihrer Eroberung Irans: Bei Nahavand fand am 10. Dezember 641 n. Chr. die Schlacht gegen die Truppen des letzten Sasaniden-Herrschers *Yazdegerd III.* statt, entscheidend für die darauf folgende Islamisierung Irans. Im 11. Jh. unter den Seldjuken war Hamadan nochmals für kurze Zeit Hauptstadt, nach der **Zerstörung durch die Mongolen** jedoch setzte ein spürbarer Verfall ein, nicht zuletzt durch ständige kriegerische Auseinandersetzungen zwischen lurischen und kurdischen Stämmen. Spätestens mit der Einnahme Mesopotamiens durch die Türken wurden die Handels- und Verkehrsverbindungen für mehrere Jahrhunderte unterbrochen. Europäische Reisende des 19. Jh. berichten über **verfallene Städte,** die kaum das Nötigste hervorbrachten. Erst gegen Ende des 19. Jh. trat durch die Wiedereröffnung der **Handelsstraße nach Bagdad** eine gewisse Belebung ein.

Im 20. Jh. entwickelten sich Handel und Gewerbe aufs Neue, allerdings mehr die traditionellen Zweige wie Lederverarbeitung, Teppichknüpferei und Keramik. Industriebetriebe sind auch heute noch vergleichsweise selten.

Hamadan

↗ IX/C2

Am Fuß des **Alvand-Massivs** (3580 m) in einer Höhe von 1820 m gelegen, ist Hamadan neben Kerman die am zweithöchsten gelegene Großstadt Irans. Die Sommer sind wegen dieser Höhe besonders kühl und angenehm, die Winter dafür lang und kalt. Wegen des Schneereichtums verfügt man das ganze Jahr über ausreichend Wasser – der Hauptgrund dafür, dass Hamadan vermutlich schon seit dem 3. Jt. v. Chr. ein bevorzugter Siedlungsort war.

Im 11. Jh. v. Chr. wird die Stadt in assyrischen Quellen erwähnt. Die ersten fassbaren Bewohner sind die Meder, die sich hier niederließen und im 8. Jh. v. Chr. eine Stadt gründeten, die sie Hagmatana („Ort der Versammlung", griech. *Ekbatana*) nannten. Sie wurde Hauptstadt des medischen Reiches, das unter *Kyaxares* zwischen 625 und 585 v. Chr. bis nach Kleinasien reichte, als dieser im Bündnis mit den Babyloniern die Assyrer und die mit ihnen verbündeten Skythen unterwarf und dabei auch Assur und Ninive eroberte. Zu jener Zeit muss Hagmatana eine prachtvolle Stadt gewesen sein.

Kyaxares' Sohn *Astyages* war der letzte medische Herrscher, sein Reich

Hamadan

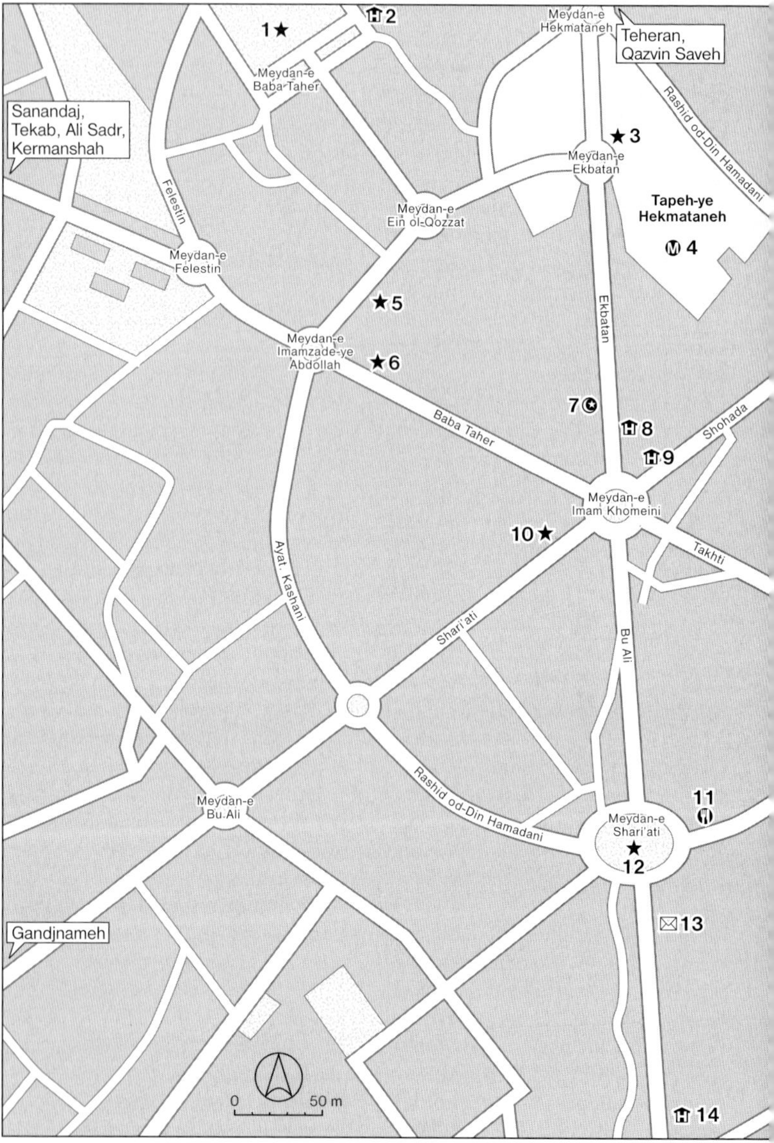
Teheran, Qazvin Saveh
Sanandaj, Tekab, Ali Sadr, Kermanshah
Gandjnameh
Meydan-e Hekmataneh
Meydan-e Baba Taher
Meydan-e Ekbatan
Meydan-e Ein ol-Qozzat
Meydan-e Felestin
Meydan-e Imamzade-ye Abdollah
Meydan-e Imam Khomeini
Meydan-e Bu Ali
Meydan-e Shari'ati
Tapeh-ye Hekmataneh
Felestin
Rashid od-Din Hamadani
Ekbatan
Baba Taher
Shohada
Takhti
Ayat. Kashani
Shari'ati
Bu Ali
1 2 3 4 5 6 7 8 9 10 11 12 13 14
0 50 m

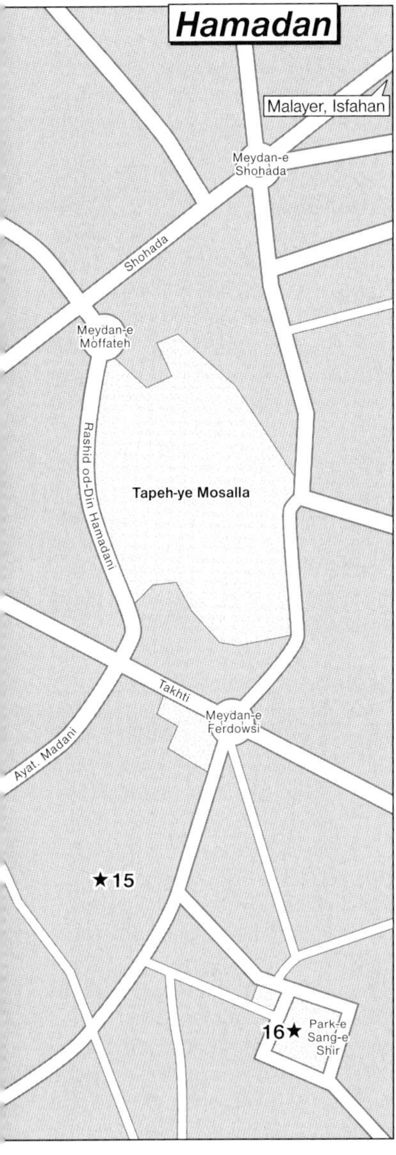

★ 1 Grab von Baba Taher
2 Hotel Baba Taher
★ 3 Arch. Ausgrabungsstätte
4 Hegmatana-Museum
★ 5 Gonbad-e Alavian
★ 6 Imamzade-ye Abdollah
7 Masdjed-e Djameh
8 Hamadan Guest House
9 Hotel Yas
★ 10 Grab von Esther und Mordechai
11 Golha
★ 12 Grab von Ibn Sina
13 Postamt
14 Hotel Bu Ali
★ 15 Grabturm Bordj-e Qorban
★ 16 Steinerner Löwe

war das erste, das vom aufstrebenden *Kyros II.* erobert wurde. Dessen Nachfolgern diente Hagmatana als Sommerresidenz. Nach ihnen kamen die Truppen *Alexanders,* der Seleukiden und Parther – während aller Epochen war die Stadt eine der bedeutendsten auf dem Hochland. Unter den Sasaniden siedelten sich durch die Förderung der jüdischen Gattin des Herrschers *Yazdegerd I.* (399–421) zahlreiche Juden an, wovon das Grabmal der *Esther* noch heute kündet.

Seinem Nachfolger gleichen Namens, *Yazdegerd III.,* traf das Schicksal des Untergangs des sasanidischen Reiches: Vor den Toren der Stadt bei Nahavand unterlagen seine Truppen den anstürmenden arabischen Heeren im Jahre 641 und besiegelten so den Untergang mehrerer glanzvoller Epochen. Die Eroberer nannten die Stadt Hamadan.

Während mehrerer islamischer Dynastien stand sie für jeweils kurze Zeit im Mittelpunkt, so unter den Seldjuken, als für einige Jahre der berühmte Wissenschaftler und Wesir *Ibn Sina* (latinisiert *Avicenna*) hier wohnte und auch verstarb. Eine andere berühmte Gestalt jener Epoche, der langjährige Wesir *Nezam ol-Molk,* erreichte auf seiner Reise von Isfahan Hamadan nicht mehr. Er wurde unweit der Stadt von einem assassinischen Attentäter ermordet. Auch die Stürme der Mongolen und *Timurs* gingen über die Stadt hinweg und trotz einiger Förderung durch *Abbas den Großen* im 17. Jh. befand sie sich in einem Jahrhunderte langen Niedergang, weil sie niemals wieder Residenzstadt wurde.

Erst *Reza Shah Pahlavi,* der meinte, zur Modernisierung des Landes gehöre der Rückgriff auf vorislamische Vorbilder, nahm sich der alten Meder- und Achämenidenhauptstadt an und machte sie zur **Provinzhauptstadt** und zu einem Verkehrsknotenpunkt; auch eine Universität wurde gegründet, die den Namen *Bu Ali,* den Personennamen Ibn Sinas, trägt.

Heute zählt Hamadan mit 400.000 Einwohnern zu den großen Städten Irans; aufgrund des Fehlens großer Industrien jedoch ist das Wachstum nicht so stark wie das vergleichbarer Städte.

Das moderne Hamadan erstreckt sich über mehrere Hügel und ist erbaut auf den Überresten der Vorläufersiedlungen, von denen bisher nur einige wenige Reste gefunden worden sind. Weitere archäologische Arbeiten sind schwierig, weil dazu größere Teile der heutigen Stadt abgetragen werden müssten.

Orientierung

Das Zentrum bildet der **Meydan-e Imam Khomeini,** ab 1928 nach den Plänen des deutschen Architekt *Fritsch* errichtet, in dem sich strahlenförmig sechs Straßen schneiden. Diese sechs Hauptstraßen sind durch eine Ringstraße verbunden, wodurch die Stadt im Unterschied zu vielen anderen iranischen Städten einen sehr regelmäßigen, modernen Grundriss aufweist, der die Orientierung für Reisende sehr einfach macht. Die meisten Sehenswürdigkeiten sind vom Meydan-e Imam Khomeini aus gut zu Fuß zu erreichen.

Ankunft mit eigenem Fahrzeug

Aus Richtung Norden (Teheran/Takestan/Saveh) erreicht man die Stadt auf der Kh. Enqelab, die auf den Meydan-e Baba Taher mit dem Grabmal des Dichters im Zentrum mündet. An der Westecke des Platzes geht es über die Kh. Felestin bis zum nächsten Platz mit dem Imamzade Ismail und von dort aus über die Kh. Baba Taher zum Meydan-e Imam Khomeini.

Aus Richtung Westen (Kermanshah/Sanandaj) erreicht man Hamadan auf dem Bolvar-e Artesh. An der Kreuzung mit der Kh. Raja'i rechts abbiegen und an der nächsten Kreuzung links in die Kh. Janbazan fahren. Dieser folgen bis

zum Platz mit dem Imamzade Ismail (s.o.).

Aus Richtung Osten (Isfahan/Arak/Malayer) erreicht man die Stadt auf der Kh. Behesht. Dieser folgen bis zum Meydan-e Imam Hossein. Geradeaus halten auf der Kh. Arak bis zum Meydan-e Shohada, dort links abbiegen und auf der Kh. Shohada ins Zentrum fahren.

Sehenswertes

Meydan-e Imam Khomeini

Als Ausgangspunkt für Besichtigungen eignet sich der Meydan-e Imam Khomeini, der das schönste **Platzensemble** vom Beginn des 20. Jh. darstellt, das sich in Iran erhalten hat, selbst wenn das Zentrum des Platzes mehrfach umgestaltet wurde. Die kreisrunde Umbauung mit **zweistöckigen Ziegelfassaden** ist noch weitgehend im Originalzustand erhalten mit Geschäften im Unter- und Büros im Obergeschoss. Fenster und Türen zur Platzfront sind aufwendig mit Holz eingefasst, die sechs Durchbrüche werden durch blechgedeckte Rundtürme betont.

Meydan-e Imam Khomeini im Zentrum von Hamadan

Grabmal Ibn Sina

110i Foto: hn

Grab von Ibn Sina

Südlich des Meydan führt die Kh. Bu Ali direkt zum gleichnamigen Platz mit einem der Wahrzeichen Hamadans in seinem Zentrum, dem Grabmal des berühmten Arztes, Wissenschaftlers, Philosophen und Dichters *Ibn Sina*. Die heute unfassbare Fülle und Vielfalt seiner Talente und Fähigkeiten kommt in dem Ehrentitel „Sheikh ar-ra'is" („Arzt aller Ärzte, der Vorzüglichste der Vorzüglichen") zum Ausdruck. Eine **Statue** von Ibn Sina steht unweit des Grabbaus an der Ostseite des Platzes. Der **massive Bau von 1952** erinnert an den Grabturm des *Qabus Ibn Voshmgir* in Gonbad, kein zufälliger Bezug, denn beide waren Zeitgenossen und Ibn Sina hatte bei seiner Wanderung von Buchara nach Westen auch am Hofe dieses Herrschers im damaligen Jorjan in Tabaristan für einige Zeit Station gemacht.

Unter den hochaufstrebenden Stahlbetonpfeilern liegt der **Grabraum mit der Gedenkstätte.** Hinter dem Eingang rechts findet sich der Originalgrabstein von Ibn Sina, ihm gegenüber der seines Freundes und Gastgebers in Hamadan, *Sheikh Abu Sa'id Dokhduh.* Im Innenraum sind Vitrinen mit Werken Ibn Sinas sowie Kräutern und Arzneimitteln, die von ihm beschrieben und angewendet wurden, angeordnet. Rechts und links des Eingangs liegen zwei Nebenräume mit einer kleinen **Bibliothek** und Erinnerungsstücken an den Gelehrten.

Zu empfehlen ist unbedingt der Aufgang zum **Dach,** von wo aus man gerade im Frühjahr schöne Aufnahmen von den schneebedeckten Hängen des Alvand machen kann. Rechts vom Treppenaufgang werden an einem Drogeriestand **Präparate und Naturheilmittel** verkauft, neben dem Kassenhäuschen am Ausgang bietet ein gut sortierter Verkaufsstand Bücher und Postkarten an.

- **Aramgah-e Ibn Sina,** täglich von 8 bis 17 Uhr, April bis Oktober bis 18 Uhr, Eintritt 300 Tuman.

Grab der biblischen Esther

Das Grab der biblischen *Esther* und ihres Onkels *Mordechai* liegt an der Kh. Shari'ati, etwa 100 m südwestlich des Meydan-e Imam Khomeini. Man erreicht es auch, wenn man vom Meyadan-e Bu Ali in Richtung Westen der Kh. Rashid od-Din folgt und an der Kreuzung rechts in die Kh. Shari'ati abbiegt.

Unter einer kleinen, schmucklosen **Ziegelsteinkuppel** wird hier das Grab der Esther und ihres Onkels verehrt, obwohl das Buch Esther im Alten Testament von deren Aufenthalt am Hofe des achämenidischen Großkönigs in Susa berichtet. Die **Gemeinschaft der Juden in Hamadan** dagegen geht vermutlich auf eine jüdische Gattin von *Yazdegerd I.* (s.o.) zurück. Der Bau gilt als das wichtigste Heiligtum der einstmals so zahlreichen und bedeutenden jüdischen Gemeinschaft in Iran, die heute in Hamadan nur noch aus wenigen Familien besteht.

Der Zugang führt über die Gasse zur Rechten. Man muss am Tor klingeln, es ist in der Regel ein Wärter anwesend, Eintritt wird nicht erhoben. Der Eingang zum Mausoleum ist ungewöhnlich niedrig; er ist mit einer massiven, alten Steinplatte verschlossen. Hinter einem Vorraum liegt der Grabraum mit den beiden aus Ebenholz geschnitzten, mit Tüchern bedeckten Sarkophagen. Der linke ist der von Esther, der rechte der von Mordechai. In den Wandnischen sind, wie auch in dem kleinen Nebenraum rechts des Grabraums, hebräische Reliefinschriften angebracht.

111i Foto: hn

Grab von Esther und Mordechai

Im Vorraum wurde bis vor wenigen Jahren eine wertvolle alte Handschrift mit den fünf Büchern Mose, auf Gazellenhaut geschrieben, aufbewahrt. Nach einem Diebstahl wurde sie zwar wieder aufgefunden, jedoch zur Aufbewahrung nach Teheran gebracht.

Steinerner Löwe

Um zum „Steinernen Löwen" (Shir-e sangi) zu kommen, nimmt man am besten ein Taxi vom Meydan-e Bu Ali. Der Fußweg von dort zu dem kleinen Park am Ende der Kh. Amir Kabir dauert etwa 15 Minuten. Der mehr als 2,50 m lange Torso eines monumentalen Löwen aus schwarzem Stein soll zur Partherzeit eines der Stadttore geschmückt haben. Der Löwe wurde von griechischen Steinmetzen hergestellt und ist wahrscheinlich ein Andenken *Alexanders des Großen* an seinen Feldherrn *Hephaistos,* der in Hamadan verstorben ist. Den Iranern ist das egal, sie verehren den Stein wie ein Heiligtum: In die zahlreichen kleinen Öffnungen stecken sie Steinchen, die ihnen bei der Erfüllung ihrer Wünsche helfen sollen.

Grabturm Bordj-e Qorban

Unweit des Shir-e sangi steht in einer kleinen Seitenstraße der Kh. Amir Kabir der Grabturm Bordj-e Qorban aus dem 12. Jh. Der zwölfeckige Turm mit Spitzdach hat eine einfache, gemauerte, nach oben in Spitzbögen auslaufende Fassade.

Bazar

Vom Meydan-e Imam Khomeini in Richtung Norden entlang der Kh. Ekbatan schließt sich das alte Bazarviertel an, das einen Abstecher lohnt. Lederwaren und Keramik zählen zu den Besonderheiten, und im Spätsommer und Herbst sind die Obststände mit frischen Früchten aus der Umgebung prall gefüllt. Inmitten des Bazars ragt das Doppelminarett der **Freitagsmoschee** hervor, die in ihrer jetzigen Form aus dem 19. Jh. stammt.

Archäologisches Museum

Ebenfalls von der Kh. Ekbatan aus führt der Weg zum Hegmatana-Museum, einem kleinen archäologischen Museum mit Funden von den **Ausgrabungen** in der Stadt.

- **Hegmatana-Museum,** mittwochs bis freitags 8–12 und 13–17 Uhr, April bis Oktober bis 18 Uhr, Eintritt 200 Tuman.

Ausgrabungsgelände

Ein Stück weiter nördlich gelangt man zum Meydan-e Ekbatan, wo sich zur Rechten das Ausgrabungsgelände des alten **Ekbatana** befindet. Durch zwei große Überdachungen geschützt, sind die bisher freigelegten Teile der alten Stadt zu sehen, Straßenzüge und Häuser aus luftgetrockneten Ziegeln nach regelmäßigem Grundriss, die vermutlich aus dem 6. Jh. v. Chr. stammen (geöffnet täglich 8–17 Uhr, April bis Oktober 8–18 Uhr).

Mit Sicherheit sind in der Umgebung noch weitere Schätze unter den Schutthügeln verborgen. Östlich dieses Hügels liegt ein weiterer, Musalla genannter Hügel, unter dem man wichtige Teile des alten Ekbatana vermutet.

Gonbad-e Alavian

Vom Meydan-e Ekbatan bis zum Gonbad-e Alavian sind es nur zehn Minuten zu gehen: In westlicher Richtung verläuft der Bolvar-e Alavian, diesem folgt man über den nächsten Platz hinaus, bis man links in die Kuche-ye Sa'adati abbiegt. Hinter einem großen Tor inmitten des Schulhofs einer Mädchenschule liegt ein **Grab-**

turm aus der zweiten Hälfte des 12. Jh. In dem Haus links vom Eingang wohnt die Familie des Wärters (Eintritt 150 Tuman).

Der quadratische Bau wird an den Ecken durch Ecktürme verstärkt und ist völlig aus gebrannten Lehmziegeln gemauert. Die **Stuckfassade,** besonders am Eingangsportal, gilt als eine der schönsten, die aus der Seldjuqen-Zeit überdauert hat. Auch der Innenraum, insbesondere die Mehrab-Wand, besticht durch Stuckdekorationen. Reste eines Schriftbandes in Kufi bilden den Abschluss nach oben, wo das Dach zu einem nicht bekannten Zeitpunkt eingestürzt ist und durch ein Holzdach ersetzt wurde.

Der Grabraum ist über eine Treppe vor dem Mehrab zu erreichen. Vermutlich handelt es sich um eine Art Familienmausoleum für die Familie der *Alavis,* die viele Lokalherrscher in Hamadan und Umgebung stellte. Dass es noch heute verehrt wird, zeigt sich an den Stoffknäueln und anderen Gegenständen, die stets auf dem Sarkophag mit dem grünen Tuch abgelegt werden. Sie symbolisieren Wünsche und Gelübde von Menschen, die sich den Beistand der hier Begrabenen erhoffen.

Grabbau Baba Taher

Wenn man den Weg wieder zurückgeht bis zum Meydan-e Ein ol-Ghozat und dort links abbiegt, gelangt man nach wenigen Minuten zu einem großen Platz, in dessen Zentrum auf einem kleinen Hügel der eindrucksvolle Grabbau für den **Dichter** *Baba Taher* 1970 neu errichtet wurde. In Europa kaum bekannt, wird Taher als mystischer Dichter, ähnlich wie *Djalaloddin Rumi* oder *Hafez,* in Iran sehr verehrt. Über sein Leben ist wenig bekannt: Geboren um das Jahr 1000 n. Chr., könnte er ein Zeitgenosse von *Ferdowsi* und *Ibn Sina* sein. Er galt als einer der allem Diesseitigen abgewandten Derwische, daher auch sein Beiname *Uryan* („der Nackte"). Überdauert haben seine Vierzeiler, die noch heute zur Musik der Setar vorgetragen werden. Der moderne Betonbau erinnert mit seinen zwölf umlaufenden Stützpfeilern ein wenig an das Grabmal des *Ibn Sina.*

Ausflugsziel Gandjnameh

Ein Muss für jeden Besucher in Hamadan ist ein Ausflug zum Gandjnameh, zwei achämenidischen **Felsinschriften** am Fuße des Alvand-Massivs. Dies nicht nur, weil es sich bei den Inschriften um die einzig sichtbaren **Zeugnisse der Achämeniden-Zeit** handelt, sondern weil der Ort auch bei den Hamadanis ein beliebtes Ausflugsziel ist, wo man sich in einem der **Teehäuser** entspannen und gleichzeitig interessante Begegnungen mit Einheimischen haben kann.

Sammeltaxis verkehren vom Stadtzentrum oder am Ende des Bolvar-e Daneshgah vom Meydan-e Qa'em aus. Von hier verläuft das **Tal von Abbasabad** mit vielen Villen und Sommerhäuschen nach Gandjnameh. Nach ca. 4 km, am Ende der Straße, empfangen zu beiden Seiten Teehäuser und Ausflugslokale **zu Füßen des Alvand** den Besucher. Das Wasser

Hamadan, Kordestan, Kermanshah

058i Foto: hn

stürzt über einen **Wasserfall** zu Tal und sammelt sich zu einem kleinen Fluss. Eine Holzbrücke führt ans jenseitige Ufer, wo in einer Felswand die Inschriften von *Darius I.* (links) und daneben *Xerxes I.* eingemeißelt sind. Textidentisch werden hier die Stammbäume beider Herrscher und ihre Huldigung an *Ahura Mazda* verkündet in jeweils drei verschiedenen Sprachen: Babylonisch, Elamisch und Altpersisch. Vor wenigen Jahren sind darunter große Tafeln mit Übersetzungen ins Englische angebracht worden.

Süßigkeiten-Verkaufsstand

Wanderung auf den Alvand

Gandjnameh (wörtlich: „Schatzbrief", weil frühere Bewohner glaubten, hier sei ein Schatz vergraben) ist auch ein beliebter Ausgangspunkt für Wanderungen zum Gipfel des Alvand. Besonders am Wochenende sieht man schon frühmorgens zahlreiche Wanderer den Berg hinaufziehen; der Pfad zum Aufstieg beginnt direkt neben dem Wasserfall. Der Aufstieg ist weder gefährlich, noch erfordert er – außer festem Schuhwerk – besondere Ausrüstung. Nach etwa zwei Stunden erreicht man eine Schutzhütte, wo es aber keine Versorgungseinrichtungen gibt. Der Auf- und Abstieg an einem Tag ist kein Problem, wenn man morgens zeitig aufbricht.

Praktische Tipps

- **Telefonvorwahl Hamadan:** 0811

Information

- Die **Tourist-Information** ist in der Kh. Tahkti, Tel. 350656.

Geldwechsel

- **Bank-e Melli** an der Nordseite des Meydan-e Imam Khomeini und **Bank-e Tejarat** in der Kh. Shohada.

Post, Telefon, Internet

- **Post:** in der Kh. Bu Ali, 100 m südlich des Meydan-e Bu Ali.
- **Telefonamt** in der Kh. Mahdiye, etwa 2 km vom Meydan-e Imam Khomeini.
- Um den Meydan-e Imam Khomeini gibt es einige **Internetcafés** mit internationalem Telefon.

Visaverlängerung

- Das **Polizeipräsidium** ist in der Kh. Dibaj, Tel. 8262025.

Unterkunft

- Direkt am Meydan-e Baba Taher liegt das **Hotel Baba Taher** €€, Tel. 427180/4, Fax 425098. Die Zimmer sind sauber und großzügig, der Service ist sehr aufmerksam, DZ 52 US$.
- Das **Bu Ali** €€ in der Kh. Bu Ali (Tel. 8252822/3, Fax 8252824) liegt im Süden der Innenstadt ganz in der Nähe des Grabs von Ibn Sina. Selbst wenn man dort nicht wohnt, lohnt der Besuch wegen der außerordentlich gut sortierten Buchhandlung in der Lobby. DZ 50 US$.
- In der Umgebung des Meydan-e Imam Khomeini gibt es eine Reihe einfacher Hotels und *mosaferkhanes,* z.B. an der Ecke Kh. Shohada das **Hotel Yas** €, Tel./Fax 223448.
- Empfehlenswert ist auch das **Hamadan Guest House** € in der Kh. Ekbatan, Tel. 227577. Zur Straße hin ist es aber laut. Für ein DZ ohne Dusche zahlt man 5 US$.

Essen und Trinken

- Gut ist das Restaurant im **Hotel Baba Taher** (s.o.).
- Weiterhin zu empfehlen ist das **Golha** am Meydan-e Bu Ali / Ecke Bol. Madani, Tel. 21855.

Reiseagenturen

- **Ekbatan Tour,** Meydan-e Bu Ali / Ecke Bol. Madani, Tel./Fax 247093.
- Für den Besuch der Tropfsteinhöhle von Ali Sadr empfiehlt sich **Ali Sadr Tourism Complex,** Bolvar-e Khadje Rashid, Tel. 8255552.

Verkehrsverbindungen

- Weil Hamadan eine Provinzhauptstadt ist, hat sie einen **Flughafen:** nördlich der Stadt an der Ausfallstraße nach Teheran. Aufgrund der Knappheit an Fluggerät gibt es gegenwärtig keine regelmäßigen Flüge.
- Da die Entfernung nach Teheran nur ca. 340 km beträgt, erreicht man Hamadan mit dem Bus in sechs Stunden. Der Ort hat noch keinen modernen **Busterminal** außerhalb der Stadt. Der Terminal liegt in der Kh. Ekbatan unweit des Bazars. Busse aus Teheran, die weiter in Richtung Kermanshah fahren, setzen ihre Fahrgäste an der nördlichen Umgehungsstraße an der Kreuzung Bolvar-e Pasdaran ab. Von dort muss man mit dem Taxi in die Innenstadt fahren.
- **Busse und Minibusse:** Büros der Tavoni 7 und 9 in der Kh. Ekbatan. Minibusterminal am Bol. Badi oz-Zaman Hamadani nördlich der Kh. Ekbatan.

Umgebung von Hamadan

Lalejin

↗ IX/C1

Mit dem eigenen Fahrzeug oder dem gemieteten Taxi lässt sich der Besuch der Höhle von Ali Sadr (s.u.) gut mit einem Abstecher nach Lalejin verbinden. Der Ort, etwa 30 km nördlich von Hamadan, ist ein bekanntes **Töpferdorf,** in dem fast alle Einwohner von der Herstellung und dem Verkauf der Keramikwaren zu leben scheinen. An der Straße und in vielen Verkaufsräumen wird eine große Vielfalt von Gebrauchsgegenständen ausgestellt, sowohl glasierte als auch einfache Tonwaren. Bei der Herstellung in den Werkstätten darf man zuschauen. Natürlich verkaufen die Leute aus Lalejin auch gern etwas, aber aufdringlich sind sie nicht, wenn man nur schauen und wegen des schwierigen Transports nichts kaufen möchte. Minibusse ab Hamadan verkehren vom Terminal nördlich der Kh. Ekbatan.

Tropfsteinhöhle von Ali Sadr ↗ IX/C1

Etwa 80 km nördlich von Hamadan liegt in einem Kalksteinmassiv in etwa 2100 m Höhe die Höhle von Ali Sadr, ein wahres Wunderwerk von Gängen, Kammern, Stalaktiten und Stalakmiten, das die Natur im Laufe von Jahrmillionen geschaffen hat. Der Eingangstunnel soll schon zur Achämeniden-Zeit gebaut worden sein; lange hat man die Höhle als Wasserreservoir benutzt. Irgendwann geriet sie in Vergessenheit und wurde erst 1961 wiederentdeckt. Zuletzt in den Jahren 2000/01 wurde sie von britischen und deutschen Forschern untersucht. Der größte Teil der Höhle mit ihren insgesamt 11 km langen Gängen ist mit Wasser gefüllt; man wird mit **Tretbooten** zu den interessantesten Stellen gefahren. Der größte Saal im Innern der Höhle ist zwischen 50 und 100 m breit und 40 m hoch. Ein kleiner Rundgang gehört ebenfalls zum Besichtigungsprogramm. Im Innern ist es zu jeder Jahreszeit angenehm kühl.

Als eines der ersten Tourismusprojekte in Iran ist der Betrieb der Höhle und der dazugehörigen Infrastruktur einer privaten Gesellschaft übertragen worden, die ihren Job professionell erledigt. Um den Höhleneingang herum ist ein regelrechter Tourismuskomplex mit Parkplätzen, Restaurants, Imbissen, Geschäften und Unterkünften entstanden.

- **Qar-e Ali Sadr:** täglich von 8 bis 18 Uhr, Eintritt 200 Tuman (Bootsfahrt eingeschlossen).
- Die Besichtigung von Ali Sadr als Tagesausflug von Hamadan aus ist möglich, wer jedoch von dort weiterreisen möchte, findet auch **Unterkünfte** in Form von kleinen Bungalows für ca. 20 US$ pro Nacht. Während der iranischen Sommerferien sollte man unbedingt reservieren: Tel. 08223-3443 oder beim Büro in Hamadan (s.o.).

Tepe Nush-e Jan ↗ IX/C2

Eine der eindrucksvollsten **Ausgrabungsstätten** aus der Meder-Zeit liegt etwa 80 km von Hamadan entfernt südlich des Alvand-Massivs, unweit der Straße nach Malayer. Nicht nur für Archäologen ist dies ein interessanter Ausflug, für den man in Hamadan ein Taxi chartern muss. Man verlässt die Stadt auf der Straße nach Osten in Richtung Arak und Khorramabad. Etwa 6 km hinter der Ortsachaft Djoukar zweigt eine Straße in Richtung Westen ab. Nachdem man das Dorf Shushab passiert hat, kann man den eindrucksvollen Hügel schon von weitem erkennen.

Auf einem teilweise natürlichen Felshügel wurde bei Ausgrabungsarbeiten seit 1967 u.a. der älteste in Iran nachweisbare **Feuertempel** aus dem 8. Jh. v. Chr. freigelegt. Westlich davon hat man eine 20x16 m große **Säulenhalle** sowie die Reste eines weiteren Tempels und östlich des Feuertempels eine **Festungsanlage** gefunden. Der Hügel von Nush-e Jan war zwischen 800 und etwa 550 v. Chr. besiedelt und fällt somit in die Zeit des medischen Reiches unter *Kyaxares* und *Astyages*.

Wer im Anschluss in Richtung Kermanshah weiterfahren möchte, kann dazu die Verbindung über Tuysarkan und Kangavar wählen.

Provinz Kordestan

Von den insgesamt 5 Mio. iranischen **Kurden** leben etwa 1,5 Mio. in der Provinz Kordestan. Sie sind überwiegend in der **Landwirtschaft** tätig. Die Niederschläge im Westen Irans sind für Getreide ausreichend, mit Hilfe von Bewässerung werden auch Gemüse, Tabak und Zuckerrüben angebaut. Trotz ausgedehnter Viehhaltung gibt es kaum Nomadismus, vielmehr geht ein Teil der Familie der Feldarbeit nach, während ein anderer zwischen Frühling und Herbst mit dem Vieh auf den Sommerweiden umherzieht.

Größere Städte gibt es in Kordestan relativ wenige, schon gar keine mit ausgeprägter Industrie. Städte wie **Baneh, Saqqez** oder **Bijar** sind Kreisstädte und Marktflecken mit ländlicher Umgebung, wo die landwirtschaftlichen Erzeugnisse und auch Teppiche vermarktet werden.

Die Kurden zerfallen in zahlreiche unterschiedliche Stammesgruppen und zählen im Gegensatz zur Mehrheit der iranischen Muslime überwiegend zu den **Sunniten.** Daneben sind zahlreiche Sekten und auch Mischreligionen wie die Ahl-e Haqq anzutreffen. Im Gebrauch ihrer **Sprache** werden die Kurden in Iran nicht behindert, allerdings wird sie in den allgemeinbildenden Schulen auch nicht gelehrt.

In der Geschichte Irans stand das kurdische Gebiet selten im Mittelpunkt. Mit dem Aufstieg der Safaviden Anfang des 16. Jh. versuchte der osmanische Sultan die sunnitischen Kurden gegen *Ismail I.* zu unterstützen, was jedoch misslang. Im Gegensatz zu den zahlreichen türkischstämmigen Dynastien im Laufe der iranischen Geschichte haben die Kurden keine Reiche mit prachtvollen Residenzen begründet, meist übten lokale Herrscher die Macht im Auftrag der jeweiligen Oberherren aus. Eine Ausnahme bilden die *Zands* in Gestalt von *Karim Khan Zand,* der sein Machtzentrum aber fernab der Heimat in Shiraz errichtete.

Im Zuge der Entwicklung eines **kurdischen Nationalbewusstseins** nach dem Ersten Weltkrieg ereigneten sich auch im iranischen Kordestan Aufstände gegen die Zentralmacht, die von *Reza Shah* niedergeschlagen und mit Umsiedlungsaktionen beantwortet wurden. 1946 wurde in Mahabad mit

Förderung durch die Sowjetunion eine kurdische Republik ausgerufen, die aber kein Jahr lang existierte.

Im Zuge der Revolution gegen den Schah kam es 1979 in vielen kurdischen Städten zu Aufständen mit dem Ziel verstärkter politischer und kultureller Autonomie, die aber von den Revolutionsgarden blutig niedergeschlagen wurden. Zahlreiche Kurden waren gezwungen, auf die andre Seite der Grenze in den Irak auszuweichen.

Sanandaj

↗ VIII/B1

Das heutige Stadtzentrum der ca. 300.000 Einwohner zählenden Stadt Sanandaj erstreckt sich vom Meydan-e Enqelab im Norden bis zum Meydan-e Azadi im Süden, verbunden durch die Hauptstraße, die Kh. Ferdowsi. Teile des **Bazars** östlich des Meydan-e Enqelab stammen aus der Safaviden-Zeit und dürften damit zu den ältesten noch erhaltenen Teilen der Stadt zählen. Wie in allen Bazaren in Kordestan verkauft man hier bunte Stoffe für die farbenprächtigen Kleider der kurdischen Frauen und Mädchen sowie Kelims, für die Sanandaj bekannt ist.

Vom Beginn des 19. Jh. stammt das **Museum** von Sanandaj, untergebracht in dem renovierten ehemaligen Herrenhaus Salar Sa'id und allein deshalb sehenswert. Es zeigt archäologische Fundstücke aus der Region im Untergeschoss sowie typisch kurdische Kleidung und Accessoires im Erdgeschoss. Das Museum befindet sich in der Kuch. Habibi im südlichen Abschnitt der Kh. Imam Khomeini, etwa 400 m vom Meydan-e Enqelab entfernt.

Neben der Kreuzung mit der Kh. Shohada steht die vergleichsweise junge **Freitagsmoschee** vom Beginn des 19. Jh., leicht zu erkennen am stummelartigen Doppelminarett zu beiden Seiten des Eingangs-Iwans.

Ankunft mit eigenem Fahrzeug

Aus Richtung Kermanshah über den Bol. Pasdaran immer geradeaus bis zum Meydan-e Aazdi zur Kh. Ferdowsi. Aus Richtung Hamadan bei der Stadteinfahrt am Ende des Wäldchens zur Rechten geradeaus zum Meydan-e Nobovat mit dem doppelten Kreisel, von dort halblinks in die Kh. Enqelab. Von Norden aus Richtung Mahabad/Bijar auf der Kh. Taleqani bis zum Meydan-e Enqelab. Aus Richtung Marivan auf der Jade-ye Marivan halblinks in die Kh. Imam Khomeini bis zum Meydan-e Enqelab.

Praktische Tipps

- **Telefonvorwahl Sanandaj:** 0871

Unterkunft

- Die Auswahl an Hotels ist nicht riesig. Zentral gelegen sind das **Hotel Hedayat** €, Kh. Ferdowsi, Tel. 24117, das **Hotel Jabbar** €, Meydan-e Enqelab, Tel. 36584, sowie das **Hotel Abidar** € in der Kh. Ferdowsi, Tel. 41645.
- Weit außerhalb im Süden der Stadt liegt das **Tourist Inn** €€, Kh. Pasdaran, Tel. 63675, DZ 32 US$.

Reiseagentur

- **Kafi Tour & Travel,** Pol-e Kamangar / Kh. Imam Khomeini, Tel. 22209, Fax 41435.

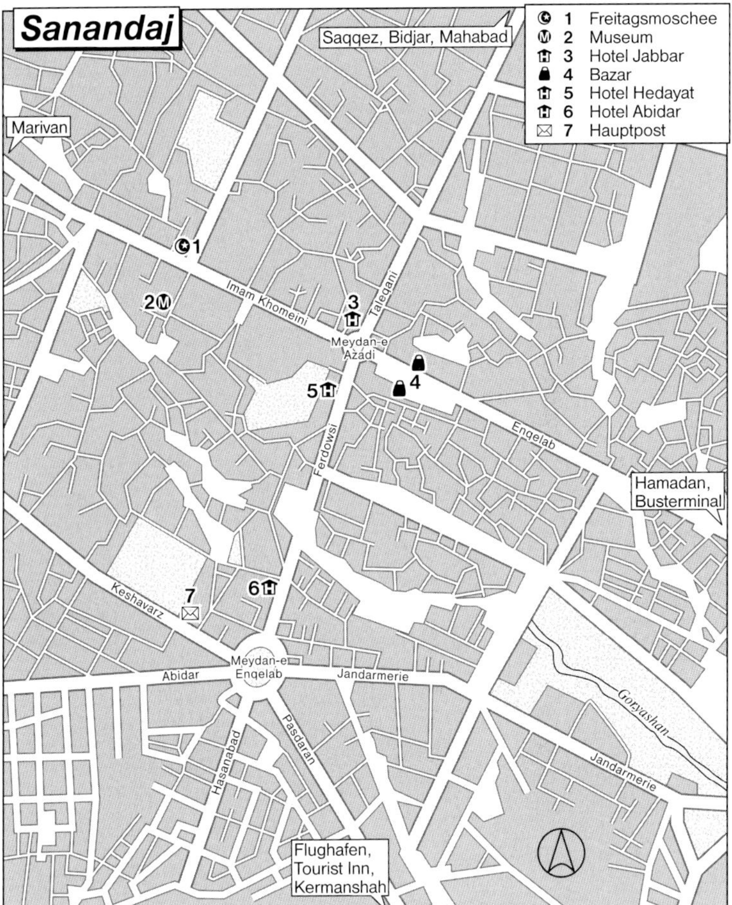

Verkehrsverbindungen

● Der **Flughafen** von Sanandaj liegt südlich der Stadt unweit der Straße nach Kermanshah. Dreimal pro Woche verkehrt eine Maschine der Aseman Airlines (Tel. 2227770) von/nach Teheran. Der Flughafen ist nur mit dem Taxi zu erreichen.

● **Busse** aus Richtung Kermanshah halten am Terminal im Süden der Stadt an der Kreuzung Bol. Pasdaran/Umgehungsstraße nach Hamadan. Für Fahrten in Richtung Süden (Khorramabad, Ahvaz) ist es einfacher, bis Kermanshah zu fahren und dort eine Verbindung zu suchen. Der Terminal für Busse aus

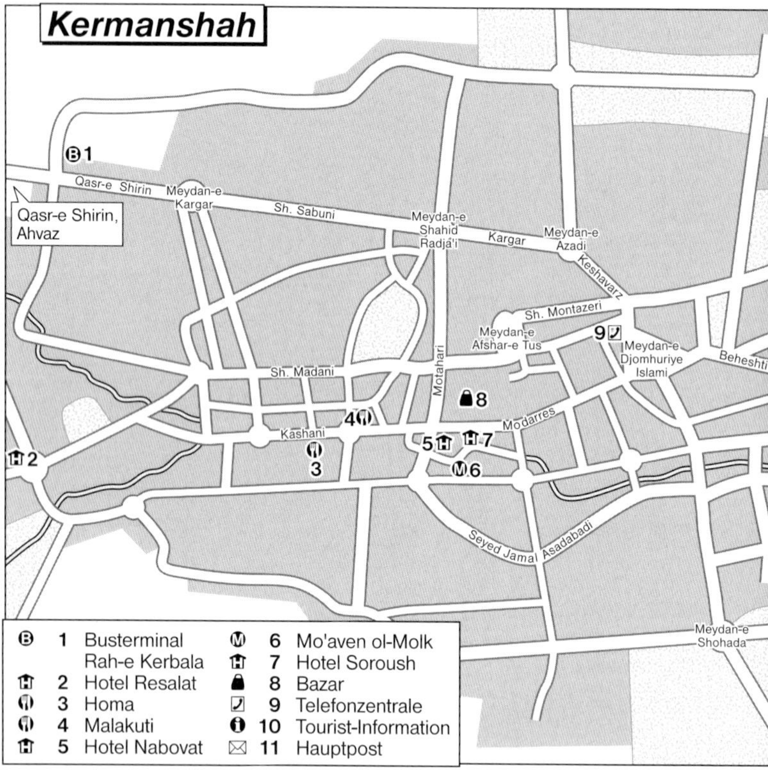

Richtung Hamadan ist an der Ausfallstraße nach Hamadan. Büros einiger Busgesellschaften gibt es auch in der Umgebung des Meydan-e Enqelab.

Der Terminal in Richtung Marivan liegt im Nordwesten der Stadt am Ende der Kh. 17. Shahrivar; ein weiterer im Norden an der Kh. Taleqani für Busse in Richtung Mahabad und Tabriz.

Kermanshah

↗ VIII/B2

Ebenfalls stark durch die kurdische Bevölkerung geprägt ist die Provinz Kermanshah. Im Gegensatz zu den großteils abgelegenen und noch bis vor kurzer Zeit kaum verkehrstechnisch erschlossenen Siedlungen Kordestans war diese Region stets das Durchgangsgebiet von den hochentwickelten Kulturen des Zweistromlandes zum iranischen Hochland und weiter

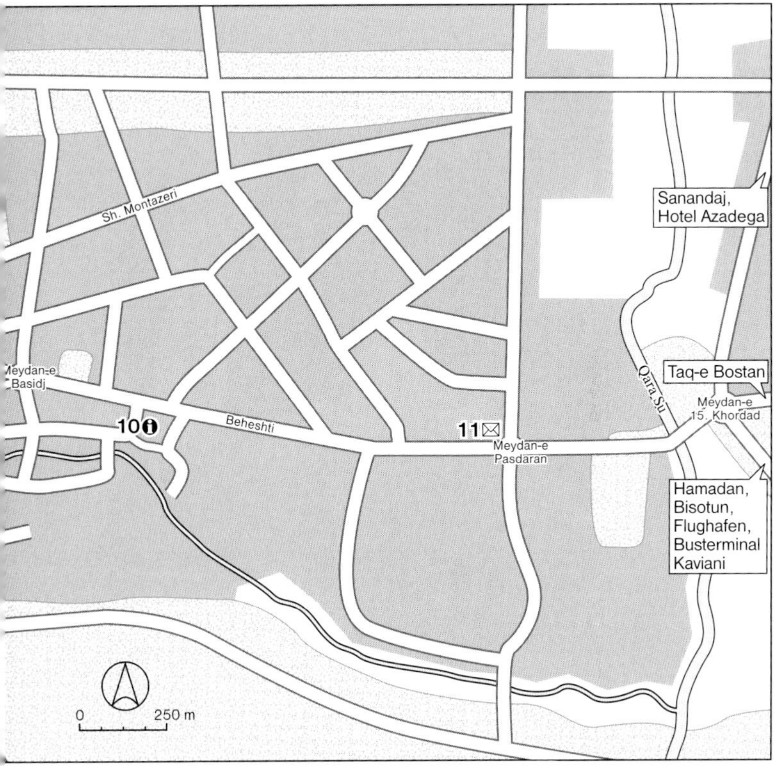

nach Zentralasien. Die alte Königsstraße der Achämeniden, die Babylon mit Ekbatana und Rey (Raghes) verband, war vom Verlauf her identisch mit der heutigen Straße von Khosravi an der iranisch-irakischen Grenze über Kermanshah nach Hamadan und weiter über Saveh nach Teheran.

Die Stadt Kermanshah liegt inmitten einer fruchtbaren Hochebene in einer Höhe von 1430 m und ist mit ca. 650.000 Einwohnern die größte Stadt des gesamten westlichen Zagros-Gebietes. Auf älteren Karten findet man manchmal noch die Bezeichnung *Bakhtaran* für Kermanshah. Nach der islamischen Revolution hatte man vor lauter übereifriger Ablehnung der Monarchie wegen des Namensbestandteils „shah" den Namen geändert. Dabei bedeutet er nichts anderes als „Stadt des Königs von Kerman", weil der Stadtgründer *Bahram V.* (420–438) vor seiner Regentschaft als Kron-

113i Foto: hn

prinz Gouverneur von Kerman war. Die Namensänderung, die sich unter der Bevölkerung ohnehin nicht durchgesetzt hatte, wurde unter der Regierung *Rafsanjanis* wieder rückgängig gemacht.

Die alte Stadtanlage aus dem 4. Jh. wird nördlich der heutigen vermutet. Kermanshah war eine der ersten Städte, die die arabischen Invasoren einnahmen, als sie auf das iranische Hochland vorrückten; sie wurde in *Qirmasin* umbenannt. Im 10. Jh., während der Herrschaft der sehr auf die nationale Tradition bedachten Buyiden, erhielt sie ihren alten Namen zurück.

Wie so viele iranische Städte wurde Kermanshah beim Einfall der Mongolen 1220 stark zerstört und erholte sich davon lange Zeit nicht. Erst als unter den Safaviden in Iran die Shi'a vorherrschend wurde, stieg ihre Bedeutung wegen der Lage am **Pilgerweg** zu den heiligen Gräbern in Nadschaf und Kerbela im heutigen Irak. Im Kampf gegen die Osmanen wurde sie Grenzstadt und deshalb zur Festung ausgebaut. Nach heftigen Kämpfen zwischen Iranern und Türken wurde 1639 die Grenze etwa 100 km östlich der Stadt festgelegt. Dennoch ver-

Fayencen mit Darstellungen des Martyriums von Imam Hossein in der Tekiyeh Mo'aven ol-Molk

suchten die Osmanen auch später stets, sich Kermanshahs zu bemächtigen, was nach dem Untergang der Safaviden 1723, unter den Qadjaren zu Beginn des 19. Jh. und 1915 während des Ersten Weltkriegs jeweils für kurze Zeit gelang.

Immer wieder jedoch kehrte Kermanshah in iranischen Besitz zurück und seit der Modernisierung der Straße Bagdad – Teheran und der Errichtung der Erdölraffininerie 1936 ist die Bedeutung der Stadt enorm gewachsen. Die Bevölkerung besteht mehrheitlich aus Kurden, daneben findet man jedoch auch Perser und Loren, deren Männer an ihren schwarzen Filzkappen und den „Hosenröcken" zu erkennen sind.

Während des iranisch-irakischen Krieges versuchten irakische Truppen, auf die Stadt vorzustoßen, wurden jedoch schon weit westlich beim Aufstieg zur Hochebene gestoppt. Dennoch richteten Granaten und Luftangriffe schwere **Zerstörungen** in Kermanshah an, mittlerweile stehen hier Neubauten. Für die iranischen Pilger ist der Ort die letzte iranische Etappe auf dem Weg zu den heiligen Stätten der Imame in Nadschaf und Kerbela; der West-Terminal und die Stadtautobahn tragen deshalb den Namen „Rah-e Kerbela" (Weg nach Kerbela). Auf den Fernstraßen wird auf grünen Schildern in regelmäßigen Abständen die Entfernung zur Stadt Imam Hosseins angezeigt. Historische Bauten sucht man in Kermanshah – bis auf wenige Ausnahmen – vergeblich. Die Umgebung ist umso reichlicher damit gesegnet, weshalb ein Besuch durchaus lohnend ist.

Orientierung

Das Stadtzentrum liegt auf dem westlichen Ufer des Qara-Su-Flusses westlich des Meydan-e Azadi zu beiden Seiten der Kh. Modarres und in ihrer Verlängerung der Kh. Kashani.

Ankunft mit eigenem Fahrzeug

Aus Richtung Osten (Isfahan/Hamadan/Teheran) erreicht man Kermanshah im Südosten am Meydan-e Imam. Der Weg ins Zentrum führt von dort geradeaus auf der Kh. Koshuri bis zum nächsten Kreisverkehr am Meydan-e 15. Khordad. Wer gleich die Grotten von Taq-e Bostan (s.u.) besichtigen will, biegt hier rechts ab und folgt der Beschilderung. Zum Stadtzentrum links abbiegen und immer geradeaus bis zum Meydan-e Azadi fahren. Aus Richtung Sanandaj erreicht man die Stadt im Norden am Meydan-e Imam Hossein. Immer geradeaus halten bis zum Kreisverkehr am Meydan-e 15. Khordad. Aus Richtung Süden (Ahvaz) und Westen kommt man am Meydan-e Azadegan an. Hier geradeaus auf der Kh. Qasr-e Shirin über zwei große Plätze hinweg bis zu Meydan-e Kargar fahren. Dort halblinks halten und bis zum Meydan-e Azadi weiter.

Sehenswertes

Das heutige Kermanshah macht einen modernen Eindruck, der Stadtgrundriss ist völlig regelmäßig. Nur noch in der Bazargegend links und rechts der Kh. Modarres findet man Reste alter, verwinkelter Gassen.

Bazar

Der Bazar gehört zu den typischsten und farbenprächtigsten, die man in Iran finden kann. Berühmt ist er für die *giveh,* traditionelle **Stoffschuhe,** die man in Europa gut als bequeme und luftdurchlässige Hausschuhe verwenden kann. Leider findet man fast nur noch moderne Exemplare, deren Sohlen meist aus abgefahrenen Reifen hergestellt werden. Gute, klassische *giveh* haben Ledersohlen.

Wie fast alle iranischen Städte hat auch Kermanshah eine spezielle **Süßigkeit,** die man im Bazar findet, *nan berendji,* aus Reismehl hergestellte, trockene Kekse. Auch farbenprächtige **Stoffe** für die kurdischen Trachten sieht man häufig.

Museum

Unweit des Bazars lohnt der Besuch des Museums von Kermanshah, nur fünf Gehminuten südlich der Kh. Modarres in der Kh. Shahid Hadad Adel gelgen. Die **archäologischen Exponate** sind eher unbedeutend, aber das **Gebäude** selbst ist als Museum einzigartig in Iran. Erbaut 1890, gelangte es später in den Besitz der Familie von *Mo'aven ol-Molk,* einem Würdenträger des qadjarischen Hofes. Es wird deshalb auch **Tekiyeh Mo'aven ol-Molk** genannt, entsprechend seinem früheren Zweck als Versammlungsort für religiöse Veranstaltungen, vor allem Trauerzeremonien während des Monats Moharram. Der erste Hofkomplex hinter dem Eingang, auch *Hosseiniye* genannt, wird noch heute dazu genutzt.

Die Fliesenverkleidungen im Innenhof stellen das Martyrium des *Hossein* im Stil der Malerei des 19. Jh. dar. Ein überkuppelter Komplex wird *Zeinabiye* genannt und diente als Versammlungsraum für die Frauen. Dahinter liegt ein weiterer Hof, *Abbassiye,* mit interessanten Fliesenmotiven in Blau auf weißem Grund, die zahlreiche Figuren der iranischen Geschichte darstellen.

- **Tekiyeh Moa'ven ol-Molk,** 8 bis 14:30 Uhr außer montags und an Feiertagen, Eintritt 200 Tuman.

Praktische Tipps

- **Telefonvorwahl Kermanshah:** 0831

Information

- **Tourist-Information** in der Kh. Beheshti, in der Nähe des Iran-Air-Büros, Tel. 55472.

Geldwechsel

- Alle **Banken** haben Filialen mit Geldwechsel entlang der Kh. Modarres und am Meydan-e Azadi.

Post und Telefon

- **Post:** Neben der Bank-e Melli in der Kh. Modarres und am Meydan-e Sepah.
- **Telefonzentrale** in der Kh. Madani.

Unterkunft

- Das beste Haus am Platz ist das **Hotel Azadegan** €€€, etwas außerhalb vom Zentrum, aber nicht weit entfernt von Taq-e Bustan (Shahrak-e-Taavon, Tel. 4292003/4, Fax

93503). Das Haus wird privat geführt, das Personal ist freundlich, DZ 50 US$.

- Weiter im Zentrum liegt das **Hotel Resalat** €€ am Meydan-e Ferdowsi, Tel. 7226105, Fax 30422, DZ 25 US$.
- Am Rande des Zentrums in der Kh. Motahari/Modarres liegt das **Hotel Sorush** €€, Tel. 7227002/3, Fax 7227001, DZ 20 US$.
- Preiswert und für diese Klasse sauber ist das **Hotel Nabovat** €, aber in der Kh. Modarres ist es zur Straße hin laut, Tel. 831018, DZ 8 US$.

Essen und Trinken

- Restaurant **Homa,** Kh. Kashani, Tel. 34246.

Reiseagentur

- Die Agentur **Kiya,** 449, Kh. Shahid Ashrafi Esfahani (Ferdowsi), Tel. 27448, Fax 26042, kümmert sich um Ausflüge in die Umgebung, die Reservierung von Flügen oder auch den Grenzübertritt nach Irak. Nach Herrn *Madjid Mohammadi Kia* fragen.

Verkehrsverbindungen

- Der **Flughafen** liegt südöstlich der Stadt unweit der Ausfallstraße in Richtung Hamadan. Iran Air (Kh. 22 Bahman/Kh. Beheshti, Tel. 849674, Fax 848745) hat täglich zwei Flüge von/nach Teheran. Nachdem die heiligen Stätten in Irak vor einigen Jahren wieder für iranische Pilger frei gegeben wurden, war es nahezu unmöglich, vor und nach religiösen Feiertagen, insbesondere im Monat Moharram, Flüge zu reservieren. Nach der amerikanisch-britischen Invasion Iraks bleibt abzuwarten, wie sich die Lage entwickeln wird.
- In Kermanshah gibt es zwei **Busterminals:** „Rah-e Kerbela" liegt an der südwestlichen Stadtausfahrt in Richtung Qasr-e Shirin am Ende der Umgehungsstraße. Hier kommen die Busse aus südlicher und nördlicher Richtung an. Busse aus Richtung Isfahan/Hamadan/Teheran kommen am Kaviani-Terminal in der Kh. Sh. Keshvari an. Von beiden Terminals aus kann man mit dem Taxi ins Zentrum zum Meydan-e Azadi fahren.

114i Foto: hn

Relief von Khosrow II. in Taq-e Bostan

Grotten von Taq-e Bostan

↗ VIII/B2

Etwa 5 km nordöstlich des Stadtzentrums von Kermanshah an einem Felsabhang gelegen, sind die Grotten von Taq-e Bostan von der sich schnell ausdehnenden Stadt eingeholt worden und liegen am Stadtrand. Die Umgebung von Taq-e Bostan ist heute zu einem großen, **parkartigen Gelände** ausgebaut worden. Das erinnert an den Ursprung des Namens: „der Bogen des Gartens", womit ein ausgedehntes *paradeisos,* ein Paradiesgar-

Hamadan, Kordestan, Kermanshah

ten, gemeint ist, gespeist durch den großen Quellteich davor, wie es in sasanidischer Zeit üblich war.

Aus jener Epoche stammen die beiden Grotten und das Relief in der Felswand; sie zählen zu den wenigen Reliefs dieser Art außerhalb der Provinz Fars. Hinter dem Eingang zur Anlage sind Säulentrümmer, Kapitellreste und weitere in der Umgebung gefundene Baureste aus sasanidischer Zeit ausgestelllt.

Reliefs

Das am weitesten rechts befindliche Relief zeigt die Investitur (Amtseinführung) des **sasanidischen Königs Ardeshir II.** (379–383), über den es aus der Geschichte nichts Bedeutendes zu berichten gibt. Er selbst aber wollte der Nachwelt von seiner Herrschaft Kenntnis geben. Aus den Händen des Gottes Ohrmuzd (rechts) nimmt er den bebänderten Ring, das Symbol der Königswürde, entgegen, während zur Linken der Gott Mithra ein Bündel aus geheiligten Zweigen über den Kopf des Königs hält. Es handelt sich um das einzige der zahlreichen sasanidischen Reliefs, auf denen Mithra, auf einer Lotosblüte stehend, dargestellt wird. Ohrmuzd und Ardeshir zertrampeln symbolisch einen geschlagenen Gegner, vermutlich einen Römer.

Links daneben liegt die erste der beiden Grotten mit einer Reliefdarstellung der beiden **Könige Shahpur II.** (310–368) und **Shahpur III.** (links, 383–388). Shahpur III., der für seine kurze Regierungszeit lange kämpfen musste, benutzt die Aura seines Großvaters, der fast 60 Jahre regierte und unter dessen Herrschaft das sasanidische Reich seine größte Ausdehnung hatte, um seinen Machtanspruch zu legitimieren. Über Shahpur II. ist eine Inschrift in Pahlavi, einer mitteliranischen Sprache, zu erkennen.

Die berühmteste der Grotten ist mehrere Meter tief als Tonnengewölbe in den Fels hineingehauen, an den Seiten geschmückt mit Akanthus- und Laubgewindemotiven. Über dem Bogen thronen zwei Siegesgöttinen mit dem Königsdiadem in der Hand, zwischen ihnen als Abschluss eine Mondsichel. Hinten in der Grotte, durch eingedrungenes Wasser mittlerweile stark verwittert, sind in zwei Reihen Hochreliefs eingearbeitet: Die obere Reihe zeigt wahrscheinlich die Investitur **Khosrows II.** (590–628), des letzten bedeutenden sasanidischen Herrschers, wie er von Ohrmuzd den Ring entgegennimmt. Zu seiner linken erkennt man Anahita, ebenfalls mit einem bebänderten Ring winkend und zum Ausdruck ihrer Funktion als Göttin der Fruchtbarkeit mit einem Wasserkrug in der Hand. Darunter sitzt der Herrscher auf seinem berühmten Schlachtross *Shabdiz* in der Pose eines Ritters mit gezückter Lanze.

Das Prunkstück dieser Grotte jedoch ist links und rechts an den Seitenwänden zu bewundern: Flachreliefs mit Darstellungen der **Königsjagd.** An der rechten Seite wird die Jagd auf Hirsche, links auf Wildeber dargestellt. Man hat den Eindruck, der Ablauf der Jagd werde dem Betrachter erzählt:

Jagdvorbereitung und Zusammentreiben des Wildes, der König gefolgt von einem Schirmträger; im Zentrum die Hirschjagd selbst, der Herrscher im gestreckten Galopp, den Pfeil auf der Sehne zum Abschuss gespannt, darüber Musikanten auf einem Podium; schließlich der Abtransport der erlegten Tiere mit Kamelen. Dem entspricht der Ablauf bei der Wildschweinjagd: Treiber auf Elefanten scheuchen die Eber im sumpfigen Gelände auf, in einem Boot sitzende Musikanten spielen als Begleitung; im Zentrum das Boot des Königs, der gerade auf einen riesigen Eber anlegt; rechts zum Ausklang Elefanten beim Abtransport der Jagdbeute.

Im Gegensatz zu den sonst oft stereotypen, zur Wiederholung des Gezeigten neigenden sasanidischen Reliefs sind die von Taq-e Bostan originell und wirken auch nach 1500 Jahren noch äußerst kunstvoll, obwohl die Original-Bemalung nicht mehr vorhanden ist. Störend dagegen wirkt das qadjarische Relief über der Wildschweinjagd, nicht nur, weil sich hier jemand verewigen wollte, über den die Geschichte schon nach 170 Jahren den Mantel des Vergessens gehüllt hat. Die Darstellung eines Sohnes von *Fath Ali Shah* um 1822, der Gouverneur von Kermanshah war, zeigt auch, wie sehr die handwerklichen Fähigkeiten zu jener Zeit in Vergessenheit geraten waren.

- **Taq-e Bostan,** täglich von 8 bis 17 Uhr außer an Feiertagen, April bis Oktober bis 18 Uhr, Eintritt 300 Tuman.

Essen und Trinken

- Im Anschluss an die Besichtigung empfiehlt sich ein Tee, eine Wasserpfeife oder auch eine Mahlzeit in einem der zahlreichen kleinen **Gartenrestaurants** gegenüber dem Teich. Das Flüsschen, das aus dem Teich entspringt, verschafft im Sommer angenehme Kühle.
- Ca. 100 m unterhalb der Teehäuser auf dem Rückweg in Richtung Kermanshah liegt rechts der Eingang zum **Restaurant Djamshid** (Tel. 4244185), in dem meist ein Gericht serviert wird, das es nur in Kermanshah und Umgebung gibt: *Khoresht-e Khalal,* ein Ragout mit klein geschnittenem Fleisch, einer Soße aus Tomaten und darin, das bedeutet der Name, Splitter von Mandeln. Dazu gibt es weißen Reis, sehr lecker!

Anfahrt

Mit **Sammeltaxis** oder **Minibussen** gelangt man vom Meydan-e Azadi oder Meydan-e 15. Khordad innerhalb von 15 Minuten nach Taq-e Bostan.

Bisotun und Kangavar

↗ VIII/B2

Ein Ausflug von Kermanshah nach Bisotun und Kangavar empfiehlt sich für diejenigen, die per Flugzeug aus Teheran kommen und auch wieder zurückfliegen. Von Hamadan kommend oder dorthin fahrend, wird man es am Wege besichtigen. Für beide Orte zusammen muss man einen halben Tag mit Hin- und Rückfahrt rechnen, mit öffentlichen Verkehrsmitteln länger. Sammeltaxis und Minibusse verkehren vom Terminal Shahid Kaviani in Kermanshah, an der Ausfallstraße nach Osten.

Felswand von Bisotun

Ca. 30 km östlich von Kermanshah führt die alte Königsstraße an einer langgestreckten, hoch aus der Ebene

115i Foto: hn

emporragenden Felswand entlang, die seit alters her „Berg der Götter" genannt wird. Bis vor wenigen Jahren führte die Straße, wie seit Jahrtausenden, direkt unterhalb der Felswand entlang. Die neu gebaute Umgehungsstraße verläuft südlich der Ortschaft Bisotun. Wenn man diese passiert hat, hält man sich links und fährt ca. 250 m nach Westen. Aus Richtung Kangavar hält man sich dort, wo die neue Straße links abbiegt, rechts und fährt an der Felswand entlang, bis man zur linken einen Teich sieht.

Darius-Relief bei Bisotun

Dort führt, hinter einem Zaun, eine teils natürliche, teils künstliche Treppe zu dem ca. 60 m über der Straße angebrachten **Relief von Darius** hinauf. Seit 1996 allerdings ist es vollständig eingerüstet und so gut wie nichts ist zu sehen, auch nicht, wenn man ganz nach oben geht. Sicher sind Restaurierungs- und Konservierungsarbeiten wegen des eingedrungenen Wassers nötig. Das Bedenkliche ist jedoch, dass niemals auch nur ein Archäologe oder Arbeiter auf dem Gerüst zu sehen ist – nicht gerade ein Ruhmesblatt für die iranische Altertümerverwaltung!

Das Relief geht zurück auf die Zeit des Machtantritts des Königs *Darius* und beruht auf der von diesem überlieferten Version der Ereignisse, nach der der Thron der Achämeniden nach dem Tod des *Kambyses von Gaumata,* dem „falschen Smerdis", usurpiert worden sei (⇨Kap. „Staat und Gesellschaft: Geschichte"). Diesen Gaumata und die anderen „Lügenkönige", wie sie in der Inschrift genannt werden, besiegte Darius in einer Reihe von 19 Schlachten, von denen die gegen den Meder-König *Fravartish* unweit von Bisotun stattgefunden haben soll.

Das Relief, dessen Bildfeld allein ca. 5,50 m breit und 3 m hoch ist, zeigt in der linken Hälfte Darius, deutlich größer als die beiden ihm folgenden Waffenträger, und die neun gefesselt vor ihn tretenden, geschlagenen Feinde. Einen Fuß stützt er auf den vor ihm niedergestreckten Gaumata, der mit hochgereckten Armen um Gnade bittet, eine Geste, die von einem wesentlich älteren Relief bei Sar-e Pol-e Zahab übernommen wurde.

Die Geschichte aus der Sicht von Darius ist ober- und unterhalb des Reliefs in **altpersischer Keilschrift** in den Fels gemeißelt, ergänzt zur Linken um eine textidentische neubabylonische und rechts eine elamische Version der Geschichte.

Das Relief des Darius ist das wichtigste in Bisotun, doch nicht das einzige. Rechts unterhalb, am so genannten **Parther-Hang,** sind in Höhe der heutigen Straße zwei Reliefs aus parthischer Zeit zu erkennen. Das linke zeigt vier Satrapen, die *Mithridates II.* (124–87 v. Chr.), dem bedeutendsten Parther-Herrscher, huldigen, während rechts davon König *Gotarzes II.* (38–51 n. Chr.) einen Feind mit der Lanze ersticht. Dieses Relief ist durch eine Inschrift aus dem 17. Jh. verunstaltet und schon relativ stark verwittert.

Noch weiter zur Rechten wurde bei Straßenbauarbeiten 1956 eine **Herkules-Statue** aus seleukidischer Zeit freigelegt. Der Recke liegt, ziemlich heiter dreinblickend mit einer Trinkschale in der Hand, auf der Seite ausgestreckt, die Heldenkeule zu seinen Füßen. Der Kopf wurde kürzlich nach Restaurierungsarbeiten wieder aufgesetzt, eine Inschrift auf dem Rücken der Statue trägt das Jahr 163 der Seleukiden-Ära (entspricht 148 v. Chr.).

Eine noch weitaus größere, **geglättete Fläche** am Berg der Götter findet sich einige Hundert Meter westlich des Darius-Reliefs. Eine Fläche von 55 m in der Höhe und ca. 200 m in der Breite ist hier in den Fels eingearbeitet worden. Man nimmt an, dass dies im Auftrag von *Khosrow II.* geschah, der auch einen Palast in Bisotun errichtet haben soll.

Außer den bereits genannten finden sich in Bisotun Baureste und **Besiedlungsspuren von etwa 40.000 v. Chr.** bis zur Safaviden-Zeit. Gegenüber der Herkules-Statue liegt ein Quellteich, der schon zu sasanidischer Zeit ein *paradeisos,* ähnlich wie das in Taq-e Bostan, bewässert haben soll. Reste einer Umfassungsmauer wurden von den Archäologen freigelegt.

Unweit des Dorfes Bisotun, westlich des Darius-Reliefs, ist eine noch gut erhaltene **Karawanserei** aus dem 17. Jh. zu besichtigen, außerdem eine **Brücke aus dem 17. Jh.** östlich des Reliefs in Richtung Kangavar. Hoch in der Fels-

Sprachforschung in der Felswand – die Entschlüsselung der Keilschrift in Bisotun

In der Inschrift von Bisotun, die identisch in den drei Sprachen **Elamisch, Neubabylonisch** und **Altpersisch** angefertigt wurde, erzählt *Darius II.* davon, wie er nach seiner Thronbesteigung erfolgreich in verschiedenen Provinzen des Reichs Aufstände niederschlug und das Reich wieder befriedete und einte. Die Entzifferung dieser Inschrift in der Felswand von Bisotun ist eine der kulturgeschichtlich bedeutendsten Leistungen in der Geschichte der Iranistik.

Im Jahre 1802 hatte der Schullehrer *Friedrich Georg Grotefend* (aus Hannoversch Münden) durch die Entzifferung mehrerer Passagen der altpersischen Inschrift die Grundlagen zum Verständnis der Keilschrift überhaupt gelegt. 1839 ließ sich dann *Sir Henry Rawlinson,* britischer Konsul in Teheran, von der Spitze der Felswand abseilen, um in mühsamer Arbeit die drei Inschriften von Hand genau zu kopieren: links die neubabylonische, in der Mitte die altpersische und rechts die elamische Version.

In den folgenden Jahren gelang es Rawlinson und anderen Wissenschaftlern, aufbauend auf den Grotefendschen Vorarbeiten zunächst die altpersische Inschrift weitgehend zu lesen und dann mit Hilfe dieser Lesung auch die beiden anderen Versionen zu entschlüsseln. Damit schufen sie die Grundlage zur weiteren Entwicklung der **Keilschriftkunde** und **Altorientalistik.** Diese beschäftigt sich mit den zahlreichen Keilschrift-Dokumenten, die in verschiedenen altorientalischen Sprachen wie Babylonisch, Assyrisch, Sumerisch oder Hethitisch verfasst wurden, sowie der Kulturgeschichte der jeweiligen Reiche.

wand, in Höhe des Parther-Hangs, wurden mehrere **Höhlen** mit Besiedlungsspuren zwischen 40.000 und 35.000 v. Chr. gefunden – offensichtlich hat der Felsen von Bisotun zu allen Zeiten eine besondere Anziehungskraft ausgeübt.

Reliefs von Kangavar

Kangavar liegt etwa 60 km östlich von Bisotun, etwa auf der Mitte zwischen Kermanshah und Hamadan. Die Geschichte des Ortes reicht zurück bis in die Seleukiden-Zeit, unter den Parthern war sie Sitz eines bedeutenden Anahita-Heiligtums. Nachdem der bekannte englische Ausgräber *Layard* die Stätte 1840 besucht und die französischen Reisenden *Coste* und *Flandin* Zeichnungen davon angefertigt hatten, ging man davon aus, dass es sich um einen griechischen Tempel aus der Seleukiden-Zeit handelte. Durch Arbeiten iranischer Archäologen ab 1969 konnte jedoch nachgewiesen werden, dass es sich um ein Bauwerk in rein iranischer Tradition handelt, wahrscheinlich aus **parthisch-sasanidischer Zeit.** Allerdings war es dazu nötig, einige auf dem Gelände erbaute Häuser, für die auch Steine des Tempels verwendet worden waren, abzureißen. Das Bild, das sich dann ergab, ist beeindruckend: Auf einer knapp 5 m hoch aufgeschichteten Terrasse von ca. 220 m im Quadrat erhoben sich die Säulen des **Tempels,** von denen einige in mühsamer Arbeit wieder aufgerichtet wurden.

Aus Richtung Kermanshah kommend, liegt die Anlage links der Straße, bevor man das Zentrum von Kangavar erreicht, aus Richtung Hamadan rechts der Straße vor der Ortsausfahrt (täglich von 9 bis 17 Uhr, April bis Oktober bis 18 Uhr, Eintritt 200 Tuman).

Von Kermanshah zur irakischen Grenze

↗ VIII/A2

An der alten Hauptstraße zwischen Mesopotamien und dem iranischen Hochland gibt es zwei Sehenswürdigkeiten in der Nähe der irakischen Grenze: das Relief von Sar-e Pol-e Zahab (140 km von Kermanshah) und die sasanidischen Anlagen von Qasr-e Shirin (165 km von dort). Für Durchreisende nach Irak liegen sie in der Nähe der Hauptstraße. Für archäologisch Interessierte lohnt sich der Besuch als Tagesausflug von Kermanshah. Es verkehren Minibusse und Busse in Richtung Westen vom Busterminal Rah-e Kerbela.

Die Fahrt auf gut ausgebauter Straße führt an zahlreichen prähistorischen Hügeln und Resten alter Handelsposten vorbei. Etwa 65 km hinter Kermanshah erreicht man **Eslamabad-e Gharb,** wo die Hauptstraße nach Süden in Richtung Khorramshahr und Ahvaz sowie eine weitere nach Ilam abzweigt. Nach weiteren 60 km erreicht man den **Pataq-Pass,** der die Grenze zwischen dem Zagros-Gebirge und dem Tiefland markiert. Kurz dahinter sind links der Straße die Mauerreste eines alten Iwans zu sehen, der **Taq-e Gara** genannt wird und dessen Zweck nicht geklärt ist. An seiner Innenseite sind noch Reste von Bauschmuck erhalten.

Etwa 4 km vor Sar-e Pol-e Zahab am Ausgang einer Schlucht führt ein Weg nach links am Fuß eines Berges nach etwa 200 m zu einem Friedhof, auf dem die in dieser Gegend stark verbreiteten Ahl-e Haq ihre Toten beisetzten. Oberhalb davon ist das **Felsgrab Dokan-e Daud** („Davids Laden") in die Felswand gehauen. Nach der Überlieferung soll hier ein jüdischer Schmied, der später König wurde, begraben sein. Wem es tatsächlich gehört, ist nicht bekannt, vermutlich stammt es aus einer Zeit nach den Achämeniden: Unter dem Eingang ist ein Priester mit einem Barsom-Bündel zu erkennen.

Relief von Sar-e Pol-e Zahab

Kurz darauf folgt Sar-e Pol-e Zahab, eine alte Stadt an der Grenze zwischen Tiefland und Bergen, die schon in assyrischen Quellen des 8. Jh. v. Chr. erwähnt wird. Um 2000 v. Chr. lebten in diesem Gebiet die indoeuropäischen Lulubäer, die zu den Bergstämmen gezählt werden. Die hohe **Felswand** nördlich der Stadt dient schon seit langer Zeit als „historische Wandzeitung", die hier gefundenenen Reliefs zählen zu den ältesten Irans und dienten Achämeniden, Parthern und Sasaniden als Vorbild.

Als berühmtestes gilt das **Siegesrelief des Anupanin,** offensichtlich das Vorbild für *Darius* in Bisotun. Kurz hinter der Ortseinfahrt muss man sich rechts halten in Richtung des weithin sichtbaren Felsens, wo ein kleiner Fluss durch eine Schlucht fließt. An der Ostwand dieser Schlucht befinden sich zwei Reliefs, von denen das obere durch eine akkadische Inschrift identifiziert wird. Ein Held mit Hüftrock und Waffen in der Hand tritt mit seinem Fuß einen niedergeworfenen Feind zu Boden. Ihm gegenüber erkennt man die Göttin Ishtar mit dem Ring der Macht in der Hand, identifiziert durch den achtzackigen Stern im Kreis. Sie führt zwei Gefangene an Nasenringen herbei. Die Größenunterschiede zwischen Protagonisten und Gefangenen sind überdeutlich, wie auch bei anderen mesopotamischen Vorbildern dieses Reliefs. Die Inschrift befindet sich rechts im unteren Register neben sechs weiteren nackten Gefangenen. Unter diesem Relief hat sich auch ein Parther-Herrscher verewigen lassen, das Relief ist aber schon stark verwittert. In der Schlucht gibt es noch drei weitere Lulubäer-Reliefs, die dem genannten ähneln.

Qasr-e Shirin

26 km westlich liegt Qasr-e Shirin („Shirins Schloss"), die letzte größere Stadt vor der Grenze. *Shirin* war eine christliche Gattin von *Khosrow II.*, der ihr an dieser Stelle einen Palast errichten ließ. Dieser wurde aber schon kurz nach seiner Errichtung von Heraklios im Jahre 628 wieder zerstört. Heute leben größtenteils Kurden in der Stadt und ihrer Umgebung, die während des Krieges gegen den Irak fast völlig zerstört, mittlerweile jedoch wieder aufgebaut wurde. Die irakischen Truppen schreckten auch nicht vor der Zerstörung des **Chahar Qapu** („Vier Tore") genannten Sasaniden-Baus zurück, von dem heute nur noch Steinhaufen und Mauerreste übrig sind. Der eindrucksvolle Bau, vermutlich ein großer Feuertempel oder eine Audienzhalle, mit einem Grundriss von ca. 16 m^2, lag inmitten eines riesigen Parkgeländes mit Gärten, Wildgehegen, Teichen und Palästen, umschlossen von einer Wasserleitung.

Der Palast auf der anderen Seite der Hauptstraße wird **Emarat-e Khosrow** genannt und erhebt sich auf einer eindrucksvollen, acht Meter hohen Terrasse. Mit Nebengebäuden umfasst der Grundriss eine Fläche von 370x 190 m, der Aufbau ähnelt den bekannten Vorläufern aus Firuzabad und Sarvestan: Der öffentliche Teil bot Zugang in Form eines großen Gewölbes, das zu einem Kuppelsaal mit Nebenräumen führte. Dahinter folgte ein Hof mit den Privatgemächern.

Wichtiger ist heute für Iran die Tatsache, dass südlich von Qasr-e Shirin 1901 mit der Förderung von **Erdöl** begonnen wurde.

Irakische Grenze

Bis zum Grenzort **Khosravi** sind es von Qasr-e Shirin aus 18 km, nach weiteren 4 km folgt der Grenzübergang zum Irak. Zurzeit ist die Grenze aufgrund der Situation in Irak geschlossen. Es ist jedoch davon auszugehen, dass der Übergang Khosravi/Munzeriye auch zukünftig der Hauptgrenzübergang bleiben wird.

Die Provinz Khuzestan

Überblick

Obwohl historisch meist zu Iran gehörig, bildet die südwestliche Provinz Khuzestan geographisch gesehen die Verlängerung des **Tieflands von Euphrat und Tigris** nach Osten. Khuzestan, benannt nach dem früher hier ansässigen Stamm der Khuz, bildet den östlichen Ausläufer des „Fruchtbaren Halbmonds", des Zagros-Gebirges, und wurde geschaffen durch das Schwemmland der drei großen Flüsse Karun, Karkhe und Dez.

Durch seinen **Wasserreichtum** zählt das Gebiet zu den ältesten und wichtigsten Kulturlandschaften Irans, schon im 3. Jtsd. v. Chr. gab es hier eine entwickelte Landwirtschaft und städtische Zivilisation. Dadurch, dass Niederschläge ausschließlich in den Wintermonaten niedergehen, kam es bei starker Schneeschmelze früher häufig zu großen Überschwemmungen. Mittlerweile sind am Oberlauf der Flüsse große Stauseen zur Flussregulierung und Elektrizitätserzeugung errichtet worden. Von dem im Jahre 2000 fertig gestellten Karkhe-Stausee soll sogar durch eine Pipeline unterhalb des Persischen Golfes gegen Devisen Frischwasser nach Kuwait exportiert werden. Dieser Plan hat in Iran, das in großen Teilen des Landes unter Wassermangel leidet, zu heftigem Widerspruch geführt.

Khuzestan ist im Gegensatz zu den meisten anderen Gebieten Irans Tiefland. In den Sommermonaten ist die Hitze drückend und kann **Temperaturen bis 45 °C** und darüber erreichen.

116i Foto: hn

Nomaden auf dem Zug westlich von Isfahan

Zwischen 13 und 17 Uhr kommt das öffentliche Leben so gut wie zum Erliegen. Die **Nomaden** des südwestlichen Zagros nutzen die Region um Dezful und Andimeshk als Winterweide, im Frühjahr ziehen sie mit ihren Herden zu den Hochweiden im Gebirge.

Im Süden und Westen von Khuzestan sowie am Persichen Golf gibt es etwa eine halbe Million **Iraner arabischer Herkunft,** früher wurde die Provinz deshalb auch Arabistan genannt.

Geschichte der Region

Die antiken Griechen kannten die Region als Susiana, abgeleitet von Susa, der alten Hauptstadt der **Elamer.** Dieser Volksstamm – in der heutigen Bezeichnung *Ilam* lebt er fort – steht gleichrangig zwischen den bei uns weitaus bekannteren Sumerern und Akkadern des alten Mesopotamien. Über seine Herkunft ist so gut wie nichts bekannt. Die elamische Sprache hat keinerlei Beziehung zu anderen Sprachen, ab dem 2. Jtsd. v. Chr. wurde sie mit babylonischer Keilschrift geschrieben.

Im Laufe der über einen Zeitraum von etwa 2000 Jahren fassbaren Geschichte Elams bestand immer eine enge Wechselwirkung mit den Ereignissen im Zweistromland: Etliche elamische Herrscher drangen als Eroberer dort ein, mehrfach wurde Elam von Sumerern, Babyloniern und Assyrern besetzt. Elam mit den nahe gelegenen Bergen des Zagros hatte mit Bodenschätzen und Holz Reichtümer zu bieten, an denen es zwischen Euphrat und Tigris mangelte. Zeitweilig reichte der Einfluss der Elamer im Osten bis zum Hochland von Fars, wo in der Nähe von Shiraz eine ihrer Hauptstädte gefunden wurde.

Die Geschichte Elams wird in drei große Abschnitte unterteilt. Die altelamische Epoche ging von ca. 2400 bis 1600 v. Chr mit einer Abfolge verschiedener Dynastien, über die wenig bekannt ist. Oft war das Gebiet von Elam mesopotamischen Herrschern untertan. Ihr folgte die mittelelamische Epoche von ca. 1500 bis 1100 v. Chr., die als Höhepunkt der Geschichte Elams gilt. Wichtigster Herrscher jener Zeit war der Erbauer von Haft Tappeh, *Tepti-ahar*. Ihm folgte die Dynastie der Igi-Halkiden, deren Tempelbezirk von Chogha Zanbil noch heute bewundert wird. Danach kamen die Schutrukiden, die Babylon eroberten und die Stele des *Hammurabi* von dort entführten. Um 1100 v. Chr. jedoch rächte sich *Nebukadnezar* und nahm Susa ein. Danach verschwand Elam für längere Zeit von der historischen Bühne.

Zu einer kurzen Renaissance kam es während der neuelamischen Periode ab Mitte des 8. Jh. v. Chr., als die Elamer im Bündnis mit den Babyloniern gegen die Assyrer kämpften. Unter dem neu gegründeten achämenidischen Weltreich behielt **Susa** seine überragende Stellung und war neben Hegmatana (Hamadan) eine der Hauptstädte des Reiches. Über die Königsstraße war es mit Sardes an der ägäischen Küste im Westen und mit Persepolis im Osten verbunden. *Alexanders* Truppen eroberten es gleich nach der Einnahme Babylons 331 v. Chr. Auch nach seiner Rückkehr aus Indien kam der Herrscher noch einmal zurück, um hier die so genannte „Massenhochzeit“ zwischen seinen Offizieren und persischen Prinzessinnen abzuhalten. Auch während der Parther- und Sasaniden-Zeit war Susa Provinzhauptstadt, stand aber hinter Seleukia/Ktesiphon beim heutigen Bagdad zurück.

Unter den Sasaniden genoss Khuzestan besondere Aufmerksamkeit: Brücken, Staudämme und Kanäle wurden in großem Umfang ausgebaut und so die Landwirtschaft gefördert. Mehrere neue Städte wurden gegründet, darunter Jondeshapur in der Nähe von Shushtar mit seiner berühmten medizinischen Fakultät, an der sich auch zahlreiche griechische Wissenschaftler versammelt hatten. Die moderne Universität von Ahvaz ist nach dieser Stadt benannt worden, die heute nur ein Ruinenfeld ist.

Um 638 n. Chr. wurde das Gebiet von den Arabern erobert und bildete zwar noch ein wichtiges Handels- und Exportzentrum im seinerzeit noch ungeteilten islamischen Reich. Gleichzeitig setzte aber ein schleichender Verfall der Kulturlandschaft ein und viele Siedlungen wurden zugunsten weniger Städte aufgegeben. Diese Tendenz verstärkte sich, als Mesopotamien im 16. Jh. osmanische Provinz wurde. Die Safaviden versuchten mehrfach, Nadschaf und Kerbela, die wichtigsten heiligen Stätten der Shi'a, zu erobern, was ihnen jedoch nicht dauerhaft gelang. So geriet Khuzestan an den Rand der Entwicklung und für Jahrhunderte in Vergessenheit.

Das sollte sich erst ändern, als zu Beginn des 20. Jh. in der Nähe von Masjed Soleyman **Erdöl** gefunden wurde und britische Gesellschaften mit der Förderung begannen. Mit Khorramshahr und Abadan wurden zwei große **Häfen** am Shatt al-Arab ausgebaut, eine Eisenbahnlinie schuf Anschluss ans iranische Hochland. Nach der Verstaatlichung der Erdölförderung im Jahre 1953 stieg die Bedeutung Khuzestans als Sitz von Verwaltung, Verarbeitung und Transport des Öls weiter. Die Raffinerie von Abadan galt in den 70er Jahren als die größte der Welt.

Diese Entwicklung wurde jäh unterbrochen, als im September 1980 **irakische Truppen** nach Osten vordrangen und versuchten, die iranischen Erdölquellen in die Hand zu bekommen.

1171 Foto: hn

Der irakische Diktator *Saddam Hussein* hielt die iranische Armee durch die Revolution für ausreichend geschwächt, um die arabischen Bevölkerungsteile für eine Befreiung „Arabistans" zu gewinnen. Eine Hoffnung, die trog und die Hunderttausende Iraner und Iraker im blutigsten Konflikt, den der Nahe Osten jemals gesehen hatte, das Leben kosten sollte. Einstmals große iranische Städte wie Khorramshahr und Abadan tragen noch immer unübersehbare Spuren der Zerstörung. Große Teile ihrer Bevölkerung sind während des Krieges geflohen und mittlerweile in anderen Gegenden Irans ansässig geworden.

Heute ist vieles in Khuzestan wieder aufgebaut worden, man hat aus der Vergangenheit gelernt und verteilt das Erdöl, immer noch die Basis der iranischen Wirtschaft, nun über das ganze Land, wo es in vielen neuen Raffinerien verarbeitet wird. Neue Industriekomplexe sind gebaut worden, z.B. eine der größten petrochemischen Anlagen weltweit in Bandar Imam Khomeini.

Pendant zum Turm von Babel: die Ziggurat von Chogha Zanbil. Der Stufentempel wurde nach annähernd 3000 Jahren ausgegraben

Ahvaz

↗ XIV/B2

Die heutige **Hauptstadt Khuzestans** ist Ahvaz, 18 m über Meereshöhe unweit von Stromschnellen am Mittellauf des Karun gelegen, der bis dort früher als Schifffahrtsweg genutzt wurde. Obwohl nichts aus jener Zeit erhalten ist, geht die Geschichte der Stadt bis in die Zeit vor den Achämeniden zurück, als sie *Oxin* genannt wurde und im Schatten von Susa stand. Der Begründer der Sasaniden, *Ardeshir I.*, ließ hier eine Stadt mit Namen *Hormuzd-Ardeshir* erbauen, die nach der arabischen Eroberung Ahvaz (*al Suq al-Ahvaz* „Markt der Khuz") genannt wurde.

Aufständische aus Südirak, die gegen das Abbasiden-Kalifat kämpften, zogen sich im 9. Jh. hierher zurück, bei der Niederschlagung der Revolte wurde Ahvaz stark in Mitleidenschaft gezogen. Erst unter dem Buyiden *Azud ad-Dowle* gelangte es im 10. Jh. zu neuer Blüte. Eine Ziegelbrücke verband schon damals den Bazar am Ostufer mit den westlichen Stadtteilen. Bis zum 13. Jh. war Ahvaz ein bedeutender Umschlagplatz für den Handel, besonders Zuckerrohr wurde von hier exportiert.

Nach ständigen Überfällen durch lorische Nomadenstämme und die iransich-türkische Rivalität geriet Ahvaz wie auch die anderen Städte Khuzestans an den Rand der Entwicklung, was sich erst änderte, als während der Regierung von *Nasser od-Din* in der Nähe der Stadt ein Hafen gebaut und der Wasserweg 1888 für den internationalen Handel freigegeben wurde.

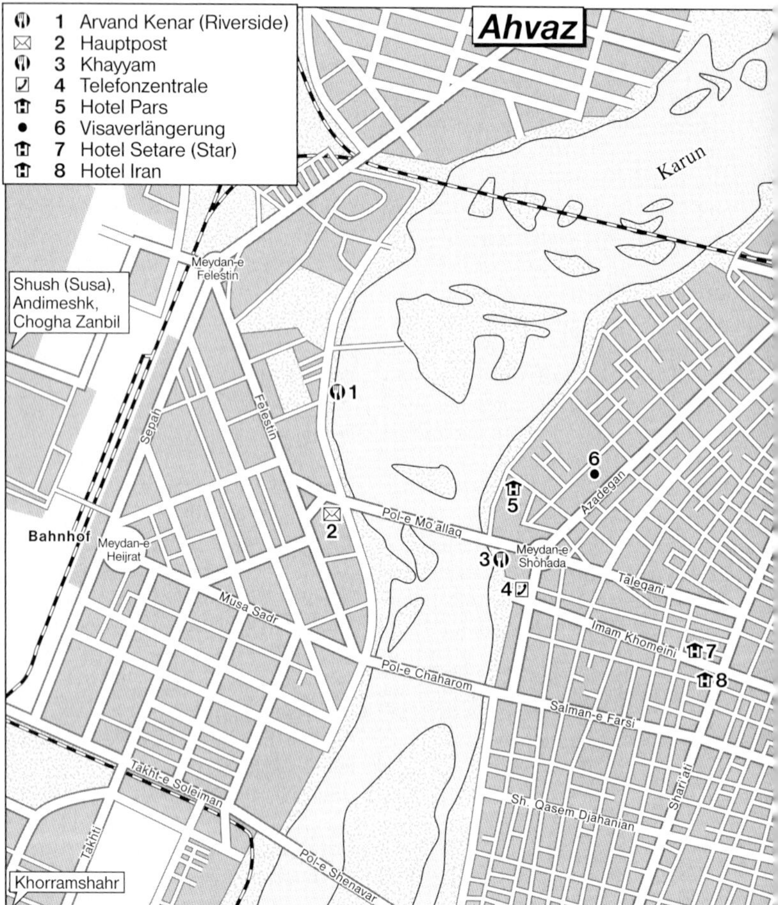

Im 20. Jh. machte *Reza Shah* Ahvaz zur Hauptstadt von Khuzestan und die Eisenbahntrasse zum Shatt al-Arab über den Karun wurde hier gebaut. Hatte Ahvaz nach dem Zweiten Weltkrieg noch im Schatten Abadans gestanden, wo sich wichtige Anlagen der 1953 verstaatlichten Erdölindustrie konzentrierten, änderte sich dies ab Mitte der 60er Jahre. Während des Krieges rückten irakische Truppen bis in die Nähe der Stadt vor und richteten durch Beschuss große **Zerstörungen** an, einnehmen konnten sie sie je-

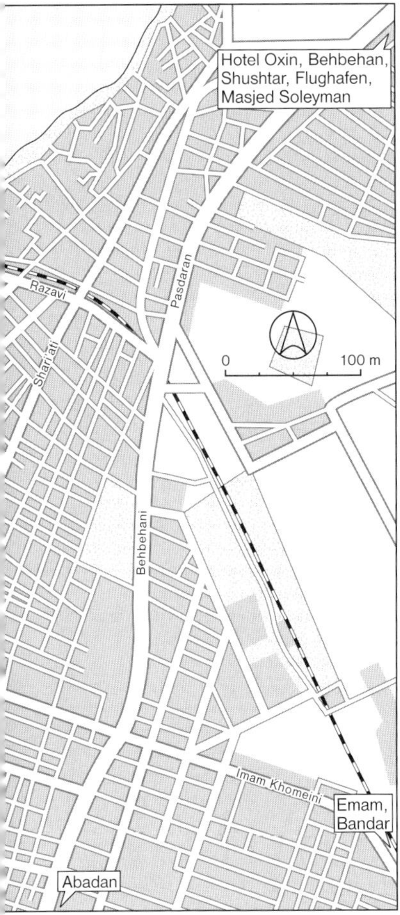

doch nicht. Die Zerstörungen sind mittlerweile beseitigt und Ahvaz ist heute die unbestrittene Wirtschaftsmetropole Khuzestans; auf dem Westufer des Karun sind viele neue Industriebetriebe entstanden. Die Einwohnerzahl beträgt fast eine Million.

Orientierung

Ahvaz liegt an beiden Seiten des **Karun,** der von fünf Brücken überspannt wird. Das alte Zentrum, das allerdings während des Krieges stark in Mitleidenschaft gezogen und danach modernisiert wurde, liegt am Ostufer des Karun um den großen Platz **Meydan-e Shohada.**

In der Verlängerung des Platzes führt das Wahrzeichen von Ahvaz, die Pol-e Mo'allaq, eine 1935 erbaute **Stahlhängebrücke,** über den Fluss. Ein paar Hundert Meter weiter nördlich überspannt eine 1932 erbaute **Eisenbahnbrücke** den Karun, zu deren Bau leider auch Reste eines alten Brückendammes aus der Sasaniden-Zeit verwendet wurden. Der nach dem Krieg weitgehend neu gebaute **Bazar** erstreckt sich südöstlich des Meydan-e Shohada.

Ankunft mit eigenem Fahrzeug

Aus Richtung Nordosten (Shushtar/Masjed Soleyman) erreicht man die Stadt auf dem Bolvar-e Pasdaran. Von diesem an der Eisenbahntrasse rechts in die Kh. Razavi abbiegen, dieser folgen bis zur Kh. Azadegan (vor der Eisenbahnbrücke), dort links abbiegen und geradeaus ins Zentrum fahren.

Aus Richtung Susa/Andimeshk erreicht man die Stadt auf der Westseite des Karun. Kurz hinter dem Posten der Verkehrspolizei am nächsten Platz links abbiegen und auf dem Bolvar-e Modarres den Karun überqueren. Am Meydan-e Naql (mit den großen goldfarbigen Palmen) halbrechts halten und am nächsten Kreisverkehr rechts auf den Bolvar-e Pasdaran abbiegen, weiter s.o.

Von Süden aus Richtung Abadan/ Khorramshahr immer am Karun entlang erreicht man Ahvaz auf der Jade-ye Khorramshahr. Über den Meydan-e Kargar geht es stadteinwärts auf der Kh. Golestan, die dann in die Kh. Takhti übergeht. Nachdem rechts das Sportstadion passiert ist, rechts abbiegen, auf der Pol-e Shenavar den Karun überqueren und der Kh. Abzar bis zur Kh. Shariati folgen. Dort links abbiegen und bis zur Kreuzung Kh. Taleghani im Zentrum fahren.

Auf der zweiten Hauptstraße von Süden, die parallel zur Bahnlinie verläuft, an der Stadteinfahrt bei der Eisfabrik rechts in den Bolvar-e Beheshti abbiegen, an dessen Ende links in die Kh. Golestan fahren (weiter s.o.).

Sehenswertes

Der Abschnitt zwischen den beiden Brücken ist mit seinen **Promenaden an beiden Ufern** ein beliebtes Ausflugsziel der Bewohner. Im Sommer wird hier bis in die späte Nacht flaniert, weil es tagsüber so heiß ist, dass niemand sich im Freien aufhält, der nicht unbedingt muss! In diesem Bereich gibt es auch zahlreiche Erfrischungsstände, Imbisse und Restaurants. Leider entweicht dem Fluss meist ein fauliger Geruch, ein Gemisch aus Abwässern und Öl, das den Aufenthalt an der Promenade trübt.

Die Sehenswürdigkeiten befinden sich in der weiteren Umgebung von Ahvaz. Touristen dient die Stadt nur als kurzer Aufenthalt zur Besichtigung von Susa oder Chogha Zanbil oder als Zwischenstopp auf der Weiterreise in Richtung Kermanshah oder Shiraz.

Praktische Tipps

- **Telefonvorwahl Ahvaz:** 0611

Information

- Eine **Tourist-Information** gibt es in der Kh. Felestin in der Nähe des Bahnhofs.

Geldwechsel

- **Bank-e Melli** in der Kh. Azadegan (Montazeri) südlich des Meydane-Shohada.

Visaverlängerung

- Die Visaverlängerung ist möglich bei der **Polizei** in der Nähe vom Hotel Fadjr.

Post und Telefon

- Die **Hauptpost** liegt am Meydan-e Dj. Afshari auf der Westseite des Flusses.
- Die **Telefonzentrale** liegt in der Kh. Azadegan/Ecke Kh. Imam Khomeini.

Unterkunft

In der gehobenen Kategorie herrscht in Ahvaz ein gewisser Mangel. Durch die große Zahl von ausländischen Vertretern und Technikern ist die Nachfrage konstant groß und verteilt sich auf nur zwei Hotels, weshalb die Preise relativ hoch sind.

- Das erste Haus am Platz ist das **Ahvaz International Pars Hotel** €€€ (ehemals *Hotel Fajr*) direkt am Fluss unweit der Brücke Pol-e Mo'alagh. Vom guten Service des *Hotel Astoria* (so hieß das Haus bis zur Revolution) hat man noch einiges gerettet, sehr empfehlenswert ist auch das Restaurant, Tel. 2220091/5, Fax 22188677, ahvaz@parshotels.com, DZ 95 US$.
- Das **Hotel Oxin** €€ liegt weit außerhalb des Zentrums in der Nähe des Flughafens, Tel. 454805, Fax 442435, DZ 75 US$, www.oxinhotel.com, info@oxinhotel.com.

• Zwei einfache, aber ordentliche Hotels liegen nahe dem Zentrum an der Kh. Imam Khomeini: das **Hotel Iran** € an der Ecke Kh. Sirous, Tel. 217200/5, Fax 217206, DZ 6 US$, und das **Hotel Star** €, Ecke Kh. Moslem, Tel. 221825/6, Fax 224640.

Essen und Trinken

In Ahvaz bekommt man Süßwasser- und auch Meeresfische in meist guter Qualität, oft gibt es auch köstliche Shrimps *(megu)* vom Golf. Eine Spezialität in Khuzestan sind Okraschoten *(bamye)*.

• **Arvand Kenar** („Riverside") auf der Westseite des Karun, ca. 300 m nördlich der Pol-e Mo'allaq, bietet Süßwasser- und Meeresfische, Tel. 332421.

• **Khayyam** auf der Ostseite des Karun an der Brücke hat guten Fisch, Tel. 2222453.

• Das Restaurant im **Hotel Fadjr** ist bekannt für seine Shrimps.

Reiseagentur

• **Moayed Travel Agency,** Kh. Abedi, neben dem Hotel Fadjr, Tel. 2214040, Fax 2222241.

Verkehrsverbindungen

• Der **Flughafen** von Ahvaz liegt nordöstlich der Stadt am Bolvar-e Pasdaran, der Ausfallstraße nach Norden. Von hier verkehren Taxis in Richtung Innenstadt.

• Ahvaz verfügt nicht über einen zentralen **Busterminal,** je nach Richtung kommt man am Terminal am Bolvar-e Pasdaran, am Ostterminal an der Jade-ye Bandar Emam oder am Westterminal am Ende der Kh. Enqelab an. Von jedem der Terminals kann man leicht mit dem Taxi oder Sammeltaxi ins Zentrum fahren.

• Der **Bahnhof** liegt auf der Westseite des Flusses. Täglich verkehren zwei Züge zwischen Teheran und Ahvaz, die beide morgens ankommen. Rückfahrt nach Teheran täglich mittags bzw. nachmittags. Vom Bahnhofsvorplatz folgt man der Kh. Musasadr nach Osten, überquert den Karun auf der Pol-e Chaharom und erreicht das Stadtzentrum am Meydan-e Shohada nach zehn Minuten Fußweg.

Haft Tappeh, Susa und Chogha Zanbil XIV/B1

Die Besichtigung dieser drei **elamischen Stätten** ist von Ahvaz aus gut an einem Tag möglich. Nach Chogha Zanbil und Haft Tappeh gibt es allerdings keine öffentlichen Verkehrsmittel, sodass man ein Taxi mieten sollte. Eine weitere Möglichkeit besteht darin, mit dem Taxi nach Haft Tappeh, Chogha Zanbil und Susa (Shush) zu fahren und von dort weiter zur Übernachtung nach Andimeshk. Minibusse und Sammeltaxis in Richtung Shush verkehren vom Terminal in der Kh. Enqelab.

Die modern ausgebaute Straße führt durch ein intensiv landwirtschftlich genutztes Gebiet. Das Klima in Khuzestan ist deutlich drückender als im Hochland von Iran, schon Ende März/Anfang April herrschen schweißtreibende Temperaturen. Deshalb sollte bei diesem Ausflug unbedingt ausreichend Trinkwasser mitgeführt werden.

Haft Tappeh

Etwa 15 km vor Shush zweigt eine Straße rechts in Richtung Haft Tappeh ab, wo sich heute ein moderner Industriekomplex mit einer Zuckerfabrik und einer Papier-/Zellulosefabrik befindet. Kurz nach Überquerung der Eisenbahn, direkt gegenüber einer ausgedehnten Zuckerrohrplantage, liegen rechts der Straße die Reste von Haft Tappeh, entdeckt bei den Bauarbeiten für die Zuckerfabrik und seit 1965 von

118i Foto: hn

iranischen Archäologen ausgegraben. Der Name bedeutet eigentlich „sieben Hügel", in Wirklichkeit besteht die Grabungsstätte aus einem guten Dutzend Hügel, die aber nicht alle freigelegt wurden. Gefunden hat man u.a. die Reste einer alten Mauer aus dem 3. Jtsd. v. Chr., Stufentempel und Palastbauten.

Ausgrabungsstätte in Susa, der alten Hauptstadt der Elamer

Grabkammern

Direkt neben der Straße fallen als erstes zwei gemauerte **Gewölbebögen** ins Auge, deren Entdeckung seinerzeit eine Sensation war, denn sie brachten Licht in die bis dahin dunkle Geschichte Elams. Die größere der beiden Grabkammern zur linken war mit 21 Skeletten gefüllt, anhand derer das Grab als das eines elamischen Lokalfürsten aus dem 14. Jh. v. Chr. identifiziert wurde. Das Gewölbe ist das älteste, das man bisher in Iran gefunden hat, mit beeindruckend sorgfältig gesetzten Steinen. Der Bogen der etwas kleineren Kammer zur Rechten ist eingestürzt und mit einem Schutzdach versehen worden. Hier wurden insgesamt 23 Skelette gefunden, 14 davon ordentlich aufgereiht und 9 achtlos darüber geworfen.

Tempel

Rechts neben dem zweiten Grab führt ein Weg die Anhöhe hinauf. Hinter den Gräbern erstreckt sich das ausgedehnte Gelände eines Tempels, wo die Ausgräber Fragmente von **Stelen mit Inschriften** gefunden haben. Auf ihnen waren die Abgaben aufgelistet, die von den Gläubigen an die Tempelpriester zu entrichten waren. Raubgräber haben leider den Altar in der Mitte zerstört, wo heute nur noch eine große Grube zu sehen ist.

Östlich des Tempels wurde noch eine Reihe weiterer Bauten freigelegt: große Höfe mit Versorgungseinrichtungen für den Palast. Man fand Reste von Kücheneinrichtungen und Brunnen, daneben gibt es ein Archiv mit Tontafeln.

Museum

Viele der auf dem Gelände gelegenen Fundstücke sind im Museum östlich des Ausgrabungsgeländes ausgestellt, z.B. Grabbeigaben, Rollsiegel, Statuetten und zwei mit Edelsteinen besetzte Terrakottaköpfe, vermutlich Darstellungen des hier beigesetzten Königspaares (täglich außer montags 9–12 und 15–18 Uhr).

Susa und Shush

Mit Sammeltaxis oder Bussen fährt man zurück zur Hauptstraße und 18 km bis **Shush.** Das Ausgrabungsgelände von Susa liegt südlich des Ortseingangs, weithin sichtbar an riesigen Schuttbergen und der französischen Festung auf dem Hügel (täglich 8–18 Uhr, Eintritt 300 Tuman). Hinter dem Eingangstor führt der Weg den Hügel hinauf, vorbei am Eingang zum Museum.

Die beste Übersicht hat man von der Festung aus, die Anfang des 20. Jh. von den Ausgräbern zum Schutz vor den ständigen Überfällen lorischer Nomaden erbaut wurde. Der Frevel liegt darin, dass nicht geringe Mengen von originalen Ziegeln für die Mauern verwendet wurden!

Von oben zu sehen ist die so genannte **„Akropolis"**, ein Hügel im Süden, in dessen Umgebung Reste mehrerer Tempelanlagen entdeckt wurden. Daran schließt sich im Südosten die **„Königsstadt"** an, hieran die **„Handwerkerstadt"** im Osten und die **„achämenidische Siedlung"** im Nordosten. Bei all diesen Deutungen müssen wir den Erkenntnissen der zahlreichen Archäologen und anderen Wissenschaftler vertrauen, die schon seit einem guten Jahrhundert mit Unterbrechungen an dieser Stätte forschen. Die Bezeichnungen wurden aufgrund der jeweils an Ort und Stelle gefundenen Reste von Besiedlungen vergeben. Fast alles davon ist mittlerweile vergangen oder bei der Freilegung unterer Schichten zerstört worden; einiges findet sich im Museum in Teheran, mehr noch in Paris.

Dies ist für den nicht archäologisch geschulten Besucher eventuell ein wenig enttäuschend, es gibt jedoch auch

119i Foto: hn

„Zuckerhut-Dach" des Danielsgrabs in Shush

zwei Bereiche, wo noch mehr zu sehen ist. Der erste ist eine so genannte **„Sondierungsgrabung"**, wo man zumindest nachvollziehen kann, wie die Archäologen zu ihren Erkenntnissen kommen. Man erreicht sie nach dem Abstieg von der Festung in östlicher Richtung den Hügel hinauf; ein ausgetretener Pfad kennzeichnet den Weg. Hier hat man auf einem großen Areal etwa 15 m in die Tiefe gegraben; die einzelnen Siedlungsschichten sind an den Wandungen noch in Form von Ziegellagen, Kiesbetten und Keramikresten nachzuvollziehen. An dieser Schichtung können Fachleute die Abfolge der Besiedlung bestimmen.

Palast von Darius

Der Weg zurück gilt dem am besten bewahrten Teil von Susa, dem Palast, den *Darius der Große* hier anlegen ließ, vermutlich in zeitlichem Zusammenhang mit dem in Persepolis. Die Erhebung der großen, künstlich aufgeschichteten Terrasse ist nicht zu verfehlen, gut gangbare Wege führen hinauf zu dem Bau, dessen Zentrum eine große **Thronhalle** vom Apadana-Typus bildete. Der auf Säulen ruhende Zentralbau hatte offene Vorhallen nach drei Seiten, dahinter schlossen sich die Wohn- und Vorratsräume an. Reste von Säulen, Basen und Kapitellen sind überall auf dem Gelände verstreut. Durch eine 1947 gefundene Bauinschrift des Darius ist man über den Erbauer und seine Helfer gut informiert.

Grab des Daniel

Durch den rückwärtigen Teil des Darius-Palastes führt der Weg zum Ausgang der Grabungsstätte zurück. Mitten in der Ortschaft Shush zeichnet sich das zuckerhutförmige Spitzdach des Danielsgrabs ab. Der Weg dorthin führt nach links in Richtung der Hauptstraße. Wie in Khuzestan üblich, sind die Geschäfte zu beiden Seiten wegen der Hitze von Arkaden gesäumt.

Nach etwa 80 m taucht zur Rechten der Eingang zum Hof des Heiligtums auf. Hier wird das Grab des **alttestamentarischen Propheten Daniel** verehrt. Ein Zusammenhang zwischen dem alten Susa zur Achämeniden-Zeit und der jüdischen Gemeinschaft ist erwiesen, wie man z.B. durch das Buch Esther des Alten Testaments weiß. Ob es tatsächlich die Grabstelle des Daniel ist, kann man dagegen nicht genau sagen. Den Muslimen ist das egal, das Heiligtum ist im ganzen Lande bekannt. Wenn man einem Iraner sagt, man sei in Shush gewesen, wird er gleich annehmen, man meine „Shush-e Danial", die Stadt des Daniel!

Im Zentrum des Hofes, dessen Fliesenfassaden kürzlich renoviert wurden, steht ein großer Brunnen. Die Gläubigen hier sind an Ausländer gewöhnt und begegnen einem in der Regel freundlich und interessiert. In letzter Zeit war sogar die Vorschrift für Frauen, den Chador anzulegen, für Ausländerinnen nicht mehr verbindlich! In jedem Fall werden diese Kleidungsstücke am Eingang bereit gehalten.

Die für Iran recht ungewöhnliche Form der **Kuppel** hat ihr Vorbild in schiitischen Grabbauten im benachbarten Zweistromland, wo sie zahlreich vertreten sind. Die hoch aufstrebende Spitze mit den ineinander verschachtelten Rundungen macht das Bauwerk besonders markant. Die Innenkuppel unterscheidet sich nicht von sonst bei Heiligengräbern üblichen. Sie ist wie auch die Wände mit weißen und farbigen Spiegeln ausgekleidet, die eine Fülle von Licht erzeugen und nach Ansicht der Gläubigen eine besonders heilige Atmosphäre schaffen. Der Grabbau im Zentrum trägt wie üblich einen mit Silber ziselierten, vergitterten Aufbau, unter dem der Scheinsarg liegt. Durch Schlitze werden Geldscheine ins Innere geschoben; die Bereiche für Männer und Frauen sind durch eine Wand voneinander abgetrennt.

Unterkunft, Essen und Trinken

- Nach der Besichtigung kann das Gelände auch über den rückwärtigen Eingang verlassen werden, von dem eine Treppe zum Fluss Shaur hinunterführt, der schon das Wasser für die Bewohner des antiken Susa spendete. Heute überspannt ihn unweit des Danielsgrabs eine Brücke, die zu dem vor wenigen Jahren eröffneten **Restaurant Apadana** mit **Hotel** € (Tel. 0642522-3131, Fax 5050, DZ 20 US$) führt. Ein Grund zum Übernachten besteht in Susa meist nicht, das Essen ist aber gut. Wenn man Glück hat, bekommt man *khoresht-e bamiye,* in Fleischsoße gedünstete Okraschoten, ein Gericht, das nur in Khuzestan bekannt ist.
- Ein weiteres akzeptables Restaurant ist **Ghazakhoriye Nasser** an der Hauptstraße, direkt an der Zufahrt nach Shush.

Chogha Zanbil

Zum Besuch von Chogha Zanbil fährt man von Shush in Richtung Ahvaz zurück und biegt nach ca. 15 km nach Osten ab, wo ein Schild die Richtung anzeigt. Nach der Überquerung des Bahndamms passiert man ein Wachhäuschen, wo jedoch nicht kontrolliert wird. Hier rechts abbiegen, geradeaus geht es auf Nebenstraßen in Richtung Shushtar.

Links und rechts der Straße zeichnen sich zahlreiche Lößhügel ab und man bekommt das Gefühl, unter fast jedem von Ihnen könnten noch Altertümer verborgen sein. Wenige Kilometer hinter einer Straßensiedlung zur Rechten zweigt der Weg rechts ab, an der Zufahrt gibt es ein Tor, das in der Regel geöffnet ist. Hier schneidet sich die Straße durch den Löß hindurch, der vor etwa 3300 Jahren die Umwallung des heute Chogha Zanbil genannten Ortes war.

Stufentempel

Nach einigen Kehren öffnet sich der Blick auf den riesigen Stufentempel, die **Ziggurat,** Kernstück der Anlage der alten **Königsstadt Dur Untash,** die um 1250 v. Chr. von dem elamischen Herrscher *Untash Napirisha* unweit des Flusses Dez gegründet worden war. Dieser Bautyp ist ansonsten in Mesopotamien zu Hause – das bekannteste Beispiel ist der **Turm zu Babel** – aber dort sind die Anlagen längst nicht so gut erhalten. Der Stufentempel von Chogha Zanbil war annähernd drei Jahrtausende von Schutt und Staub bedeckt und wurde erst bei Erkundungsflügen zur Erdölsuche in den 30er Jahren des 20. Jh. entdeckt. Ausgegraben wurde die Stadt teilweise von dem bekannten französischen Archäologen *Roman Ghirshman* zwischen 1951 und 1962.

Die gesamte Stadtanlage umfasste ca. 100 Hektar und war von einer vier Kilometer langen Mauer umgeben. Das **„Königliche Viertel"** befand sich etwa 450 m östlich der Ziggurat, Reste von drei großen Gebäuden mit von Hallen umgebenen Innenhöfen wurden freigelegt. Darunter liegt der von den Archäologen so genannte **„Begräbnispalast",** fünf unterirdische Grabkammern mit eindrucksvollen gemauerten Gewölben, die sogar größer als jene in Haft Tappeh sind. Gemauerte Treppen führen in die absolute Dunkelheit hinunter, wo einem ein beißender Geruch entgegenschlägt, weil die Gräber lange Zeit als Schafställe benutzt wurden.

Das Zentrum der Stadt bildete der **heilige Bezirk,** von insgesamt drei Mauern umgeben, mit der Ziggurat in der Mitte. Er war über sieben Tore zu erreichen und enthielt außer mehreren Tempelanlagen weitere Baulichkeiten, u.a. wurden hier Brennöfen zur Herstellung von gebrannten Ziegeln gefunden, aus denen die Außenmauern des Stufentempels errichtet sind. Dieser bildet ein Quadrat von 105 m Seitenlänge und **vier Stufen,** von denen zwei noch vollständig erhalten sind. Die vierte, ein den Göttern Inshushinak und Napirisha geweihter Hochtempel, ragte gut 52 m empor, exakt die halbe Seitenlänge des Grundrisses! Von der obersten Plattform erhob sich nach dem Glauben der Elamer Inshushinak jeden Abend gen Himmel.

An jeder der vier Seiten befindet sich ein **Aufgang mit gemauertem Ziegelgewölbe,** von denen aber nur einer zur Spitze der Ziggurat führte. Über die anderen erreichte man das Innere des Tempels mit seinem Gewirr von **Gräbern, Tunneln und Kammern.** Heute sind alle Aufgänge gesperrt, um ein weiteres Verfallen des Bauwerks zu verhindern. Es empfiehlt sich ein Fernglas oder starkes Teleob-

jektiv, um die zahlreichen **Inschriftensteine** gut erkennen zu können, die in regelmäßigen Abständen in die Außenmauern eingelassen sind. Über 6000 solcher gebrannten Inschriften-Ziegel mit überwiegend religiösem Inhalt hat man bisher in der Anlage gefunden. Den Aufgängen vorgelagert sind an drei Seiten Rampen, an der Nordwestseite wurde eine rundgemauerte Plattform renoviert, die wohl als Altartisch für Tieropfer gedient hatte.

Ziegelstein mit elamischen Inschriften in Chogha Zanbil

Außerhalb der Stadtmauern

Nordwestlich der Ziggurat in Richtung Flussufer sind außerhalb der Stadtmauer Reste des alten, äußerst kunstvollen **Wasserversorgungssystems** erhalten, z.B. Reservoirs aus gebrannten Ziegeln und Bitumen. Das Wasser zur Versorgung der Stadt wurde über Rohrleitungen vom Fluss Dez herangeführt. Obwohl man in der Umgebung der Stadt Keramik noch aus islamischer Zeit gefunden hat, ist davon auszugehen, dass Dur Untash bald nach dem Tode von König Untash-Napirisha aufgegeben wurde und verfiel.

Weit von jeder menschlichen Siedlung entfernt gelegen, hat die Anlage besonders abends ihren Reiz, wenn sie künstlich beleuchtet wird. Reisende mit Wohnmobil können, die Einwilligung der Aufseher vorausgesetzt, ihr Fahrzeug über Nacht neben deren Unterkunft abstellen und diesen einmaligen Anblick genießen.

Andimeshk und Dezful

↗ XIV/B1

In der Sasaniden-Zeit waren Shushtar und Dezful die Hauptorte der wegen ihres Wasserreichtums ungemein fruchtbaren **Ebene von Susiana.** Schon in der Antike wurden hier neben Getreide Baumwolle, Oliven, Zitrusfrüchte, Datteln und Reis angebaut. Einige sasanidische Herrscher ließen ein weit verzweigtes System von Wasserbauten, Staudämmen und Kanälen errichten, von denen einige bis in die Neuzeit in Betrieb waren und erst in der zweiten Hälfte des 20. Jh. durch gewaltige Staudämme abgelöst wurden, die heute für den landwirtschaftlichen Reichtum der Gegend sorgen.

Mit der arabischen Eroberung verfielen die alten Anlagen immer mehr und ein Jahrhunderte langes Siechtum trat ein, noch verschärft durch immer wiederkehrende, planmäßige Einfälle der Loren und Bakhtiyaris aus dem Zagros.

Reisende vom Beginn des 20. Jh. bezeichnen die alten Städte als armselige Ruinenstädte. Für einen Aufschwung sorgten erst die **Erdölfunde** in der Gegend und ab 1936 der Anschluss an die Eisenbahnlinie von Teheran nach Khorramshahr. Die Bahnstation wurde in **Andimeshk** errichtet, was zu einem starken Aufschwung dieses ehemals kleinen Ortes geführt hat. Obwohl die heute 100.000 Einwohner zählende Stadt nichts Besonderes zu bieten hat, eignet sie sich wegen der Unterkünfte und der günstigen Verkehrsverbindungen am besten als **Ausgangspunkt zum Besuch der Sehenswürdigkeiten** im nördlichen Teil der Provinz Khuzestan.

In Andimeshk und Umgebung leben viele **Loren,** die ursprünglich als Nomaden in den Bergen des Zagros beheimatet waren. Durch den großen **Staudamm** am Fluss Dez, etwa 25 km nördlich der Stadt, wurde seit 1963 viel neues Siedlungsland gewonnen und viele der Loren sind sesshaft geworden. Andere ziehen nach wie vor von Frühling bis Herbst mit ihren Viehherden durch die Berge; in den Wintermonaten sieht man ihre Zelte in der Umgebung der Stadt. Ältere Männer tragen noch die klassische Tracht der Loren: eine schwarze Filzkappe ohne Krempe, weit geschwungene, rockartige schwarze Hosen sowie aus heller Schafswolle gewebte, ärmellose Jacken.

Das alte **Dezful** liegt nahe Andimeshk an einem Steilufer über dem Dez, wo dieser in die Schwemmland-Ebene übergeht. Der Name „Brückenfestung" deutet darauf hin, dass hier seit alters her ein befestigter Flussübergang bestand. In den weichen Sandsteinfelsen am Ufer sind Höhlen *(sardab)* zu sehen, in denen die Bewohner früher Schutz vor der unerträglichen Sommerhitze suchten.

Die alte **Sasaniden-Brücke,** erbaut von römischen Kriegsgefangenen nach der Schlacht von Edessa 260 n. Chr., liegt neben der modernen heutigen Brücke und überspannt den Fluss auf einer Länge von 120 m mit 22 Bögen. Die Fundamente im Fluss sowie die Pfeiler sind sasanidisch, während die Bögen und die Trasse in späterer Zeit ausgebessert wurden. Zwischen den Pfeilern gab es Staumöglichkeiten, durch die oberhalb der Brücke Gärten bewässert wurden.

Das Stadtzentrum von Dezful wurde während des Krieges durch irakische Bomben und Granaten stark zerstört, ist mittlerweile jedoch wieder aufgebaut worden. Hier findet man noch eine Reihe alter **Wassermühlen,** die von der meist starken Strömung des Flusses angetrieben wurden.

Als ältestes Bauwerk der Stadt gilt die **Freitagsmoschee** im Zentrum, die vermutlich bis ins 9. Jh. zurückgeht. Zu ihren ursprünglichen Teilen zählen die Gebetshalle mit ihren steinernen Säulen. Der Ost-Iwan wurde während des 17. Jh. nach dem Vorbild des berühmten Ivan-e Karkheh gebaut, einem sasanidischen Palastbau aus dem 3. Jh., von dem noch Reste am Ufer des Flusses Karkheh, ca. 20 km westlich von Dezful, vorhanden sind.

Unterkunft

- In Andimeshk am Meydan-e Imam Khomeini findet sich das einfache **Hotel Eqbal** €, Tel. 064242-26622.
- Das neue **Grand Hotel** €€ (Hotel Bozorg) liegt am Meydan-e Azadegan im Norden von Andimeshk, EZ 25 US$, DZ 35 US$, Tel. 064242-21000, Fax 29295.
- Als Unterkunftsmöglichkeit in Dezful gibt es nur das kleine **Dezful Guest House** €, Kh. 15 Khordad, Tel. 0641-61100.

Verkehrsverbindungen

- Von Andimeshk verkehren täglich **Züge** nach Teheran und Ahvaz, die am etwa 150 m westlich des Meydan-e Imam Khomeini gelegenen Bahnhof ankommen.
- **Busse und Minibusse** verkehren von der Hauptstraße in Andimeshk, der Kh. Imam Khomeini, z.B. nach Susa (Shush, ca. 30 km), Dezful (12 km) und Shushtar (65 km) oder nach Ahvaz (180 km).

Shushtar

XIV/B1

Auf der Fahrt von Dezful in Richtung Süden nach Shushtar passiert man ca. 14 km westlich der Straße bei dem Dorf Eslamabad die Reste des in der Sasaniden-Zeit vor allem wegen seiner von Christen gegründeten medizinischen Fakultät berühmten **Gondeshahpur.** Der Ort ist leicht erkennbar an dem Zuckerhutdach des Imamzadeh Ya'qub Ibn Layth. Nur ein paar Steinhaufen sind von der früheren Hauptstadt Khuzestans übrig geblieben, die den Besuch kaum lohnen.

Weitere 10 km Richtung Südwesten führt eine Straße zu der ebenfalls nur für archäologisch Interessierte in Betracht kommenden Ausgrabungsstätte von **Chogha Mish.** Unter dem ca. 25 m hohen Siedlungshügel liegen die Überreste einer in der frühen elamischen Zeit bedeutenden Siedlung, die mindestens auf den Beginn des 4. Jtsd. v. Chr. zurückgeht.

121 Foto: hn

Ehemalige Wassermühlen in Shushtar

Nachfolgerin von Gondeshahpur wurde Shushtar, ca. 65 km südlich von Dezful am Ufer des Karun gelegen. Der Ort ist berühmt für den Valerians-Damm und seine von einem weit verzweigten Kanalsystem gespeisten Wassermühlen. Der Sad-e Valerian liegt direkt neben der modernen Straßenbrücke an der Stadteinfahrt von Norden aus Richtung Dezful. Es ist das größte einer ganzen Reihe von Wasserbauwerken, bestehend aus Dämmen, Brücken und Kanälen. Sie gehen zurück auf die Zeit *Shahpurs I.*, der nach der siegreichen Schlacht von Edessa 260 n. Chr. Zehntausende römischer Kriegsgefangener hier ansiedelte und zu umfangreichen Bauarbeiten einsetzte. Dadurch wurde Shushtar Jahrhunderte lang zur wichtigsten Stadt Khuzestans nach Susa. In dem Maße, wie die Wasserbauten zerfielen, ging die Bedeutung der Stadt zurück. Zu Beginn des 20. Jh. wurde sie von Ahvaz als Provinzhauptstadt abgelöst.

Valerians-Damm

Der Brückendamm ist aus Richtung Dezful kommend von weitem zu sehen. Der auch *band-e qaisar,* „Kaiserdamm", genannte Damm erhielt seinen Namen nach dem von Shahpur geschlagenen **römischen Kaiser Valerian.** Ursprünglich etwa 550 m lang, konnte mit ihm das Wasser um zwei Meter und mehr angehoben und über Kanäle zur **Bewässerung der Felder** abgeleitet werden. Heute sind noch 28 seiner Bögen auf dem linken und acht auf dem rechten Ufer zu sehen.

Von der Straßenbrücke führt ein Weg hinunter zum Fluss, wo man die Reste des aus behauenen Steinblöcken und Zement errichteten Bauwerks in Augenschein nehmen kann. Es überspannte den Fluss nicht gerade, sondern in einem Bogen, wodurch die aus seinem Ufer hervorragenden Riffe als feste Fundamente mit in das Bauwerk einbezogen werden konnten. Um stromaufwärts Unterspülungen des Flussbettes zu verhindern, war dieses ursprünglich mit durch Eisenklammern verbundenen Steinplatten ausgekleidet.

Reste der alten Burg von Shushtar sind auf dem Steilufer über dem Karun noch zu erkennen, hinter dem Valerians-Damm sickert der Fluss dann durch eine Reihe natürlicher und künstlicher Kanäle durch den weichen Sandstein. Durch den Höhenunterschied entwickelt es enorme Kraft, die in früheren Zeiten zur Energiegewinnung für verschiedene **Wassermühlen** genutzt wurde.

An der rechten Seite der Brücke in der Stadtmitte, **Do Pol** genannt, führen Treppenstufen hinunter zu der Stelle, wo man die Gischt durch die Felsöffnungen spritzen sieht. Hier ist es in den heißen Monaten angenehm kühl. Ein Teil der alten Anlagen ist restauriert worden, der steile Hang am Flussufer wurde befestigt und eine kleine Promenade angelegt. Von hier aus führt der Weg nicht weiter; man muss über die Treppe zurück und kann in dem kleinen Laden rechts der Treppe einheimisches Kunsthandwerk und Webarbeiten erstehen.

Freitagsmoschee

Vom Damm aus sind es nur fünf Minuten zum Zentrum von Shushtar, wo hinter dem Bazar das älteste Bauwerk der Stadt, die Freitagsmoschee, liegt. Mit ihrem Bau wurde ähnlich wie bei der Anlage in Dezful im 9. Jh. begonnen. Vom Grundriss her folgt sie dem Prinzip der arabischen **Säulenhallenmoschee.** Der Gebetsraum wird durch sechs Reihen von achteckigen Steinsäulen gebildet, die von Rundbögen überspannt werden. Das Bauwerk wurde vielfach erweitert und umgebaut, so etwa der sehenswerte hölzerne Minbar aus dem Jahre 1053 sowie der Mehrab mit Stuckdekorationen aus dem 17. Jh.

Felsreliefs bei Masjed Soleyman und Izeh ↗ XIV-XV/B-C1

Neben den zahlreichen prähistorischen Siedlungshügeln im Tiefland von Khuzestan findet sich im Nordosten der Provinz an den **Hängen des Zagros** eine Reihe berühmter Felsreliefs, die

1221 Foto: hn

allerdings weit verstreut und teilweise äußerst schwer zu erreichen sind. Sie alle zu beschreiben würde den Rahmen dieses Buches sprengen, die wichtigsten sollen hier aber kurz erwähnt werden. Ausgangspunkt für deren Besichtigung ist Masjed Soleyman, die Wiege der iranischen Erdölindustrie, ca. 60 km südöstlich von Shushtar gelegen. Sämtliche genannten Stätten ziehen in erster Linie archäologisch Interessierte an, sie sind jedoch alle landschaftlich sehr reizvoll gelegen.

Etwa 35 km nördlich von Masjed Soleyman in Richtung des großen Karun-Staudamms liegt in einem lieblichen Tal am Fuße des Zagros die parthische Terrasse von **Bard-e Neshandeh** mit den eindrucksvollen Resten eines großen Tempels.

In der Nähe von Masjed Soleyman an der Straße zum Flughafen liegt die berühmte Terrasse **Sar-e Masjed** mit Resten von Bauten aus der achämenidischen, hellenistischen und parthischen Epoche.

Von Masjed Soleyman sind es nur ca. 50 km Luftlinie bis **Izeh** mit den bedeutenden parthischen und elamischen Fundorten in seiner Umgebung. Die Straße führt jedoch erst nach Südosten bis Bagh Malek und von dort aus in nördlicher Richtung nach Izeh. Der Ort wird auch von Bussen angefahren, die zwischen Ahvaz und Isfahan oder Shahr-e Kord verkehren.

Etwa 50 km nordwestlich von Izeh liegt die Terrasse von **Shami,** die vermutlich auf die Elamer zurückgeht und wo in seleukidischer oder parthischer Zeit ein Heiligtum angelegt wurde. Die lebensgroße Bronzefigur eines elymäischen Fürsten im Teheraner Museum stammt vermutlich von dort.

Näher bei Izeh und von dort aus leicht zu erreichen ist die **Grotte von Shekaft-e Salman** mit vier sehenswerten elamischen Felsreliefs aus dem 8. Jh. v. Chr. Etwa 8 km nordöstlich der Stadt befindet sich bei dem Dorf **Kul-e Farah** eine Reihe weiterer elamischer Reliefs. Etwa 6 km nördlich von hier in der Schlucht **Tang-e Nowrouzi** existiert ein noch älteres Felsbild vom Beginn des 2. Jtsd. v. Chr. und ein weiteres aus parthischer Zeit. Erwähnt seien schließlich noch die elymäischen Reliefs von **Tang-e Sarvak,** etwa 55 km nordwestlich von Behbehan, die aufgrund ihrer Inschriften etwa in die Zeit zwischen 75 n. Chr. und dem Beginn des 3. Jh. datiert werden.

Elamisches Relief in Kul-e Farah bei Izeh

Abadan und Khorramshahr

↗ XIV/B2

„Von allen iranischen Provinzen ist Khuzestan wohl am leichtesten zu erreichen. Man kann mit dem Flugzeug auf dem internationalen Flughafen von Abadan ankommen; man kann auf Frachtschiffen, die auch Passagiere mitnehmen, aus Europa oder Indien anreisen. Man kann auch mit der Eisenbahn bis zum Seehafen Khorramshahr bei Abadan fahren." So hieß es in einem 1980 erschienenen archäologischen Führer über Iran. Heute hat sich das grundlegend geändert. Die beiden Nachbarstädte wurden 1980 **von irakischen Truppen erobert** und nach einer Zeit der Besetzung wieder von iranischen Truppen befreit. Bei den Kampfhandlungen sind sie **fast völlig zerstört** und auch heute noch nicht wieder vollständig aufgebaut worden.

Khorramshahr, einst der wichtigste iranische Seehafen, liegt an der Mündung des Karun in den **Shatt al-Arab** oder Arvand Rud, wie die Iraner den **Zusammenfluss von Euphrat und Tigris** nennen, der hier die iranisch-irakische Grenze bildet. Aufgrund dieser Lage war sie in allen Epochen eine bedeutende Hafenstadt: Schon *Alexander der Große* gründete nördlich der heutigen Stadt einen Hafen mit dem Namen Alexandria, in hellenistischer Zeit verschifften Händler aus Palmyra von hier aus Waren nach China. Anschließend wurde sie vom Sasaniden *Ardeshir* erobert, und schließlich befand sich hier unter den Abbasiden der wichtige Hafen Mohammareh.

Sehenswerte Gebäude sind aus keiner Epoche übrig geblieben, vermutlich wären sie auch, wie der Rest der Stadt, im Krieg gegen den Irak zerstört worden. Ein Teil der **Hafenanlagen,** nur gut 20 km vom irakischen Basra entfernt, wurde wieder aufgebaut. Heute versucht man durch besonders günstige Frachtprämien für Schiffsladungen nach Khorramabad die Wirtschaft wieder anzukurbeln, durch seine von großen Schiffen kaum zu nutzende Lage am Shatt al-Arab wird der Hafen seine alte Bedeutung aber kaum wieder gewinnen.

Der 15 km nordwestlich der Stadt gelegene **iranisch-irakische Grenzübergang** von Shalamcheh wurde erst im Jahre 2002 wieder eröffnet und nach der Eroberung Iraks im Frühjahr 2003 wieder geschlossen.

Auch Abadan war noch zur Abbasiden-Zeit ein wichtiger Hafen, im 13. Jh. jedoch lag es durch den Schwemmsand des Shatt al-Arab bereits 5 km landeinwärts. In der Zeit der Osmanen verlor Abadan jegliche Bedeutung und war zu Beginn des 20. Jh. ein verschlafenes Fischerdorf. In den folgenden Jahrzehnten wurde der Ort jedoch zum wichtigsten iranischen **Ölhafen** mit der größten Erdölraffinerie der Welt. Durch die Industrialisierung und die Anwesenheit zahlreicher ausländischer Ölfachleute galt Abadan als besonders modern und bildete quasi Irans „Tor zur Welt". Räumlich streng voneinander getrennt, wurden gehobene Wohnviertel mit schmucken Bungalows in Gartenanlagen und triste Betonsiedlungen für die Ölarbeiter angelegt. Durch den Krieg gegen den Irak jedoch hat sich auch Abadan entvölkert, nichts ist geblieben, was die Aufmerksamkeit des Touristen erregen könnte.

Unterkunft

- **Azadi** €€, in der Nähe des Flughafens von Abadan, Tel. 0631-300609, Fax 300608, DZ 40 US$.
- Das beste Haus am Platz, ebenfalls in Flughafennähe gelegen, heißt **Caravansara** €€€, weil es wie eine Karawanserei gebaut ist. Es hat deutlich höhere Preise: 50 US$ für EZ und 71 US$ für DZ, Tel. 0631-340029, Fax 0631-32107.
- **Hotel Sabz** € in Khorramshahr, zentral gelegen, Tel. 0632-43501/4, DZ 20 US$.

Verkehrsverbindungen

- Khorramshahr ist von Ahvaz aus mit **Minibussen und Bussen** zu erreichen, sein **Bahnhof** bildet die Endstation für den täglich aus Teheran verkehrenden Nachtzug.
- Abadan erreicht man auf dem **Luftweg** von Teheran oder Isfahan oder per **Bus und Minibus** aus Ahvaz.

Die Zagros-Provinzen

Die Provinz Ilam

Ilam, die westliche Grenzprovinz Irans, leitet seinen Namen ab vom alten **Reich Elam,** bildet aber geographisch gesehen den westlichen Teil von Lorestan, auch *Posht-e Kuh* („hinter dem Berg") genannt. Dieser Name bedeutet nichts anderes als „Winterweide", im Gegensatz zu *Pish-e Kuh* („vor dem Berg"), womit die Sommerweiden in den Gebirgstälern zwischen dem Fluss Saimareh und Khorramabad im Osten gemeint sind. Die lieblichen Hügel Ilams schaffen den Übergang zwischen Mesopotamien und dem Zagros-Gebirge, hier herrscht überwiegend Höhenklima.

Lange Zeit war die ethnische Herkunft der in diesem Gebiet überwiegenden Volksgruppe der **Loren,** die sich ihrerseits in mehrere Stämme untergliedert, ungeklärt. Heute wird davon ausgegangen, dass es sich um Nachkommen der hier ursprünglich ansässigen elamischen Bevölkerung handelt, die aber im Laufe der Zeit eine vom Altpersischen abstammende Sprache übernommen haben. Weit von den Zentren des Hochlands entfernt in abgelegenen, unzugänglichen Gebirgsgegenden spielten sie über Jahrhunderte eine Sonderrolle unter den wechselnden Dynastien.

Nach der islamischen Eroberung wurde Ilam vom irakischen Kufa aus regiert, verschiedene abbasidische Kalifen kamen wegen des kühleren Klimas gern im Sommer aus Bagdad hierher. Unter den Mongolen wurde das Gebiet aufgeteilt und bis zum 17. Jh.

123i Foto: hn

Hirte in den Bakhtiyari-Bergen

von den so genannten Loren-Atabeken weitgehend unabhängig von der Zentralmacht regiert. Gefürchtet waren Überfälle der meist nomadischen Loren auf die Händler- und Pilgerkarawanen, die vom iranischen Hochland nach Mesopotamien zogen. 1898 waren die französischen Ausgräber von Susa (⇨Provinz Khuzestan) sogar gezwungen, sich zum Schutz vor deren Angriffen eine mächtige Burg direkt neben dem Ausgrabungsgelände zu errichten. Erst unter *Reza Shah* wurde in den 30er Jahren des 20. Jh. die Macht der lorischen Stammeshäuptlinge gebrochen, u.a. durch neue Verkehrsverbindungen wie die Eisenbahnlinie von Teheran zum Shatt al-Arab und die Fernstraße von Kermanshah nach Ahvaz.

Stadt Ilam

↗VIII/A2

Ilam hat während des iranisch-irakischen Kriegs schwer gelitten und hat auch heute noch eine nach iranischen Maßstäben schwach entwickelte Infrastruktur. Die gleichnamige Hauptstadt, früher *Deh Bala* genannt, zählt etwa 125.000 Einwohner und war früher Sitz der Valis, der Häuptlinge der Loren. Einer ihrer Paläste, aus Ziegeln gemauert, wurde restauriert und kann besichtigt werden.

Unterkunft

- Die am besten für Touristen geeignete Unterkunft ist das **Tourist Inn** €€ am Bolvar-e Jenoubi im Süden der Stadt, Tel. 08495-2470, DZ 30 US$.
- Preiswerter und deutlich einfacher ist das **Hotel Ferdowsi** € in der gleichnamigen Straße.

Verkehrsverbindungen

- Der kleine **Flughafen** der Stadt wird zweimal wöchentlich von Aseman Air aus Teheran angeflogen.
- Per **Bus** ist Ilam am besten von Kermanshah oder Khorramabad aus zu erreichen.

Umgebung von Ilam

In der Umgebung von Ilam gibt es einige Altertümer, z.B. ein **assyrisches Felsrelief** aus dem 7. Jh. v. Chr. bei **Shekaft-e Gulgul,** das möglicherweise König *Asarhaddon* darstellt. Leider ist die Keilschrift auf dem ca. 1,30 x 0,80 m großen Relief so stark verwittert, dass eine Identifizierung unmöglich ist.

In der Nähe des Städtchens **Chavar,** 25 km nordwestlich von Ilam an der Hauptstraße nach Islamabad Gharbi gelegen, fanden belgische Archäologen in den 70er Jahren des 20. Jh. ausgedehnte **Gräberfelder.** Weitere, bis ins 3. Jtsd. v. Chr. zurückreichende Grabanlagen in der Nähe des Ortes belegen, dass dieses Gebiet schon in sehr früher Zeit relativ hoch entwickelt war.

Die Provinz Lorestan

Die Provinz Lorestan mit der Hauptstadt Khorramabad, die im Osten an Ilam anschließt, liegt zwischen 500 m Höhe im Südwesten und über 4000 m Höhe im Osten, im Zagros-Gebiet beim Berg Oshtoran Kuh. Sie muss schon in vorgeschichtlicher Zeit dicht besiedelt gewesen sein, wofür die große Anzahl der von Archäologen entdeckten Siedlungshügel, z.B. Tepe Baba Jan bei Nurabad oder Gandj Dareh bei Harsin, Zeugnis ablegen. Von hier stammt auch ein großer Teil der unter dem Namen **„Lorestan-Bronzen"** bekannt gewordenen Bronze-Werkzeuge und Figurinen, die meist in den 30er Jahren des 20. Jh. von Raubgräbern gefunden wurden und heute in der ganzen Welt zerstreut sind.

In Lorestan wird überwiegend Landwirtschaft betrieben, die nomadische Lebensweise spielt noch immer eine wichtige Rolle. Hier und da kann man große **Nomadenverbände** sehen, die im April die Berge hinauf- und Ende September wieder hinunterwandern. Romantik steht dabei nicht im Vordergrund: Oft wird das ganze Hab und Gut einer Familie auf einen LKW geladen und zu den Winter- bzw. Sommerlagern gefahren.

Khorramabad

↗ VIII/B3

Hauptstadt der Provinz Lorestan ist Khorramabad, von wo aus von 1155 bis 1600 die Fürsten der Loren das Gebiet beherrschten, bis *Shah Abbas* den letzten von ihnen köpfte und an seiner Stelle einen Statthalter (Vali) einsetzte.

Hauptsehenswürdigkeit der früher *Dez-e Siah* (schwarze Festung) genannten Stadt ist noch heute die alte **Festung,** hoch oben auf einem Steilfelsen gelegen und auf den Überresten einer sasanidischen Anlage erbaut. Ihre mächtigen, aus Hausteinen und Lehmziegeln erbauten, über 20 m hohen Mauern galten lange Zeit als uneinnehmbar. Ein noch heute existierender Brunnen mehr als 40 m unter der Burg sichert die Versorgung. Die um zwei Höfe gruppierten Räume sind großteils renoviert worden. Neben einem Teehaus wurde auch ein **Museum** eingerichtet, wo eine besonders schöne Kollektion von Lorestan-Bronzen gezeigt wird (8–12 und 14–17 Uhr, Eintritt 200 Tuman).

Der Weg zur Festung, die seit dem 19. Jh. **Falak al-Aflak** genannt wird, führt vom Gästehaus der Stadtverwaltung (nicht zu verwechseln mit dem Tourist Inn!) in einer Nebenstraße der Kh. Alavi rechts den befestigten Weg hinauf.

Auf der anderen Seite des Flusses hinter dem am Hang gelegenen Tourist Inn liegt südlich der Hauptstraße nach Andimeshk ein frei stehender **Turm** aus dem 12. Jh, vollständig aus Ziegeln erbaut und vermutlich früher als Signalturm genutzt. Gegenüber führt eine Gasse zum Fluss hinunter, wo noch fünf Bögen einer **sasanidischen Brücke** in Resten erhalten sind.

Der nicht überdachte **Bazar** mit seinen Läden für Kunsthandwerk, besonders Keramik, Glaswaren und Wasserpfeifen, befindet sich nördlich der Kh. Alavi, fast am Fuße der Festung.

Unterkunft

Die für Touristen zu empfehlenden Hotels liegen entlang der Kh. Shari'ati.

- Das einfache **Hotel Karun** € (Tel. 0661-25408) bietet recht ordentliche Zimmer für 8000 Tuman.
- Das **Tourist Inn** € (Tel. 0661-24044) ist malerisch direkt am Hang gelegen, mit herrlichem Blick auf die Festung. Leider sind die Zimmer ziemlich heruntergekommen und mit 25 US$ eindeutig zu teuer. Das **Restaurant** jedoch ist vor allem wegen seines Ausblicks empfehlenswert.
- Weiter südwestlich liegt am Meydan-e Shaghayegh das **Hotel Shaghayegh** €€ (Tel. 0661-22648), mit Zimmerpreisen von 30 US$ auch keine wirkliche Alternative. Das **Restaurant** ist jedoch nicht schlecht.

Verkehrsverbindungen

- Etwa 3 km südlich der Stadt liegt der **Flughafen,** der zweimal wöchentlich von Iran Air Tours aus Teheran angeflogen wird.
- Khorramabad erreicht man mit dem **Bus** aus Richtung Kermanshah, Andimeshk oder Isfahan. Die Büros der Busgesellschaften liegen alle an der Kh. Shari'ati südlich des Flusses. Ein **Minibusterminal** liegt am südwestlichen Stadtausgang an der Straße nach Andimeshk.

Umgebung von Khorramabad

Pol-e Kashganrud

Eine wesentlich besser erhaltene **Brücke aus der Sasanidenzeit** liegt ca. 55 km westlich von Khorramabad an der Straße nach Kuhdasht. Die Pol-e Kashganrud überspannt den Fluss Kashgan und ist völlig aus Bruchsteinen erbaut. Die moderne Brücke direkt daneben ist architektonisch der alten nachempfunden.

Pol-e Dokhtar ⇗ VIII/B3

Eine weitere bekannte **Brücke** findet sich schließlich bei Pol-e Dokhtar, ca. 100 km südwestlich von Khorramabad an der Straße nach Andimeshk. Ein Bogen der alten, unter *Shahpur I.* erbauten Brücke überspannt noch heute die Straße, westlich des Flusses sind noch acht weitere Bögen des imposanten Bauwerks erhalten.

5 km südlich von hier zweigt eine Straße in westlicher Richtung ab, die über Darreh Shahr nach Ilam führt.

124i Foto: hn

Lorische Nomadin beim Brotbacken

Borujerd

↗ IX/C2

Im Norden der Provinz Lorestan liegt inmitten einer fruchtbaren Hochebene die Stadt Borujerd mit einer interessanten **Freitagsmoschee,** deren ältester Teil mit dem Gebetssaal auf das 12. Jh. zurückgeht. An der Qibla-Wand ist eine kufische Inschrift aus Stuck und Ziegeln angebracht. Die anderen Teile der Moschee wurden später angebaut bzw. renoviert.

Die **Schah-Moschee** aus dem 19. Jh. mit einem von Fliesen geschmückten Eingangsportal und dem klassischen Innenhof mit vier ihn umgebenden Iwanen liegt in der Nähe der Freitagsmoschee. Ebenfalls in der Nähe befindet sich das **Imamzadeh Ja'afar,** das mit seinem Zuckerhutdach an das Danielsgrab in Susa erinnert.

Unterkunft

- Seit einigen Jahren hat Borujerd ein Touristenhotel, das **Hotel Bozorg Zagros** €€€, auf einem Hügel über der Stadt gelegen. Wer nicht zur Übernachtung nach Hamadan oder Khorramabad weiterfahren möchte, ist hier gut, aber nicht besonders preiswert aufgehoben. Tel. 0662-3504901/7, Fax 3530040, DZ 95 US$.

Die Provinz Chahar Mahale-ya Bakhtiyari ↗XV/C1

Das Gebiet des Zentralen Zagros zwischen Isfahan und dem Tiefland von Khuzestan ist im Wesentlichen **Nomadenterritorium** und wird vorwiegend von der Stammesgruppe der Bakhtiyari besiedelt. Sie stammen ethnisch von den Loren ab, ihre Sprache ist mit dem Lorischen verwandt. Traditionell nutzen sie die Hochweiden des Gebirges im Sommer und die Gebiete am südwestlichen Zagros-Abhang sowie in Khuzestan als Winterweide. Seit den 20er Jahren des 20. Jh. werden sie verstärkt angesiedelt.

Mit einer Fläche von 16.532 m² bildet die Provinz Chahar Mahale-ya Bakhtiyari quasi das **Herz des Zagros-Gebiets.** Die schroff abfallenden Gebirgstäler verlaufen in zahlreichen Faltungen von Nordwest nach Südost. Nur wenige Straßen erschließen das Gebiet, das überwiegend oberhalb von 2000 m gelegen ist, etliche Gipfel ragen über 4000 m hinaus. Im Gebiet des Zard Kuh (4548 m) im Westen der Provinz entspringen der Karun, der nach Süden fließt und seine Wasser in den Golf ergießt, und der Zayandeh Rud, der in östlicher Richtung fließt. Seine Wasser versickern in einem Endsee auf dem Hochland, nachdem sie vorher ihren Segen der großen Flussoase von Isfahan gespendet haben.

Die etwa 800.000 Einwohner der erst 1973 gegründeten Provinz verteilen sich zu gleichen Teilen auf Dörfer und die wenigen Städte wie **Shahr-e Kord, Lordegan** oder **Borujen.** Hauptstadt der Provinz ist Shahr-e Kord („Kurdenstadt", früher *Deh-e Kord,* Kurdendorf) ganz im Osten. Die abgelegene und unzugängliche Lage hat im Laufe der Geschichte nur wenige dauerhafte Siedlungen mit Baudenkmälern hinterlassen.

Dafür kommen hier **Wanderer, Kletterer und Skifahrer** auf ihre Kosten: Allein 16 Gipfel sind höher als 3500 m. Beliebte **Trekkinggebiete** finden sich bei Chelgerd am Nordabhang des Zard Kuh, wo man im Winter auch Ski fahren kann. In dem auch als **Kuhrang** bekannten Gebiet entspringen mehrere Quellen, darunter eine Mineralquelle bei dem Dorf Dimeh. Auch die ergiebige Quelle des Zayandeh Rud entspringt im Kuhrang-Gebiet. 1953 wurde ein Tunnel gebaut, um die zahlreichen Quellen des wasserreichen Gebiets in einem **Stausee** zu sammeln.

Als schönes Trekkinggebiet gilt auch die Gegend rund um den **Chogha-Khor-See,** ca. 50 km nördlich der Stadt Lordegan, wo man bis zum Beginn des Herbstes häufig auf Nomaden treffen kann.

Unterkunft

Unterkünfte kann man nur in einigen Städten finden:

- In Shahr-e Kord das **Hotel Azadi** €€, Kh. Farabi (Tel. 0381-3330020) und das **Tourist Hotel** € in der Kh. Shari'ati (Tel. 0381-

Bakhtiyari beim Tanz auf dem Dorfplatz anlässlich einer Hochzeit

2221077, Fax 2224892); das **Tourist Inn** € in Borujen am Bolv. Mellat (Tel. 0382-4222358, Fax 4222525) und das **Tourist Inn** € in Lordegan, Bolv. Sh. Kalantari (Tel. 0382522-2343).

- Vor einigen Jahren wurde auch ein modernes Hotel, das **Hotel Kuhrang,** in der gleichnamigen Ortschaft (Tel. 0382762-2302) eröffnet.

Reiseagenturen

- Führer für **Trekkingausflüge** sind zu buchen über die einschlägigen Agenturen in Teheran (s. dort).
- Spezialisiert und sehr empfehlenswert ist auch die **Pars Tourist Agency** in Shiraz, Zand Bolv., Tel. 0711-2223163, Fax 2229693, info@key2persia.com.
- Vor Ort ist die **Khatib Seir Agency** in Shahr-e Kord zu empfehlen, Kh. Khajeh Nasir, Tel. 0381-2242130.

Verkehrsverbindungen

- Die touristische Infrastruktur in Chahar Mahal steckt noch in den Anfängen. Den einzigen **Flughafen** der Provinz gibt es in Shahr-e Kord mit zwei wöchentlichen Flügen von Teheran.
- Einfacher kommt man mit dem **Bus** oder **Minibus** aus Isfahan oder Ahvaz hierher.

Die Provinz Buyer Ahmad-o Kuhgiluye

Die Provinz Buyer Ahmad-o Kohgiluye schließt südlich an Chahar Mahale-ya Bakhtiyari an und erstreckt sich bis zum Zagros-Vorland. Hier dominieren ebenfalls **Stämme lorischen Ursprungs** wie die Mammasani und die Buyer Ahmad, die heute zum großen Teil sesshaft geworden sind. An der Hauptstraße von Ahvaz (Provinz Khuzestan) nach Kazerun (Provinz Fars)

125i Foto: hn

Der Westen

126i Foto: hn

passiert man östlich von **Do Gondaban** etliche Dörfer mit heute Landwirtschaft treibenden früheren Nomaden. Wenn ihr Leben auch nicht üppig ist, so ist es doch in vielerlei Hinsicht leichter als das der noch nomadisierenden Teile der Stämme.

Yassuj

⇗ XV/D2

Hauptstadt der Provinz ist Yassuj, am Fuße der Gebirgskette von Dena gelegen, die mehrere Gipfel über 4000 m aufweist, von denen der Dena (Kuh-e Dena) mit 4409 m der höchste ist.

Yassuj selbst hat nichts Besonderes zu bieten, es ist eine typisch iranische „groß gewordene" Kleinstadt, wo es eine Provinzverwaltung und einen Flughafen (3x wöchentlich Flüge von/nach Teheran) gibt. Aber es wäre schade, auf dem Luftweg nach Yassuj zu kommen! Zu schön ist die Umgebung der Stadt, z.B. **Si Sakht,** 35 km nördlich, direkt am Fuße des Berges Dena. In gut 2200 m Höhe gedeiht hier Obst, z.B. köstliche Weintrauben. Von hier aus kann man im Tal Bon Ruh reizvolle Wanderungen unternehmen.

Auch in Buyer Ahmad-o Kohgiluye kommen besonders Naturliebhaber auf ihre Kosten. Eine reizvolle Strecke bietet zum Beispiel ein Ausflug von Yassuj nach **Nurabad** (Provinz Fars): In abenteuerlichen Kurven überwindet die gut ausgebaute Straße zahlreiche Gebirgsketten. Haine von Steineichen, Mandelbäumen und Pistazien verkörpern die typische Zagros-Vegetation. Noch vor 100 Jahren gab es hier teils dichte Wälder, die mittlerweile durch übermäßige Abholzung und Viehverbiss beträchtlich zurückgegangen sind.

Unterkunft

- Unterkünfte gibt es nur in Yassuj. Das erste Haus am Platze ist das **Hotel Azadi** €€ (Tel. 0741-21496) mit 7 EZ zu 45 US$, auf einem Hügel am südlichen Rand der Stadt gelegen. Touristen verirren sich nicht sehr häufig hierher, deshalb fällt der Empfang besonders herzlich aus!
- In der Stadt gibt es noch das **Tourist Inn** €€, ein Beispiel, wie aus einer guten Idee fast das Gegenteil werden kann! Die vor der Revolution auf einem Hügel (Tapeh Tal Deraz, Tel. 0741-2227616, Fax 2222218, DZ 35 US$) errichteten Pavillons mit zentralem Restaurant und Rezeption könnten ganz heimelig sein – wenn sie nicht in den Jahren nach der Erbauung so gelitten hätten.

Nomadenfamilie beim Zug – moderne Version

127i Foto: hn

Isfahan und das Zentrum

128i Foto: hn

Der Meydan-e Imam in Isfahan mit der Imam-Moschee

Grabbau für Arthur Upham Pope und Phyllis Ackermann in Isfahan

Stadt Isfahan

Überblick

↗ X/A3

„Und dann, wie im Theater, wenn der Vorhang aufgeht, treten zwei öde Hügel auseinander; und dahinter enthüllt sich langsam der Garten Eden." (*Pierre Loti*, „Nach Isfahan")

Noch viele heutige Reisende empfinden so wie der französische Orientschwärmer zu Beginn des 20. Jh. Wer nach langer Anreise über das karge und staubige Hochland die in 1575 m Höhe gelegene Oase von Isfahan (auf Persisch „Esfahan" ausgesprochen) erreicht hat, fühlt sich wie im Paradies. „Esfahan – nesf-e jahan" (Isfahan – das ist die halbe Welt), sagen die Einwohner stolz über die Stadt mit den unzähligen **türkisfarbenen Kuppeln** und den herrlichen **Gärten und Palästen** am Fuße des Kuh-e Soffeh.

Die Lebensader der Stadt bildet seit Jahrtausenden der **Zayandeh Rud** („der lebensspendende Fluss"), der westlich der Stadt im Zagros-Gebirge entspringt und die Flussoase speist. Er ist der größte iranische Fluss, der zum Hochland hin abfließt. Ca. 120 km östlich der Stadt mündet er in einem abflusslosen See. Der Fluss erreicht seine volle Breite im Frühjahr, wenn in den Zagros-Bergen der Schnee schmilzt, im Sommer und Herbst geht der Wasserstand zurück. Aber auch seine Kraft ist begrenzt, wie sich zuletzt in der Dürreperiode der Jahre 1999 bis 2001 erwies: In den Sommermonaten war das Flussbett völlig ausgetrocknet, Jugendliche spielten auf dem Grund des Zayandeh Rud Fußball.

Wegen der Höhenlage und der Flussnähe ist es in Isfahan im Sommer zwar heiß, aber nicht drückend. Die Stadt zählt heute mit seinen annähernd 2 Mio. Einwohnern (Großraum) zu den führenden iranischen Großstädten. Der um die Stadt herum aufgebaute **Industriegürtel** mit z.B. dem Stahlwerk von Mobarekeh gehört zu den wichtigsten industriellen Zentren des Landes. Da man die Betriebe aus der Stadt herausgehalten hat, bietet sich dem Besucher noch heute der **Eindruck einer orientalischen Stadt.**

Geschichte

Isfahan ist eine sehr alte Siedlung, deren Ursprünge bis in die Achämeniden-Zeit und davor zurückreichen. Sie wird allerdings erst von dem griechischen Geschichtsschreiber *Strabo* (ca. 20 n. Chr.) erstmals erwähnt. Aus sasanidischen Quellen wissen wir, dass die Stadt am Ende der Parther-Zeit Provinzhauptstadt war. Vermutlich wegen der fruchtbaren Oase diente sie noch zu Zeiten der Sasaniden als Heerlager, was ihr auch den Namen gegeben hat: *Sepah* heißt „Armee", auch im Neupersischen; die Buchstabenfolge A.S.P. ist durch alte Münzen belegt, die hier geprägt wurden.

Schon 643, im Anschluss an die Entscheidungsschlacht zwischen Muslimen und den Sasaniden bei Nahavand, wurde Isfahan von arabischen Truppen in Besitz genommen und blieb auch während der Abbasiden-Epoche einer der Hauptorte Irans. Zu jener Zeit bestand die Stadt aus zwei Teilen: Jey oder Shahristan am Ufer des Zayandeh Rud in Höhe der noch heute bestehenden gleichnamigen Brücke und Jahudiyeh, die Judenstadt, westlich davon. Einer alten Tradition zufolge sollen hier schon im 6. Jh. v. Chr. von *Nebukadnezar* aus Israel verschleppte Juden angesiedelt worden sein. Wahrscheinlicher ist jedoch, dass die Juden sich dort aufgrund der Fürsprache der jüdischen Gattin des sasanidischen Herrschers *Yazdegerd I.* (399–422) niedergelassen haben.

Nach einer Beschreibung aus dem Jahre 903 soll die Stadt zu dieser Zeit einen Durchmesser von 3 km gehabt haben sowie eine Stadtmauer mit vier Toren. Kurz darauf wurde sie von *Mardawij ibn Ziyar,* einem aus Nordiran stammenden Söldnerführer, in Besitz genommen. Unter dessen Nachfolgern, der iranischen Dynastie der Buyiden, war sie eine ihrer Hauptstädte. Zu jener Zeit folgten in kurzen Abständen zahlreiche meist türkischstämmigen Invasoren; fast alle versuchten, auch Isfahan in Besitz zu nehmen.

Einen großen Aufschwung nahm die Stadt nach der Eroberung durch die Seldjuken im Jahre 1051 durch *Toghrul Beg* und dessen Nachfolger. Sie ließen eine Reihe großartiger Bauten anlegen, von denen einige überdauerten. Der Glanz jener Jahre verbindet sich auch mit dem Namen *Nezam ol-Molk,* der drei seldjukischen Herrschern als Großwesir diente. Schon vorher hatte der berühmte Arzt und Wissenschaftler *Ibn Sina* (in Europa als *Avicenna* bekannt), den Ruf Isfahans als Stadt der Wissenschaft begründet.

Auch unter den Mongolen und Turkmenen blieb es einer der Hauptorte des Reiches, auch wenn sich deren Hauptstädte in Azerbeijan befanden. Den Gipfel seiner Pracht und Größe sollte Isfahan während der Epoche der **Safaviden** erreichen. *Shah Abbas I.*, der bedeutendste ihrer Herrscher, ließ 1598 die **Hauptstadt** hierher verlegen, um den ständigen Angriffen der Osmanen auf Nordwestiran zu entgehen. Innerhalb von drei Jahrzenhnten wurde eine prachtvolle Residenzstadt errichtet, die das Zentrum des Reiches war und deren Ruf sich bis ins ferne Europa verbreitete. Zahlreiche Delegationen wurden von europäischen Fürstenhöfen nach Isfahan entsandt, um Bündnisse gegen die türkischen Osmanen zu schließen. Auch die deutschen Reisenden *Adam Olearius* und *Engelbert Kaempfer* haben Berichte über ihre Eindrücke hinterlassen; Olearius weiß von etwa 500.000 Einwohnern.

1605 ließ Abbas ca. 30.000 Armenier aus Jolfa verschleppen, deren Stadt in den Kämpfen gegen die osmanischen Truppen weitgehend zerstört worden war. Sie wurden am südlichen Ufer des Flusses in der neu gegründeten Vorstadt „Neu-Jolfa" angesiedeltet. Diese Maßnahme sollte sich als sehr nützlich für die Stadt erweisen, denn die Armenier waren begabte Handwerker und verfügten als Händler über gute Verbindungen zu der über große Teile der Welt verstreuten armenischen Diaspora.

Durch die Anlage des großen Platzes *Meydan-e Naqsh-e Jahan* („das Ebenbild der Welt") mit seinen prächtigen Moscheen, zahlreichen Palästen in ausgedehnten Gartenanlagen und mehreren Brücken erlangte Isfahan im 17. Jh. den Ruf einer der **schönsten Städte der Welt.**

Zu Beginn des 18. Jh. zerfiel die Safaviden-Herrschaft zusehends, 1722 wurde ihre Hauptstadt von afghanischen Stammeskriegern erobert, die aber nach sieben Jahren vom späteren *Nader Shah* wieder vertrieben wurden. Nader Shah wählte Mashhad zu seiner Hauptstadt, genauso wie nach ihm *Karim Khan Zand* Shiraz den Vorzug gab. Die Qadjaren schließlich ließen ihre neue Residenz in Teheran erbauen und Isfahans Pracht verblühte.

Der Modernisierung der Stadt durch Reza Shah im 20. Jh. sind viele der Gartenanlagen mit ihren Palästen zum Opfer gefallen. Andererseits sind in jener Zeit zahlreiche historische Bauten, die lange Jahre dem Verfall preisgegeben waren, konserviert worden, sodass wir Isfahan noch heute als einzigartiges **Museum der islamischen Baukunst in Iran** bezeichnen können. Kei-

★ 17 Schwingende Minarette
★ 18 Ateshgah
ii 19 Vank-Kathedrale
ii 20 St. Bethlehem
🏨 21 Hotel Kowsar
🏨 22 Hotel Pol-o Park
★ 23 Grab von Arthur Upham Pope
★ 24 Baba Rokn ad-Din
★ 25 Golestan-e Shohada

1 Freitagsmoschee
2 Baba Qasem
3 Darb-e Imam
4 Harun al-Velayat
5 Hotel Sadaf
6 Masdjed-e Sheikh Lotfollah
7 Traditionelles Restaurant
8 Sofrehkhane-ye Sonati
9 Masdjed-e Shah
10 Ali Qapu
11 Chehel Sotun
12 Hasht Behesht
13 Hotel Abbasi
14 Medrese-ye Chahar Baq
15 Tourist-Information
16 Hotel Ali Qapu, Restaurant Shahrzad

ne andere Stadt im Mittleren Osten hat die Schönheit ihrer Vergangenheit so bewahrt wie sie.

Orientierung

Das Zentrum von Isfahan liegt nördlich des Flussufers und wird begrenzt durch die Kh. Ibn-e Sina im Norden, den Zayandeh Rud im Süden, die Kh. Chahar Bagh im Westen und die Kh. Bozorgmehr im Osten. Die Sehenswürdigkeiten konzentrieren sich um den großen Platz Meydan-e Imam mit dem Haupteingang zum Bazar. Die größte Straße der Stadt ist die Kh. Chahar Bagh (Straße der vier Gärten), die früher die Hauptachse der ausgedehnten Gartenanlagen des safavidischen Isfahan bildete. Sie beginnt im Norden am Meydan-e Shohada und hat bis zum Fluss einen breiten, von Bäumen bestandenen Fußweg in ihrer Mitte. Die Geschäfte konzentrieren sich in dem Bereich zwischen dem Meydan-e Imam Hossein und der Sio-se-Pol (Brücke der 33 Bögen). Diese Prachtstraße setzt sich bei der Brücke über den Fluss nach Süden fort bis zum Meydan-e Azadi und heißt in diesem Teil Chahar Bagh-e bala.

Das Zentrum des alten Isfahan bildet die Gegend um den Meydan-e Qiyam mit der Freitagsmoschee. In ihrer Umgebung hat sich eine Reihe sehenswerter Baudenkmäler aus seldjukischer Zeit und danach erhalten. Auch die Flussauen des Zayandeh Rud und die historischen Brücken lohnen den Besuch, sie sind beliebte Ausflugsziele der Isfahanis. Am südlichen Flussufer schließlich sind im Stadtteil Jolfa noch einige sehenswerte armenische Kirchen erhalten.

Ankunft

Mit dem Flugzeug

Der **Internationale Flughafen** von Isfahan liegt ca. 12 km nördöstlch der Stadt an der Autobahn in Richtung Na'in. In die Stadt verkehren bis jetzt keine Busse, ein Minibus pendelt regelmäßig zwischen Flughafen und Meydan-e Laleh. Einfacher ist die Fahrt ins Zentrum mit den stets auf dem Parkplatz wartenden Taxis, Fahrpreis ca. 2500 Tuman.

Mit dem Überlandbus

Der **Hauptterminal** von Isfahan liegt am Bolvar-e Kaveh, der nördlichen Ausfallstraße nach Teheran. Von hier aus verkehren Minibusse und Taxis in alle Teile der Stadt. Ein weiterer Terminal, vor allem für Busse aus Richtung Shiraz, ist der Soffeh-Terminal im Süden der Stadt.

Mit dem Zug

Da Isfahan ursprünglich nicht ins Netz der „Transiranischen Eisenbahn" einbezogen war, liegt der Bahnhof weit außerhalb der Stadt. Eine Anreise per Bahn ist deshalb wenig empfehlenswert. Wer dennoch am Bahnhof ankommt, kann mit dem Minibus zum Meydan-e Ahmadabad fahren.

Mit dem eigenen Fahrzeug

Autoreisende sollten für ihren Aufenthalt in Isfahan das eigene Fahrzeug beim Hotel stehen lassen. Der Stadtkern mit den Sehenswürdigkeiten ist nicht sehr ausgedehnt, sie lassen sich teils **zu Fuß,** teils mit dem **Taxi** gut erreichen. **Wohnmobilisten** finden Platz für ihr Gefährt auf dem Parkplatz des Tourist Inn am Stadteingang aus Richtung Süden an der Straße nach Shiraz.

Aus Richtung Süden ist die Zufahrt zum Zentrum, das auf der Nordseite des Flusses liegt, nur über bestimmte Brücken möglich. Man fährt am besten die Kh. Chahar Bagh immer hinauf bis zur Sio-se Pol. Je nach dem, wo das Hotel gelegen ist, dann links abbiegen und auf der Kh. Bustan-e Mellat bis zur Pol-e Abuzar, um auf die andere Seite des Flusses zu gelangen. Oder vor der Sio-se Pol rechts abbiegen, der Kh. Ayeneh Khaneh folgen und bei der nächsten Möglichkeit links über die Pol-e Ferdowsi den Fluss überqueren.

Von Norden kommend, führt der Bolvar-e Kaveh direkt zur Kh. Chahar Bagh und von da aus ins Zentrum.

Von Osten aus Richtung Yazd und Na'in erreicht man Isfahan auf der Kh. Jey, die über den Meydan-e Abbasabad und Meydan-e Qiyam zur Kreuzung Takhti führt. Dort links in die Kh. Chahar Bagh abbiegen.

Von Westen aus Richtung Hamadan/Khorramabad führt die Kh. Saremiyeh in Richtung Innenstadt. An der Falakeh-ye Kashani links abbiegen und am nächsten Kreisel rechts in die Kh. Ayatollah Taleqani fahren, die zur Kh. Chahar Bagh führt.

Aus Richtung Shahr-e Kord erreicht man Isfahan südlich des Flusses auf der Otoban-e Keshavarz. Dieser über die Kh. Atesh bis zum Meydan-e Azadi folgen und links in die Kh. Chahar Bagh abbiegen. Ab hier der Beschreibung „aus Richtung Süden" folgen.

Sehenswertes

Isfahan verfügt eine große Zahl von Sehenswürdigkeiten. Um alle ausgiebig anzuschauen, braucht man mindestens vier Tage. Alle zu beschreiben, würde den Rahmen dieses Reisehandbuchs bei weitem sprengen. Auch für die hier beschriebenen Sehenswürdigkeiten sollten mindestens zwei volle Tage eingeplant werden. Der Ablauf ist möglichst so gewählt, dass die Rundgänge zu Fuß bestritten werden können.

Rund um den Meydan-e Imam

Fast alle Besichtigungen in Isfahan beginnen oder enden am **Großen Platz,** der heute Meydan-e Imam heißt. Für die Isfahanis ist er der Inbegriff eines Platzes. Nach „Meydan" („Platz") gefragt, werden sie den Reisenden immer dorthin weisen. Zugang findet man von Westen über die Kh. Sepah oder über eine der Nebenstraßen der Kh. Ostandari, von Osten über die Kh. Hafez. Früher lag er geographisch genau im Zentrum der alten Stadt Isfahan. An Freitagen ist die Besichtigung erst ab 14 Uhr möglich, da hier das **Gemeinschaftsgebet** stattfindet.

129i Foto: hn

Schon vor der Anlage der Residenz von *Shah Abbas* befand sich hier eine Art Marktplatz am Eingang zum Bazar, der Naqsh-e Jahan („Abbild der Welt") genannt wurde. Abbas ließ ihn ausbauen und bedeutend vergrößern auf die **gigantischen Ausmaße** von 524 x 160 m. Rings um den Platz verlaufen **doppelstöckige Arkaden** mit einem gleichmäßigen Bogenmaß. Im Untergeschoss waren und sind noch heute die Arbeitsstätten der Handwerker und Geschäfte. Die Obergeschosse tragen Blendarkaden und wurden nur wegen des räumlichen Eindrucks angebracht.

Ursprünglich lief ein 3 m breiter Wassergraben um den gesamten Platz herum, mit dem früher Platanen bewässert wurden. Heute beherrscht ein großes **Wasserbecken mit Fontänen** die südliche Hälfte in seinem Zentrum. Jede der vier Seiten wird von einem hervorstechenden Bauwerk beherrscht: im Süden die Moschee des Königs (Masdjed-e Shah), heute Masdjed-e Imam genannt, im Norden das Eingangsportal zum Bazar Qaizariyeh, im Osten der frühere Eingangspalast zur königlichen Residenz, Ali Qapu („Hohe Pforte"), und im Westen, auf einer Achse mit Ali Qapu, die kleine Lotfollah-Moschee.

Freitagsgebet auf dem Meydan-e Imam

Natürlich ist es möglich, die Gebäude am Platz nacheinander zu besichtigen; schöner ist es jedoch, sich Zeit zu lassen und immer wieder unter die zahlreichen Besucher zu mischen, unter den Arkaden zu bummeln oder in der Mitte des Platzes die Atmosphäre auf sich wirken zu lassen.

Ali Qapu

Den besten „Einstieg" in die Besichtigung der Gebäude bietet der Palast Ali Qapu am Morgen. Von seinem Talar (Thronsaal) aus kann man die Einzelheiten des Ensembles am besten erfassen. Auffällig ist, dass der Eingang zu dem Bauwerk nicht in der Mittelachse dieses ansonsten harmonisch und proportional gestalteten Platzes liegt, sondern südlich davon. Dies hängt damit zusammen, dass sich hier schon seit Beginn des 15. Jh. ein kleinerer, dreistöckiger Bau befand. Abbas ließ ihn um drei Etagen aufstocken, hielt auf der Terrasse Empfänge ab und liebte es, von dort aus dem Polospiel auf dem Platz zuzuschauen. Gleichzeitig bildete er den Eingang zum großen Gartenbezirk der Residenzstadt Isfahan.

Der Aufgang befindet sich auf der linken Seite, direkt gegenüber dem Kassenhäuschen. Die meisten **Bemalungen** in den unteren Stockwerken, die früher Verwaltungszwecken dienten, sind leider vergangen, einige wurden jedoch von italienischen Archäologen restauriert.

Von der von 18 Holzsäulen getragenen **offenen Vorhalle** mit Wasserbecken im Zentrum bietet sich ein imposanter Ausblick auf die grandiose Kuppel der gegenüberliegen Lotfollah-Moschee sowie zur Rechten auf die türkisfarbene Kuppel der Imam-Moschee. Von hier aus ist auch ein architektonischer „Trick" der Baumeister am besten zu erkennen: Weil die Platzanlage schon existierte, bevor die große Moschee erbaut wurde, ist deren Hauptachse entsprechend der Gebetsrichtung etwa 45° gegen die Längsachse des Platzes versetzt, während das Eingangsportal sich harmonisch einfügt.

Durch den **Thronsaal,** dessen Decken- und Wandbemalungen nach originalen Vorbildern renoviert wurden, gelangt man zu den den **Privatgemächern** in den oberen Stockwerken. Den krönenden Abschluss bildet das sechste Geschoss, dessen Wände mit **bemalten Stuckelementen** in der Form von Krügen und Vasen ausgeschlagen sind. Hier fanden früher Musikaufführungen statt. Durch die Gestaltung der Wände entstand ein Raum mit nahezu idealen akustischen Eigenschaften, die jedes Instrument zur Geltung kommen ließen.

• **Ali Qapu,** täglich von 9 bis 17 Uhr, April bis Oktober bis 18 Uhr, Eintritt 200 Tuman.

Große Moschee

Die Südseite des Meydan wird begrenzt von der Masdjed-e Shah, seit der Revolution **Masdjed-e Imam** genannt. Ihr Bau dauerte gut 20 Jahre, die Fertigstellung erlebte der Stifter *Shah Abbas* nicht mehr. Sie gilt als schönste der in der Safaviden-Zeit erbauten Hofmoscheen und mit einem Innenhof von ca. 68 x 53 m ist sie eine der größten. Heute dient sie als **Museum.**

130i Foto: hn

Das hochaufstrebende **Eingangsportal** mit Doppelminarett läuft oben in einer Halbkuppel mit Stalaktitengewölbe aus, der Fliesenschmuck mit tiefblauem Grundton und fein aufgelösten Mustern erweckt beim Betrachter den Eindruck der Himmelskuppel. Das Portal und der gesamte Innenhof sind am Sockel mit Marmorplatten bekleidet, ein Ausdruck des besonderen Ranges der Moschee.

Kuppel und Minarette der Masdjed-e Imam

Nach dem Eintritt durch die mächtige, mit Silberblech beschlagene Tür öffnet sich der Blick auf den **Innenhof** mit einem großen Wasserbecken im Zentrum. Um den Hof gruppieren sich **vier überkuppelte Hallen** mit davor gelegtem Iwan, verbunden durch zweigeschossige Arkadenwände. Die gesamte Außenfassade ist mit Fliesen auf blauem Grund verkleidet, florale Ornamente in Gelb- und Grüntönen schaffen eine vollständige Harmonie. Insgesamt sollen in dem Bauwerk, das mehrfach renoviert wurde, 472.550 Fliesen verbaut worden sein.

Der **Hauptgebetssaal** mit zwei Nebenhallen an der Südwestseite des Hofes wird betont durch ein Doppelminarett, eine 33 m hohe Iwan-Wand und die 54 m hoch aufragende **Kuppel.** In seinem Inneren herrscht eine wunderbare Akustik: Ein Händeklatschen im Zentrum des Gebetssaals pflanzt sich über den gesamten Hof fort. Die **Fliesenverkleidung** der Innenkuppel gilt als Meisterwerk persischer Handwerkskunst: Auf türkisfarbenem Grund entfaltet sich ein Strahlenkranz-Medaillon, dessen Windungen sich zum Zentrum hin immer mehr ineinander verschlingen. Ein für Moscheen außergewöhnliches Fliesenfeld befindet sich an der Hofseite der südwestlichen Nebenhalle: Auf gelbem Grund sind zwei belebte Szenen mit Pflanzen, Tieren und Wasser dargestellt, fast als befände man sich im Paradies. Wegen des Bilderverbots werden in Moscheen üblicherweise nur geometrische und stilisierte Motive benutzt. Es ist nicht überliefert, ob

131i Foto: hn

Fenster der Lotfollah-Moschee

dieses ungewöhnliche Detail zum Originalbestand des Bauwerks gehört oder später angebracht wurde.

Der Hauptgebetssaal ist zu beiden Seiten von Höfen mit umlaufenden **Arkaden** umgeben; sie beherbergten früher Lehr- und Wohnräume der in der Medrese studierenden Religionsschüler.

● **Masdjed-e Imam,** 9 bis 17 Uhr, Eintritt 200 Tuman.

Lotfollah-Moschee

Im Gegensatz zu dem Monumentalbauwerk der Großen Moschee besticht die zweite Moschee am Meydan-e Imam durch ihre zurückgenommenen Dimensionen. Von wesentlich kleineren Ausmaßen, wurde sie nach etwa 14 Jahren Bauzeit schon um 1616 vollendet und diente als Privatmoschee des Herrschers und seiner Familie. Dieser „private" Charakter kommt auch in ihrem Namen zum Ausdruck: *Sheikh Lottfallah,* ein schiitischer Geistlicher libanesischer Herkunft, war einer der Schwiegerväter von Shah Abbas.

Schon von außen begeistert die Moschee direkt gegenüber von Ali Qapu durch ihre **Kuppel.** Ihr Geheimnis ist der Kontrast zwischen der natürlichen Farbe der Lehmziegel, aus denen sie erbaut wurde, und dem Schwarz, Weiß und Blau der Arabesken, die sie umschließen und zum Zentrum der Kuppel emporranken. Je nach Sonnenstand und Lichtintensität gewinnt der Betrachter andere Farbeindrücke. Die beste Zeit für Fotos (auch im Innern) ist der späte Nachmittag.

Das **Eingangsportal** ist gegen die Platzwände leicht zurückgenommen und überragt diese nur wenig, wodurch der Blick auf die Kuppel frei bleibt. Heute ist es mit vielfach unterteilten Fliesenfeldern auf blauem, weißem und gelbem Grund geschmückt, die jedoch erst bei Renovierungsarbeiten nach 1958 angebracht wurden.

Entsprechend der Verwendung als Privatmoschee wurde auf Hof und Minarett verzichtet; ein überkuppelter

Gebetsraum bildet das Zentrum der Moschee. Ein Treppenaufgang führt auf eine von einem Iwan überwölbte, niedrige Eingangstür zu. Auch bei dieser Moschee war es nötig, die Achse des Platzes mit der Gebetsrichtung zu „versöhnen“: Hinter der Eingangstür führt ein mehrfach abknickender Gang den Besucher zum **Kuppelsaal,** der mit seiner ausgewogenen Eleganz seinesgleichen sucht. Der Betrachter hat von Beginn an gar nicht den Eindruck, in einem quadratischen Raum zu stehen. Alles hat etwas Leichtes, Schwebendes – auch ein Resultat des diffusen Lichteinfalls durch 16 Fenster unterhalb der Kuppel, deren mit Fayencefliesen verkleidete Öffnungen die Sonnenstrahlen vielfach brechen. Durch sphärische Wölbungen in den vier Ecken glaubt man, in einem achteckigen Raum zu stehen. Die Bögen umlaufen aufwendige Schriftbänder in Weiß auf kobaltblauem Grund. Auch im Innern besticht die vollendete Harmonie der sandfarbenen Ziegel mit den blauen und gelben Fayencefliesen. Am Mehrab gegenüber dem Eingang sind links und rechts Bauinschriften mit Datierung angebracht.

Damit sich dieser unvergleichliche Eindruck setzen kann, empfiehlt sich im Anschluss eine Teepause in einem Restaurant in unmittelbarer Nähe der Moschee. Links vom Eingang führt der Weg zu einer neu erbauten Passage, über einen Treppenaufgang erreicht man die auf dem Dach der Platzarkaden eingerichteten Sitzgestelle mit Blick auf die herrliche Kuppel der Lotfollah.

Bazar

Letzter Höhepunkt am Meydan ist ein Besuch des Bazars mit dem Haupteingang, dem **Qeisariyeh-Tor** aus dem Jahre 1617, an der Nordseite des Platzes. Die Gemälde mit Schlacht- und Hofszenen im oberen Teil sind kürzlich renoviert worden. Dieser überdachte Bereich des „kaiserlichen“ Bazars wurde von Shah Abbas in Auftrag gegeben, um seinen Residenzplatz würdig an die älteren Teile des Bazars anzuschließen. Überliefert ist, dass in jener Zeit Musikanten oben in den Galerien links und rechts des Portals aufspielten.

Von dem früher dichten Netz von Bazargassen, Kuppeln und Innenhöfen ist nur noch ein bescheidener Teil geblieben. Der **Touristenbazar** von Isfahan mit Teppichgeschäften, Kunsthandwerk und Antiquitäten hat hier sein Zentrum. Gleich rechts hinter dem Eingangstor führt ein Weg zu einem Innenhofkomplex mit zweistöckigen Bauten, wo man **Stoffdrucker** bei der Arbeit sehen kann. Von ihnen hat dieser Bazarteil den Namen Bazar-e Chitsazha, „Bazar der Stoffdrucker“. Tischtücher und andere Gebrauchstextilien zählen zum traditionellen Kunsthandwerk von Isfahan, von hier aus werden sie in ganz Iran verbreitet.

Der **Teppichbazar** von Isfahan kann quantitativ nicht mit denen in Teheran und Tabriz mithalten, qualitativ braucht er den Vergleich dagegen nicht zu scheuen. Fast alle Herkunftsgebiete sind hier vertreten. Natürlich leben die Teppichläden an der Hauptgasse des Bazars und um den Platz herum vom

132i Foto: hn

Geschäft mit den Touristen, hartes Feilschen ist hier geboten. Iraner würden hier kaum einen Teppich kaufen, sie bevorzugen die Geschäfte, die nordwestlich der Hauptgasse des Bazars untergebracht sind. Neben Teppichen findet man dort auch vieles, was zum Knüpfhandwerk gehört, wie Wolle, Farbe, Kämme und Teppichmuster. Im iranischen Vergleich sind die Isfahaner Teppichhändler recht aktiv, d.h. sie gehen offensiver als anderswo auf ihre vermeintliche Kundschaft zu, wobei sie wie fast alle Teppichhändler der Welt dem Irrglauben unterliegen, dass der Reisende die Reise eigentlich nur unternimmt, um einen Teppich zu kaufen. In Isfahan ist es wie überall: Die zurückhaltenderen sind meist auch die seriöseren Händler. Abgesehen von den Stoffdrucken gibt es im Isfahaner Bazar nichts, was es nicht auch an anderen Orten gäbe, aber die Auswahl ist hier größer und die Bazaris sind geschäftstüchtiger.

Ein beliebter „sundowner" im Anschluss an den Bazarbummel ist der Besuch im **Teehaus** im ersten Stock in den Arkaden links (westlich) vom

Ein Innenhof im Bazar

Qeisariyeh-Tor, wo man besonders im Licht der sinkenden Sonne eine unvergleichliche Aussicht auf den Platz hat. Wer das Bazarleben abseits vom Trubel um die Touristen bevorzugt, kann vom Qeisariyeh-Tor aus den gesamten Bazar in Richtung Nordosten durchstreifen, wo er auf das alte Bazarviertel um den Meydan-e Qiaym unweit der Freitagsmoschee stößt.

Chehel-Sotun-Palast

Sehr nah am Meydan liegt der Chehel Sotun, der „Palast der 40 Säulen". Neben dem Palast Hasht Behesht („die acht Paradiese") ist er der letzte der in der Safaviden-Zeit zahlreich gebauten Gartenpaläste. Vom nordwestlichen Ausgang des Meydan folgt man der Kh. Sepah und gelangt, vorbei am Naturhistorischen Museum mit dem putzigen Plastik-Dinosaurier, nach etwa fünf Minuten zum Eingang des Parks, in dem der Palast liegt.

Der heute noch etwa 5 ha große, von Bewässerungsgräben durchzogene **Garten** war ursprünglich größer und geht in seiner Anlage auf *Abbas den Großen* zurück, der hier einen kleinen Palast erbauen ließ. Der heutige Palastbau im Zentrum des Parks ist, wie wir aus zeitgenössischen Reisebeschreibungen wissen, seit Mitte des 17. Jh. im wesentlichen unverändert und wurde von *Shah Abbas II.* 1647 vollendet. Der Garten mit Platanen und Pinien wird durch ein lang gezogenes **Wasserbecken** auf der Mittel-

133i Foto: hn

achse in zwei Teile geteilt. Die 20 hölzernen Säulen des offenen Vorbaus spiegeln sich im Wasser, was eine Erklärung des Namens gibt.

Über den offenen Talar mit einem von vier Löwen umstandenen steinernen Wasserbecken führt der Weg zum ehemaligen **Thronsaal,** der dem Eingang zum Inneren vorgelagert ist. Hier saß früher bei Empfängen der Herrscher vor seinen ausgewählten Gästen und Hofleuten. Die normalen Gäste dagegen lagerten auf Kissen und Teppichen unter den Säulen des Talars. Die Verspiegelungen des Iwans vor dem Eingangsportal, die künstlich beleuchtet eine besonders strahlende Atmosphäre geschaffen haben müssen, sind mittlerweile stumpf geworden, ebenso wie die ursprünglich leuchtenden Farben der Deckenpaneele unter dem Vordach.

Der **Hauptsaal** besticht durch seine **Wandmalereien,** anmutige Hof- und Gartenszenen im unteren Bereich und ursprünglich vier große Wandgemälde in den Ecken des Saals, die drei Empfangsszenen darstellen, wie sie sich seinerzeit in diesem Gebäude abgespielt haben, sowie eine Schlacht gegen die Uzbeken. Etliche der Malereien im unteren Teil wurden im Laufe der Zeit zerstört oder mit Stuck überzogen und werden nach und nach restauriert, ebenso wie die vier Original-Wandgemälde, die bereits erneuert sind. Die beiden Schlachtszenen im Zentrum sind Mitte des 18. Jh. hinzugefügt worden. Interessant ist, dass bei der Darstellung der Schlacht von Chaldiran (1514) direkt gegenüber dem Eingang sogar die Niederlage von *Shah Isma'il* gegen den Osmanen *Selim* gezeigt wird. Die großen Gemälde sind mit Erläuterungen versehen. Fotografieren ist hier streng untersagt, um durch unkontrolliertes Blitzen die Malereien nicht zu schädigen. Vor den Wänden sind Vitrinen mit verschiedenen wertvollen Exponaten wie Buchhandschriften, Stoffen und Keramik aufgestellt, wie auch in den beiden kleinen Nebenräumen links und rechts des Eingangs, durch die man zum Ausgang kommt.

- **Chehel Sotun,** täglich 9–13 und 14–17 Uhr, von April bis Oktober bis 18 Uhr, Eintritt 200 Tuman.

Gemälde im Palast Chehel Sotun:
Shah Isma'il in der Schlacht von Chaldiran

An der Hauptstraße Chahar Baq

Nur fünf Gehminuten westlich des Ausgangs des Chehel-Sotun-Parks stößt man beim Gebäude der Stadtverwaltung am Meydan-e Emam Hossein auf die Kh. Chahar Baq, die **„Straße der vier Gärten“.** Sie bildete im 17. Jh. die Hauptachse des königlichen Gartenbezirks von Isfahan. Noch heute ist sie die wichtigste Nord-Süd-Achse der Millionenstadt und dementsprechend belebt. Auch ohne die mittlerweile fast vollständig überbauten Gärten verströmt die breite Avenue mit dem von Platanen gesäumten Mittelgang noch immer eine besondere Atmosphäre. Trotz der vielen Bausünden des 20. Jh. in Isfahan, dem beträchtliche Teile der historischen Bausubstanz unwiederbringlich zum Opfer fielen, hat man es hier verstanden, der Straße mit den Bäumen die Hauptrolle zu überlassen. Die modernen Gebäude beiderseits stören diese Rolle nicht, sondern treten dahinter zurück.

Zur Linken und rechten befinden sich zahlreiche **moderne Geschäfte,** deren Sortiment nicht speziell auf Touristen abgestellt ist. Dieser Teil der Prachtstraße bis zum Fluss heißt Chahar Baq-e pa'in, „der untere Teil", während der jenseits des Flusses gelegene südliche Abschnitt Chahar Baq-e bala, „der obere Teil", genannt wird. Folgt man ihm in südlicher Richtung vom Meydan-e Emam Hossein aus, erreicht man einen weiteren Rest der alten Isfahaner Gärten, der östlich der Chahar Baq liegt.

Pavillon Hasht Behesht

Im Zentrum des früheren **Nachtigallen-Gartens** liegt der Pavillon Hasht Behesht („die acht Paradiese"), links der Straße ist er durch einen großen Mauerdurchbruch zu sehen. Angeblich trägt er seinen Namen wegen der (neben dem königlichen Mittelsaal) acht Räume auf zwei Etagen für die acht Lieblingsdamen des Herrschers. Errichtet um 1670, stellt er einen reinen Zentralbau mit vier offenen Hallen dar, die in einen vierflügeligen, überkuppelten Raum mit Wasserbecken im Zentrum führen. An seinen Ecken befinden sich vier kleine Räume, über die Treppen ins obere Geschoss führen. Die Kuppel ist oben für acht Lichtöffnungen durchbrochen, was für eine freie und offene Atmosphäre im Innenraum sorgt. Seit den 70er Jahren des 20. Jh. wurde Hasht Behesht gemäß den originalen Vorlagen renoviert, es bildet heute den Mittelpunkt eines bei den Isfahanis sehr beliebten Parks.

Medrese-ye Chahar Baq

Zurück auf der Chahar Baq führt der Weg in Richtung Süden nach etwa 100 m zu einem großen, reich mit Fliesen verzierten Eingangsportal, dem Zugang zur Medrese-ye Chahar Baq, einer Religionsschule. Sie stellt den letzten bedeutenden Bau der Safaviden-Zeit in Isfahan dar und wurde von *Shah Sultan Hossein* 1714 eingeweiht. Tragischerweise ging sein Leben auch in dem Bauwerk zu Ende: 1722 wurde er beim Sturm der Afghanen gefangen gesetzt und die glorreiche Safaviden-Epoche fand ihr Ende. Nach sechsjähriger Gefangenschaft hat man ihn in seiner Zelle an der Nordseite des Hofes hingerichtet.

Die Anlage wurde in Form der klassischen **Vier-Iwan-Hofanlage** errichtet: um einen 62 x 53 m großen Innenhof sind kreuzförmig vier Iwane angeordnet, hinter dem Süd-Iwan befindet sich ein Kuppelraum mit vorgelagertem Doppelminarett. Der Innenhof ist vollständig von doppelstöckigen Arkaden eingefasst, in denen die Unterkünfte

134i Foto: hn

Innenhof der Medrese Madar-e Shah

der Schüler und die Unterrichtsräume untergebracht sind. Prunkstück der Anlage sind die **Fliesenverkleidungen** der Iwane, Arkadenbögen und des Kuppelsaals. Eine kunstvollere Auflösung der Ecken und Nischen, eine harmonischere Farbgebung zwischen türkis, weiß, schwarz und gelb ist kaum vorstellbar! Das Tüpfelchen auf dem i bildet die **Verkleidung der Kuppel.** Über den türkisfarbenen Grund laufen große, schwingende Arabesken in Weiß mit dunkler Kontur, unter die gelbe und schwarze Blumenmotive gelegt sind. Den besten Blick auf die Kuppel hat man vom Innenhof des heutigen Hotels Abbasi, unmittelbar östlich an die Medrese anschließend.

Das langgestreckte, rechteckige Wasserbecken, die zahlreichen Platanen sowie die Blumenbeete schaffen eine lauschige Atmosphäre und es entsteht eine Oase der Ruhe und Meditation direkt an der Hauptstraße von Isfahan. Leider kommen Besucher fast nie in den Genuss, die Anlage von innen zu sehen. Da die Schule noch in Betrieb ist, werden Besucher normalerweise nicht eingelassen. Nur mit viel Geduld, Freundlichkeit und Beharrlichkeit ist es manchmal möglich, dass die Wächter den Einlass gestatten.

Ein anderer Name des Bauwerks lautet **Medrese-ye Madar-e Shah** („Medrese der Mutter des Shah"). Dies bezieht sich darauf, dass die Mutter von Shah Sultan Hossein in der Nachbarschaft der Schule eine große Karawanserei und einen Bazar stiften ließ, aus deren Einkünften der Unterhalt der Religionsschüler bestritten wurde.

Hotel Abbasi

Ein mehr als 220 m langer, überdachter Gang des Bazars ist heute noch an der Nordmauer der Medrese in Betrieb. Hinter einem großen Holztor ist heute ein Kunstgewerbebazar untergebracht. Die **Karawanserei** beherbergt seit gut 30 Jahren das immer noch **schönste Hotel Irans,** das Abbasi, ursprünglich *Shah Abbas* genannt. Man gelangt zum Haupteingang des Hotels, indem man gleich hinter der Medrese links in die Kh. Amadegah einbiegt. Nach etwa 100 m erreicht man den Eingang mit den Pförtnern in historischen Trachten. Der Zugang ist auch gestattet, wenn man nicht Gast des Hotels ist. Die prächtige Innendekoration der Lobby nach safavidischen Vorbildern, der große Speisesaal, vor allem aber der Innenhof mit Gartenanlagen, Wasserbecken und Teehaus, der früher das Personal der Karawanen beherbergte, machen den Besuch zu einem unvergesslichen Erlebnis. (⇨Unterkunft).

Geschäfte

Gegenüber dem Hotel, in einer Art **Einkaufspassage** mit Untergeschoss, findet sich eine Reihe für den Reisenden sehr nützlicher Geschäfte: etliche Buchhandlungen mit einer großen Auswahl auch fremdsprachiger Bücher, Läden mit CDs und Kassetten sowie ein Reisebüro (alle abends bis 21 Uhr geöffnet).

Die verbleibenden 250 m der Chahar Baq bis zum Fluss sind zu beiden Seiten dicht gesäumt von Geschäften jeglicher Art, Imbissen, Kinos usw. Zum Feierabend und an Wochenenden herrscht hier bis spät abends reges Treiben, wo man leicht Anschluss finden kann. Die Straße mündet direkt in den großen Platz vor der Brücke Allahverdi Khan, wegen der Anzahl ihrer gemauerten Bögen meist Si-o seh-pol („Brücke der 33 Bögen") genannt.

Brücken über den Zayandeh Rud

Si-o Se Pol

Als alte Flussoase spielten Brücken in Isfahan schon immer eine große Rolle. Die Si-o Se Pol wurde ab 1602 auf Befehl von Shah Abbas durch seinen Feldherrn *Allahverdi Khan* errichtet und kurz danach fertig gestellt. Ihr Zweck war es, die königlichen Gärten beiderseits der Chahar Baq mit den großen Gartenanlagen südlich des Zayandeh Rud zu verbinden und außerdem eine Anbindung der neu gegründeten Armeniersiedlung Jolfa ans Zentrum von Isfahan zu schaffen.

Die 290 m lange und knapp 14 m breite Brücke ist ein erstaunliches Stück Ingenieurskunst. Ihre **33 Bögen** ruhen auf einem soliden Unterbau aus Steinquadern. In den sich so ergebenden Zwischenräumen konnte das Wasser um einen halben Meter angestaut und durch Abläufe an beiden Brückenköpfen zur **Bewässerung der Gärten** abgeleitet werden. Auf der Ostseite schießt es dann über **Treppenstufen** in Kaskaden ins Flussbett zurück. Bei sommerlicher Hitze sind diese Treppenstufen mit dem kühlenden Dunst ein idealer Aufenhaltsort, ebenso wie das Teehaus am nördlichen Brückenaufgang.

Der Brückenkörper ist ausschließlich aus gebrannten Ziegeln gemauert, mit Galerien zu beiden Seiten für die Fußgänger. Die annähernd 100 Bogenstellungen sind rhythmisch verbreitert, um einen abwechslungsreichen Eindruck zu schaffen. Das südliche Flussufer ist wie eine große **Parklandschaft** gestaltet und ideal für Spaziergänge zur Entspannung nach den Besichtigungen. Dem südlichen Brückenaufgang schräg gegenüber zur Rechten liegt das zweite große Hotel von Isfahan, das Hotel Kowsar.

Pol-e Choubi

In östlicher Richtung führt der Weg am Flussfer entlang zunächst zur Pol-e Choubi, die den Fluss nicht auf dem kürzesten Wege überspannt, sondern schräg verläuft. Ebenfalls im 17. Jh. erbaut, wurde früher über einen Kanal im Brückenkörper Wasser zur Bewässerung der königlichen Gärten über den Fluss geführt. Heute ist sie eine reine Fußgängerbrücke mit einem beliebten **Teehaus** am nördlichen Aufgang.

Pol-e Khadjou

Nach gut einem Kilometer erreicht man die schönste der Isfahaner Brücken, die Pol-e Khadjou, benannt nach dem Stadtteil, der sich am Nordufer des Flusses anschließt. Sie wurde 1630 auf Befehl von *Shah Abbas II.* an der Stelle eines älteren Baus errichtet und stellte den Anschluss an die wichtige Fernstraße in Richtung Shiraz her. Ursprünglich war sie mit dem Meydan verbunden, der direkt nördlich von ihr liegt.

Im Vergleich zu ihr sind die anderen Brücken von Isfahan geradezu schlicht. Über **23 Bögen** aus Stein und Ziegeln wird der Zayandeh Rud von einem **Staudamm** von 26 m Breite überspannt, der wie eine Schleuse wirkt. Bei verschlossenen Kammern konnte der Wasserspiegel westlich der Brücke um bis zu zwei Meter angehoben werden, die Ableitungskanäle sind am südlichen Ufer gut zu erkennen. Auch auf diesem Schleusendamm kann man die Brücke zu Fuß überqueren.

Die Felder über den Bögen der Brücke sind mit **farbigen Fliesen** verziert, der obere Teil der ca. 130 m langen und 12 m breiten Brücke ist auf beiden Seiten mit überwölbten Galerien versehen, die Fußgänger vor der Sonne schützen. Die Brückenköpfe sind durch kleine **Pavillons** betont, die nur übertroffen werden von dem Pavillon in der Mitte der Brücke, der wie ein halbes Achteck aus beiden Seiten des Brückenkörpers herauswächst. Die Innenräume sind ausgemalt, wobei der ursprüngliche Bestand leider nicht mehr erhalten ist. Die früher dort befindlichen Malereien und Sinnsprüche sind abstrakten Arabesken und Medaillons gewichen.

Die zu beiden Seiten des Flusses unter dem Brückenaufgang aufgestellten **steinernen Löwenfiguren** gehören nicht zur Originalausstattung der Brücke. Sie wurden später von Friedhöfen der Umgebung hergebracht, wo sie ursprünglich als eine Art Grabstein von den Ruhestätten als große Kämpfer geltender Personen aufgestellt waren. Diese Sitte ist in weiten Teilen des Zagros bei Luren und Bakhtiyari noch heute anzutreffen.

Etwa 100 m östlich des nördlichen Brückenaufgangs fallen in einem Teil der begrünten Flussaue zwei schlichte **Ziegelbauten** nach seldjukischem Vor-

135i Foto: hn

bild auf, die aber neueren Datums sind. Hier haben *Arthur Upham Pope* und später seine Frau und Mitarbeiterin *Phyllis Ackermann* auf eigenen Wunsch ihre letzte Ruhestätte gefunden, eine noble Geste von *Mohammad Reza Shah* gegenüber zwei Persönlichkeiten, denen wir so viele Erkenntnisse über die iranische Kunst und Architektur zu verdanken haben.

Die Brücke Pol-e Khadjou

Pol-e Shahristan

Weitere 2,5 km östlich und leicht mit dem Sammeltaxi zu erreichen, liegt die Pol-e Shahristan in der Nähe der Stelle, wo sich eine der Keimzellen der heutigen Stadt Isfahan befunden hat. Die Fundamente dieser Brücke gehen bereits auf die Sasaniden-Zeit zurück, sind also vermutlich um die 1700 Jahre alt. Der heute noch sichtbare Bau stammt aus dem 10. oder 11. Jh. und führt in einer leichten Krümmung mit zehn Haupt- und acht Hilfsbögen an das jenseitige Ufer, wo sich heute das **Messe- und Ausstellungsgelände** der Stadt Isfahan befindet. Der schlichte Brückenkörper ist aus Ziegeln gemauert, das Brücken- und Zollhäuschen am nördlichen Aufgang wurde kürzlich renoviert.

Von hier aus kehrt man zur Pol-e Khadju zurück und fährt vom großen Rondell vor der Brücke in nördlicher Richtung über die Kh. Neshat geradeaus in Richtung Norden bis zum Meydan-e Qiyam, dem Zentrum des „alten" seldjukischen Isfahan.

Rund um die Freitagsmoschee

Schon beim Herannahen fällt die gewaltige Südkuppel der **Masdjed-e Djameh** ins Auge, obwohl sie außer der natürlichen Farbe der Ziegel keinerlei Schmuck aufweist. Noch vom Talar des Ali-Qapu-Palastes aus sind die Kuppeln und Minarette dieser größten und interessantesten Moscheeanlage Irans mit bloßem Auge zu erkennen. Der heutige Meydan-a Qiyam, im Volksmund auch Meydan-e Sabz („der grüne Platz") genannt, liegt am Rande des Stadtteils Joubareh, einem der ältesten Stadtviertel von Isfahan. Im Meer der Häuser ist die Größe der etwa 168 x 135 m großen Anlage kaum abzuschätzen.

Schon Mitte des 9. Jh. stand an dieser Stelle eine Moschee, die als arabische Pfeilerhallenmoschee mit um einen Hof angeordneten Säulenhallen ausgeführt war, von der bescheidene Reste bei Ausgrabungen gefunden wurden. Die Freitagsmoschee gilt als eines der ersten Beispiele für den Bautyp der **iranischen Vier-Iwan-Hofmoschee,** die sich seit Mitte des 11. Jh. unter dem Einfluss der Seldjuken entwickelte. Sie wird oft als Architekturmuseum für iranische Moscheen bezeichnet, weil sie im heutigen Bestand Bauteile aus etwa sieben Jahrhunderten aufweist. Nur einen Abriss über die Baugeschichte zu geben oder gar die wichtigsten Teile der Anlage detailliert zu beschreiben, würde den Rahmen dieses Buches sprengen. Wir versuchen es in aller Kürze.

Man betritt die Anlage durch ein kleines Tor an der Südwestecke, erreichbar über einen Treppenaufgang von der Kh. Allameh Madjlesi. Ein überdeckter Gang führt in den rechteckigen Hof von 55 m Breite und 67 m Länge. Hier wird die Aufmerksamkeit sogleich auf den mächtigen **Süd-Iwan mit Doppelminarett** gelenkt, der so groß ist, dass er die dahinter liegende Kuppel vom Hof aus verdeckt. Er stammt aus der Zeit nach 1121, als die Moschee durch einen Brand, der den Isma'iliten zugeschrieben wird, weitgehend zerstört wurde. Hier beeindrucken die besonders gelungene Auflösung des oberen Teils in Form eines Spitzbogens und dahinter liegendendem Zellengewölbe sowie die Ziegelarbeiten und die farbigen Fliesen. Sie stammen im wesentlichen aus dem 15. bzw. 17. Jh.

Durch diesen Vorbau tritt man ein in einen der mächtigsten **Kuppelräume,** der in einer Moschee vorstellbar ist – dennoch ist er von schwebender Leichtigkeit. Der vollständig aus gebrannten Ziegeln erbaute Raum gehört zu den ältesten Teilen des Bauwerks und geht zurück auf *Nezam ol-Molk,* den Großwesir von *Malik Shah* und zwei weiteren Seldjuken-Herrschern. Die Bauunterschrift auf dem Tambur der Kuppel lässt die Entstehung auf 1086/87 datieren.

Links und rechts des Kuppelsaals erstreckt sich ein **Wald von Säulen,** welche die Kunstfertigkeit der seldjukischen Handwerker belegen: Alle unterscheiden sich in Form und Dekor. Die kleinen Kuppeln zwischen den Säulengängen weisen alle eine unterschiedliche Ziegelsetzung auf. In der Südwestecke sind in der Wand deutlich Spuren frischer Renovierungsarbeiten zu erkennen: Hier war während des iranisch-irakischen Krieges eine irakische Rakete eingeschlagen, glücklicherweise ohne größere Schäden anzurichten.

Der **West-Iwan** ist durch zwei kleine Aufbauten betont, so genannte Goldasteh, von denen der Muezzin früher die Gläubigen zum Gebet rief. Erbaut schon unter den Seldjuken, geht seine äußere Gestalt auf den Beginn des 18. Jh. zurück. Auch der gegenüber liegende **Ost-Iwan** ist im Kern seldjukisch und hat sogar einige Dekorelemente aus jener Zeit bewahrt, die Ende des 17. Jh. unter den Safaviden ergänzt wurden.

Rechts neben dem West-Iwan führt eine unscheinbare Holztür, die – falls verschlossen – auf Wunsch von einem Wärter geöffnet wird, in einen kleinen **Gebetssaal,** der zur Zeit der Mongolen Anfang des 14. Jh. renoviert wurde. Dabei hat man in seine Südwand als Stiftung des Il-Khans *Öldjeitü* anlässlich seines Übertritts zur Shi'a einen prächtigen **Stuck-Mehrab** eingebaut, der zum Auserlesensten zählt, was die in dieser Hinsicht sicher nicht bescheidene iranische Architektur zu bieten hat. Die Stuckplastik ist außerordentlich tief ausgearbeitet, wie belebt wirken die Ranken- und Blumenfelder, eingefasst durch ein großes Schriftband. Die Gebetsnische im Zentrum ist eingefasst von zwei Halbsäulen, auf denen ein mit Inschriften auf Rankenwerk ausgefülltes Spitzbogenfeld ruht.

Gleich neben dem Mehrab führt eine Tür zum **timuridischen Wintergebetssaal,** dem so genannten Shabestan aus dem Jahre 1448. Er ist deutlich niedriger als die anderen Bauten. 18 Kreuzgewölbe werden von drei Reihen mächtiger Pfeiler gestützt, was in Kombination mit der spärlichen Beleuchtung einen gedrückten Raumeindruck erzeugt. Licht fällt nur durch Alabasterplatten im Deckengewölbe ein.

Der langgestreckte **Nord-Iwan** diente in der Frühzeit der Moschee als Eingang, vermutlich wurde er im 14. Jh. unter den Mozaffariden verlängert, um eine Verbindung zu dem dahinter liegenden nördlichen Kuppelraum zu schaffen. Bei der Fassade des 22 m langen Gewölbes wurde im Gegensatz zu den anderen Iwanen völlig auf farbige Fliesen verzichtet. Felder aus **naturfarbenen Ziegeln,** kunstvoll gesetzt und mit rötlichen eingelegten Medaillons und Schriftbändern umrahmt, schaffen eine schlichte, erhabene Atmosphäre. An der Nordwand, die erhebliche Risse durch Erderschütterungen aufweist, befindet sich ein tief ausgearbeitetes und plastisch wir-

136i Foto: hn

Der Mehrab des Öldjeitü in der Freitagsmoschee

kendes **Schriftband aus Stuck,** das in den meisten anderen Moscheen ein Blickfang wäre, hier jedoch unter der Flut der Eindrücke fast in den Hintergrund tritt.

Rechts neben dem Nord-Iwan führt eine Tür zum letzten Höhepunkt der Freitagsmoschee, dem nördlichen Kuppelsaal mit der **Gonbad-e khaki** („staubfarbene Kuppel"). Ein ausgedehnter Säulensaal führt zu dieser Besonderheit der Moschee, die ihre Existenz der Rivalität zwischen *Tadj ol-Molk,* einem Ratgeber der Mutter von *Malik Shah,* und *Nezam ol-Molk,* dem Großwesir, verdankt. Dieser wollte der mächtigen Kuppel seines Widersachers etwas entgegensetzen, was ihm wahrlich gelungen ist: Im Grundriss ähnlich wie beim Widerpart, wirkt die Gonbad-e khaki leichter und eleganter. Aufstrebende Halb- und Viertelsäulen ziehen den Blick des Betrachters förmlich in die Höhe und schaffen einen Eindruck ähnlich dem einer gotischen Kathedrale.

Abschließend sei noch die **Medrese** hinter dem Ost-Iwan mit ausgesucht schönen Fliesenverzierungen aus dem 14. Jh. erwähnt, die im Laufe der Zeit fast völlig verfallen war, mittlerweile aber renoviert wurde.

• **Masdjed-e Djameh,** täglich von 9 bis 17 Uhr, Eintritt 200 Tuman.

Bazarviertel

Die Freitagsmoschee liegt inmitten eines alten Bazarviertels, das im Anschluss an die Besichtigung zu einem Bummel einlädt. Eine Reihe weiterer interessanter Bauwerke findet sich in der Nähe, die kurz vorgestellt werden sollen. Der hier vorgeschlagene Rundgang im Gebiet der Freitagsmoschee dauert etwa drei Stunden. Eine Vielzahl weiterer Medresen, Mausoleen, Moscheen und Minarette in der Umgebung müssen leider unberücksichtigt bleiben.

Gut 100 m nördlich der Freitagsmoschee zweigt eine kleine Gasse links ab, an deren Ende das **Mausoleum**

von Baba Qasem liegt, ein Grabbau aus dem 14. Jh. Der aus Mehrab- und Grabraum bestehende Bau hat ein schönes, gefliestes Eingangsportal und ein ebensolches achteckiges Spitzdach.

In dem Gassengewirr westlich der Freitagsmoschee sind noch einige schöne traditionelle **Privathäuser** erhalten. Etwa 500 m von der Moschee liegen die **Heiligengräber Darb-e Imam,** deren Kuppeln aus der zweiten Hälfte des 15. Jh. zu den schönsten Irans zählen. Das Bauwerk ist nicht ganz leicht zu finden, am besten orientiert man sich an der Doppelkuppel oder fragt sich durch. Dafür erwartet einen hier ein Hort der Ruhe, der zum Verweilen einlädt.

Zurück geht man in südlicher Richtung, bis man auf die Kh. Djamal od-Din Abdolrazzaq stößt, die in Richtung Osten zum Meydan-e Qiyam führt. Auf der gegenüberliegenden Seite beginnt das Bazarviertel, dessen Gänge in südlicher Richtung bis zum Meydan-e Imam führen. Inmitten der **Bazargassen** kann man sich gut an dem weithin sichtbaren Minarett der Ali-Moschee orientieren. Von der 1521 errichteten Moschee sind allerdings nur noch das Minarett und das Eingangsportal erhalten.

Unser Interesse gilt dem direkt gegenüber gelegenen **Mausoleum Harun al-Velayat,** einem der prachtvollsten Bauten in Isfahan aus der frühen Safaviden-Zeit. Über ein schmuckloses, modernes Eingangsportal gelangt man in einen Innenhof. Besonders ausgewogen sind die Fayencearbeiten des Eingangs-Iwans. Der Vorraum des kleinen Kuppelsaals ist mit Darstellungen der heiligen Imame ausgemalt, eine Seltenheit in sakralen Bauwerken. Dem Heiligen in dem Grab unter schön ziseliertem Gitterwerk wurden Wunderwirkungen gegen Unfruchtbarkeit zugeschrieben. Oft sieht man deshalb Frauen, die sich hier zum Gebet und Gelübde niederlassen.

Von Harun al-Velayat aus geht man entweder durch die gleichnamige Gasse zurück zum Meydan-e Qiyam oder man hält sich links und folgt den Bazargassen in Richtung Süden bis zum Qeisariyeh-Tor des Bazars.

Jenseits des Zayandeh Rud

Armenierviertel Jolfa

Auf der südlichen Seite des Flusses ist vor allem das Armenierviertel Jolfa sehenswert. Zwar ist die armenische Gemeinde in Isfahan auf wenige Tausend Menschen zusammengeschrumpft, trotzdem gibt es noch etwa ein Dutzend armenische Kirchen in diesem Viertel. Allerdings fallen sie kaum auf, weil sie sich mit ihren schlichten Backsteinkuppeln der Umgebung völlig anpassen.

Wenn man der Kh. Chahar Baq-e Bala von der Brücke Sio-seh Pol aus etwa 400 m nach Süden folgt, gelangt zur Kreuzung der Kh. Nazar. An einigen Geschäften sind die Schaufenster auf Armenisch beschriftet. Man folgt der Kh. Nazar in westlicher Richtung etwa 250 m, bis südlich der Straße die Kuppel der **Kirche St. Bethlehem** auftaucht. Sie liegt am Rande des Meydan-e Jolfa, südlich davon befindet

137i Foto: hn

Glockenturm der Vank-Kathedrale in Jolfa

sich die **Kirche der Heiligen Mutter Gottes.**

Man folgt der Gasse in Richtung Westen entlang einer Mauer und biegt anschließend links in die Vank-Gasse ein, wo sich der Eingang zu einer ehemaligen Klosteranlage mit der **Erlöserkirche** im Zentrum findet (täglich 9 bis 17 Uhr, Eintritt 200 Tuman). Links des Eingangs erinnert ein Mahnmal an die Opfer des Völkermords von 1915 an den Armeniern im Osmanischen Reich. Bei dem vollständig aus Ziegeln erbauten Kirchenbau lässt erst einmal nichts außer dem separat stehenden Glockenturm zur Rechten und den dezenten Dekorationen mit dem Kreuz im oberen Teil der Fassade an eine christliche Glaubensstätte denken. Durch ein Portal in Form eines Doppelbogens geht man, vorbei an Gedenktafeln und Grabsteinen des Stifters, zum Eingang der Kirche, die heute als **Museum** dient. Der Innenraum ist an den Wänden und unter der Kuppel vollständig ausgemalt, den ganzen Raum umlaufen Fliesenfelder nach iranisch-islamischen Vorbildern. Dennoch ist das eigenständig Armenische deutlich sichtbar, vor allem in Form der **Wandgemälde** mit Szenen aus dem Neuen Testament und der Kirchengeschichte der Armenier, die stolz darauf sind, als erstes Volk in der Geschichte das christliche Bekenntnis übernommen zu haben. Eine Szenenfolge im unteren Bildfries links des Eingangs erinnert an die Mission des hl. *Gregor* und sein Martyrium: Auf einem Bild ist der damalige heidnische König Armeniens als Schwein mit Krone dargestellt, nur eine der teils sehr drastischen Abbildungen.

An die Geschichte der Armenier, vor allem die auf iranischem Boden, erinnert auch das **Museum** gegenüber der Kirche. In zwei Stockwerken sind zahlreiche Exponate wie Handschriften, Trachten, Bücher, Gemälde und Fliesen zusammengetragen.

Stadtteil Takht-e Fulad

Die anderen Stadtteile südlich des Zayandeh Rud sind im wesentlichen modern. Im Stadtteil Takht-e Fulad, südlich der Brücke Pol-e Khadju, gibt es eine auffällige Häufung von **Friedhöfen.** Die älteren liegen in der Umgebung des **Grabmals von Baba Rokn ad-Din** am Ende der gleichnamigen Gasse, die bei der Moschee Rokn ol-Molk von der Kh. Feyz abzweigt. Es wurde auf Anordnung von *Shah Abbas* zu Ehren eines in Isfahan berühmten Heiligen erbaut und 1629 fertig gestellt. Der Marmorsarkophag von Baba Rokn ad-Din ruht unter einer Kuppel, über der sich ein zehneckiges Spitzdach mit türkisfarbenen Ziegeln erhebt.

Wenige Meter südlich des Grabmals verläuft die Kh Azadegan. Wenn man ihr nach Osten folgt, gelangt man nach etwa 150 m zu einem Rondell, in dessen Mitte ein **Taubenturm** renoviert wurde. In der Umgebung findet man noch zahlreiche dieser rundgemauerten Türme, in denen früher die Tauben ihren Dünger ablegten, der dann für die Landwirtschaft genutzt wurde. Weitere 100 m östlich liegt der ausgedehnte **Friedhof Golestan-e Shohada** („Rosengarten der Märtyrer") mit Zehntausenden von Gräbern von Gefallenen des Krieges gegen den Irak.

138i Foto: hn

Taubenturm

Praktische Tipps

- **Telefonvorwahl Isfahan:** 0311

Information

- Eine sehr hilfsbereite **Tourist-Information** befindet sich am Meydan, links vor dem Eingang zum Ali-Qapu-Palast.
- Eine Informationsstelle des **Ministeriums für Islamische Führung** (auch zuständig für Tourismus) befindet sich in der Kh. Vali Asr/Ecke Kh. Dameshq.
- Die Zentrale der **Iran Touring and Tourism Organisation (ITTO)** in der Kh.Azadi/Ecke Kh. Rudaki bietet ebenfalls Informationsmaterial.
- Auch eine spezielle **Touristenpolizei** gibt es in Isfahan, die Station befindet sich auf dem Mittelstreifen der Kh. Chahar Baq bei der Kreuzung Kh. Amadegah.

Geldwechsel

● **Bank-e Melli** in der Kh. Sepah, 150 m westlich vom Meydan-e Imam, **Bank-e Mellat** am Meydan-e Imam Hossein, verschiedene Banken innerhalb des Bazars.

Post und Telefon

● Ein **Postamt** gibt es in der Kh. Neshat; internationale Telefongespräche kann man in der **Telefonzentrale** in der Kh. Sh. Beheshti-Nejad führen.

Internetcafés

● Internetcafé im **Hotel Amir Kabir** (s.u.), mehrere an der Kh. Chahar Baq und rund um den Meydan-e Enqelab.

Visumverlängerung

● **Atba'e khareje** (Department of Foreigner's Affairs) in der Kh. Chahar Baq-e Bala, gegenüber der Universität, 1. Stock, 7:30–12:30 Uhr außer freitags. Zügige Abfertigung, Bearbeitung i.d. Regel nicht länger als 1 Std.

Medizinische Versorgung

Krankenhäuser:

● **Bimarestan-e Amin,** Kh. Ibn Sina, Tel. 2229091.

● **Bimarestan-e Mehregan,** Kh. Sheikh Baha'i, Tel. 2338848.

Apotheken:

● **Isfahan** in der Kh. Amadegah (östlich Hotel Abbasi), tags und nachts geöffnet.

● **Edalat** in der Kh. Chahar Baq-e Bala (südlich des Flusses), tags und nachts geöffnet.

Unterkunft

Isfahan verfügt über zahlreiche Hotels aller Kategorien. Viele einfache Häuser findet man in der Kh. Chahar Baq-e Pa'in zwischen Takhti-Kreuzung und Zayandeh Rud. Auch bei beiden Bus-Terminals gibt es ein Hotel.

● Das bekannteste Hotel nicht nur in Isfahan, sondern wahrscheinlich in ganz Iran ist das **Hotel Abbasi** €€€ (s. auch „Sehenswertes") in der Kh. Amadegah, Tel. 2226010/17, Fax 2226008, info@abbasihotel.com, www.abbasihotel.com. Die schönsten Zimmer sind diejenigen um den Innenhof, sie sind deshalb auch nicht leicht zu bekommen. Die Pracht der Zimmer im Eingangstrakt ist merklich verblichen, ebenso wie die im Nebentrakt an der Ostseite. Die Preise sind mit 96 US$ für ein EZ bzw. ab 144 US$ für ein DZ recht moderat für ein Haus dieser Kategorie. Auch wenn man nicht hier wohnt, lohnt in jedem Fall ein Besuch des Restaurants (nicht wegen des Essens, sondern wegen des Interieurs) und des Teehauses im Innenhof.

● Das zweite „Luxushotel", das **Kowsar** €€€, ist ein Hotelhochhaus ohne jegliche Atmosphäre. Es liegt jenseits des Zayandeh Rud gegenüber der Brücke Sio-o seh pol (Tel. 240230-9, Fax 249975), EZ ab 80 US$, DZ ab 120 US$.

● Direkt an der Kh. Chahar Baq kurz vor der Brücke liegt das **Hotel Ali Qapu** €€€, dem eine Renovierung gut täte. EZ ab 60 US$, DZ ab 85 US$, Tel. 0311 231282-4, Fax 239519.

● In der mittleren Kategorie ist das **Hotel Sadaf** €€€ zu empfeheln, ein kleines, privat geführtes Haus in der Kh. Hafez unweit des Meydan-e Imam, Tel. 220422, Fax 2202988. Hier ist man ab 55 US$ im EZ gut aufgehoben und wohnt nah bei den Sehenswürdigkeiten.

● Eine gute Wahl unter den einfachen Hotels ist das **Pol-o Park** € direkt gegenüber der Si-o seh pol auf der südlichen Seite des Flusses, EZ 20 US$, DZ 30 US$.

● Der „Traveller-Tipp" ist das **Hotel Amir Kabir** € in der Kh. Chahar Baq unweit der Takhti-Kreuzung, Tel./Fax 236813. Für ca. 6000 Tuman bekommt man ein DZ, allerdings ohne Anspruch auf Sauberkeit. Positiv: Internet-Zugang und Wäscherei.

Essen und Trinken

Eine Isfahaner Spezialität ist *Beryani,* kleingeschnitenes Lammfleisch mit Zwiebeln und Gewürzen. Es wird nicht mit Reis, sondern mit Brot *(nan sangak)* serviert. In den meisten Restaurants ist es jedoch nicht zu bekommen, eher in den kleinen **Garküchen** in der Nähe des Bazars.

● Als bekanntestes Restaurant Isfahans gilt das **Shahrzad** in der Kh. Abbasabad (ca. 50 m südlich des Hotel Ali Qapu) im 1. Stock. Hier stehen nicht Kebabs im Mittelpunkt, sondern eine breite Palette der persischen Küche wird angeboten. Die Einrichtung ist im klassischen Isfahaner Stil gehalten. Besonders in der Touristensaison ist das Shahrzad oft überfüllt, Reservierung ist angeraten. Tel. 231800.

● Das Restaurant im **Hotel Abbasi** (s.o.) ist nicht schlecht und nicht einmal besonders teuer. Ausgezeichnet schmeckt hier *khoresht-e fesendjan.*

● Am Meydane-Imam gibt es ein ausgezeichnetes Restaurant hinter den Arkaden an der Südost-Ecke, die **Traditional Banquet Hall.** Hier empfiehlt es sich besonders mittags zu reservieren, weil viele Touristengruppen einkehren (Tel. 2219068).

● Ein weiteres Restaurant mit Teehaus, das **Sofrehkhaneh,** wurde kürzlich im 1. Stock der Arkaden am Meydan-e Imam eröffnet. *Abgusht* und *Kebab* im Schatten der Kuppel – sehr zu empfehlen. Aufgang durch die Passage links neben der Lotfollah-Moschee (⇨„Sehenswertes").

Überlandbusse

● Der moderne **Kaveh-Terminal** liegt am gleichnamigen Boulevard, der Verlängerung der Kh. Chahar Baq nach Norden. In einem modernen Bahnhofsgebäude werden Tickets aller Busgesellschaften zu allen Städten Irans verkauft. Von dort aus verkehren Minibusse und Taxis ins Stadtzentrum.

● Der **Soffeh-Terminal** liegt im Süden der Stadt an der Ausfallstraße nach Shiraz. Auch von hier verkehren Busse zu allen Städten.

Bahn

Der **Bahnhof** liegt weit außerhalb der Stadt (Information Tel. 6686753). Minibusse fahren ab Meydan-e Ahmadad. Außerdem gibt es einen Bus, der eine Stunde vor Abfahrt des Zuges vom Hotel Kowsar (s.o.) aus fährt. Für den Bus ist die Bahnfahrkarte vorzulegen. Eine **Verkaufsstelle für Tickets** befindet sich am Meydan-e Enqelab, Tel. 224425.

Autovermietung

● **Europcar-Station Isfahan,** 2 Meydan-e Felestin, Kh. Amadegah, Tel. 2215702, Fax 2216058, isfahan@europcariran.com.

● **Autos mit Fahrer** kann man auch bei den Reiseagenturen oder bei speziellen Taxi-Agenturen *(ajans)* mieten, von denen es in jedem Stadtviertel zahlreiche gibt.

Reiseagenturen

● Wegen ihres guten Service ist die Agentur **Donya-ye Parvaz** bekannt, direkt am südlichen Ende der Brücke Si-o seh pol, Tel. 6610163, donyayeparvaz@parsiannet.com.

● Gegenüber vom Hotel Abbasi ist die Agentur **Iran Travel,** Tel. 220990, Fax 228576, irantravel@yahoo.com. Dort gibt es auch ein **Iran-Air-Büro** (Tel. 2221045); ein weiteres befindet sich in der Kh. Chahar Baq auf der östlichen Seite, etwa in Höhe des Hotel Ali Qapu.

139i Foto: hn

Umgebung von Isfahan

Wegen der großen Bedeutung der Stadt Isfahan ist auch ihre Umgebung reich an Sehenswürdigkeiten. Ein **Halbtagesausflug** ist z.B. die Besichtigung der Menar Djonban (Schwingende Minarette), des Ateshgah und zum Abschluss von Pir Bakran. Die beiden erstgenannten Ziele sind mit Sammeltaxis von Isfahan aus zu erreichen, nach Pir Bakran braucht man ein Taxi.

Schwingende Minarette

Von der Kh. Chahar Baq, etwa in Höhe des Gartenpalastes Hasht Behesht, zweigt in westlicher Richtung die Kh. Sheikh Bahai ab, die in Richtung Nadjafabad führt. Nach ca. 4 km erreicht man rechts der Straße einen kleinen Garten mit dem **Grabmal des Sufi-Scheichs Amu Abdollah** aus dem 14. Jh. Der mit tiefblauen Fliesen geschmückte, offene Bau mit zwei Stummelminaretten ragt im Vergleich zu anderen Grabbauten Isfahans kaum hervor, die Iraner jedoch bewundern ihn als die „Schwingenden Minarette“. Wie bei vielen Ziegelbauten aus dem Mittelalter wurden **Holzbalken** zum Schwankungsausgleich in die Mauern eingelassen. Mit solchen sind die beiden Minarette verbunden, sodass, wenn man das eine in Schwingungen versetzt, sich auch das andere bewegt.

- **Menar Djonban,** täglich 9 bis 17 Uhr, Eintritt 200 Tuman.

Die „Schwingenden Minarette“

Ateshgah

Einen weiteren Kilometer westlich liegt ein ca. 100 m hoher Felshügel mit einem restaurierten Rundbau auf der Spitze. Er wird von den Einheimischen als Ateshgah, **Feuertempel,** bezeichnet, obwohl der Befund in keiner Weise dafür spricht. Die Baureste an der Nordseite des Hügels stammen alle aus islamischer Zeit. Der Aufstieg ist etwas mühsam und bei rutschigem Untergrund nicht ungefährlich. Einmal auf der Spitze angekommen, wird man mit einem schönen Ausblick auf die umliegenden Gärten und das Tal des Zayandeh Rud belohnt, etliche **Taubentürme** ragen über die Baumwipfel empor. Im Osten sind bei klarem Wetter die Kuppeln der Isfahaner Moscheen zu erkennen.

Pir Bakran

Von hier aus geht es entweder zurück nach Isfahan oder zur Weiterfahrt nach Pir Bakran zuerst nach Khomeyni Shahr, von wo aus eine Straße nach Süden über etwa 20 km nach Pir Bakran abzweigt. An der Stelle des heutigen Ortes lag im 11. Jh. eine bedeutende Stadt namens Landjan, in die sich *Ferdowsi,* der Dichter des Nationalepos „Shahnameh“, für einige Zeit zurückgezogen haben soll. Hier ist ein **Grabbau** vom Beginn des 14. Jh. erhalten, der wegen seines Stuck-Mehrab, seiner Fliesenarbeiten und der Schriftbänder berühmt ist. Gewidmet ist er dem **Sufi-Meister Pir Bakran,** der an dieser Stelle im 8. Jh. seinen Unterricht abhielt.

In der Provinz Isfahan

Natanz

↗ X/B3

Nördlich und nordöstlich von Isfahan gibt es eine Reihe sehr alter Städte, die sich sowohl im Rahmen eines Tagesausflugs von Isfahan besuchen lassen als auch auf dem Weg von Isfahan nach Kashan (Natanz, Abyaneh) oder nach Yazd (Na'in).

Wenn man früh aufbricht, nimmt man am besten die Straße in Richtung Teheran und biegt etwa 50 km nördlich von Isfahan bei einer Tankstelle in Richtung Natanz und Kashan ab. Natanz liegt etwa 70 km von der Abzweigung entfernt am Fuße des knapp 3900 m hohen Kuh-e Karkas. Schon in sasanidischer Zeit war es ein beliebter Jagdgrund für die damaligen Herrscher, auch der safavidische Hof zog gern von Isfahan zur Jagd hierher. Heute ist Natanz ein belebter Marktflecken in einer Höhe von 1565 m; besonders mittwochs, wenn die Bauern der Umgebung zum Markt in die Stadt kommen, um ihr Obst zu verkaufen, ist das Stadtzentrum dicht bevölkert.

Unweit des Zentrums, schon von weitem sichtbar, liegt die **Freitagsmoschee** von Natanz mit ihrem hoch aufstrebenden Minarett. Der Baukomplex, an einem kleinen Platz mit einer weit ausladenden Platane gelegen, ist etwas unübersichtlich, aber äußerst eindrucksvoll. Ganz zur Linken liegt das Eingangsportal zu einem Khanegah, einem Sufi-Konvent, dessen Gebäude nicht mehr erhalten ist. Das Portal vom Anfang des 14. Jh. besitzt besonders schöne Fliesenpartien und Schriftbänder.

140i Foto: hn

Links führt eine Gasse zu einer Gruppe verfallener Häuser, hinter denen die Reste eines Chahar Taq, eines sasanidischen Feuertempels, zu finden sind. Rechts des Portals gelangt man über eine Holztür in einen Gang, der zum Hof der alten Freitagsmoschee führt. Ursprünglich stand hier ein einzelner achteckiger Gebetssaal mit heute zumeist vergangenen Stuckdekorationen, der im 13. Jh. um einen Hof mit Iwanen erweitert wurde. Wie so oft bei Moscheen, verläuft unterhalb des Hofs ein Qanat (Kanal), zu dem eine Treppe hinunterführt. Auf dem Rückweg führt von dem Gang rechts eine Tür zur Grabkammer des *Abd as-Samad al-Isfahani* von 1307. Der eindrucksvolle Innenraum ist vollständig mit Stuck verkleidet, aus den Ecken springen tief ausgearbeitete Dreiviertelsäulen aus Stuck hervor. Besonders fein mit kunstvollem Moqarnas ist die Kuppel aufgelöst, bei der im Inneren vollständig auf farbige Fliesen verzichtet wurde. Die äußere Form ist als achteckiges Spitzdach mit türkisfarbenen Fliesen ausgeführt.

Krokusfeld bei Natanz – aus den Blütenfarben wird Safran gewonnen

Natanz ist neben seinem Obst auch für **Töpferware** bekannt. Gegenüber dem Eingang zur Freitagsmoschee in einer kleinen Gasse kann man einen Töpfer bei der Arbeit beobachten und seine Waren kaufen. Am Ende der Gasse liegt der Eingang zu einer einfachen Husseiniyeh, einer Art **Freilichtbühne** zur Aufführung von Dramen religiösen Inhalts während des Trauermonats Moharram.

Unterkunft

- In Natanz gibt es ein einfaches Hotel, das **Saraban** €, Tel. 0362422-2602-3.

Abyaneh

↗ X/A3

Um nach Abyaneh zu gelangen, nimmt man von Natanz die Straße nach Nordwesten in Richtung Kashan. Nach gut 20 km zweigt eine Straße links ab, die nach weiteren 20 km in Abyaneh endet. Der Ort ist in ganz Iran wegen seiner Einwohner bekannt, die auch lange nach der Islamisierung der **Lehre Zarathustras** treu blieben. Erst *Isma'il I.* „bekehrte" sie mit Gewalt zur Shi'a. In ihrer Abgeschiedenheit am Nordabhang des Karkas-Gebirges haben die Bewohner ihre Eigenheiten dennoch behalten. Sie sprechen einen **Dialekt,** der noch sehr stark dem Mittelpersischen ähnelt; die Frauen tragen zumeist keinen Chador.

Bevor man das Dorf erreicht, verläuft die Straße direkt durch die **Ruinen eines Feuertempels.** Die Häuser winden sich den Berg hinauf, die Dächer der unten liegenden bilden die Wege der darüber gebauten. Etwa 250 m vom Feuertempel entfernt gibt es in derselben Gasse eine Moschee, vermutlich aus safavidischer Zeit, mit einem sehr alten, aus Holz gearbeiteten Mehrab. Die Menschen in Abyaneh sind freundlich und auch ein wenig geschäftstüchtig. Sie verkaufen Touristen gern selbst gebastelte Gegenstände und getrocknetes Obst.

Siedlungsspuren bei Arisman

Der Rückweg führt zurück zur Hauptstraße. Etwa 10 km weiter in östlicher Richtung machten iranische und deutsche Archäologen bei dem Dorf Arisman sensationelle Entdeckungen: Auf einem ausgedehnten Gelände wurden Siedlungen aus dem 3. Jtsd. v. Chr. und einige **Schmelzöfen** freigelegt. Offensichtlich ist schon in dieser frühen Zeit am Abhang des Karkas-Gebirges Kupfer gefördert und verhüttet worden. Bislang sind diese Fundorte jedoch noch nicht für die Öffentlichkeit freigegeben.

Ardestan

↗ X/B3

Von Natanz sind es etwa 80 km bis Ardestan, wo es eine der frühesten Vier-Iwan-Moscheen Irans gibt. Die ältesten Teile der **Freitagsmoschee** im Zentrum des Ortes gehen auf das frühe 11. Jh. zurück, der Gebetssaal kam gegen 1090 dazu. Mitte des 12. Jh. dann wurde der Bau mit einem Hof mit Iwanen versehen; der sehenswerte Stuck-Mehrab wurde in der Mongolenzeit umgestaltet. Zwei weitere Gebetsnischen befinden sich in dem Raum an der Südostecke der Anlage.

Zavareh
↗ X/B3

Wer ein ausgeprägtes Interesse an frühen Moscheen hat, kann 12 km östlich von Ardestan im Zentrum des Ortes Zavareh die **Freitagsmoschee** von 1135 besichtigen, die noch ein wenig älter als die von Ardestan ist und ebenfalls einen sehr schönen Stuck-Mehrab besitzt.

Na'in
↗ X/B3

Von Ardestan nach Na'in sind es knapp 100 km auf der Hauptstraße in Richtung Yazd. Bei der Anfahrt von Isfahan ist nach 8 km von der Straße aus bei dem kleinen Ort **Gavert** eine Reihe von Taubentürmen zu sehen. Etwa 50 km vor Na'in laden zwei alte **Karawanserei-Gebäude** zu einer kleinen Pause ein. Sie dienen heute nicht mehr ihrem ursprünglichen Zweck, sondern als Ställe für Kamele.

Na'in ist ein Verkehrsknotenpunkt: Die Hauptfernstraße führt über Yazd in Richtung Pakistan oder Persischer Golf und eine Fernstraße über Anarak durch die **Kavir-Wüste** nach Damghan und über Tabas nach Mashhad. Die Geschichte der Stadt reicht zurück bis in die Sasaniden-Zeit, berühmt ist sie in der ganzen Welt wegen ihrer **Teppiche** mit feinen Arabesken und Medaillons auf blauem, grünem oder cremefarbenem Grund.

Freitagsmoschee

Das bekannteste Bauwerk der Stadt, die Freitagsmoschee aus dem 10. Jh. (täglich 9–17 Uhr, Eintritt 200 Tuman), liegt am Rande des heutigen Zentrums. Schon bei der Annäherung fällt ein deutlicher Unterschied zu bisher gesehenen Moscheen auf: Alles ist aus **Ziegeln** erbaut, das Minarett erinnert an **arabische Vorbilder,** ein Eingangsportal gibt es nicht. Ein kleiner Durchgang führt hinein in den Innenhof, der von mehreren Säulenhallen umgeben ist. An der Nordseite befindet sich eine erhöhte Loge nach dem Muster einer arabischen Maqsura. Ihr direkt gegenüber liegt der Gebetssaal mit einem besonders schönen Stuck-Mehrab. Er ist wie die beiden Säulen rechts und links und die Unterseiten der Bögen üppig mit tief ausgeschnittenen Weinranken- und Traubenmotiven dekoriert.

Die Moschee verfügt auch über einen Wintergebetssaal, der einen geduckten und fast wehrhaften Eindruck macht. Man erreicht ihn über Treppen an zwei Seiten des Hofs.

Ethnologisches Museum

Direkt gegenüber der Freitagsmoschee führt ein Eingang in ein **safavidisches Herrenhaus,** das vor einigen Jahren mithilfe großer Eigeninitiative von Einwohnern aus Na'in zu einem Ethnologischen Museum, dem **Kavir-Museum,** umgebaut wurde (täglich 9–17 Uhr, Eintritt 200 Tuman). Um einen Innenhof sind die Räume in zwei Stockwerken angeordnet, darunter liegen zwei offene Empfangsräume mit

141i Foto: hn

gediegenen Malereien auf Stuck. In mehreren Räumen sind Exponate ausgestellt, wie sie für die Gegend am Rande der Wüste Kavir typisch sind, in einem Raum ist auch ein kleiner Knüpfstuhl sowie ein Webstuhl zum Weben von Kamelhaarwolle aufgebaut.

Im unteren Geschoss lädt ein kleines Teehaus zum Verweilen in ruhiger und entspannter Atmosphäre ein. Das Viertel mit alten Lehmbauten am Rande des Moscheegeländes ist leider weitgehend zerstört, viele Bauten sind in sich zusammengesunken.

Mohammadiayeh

In unmittelbarer Nähe von Na'in, in Mohammadiayeh, hat sich vermutlich die **vorislamische Stadt Na'in** befunden. Am letzten Kreisverkehr an der Ausfahrt vom Zentrum hält man sich links und sieht bald die Reste einer alten **Festungsanlage** auf einem Hügel vor sich. Nach etwa zwei Kilometern erreicht man das Zentrum des Dorfes mit mehreren alten **Windtürmen.** Kleine Erdkuppeln mit Holztüren bilden den Zugang zu unterirdischen Kam-

Windturm des Khane-ye Boroudjerdiha in Kashan

mern, wo noch heute Kamelhaarwolle gewebt wird, weil es dort im Sommer kühler ist. Von hier führt eine Gasse nach rechts zur alten **Freitagsmoschee** mit unterirdischem Gebetssaal. Sie wurde zwar renoviert, jedoch nach originalem Vorbild. Einige Schnitzereien an der hölzernen Gebetskanzel stammen wahrscheinlich noch aus dem 11. Jh. Nur ein kleines Stück nördlich der Freitagsmoschee liegt eine weitere Moschee, die vermutlich auch aus dem 10. oder 11. Jh. stammt.

Unterkunft

- In Na'in gibt es ein gut geführtes und ähnlich wie eine Karawanserei eingerichtetes **Tourist Inn** €€, das auch über ein gutes Restaurant verfügt. Kh. Shahid Rajaie, Tel. 0323-2253081, Fax 0323-2253665, Naeen@ittic.com, DZ 35 US$.

Kashan

X/A2

Kashan liegt etwa 200 km nördlich der Provinzhauptstadt und gehört noch zur Provinz Isfahan. Es wird zumeist auf dem Weg von und nach Isfahan besucht, hat aber so viele Sehenswürdigkeiten, dass es sich lohnt, auch länger zu verweilen.

Kashan und seine Vorläufersiedlungen gehören zu den am längsten besiedelten Plätzen auf dem iranischen Hochland. Der Grund ist eine äußerst ergiebige Quelle in der Nähe der Stadt, die noch heute die ehemaligen königlichen Gärten (Baq-e Fin) bewässert. Das heutige Kashan geht zurück auf die islamische Zeit, die ältesten Bauwerke reichen zurück bis in die seldjukische Epoche. Kashan war zu jener Zeit eine wichtige Handelsstadt am Rande der Kavir-Wüste. Große Bedeutung hatte sie auch für die Entwicklung der Keramik ab dem 12. Jh., als die Technik der glasierten Fliesen sich zu entwicklen begann, diese Art Fliesen werden in Iran noch heute *kashis* genannt. Auch Teppiche aus Kashan, oft mit Garten- und Blumenmotiven, sind sehr bekannt. Großer Beliebtheit erfreute sich die Stadt bei den Safaviden, u.a. weil hier ihr Vorfahr *Habib ibn Mussa* begraben liegt. In dessen Grabbau fand auch *Abbas der Große* seine letzte Ruhestätte, sein Sohn *Safi II.* starb hier 1642 und sein Enkel *Abbas II.* wurde in Kashan gekrönt.

Sehenswertes im Zentrum

Besichtigungen beginnt man am besten südlich des Bazars am **Meydan-e Kamal ol-Molk.** Er stammt in seiner heutigen Form aus dem 19. Jh. und verfügt noch über eine durchgehend gedeckte Gasse mit Nebengassen und historischen Gebäuden. Etwa 50 m nördlich des Platzes führt ein Eingang rechts in den **Bazar** hinein. In der Nähe des Goldbazars zur Rechten liegt die **Medrese-ye Soltaniye,** eine Hofanlage mit vier Iwanen aus dem 19. Jh., heute nach *Khomeini* benannt. Um den Innenhof mit kreuzförmigem Wasserbecken herum sind die Wohn- und Unterrichtsräume angelegt.

Zurück in der Hauptgasse folgt als nächstes die **Timche** des *Amin al-Dowleh,* ein großer Innenhof, um den

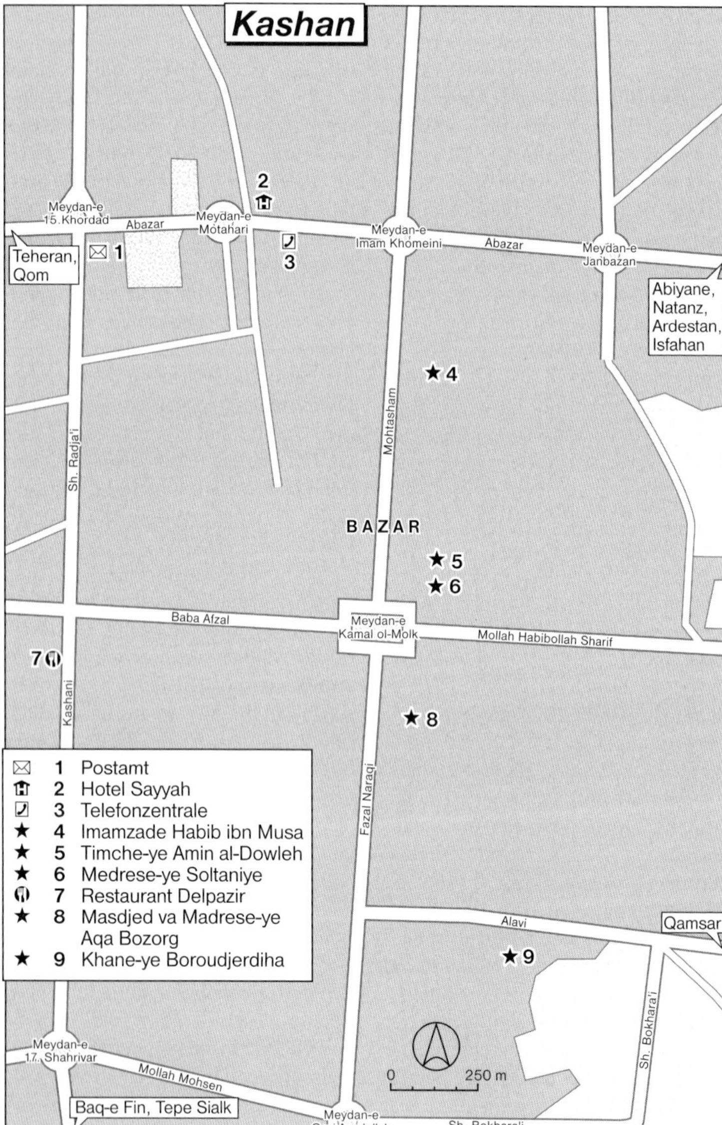
Kashan
Meydan-e 15. Khordad
Abazar
Meydan-e Motahari
Meydan-e Imam Khomeini
Abazar
Meydan-e Janbazan
Teheran, Qom
Abiyane, Natanz, Ardestan, Isfahan
Sh. Radja'i
Mohtasham
BAZAR
Baba Afzal
Meydan-e Kamal ol-Molk
Mollah Habibollah Sharif
Kashani
Fazal Naraqi
Alavi
Qamsar
Sh. Bokhara'i
Meydan-e 17. Shahrivar
Mollah Mohsen
Baq-e Fin, Tepe Sialk
Meydan-e Qazi Asadollah
Sh. Bokhara'i
0 250 m
1 Postamt
2 Hotel Sayyah
3 Telefonzentrale
4 Imamzade Habib ibn Musa
5 Timche-ye Amin al-Dowleh
6 Medrese-ye Soltaniye
7 Restaurant Delpazir
8 Masdjed va Madrese-ye Aqa Bozorg
9 Khane-ye Boroudjerdiha

in drei Stockwerken Büro- und Verkaufsräume sowie Lagerräume angelegt sind. Eine Zentralkuppel mit vier darum gruppierten kleineren Kuppeln, alle mit Lichtöffnungen versehen, schaffen eine beschauliche Atmosphäre abseits vom Trubel des Bazars. Eine Treppe führt zum Dach hinauf, von wo sich die Bauweise der Kuppeln am besten erschließt und man einen schönen **Rundblick über die Altstadt** genießt. Viele der älteren Häuser haben wegen des sehr heißen Klimas im Sommer Windtürme zur Kühlung.

Kurz hinter der Timcheh folgt das **Hamam-e Khan,** Mitte des 19. Jh. als Badehaus erbaut, das heute als Teehaus dient. Kurz vor dem Ende der Hauptgasse liegt die **Masdjed-e Mir Emad,** auch *Masdjed-e Maydan* genannt. Ein früherer Bau an dieser Stelle wurde beim Mongoleneinfall 1221 zerstört, der Mehrab dieser Anlage befindet sich im Museum für Islamische Kunst in Berlin. Mitte des 15. Jh. stiftete der Timuride *Emad ad-Din* einen Neubau, der danach mehrfach renoviert wurde.

Jenseits des Bazars in der Kh. Ziyarat-e Habib, die von der Kh. Imam Khomeini aus zu erreichen ist, liegt der **Grabbau von Habib ibn Musa,** erbaut im 13. Jh. und in safavidischer Zeit ausgebaut. Shah Abbas ruht rechts vom Eingang unter einem Grabstein aus schwarzem, poliertem Stein.

Südlich des Meydan-e Kamal ol-Molk in der Nähe der Kh. Fazel Naraqi liegt ein großer Komplex, bestehend aus einer **Medrese** und einer **Moschee,** beide in der zweiten Häfte des 19. Jh. erbaut für den Religionsgelehrten *Mullah Naraqi II.,* dessen Beiname *Aqa Bozorg* („der Große Herr") lautete. Die Anlage zählt zu den schönsten Beispielen von Moscheen aus der Qadjaren-Epoche. Der Zugang durch ein zweistöckiges Portal mit Doppelminarett und drei Eingängen liegt an der Nordseite. Von hier aus gelangt man in den Moscheehof mit zwei Iwanen und einem tiefer angeordneten Innenhof, um den sich die Wohn- und Unterrichtsräume der Medrese gruppieren. Eindrucksvoll ist der Kontrast zwischen der überwiegenden Naturfarbe der Ziegel und den sparsam, aber effektvoll eingearbeiteten Fliesenpartien mit ungewöhnlich dezenten Blau-, Gelb- und Rottönen (tägl. 9 bis 17 Uhr, Eintritt 200 Tuman).

Von der Kh. Fazel Naraqi zweigt in südlicher Richtung die Kh. Alavi ab. In einer ihrer Seitengassen wurde ein altes **Herrenhaus einer Kashaner Kaufmannsfamilie** aus dem 19. Jh. renoviert, das Khane-ye Boroudjerdiha. Gemäß der klassischen orientalischen Architektur gliederte es sich in einen „öffentlich" (*biruni,* das Äußere) und einen „privat" (*andaruni,* das Innere) genannten Teil. Der öffentliche Teil ist zur Besichtigung freigegeben, während der private noch von einem Nachkommen des früheren Besitzers bewohnt wird (täglich 9 bis 17 Uhr, Eintritt 200 Tuman). Um einen Innenhof mit Wasserbecken und kleiner Gartenanlage gruppieren sich die zweistöckigen, teils offenen Gebäudetrakte, die mit Holztüren verschließbar sind. Der überkuppelte Hauptempfangssaal ist besonders aufwendig dekoriert, auf die Kuppel ist eine kunstvolle Kombination von Lichtöffnung und Windturm aufgesetzt. Neben dem Haus der *Boroudjerdi* wurden weitere Privathäuser renoviert und zur Besichtigung freigegeben, z.B. das der *Tabataba'is* und das der *Abbassians.*

Archäologische Stätte Tepe Sialk

Vom Meydan-e 17. Shahrivar führt die Straße nach Südwesten in Richtung Tepe Sialk und zum Baq-e Fin, der etwa 7 km vom Stadtzentrum entfernt liegt. Sammeltaxis verkehren ständig in beiden Richtungen. Tepe Sialk, der **prähistorische Siedlungshügel von Kashan,** liegt etwa 5 km außerhalb der heutigen Stadt rechts der Straße. Die ältesten dort gefundenen Artefakte stammen aus dem 5. Jtsd. v. Chr., darunter eine der ältesten bekannten Darstellungen des nahöstlichen Menschen, ein Mann mit Kopfbedeckung und Lendentuch, in einen Messergriff geschnitzt. Dabei weiß man so gut wie nichts darüber, welche Menschen hier über mehrere Jahrtausende ihre Lehmziegelhäuser übereinander errichtet haben. Gefunden wurden Stein- und Metallwerkzeuge, Keramik, Grabstätten mit Beigaben u.Ä.

Gegen 800 v. Chr. wurde die Stadt angegriffen, zerstört und nicht wieder besiedelt. Der Besuch der beiden heute noch sichtbaren Ausgrabungshügel lohnt vor allem für archäologisch Interessierte. Die meisten Fundstücke aus Tepe Sialk sind in den Museen in Teheran und Paris aufbewahrt.

142i Foto: hn

Garten Baq-e Fin

Der auch als *Baq-e Shah* bezeichnete Garten (täglich 8 bis 18 Uhr, Eintritt 200 Tuman) wird gespeist von einer äußerst ergiebigen **Quelle,** die auch schon die früheren Gartenanlagen an dieser Stelle zur Zeit der Buyiden und Mongolen bewässerte. Im Anschluss fließt sie durch das Dorf Fin und bewässert zahlreiche Obstgärten, in früherer Zeit trieb sie auch eine Reihe von Wassermühlen an.

Ab 1590 ließ *Shah Abbas* den Garten nach dem Vorbild eines **persischen Paradiesgartens** ausbauen und mit einer umlaufenden Mauer versehen. Spätere Herrscher wie *Karim Khan Zand* und vor allem *Fath Ali Shah* zu Beginn des 19. Jh. ließen Erweiterungsbauten vornehmen.

Der Shah Abbas zugeschriebene, zweistöckige **Pavillon** im Zentrum wird durchflossen vom Hauptkanal des Gartens. Die übrigen **Kanäle** sind parallel dazu angelegt oder kreuzen ihn. An der Südostmauer, hinter einem kleinen, offenen Kuppelbau, der auf Fath Ali Shah zurückgeht, lädt ein **Teehaus** zur Entspannung ein. In die östliche Mauer sind zwei **Badehäuser** eingebaut, von denen das „Kleine Hammam" besondere historische Bedeutung besitzt: In ihm wurde 1852 der als Reformer bekannte Premierminister *Amir Kabir* auf Betreiben des Qadjarenherrschers *Nasreddin Shah* ermordet. Der rote Fleck an der Wand ist natürlich original ...

Schließlich sei noch das kleine Palais an der Westseite des Gartens erwähnt, in dem ein kleines **Museum** untergebracht ist, das u.a. Exponate aus dem nahen Tepe Sialk zeigt.

Etliche Läden am Ausgang des Gartens bieten **Rosenwasser** an, für dessen Produktion Kashan bekannt ist. Zentrum der Herstellung ist der Ort Qamsar, gut 30 km südlich von Kashan in den Bergen. Im Mai und Juni werden dort die Blütenblätter der Rosen gepflückt und destilliert.

Baq-e Fin in Kashan

Unterkunft

- In der Kh. Abazar im Zentrum ist das **Hotel Sayyah** €€ zu empfehlen, Tel. 0361-444535, Fax 444536, EZ 25 US$, DZ 40 US$. In der Nähe gibt es auch einige *mosaferkhaneh* (Gasthäuser).

Essen und Trinken

- Das beste Restaurant der Stadt ist das **Delpazir** in der Kh. Ayatollah Kashani (Tel. 0361-557804). In der Saison sorgt Mrs. Jane, die englische Ehefrau des Besitzers, für ein köstliches Büffet, wo auch Gerichte angeboten werden, die sonst in Restaurants kaum zu haben sind.

Verkehrsverbindungen

- Da Kashan an der Hauptstraße von Teheran nach Südosten liegt, passieren ständig **Busse** die Stadt, mit denen man an- und abreisen kann. **Busse und Minibusse** verkehren ab Meydan-e Imam Khomeini.
- Der **Bahnhof** liegt am östlichen Ende der Stadt, Verbindungen in Richtung Teheran und Isfahan gibt es täglich.

Die Provinzen Qom und Markazi

Überblick

Die Provinz Qom wurde 1995 als eigenständige Provinz von der **Zentralprovinz Markazi** (*markaz* = „zentral") abgetrennt. Beide zählen mit 1 Mio. bzw. 1,4 Mio. Einwohnern zu den kleineren Provinzen Irans. Dennoch ist ihre Bedeutung erheblich: Qom ist neben Mashhad das religiöse Zentrum des Landes und Arak, die Hauptstadt der Zentralprovinz, hat sich in den vergangenen Jahren zu einem industriellen Zentrum entwickelt. Städte wie Khomeyn, Delijan oder Saveh blicken auf eine lange Geschichte zurück. Außer Qom allerdings stand keine von ihnen jemals im Rampenlicht der Geschichte, was erklären mag, warum diese Gegend zu den weniger besuchten in Iran gehört.

Qom

↗ IX/D2

Qom, in 930 m Höhe rund 150 km südlich von Teheran **am Rande der Kavir-Wüste** gelegen, ist von Teheran über eine Autobahn zu erreichen. Man kann die Stadt von dort aus auch leicht im Rahmen eines Tagesausflugs besuchen.

In der Umgebung der Stadt gibt es zahlreiche Tongruben und deshalb auch viele Ziegeleien und **Keramikwerkstätten.** Der Reichtum Qoms jedoch gründet sich auf die Grabmoschee der Fatima, eine der **heiligsten Stätten der Schiiten,** die mit der Geschichte der Stadt aufs Engste verknüpft ist.

Nicht sicher ist, ob es schon in vorislamischer Zeit hier eine Stadt gab, schon um 720 jedoch siedelten sich arabische Stämme an, die zu den Anhängern *Alis* zählten. Seit jener Zeit gelten die Einwohner Qoms als **fanatische Schiiten.** *Hassan-e Sabah,* der Führer der Isma'iliten, wurde hier 1052 geboren. Wichtiger für die Geschichte der Stadt war jedoch, dass *Fatemeh,* die Tochter des siebten Imams *Musa al-Qasem* und Schwester des achten Imams *Reza,* im Jahre 816 auf dem Weg nach Tus in Khorasan in Saveh schwer erkrankte. Sie wurde nach Qom gebracht, wo sie verstarb und beigesetzt wurde. Über ihrem Grab entstand ein Heiligtum, das anfangs nur regionale Bedeutung hatte. Die Mongolen verschonten seinetwegen die Stadt nicht, sondern zerstörten sie fast vollständig.

Die große Zeit von Qom begann mit dem Aufstieg der Safaviden und der Zwangs-Schiitisierung ganz Irans. *Shah Abbas* ließ das Heiligtum in großem Umfang ausbauen, *Fath Ali Shah* ließ die Kuppel zu Beginn des 19. Jh. vergolden. Jedes Jahr strömen **Millionen von Pilgern** in die Stadt, insbesondere zu den Gedenktagen der Imame und im Trauermonat Moharram. Mit den Pilgern und den Zuwendungen für die religiösen Stiftungen, aber auch mit dem Verkauf von Grabplätzen strömt unablässig Geld nach Qom.

Die Geschichte von Qom als Stätte der schiitischen Gelehrsamkeit ist jüngeren Datums. Noch vor 100 Jahren standen seine Religionsschulen im Schatten von Mashhad und vor allem Nadschaf im Irak. Nach dem Ersten Weltkrieg verließen maßgebliche iranische Religionsgelehrte Nadschaf, das unter britischen Einfluss geraten war, und ließen sich in Qom nieder. Dadurch verbreitete sich das Ansehen der **religiösen Schulen,** vor allem der Medrese Feiziyeh. Zahlreiche Religionsschüler aus allen Regionen der

143i Foto: hn

Grabmoschee der Fatemeh in Qom

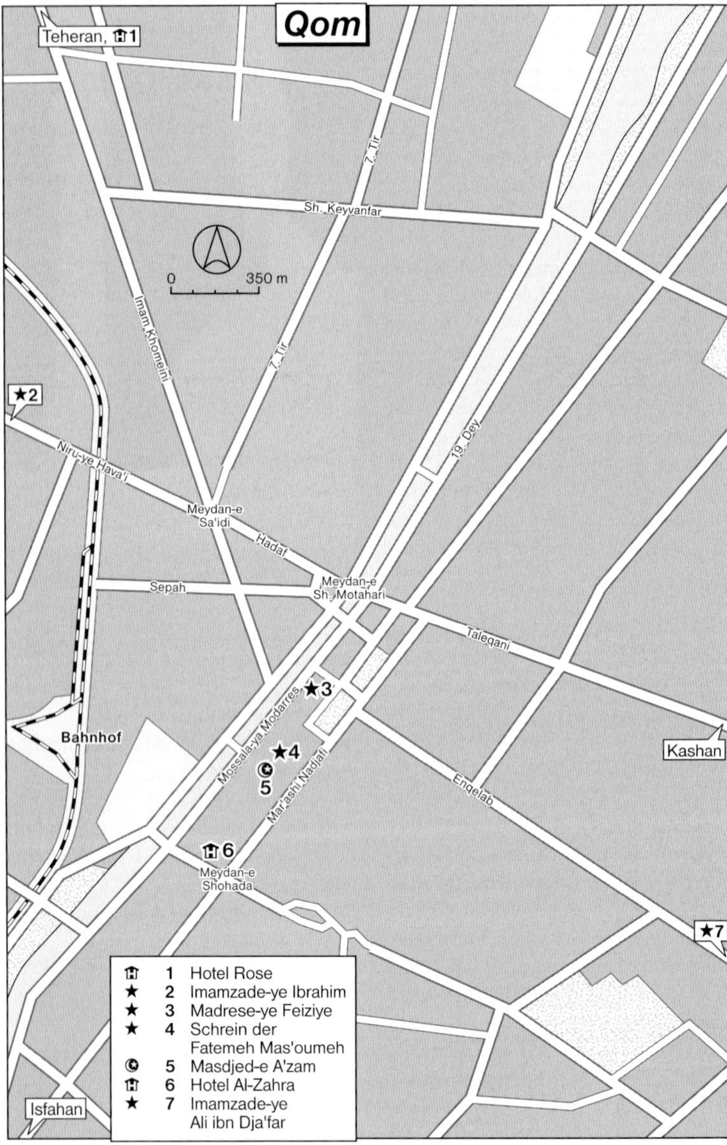
Qom
Teheran, 1
★2
0
350 m
Sh. Keyvanfar
7. Tir
Imam Khomeini
19. Dey
Niru-ye Hava'i
Meydan-e
Sa'idi
Hadaf
Sepah
Meydan-e
Sh. Motahari
Taleqani
★3
Mossala-ya Modarres
★4
5
Mar'ashi Nadjafi
Bahnhof
Kashan
Enqelab
6
Meydan-e
Shohada
★7
Isfahan
1 Hotel Rose
★ 2 Imamzade-ye Ibrahim
★ 3 Madrese-ye Feiziye
★ 4 Schrein der Fatemeh Mas'oumeh
5 Masdjed-e A'zam
6 Hotel Al-Zahra
★ 7 Imamzade-ye Ali ibn Dja'far

Shi'a zieht es hierher, heute beträgt ihre Zahl mehr als 50.000. In allen wichtigen politischen Bewegungen des 20. Jh. in Iran haben religiöse Führer aus Qom eine bedeutende Rolle gespielt, viele der heute die Macht ausübenden Geistlichen sind aus den Seminaren der Stadt hervorgegangen. Der bekannteste unter ihnen ist sicher der **Revolutionsführer Khomeini,** der 1964 von Qom aus ins Exil ging und nach seiner Rückkehr sich meist hier und nicht in Teheran aufhielt.

Wer vorher Städte wie Teheran, Isfahan oder Shiraz gesehen hat, wird die Atmosphäre in Qom eher als verschlossen empfinden. Frauen mit keck über die Haare fallenden Kopftüchern wird man hier kaum finden, der Chador ist Pflicht. Es empfiehlt sich, im eigenen Verhalten diesem Umstand Rechnung zu tragen, insbesondere zu den Trauerzeiten, wo die religiösen Emotionen aufwallen.

Heiligtum der Fatemeh Ma'soumeh

Das Zentrum Qoms bildet das Heiligtum der Fatemeh Ma'soumeh („die Sündlose"), östlich eines ausgetrockneten Flussbettes gelegen und durch seine **vergoldete Kuppel** weithin sichtbar. Fünf Eingänge führen hinein, allerdings nur für Muslime. Manchmal haben auch Nichtmuslime Glück und werden von den Wärtern zumindest in den Innenhof gelassen. Im Zentrum des großen Komplexes mit mehreren Innenhöfen liegt der **Grabraum,** zu dem von zwei Seiten mit Doppelminaretten geschmückte Eingangsportale führen. Der Haupteingang ist vollständig mit Spiegeln verkleidet, der Sarkophag im Innern ist komplett mit glasierten Fliesen überzogen. Über ihm erhebt sich, wie bei Heiligengräbern üblich, ein versilbertes Gitter, an dem die Gläubigen die Symbole für ihre Gelübde anbringen. Wie auch die 32 m hohe, vergoldete Kuppel wurde es von *Fath Ali Shah* gestiftet, der neben fünf weiteren safavidischen Herrschern in einem Nebenraum beigesetzt ist.

Rundgang durchs Zentrum

Die Gassen um das Heiligtum und der Vorplatz sind voll von **Geschäften,** die Süßigkeiten verkaufen, insbesondere *sohan,* eine karamellähnliche Köstlichkeit, die allerdings süß und ziemlich fettig ist. Daneben wird allerlei Pilgerbedarf verkauft, z.B. Gebetssteine, Gebetsteppiche und Korane. Von dem großen Vorplatz östlich des Schreins kann man einen kleinen Rundgang um den Komplex machen: erst ca. 150 m in Richtung Norden, dann in die erste Gasse links abbiegen und in Richtung Fluss gehen. Dabei kommt man am Haupteingang zur Feiziyeh, der berühmtesten Medrese von Qom, vorbei. Daraufhin biegt man wieder links ab und geht parallel zum Flussbett, das heute als große Parkfläche dient, an der Mauer des Komplexes entlang. Kurz vor dem Erreichen der Brücke passiert man einen Nebeneingang zum Schrein, der meist weniger bevölkert ist. Von hier aus hat man einen unverstellten Blick auf die vergoldete Kuppel und die Möglichkeit, Fotos zu machen. Die Gasse in

144i Foto: hn

Verlängerung der Brücke führt wieder zurück zum Vorplatz. Von hier aus hat man freien Blick auf die Azam-Moschee mit einer großen, mit Fliesen verzierten Kuppel, die allerdings schon deutliche Schäden aufweist, obwohl sie erst vor gut 40 Jahren erbaut wurde. Sie ist dem Andenken an den Großayatollah *Boroudjerdi* gewidmet, der bis 1962 oberste geistliche Autorität der iranischen Schiiten war.

Auf der Westseite des Flussbettes gibt es ausgedehnte **Friedhöfe,** viele Gläubige wollen in der Nähe der berühmten Heiligen beigesetzt werden. Für Qom werden etwa 300 Gräber von Nachkommen der Imame angegeben, an **Mausoleen,** über das ganze Stadtgebiet verstreut, herrscht also kein Mangel. Dazu zählen das Mausoleum von *Imamzadeh Ibrahim* im Westen der Stadt sowie das von *Ali ibn Dja'afar* und *Khwadjeh Imad ad-Din* im Süden an der Straße Richtung Kashan.

Unterkunft

Mangel an Hotels herrscht in Qom nicht, die allermeisten sind allerdings auf Pilger eingerichtet und nicht auf westliche Touristen. Wer unbedingt in Qom bleiben muss, sollte auf jeden Fall die religiösen Feiertage meiden, wo alles hoffnungslos überfüllt ist.

- Im **Al-Zahra Hotel** €€ in der Kh. Montazeri sind die Zimmer nicht unbedingt sauber, kosten aber dennoch 25 US$ das EZ, 35 US$ das DZ, Tel. 0251-744004-7.
- Angenehmer ist das **Hotel Rose** €€, das aber weit vom Zentrum in der Kh. Imam Khomeini im Norden der Stadt liegt, EZ 30 US$, DZ 40 US$, Tel. 0251-49994.

Verkehrsverbindungen

Es verkehren zahlreiche **Busse und Taxis** sowie zweimal wöchentlich **Züge** von Teheran. Der Busterminal liegt im Norden der Stadt an der alten Straße nach Teheran, der Bahnhof auf der Westseite des Flusses am Ende der Kh. Sepah.

Blick durch einen Seiteneingang des Heiligtums der Fatemeh

Arak

↗ IX/C2

Hauptstadt der Provinz Markazi ist Arak, ca. 130 km südwestlich von Qom fast 1800 m hoch gelegen und deshalb auch im Sommer angenehm kühl. Die Stadt hieß früher *Sultanabad* und geht auf die Gründung einer Festung Anfang des 19. Jh. zurück. Recht sehenswert ist der alte Bazar. Man erreicht Arak per Bus von Teheran oder Isfahan oder per Bahn von Teheran oder Khuzestan aus.

Ca. 50 km südöstlich von Arak liegt **Khomeyn** mit dem Geburtshaus des Revolutionsführers Khomeini, einem malerischen Bazar und der alten Freitagsmoschee.

Saveh

↗ IX/D1-2

Im Norden der Provinz Markazi, etwa 140 km südwestlich von Teheran, liegt Saveh an der alten Straße von Hamadan nach Rey und Khorasan. Eine Besichtigung lässt sich gut als Tagesausflug von Teheran mit dem Besuch von Qom verbinden oder man besucht die Stadt auf der Durchreise von Teheran nach Hamadan.

Saveh war in seiner Geschichte ein wichtiger Handels- und Rastplatz – für kurze Zeit Ende des 12. Jh. sogar Hauptstadt der Seldjuken – und hat deshalb einige sehenswerte Bauten aufzuweisen. Der bekannteste ist die **Freitagsmoschee** aus dem 12. Jh. im Südwesten der Stadt, direkt an der alten Stadtmauer. Der Gebetssaal verdankt seinen schönen Mehrab und auch die Kuppel einem Umbau unter den Safaviden Anfang des 16. Jh. Aus dem 11. Jh. stammt die **Masdjed-e Meydan** im Stadtzentrum. Sie verfügt über das älteste seldjukische Minarett in Iran aus dem Jahre 1061.

In der Umgebung gibt es einige alte **Karawansereien** und zahlreiche **Gärten.** Für die dort wachsenden Granatäpfel ist Saveh berühmt, ebenso wie für die geknüpften Teppiche.

Die Provinz Yazd

Überblick

Die Provinz Yazd wurde 1969 durch Abtrennung von der Provinz Isfahan gegründet. Von Bedeutung ist sie vor allem durch ihren Reichtum an Rohstoffen: Blei- und Zinklagerstätten sowie Kupfervorkommen im südlichen Teil, riesige Eisenerzvorkommen im Gebiet von Bafq und ausgedehnte Steinkohlegruben in der Umgebung von Chadormalou. Zur Erschließung dieser natürlichen Reichtümer wird die Infrastruktur der Provinz seit einigen Jahren in großem Stil ausgebaut. Parallel zur alten Verkehrsverbindung durch die **Kavir-Wüste** von Yazd nach Mashhad entsteht gegenwärtig eine **Eisenbahnlinie,** mit der sowohl Erz und Kohle in die Stahlwerke von Isfahan und Ahvaz transportiert werden sollen als auch Passagiere von Yazd zum Grab von Imam *Reza* nach Mashhad. Weiterhin erhofft man sich eine große Auswirkung des Transitverkehrs von den zentralasiatischen Republiken nach Bandar Abbas am Persischen Golf. Die bisherige Strecke über Mashhad und Teheran wird durch die neue Eisenbahnlinie um fast 1000 km verkürzt. Neben der Hauptstadt Yazd sind bekannte Orte der Provinz Ardakan, woher der gegenwärtige Präsident *Mohammad Khatami* stammt, und Meybod.

Alte Karawanserei an der Straße zwischen Yazd und Na'in

145i Foto: hn

Yazd

↗ XVII/C1

Yazd zählt zusammen mit Qom, Kashan, Na'in und Kerman zu einer Reihe sehr alter Städte, die wie Perlen auf einer Schnur am südlichen und westlichen Rand der Kavir-Wüste aufgereiht sind. Diese „Schnur" bildet gleichzeitig die Hauptverkehrsachse durch Zentraliran zum Indischen Subkontinent und hatte schon zur Achämenidenzeit große Bedeutung als Heerstraße. Spätestens seit den Sasaniden ist Yazd der Hauptort der Region am südlichen Saum der Großen Kavir. Im Gegensatz zu der ansonsten äußerst trockenen Umgebung sind die etwa 1200 m hoch gelegene Stadt und ihr Umland begünstigt durch die Lage am nördlichen Abhang des **Shir-Kuh-Gebirgsmassivs** (4055 m), wo sich im Frühjahr die Schmelzwasser sammeln und durch ein ausgedehntes System von Qanaten (unterirdische Kanäle) zur Bewässerung genutzt werden können. Die Gärten von Yazd sind berühmt für ihre Granatäpfel.

Ein geflügeltes Wort in Iran lautet: „Wenn Du eine Frau suchst, die dich gut bekocht, nimm eine aus Tabriz. Suchst Du eine, die dich verzaubern soll, nimm eine aus Shiraz. Suchst du eine, die treu ist, so heirate eine Frau aus Yazd." Die Yazdis gelten vielen Iranern als besonders aufrichtig und verlässlich. Manche bringen das damit in

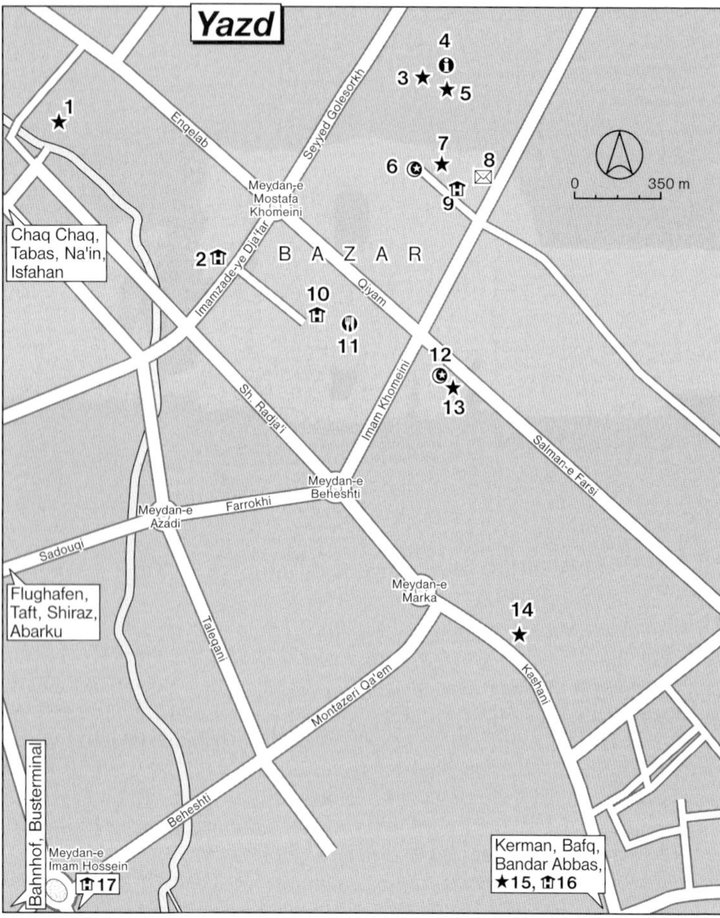

★ 1 Baq-e Doulatabad
2 Nabavi
★ 3 Mausoleum der 12 Imame
4 Tourist-Information
★ 5 Zendan-e Iskandar
6 Freitagsmoschee
★ 7 Rukn ad-Din
8 Post
9 Hotel Silk Road
10 Malek ol-Tojjar
11 Hamam-e Khan
12 Masdjed-e Mir Chaqmaq
★ 13 Tekiyeh Mir Chaqmaq
★ 14 Ateshkadeh
★ 15 Türme des Schweigens
16 Hotel Safa'iyeh
17 Tourist Inn

Verbindung, dass es in der Stadt noch eine größere Anzahl von **Zarathustriern** gibt, Anhänger der Vorläuferreligion des Islam in Iran. Während sie in den meisten anderen Gegenden Irans seit langem konvertiert oder abgewandert sind, leben in Yazd und einigen Dörfern der Umgebung noch mehrere Tausend von ihnen.

Schon aus diesem Zusammenhang wird deutlich, dass Yazd eine lange Geschichte hat. Der Sage nach sollen hier *Rostam* und *Zal,* Helden der Volksüberlieferung aus dem „Shahnameh", auf dem Weg nach Sistan Station gemacht haben. Der Name geht möglicherweise auf *Yazdegerd,* den Namen mehrerer Könige aus der Sasaniden-Epoche, zurück. Im Jahre 642 n. Chr. wurde Yazd von islamischen Truppen eingenommen und entwickelte sich zu einer bedeutenden Stadt. Durch seine abgelegene Lage blieb es lange von größeren Zerstörungen verschont. *Marco Polo* berichtet über ausgedehnte **Seidenproduktion** und -handel, für die Yazd noch heute berühmt ist.

Nachfolger der Mongolen, die Mozaffariden, stifteten im 14. Jh. eine Reihe noch heute bestehender Bauwerke. Unter den Safaviden blühte der Fernhandel, wovon Yazd durch seine Lage am **Handelsweg nach Indien** besonders profitierte. Danach allerdings wurde es von den Afghanen nach langem Widerstand eingenommen und schwer bestraft. Mitte des 19. Jh. raffte eine Cholera-Epedemie 8000 Einwohner dahin.

146i Foto: hn

In der Altstadt von Yazd

Erst seit dem Ausbau der Fernstraße in Richtung Persischer Golf und Südosten und dem Anschluss ans Eisenbahnnetz in den 60er Jahren des 20. Jh. hat die Stadt einen neuen Aufschwung genommen. Noch immer ist die **Textilproduktion** von großer Bedeutung und neben einer Provinzverwaltung verfügt Yazd heute über eine große **Universität.** Von den knapp 900.000 Einwohnern der Provinz leben ca. 350.000 in der Hauptstadt.

Orientierung

Das Stadtzentrum liegt nördlich und östlich des Meydan-e Dr. Beheshti, die historische Altstadt um die Freitagsmoschee erstreckt sich nördlich der Kh. Imam Khomeini. Die meisten Sehenswürdigkeiten sind vom Zentrum aus zu Fuß zu erreichen.

Ankunft mit eigenem Fahrzeug

Mit dem PKW aus Richtung Nordwesten erreicht man die Stadt beim neu errichteten Stadttor (Darvaze-ye Qoran) am Bolv. Djomhuri-ye Eslami, der direkt ins Zentrum führt. Aus Richtung Kerman erreicht man den Stadtrand beim Meydan-e Abazar mit dem sehr einprägsamen Monument eines Radfahrers, unterquert kurz darauf die Eisenbahntrasse und folgt der Kh. Ayat. Kashani, die zum Meydan-e Dr. Beheshti führt. Aus Richtung Shiraz und Taft schließlich stößt man im Westen von Yazd auf den Meydan-e Komite-ye Enqelab-e Eslami. Dort rechts abbiegen, unter der Eisenbahn hindurchfahren und auf dem Bolv. Ayat. Sadoughi immer geradeaus bis zum Meydan-e Dr. Beheshti fahren.

Sehenswertes

Die historische Altstadt von Yazd erstreckt sich vom Bazarviertel aus in nordöstlicher Richtung. In einem Bereich von mehr als 3 km² findet man fast ausschließlich **Lehmhäuser** in engen Gassen mit teils überdachten Gängen und Kuppeln sowie zahlreichen Windtürmen. Viele Wohnhäuser und andere Gebäude sind in den letzten Jahren behutsam renoviert worden. Obwohl etliche der Lehmbauten im Laufe der Zeit in sich zusammengesunken sind, hat das Viertel noch eine intakte Infrastruktur mit Geschäften, Schulen, Handwerksbetrieben, Bädern und Moscheen.

Ungewöhnlich reizvoll ist der Blick von einer erhöhten Stelle (z.B. dem Dach der Freitagsmoschee) über das Meer von lehmfarbenen Bauten, aus dem an einigen Stellen prächtige türkisfarbene Kuppeln aufleuchten. In diesem „Meer" kann der Besucher leicht einen ganzen Tag zubringen, ohne dass ihm langweilig wird. Der hier vorgeschlagene **Rundgang** beginnt und endet bei der Freitagsmoschee und führt zu den wichtigsten historischen Bauwerken im Bereich der Altstadt.

Freitagsmoschee

Die Freitagsmoschee wurde an der Stelle eines Vorläuferbaus vom Beginn des 12. Jh. um 1375 errichtet. Die Gasse, an deren Ende sie liegt, zweigt in westlicher Richtung von der Kh. Imam Khomeini ab. Das hochaufstrebende **Eingangsportal mit Doppelminarett,** das Wahrzeichen von Yazd, ist schon von weitem zu erkennen. Seine Dimensionen, aber auch die Gestaltung der Fassade und die Fliesendekorationen aus unterschiedlichen Blautönen zählen zum Schönsten, was die persische Baukunst des 14. Jh. hinterlassen hat. Auch die **Kuppel** ist etwas Besonderes, was man aber nur aus einiger Entfernung erkennt, am besten vom Dach eines der umliegenden Gebäude, denn vom Hof aus ist sie nicht zu sehen. Im Gegensatz zu den himmelstürmenden Minaretten ist sie auffällig flach und sitzt auf einem kurzen Tambour mit Schriftband. Ihre Dekoration besteht aus geometrischen Elementen und reicht von ocker und gelb bis hin zu türkis.

Der langgestreckte, rechteckige Innenhof ist auffällig schlicht, die umlaufenden einstöckigen Arkaden sind nur aus Ziegeln gemauert und verzichten auf Farbe ebenso wie auf zusätzliche Iwane oder andere Elemente. Dahinter liegen die **Wintergebetsräume.** Die gewollte Schlichtheit, die ja auch der Wirkung der Umgebung entspricht, betont den Gebetssaal und das ihm vorangestellte Tonnengewölbe. Klare Linien, Formen und Farben, begrenzt auf schwarz und weiß sowie verschiedene Blautönungen, bestimmen das Bild. Auch den Fliesenmotiven, die sich harmonisch mit Partien aus gebrannten Ziegeln abwechseln, geht jegliche Verspieltheit ab, geometrische Formen und Schrift stehen im Vordergrund.

Der **Kuppelsaal** enstpricht diesem Eindruck. Klassisch wird der quadratische Grundriss durch vier tiefgezogene Trompen in ein Achteck überführt und geht mithilfe darüber liegender Nischen in den kreisförmigen Aufsatz für die Kuppel über. Durch große Öffnungen an drei Seiten und zusätzliche kleine in den Ecken gelangt viel Licht hinein und unterstreicht die Leichtigkeit des Raumeindrucks. Hervorgehoben durch besonders schöne Fliesendekorationen ist der Mehrab.

Grab von Seyyed Rukn ad-Din

Östlich der Freitagsmoschee wird der Blick angezogen von einer weiteren prächtigen **türkisfarbenen Kuppel,** die zu einem früher viel größeren Komplex, bestehend aus Moschee, Medrese, Bibliothek und Obeservatorium, gehört. Sie deckt das Dach des Grabes des Stifters der Anlage, *Seyyed Rukn ad-Din,* und stammt aus dem Jahr 1325. Zum Eingang an der Nordseite führt eine enge Gasse. Das Grabmal wird besonders von Frauen verehrt, die sich mittwochs in großer Zahl hier versammeln. Über dem Grab mit dem üblichen Gitteraufbau erhebt sich ein Kuppelraum von klassischer Harmonie, zwar mit Schäden am Verputz in den unteren Parteien, aber darüber umso eindrucksvolleren Ausmalungen mit in Blau gehaltenen Medaillons und Schriftbändern im kufischen Stil.

In den Altstadtgassen

Weiter führt der Weg durch die Gasse hin zu einem Hof, in dessen Zentrum ein hölzerner Naql steht, wie er bei Trauerprozessionen getragen wird. An der Nordseite des Hofs führt eine Treppe in ein Kellergeschoss, aus dem das Klappern eines **Webstuhls** nach außen dringt. An diesem alten Handwebstuhl webt ein alter Mann die klassischen Yazder Stoffe. Das Gassengewirr, in dem viele Häuser noch bewohnt sind, wurde von der UNESCO zu einer Stätte des **Weltkulturerbes** erklärt. Meist verfügen die mit einer Mauer von der Gasse abgetrennten Häuser über einen Innenhof und einen oder mehrere Windtürme. An vie-

147i Foto: hn

Zendan-e Iskandar in der Altstadt

len Häusern gibt es noch die früher typischen niedrigen Holztüren mit zwei Arten von Anklopfern: einem ringförmigen für Frauen und einem quaderförmigen, der einen dunkleren Klang erzeugt, für Männer.

Im Zentrum dieses Viertels liegen zwei historische Gebäude rund um einen kleinen Platz. Der schlichte Ziegelbau des **Zendan-e Iskandar** („Alexander-Gefängnis") – der Name verweist auf eine Legende, nach der *Alexander der Große* hier einen achämenidischen Würdenträger gefangen gehalten haben soll – war ursprünglich ein Grabbau, der später um einen Innenhof erweitert wurde und als Medrese diente. Auffällig ist der Aufbau der schmucklosen Ziegelkuppel: Sie ruht auf einem achteckigen Tambour, auf dem sparsam verzierte Moqarnas-Elemente nach außen wachsen.

In der Ecke des Platzes steht eines der ältesten Gebäude von Yazd, das **Mausoleum der zwölf Imame** (Eintritt zusammen mit Zendan-e Iskandar 200 Tuman), dessen Bau schon 1036 begonnen wurde. Besonders interessant ist die Gestaltung der Trompen über den Ecken des quadratischen Raums: Sie sind dreifach ausgeführt, woraus sich später die Technik der Moqarnas entwickelte. Auch Teile der alten Stuckbemalung sind sehenswert.

Das Gebäude in der Mitte des Platzes dient als **Tourist-Information.** Darauf, dass sie immer geöffnet ist, sollte man sich aber nicht verlassen. Ein kleines Stück weiter nördlich kann ein schön restauriertes **Bürgerhaus** aus dem 19. Jh. besichtigt werden. Das Khane-ye Larihar wurde in zwei Stockwerken um einen bepflanzten Innenhof mit Wasserbecken gebaut.

Unweit davon stehen an einigen Stellen der Kh. Gol-e Sorkh noch Reste der alten **Stadtmauer** von Yazd. Die mächtige, teilweise bis zu 15 m hohe Umwallung geht auf die Mitte des 14. Jh. zurück. Der größte Teil wurde im 20. Jh. beim Bau neuer Stadtviertel und Straßen abgetragen.

Vom Mausoleum der zwölf Imame kann man in einem Rundweg zur Freitagsmoschee zurückkehren und sich dabei immer an ihren Minaretten orientieren. Kurz bevor man an der Moschee aus dem Gassengewirr heraustritt, quillt verführerischer Duft aus einem Untergeschoss. In einer typischen **Konditorei** werden die Süßigkeiten hergestellt, für die Yazd berühmt ist: *qotab,* kleine Mürbeteigbällchen mit Pistazien, *baqlava,* schichtweise angeordneter Mandelmürbeteig mit Pistaziensplittern, und *pashmak,* eine Art Zuckerwatte. Gegen Besucher haben die Zuckerbäcker nichts einzuwenden.

Rund um den Bazar

Zum Besuch des überdachten Bazars kann man gleich südlich der Freitagsmoschee einer der kleinen Gassen folgen oder man kehrt zurück zur Kh. Imam Khomeini und geht etwa 200 m in südlicher Richtung zu einem der großen Eingänge. Besonders zahlreich werden **Stoffe** angeboten, vor allem ein *termeh* genannter schwerer Brokat. Bekannt ist Yazd auch für seinen großen **Goldbazar,** der allein einige Gassen einnimmt.

Der Meydan-e Mir Chaqmaq südlich des Bazars wird beherrscht von einem riesigen Portalbau mit Doppelminarett, der zu einer **Tekiyeh** aus dem 19. Jh. gehört. Aus den Arkaden des dreistöckigen Baus schauten früher die Würdenträger den religiösen Zeremonien und Veranstaltungen im Hof der Tekiyeh zu, der an der Stelle des heutigen Platzes lag. Zu einer solchen Zeremonie gehört auch der riesige **Naql,** ein schweres Holzgestell, das am südlichen Ende des Portals aufgebaut ist. Es wird anlässlich der Trauerprozessionen am 10. Muharram mit schwarzen Tüchern, Bannern und Porträts von Imam *Hossein* geschmückt und von vielen Männern, die sich wegen des erheblichen Gewichts ständig abwechseln müssen, getragen. Damit wollen sie das Martyrium des Hossein „nachleiden“ und nachträglich büßen.

148i Foto: hn

Wird bei Prozessionen getragen: der Naql

In der Mitte des Baus liegt der Eingang zu einem kleinen Bazargang dahinter. Südlich vom Platz führt ein Gang zu der etwas zurückversetzten **Masdjed-e Mir Chaqmaq** aus der Mitte des 15. Jh., benannt nach dem damaligen Gouverneur der Stadt. Die Vier-Iwan-Anlage war Teil eines ausgedehnten Komplexes aus Medrese, Sufi-Konvent, Karawanserei, Wasserspeicher und öffentlichen Bädern, von dem außer der Moschee nichts geblieben ist. Die Fliesenverkleidungen nach dem Vorbild der Freitagsmoschee sind sehenswert, ebenso wir der marmorne Mehrab.

Ebenfalls am Meydan-e Mir Chaqmaq liegt die berühmteste **Konditorei** von Yazd, wenn nicht ganz Irans: Hadjj Khalife. Hier gibt es alles, was den Gaumen verwöhnt und dick macht. Appetit kann man sich im Internet holen: www.hajkhalifehalirahbar.com.

149i Foto: hn

Baq-e Doulatabad

Etwa 2 km westlich des Bazars liegt der Baq-e Doulatabad mit dem höchsten **Windturm** von Yazd. Vom Meydan-e Dr. Beheshti aus folgt man der Kh. Sh. Radja'i. Bei der Gasse namens Ranjbar (Hinweisschild) biegt man rechts ab und überquert auf einer Brücke ein ausgetrocknetes Bachbett. Der hoch aufragende Turm ist kaum zu verfehlen. Ein Eingang führt zu einem **Garten** (9 bis 17 Uhr, Eintritt 200 Tuman), der 1712 für einen Gouverneur angelegt wurde. Der kleine, achteckige Gartenpalast weist zu allen Seiten offene Hallen auf, die in der kalten Jahreszeit geschlossen werden konnten. Der Bau verfügt über ein ausgeklügeltes Kühlsystem, bestehend aus dem besonders hohen Windturm und großen Wasserbecken im Innern. Sehenswert ist auch die Gestaltung der Innenkuppel aus Lehm mit dekorativen, weiß getünchten Rippen.

Zarathustrier-Tempel

Ateshkadeh, der Tempel der Zarathustrier in Yazd, liegt südöstlich des Meydan-e Markar an der Kh. Ayat. Kashani in einem kleinen Park und ist von der Straße aus gut zu sehen. Der Eingang erfolgt über eine kleine Gasse nörlich des Parks. Das Viertel hinter dem Ateshkadeh hat überwiegend Bewohner zarathustrischen Glaubens, was man z.B. an der Kleidung der Frauen sehen kann.

Der Tempel selbst ist neueren Datums, er wurde 1940 von Glaubensbrüdern aus Indien gestiftet. Dem Eingang ist eine offene Säulenhalle vorgelagert, darüber schwebt eine geflügelte Sonnenscheibe. Darum gruppieren sich, ebenfalls auf türkisfarbenen Fliesen, drei Medaillons mit den religiös-ethischen Hauptprinzipien der Zarathustrier: gute Gedanken – gute Worte – gute Taten. Im schlichten Innenraum brennt das ewige Feuer hinter einer Glasscheibe, die Türen links und rechts davon können geöffnet werden. Bei den religiösen Ritualen prozessieren die Gläubigen um das Feuer herum. In Vitrinen an den Wänden sind einige der religiösen Schriften von *Zarathustra* ausgestellt, der auch auf einem Gemälde rechts des Feuers in prophetischer Haltung dargestellt ist.

Türme des Schweigens

Im Süden der Stadt, ursprünglich 7 km vom Stadtzentrum entfernt, heute direkt am Stadtrand gelegen und deshalb nicht mehr so ruhig, stehen die „Türme des Schweigens" (dakhmeha-ye zartoshti). Vom Ateshkadeh aus folgt man der Kh. Ayat. Kashani, biegt am Meydan-e Abazar links ab und folgt der Kh. Sh. Fallahi. Sie führt durch ein Neubaugebiet direkt zu den **Begräbnistürmen der Zarathustrier,** von denen es in der Umgebung von Yazd noch weitere Exemplare gibt.

Bis in die Mitte der 60er Jahre des 20. Jh. wurden hier die Toten ausgesetzt, nachdem sie zuvor in den Gebäuden am Fuße der Hügel gewaschen und für den Übergang in die andere Welt vorbereitet wurden. Anschließend hat man sie, auf Gestellen aufgebahrt, die Hügel hinaufgetragen und im Inneren der Ringmauer aufgebahrt. Die Zarathustrier glauben, dass Leichen die Erde, eines der vier heiligen Elemente, verunreinigen. Deshalb ist es die Aufgabe von **Geiern** und anderen Aasfressern, die Knochen abzuweiden, worauf diese dann in besonderen Totenkisten beigesetzt werden.

Noch während der Shah-Zeit wurde dieser Brauch aus angeblich hygienischen Gründen verboten. Seitdem finden die Toten der zarathustrischen Gemeinde von Yazd auf dem von einer Mauer umschlossenen **Friedhof** ihre letzte Ruhe. Die Gräber werden am Boden mit Zementplatten ausgekleidet und auch mit einer Platte abgedeckt, bevor man sie zuschüttet. Damit wird den religiösen Geboten zumindest symbolisch Rechnung getragen. Die Gräber sind in exakt ausgerichteten Reihen angeordnet. In einer der hinteren Reihen mit Gräbern aus den Jahren 1976/77 sind interessante Objekte der Zeitgeschichte verborgen: Mehrere Grabplatten enthalten Datierungen mit dem Jahr 2535 des „Kaiserlichen Kalenders", der nur kurze Zeit in Gebrauch war.

Windturm im Baq-e Doulatabad

Praktische Tipps

- **Telefonvorwahl Yazd:** 0351

Information

- Zusätzlich zu der **Tourist-Information** beim Mausoleum der Zwölf Imame (s.o.) gibt es eine beim Museum in der Kh. Ayat. Kashani.

Visumverlängerung

- Visa können bei der **Fremdenpolizei** (Atba'e Khareje) in der Nähe des Meydan-e Imam Hossein, gegenüber dem Busterminal, verlängert werden.

Geldwechsel

- **Bank-e Melli** in der Kh. Imam Khomeini bei der Freitagsmoschee.
- **Amin Money Exchange** am Meydan-e Mir Chaqmaq.

Post und Telefon

- **Hauptpost** in der Kh. Imam Khomeini neben der Bank-e Melli.
- **Telefonzentrale** in der Kh. Motahari nördlich des Meydan-e Azadi.

Unterkunft

- In der gehobenen Preisklasse ist das **Motel Safa'iyeh** €€€ zu empfehlen. Als es vor 30 Jahren erbaut wurde, lag es weit vor den Toren der Stadt; heute liegt es in einem Außenbezirk, etwa 2 km von den „Türmen des Schweigens" entfernt. Wenn man die Wahl hat, sollte man versuchen, in einem kleinen Pavillon in dem weitläufigen Garten ein Zimmer zu bekommen. Alle Räume wurden vor einiger Zeit renoviert. Auch das Restaurant ist empfehlenswert. Kh. Sh. Fallahi, Tel. 8242812/5, Fax 8242811, www.safaiyeh-hotel.com. In der Hauptsaison kosten DZ ab 109 US$, außerhalb der Saison gibt es Nachlässe.
- Etwas billiger ist das **Tourist Inn** €€ am Bolv. Daneshjoo. Dort zahlt man für ein EZ 35 US$, für ein DZ 45 US$, Tel. 49127-30, Fax 47222, yazd@ittic.com.
- Näher beim Zentrum liegt das **Hotel Nabavi** € am Bolv. Emamzade-ye Dja'afar. Hier kostet das DZ mit Bad 20 US$.
- Direkt im alten Bazar liegt ein Schmuckstück, das **Hotel Malek ol-Tojjar** €€, ein ehemaliges qadjarisches Herrenhaus, das vor einigen Jahren zum Hotel umgebaut wurde. Aufwendig renoviert, erstreckt es sich in einem alten Viertel in der Nähe des Bazars um einen Innenhof. Es hat allerdings nur 14 Zimmer, deshalb möglichst im Voraus reservieren. Kh. Qiyam / Panjeh Ali Bazar, Tel. 6265455, Fax 6261679, EZ 45 US$, DZ 60 US$.
- Ein ähnliches Haus wurde Anfang 2004 unweit der Freitagsmoschee fertig gestellt. Das **Hotel Silk Road** € ist nicht so exklusiv wie das Malek, dafür aber billiger und die Umgebung könnte „klassischer" nicht sein. Es liegt in der Kuche-ye Tale' Khakestari (eine Gasse vor dem Grabmal Seyyed Rokn al-Din), Tel./Fax 6252730, silkroad_hotel@yahoo.com. Das EZ kostet 15.000 Tuman, das DZ 25.000 Tuman. Das Personal ist freundlich und hilfsbereit, ein Internetanschluss steht zur Verfügung.
- Billige Gasthäuser gibt ebenfalls, z.B. das **Hotel Arya** € in der Kh. 10. Farvardin, Tel. 30411. Ein DZ kostet ab 6 US$ aufwärts.

Essen und Trinken

- Unbedingt einen Besuch wert ist das kürzlich in einem alten Badehaus eröffnete **Hamam-e Khan.** Der frühere Ankleideraum wurde zu einem Teehaus hergerichtet, Warm- und Kaltbad hat man zu einem Restaurant mit typisch iranischer Atmosphäre umgestaltet. Die Auswahl an Gerichten außer Kebab ist groß. Khiaban-e-Qiyam Djenub, Meydan-e-Khan, Tel. 6270366.
- Einfach, aber sauber und preiswert, ein wenig außerhalb des Zentrums gelegen, ist das Restaurant **Tehrani** am Bolv. Djomhuri (Tel. 5251743).
- Ein sehr gutes Restaurant mit gutem Service hat das **Hotel Safa'iyeh** (s.o.).

Restaurant Hamam-e Khan
in einem alten Badehaus

150i Foto: hn

Reiseagenturen

- Bei der Agentur **Saadat Seir** am Bolv. Imamzadeh Ja'afar 21 (Tel. 6266599) gibt es neben Flug- auch Bahntickets, ebenso bei der Agentur **Yazd Seir** in der Kh. Motahari (Tel. 7245116).

Verkehrsverbindungen

- Der **Flughafen** von Yazd liegt ca. 6 km nordwestlich des Stadtzentrums. Vom Meydan-e Komite-ye Enqelab-e Eslami führt eine neu gebaute Straße direkt dorthin. Es gibt täglich mehrere Flüge von/nach Teheran und zweimal die Woche von/nach Mashhad. Vom Flughafen fahren Taxis und Sammeltaxis in die Stadt. Das **Iran Air-Büro** ist in der Kh. Motahari 343 (Tel. 6220348, Fax 6222413, M.Mohseni@IranAir.com).
- Der **Bahnhof** liegt am südwestlichen Stadtrand. Es verkehren täglich Züge in Richtung Teheran und Kerman/Bandar Abbas. Einmal wöchentlich verkehrt ein Zug auf der neu errichteten Strecke durch die Kavir-Wüste nach Mashhad. Vom Bahnhofsvorplatz führt der Bolv. Rah-e Ahan zum Meydan-e Imam Hossein. Von hier dem Bolv. Dr. Beheshti bis zum Ende folgen und am Meydan-e Markar nach links in Richtung Zentrum abbiegen.
- Der **Busbahnhof** befindet sich in der Nähe des Meydan-e Imam Hossein unweit des Bahnhofs. Die meisten Busgesellschaften unterhalten auch Büros im südlichen Abschnitt der Kh. Imam Khomeini.

Taft

XVII/C1

15 km südwestlich von Yazd an der Straße in Richtung Abarkuh und Shiraz liegt Taft, früher ein kleines Dorf mit zarathustrischer Bevölkerung, die aber auch hier mittlerweile in der Minderheit ist. Taft ist ein geeigneter Ausgangspunkt für Touren zum **Shirkuh-Massiv,** das sich bis auf 4050 m erhebt.

Feuertempel

In einer kleinen Gasse inmitten von Granatapfelgärten liegt versteckt ein kleiner Feuertempel. Er ist völlig schmucklos, aber deshalb umso anrührender im Vergleich zu dem großen Ateshkadeh in Yazd. Von dort kommend, fährt man die Hauptstraße bergauf bis zur dritten Straßenbrücke über den meist ausgetrockneten Fluss. Die Brücke überqueren und an der ersten links abzweigenden Gasse anhalten. Von dort zu Fuß etwa 100 m gehen, dann rechts abbiegen, einen Durchgang passieren und sofort dahinter wieder rechts abbiegen. Nach etwa 40 m steht man vor dem Ateshkadeh (links). Falls abgeschlossen ist, einfach an einem der Häuser klopfen oder klingeln.

Unterkunft

- **Hotel Shirkuh** €€ in Taft am Ortseingang aus Richtung Yazd, Tel. 352622-6701-2, Fax 6700, EZ 30 US$, DZ 40 US$.

Verkehrsverbindungen

- **Sammeltaxis** nach Taft fahren in Yazd ab dem Meydan-e Komite-ye Enqelab-e Eslami.

Meybod und Ardakan

↗ XVI/B1

Meybod ist eine sehr alte Stadt an der südlichen Seidenstraße und geht schon auf die Sasaniden-Zeit zurück. Ein Ausflug dorthin lässt sich als Tagesausflug unter Einschluss von Ardakan und Chakchak organisieren. Das erste, was den Blick auf sich zieht, ist die Keramikware, die in großen Mengen entlang der Straße feilgeboten wird. Die Stadt ist bekannt für ihre **Töpferware** und auch für industriell hergestellte **Fliesen.** Im Ort gibt es eine alte, völlig aus Lehmziegeln erbaute Festung, von der sich aber nur noch Teile der Umwallung und einige Türme erhalten haben. Die Gebäude im Inneren sind großteils zusammengesunken. Einige alte Wasserspeicher *(ab anbar)* und Eiskeller *(yakhchal)* sind noch vorhanden.

15 km nördlich von Meybod liegt Ardakan, ebenfalls eine alte Handelsstadt inmitten einer Oase, die früher für ihr ausgeklügeltes Bewässerungssystem bekannt war. Das bekannteste Bauwerk der Geburtsstadt von Präsident *Khatami* ist die Freitagsmoschee im alten Stadtzentrum.

Chakchak

↗ XVII/C1

Chakchak, gut 50 km nördlich von Yazd, ist für die Zarathustrier ein bedeutender **Wallfahrtsort.** Von Ardakan führt eine asphaltierte Straße über gut 40 km dorthin. Der **Feuertempel** von Tang-e Chakchak liegt am Eingang einer Schlucht in einer Felshöhle. Seinen Namen hat er vom Geräusch des Wassers, das regelmäßig aus einem Fels tropft, er wird auch *Pir-e Sabz* genannt. Diese Quelle und auch ein heiliger Baum werden verehrt. In jedem Jahr anlässlich des Sommeranfangs versammeln sich hier vom 14. bis 18. Juni Tausende Gläubige zu einer Zeremonie.

Zu dem Komplex gehören in Terrassen an den Berg gebaute Unterkunftsräume. Deren Benutzung sollte man in jedem Fall mit der zarathustrischen Gemeinde in Yazd koordinieren. Die Rückfahrt kann man abkürzen über die Straße Yazd – Tabas, wobei allerdings die ersten 20 km nicht asphaltiert sind.

Fahraj

↗ XVII/C1

Etwa 30 km südöstlich von Yazd liegt an der Straße nach Bafq die Ortschaft Fahraj, wo sich eine der ältesten Moscheen von ganz Iran erhalten hat. Sie ist nach arabischem Bauplan, vermutlich etwas früher als die Freitagsmoschee von Na'in, im 9. Jh. erbaut worden. Der schlichte Bau hat nicht wie sonst üblich einen Iwan als Zugang zum Gebetssaal, sondern eine **fünfschiffige Gebetshalle** mit einem Mehrab im Zentrum. Die anderen drei Seiten des Hofs werden von doppelstöckigen Arkaden eingefasst. An einigen Stellen der Fassade haben sich Stuckarbeiten nach sasanidischem Vorbild erhalten. An der Südwestseite erhebt sich ein nach oben schlanker werdendes Ziegelminarett. Weitere Sehenswürdigkeiten hat der Ort nicht zu bieten.

154i Foto: hn

Shiraz und die Provinz Fars

180i Foto: hn

Das historische Persepolis:
Blick auf die Säulen des Apadana

Das Mausoleum von
Shah Cheraq in Shiraz

Shiraz

Überblick

↗ XVI/B3

Shiraz liegt in einer Höhe von etwa 1540 m. Diese Höhenlage macht auch Sommertemperaturen von 40 Grad und mehr erträglich, im Frühjahr und Herbst kann es abends durchaus kühl werden. Die Hauptstadt der Provinz Fars zählt zu den größten und **sehenswertesten Städten Irans** und hat ca. 1,5 Mio. Einwohner. Shiraz ist eine moderne Großstadt mit breiten Boulevards, Industriebetrieben und einer bekannten Universität. Nicht nur die im ganzen Land verbreitete Landflucht hat zu einem starken Anwachsen der Bevölkerung geführt, sondern vor allem der Zuzug von Flüchtlingen während des Krieges gegen den Irak. Heute sind viele der ehemaligen Einwohner von Khorramabad, Abadan oder Bushehr in Shiraz heimisch geworden.

„Shahr-e gol o bolbol", Stadt der Blumen und der Nachtigallen – unter diesem Namen ist Shiraz in Iran bekannt. Direkt am Fuße der Berge gelegen, verfügte Shiraz schon im Mittelalter über ein gut ausgebautes Netz von Qanaten (unterirdische Wasserkanäle). Einige davon sind noch heute in Betrieb, sie speisen eine ganze Anzahl gepflegter **Gärten.** Neben dem bekannten Baq-e Eram lohnen der Baq-e Delgosha und der Garten von Afifabad einen Besuch.

Shiraz gilt aber auch als Stadt der Poesie und der Dichtung. Zwei der berühmtesten klassischen Dichter Irans wurden hier geboren: *Sa'di* und *Hafis.* Sie sind noch heute im Herzen der Shirazis lebendig, ihre Gräber beliebte Ausflugsziele aller Bevölkerungsschichten.

Vor allem in der Umgebung der Stadt gibt es ausgedehnte Weingärten, der Wein von Shiraz war früher im ganzen Land bekannt. Seit der Revolution ist die Herstellung von Wein verboten. Mittlerweile wird die Shiraztraube vor allem in Australien und Süd afrika, aber auch in Südfrankreich gezogen. Zumindest in Europa also kann der gute Tropfen genossen werden.

Die Bewohner gelten als besonders gastfreundlich und aufgeschlossen. Die Stadt beherbergt eine größere jüdische Gemeinschaft, die schon seit Jahrhunderten hier ansässig ist. Mitte des 19. Jh. entwickelte sich in Shiraz die religiöse Bewegung der **Baha'i** (⇨Kap. „Menschen und Kultur: Religionen"), von denen es in der Stadt ebenfalls eine Gemeinde gibt. Seit der Islamischen Revolution allerdings haben die Baha'i ein schweres Los zu tragen. Sie genießen nicht den Status einer anerkannten Religionsgemeinschaft wie Christen oder Juden, sondern werden offiziell als Ketzer angesehen. Viele sind deswegen nach 1979 emigriert, vor allem nach Europa und in die USA. Diejenigen, die dageblieben sind, können ihre religiösen Gebräuche nur im privaten Bereich ausüben.

Geschichte

Schon von alters her müssen die Lebensbedingungen und besonders die Wasserversorgung in den Hochebenen von Fars günstiger gewesen sein als in anderen Gebieten Irans. Archäologische Forschungen in der Umgebung von Marv Dasht (40 km nördlich von Shiraz) haben allein dort mehr als 1000 prähistorische Siedlungen nachgewiesen. Bereits von den Elamern wissen wir, dass sich ihre Herrscher „Könige von Susa und Anshan" nannten. Die Stadt Anshan wird heute mit dem Siedlungshügel Tell Malyan, ca. 60 km nordöstlich von Marv Dasht, identifiziert. In den 1970er Jahren wurde dort von amerikanischen Archäologen ein großes, umwalltes Areal von etwa 400 Hektar ausgegraben mit Keramikfunden, die bis ca. 5000 v. Chr. zurückgehen. Hier am Rande der Einflusssphäre Elams ließen sich einige der iranischen Stämme um das 9. vorchristliche Jahrhundert nieder.

Keilschriftfunde aus Persepolis lassen vermuten, dass es schon zu Zeiten der Achämeniden (559–330 v. Chr.) in Shiraz eine wichtige Ansiedlung gegeben hat. Während der Sasaniden-Epoche (224–642 n. Chr.) galt Istakhr in der Nähe von Persepolis als wichtigste Stadt in Fars, doch aufgrund seiner verkehrsgünstigen Lage nahm Shiraz nach und nach dessen Platz ein. Hier sammelten sich die Truppen der Muslime vor dem Angriff auf Istakhr (644) und spätestens seit 684 ist die Stadtgründung historisch nachweisbar.

Im 9. Jh. herrschten in Südostiran die Saffariden (867–1495) faktisch unabhängig von den Abbasiden-Kalifen. Einer ihrer Sultane, *Amr Ibn Laith* (879–901), ließ um 875 in Shiraz eine Freitagsmoschee errichten, als Zeichen für die Bedeutung der Stadt in jener Zeit. Die Bujiden (932–1062) erwählten sie zu ihrer Hauptstadt und ihr Herrscher *Azud ed Dowleh* (949–983) ließ neben Palästen und Moscheen auch eine Stadtmauer mit elf Toren erbauen. Schon früh galt Shiraz auch als Stadt der Künste: Es gab eine berühmte Bibliothek und *Sa'di* und *Hafis* begründeten ihren Ruf als „Dichterhauptstadt" Irans.

Im Gegensatz zu vielen anderen iranischen Städten hatte Shiraz unter den Mongoleneinfällen im 13. Jh. wenig zu leiden. Während der Zeit der Mozaffariden (1314–93), einer Nachfolgedynastie der Mongolen, wurde die Masdjed-e Now („Neue Moschee") erbaut, heute eines der ältesten erhaltenen Bauwerke. Auch *Timur,* der mongolische Eroberer, soll 1387 die Stadt wegen seiner Verehrung für Hafis verschont haben.

Zur Zeit der Safaviden (1501–1722) erlangte Shiraz neue Bedeutung aufgrund seiner Lage an der Straße von der Hauptstadt Isfahan zum neugegründeten Hafen Bandar Abbas am Persischen Golf. *Carsten Niebuhr,* dem wir die ersten wissenschaftlichen Kopien von Keilschriften aus Persepolis verdanken, hielt sich 1768 einige Wochen hier auf.

1729 plünderten die Afghanen die Stadt und *Nadir Shah* belagerte sie 1744 viereinhalb Monate lang. Nach dessen Tod gelangte Shiraz zu neuer Blüte: *Karim Khan Zand,* Gründer einer kurzlebigen Dynastie (1750–94), machte es zur **iranischen Hauptstadt** und ließ die Stadt großzügig mit neuen Bauten ausstatten. Dies wird ihm noch heute gedankt: Die große Avenue im Herzen der Stadt ist nach ihm benannt und auch die alte Festung, der Bazar, die an seinem Rande gelegene große Moschee und das dazugehörige Badehaus tragen seinen Namen. 1999 wurde ein großes Standbild von Karim Khan zwischen Festung und Bolvar-e Karim Khan Zand errichtet.

Die Qadjaren verlegten mit ihrem Machtantritt 1791 die Hauptstadt nach Teheran. Trotzdem behielt Shiraz seinen Ruf als eine der führenden Städte Irans. Seitdem sich zu Beginn des 20. Jh. durch die Erdölfunde in Khuzestan die Bedeutung der Häfen von Abadan und dem neugegründeten Khorramshahr erhöhte, hat Shiraz einiges davon eingebüßt. Die unter *Reza Shah* gebaute Transiranische Eisenbahn z.B. berührt die Stadt nicht. Erst seit jüngster Zeit gibt es Überlegungen, Shiraz an die Eisenbahnlinie von Isfahan nach Südostiran anzubinden.

Die wechselvolle Geschichte der Stadt prägt auch ihr heutiges, weitgehend modernes Gesicht. Das bis zum Beginn des 20. Jh. vorherrschende Gewirr von engen Gassen findet sich heute nur noch in der Gegend um den Bazar zwischen dem Bolvar-e Karim Khan Zand und dem Mausoleum von *Shah Cheraq*.

Die Moschee Nasir ol-Molk

Orientierung

Die Stadt wird durch den **Rudkhaneh-ye Khoshk** („trockener Fluss") in einen nördlichen und einen südlichen Teil getrennt. Der Fluss trägt seinen Namen durchaus zu Recht; zumeist ist er wirklich trocken oder gleicht einem schmalen Rinnsaal. Das Zentrum von Shiraz wird begrenzt durch: Bolvar-e Karim Khan Zand im Norden, Bolvar-e Sibuyeh/Khiaban-e Moshir im Süden, Khiaban-e Molla Sadr im Westen und Khiaban-e Zeynabiyeh im Osten. Innerhalb dieses Bereichs befinden sich die meisten Sehenswürdigkeiten und auch Unterkünfte für Touristen.

Die Hauptstraße von Shiraz ist der **Bolvar-e Karim Khan Zand,** eine breite, vierspurige Avenue mit von Palmen gesäumtem Mittelstreifen, die in West-Ost-Richtung verläuft. Zu beiden Seiten, vor allem im westlichen Teil ab dem Haupteingang zum Bazar-e Vakil, finden sich viele Geschäfte.

Innerhalb der Stadt verkehren Linienbusse, ihr jeweiliges Fahrtziel ist aber schwer festzustellen, weil nur in arabischer Schrift. Die Fortbewegung per Taxi ist einfacher und verglichen mit den Preisen in Teheran auch billiger: Fahrten vom Stadtzentrum zu den wichtigen Sehenswürdigkeiten kosten mit dem **Sammeltaxi** nicht mehr als 500 Tuman.

Ankunft mit dem eigenen Fahrzeug

Autoreisende aus Richtung Süden (Ahvaz, Bushehr) erreichen Shiraz auf dem Bolv. Amir Kabir. Am Meydan-e

176i Foto: hn

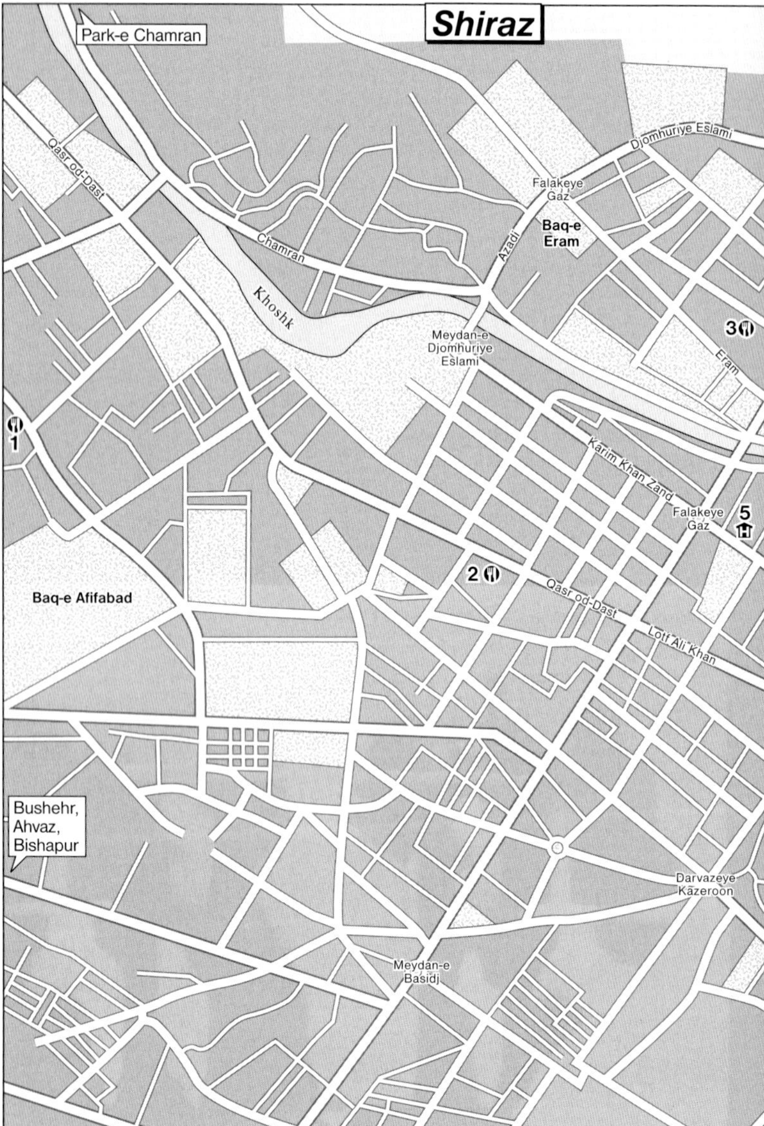
Shiraz
Park-e Chamran
Qasr od-Dast
Chamran
Khoshk
Djomhuriye Eslami
Falakeye Gaz
Azadi
Baq-e Eram
Meydan-e Djomhuriye Eslami
3
Eram
1
Karim Khan Zand
Falakeye Gaz
5
2
Qasr od-Dast
Lotf Ali Khan
Baq-e Afifabad
Bushehr, Ahvaz, Bishapur
Darvazeye Kazeroon
Meydan-e Basidj

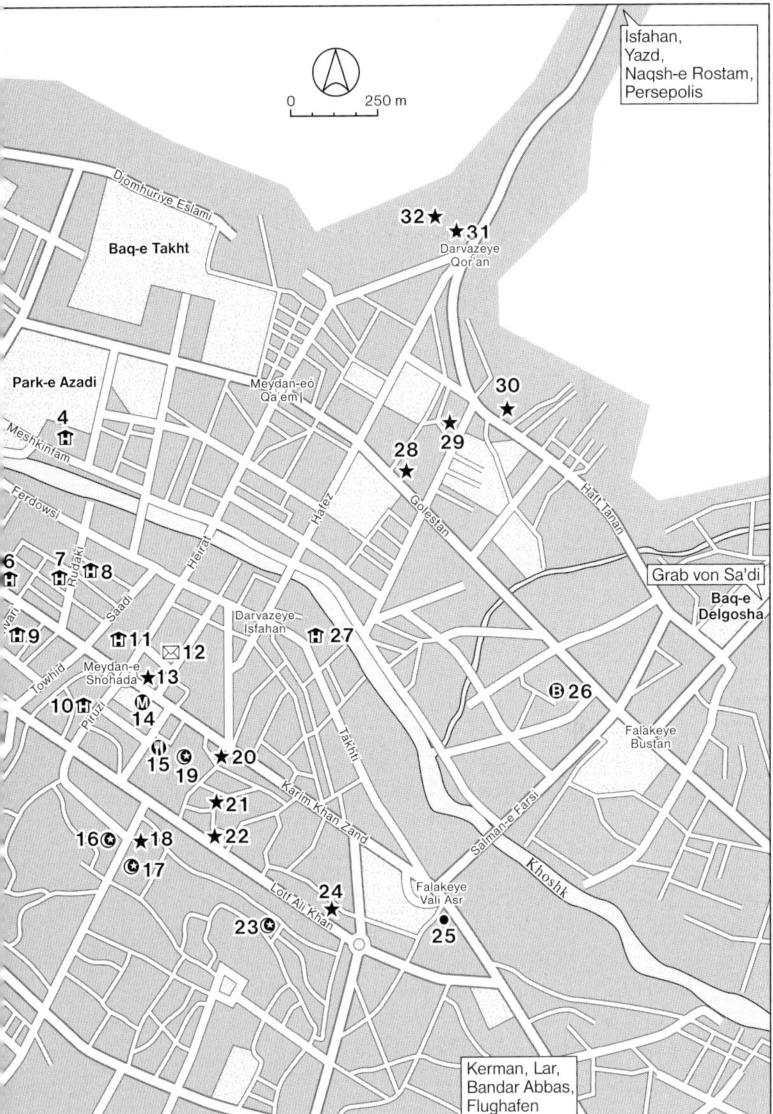
0 250 m
Isfahan,
Yazd,
Naqsh-e Rostam,
Persepolis
Djomhuriye Eslami
Baq-e Takht
32
31
Darvazeye
Qor'an
Park-e Azadi
Meydan-eó
Qa'em
30
4
29
28
Meshkinfam
Ferdowsi
Hafez
Golestan
Haft Tanan
Heirat
6
7
8
Rudaki
Grab von Sa'di
Baq-e
Delgosha
Saadi
Darvazeye
Isfahan
27
9
11
12
Meydan-e
Shohada
13
26
Towhid
10
14
Piruzi
Takhti
Falakeye
Bustan
15
19
20
21
Karim Khan Zand
Salman-e Farsi
16
18
22
17
Khoshk
24
Lotf Ali Khan
Falakeye
Vali Asr
23
25
Kerman, Lar,
Bandar Abbas,
Flughafen

Amir Kabis links abbiegen und auf der Enqelab-e Eslami bis zum Meydan-e Enqelab, dann auf dem Bolv. Karim Khan Zand in die Innenstadt fahren.

Aus Richtung Ardekan/Yasuj erreicht man Shiraz im Nordwesten auf der Kh. Qasr od-Dasht. Dieser bis zur Kreuzung Enqelab-e Eslami folgen und links abbiegen (weiter s.o.).

Aus Richtung Norden (Yazd/Isfahan) erreicht man die Stadt beim Koran-Tor. Auf der Kh. Hafez in Richtung Süden fahren und den Fluss überqueren. Danach rechts in die Kh. Ferdowsi einbiegen und bei der nächsten Kreuzung links in die Kh. Heijrat abbiegen. Diese führt direkt zum Meydan-e Shohada neben der alten Stadtfestung.

Aus Richtung Osten (Kerman, Lar, Bandar Abbas) erreicht man Shiraz auf der Kh. Modarres. Wo diese an ihrem Ende auf den Meydan-e Vali Asr stößt, weiter auf der Kh. Takhti und der Kh. Ferdowsi bis zur Kreuzung Kh. Heijrat fahren. Dort links abbiegen (s.o.).

Sehenswertes

Rundgang von der Festung zum Bazar

Stadtfestung

Gut zu Fuß besichtigen lassen sich die Sehenswürdigkeiten im Stadtzentrum. Als Ausgangspunkt eignet sich die am Anfang der neu errichteten Fußgängerzone gelegene **Tourist-Information** gegenüber der alten Stadtfestung aus der Zand-Zeit, **Arg-e Karim Khan,** direkt an der Kreuzung Bolvar-e Karim Khan Zand / Falakeh-ye Shohada gelegen (Eintritt 200 Tuman). Die Festung diente ursprünglich als Residenz des Herrschers. Der wuchtige Ziegelbau ist an den vier Ecken mit mächtigen, halbrunden Basteien verstärkt. Diejenige an der Südostecke erinnert ein wenig an den Turm von Pisa. Dort ist der Untergrund abgesackt; möglicherweise auch wegen der in der gesamten Provinz häufigen Erdbeben hat er eine starke Schieflage. Die Fundamente sind erst in jüngster Zeit wieder befestigt worden. An der Südostseite des Platzes vor dem Eingang zur Festung ist auch das kürzlich zu Ehren von Karim Khan Zand errichtete Standbild zu sehen. Die wehrhafte Außenfassade wird nur aufgelockert durch schönen Ziegelversatz an den Ecktürmen und durch ein Fliesenfeld über dem Haupteingang an der Ostseite. Es zeigt Rostam, den Helden des „Shahnameh".

Das Innere der Anlage, die in späterer Zeit als Gefängnis und noch bis in die 1960er Jahre als Polizeipräsidium genutzt wurde, machte bis vor kurzem einen ziemlich heruntergekommenen Eindruck. Mittlerweile ist man daran gegangen, das Wasserbecken und die Bepflanzungen mit Zitrusbäumen wieder herzurichten. Die Wohngeschosse an den vier Seiten sind zweistöckig ausgeführt. In der Achse des Haupteingangs befindet sich diesem gegenüber eine offene, von Säulen gestützte Halle. Kreuzförmig dazu sind zwei weitere Hallen in Form von Iwanen angeordnet. Im rechts vom Hauptein-

1	Sufi 1		17	Masdjed-e Atiq
2	Darvish	★	18	Shah Cheraq
3	Shatr Abbas		19	Masdjed-e Vakil
4	Homa Hotel	★	20	Bazar-Eingang
5	Hotel Pars	★	21	Sarai-ye Moshir
6	Hotel Park	★	22	Madreseh-ye Khan
7	Hotel Parsian		23	Masdjed-e Nasir ol-Molk
8	Hotel Aryo Barzan	★	24	Baq-e Narenjestan
9	Hotel Anvari	•	25	Visaverlängerung
10	Hashemi Guesthouse		26	Bus-Terminal Karandish
11	Hotel Eram		27	Sadjad Guesthouse
12	Hauptpost	★	28	Grab von Hafis
★ 13	Arg-e Karim Khan	★	29	Chehel Tan
14	Pars-Museum	★	30	Haft Tanan
15	Hammam-e Vakil	★	31	Koran-Tor
16	Masdjed-e Now	★	32	Khadju Kermani

gang gelegenen ist ein interessantes Modell des geplanten Ausbaus einer Fußgängerzone im mittleren Teil des Bolvar-e Karim Khan Zand zu sehen.

Pars-Museum

Von der Festung nur etwa 100 m entfernt auf der gegenüberliegenden Seite des Bolvar-e Karim Khan Zand befindet sich ein anmutiger, achteckiger **Gartenpalast,** heute das Gebäude des Pars-Museums (Eintritt 200 Tuman). Auch dieser Bau, inmitten eines üppig bepflanzten Gartens gelegen, geht auf Karim Khan zurück und diente früher Empfängen. Hier wurde der Herrscher nach seinem Tod beigesetzt, das Grab jedoch vom Qadjarenherrscher *Mohammad Agha* entfernt. Später hat man das Gebäude zum Museum ausgebaut. Der überkuppelte Innenraum wird durch vier Iwane gegliedert. Hier und in den Nebenräumen sind in Vitrinen alte **Koranhandschriften, Keramik, Bronzearbeiten** und **Waffen** ausgestellt. Die Fliesenverkleidungen zeigen die in Shiraz beliebten Pflanzenmotive sowie Vögel. Daneben finden sich auch Wandmalereien mit historischen und religiösen Motiven.

Bazar

Nach dem Verlassen des Gartens geht es rechts in Richtung Haupteingang zum Bazar, der vom Bolvar-e Karim Khan Zand in zwei Hälften geteilt wird. In nördlicher Richtung (links) erstreckt sich der **Neue Bazar** (Bazar-e Now) bis hin zum Falakeh-ye Darvazeh-ye Esfahan (nicht zu verwechseln mit dem alten Stadttor an der Straße nach Isfahan, auch Koran-Tor genannt). Klassischer und architektonisch reizvoller jedoch ist der **Bazar-e Vakil,** mit dem Haupteingang direkt gegenüber dem Bazar-e Now. Die Hauptgasse des Bazars, der ebenfalls unter Karim Khan erbaut wurde, ist von schönen Ziegelkuppeln gedeckt, von denen einige erst kürzlich renoviert wurden. Zu beiden Seiten befinden sich Läden, in denen vorwiegend Stoffe, Gewürze, Teppiche und Kleidung angeboten werden. Die teilweise sehr bunten Frauenkleider weisen darauf hin, dass viele der in der Umgebung von Shiraz lebenden Nomaden zu ihren Einkäufen hierher kommen. Gleich hinter dem Haupteingang kreuzt eine Quergasse die Hauptladenstraße. Diese Kreuzung wird von einer großen Kuppel überwölbt.

Früher gab es im Bazar zahlreiche architektonisch reizvolle Innenhöfe, von denen leider nicht viele übriggeblieben sind. Einer der schönsten, der mittlerweile wieder hergerichtete **Sarai-ye Moshir,** befindet sich am südlichen Ende der Hauptgasse. Man erreicht ihn linker Hand durch einen kleinen Eingang. Um ein Wasserbecken herum sind zweigeschossige Gebäude angeordnet. Die zahlreichen Geschäfte, in denen vor allem Kunsthandwerk angeboten wird, befinden sich im Untergeschoss. Dazwischen führen Treppen ins Obergeschoss. Dies ist der einzige Teil des Bazars von Shiraz, bei dem man den Eindruck hat, er sei besonders für Touristen geschaffen. An der Südostseite führt ein Ausgang zu einer Gasse mit zahlreichen Kunsthandwerksgeschäften. Sie erstreckt sich zu beiden Seiten einer überkuppelten Bazarkreuzung, an deren Ostseite sich der Eingang zu einem jüngst eröffneten traditionellen Teehaus mit Restaurant befindet (Sarai-ye Mehr).

Vakil-Moschee

Das eindrucksvollste Bauwerk ist die **Masdjed-e Vakil,** östlich der Hauptgasse des Bazar-e Vakil gelegen (Eintritt 300 Tuman). Man erreicht sie entweder vom Bolvar-e Karim Khan Zand aus, indem man rechts in die Gasse vor dem Haupteingang des Bazars einbiegt, oder aber von der Hauptgasse aus, indem man an der zweiten Kreuzung rechts abbiegt. Sie wurde zur selben Zeit (1772) errichtet wie der Bazar und später renoviert (Bauinschrift am Portal: „1243 Hedschra" = 1825/26).

Persische Moscheen ab dem 11. Jh. erkennt man in der Regel von außen an dem überkuppelten Gebetsraum. Nicht so die Vakil-Moschee, sie ist nur an ihrem mit Fliesen und einem Eingangs-Iwan hervorgehobenen Portal und den zwei minarettartigen Aufbauten (Goldasteh) über dem Nordiwan zu erkennen, denn ihre Gesamtanlage folgt dem Vorbild der **arabischen Hofmoschee.** Um einen rechteckigen Innenhof mit Wasserbecken sind zwei Iwane angeordnet. Der südliche von beiden führt zum Gebetssaal, der, wie bei Moscheen nach arabischem Typus üblich, durch Säulenreihen gegliedert wird. Das spiralförmige Dekor der Säulen läuft am oberen Ende in Kapitellen mit Akanthusblättern aus. Die Säulen tragen flache Kuppeln, die nur im zur Gebetsnische führenden Mittelgang Fliesen mit geometrischen Motiven tragen. Der Gebetsraum vermittelt mit seinen fünf Reihen zu jeweils 48 Säulen den Eindruck eines Säulenwaldes und führt zur Gebetsnische (Mehrab), die ebenfalls durch Fliesenschmuck hervorgehoben ist und deren obere Wölbung mit Moqarnas-Nischen dekoriert ist. Rechts davon liegt die ebenfalls mit Fliesen verzierte Nische für die Gebetskanzel (Minbar), zu der eine prachtvoll aus einem Stück gearbeitete Marmortreppe hinaufführt.

Bei der **Fliesenverkleidung** überwiegen Motive mit Blumen, Ranken und Vögeln, die nicht stilisiert, sondern sehr naturalistisch abgebildet sind. Im Unterschied zu den klassischen Farben der Safaviden-Zeit treten bei ihnen erstmals Rosa und Gelb stark in den Vordergrund.

Hammam-e Vakil

Wie oft in der unmittelbaren Umgebung von Moscheen wurde auch hier ein **Badehaus** errichtet. Das von Karim Khan erbaute Hammam-e Vakil wurde kürzlich renoviert und zu einem traditionellen **Teehaus und Restaurant** umgebaut. Man erreicht es nach dem Verlassen der Moschee links nach etwa 50 m. Neben dem mit Fliesen und Ziegeln verzierten Haupteingang ist besonders der mit einem großen Wasserbecken ausgestattete Umkleideraum sehenswert. Seine Kuppel ruht auf Säulen, das Kuppelinnere ist mit Wandmalereien in grünlichen Farbtönen auf weißem Grund geschmückt. Neben abstrakten Motiven sind figürliche Darstellungen zu erkennen.

Madreseh-ye Khan

Zur Fortsetzung des Rundgangs bietet sich der Weg durch den Bazar an: am Ende der Hauptgasse kurz links (gegenüber dem Durchgang zum Sarai-ye Moshir) und dann gleich wieder rechts halten. Die Bazargasse mündet auf die Khiaban-e Lotf Ali Khan, eine Parallelstraße des Bolvar-e Karim Khan Zand. An der Kh. Lotf Ali Khan geht es nach links, bis man nach etwa 150 m auf eine kleine Gasse stößt. Hier befindet sich eine der alten Medresen (Koranschulen) von Shiraz, die Madreseh-ye Khan, in der noch heute unterrichtet wird. Den Eingang erreicht man über die schon genannte Gasse durch ein mit Fliesen geschmücktes und oben von einem Iwan abgeschlossenes Portal. Die Fliesen wurden im 19. Jh. während der Regierungszeit von *Nassreddin Shah* (1848–96) renoviert. Wenn die Tür nicht offen ist, ruhig klopfen, der freundliche Wärter lässt Touristen gern ein, und auch die Religionsschüler, von denen gegenwärtig etwa 150 hier lernen, haben nichts gegen Besuch.

Durch die Vorhalle, die noch vom Originalbau aus dem Jahre 1615 stammt, erreicht man den Innenhof. Dieser wird von zweistöckigen Arkaden eingefasst, die mit Fliesen geschmückt sind. In den unteren Räumen findet der Lehrbetrieb statt, die oberen Räumlichkeiten dienen als Unterkünfte für die Religionsschüler. Der Hof ist mit den für Shiraz typischen Zitrusbäumen bepflanzt. Hier kann man in Ruhe und ungestört vom Trubel des Bazars und vom Verkehrsgetümmel eine Zeit lang verweilen.

Baq-e Narenjestan

Nach dem Verlassen der Madreseh-ye Khan am Ausgang der Gasse nach links wenden und der Lotf Ali Khan (der offizielle Name ist *Khiaban-e Ayatollah Dastgheib,* aber fast alle Shirazis kennen sie unter dem alten Namen) in Richtung Osten folgen. Hier mündet eine Reihe von Gassen des Bazars auf die Hauptstraße und man findet Geschäfte mit Waren des täglichen Bedarfs. Kurz vor dem Ende der Kh. Lotf Ali Khan biegt links eine Gasse mit Namen Qavam ab. Hinter einer Mauer aus verputzten Lehmziegeln verbirgt sich der in einem schönen Garten gelegene alte **Stadtpalast** einer einflussreichen Shirazer Familie.

Entsprechend der traditionellen islamischen Bauweise besteht das Anwesen aus zwei Teilen, die durch die Gasse getrennt werden: dem *biruni,* der zum Empfang von Gästen diente, und dem *andaruni,* der allein den Mitgliedern der Familie vorbehalten war. Beide Teile waren früher durch einen unterirdischen Gang verbunden. Der ehemalige *biruni* wird heute nach den im Inneren des Hofes angepflanzten Bitterorangenbäumen *(narenj)* Baq-e Narenjestan genannt. Er dient mittlerweile als **Museum** und ist Teil der

177i Foto: hn

Kunstfakultät der Universität Shiraz (Eintritt 300 Tuman).

Man betritt die Anlage durch den Haupteingang an der Lotf Ali Khan. An der Eingangsseite sind links und rechts des Eingangs zwei auf Holzsäulen ruhende offene Hallen zu sehen. In die Säulen sind schöne Intarsien eingearbeitet und die Decken sind mit Stuck im Stil des 19. Jh. verziert. Der rechteckig angelegte **Garten** hat ein Wasserbecken in der Mitte, zu beiden Seiten mit **Orangenbäumen** bestanden. Gegenüber der Eingangsfront liegt das kleine **Gartenpalais** mit offener Säulenvorhalle, die meist zum Schutz vor der Sonne mit Planen abgedeckt ist. Links und rechts der Halle führen Treppenaufgänge hinein, die Sockel sind mit Reliefs nach dem Vorbild von Persepolis ausgeführt. Leider hat sich bei den Steinmetzen des vergangenen Jahrhunderts nichts mehr von der Kunstfertigkeit ihrer achämenidischen Kollegen erhalten, sodass ihre Gardisten und Löwen auf den heutigen Betrachter wie Tolpatsche wirken.

Im Inneren wird man dafür aber reichlich entschädigt: Wände und Decke der Halle sind prächtig mit Verspiegelungen ausgeschmückt, Medaillons mit höfischen Damen zeugen von einer Anregung durch europäische Vorbilder. Über eine Treppe gelangt man ins Obergeschoss, seitlich der Halle befindet sich ein kleiner Raum mit einer kunstvoll bemalten Holzdecke und Fenstern mit farbigen Scheiben. Auch die Nebenräume im Untergeschoss sind sehenswert. Hier arbeitete bis in die 1960er Jahre *Arthur Upham Pope* zusammen mit seiner Frau *Phylis Ackermann,* die zu den wichtigsten Erforschern der iranischen Kunst und Architektur gehören.

Masdjed-e Nasir ol-Molk

Nach Verlassen des Gartens überquert man die Kh. Lotf Ali Khan. Auf der anderen Straßenseite geht es etwa 250 m zurück bis zur Gasse Nasir ol-Molk. Ein Wegweiser zeigt links in

178i Foto: hn

Baq-e Narenjestan: links der Garten, rechts eine offene Halle im Palast

Shiraz und Provinz Fars

Richtung der **Moschee** gleichen Namens, die aus der zweiten Hälfte des 19. Jh. stammt. Sie liegt etwa 100 m geradeaus, erkennbar an ihrer schönen, kürzlich erneuerten Eingangstür aus Holz. Obwohl etwa 100 Jahre später als die Masjed-e Vakil erbaut, sind ihre Fliesenverzierungen in Dekor und Farbgebung dieser nachempfunden.

Hinter dem Eingang links (Eintritt 300 Tuman) gelangt man in den Innenhof der **Zwei-Iwan-Anlage,** der wie meist üblich ein Wasserbecken enthält. Der Haupt-Iwan dieser Anlage ohne Kuppelraum liegt im Süden, die Verfliesungen des Nord-Iwans wurden Anfang des 20. Jh. erneuert, wie eine Bauinschrift ausweist. Über eine Treppe rechts vom Haupt-Iwan gelangt man aufs Dach. Der schönste Teil der Anlage ist der **Wintergebetssaal** (Shabestan) rechts vom Hof, der nach dem Vorbild der Säulenhallen der Masjed-e Vakil gestaltet ist. Er ruht auf vier Reihen von spiralförmig reliefierten Säulen, die Innenkuppeln dazwischen sind kürzlich renoviert worden. In Gebetsrichtung ist in der Mitte der Qibla-Wand eine Gebetsnische eingearbeitet.

Auf der dem Shabestan gegenüberliegenden Hofseite ist eine kleine Ausstellung mit Bildern von Shirazer Bürgern zu sehen, die sich um die Stiftung von religiösen Bauwerken und Krankenhäusern verdient gemacht haben. Durch diesen Raum gelangt man in einen kürzlich renovierten Gebäudeteil, wo früher von Kühen das Wasser zur Füllung des Moscheebeckens geschöpft wurde. Eine steinerne Ringmauer hat Zugang zu einem unter der Moschee verlaufenden Qanat (Kanal). Die Kühe bewegten sich in einem Gang auf und ab und zogen große Schöpfgefäße an Seilen nach oben.

Masdjed-e Atiq

Nach dem Verlassen der Masdjed-e Nasir ol-Molk geht man den kurzen Weg zurück zur Kh. Lotf Ali Khan und biegt dann links ab, bis etwa in Höhe der Medreseh-ye Khan. Ihr gegenüber liegt der Bazar-e Hajji. Diese Bazargasse mündet direkt auf den Innenhof des berühmten Mausoleums von *Shah Cheraq,* von dem man auch Zugang zur alten Freitagsmoschee (Masjed-e Atiq) hat. Dieser Weg ist allerdings für Frauen nur dann geeignet, wenn sie sich das Mausoleum nicht gleich anschauen wollen, denn dort sind Chadors Pflicht. Das Grabmal war bis zum Jahre 2002 am Abend schöner vom Haupteingang am Meydan-e Ahmadi aus zu besichtigen, wo die erforderlichen Chadors entliehen werden konnten (s.u.). Seitdem wird der Zugang Nicht-Muslimen verweigert, aber manchmal gelingt es durch langes Einreden auf die Moscheewächter dennoch, die Erlaubnis zu bekommen.

Am Innenhof angelangt, wird man erst einmal durch die fein verzierte, birnenförmige Kuppel des Mausoleums in den Bann gezogen. Falls möglich, sollte man sich diesen Besuch für abends aufsparen und an der Längsachse des Hofes links in den Durchgang einbiegen, der zur Masjed-e Atiq führt. Er ist kürzlich völlig neu aus Stahlbetonelementen gebaut worden und wirkt wenig orientalisch. Am Ende des Durchgangs wendet man sich nach rechts zum mit Fliesen verzierten Eingangsportal der Moschee.

Die Masjed-e Atiq stammt in ihrer heutigen Form aus dem 12./13. Jh. und steht auf dem Gelände eines älteren Baus vom Ende des 9. Jh. Die Bauweise entspricht der typischen **persischen Hofanlage mit vier Iwanen.** Die sparsamen Fliesenverzierungen auf blauem Grund stammen im Wesentlichen aus dem 14. Jh. Im Zentrum des Hofes fällt ein ungewöhnlicher, rechteckiger Bau auf, das Khodai Khaneh („Haus Gottes"), angeblich nach dem Vorbild der Kaaba in Mekka gestaltet. Das Zentrum des Baus aus Hausteinen mit runden Eckeinfassungen ist von Arkaden umgeben, deren Bögen auf schlanken Doppelsäulen ruhen. Der obere Teil der Fassade ist mit einem umlaufenden Schriftband auf blauem Grund eingefasst.

Auch vom Innenhof der Moschee aus kann man durch einen Ausgang an der Südostecke dem Gassengewirr des Bazars bis zur Kh. Nasir ol-Molk folgen.

Mausoleum von Shah Cheraq

Für den Abend ist ein Besuch des berühmten Heiligengrabs von *Shah Cheraq* zu empfehlen, wenn es gelingt, die Wärter zum Einlass zu überreden (s.o.). Man erreicht es von der Falakeh-ye Ahmadi am südlichen Ende des Bazars aus. Hier wird das Grab von *Seyyed Mir Ahmad,* einem Bruder des 8. Imams *Reza* verehrt. Er verstarb in Shiraz um das Jahr 835. Im 15. Jh. wurde der Grabbau in seiner heutigen Form errichtet, ist seitdem aber mehrfach renoviert worden. Die berühmten Verspiegelungen im Innern wurden um die Mitte des 19. Jh. angebracht.

Die weithin sichtbare **Kuppel** hat eine ungewöhnliche Form, fast wie eine Birne. Der Kuppeldurchmesser ist nur wenig größer als der Tambur, der hoch aufragt. Die Fliesenverzierungen der Kuppel sind atemberaubend schön: Auf türkisfarbigem Grund ranken sich weiße und gelbe Arabesken nach oben. Seine volle Pracht entfaltet dieser Schmuck, wenn die Kuppel nach Einbruch der Dunkelheit angestrahlt wird.

Für Frauen sind hier **Chadors unbedingt vorgeschrieben,** sie können auf dem Vorplatz in einer Buchhandlung umsonst ausgeliehen werden. Keine Angst beim ungewohnten Anlegen des unförmigen Tuches, die iranischen Besucherinnen bemerken die Ungeübtheit sehr schnell und sind in der Regel gern bereit zu helfen.

Der Weg in den Innenhof führt durch ein mit Fliesen verkleidetes Eingangsportal mit schöner (allerdings neuer) Holztür. Die Fliesen mit geometrischen und floralen Motiven werden noch übertroffen von der Innenkuppel des Eingangsbaus. Dem Grabbau vorgelagert ist ein offener Vorbau, dessen hölzernes Dach von zehn Säulen getragen wird. Vor dem Betreten sind unbedingt die Schuhe auszuziehen. Sie können an zwei Schaltern links und rechts des Eingangs deponiert werden.

In der Kuppelachse liegt der Haupteingang (der Eingang für Frauen befindet sich rechts daneben) in Form eines Iwans, dessen oberer Teil mit verspiegelten Moqarnas-Nischen ausgekleidet ist. Der innere Bogen des Gewölbes ist mit aufwendigen Stuckarbeiten verziert. Warum dieses Heiligengrab **„Schah des Lichts"** heißt, erschließt sich, wenn man durch die Eingangstür hineintritt: Der gesamte Innenraum ist bis zur Höhe der Marmorsockel mit Verspiegelungen ausgestattet. Das künstliche Licht eines Leuchters, der von der Kuppelmitte herunterhängt, erzeugt, gebrochen durch die Spiegelelemente, eine solche Fülle von Licht, dass man sich auch als Nichtgläubiger dieser Atmosphäre kaum entziehen kann.

Das **Grab** des Heiligen, eingefasst von einem mit Silber ziselierten Aufbau, ist nicht wie sonst meist üblich im Zentrum der Kuppel angelegt worden, sondern dahinter unter einem Bogen, der den Kuppelraum mit dem dahinter befindlichen Gebetssaal verbindet. Es stört die Pilger nicht, wenn sich Fremde mit der gebotenen Zurückhaltung die Einzelheiten des Baus und der Rituale anschauen: Vor dem Grab verrichten sie ihre Gebete oder legen Gelübde ab, mit Fingern, Lippen oder der Stirn streichen sie über die versilberten Gitterstäbe, damit etwas vom Charisma des verehrten Heiligen in sie übergehen möge. Etwa in Kopfhöhe sind die Plastikscheiben, die das Grab umgeben, durchbrochen, damit die Gläubigen Geldscheine hindurchstecken können, was sie auch stets reichlich tun. Dabei kommt es aber nicht darauf an, möglichst große Banknoten hineinzuwerfen oder möglichst viele, sondern eher symbolische Geldscheine, meistens 50, 100 oder 200 Tuman-Scheine. Der Raum ist durch Stellwände abgeteilt ist, den Frauen ist der vom Eingang gesehen rechte Teil vorbehalten.

Der dreigliedrige Raum hinter dem Grab, auch er vollständig verspiegelt, wird zum Beten genutzt. Auch hier ist es durchaus gestattet, mit der nötigen Zurückhaltung hindurchzugehen, möglichst ohne die Betenden zu stören. Eine interessante Einzelheit ist vor dem Verlassen des Baus rechts vom Ausgang zu sehen (leider nur für Männer): Unter einem Glaskasten ist ein Modell der beabsichtigten Erweiterung des Heiligen Bezirks ausgestellt. In den nächsten Jahren soll der Komplex von Shah Cheraq mit dem der Masjed-e Atiq und der benachbarten Masdjed-e Now zu einem großen Komplex zusammengefasst werden. Das wäre dann nach dem Heiligen Bezirk von Mashhad die größte Anlage dieser Art in Iran.

Nach dem Besuch des Grabs lädt der ausgedehnte **Innenhof** zu einem kleinen Spaziergang ein. Auch spät abends noch herrscht hier ein buntes Treiben, viele Besucher übernachten unter den Arkaden, die den Hof umgeben. Ein schönes Fotomotiv bietet sich von der Ostseite des Hofes, wenn sich die Kuppel im großen Wasserbecken spiegelt.

An der Nordostecke des Hofes findet sich ein kleinerer **Grabbau,** der einem weiteren Bruder des 8. Imams, *Ali Ibn Hamzeh,* gewidmet ist. Die Kuppel dieses Grabbaus ist jüngst neu mit Fliesen verkleidet worden, die ineinander verschlungene geometrische Bänder auf türkisfarbenem Grund zeigen. Im Kuppelraum, der im Innern ebenfalls vollständig mit Spiegeln verkleidet ist, ist das Grab des Heiligen im Zentrum zu sehen. Es ist mit einem würfelförmigen Aufbau verkleidet, der an allen vier Seiten vergittert ist. Rechts davon in einem Nebenraum ist ein weiteres Grab zu sehen, in dem *Ayatollah Dastgheib* beigesetzt wurde, der in den ersten Jahren der Revolution einem Anschlag zum Opfer viel. Nach ihm ist heute der östliche Teil der Khiaban-e Lotf Ali Khan und auch der Flughafen von Shiraz benannt.

Bolvar-e Karim Khan Zand

Für den Nachmittag empfiehlt sich ein Bummel auf der **Prachtstraße** von Shiraz, dem Bolvar-e Karim Khan Zand. Die meisten Geschäfte, kleine Restaurants und Imbisse findet man im Bereich zwischen Falakeh-ye Shohada und Khiaban-e Khayyam. Typisch für Shiraz ist *faludeh,* geeistes Reismehl in Fäden mit Limonenwasser. Serviert wird es in Plastikbechern wie bei uns Speiseeis.

Gärten

Baq-e Eram

Die berühmten Shirazer Gärten sind vom Stadtzentrum aus nicht ohne Weiteres zu Fuß zu erreichen. Vom Falakeh-ye Enqelab aus gelangt man mit dem **Sammeltaxi** aber leicht zum Baq-e Eram: auf dem Bolvar-e Emam Khomeini über den Fluss und dann links dem Bolvar-e Baq-e Eram folgen. Am Ende dieser breiten Straße sieht man die am Hügel gelegenen Gebäude der Shirazer Universität. Kurz vor dem Erreichen der Falakeh-ye Eram liegt links der „Paradiesgarten" (3000 Tuman).

In seinem Zentrum steht ein Gartenpalast mit drei Stockwerken, dessen Inneres nicht zu besichtigen ist. Der Park dient heute als **Botanischer Garten**

179i Foto: hn

Statue des Karim Khan Zand vor dem Arg

182i Foto: hn

mit einer Vielzahl von Blumen, Sträuchern und Bäumen, die zumeist in Persisch und Lateinisch beschriftet sind. Rechts vom Eingang sind um ein großes, rundes Wasserbecken zahlreiche **Rosenrabatten** angelegt. Von Mai bis Oktober erstrahlen die verschiedenen Rosenarten in den leuchtendsten Farben. Hier lässt sich nachempfinden, warum Shiraz auch als „Stadt der Rosen und Nachtigallen" bezeichnet wird.

Der **Palast** im Zentrum des Parks stammt aus dem 19. Jh. und ist in der typischen Form mit offener Säulenhalle angelegt, die von zwei Säulen getragen wird. Die Halle im Zentrum ist einstöckig ausgeführt, die links und rechts daneben liegenden sind zweistöckig. Zahlreiche Fenster sorgen für Lichteinfall ins Innere, die Holzdecken sind kunstvoll bemalt. Sehenswert sind auch die Fliesenpartien zwischen den Gebäudeteilen und am Dachaufsatz mit Jagd- und Gartenszenen sowie der Abbildung einer Herrschergestalt im Zentrum. Die Sichtfassaden der hölzernen Dachkonstruktion sind als Rundgiebel ausgeführt.

Das rechteckige **Bassin mit Fontäne** vor dem Palast speist Kanäle, welche die Pflanzungen des Gartens bewässern. Von hier aus verläuft die Hauptachse des Gartens leicht ab-

Palast im Baq-e Eram,
einem der „Paradiesgärten" von Shiraz

schüssig, sie wird von mehreren Gassen geschnitten. In den Seitengassen laden Bänke zum Verweilen ein. Im unteren Teil, rechts vom Hauptweg auf einer Wiese, halten die Shirazis besonders gern an Feiertagen Picknicks ab. Die Familien versammeln sich um auf dem Boden ausgebreitete Tischtücher und verzehren die mitgebrachten Speisen.

Links von der Hauptgasse ist der Garten im unteren Teil mit **Granatapfelbäumen** bepflanzt, die im Frühjahr leuchtend rote Blüten tragen und im Herbst die roten Früchte. Wenn man sich wieder links hält, gelangt man zu einem Weg, der links und rechts mit schlanken **Zypressen und Pinienbäumen** bepflanzt ist. Insbesondere die Zypressen gelten in Iran als Inbegriff von Anmut und Schönheit. In vielen Gedichten werden sie als Metapher für die Geliebte verwendet. Über diesen Weg kehrt man zum Hauptausgang zurück.

Grab von Hafis

Auf dieser Seite des Flusses liegen auch die beiden berühmten Shirazer Dichtergräber von *Hafis und* Sa'di. Vom Baq-e Eram aus ist das von Hafis das näher gelegene, am einfachsten per Taxi zu erreichen. Man kehrt zum Anfang des Bolvar-e Baq-e Eram zurück und wendet sich links bis zur Falakeh-ye Gaz, leicht erkennbar an der Gasfackel im Zentrum. Von dort aus verkehren Taxis, die den Bolvar-e Emam Khomeini hinunterfahren bis zum Grab von Hafis (1326–90), **Hafezieyeh** genannt. Der Eingang (Eintritt 300 Tuman) auf der linken Seite liegt direkt gegenüber dem Fußballstadion von Shiraz.

Man betritt einen zu jeder Jahreszeit äußerst gepflegten Garten mit Rasen, Blumen und Bäumen, der zum Grabbau führt. Diesen erreicht man über einen quergelegten offenen Säulengang über mehrere Stufen. Unter dem Dach verläuft ein Fliesenband auf blauem Grund mit Versen des Dichters. Nachdem man die Stufen erklommen hat, öffnet sich der Blick auf einen luftigen **Pavillon,** der nach allen Seiten offen auf acht Säulen ruht. Die Säulen tragen eine kleine Kuppel, die im Inneren mit Fliesen verziert ist. Der Bau ist in den 50er Jahren des 20. Jh. in dieser Form errichtet worden, an der Stelle, an der schon immer das Grab des Dichters verehrt wurde. Leicht erhöht im Zentrum unter der Kuppel steht der **Grabstein** aus farbigem Marmor. Auf seiner Oberseite ist eines der Gedichte in Stein gefasst. Auch die Seiten tragen Medaillons mit Versen. Hier sollte man sich etwas Zeit nehmen und die iranischen Besucher beobachten, die besonders an Wochenenden und Feiertagen herkommen. Ehrfürchtig nähern sie sich dem Grab und bestreichen es oft mit ihren Händen, eine Geste, wie sie sonst nur anlässlich von Pilgerfahrten bei den heiligen Schreinen üblich ist. Sie versuchen damit, etwas vom Charisma des verehrten Dichters in sich aufzunehmen. Oft trifft man auch Menschen, die neben dem Grab stehend Hafis-Gedichte rezitieren, still für sich oder mit lauter Stimme deklamierend.

Der Dichter Hafis und sein Einfluss auf Goethe

Der Dichter Hafis (eigentlich *Muhammad Shamsuddin,* geboren 1320, gestorben 1389 in Shiraz) ist die **Ikone der persischen Dichtung.** Sein berühmter **„Diwan"** ist das Haus- und Stundenbuch jedes Iraners. Seine Verehrung geht so weit, dass dieses Werk wie ein Orakel zum Ausblick auf die Zukunft benutzt wird: Eine Seite des Bandes wird willkürlich geöffnet und der Finger auf einen zufälligen Vers gerichtet. Aus diesem Vers wird dann von weisen Frauen die Zukunft gedeutet *(fal-e Hafez).* Die Gedichte des „Diwan" sprechen von Anbetung und Liebe, von Wein und Genuss. Sie sind eine **Ode an die Freuden des Daseins,** oft klagen sie Kleingeister und „Pfaffen" an. Gleichzeitig loten sie die Tiefen der menschlichen Seele aus, denn nur wer mit ganzen Sinnen empfindet und genießt, kann den „höheren Sinn" des Daseins wirklich erfahren. Ein Beispiel:

Hold im Weinpokale haben wir
des Freundes Bild erblickt,
Ahnungsloser du der Wonne,
die sich unserem Trunk gesellt!
Nimmermehr wird sterben,
wessen Herz durch Liebe Leben fand!
Dass wir ewig dauern,
ist im Buch der Zeiten festgestellt.

Der Hedonismus in Hafis' Versen hat ihm bisweilen **Feindschaften unter der strengen islamischen Geistlichkeit** eingetragen. In den ersten Jahren nach der Revolution von 1979 durften Hafis' Werke nicht neu aufgelegt werden. Doch in seinen Versen findet sich die poetische Seele des persischen Volkes wieder, und es war nicht möglich, Hafis dem persischen Volk „wegzunehmen".

Hafis' Dichtung ist nicht mystisch oder religiös im engeren Sinne. Jedoch sind viele der Bilder und Motive, aus denen er seine Gedichte wie einen Teppich webt, der islamischen Tradition und Mythologie entlehnt. Hafis unterlegt seine Verehrung des Rausches und der Liebe mit **religiöser Symbolik** und erhöht sie auf die metaphysische Ebene: So entsteht eine Art mystischer Ekstase, in der die „Vereinigung mit dem/der Geliebten" und die „Vereinigung im Glauben mit Gott" ineinander fließen.

Die Beeinflussung, Befruchtung und Verjüngung des **alternden Goethe** durch seine Beschäftigung mit dem seelenverwandten persischen Dichter ist ein faszinierendes Kapitel west-östlichen Kulturaustauschs. Früher war die Goethe-Forschung uneins, wie Goethes **„West-östlicher Diwan"** (geschrieben 1819 im Alter von 70 Jahren) letztlich zu bewerten sei: als Ergebnis einer tiefschürfenden Auseinandersetzung mit Hafis' Dichtung? Oder eher als produktive Flucht des alternden Goethe aus einer Lebenskrise, in die er sich durch das vergebliche Werben um die junge *Marianne von Willemer* begeben hatte? Ergriff Goethe den Dichter aus Shiraz begierig als Ansprechpartner, um sich den Frust von der Seele zu schreiben?

Inzwischen ist es unstrittig, dass Goethe sich tatsächlich intensiv mit dem Werk Hafis' auseinandergesetzt hat. Dabei hat er nicht versucht, Hafis formal nachzuahmen; die strenge, von Hafis zur Vollendung gebrachte poetische Form des Ghasel schien ihm nicht mit dem Deutschen bzw. mit seinem eigenen dichterischen Genius kompatibel zu sein. Ein Beispiel:

Sei das Wort die Braut genannt,
Bräutigam der Geist.
Diese Hochzeit hat gekannt,
Wer Hafisen preist.

Das Grab von Hafis in Shiraz

Auch inhaltlich unterscheidet sich der „West-östliche Diwan" von Hafis' Dichtung. Goethe spielt auf Bilder und Motive aus dessen Werk an; er hat Hafis genau gelesen, verstanden und sich so zu eigen gemacht, dass dessen Motive gleichsam aus seinem eigenen dichterischen Genius quellen. Aber die Behandlung dieser Motive ist bei Goethe eine andere. Während Hafis in seinen Gedichten oft ekstatisch von Motiv zu Motiv springt, ist der Aufbau von Goethes Gedichten in der Regel logisch und strukturiert. Goethe schwelgt in Hafis' Bildern und Motiven, ohne sich von ihnen fortreißen zu lassen; vielmehr integriert er sie in seinen klar-deutschen poetischen Gedankenstrom.

Im „West-östlichen Diwan" spiegeln sich Goethes universale Fähigkeit und Bereitschaft, die Welt in sich aufzunehmen und produktiv werden zu lassen. Seine intimsten Seelengeheimnisse, die unerwiderte Liebe zu Marianne von Willemer, verwandelt er in ein zeitloses, vollendetes Kunstwerk.

181i Foto: hn

In der Umgebung des Grabbaus ist eine Reihe weiterer Grabplatten in den Boden eingelassen. An der rückwärtigen Mauer des Parks findet sich rechts eine Verkaufsstelle der iranischen Altertümerverwaltung mit Publikationen auf Persisch und in Fremdsprachen. Direkt gegenüber gelangt man in ein **Teehaus** – idyllisch gelegen in einem bepflanzten Innenhof. Kleine Sitznischen unter den Arkaden laden zum Verweilen beim Tee, einem *faludeh* oder auch einer Wasserpfeife *(qaliun)* ein.

Grab von Sa'di

Am Eingang der Hafeziyeh wendet man sich nach links und folgt dem Bolvar-e Golestan bis zur Falakeh-ye Bustan, leicht zu erkennen an der Büste von *Sa'di* in der Mitte des Rondells. Hier links abbiegen, der Bolvar-e Bustan endet direkt vor dem **Park** mit dem Grab des zweiten berühmten Shirazer Dichters, der **Saadiyeh.** Durch das Eingangstor (Eintritt 300 Tuman) gelangt man in den Park mit Blumenanpflanzungen, Zitrusbäumen und hoch aufragenden Zypressen.

Der **Grabbau** im Zentrum des Gartens stammt aus den 50er Jahren des 20. Jh. und ist im Gegensatz zum leichten, schwebenden Pavillon des Hafis eher nüchtern. Eine flache, türkisfarbene Kuppel überragt den offenen Vorraum kaum, der von acht mit Steinplatten verkleideten Pfeilern getragen wird. Die Außenfront ist mit farbenfrohen Fliesenfeldern bedeckt, eine Treppe führt zum Eingang des

Grabbaus hinauf. Der achteckige Bau ist im Innern bis zur halben Höhe mit rötlich schimmernden Marmorplatten verkleidet, der obere Teil betont mit seiner glatten Ziegelfassade den nüchternen Raumeindruck, der nur durch vier sich kreuzförmig gegenüberliegende Nischen aufgelockert wird. Diese halbrunden Nischen tragen im Innern Fliesenfelder auf kobaltblauem Grund mit Versen aus den beiden Hauptwerken von Sa'di (1184–1292), dem „Golestan“ (Rosengarten) und dem „Bustan“ (Fruchtgarten). Der Grabstein im Zentrum des Kuppelbaus ist aus dem gleichen rötlich schimmernden Marmor wie auch die Fassade. Auf der Oberseite sind in Medaillons **Verse des Dichters** hineingearbeitet. Von der Kuppeldecke hängt eine aufwendig gearbeitete, riesige Messinglampe herab.

Außen ist links neben dem Eingang zum Grabbau ein **Wasserbecken** angeordnet, in das die iranischen Besucher gern Münzen hineinwerfen, was Glück bringen soll. Neben dem Wasserbecken ragt eine kleine Ziegelkuppel mit Lichtdurchlass aus den Fußbodenplatten empor. Sie bezeichnet die Stelle, wo ein unterirdischer **Wasserkanal** (Qanat) kühles Wasser von den Bergen in die Stadt führt. Dort ist unter der Erde ein **Teehaus** eingerichtet worden, um den Qanat herum angelegt. Man erreicht es über eine Treppe im hinteren Teil des Gartens. Goldfische und Forellen tummeln sich in dem klaren Wasser. Hier ist es auch im heißesten Shirazer Sommer angenehm kühl.

Haft Tanan

Die Saadiyeh liegt am nördlichen Stadtrand von Shiraz. Der Weg von hier zurück ins Stadtzentrum führt vom Bolvar-e Bustan immer geradeaus bis Falakeh-ye Bustan und dann weiter über Bolvar-e Salman bis Falakeh-ye Vali Asr, weithin erkennbar an der hoch aufragenden Säule, die nach der Islamischen Revolution von Persepolis dorthin gebracht wurde. Von dort aus führt der Bolvar-e Karim Khan Zand direkt ins Zentrum.

Wen es vorher noch nach mehr ruhigen und lauschigen Plätzen verlangt, der kann gleich hinter dem Baq-e Delgosha („der das Herz erfreut“) rechts in die Straße Haft Tanan einbiegen. Kurz vor dem Ende der Straße, dort wo sie über einen kleinen Kanal führt, liegt rechter Hand ein von hohen Mauern eingefasster **Garten mit hohen Pinien und Zypressen.** Er birgt einen kleinen Palast aus der Zeit *Karim Khan Zands.* Die Anlage wird Haft Tanan, „Sieben Leiber“ genannt, weil hier der Überlieferung nach sieben Personen beigesetzt wurden, deren Grabsteine im Hof der Anlage noch zu sehen sind. Besonders die Wandgemälde im Inneren des kleinen Gartenpalastes, der heute als Museum dient, sind sehenswert.

Chehel Tan

Nicht weit von Haft Tanan liegt ein kleiner **Friedhof** namens Chehel Tan, „Vierzig Leiber“, in dessen lauschigem Innenhof zumeist Derwische ihre letzte Ruhestätte gefunden haben. U.a. ist hier der alte Grabstein von *Sa'di,* der früher sein Grab deckte, zu sehen. Hier findet man einen ruhigen Ort, der zum Verweilen einlädt.

Von Haft Tanan aus überquert man die gleichnamige Straße und geht geradeaus in Richtung Rückseite der Hafeziyeh. Vorher rechts abbiegend, erreicht man Chehel Tan, von einer Mauer umgeben, gegenüber dem Krankenhaus Salami.

Koran-Tor

Nach diesem Besuch lohnt noch ein Ausflug zum **Darvazeh-ye Qoran,** dem alten Stadttor an der Straße nach Persepolis und Isfahan. Der Kh. Haft Tanan bis zum Ende folgen, wo sie auf die Khiaban-e Darvazeh-ye Qoran stößt und dann rechts abbiegen. Von der Stadtmitte aus führt der Weg vom Darvazeh-ye Esfahan am Nordende des Bazars über die Brücke und die Kh. Hafez direkt zum Koran-Tor.

Das Bauwerk ist mittlerweile völlig neu errichtet worden, die Hauptstraße führt heute an ihm vorbei. Früher wurde zum Schutz der Stadt im Torbau ein Exemplar des heiligen Buches aufbewahrt. Der offene Torbau aus Ziegeln ist heute ein beliebter Treffpunkt, von dem aus man links die Treppen hinaufgehen kann, wo **Teehäuser und kleine Restaurants** vor allem nachmittags und an Feiertagen viele Besucher anziehen. Am Berghang ist eine kleine Grabstätte für *Khadju Kermani,* einen Dichter des 14 Jh., zu besichtigen. Am Ende der Terrasse, von der man einen prächtigen Blick auf Shiraz hat, wurde kürzlich ein Hotel erbaut.

Gegenüber dem Koran-Tor sind in den vergangenen Jahren steinerne Terrassen am Berghang angelegt worden. An Wochenenden und während der Nowruz-Festtage wimmelt es hier von Besuchern.

Park-e Chamran

Ein anderer beliebter Ausflugsort der Shirazis ist der Park-e Chamran, gelegen am gleichnamigen Boulevard im Nordwesten der Stadt. Er zieht sich über 3 km zwischen der Straße und den angrenzenden Obstgärten hin, und ist in vier Sektionen – eine für jede Jahreszeit – und einen großen Bereich für Kinder unterteilt. Auch Imbisse und Restaurants sind vorhanden.

183i Foto: hn

Alter Grabstein auf dem Sufi-Friedhof Chehel Tan

Praktische Tipps

- **Telefonvorwahl Shiraz:** 0711

Information

- **Tourist-Information** gegenüber der Stadtfestung Arg-e Karim Khan, an der Kreuzung Bolvar-e Karim Khan Zand / Falakeh-ye Shohada.

Geldwechsel

- **Bank-e Melli** am Bolvar-e Karim Khan Zand, gleich neben der Festung. Auf der Straße vor dem Eingang sind auch meistens fliegende Geldwechsler vertreten.
- **Bank Saderat** am Bolvar-e Karim Khan Zand gegenüber der Einmündung Kh. Rudaki.
- **Wechselstube** am Bolvar-e Karim Khan Zand / Chaharrah-e Zand.

Post und Telefon

- **Hauptpost** in der Khiaban-e Naser Khosrow direkt hinter der Festung.
- Daneben gibt es auch eine **Telefonzentrale** *(mokhaberat)*, von wo aus relativ günstig vermittelte internationale Telefongespräche geführt werden können.

Visumverlängerung

- Visa können bei der **Fremdenpolizei** *(Atba'e Khareje)* am Meydan-e Vali Asr verlängert werden, 7:30 bis 12 Uhr.

Unterkunft

- Das neue Top Hotel in Shiraz ist das kürzlich eröffnete **Hotel Pars** €€€ am Bolvar-e Karim Khan Zand, für ein großzügiges EZ zahlt man 75 US$, im DZ 110 US$, Tel. 2332255, Fax 2336380.
- **Hotel Homa** €€€, Kh. Meshkinfam, Tel. 2228000-9, Fax 2288021, EZ ab 65 US$, DZ ab 95 US$. Lange Zeit war es das größte Hotel in Shiraz mit neuem Anbau, aber recht weit vom Stadtzentrum. Es ist im Besitz der Fluggesellschaft Iran Air. Beliebt ist der große Garten mit Café und Restaurant (nur in der warmen Jahreszeit), Swimmingpool im Freien (nur für Männer) und Sauna (mit besonderen Zeiten für Frauen). Hotelrestaurant mit gutem Service (Spezialität *ranginak:* ein leckerer Dattelkuchen zum Dessert, den es nur in Shiraz und Umgebung gibt). Die Zimmer im Anbau sind relativ neu, die im alten Teil dagegen ziemlich verwohnt.
- **Hotel Aryo Barzan** €€€, Kh. Rudaki, Tel. 2247182, Fax 2228959, www.aryahotel.com, EZ ab 55 US$, eröffnet im Jahr 2000. Sauber, mit privatem Management, das service-orientiert und freundlich ist. Ein Tipp in dieser Klasse.
- **Hotel Park** €€€, Kh. Park, Tel. 2221426, EZ 55 US$, DZ 75 US$. Mit Park und Swimmingpool, der aber immer leer ist. Das Haus wird oft von Touristengruppen belegt, hat aber schon bessere Zeiten gesehen.
- **Hotel Parsian** €€, Khiaban-e Rudaki, Tel. 331000, www.parsian-hotel.com, EZ 50 US$, DZ 62 US$, gehört zur halbstaatlichen „Stiftung der Entrechteten und Versehrten", Zimmer recht ordentlich, Service nicht sehr aufmerksam.
- **Hotel Eram** €, Bolvar-e Karim Khan Zand, Tel. 2303884, Fax 2300814, EZ 20 US$, DZ 30 US$, unter den Hotels der mittleren Kategorie das empfehlenswerteste. Direkt an der Hauptstraße gelegen, aber trotzdem nicht laut. Einfache Zimmer, aber sauber, freundlicher Service (man kann auch über Bezahlung in Rial verhandeln); auch für alleinreisende Frauen zu empfehlen. In der Lobby steht ein PC mit Internetzugang (geringe Gebühr), auch das Restaurant im 1. Stock ist empfehlenswert.
- In Shiraz findet man eine Reihe einfacher Hotels, die entgegen der sonst üblichen Gepflogenheiten auch an Ausländer einfache Zimmer gegen Rial vermieten: **Hashemi Guest House** €, Khiaban-e Piruzi, Tel. 25270; **Sadjad Guest House** €, Kh. Takhti, Tel. 22466632; **Hotel Madaen** €, Khiaban-e Karim Khan Zand, Tel. 337591.

Essen und Trinken

- Kleine **Schnellrestaurants** finden sich zu beiden Seiten der Khiaban-e Karim Khan Zand im westlichen Teil. Hier kann man

Sandwiches, Burgers, Kebabs, Salat und andere Kleinigkeiten finden (mit Softdrink ca. 800 Tuman).

- Auch einige der an der Karim Khan Zand gelegenen Hotels haben Restaurants, die den in Iran üblichen Standard bieten: z.B. **Hotel Eram, Hotel Parsian** (Khiaban-e Rudaki).
- Das traditionelle Restaurant neben dem Bazar, im früheren **Hammam-e Vakil** neu eingerichtet, ist allein wegen des Interieurs einen Besuch wert. Aber auch das Essen (*dizi*, Kebabs, *halim*) ist schmackhaft. Oft sehr voll, unbedingt reservieren (Tel. 2226467 oder 2229008).
- Ein weiteres **Restaurant im traditionellen Stil** wurde kürzlich im Bazar eröffnet, am Serah-e Mehr, Zugang über den Innenhof des Sara-ye Moshir.

Weitere bekannte Restaurants, deren Speisekarten alle nicht sonderlich variieren, befinden sich meist außerhalb des Zentrums:

- **Sufi 1** (Kh. Afifabad) und **Sufi 2** (Kh. Sattarkhan), beide bekannt für ihr reichhaltiges Salatbüffet, volles Menue ca. 4000 Tuman (Tel. 6261573 oder 6280241).
- **Darvish** (Kh. Qasr-od Dasht) bietet ein Salatbüffet und eine große Auswahl verschiedener Kebabs (Tel. 6268898).
- **Shatr Abbas** (Kh. Khakshenasi) ist bekannt für sein *halim badenjan*, ein Mus aus Weizen und Auberginen, mit frischem Fladenbrot eine Köstlichkeit. Wer sich an Kebabs noch nicht übergessen hat, sollte hier das *kabab-e lari* probieren – mariniertes Lammfilet am Spieß gegrillt (Tel. 2271612).
- Wenn es etwas schicker sein soll, ist das **Restaurant des Hotel Homa** (Kh. Meshkinfam) empfehlenswert. Es ist eines der wenigen Restaurants in ganz Iran, wo die Kellner ihr Fach wirklich gelernt haben. Zum Dessert unbedingt *ranginak* probieren, eine nur in Shiraz bekannte Spezialität: mit einem Walnusskern gefüllte Datteln, überzogen mit einer karamelisierten Gewürzmischung (mit viel Zimt).

Flüge

- Der **Internationale Flughafen** (Foroudgah-e Dastgheib) von Shiraz liegt am südöstlichen Stadtausgang an der Straße Richtung Kerman / Bandar Abbas. Vom Flughafen in die Stadt verkehren Busse und Minibusse, einfacher ist es jedoch, mit dem Taxi ins Zentrum zu fahren, was nicht mehr als 500 Tuman kosten sollte.
- Das **Iran-Air-Büro** ist in der Kh. Souratgar, nahe dem Faghihi-Krankenhaus, Tel. 2300563, Fax 2330040, A.Soltandehghan@IranAir.com.

Überlandbusse

- Es gibt in Shiraz drei Terminals. Der größte ist der neue **Terminal-e Bozorg** am Bolvar-e Salman-e Farsi mit Verbindungen zu allen großen Städten Irans. Gleich daneben verkehren die **Minibusse** in die nähere Umgebung, z.B. nach Marv Dasht (Persepolis) und Sa'adat Shahr (Pasargad).
- Ein weiterer Busbahnhof befindet sich am **Bolvar-e Modarres,** wo die Busse nach Süden (Firuzabad und Bushehr) abfahren. Ein dritter am **Meydan-e Kabir** ist für die Buslinien nach Westen vorgesehen. Fahrkarten gibt es in den Terminals und auch in den Büros der einzelnen Busgesellschaften am Bolvar-e Karim Khan Zand.

Reiseagenturen

- Empfehlenswert die **Pars Tourist Agency** (P.T.A) am Bolvar-e Karim Khan Zand, Nähe Kino Iran, Tel. 2223163, Fax: 2229693, info@key2persia.com, für Tagesausflüge, Mietwagen (mit Fahrer), Inlandsflüge, Fährtickets. Im Obergeschoss ist zusätzlich ein **Internetcafé** untergebracht.
- Aus der großen Auswahl sei noch erwähnt die Agentur **Darwan** im Besat Building, Bolv. Besat, Tel. 6284946.

In der Provinz Fars

Überblick

Die Provinz Fars, flächenmäßig mit 133.000 m² eine der größten Provinzen Irans, bildet geographisch die Fortsetzung des Zentralen Zagros (Bakhtiari-Berge) nach Osten. Im Süden erstreckt sie sich fast bis zum Persischen Golf und gliedert sich in mehre große Beckenräume: Marv Dasht, Neyriz, Lar und Firuzabad. Fars, das die alten Iraner *Parsa* nannten, gab dem ganzen Land in seiner griechischen Form **„Persis"** für Jahrhunderte den Namen. Die Provinz Fars und besonders die Umgebung von Shiraz ist eine der geschichtsträchtigsten Regionen Irans. Dementsprechend viel gibt es zu sehen, insbesondere Bauten aus der **Achämeniden- und Sasaniden-Zeit.** Von Shiraz aus lassen sich die wichtigsten Bauten dieser Epochen jeweils in **Tagesausflügen** besichtigen.

184i Foto: hn

Archäologische Stätten um Persepolis

↗ XVI/B3

Zur Besichtigung der berühmtesten Stätten der Achämeniden muss man mindestens einen Tag einplanen. Man verlässt Shiraz auf der Straße in Richtung Norden, vorbei am Koran-Tor. Nach 40 km erreicht man die Stadt **Marv Dasht,** Zentrum der fruchtbaren Hochebene gleichen Namens. In diesem Gebiet wurden prähistorische Siedlungen gefunden, die bis auf das 5. vorchristliche Jahrtausend zurückgehen. Auch die eingewanderten iranischen Stämme fanden hier um das 9. Jh. v. Chr. günstige Bedingungen vor, um sich niederzulassen.

Da Marv Dasht nichts Sehenswertes zu bieten hat, biegt man am besten vor Erreichen der Stadt links ab und nimmt die Ortsumgehung. 4 km hinter Marv Dasht gabelt sich die Straße: Links geht es in Richtung Naqsh-e Rostam, Sa'adat Shahr und Isfahan, geradeaus sind es noch 2 km bis Persepolis. Links und rechts der Straße sind zu den 2500-Jahr-Feierlichkeiten der iranischen Monarchie 1972 Nadelbäume angepflanzt worden. Etwa einen Kilometer vor Persepolis zweigt rechts eine Straße ab, wo man von weitem noch die blau-gelben Zelte sehen kann, die anlässlich dieser Feierlichkeiten aufgebaut wurden. Vom Originalbestand muss man sich all dies wegdenken, denn die Bäume stören den Ausblick auf die auf einer Terrasse errichtete Palastanlage. Am Ende der Straße links ist die Zufahrt zu einem großen Parkplatz. Von hier aus sind es nur noch wenige Schritte bis zum Eingang am Fuß der Terrasse. Für eine Besichtigung von Persepolis sollte man mindestens drei Stunden einplanen und möglichst die Mittagsstunden mit ihrem gleißenden Licht meiden.

Portalrelief am 100-Säulen-Palast von Persepolis

Persepolis

Lange Zeit war nicht bekannt, wer die riesige Anlage zu welchem Zweck erbaut hat. Die Iraner nennen sie noch heute **Takht-e Jamshid** („Thron des Djamshid", einer der mythischen Könige aus der nationalen Überlieferung), denn auch bei ihnen war nach der Ausbreitung des Islam die Erinnerung an dieses großartige Bauwerk verlorengegangen. Durch die Ausgrabungsarbeiten in den 1920er und 1930er Jahren der deutschen Archäologen *Ernst Herzfeld* und später *Erich F. Schmidt* konnte geklärt werden, dass Parsa oder Persepolis (griech. „Stadt der Perser") eine **Palastanlage der achämenidischen Herrscher** war.

Etwa um 515 v. Chr. fasste *Darius der Große* den Entschluss, am natürlichen Auslauf des Berges Kuh-e Rahmat („Berg der Gnade") eine Anlage bauen zu lassen, die die Macht und Größe des achämenidischen Weltreichs architektonisch zum Ausdruck bringen sollte, wenn auch deren genaue Funktion heute noch umstritten ist. Die natürliche Terrasse wurde da, wo es nötig war, künstlich aufgeschüttet. So entstand ein Areal von etwa 400 x 300 m, auf dem im Laufe von etwa 60 Jahren die einzelnen Paläste erbaut wurden, nicht nur während der Regierungszeit von Darius (522–486 v. Chr.), sondern auch unter seinen Nachfolgern *Xerxes* (486–465 v. Chr.) und *Artaxerxes* (465–423 v. Chr.).

Regierungs- und Verwaltungszentren des riesigen achämenidischen Reichs waren Susa und Egbatana (Hamadan). Persepolis wurde hauptsächlich zum großen Empfang anlässlich des iranischen Neujahrsfestes und zu Siegesfeiern nach großen Feldzügen benutzt. 332 v. Chr. wurde es von den Truppen **Alexanders des Großen besetzt** und ging bei einer Feier der siegreichen griechischen Truppen in Flammen auf. Obwohl immer wieder behauptet wird, der Brand in Persepolis sei von Alexander aus Rache für die Zerstörung der Akropolis in Athen durch die Truppen des Xerxes befohlen worden, gibt es dafür keine Beweise. Ebenso ist denkbar, dass das Feuer im Überschwang der Siegesfeiern unabsichtlich ausbrach. Nach diesem Brand und dem Weiterzug Alexanders nach Zentralasien und Indien verfiel Persepolis. Im Laufe der Jahrtausende wurde es von Trümmern und Schutt überdeckt, überragt nur von einigen Säulen und steinernen Eingangsportalen als Zeugen der großen Vergangenheit.

Rundgang

Leider sind die einzelnen Teile der Anlage momentan nur sparsam auf Persisch erklärt, wir beschreiben hier deshalb einen Rundgang. Beeindruckend sind die mächtigen **Quader aus Kalkstein,** die am südlichen Rand der Terrasse bis in eine Höhe von 20 m aufgeschichtet sind. Die Steinbrüche, aus denen sie gebrochen wurden, befinden sich noch heute sichtbar links der Terrasse in den Felswänden des Kuh-e Rahmat. Die Quader wurden so sorgfältig geglättet, dass sie ohne Mörtel die Jahrtausende überdauert haben. Man kann überall auf der Anlage die ausgebesserten Stellen erkennen: Die renovierten Partien weisen ein Muster aus schrägen Riffeln auf, sodass sie vom Originalbestand gut zu unterscheiden sind. Die Treppen, die links und rechts vom Eingang zur Ter-

1 Monumentalaufgang
2 Tor aller Länder (Xerxes-Propyläen)
3 Tor der Armee (unvollendet)
4 100-Säulen-Palast
5 Apadana
6 Nord-Treppe zum Apadana
7 Ost-Treppe zum Apadana
8 Tripylon
9 Palast des Darius (Tachara)
10 Palast des Xerxes (Hadisch)
11 Museum
12 Palast des Artaxerxes
13 Schatzhaus
14 Grabungshaus der Archäologen
15 Grab von Artaxerxes II.
16 Grab von Artaxerxes III.

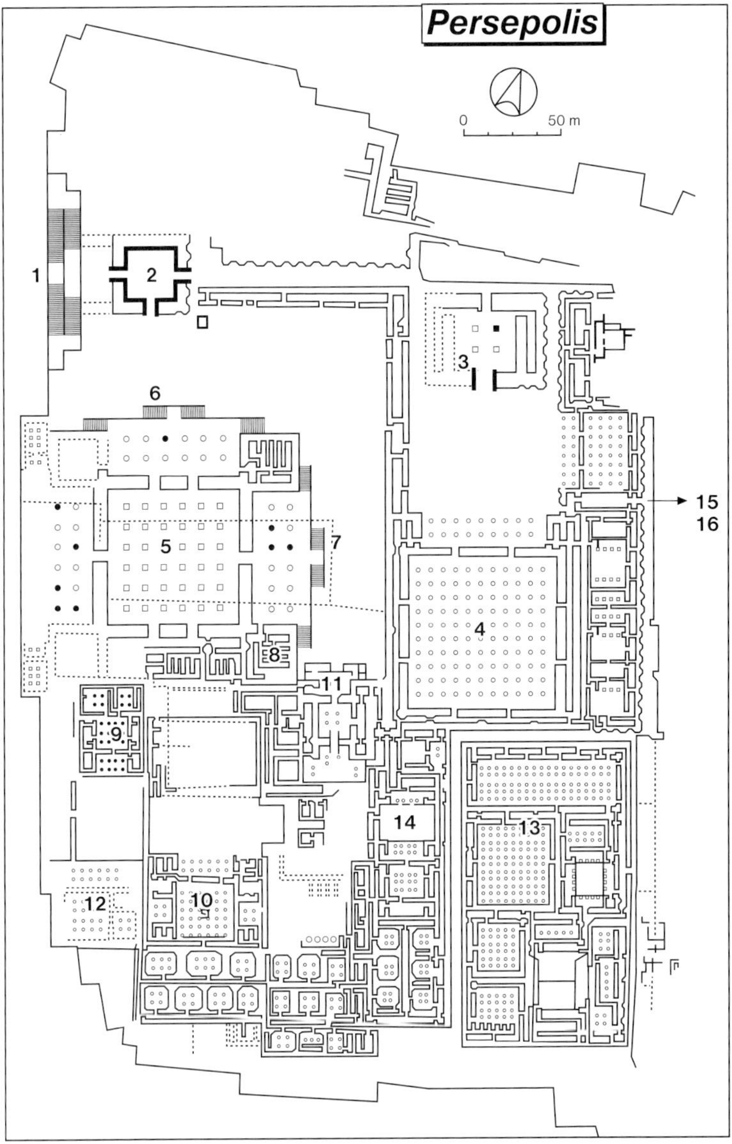
Persepolis
0
50 m
1
2
3
4
5
6
7
8
9
10
11
12
13
14
15
16

rasse führen, haben sehr flache Stufen, auf denen auch Reittiere hinaufgehen konnten.

Erst oben auf der **Terrasse** bekommt man einen Eindruck von der Großartigkeit und Monumentalität von Persepolis, obwohl weite Teile der Anlage in Trümmern liegen. Nicht mehr vorhanden sind die teilweise mit glasierten Fliesen versehenen Ziegelmauern und die hölzernen Dachkonstruktionen, deren Balken bemalt und mit Goldblech ausgeschlagen waren. Überdauert haben nur die steinernen Säulen, Portale und Reliefs.

Der Rundgang beginnt bei dem von Xerxes erbauten **„Tor aller Länder".** Dieser Torbau mit drei Zugängen wird an der West- und Ostseite von riesigen steinernen **Stierfiguren** nach assyrischem Vorbild bewacht. Über den Stieren mit Menschenköpfen und Schwingen, die das Böse von der Anlage fernhalten sollten, sind **Keilschriftinschriften** in drei Sprachen eingraviert. Auch spätere Besucher von Persepolis haben im unteren Teil ihre Namen eingeritzt. Der Torbau war früher überdacht. Hoher Besuch, der bei Hof seine Aufwartung machte, ging vermutlich durch das Ostportal hindurch, folgte einer von Ziegelmauern umschlossenen Passage, von der nur noch Grundmauern zu sehen sind, und gelangte durch das nie fertig gestellte **„Tor der Armee"** zur „Halle der 100 Säulen", dem Thronsaal des Xerxes. Persische und medische Adelige gelangten durch das **Südportal** über den offenen Hof direkt zum Apadana, dem Thronsaal des Darius.

An der Nordostecke der Anlage sind moderne Sitztribünen zu sehen, auf denen 1972 die Staatsgäste anlässlich der 2500-Jahrfeier der persischen Monarchie saßen. Durch das unvollendete Monumentaltor gelangt man über einen offenen Platz zur **„Halle der 100 Säulen".** Sie besteht aus einer offenen, von Säulen gestützten Vorhalle und einem Zentralbau, der durch acht Eingänge zu betreten war. Die 100 Säulen, ursprünglich etwa 9 m hoch, sind beim Brand zerborsten, die Basen in regelmäßigen Abständen aber noch gut zu erkennen. Besonders eindrucksvoll sind die **Reliefs** in den Portalwänden, von denen es drei Grundtypen gibt: einmal Xerxes auf seinem Thron sitzend (Nordseite), getragen von persischen und medischen Gardisten, die in mehreren Registern abgebildet sind. Auffallend ist die detailgetreue Zeichnung der Figuren, die an ihren Kopfbedeckungen unterschieden werden können. Zweitens eine ähnliche Darstellung an der Südseite: Hier wird der Thron des Herrschers getragen von den Völkerschaften des Reiches, die aufgrund ihres unterschiedlichen Äußeren zu identifizieren sind. Über dem Thron prangt die geflügelte Sonnenscheibe, das Symbol der altpersischen Gottheit Ahura Mazda. An der Westseite schließlich die Darstellung des Herrschers im Kampf mit einem riesigen Löwen, der von ihm besiegt wird.

Blick über Persepolis mit dem Apadana im Zentrum

Durch diese westlichen Portale gelangt man zum östlichen Vorhof des **Apadana,** dem eindrucksvollsten aller Paläste von Persepolis. Wie aus an der Nordmauer aufgefundenen Gründungstafeln aus Gold und Silber hervorgeht, wurde der Bau von Darius begonnen und von Xerxes zu Beginn seiner Regierungszeit vollendet. Hier fanden die großen Empfangszeremonien zum Neujahrsfest statt, wie auf den Reliefs an der Ost- und Nordseite der Felsterrasse dargestellt. 10.000 Menschen sollen in dem Gebäude Platz gefunden haben. So eindrucksvoll die verbliebenen Reste auch auf den heutigen Betrachter wirken mögen, sie vermitteln nur einen schwachen Eindruck des ursprünglichen Bauwerks. Knapp 20 m ragten die Säulen empor, die Holztore waren mit Goldplatten belegt, die Wände mit farbigen Kacheln und Wandmalereien verziert.

Die Reliefdarstellungen sind an der Ost- und Nordseite in Aufbau und Darstellung identisch, nur schreiten die Abgesandten der Reichsvölkerschaften und die Adeligen in verschiedene Richtungen. Sehenswerter, weil besser erhalten, sind die Reliefs an der Ostseite. Sie waren Jahrtausende hindurch von Asche und Schutt bedeckt und wurden erst um 1930 freigelegt, während die Nordseite immer Wind und Wetter preisgegeben war. Rechts vom Treppenaufgang ist der Aufmarsch von persischen und medischen Adligen dargestellt, angeführt von elamischen Gardisten. Xerxes ließ dort zwei Felder mit einer **Inschrift** in

185i Foto: hn

elamischer und babylonischer Keilschrift anbringen, inhaltlich identisch mit der altpersischen Version links vom Treppenaufgang. Auf den äußeren Treppenwangen im Zentrum sind persische und medische Gardisten in Lebensgröße dargestellt, links und rechts eingerahmt von der Darstellung eines Löwen, der einen Stier schlägt. Auch dies ist ein Symbol, das auf das Neue Jahr, die Tag- und Nachtgleiche im Frühjahr verweist. Von diesem Zeitpunkt an sind die Tage wieder länger als die Nächte; das Licht siegt über die Dunkelheit, ebenso wie der Löwe über den Stier.

Der bekannteste Teil der Reliefs liegt links vom Treppenaufgang, die Darstellung der 23 Delegationen, die dem König ihre Aufwartung machen und Tributgaben heranbringen: Löwen aus Elam, Giraffen aus Abessinien, zweihöckrige Kamele aus Zentralasien sowie zahlreiche Prunkwaffen und -gefäße. Sie sind in drei Registern übereinander aufgereiht, jedes Feld der hintereinander Heranschreitenden ist durch einen Lebensbaum vom nächsten getrennt. Die Reihenfolge ist keinesfalls beliebig, als Erstes erscheinen im obersten Feld rechts die Meder, die den Persern von allen Reichsvölkern am Nächsten standen. Dann folgen die Elamer und alle weiteren. Bei allen Völkern sticht die genaue, fast fotorealistische Darstellung der Details hervor, vielleicht am eindrucksvollsten bei der Löwin mit prallen Zitzen im Feld der Elamer, die fauchend den Kopf wendet und nach ihren Babys schaut, die hinter ihr herangetragen werden.

Erst die Freilegung dieser Reliefs hat gezeigt, welchem Zweck diese Hauptanlage von Persepolis diente. Seit einigen Jahren versucht man, mit einem großen Dach die Reliefs vor der starken Sonneneinstrahlung zu schützen. Seitdem erübrigt sich auch die Frage, zu welcher Tageszeit man die Reliefs am besten fotografiert.

Beide Treppenaufgänge an der Ostseite des Apadana führen hinauf zum großen **Thronsaal,** der durch eine offene Säulenhalle mit zwölf Säulen zu betreten war. Die Audienzhalle selbst ist quadratisch mit einer Seitenlänge von 75 m. Das beim Brand zerstörte Holzdach mit Balken aus Zedern- und Teakholz wurde von 36 Säulen getragen, die von der Basis bis zum Kapitell knapp 20 m hoch aufragten. Diese Kapitelle in Form von Stierprotomen hatten in der Mitte sorgfältig geglättete Aussparungen, in die die Trägerbalken der Dachkonstruktion aufgelegt wurden. Die Partie unter dem Kapitell hatte die Form einer umgestülpten Lotosblüte mit aufgesetzten Voluten. Die Säulenschäfte bestanden aus mehreren Trommeln, die an den Planflächen sorgfältig geglättet und in ihrem Zentrum mit bronzenen Bolzen versehen waren, um ein gegenseitiges Verschieben zu verhindern. Die Trommeln verjüngten sich nach oben im Durchmesser, was den eleganten, hoch aufstrebenden Eindruck unterstrich und außerdem Gewicht sparte. Die Mantelflächen waren kanneliert, sodass der Eindruck entstand, sie seien aus einem Schaft gearbeitet. Die Basis, die eine gewaltige Last zu tragen hatte, bestand aus einem runden Sockel von fast zwei Metern Durchmesser.

Nach dem Durchschreiten des Apadana lohnt sich ein Gang zur westlichen offenen Vorhalle direkt am Rand der Terrasse, wo einem die gesamte Ebene von Marv Dasht zu Füßen zu liegen scheint. Südlich davon schließt sich auf einer um zwei Meter erhöhten Felsplattform der **Tachara,** der Privatpalast von Darius, an. Er ist über Freitreppen an der West- und Südseite zu betreten. Die Steinpartien des quadratischen Innenraums waren spiegelblank poliert, an der Nordseite schlossen sich Nebenräume an, die wahrscheinlich als Bade- und Umkleideräume dienten. An den Verbindungsportalen zu diesen Räumen sind auf Reliefs die königlichen Diener mit Sonnenschirm, Fliegenwedel, Duftbehältern und Handtüchern dargestellt. Weitere Reliefs in diesem Palast, die den Herrscher im Kampf mit mythologischen Ungeheuern oder begleitet von Höflingen darstellen, sind in späterer Zeit beschädigt worden. An den Kopfpartien und Kleidersäumen sind Löcher zu erkennen, in denen Beschläge aus Edelmetall befestigt waren. In den oberen Partien der südlichen Vorhalle sind wiederum dreisprachige Keilschriftinschriften zu erkennen.

Gegenüber liegt auf der Südseite der unvollendete **Palast von Artaxerxes I.,** der wenig Sehenswertes zu bieten hat. Östlich davon führt eine Treppe zur höchsten Stelle der Terrasse, wo sich der **Palast des Xerxes,** auch Hadisch („Wohnraum") genannt, befindet. Der Mittelsaal, einst von 36 Säulen gestützt, ist deutlich größer als der des Darius-Palastes. Man erreicht ihn über eine offene Vorhalle mit zwölf Säulen. An den Portalen wird der Herrscher mit Höflingen beim Betreten und Verlassen des Palastes gezeigt. Aus der Tatsache, dass der Xerxes-Palast beim Brand von Persepolis besonders stark in Mitleidenschaft gezogen wurde, schließen einige Forscher die planmäßige Brandschatzung durch Alexander.

Museum

Von hier aus geht es in östlicher Richtung über eine Treppe in Richtung des **Tripylon,** ein nur noch in Resten erhaltener kleiner Torpalast, der die Verbindung zwischen Apadana und 100-Säulen-Palast einerseits und den Privatpalästen andererseits herstellt. Rechts davon befindet sich heute das Museum mit einer Cafeteria am Vorhof und Toiletten rechts vom Eingang. Dieser Bau ist von den Ausgräbern errichtet worden, früher sollen sich hier die Gebäude des königlichen Harems befunden haben. Die Eingangsfront ist in Form einer offenen Vorhalle mit Holzsäulen nach achämenidischem Vorbild gestaltet. Hier kann man gut sehen, auf welche Weise die Kapitelle und Dächer in achämenidischer Zeit errichtet wurden. Das Museum präsentiert kleinere **Funde aus Persepolis** sowie prähistorische **Keramik und Handwerkserzeugnisse** von Siedlungshügeln aus der Umgebung. An einer Stelle ist im Boden noch der ursprüngliche rote Verputz aus der Zeit des Darius zu sehen.

Schatzhaus

Das große Gelände östlich vom Museum, wo nur noch Säulenbasen zu erkennen sind, halten die Forscher für die Gebäude des Schatzhauses, wo die Tribute und die Kriegsbeute der Achämeniden gesammelt wurden. Alexander soll seinerzeit zum Abtransport der riesigen Beute nach Ekbatana 10.000 Maultiere und 5000 Kamele eingesetzt haben. Im Zentrum dieses Geländes ist unter einem Dach ein großes Relief, das so genannte **Schatzhaus-Relief** ausgestellt. Eine besser erhaltene, gleichartige Version befindet sich im Nationalmuseum in Teheran. Beide Exemplare waren ursprünglich an den Aufgangstreppen zum Apadana angebracht, wurden aber später entfernt und bei den Ausgrabungsarbeiten auf dem Gelände des Schatzhauses gefunden.

Felsgräber

Ein wunderbarer **Ausblick** über die Terrasse von Persepolis bietet sich von den beiden Felsgräbern am Hang des Kuh-e Rahmat. Das weiter nördlich gelegene wird *Artaxerxes II.* (404–359 v. Chr.), das südliche *Artaxerxes III.* (359–337 v. Chr.) zugeschrieben. In der Anlage und den Reliefs gleichen sie den Vorbildern in Naqsh-e Rostam.

Öffnungszeiten und Eintritt

- Die Anlage in Persepolis ist täglich von 7 bis 19 Uhr geöffnet, Eintritt 400 Tuman. Das Museum kostet 200 Tuman extra.

Anfahrt

- Für die Besichtigung von Persepolis, Naqsh-e Rostam und Pasargad an einem Tag sollte man sich in Shiraz über eine Reiseagentur oder ein Hotel ein **Fahrzeug mit Fahrer** mieten (Kosten ca. 40 US$) oder einfach einen **Taxifahrer** ansprechen und den Preis aushandeln (nicht mehr als 25.000 Tuman).
- Wer Persepolis mit dem **Minibus** erreichen möchte, fährt in Shiraz vom Terminal-e bozorg am Bolvar-e Salman-e Farsi. Auch hier kann man in der Regel Taxis für einen Tagesausflug finden. Weitere **Busse** nach Marv Dasht verkehren vom kleinen Terminal nördlich des Flusses in der Kh. Saheli. Ab Marv Dasht muss man dann mit dem Taxi weiterfahren.

Essen und Trinken

Neben der oben beschriebenen Cafeteria auf dem Gelände ist die gastronomische Situation in Persepolis schwierig. Das kleine **Restaurant mit Hotel** am Rande des großen Parkplatzes vor der Terrasse ist für längere Zeit wegen unzureichender hygienischer Verhältnisse geschlossen worden. So ist man gezwungen, zum Essen z.B. nach **Marv Dasht** zu fahren. Dort gibt es zwar kein wirklich empfehlenswertes Restaurant, aber an der Hauptstraße einige der üblichen **Imbisse** mit Sandwiches und Kebabspießen.

- Das einzige empfehlenswerte Restaurant in der Nähe von Persepolis ist das **Lane Tavous,** direkt an der Hauptstraße nach Isfahan gelegen. Man erreicht es von der Palastterrasse aus, indem man auf der Straße in Richtung Norden fährt. An der Einmündung in die Hauptstraße Shiraz – Isfahan rechts abbiegen, das Restaurant liegt rechts der Straße. Wenn in der Hauptsaison in Persepolis viele Reisegruppen unterwegs sind, herrscht allerdings Platzmangel auf der Terrasse des Lane Tavous.

In den Fels gemeißelte Geschichtsschreibung: Shahpur-Relief in Naqsh-e Rostam

Naqsh-e Rostam

Die Felsgräber von Naqsh-e Rostam sind etwa 7 km von Persepolis entfernt. An der oben beschriebenen Einmündung biegt man nicht auf die Hauptstraße ab, sondern überquert diese und folgt der schnurgeraden Straße. Nachdem man eine Unterführung passiert hat, kann man die Felswand von Naqsh-e Rostam schon von weitem erkennen. Nach etwa 3 km mündet die Straße auf einen Parkplatz mit Wärterhäuschen (Eintritt 200 Tuman, geöffnet täglich von 7 bis 19 Uhr). Das beste Fotolicht ist morgens.

Felsgräber

Obwohl man über die Errichtung der Gräber nicht viel weiß, kann es kein Zufall sein, dass sie fast in Sichtweite von Persepolis in den Fels gehauen wurden. Der hinter der Wand gelegene Berg ist eine uralte Nekropole, wie viele dort aufgefundene Grabanlagen beweisen. Das ursprüngliche Niveau vor der Felswand war etwa 9 m tiefer, sodass in früherer Zeit ihre Ausstrahlung noch viel majestätischer war.

Von den vier kreuzförmigen Grabfassaden kann nur eine eindeutig identifiziert werden: Eine Inschrift, die ohne Fernglas allerdings nur schwer zu erkennen ist, nennt *Darius den Großen* und listet seinen Stammbaum auf sowie die Völker, über die er herrschte. Die beiden links daneben gelegenen Gräber und dasjenige in der rechts abknickenden Felswand werden den

186i Foto: hn

Nachfolgern des Darius, *Xerxes, Artaxerxes II.* und *Darius II.* zugeschrieben.

Die Fassade ist bei allen vier Gräbern auf die gleiche Weise ausgeführt. Die Mittelachse des Kreuzes ist gestaltet wie die Vorhalle eines der achämenidischen Paläste in Persepolis mit einer Graböffnung, die früher mit einer Steinplatte verschlossen war. In einem Relief im oberen Feld tragen die in zwei Reihen übereinander aufgestellten Reichsvölker den Thron des Herrschers. Dieser steht auf dem Thron vor einem Feueraltar, das Gesicht Ahura Mazda zugewandt, dessen geflügeltes Symbol über der Szenerie schwebt. Das Innere der Grabkammer muss zu sehr früher Zeit geplündert worden sein, weil dort von den Archäologen nichts gefunden wurde. Die sterblichen Überreste der Beigesetzten waren in Sarkophagen in drei nebeneinander in den Fels getriebenen Kammern abgelegt.

Kabeh-ye Zartosht

Gegenüber der Felswand steht ein Gebäude, dessen Funktion nach wie vor umstritten ist. Die Kabeh-ye Zartosht („Kaba'a des Zarathustra") wird von einigen Forschern als Tempel bezeichnet, in dem das heilige Feuer brannte. Dagegen spricht, dass der Innenraum des 12,50 m hohen Gebäudes bis auf die Eingangstür völlig geschlossen ist. Kein Rauch hätte von hier abziehen können. Andere sehen in ihm eine Art provisorisches Grab für die später in den Felsgräbern Beigesetzten. Sicher ist nur, dass es aus der Zeit der Achämeniden stammt und in Zusammenhang mit den Gräbern der Könige stand. Ein fast identischer Vorläuferbau, von dem heute nur noch eine Wand steht, befindet sich in Pasargad. Die Fassade des Kalksteinbaus, zu dessen heute offenem Eingang eine aus Steinquadern gearbeitete Treppe hinaufführt, weist an drei Seiten Blindfenster aus dunklem Kalkstein auf. In die gesamte Fläche sind rechteckige Vertiefungen eingearbeitet.

Wenn man vor dem Eingang stehend links darum herumgeht, sind am Unterteil der Außenmauer **sasanidische Inschriften** angebracht, mit bloßem Auge allerdings kaum zu erkennen. Sie stammen aus dem 3. Jh. n. Chr. und gehen auf *Shahpur I.* (241–272) und einen an seinem Hofe einflussreichen Priester namens *Kartir* zurück. Shahpur lässt in der Inschrift in Parthisch, Mittelpersisch und Griechisch über seine siegreichen Feldzüge gegen die Römer berichten.

Sasanidische Felsreliefs

Wenden wir uns wieder der Felswand zu, wo unter den Gräbern acht sasanidische Felsreliefs angebracht sind, die überwiegend aus dem 3. Jh. n. Chr. stammen. Das erste, direkt in der Achse des Eingangs gelegen, stellt die **Investitur von Narseh** (293–302) dar. Diese Art der Darstellung finden wir bei zahlreichen sasanidischen Reliefs. Das Besondere ist, dass der Herrscher nicht wie sonst von Ohrmuzd (mittelpersisch für Ahura Mazda) in sein Amt eingesetzt wird, sondern von Anahita, der altiranischen Göttin des Wassers und der Fruchtbarkeit.

Direkt unter dem Darius-Grab sieht man zwei Reliefs mit Reiterkampfszenen, deren Zuordnung umstritten ist. Das dritte Relief links neben dem Grab zeigt den über die Römer triumphierenden *Shahpur I.* Kaiser *Valerian* hat er am Handgelenk ergriffen als Zeichen für dessen Gefangennahme. Neben diesem kniet *Philipp Arabs,* der sich gegen Tributzahlung freigekauft hat, in bittender Gebärde. In der Ecke rechts oben hat sich offensichtlich nachträglich der schon erwähnte Großpriester Kartir verewigen lassen.

Das vierte Relief, direkt unter dem mittleren Felsgrab, ist stark verwittert. Es stellt ebenfalls einen Reiterkampf dar, wobei es über die abgebildeten Akteure unterschiedliche Meinungen gibt. Entweder zeigt es *Bahram IV.* (388–399) oder *Hormuzd II.* (303–309).

Zwei weitere Reliefs sind außerhalb der alten Umfassungsmauer gelegen: in der äußersten Ecke die Investitur *Ardeshirs I.,* links zu Pferde sitzend, der den bebänderten Ring der Königswürde aus den Händen des Gottes Ohrmuzd entgegennimmt. Dieser sitzt ebenfalls zu Pferde; unter beiden Reittieren sind die Körper gefallener Feinde dargestellt. Unter Ardeshir ist wohl der letzte Partherkönig *Artabanos IV.* dargestellt und in Analogie dazu Ahriman, der Herr des Bösen, unter dem Pferd des Ohrmuzd.

Rechts daneben findet sich ein Relief auf einer Felskrümmung, von dem nur der obere Teil ausgearbeitet ist. Es zeigt *Bahram II.* (276–293) in Begleitung seiner Familie. Die zweite Figur von links zeigt die Königin, kenntlich an ihren Löckchen. Dieses Relief ist offensichtlich über ein wesentlich älteres aus der Zeit der Elamer gearbeitet worden, dessen Reste am rechten Rand noch gut zu erkennen sind: eine männliche Gestalt, die Hände in betender Gebärde vor der Brust verschränkt, mit einer Spitzkappe auf dem Kopf.

Feueraltäre

Jenseits des Zauns, wo der Berg ausläuft, sind zwei Feueraltäre aus dem massiven Fels herausgemeißelt worden, wahrscheinlich in sasanidischer Zeit. Um sie zu sehen, muss man zum Eingang zurückkehren und vom Parkplatz aus der Straße in Richtung Norden folgen.

Nach der Besichtigung von Naqsh-e Rostam kehrt man zur Hauptstraße zurück. Schräg gegenüber der Einmündung hinter einer Einzäunung sind in einem großen Felsspalt, **Naqsh-e Rajab** genannt, vier weitere sasanidische Reliefs in den Fels gehauen. Hier ist das Licht am Mittag und am frühen Nachmittag für Fotos am besten.

Pasargad

Der Weg von Shiraz nach Pasargad (65 km) geht in Richtung Isfahan, vorbei an den Ausläufern des Kuh-e Rahmat. An der Rückseite des Berges liegen die Überreste der alten Stadt Istakhr, interessant wohl nur für archäologisch Interessierte. Die Straße verläuft weiter auf der Hochebene. An der linken Seite sind eine Reihe von **Ziegeleien** zu sehen: Massen von Ziegeln werden hier zu großen Rundbauten aufgeschichtet und von außen mit Lehm bestrichen. Im Inneren entzündet man dann ein Gasfeuer und brennt so die Ziegel.

Die einzige größere Siedlung auf dem Weg nach Pasargad, **Sa'adat Shahr,** wird 50 km hinter Naqsh-e Rostam passiert. Wenn man Pasargad besichtigen will, kann man bis hierher mit dem Minibus fahren, muss aber zur Weiterfahrt ein Taxi nehmen. 17 km hinter Sa'adat Shahr zweigt eine Allee links ab in Richtung Pasargad, das 9 km von der Hauptstraße entfernt liegt. Der Weg führt durch zwei Dörfer, die von sesshaft gewordenen Nomaden bewohnt werden. Am Ende der zweiten Ortschaft, **Masjed-e Madar-e Soleiman,** erreicht man den durch ein Tor abgesperrten ehemaligen **Palastbezirk** (Eintritt 200 Tuman) von *Kyros dem Großen* (559–530 v. Chr.).

In einer Höhe von fast 1900 m gelegen und eingerahmt von Bergketten, deren Spitzen noch im Frühjahr von Schnee bedeckt sind, ist dies einer der geschichtsträchtigsten Orte auf dem gesamten iranischen Hochland. In der Hochebene von Morghab waren die iranischen Stämme nach jahrhundertelanger Wanderschaft sesshaft geworden und hatten unter ihrem ersten historisch fassbaren Herrscher *Achämenes* (700–675 v. Chr.) ein kleines Königreich begründet. In der Nähe von Pasargad soll 550 v. Chr. die Schlacht zwischen dem Mederkönig *Astyages* und *Kyros II.* stattgefunden haben, von hier aus nahm das persische Weltreich seinen Ausgang.

Die Anlage konzentriert sich nicht wie in Persepolis auf einer einzigen Terrasse, sondern ist weitläufig angelegt, mehr in der Art eines großen Lagers mit Bauten, die weit voneinander entfernt sind. Die Anlage hatte früher einen parkartigen Charakter; noch heute auf dem Gelände zu findende Wasserleitungen bewässerten die Gärten. Sie wurden gespeist von dem Fluss Polvar, dessen Lauf sich heute geändert hat.

Der Name Pasargad ist wahrscheinlich zurückzuführen auf einen der wich-

1871 Foto: hn

Keilschriftinschrift in Pasargad

tigsten frühen persischen Stämme, Pasragada. Die ersten umfassenden Grabungen wurden hier ebenfalls von *Ernst Herzfeld* Ende des 19. Jh. durchgeführt. Der Engländer *David Stronach* vervollständigte dann durch seine Grabungen 1961–63 unsere Kenntnisse über diesen eindrucksvollen Ort.

Die Besichtigung beginnt am **Grab des Kyros,** direkt in der Verlängerung des Eingangstores gelegen. Das Grabgebäude ruht auf einem sechsstufigen Aufbau, der an eine mesopotamische Ziggurat (Stufentempel) erinnert. Seine sorgfältig zugehauenen Quader aus Kalkstein wurden ohne Mörtel verlegt und durch Klammern aus Metall verstärkt. Unterbau und Grabkammer, jeweils 5,50 m hoch, ergeben eine Gesamthöhe von ursprünglich 11 m, wobei die Spitze des Satteldachs zum Teil verfallen ist. Die Grabkammer besteht aus einem einzigen Raum von 2 x 3 m. Griechische Geschichtsschreiber berichten, dass die sterblichen Überreste des Kyros in einen goldenen Sarkophag gebettet waren, der auf einer ebenfalls goldenen Kline stand. Auf einem goldenen Tisch waren verschiedene Schätze ausgebreitet. Diese hat schon *Alexander der Große,* ein Bewunderer Kyros', der das Grab mindestens zweimal besucht hat, nicht mehr gesehen – das Grab war vorher geplündert worden. Überliefert ist auch eine Inschrift an der Außenwand des Grabes, von der aber nie Spuren gefunden wurden.

Vom Grab führt die Straße in nordöstlicher Richtung weiter zu den Resten zweier Palastanlagen. Dort, wo sie sich verzweigt, geht es rechter Hand zum so genannten Audienzpalast und den Resten eines **Torgebäudes,** dem ursprünglichen Eingang zum Palastbezirk jenseits des ehemaligen Flusslaufes. Dieser war früher, ähnlich wie in Persepolis noch zu sehen, von riesigen geflügelten Stieren flankiert, die nicht erhalten sind. Zu besichtigen ist dagegen ein eindrucksvolles **Relief,** das ein geflügeltes menschliches Wesen mit elamischem Gewand und ägyptischer Fischkrone zeigt. Böse Geister sollten damit von der Anlage ferngehalten werden. Eine dreisprachige Inschrift („Ich, Kyros, König der Achämeniden"), die Reisende des 19. Jh. noch vorgefunden haben, ist leider nicht erhalten.

Von hier aus geht man zurück zum **Audienzpalast,** der in der typisch achämenidischen Bauweise mit offenen, säulengestützten Vorhallen und erhöhtem, rechteckigem Zentralgebäude errichtet wurde. Von seinen acht Säulen ragt nur noch eine empor. Bemerkenswert ist die effektvolle Verwendung von hellem und dunklem Kalkstein. An zwei Eingangsportalen sind Reste von Reliefs zu sehen, die auf dunklem Kalkstein Fabelwesen zum Schutz des Palastes darstellen. Mit besonderer Sorgfalt wurden die Quader für den Fußboden verlegt. Sie sind so glatt, dass sie noch nach 2500 Jahren wie poliert wirken. An der Südostecke des Gebäudes ist eine Ecksäule mit dreisprachiger Inschrift erhalten.

Etwa 300 m entfernt liegen die Reste des **Residenzpalastes,** der in seiner Gestalt dem Audienzpalast ähnelt. Die größtenteils verwitterten Reliefs zeigen den König beim Verlassen der Anlage. Keilschriftzeichen auf den Falten des Gewandes geben darüber Auskunft.

Vom Palast aus führt eine Straße in nördlicher Richtung zu den Resten des so genannten **Zendan-e Soleiman** („Gefängnis des Salomo"), dem Vorbild für die Kabeh-ye Zartosht in Naqsh-e Rostam. Nur eine Mauer ist noch in voller Höhe erhalten. Auch hier ist ungeklärt, ob es sich um einen Tempel oder möglicherweise einen Grabbau handelt.

Die Straße führt weiter zu einer großen, künstlich angelegten Steinterrasse mit Namen **Takht-e Madar-e Soleiman** („Thron der Mutter Salomos"), auf der man eine Festungsanlage oder das Schatzhaus vermutet.

Nach der Besichtigung fährt man zurück zur Hauptstraße. Nach Shiraz geht es rechts in südlicher Richtung, nach Yazd (315 km) und Isfahan (390 km) in nördlicher Richtung.

Bishapur und Firuzabad

Die Besichtigung von Bishapur und Firuzabad lässt sich zu einem schönen Tagesausflug verbinden. Dazu muss man allerdings morgens zeitig von Shiraz mit dem Taxi aufbrechen. Es ist auch möglich, Bishapur mit dem Überlandbus in Richtung Bushehr oder Kazerun zu erreichen. Dann stellt sich aber das Problem der Rückkehr nach Shiraz, es sei denn, man will zum Persischen Golf oder nach Ahvaz weiterreisen. In diesem Fall muss man versuchen, zum Verkehrskontrollpunkt Qa' emiyeh (s.u.) zurückzukehren und einen der dort haltenden Busse zu besteigen.

Bishapur

⇗ XVI/A3

Zum Besuch der **sasanidischen Stätten** von Bishapur (135 km) verlässt man Shiraz auf der Straße in Richtung Bushehr und Ahvaz. Die gut ausgebaute Straße führt die Berge hinauf und erreicht dann die fruchtbare Hochebene von Arjan. Sie ist weitgehend identisch mit der Königsstraße, die in der Zeit der Achämeniden von Persepolis nach Susa führte. Nach Durchquerung der Arjan-Ebene führt sie in abenteuerlichen Kurven auf 2000 m hinauf, um dann an der Südseite der **Zagros-Berge** steil abzufallen. Von der Passstraße aus erkennt man von oben die Schlucht von Abol Hayat, auf der man von Süden kommend die Berge erklimmt.

Nach Durchquerung der Schlucht erreicht man das nur noch flach gewellte Zagros-Vorland. Auf beiden Seiten der Straße stehen Steineichen mit mächtig ausladenden Kronen, Reste von früher viel ausgedehnteren Wäldern. Bei **Qa'emiyeh** (130 km) zweigt die Straße nach Bushehr und Kazerun links ab. Nach weiteren 6 km erreicht man die Abzweigung nach Bishapur, hier links abbiegen. Von der Abzweigung aus etwa 4 km entfernt liegt die **Schlucht von Choqan.** An dieser Stelle ließ im Jahre 266 n. Chr. *Shahpur I.* (241–272) eine seiner Königsstädte errichten. Weil er 260 ein großes römisches Heer bei Edessa (heute Urfa in der Osttürkei) unter Führung Kaiser *Valerians* schlug und etwa 70.000 Gefangene dabei machte, gehen die Archäologen davon aus, dass beim Bau der Stadt auch römische Kriegsgefangene beteiligt waren. Darauf deutet auch hin, dass die Stadt nach dem Schachbrettmuster griechisch-römischer Städte („hippodamisches System") angelegt wurde und nicht kreisrund, wie bis dahin in Iran üblich. 637 wurde Bishapur von den Arabern erobert und die meisten Bewohner wanderten nach Kazerun aus, sodass die Stadt verfiel. Zwischen 1933 und 1940 wurde ein Teil des Geländes von französischen Archäologen freigelegt.

Auf der rechten Seite der Straße hinter der Brücke über den Shahpur-Fluss ist hinter dem Parkplatz ein Tor mit Wärterhäuschen zu sehen, dies ist der Eingang zur alten Stadt Bishapur („die schöne Stadt des Shahpur"). Die berühmten Felsreliefs in der Schlucht zu beiden Seiten des Flusses befinden sich links der Straße. Dort sind auf einem Bergrücken noch deutlich Mauerreste der sasanidischen Burg zu erkennen.

Ausgrabungsfeld

Zur Besichtigung des Ausgrabungsgeländes geht es an der alten **Stadtmauer** entlang. Die mächtige, aus Hausteinen mit Mörtel zusammengefügte Mauer war ursprünglich etwa 10 m hoch, Teile sind bis in eine Höhe von ca. 3 m restauriert worden. Sie ist nicht glatt, sondern besteht aus einer Folge von aus der Mauer hervorspringenden Halbtürmen mit teilweise nur 40 cm Abstand zwischen den Rundungen. Türme und Mauern waren in früherer Zeit großflächig mit Stuck überzogen.

Nach Überquerung der Gleise einer kleinen, von den Ausgräbern angelegten Bahn biegt man links ab und gelangt zu den Resten des Shahpur-Palastes. Vor dem Palast ragen zur Linken die Mauern eines **Tempels** empor, die teilweise noch bis zur ursprünglichen Höhe von 15 m erhalten sind. Eine Treppe mit 24 Stufen, überdacht von einem Tonnengewölbe, führt zum quadratischen Kultraum hinab. Die oben offene Cella trug früher eine Dachkonstruktion, von der noch ein Kragstein in Form eines Stierkopfs zu sehen ist. Der aus Steinplatten gefügte Fußboden weist in der Mitte eine Vertiefung auf, in den Kreuzachsen sind Durchlässe deutlich zu sehen. Hier wurde früher zu den Kulthandlungen Wasser herangeführt und gesammelt. Drei Durchgänge gewähren Zugang zu einem um das ganze Gebäude herumführenden Gewölbegang mit Wasserzuführungen. Diese **Kanäle** wurden früher mit Wasser aus dem Shahpur-Fluss gespeist. Wegen der Verwendung von Wasser geht die Forschung davon aus, dass es sich bei diesem Heiligtum um einen Tempel zur Verehrung der altiranischen Fruchtbarkeitsgöttin Anahita gehandelt hat.

Der **Palast des Shahpur** besteht aus einem kreuzförmigen Saal mit einem großen Zentralraum, umgeben von vier dreifach gewölbten Iwanen. Während der Ansatz der Gewölbe am Mauerwerk noch teilweise zu sehen ist, ist die Frage ungeklärt, ob der Zentralraum ursprünglich überkuppelt gewesen ist oder nicht. Von den insgesamt 64 Wandnischen sind einige noch zu sehen und auch Reste von Stuckverzierungen. Am nordwestlichen Iwan ist eine Partie der Wand mit Glasscheiben bedeckt, die die Reste von Bemalungen schützen soll. Mäandermotive und Ranken nach griechischem Vorbild sind noch in Resten zu erkennen.

Nach Osten hin schließt sich ein weiterer rechteckiger Saal an den Großen Thronsaal an. Die Wand am südlichen Eingang weist noch Reste eines dreigliedrigen Tonnengewölbes auf. Die prachtvollen **Fußbodenmosaike,** mit denen ein Teil des Bodens ausgelegt war, sind heute nur noch im Museum in Teheran und im Louvre zu bewundern. Auf ihnen sind Höflinge, die königliche Familie sowie Tänzer und Musikanten dargestellt. Die Mosaiken zeigen eine Kombination von römischen und iranischen Motiven, wobei Erstere sicherlich auf die Arbeit der erwähnten römischen Kriegsgefangenen zurückgehen.

Ein großer Teil der alten Stadt Bishapur, deren frühere Einwohnerzahl auf 50.000 bis 80.000 geschätzt wird, ist bis heute nicht ausgegraben worden. Auf dem Rückweg zum Eingang ist linker Hand noch ein Gebäude zu sehen, das in islamischer Zeit in eine Moschee oder Medrese umgebaut wurde. Wem das Wandeln in antiker Umgebung Spaß macht, der geht von hier nicht zum Ausgang zurück, sondern links herum durch große Berge von Schutt, die noch nicht freigelegt wurden. Wenn man den ausgetretenen Pfaden folgt, kommt man an eine Stelle, wo noch Reste von Säulen herumliegen, einige davon wurden wieder aufgerichtet – noch ein Beleg für die Handschrift der römischen Erbauer von Bishapur.

Reliefs in der Schlucht von Choqan

Zur Besichtigung der Felsreliefs in der Schlucht von Choqan überquert man die Hauptstraße. Am linken Flussufer sind vier Reliefs in den Fels gehauen, am rechten weitere zwei. Der Zugang an der linken Seite führt am Wärterhäuschen vorbei (Eintritt 200 Tuman) etwa 100 m am Ufer entlang. Hier sind unter Schatten spendenden Sträuchern und Bäumen Picknickplätze eingerichtet worden, die zu einer kleinen Pause einladen. Dahinter gelangt man zu den vier Reliefs.

Das erste zeigt den dreifachen Sieg *Shahpurs I.* über die Römer im Zentrum der Abbildung. In fünf Reihen sind rechts die römischen Gefangenen und links die sasanidischen Soldaten mit ihrer Kriegsbeute dargestellt. Das Relief ist leider durch eingedrungenes Wasser schon recht stark verwittert, der untere Teil durch ein später angebrachtes und mittlerweile entferntes Aquädukt zerstört.

Das zweite Relief stellt *Bahram II.* (276–293) auf seinem Pferd sitzend dar beim Empfang arabischer Stammesoberer mit Pferden und Kamelen. Das dritte Relief zeigt eine Investiturszene, bei der ein sasanidischer Herrscher vom Gott Ohrmuzd in sein Amt eingesetzt wird, indem er den bebänderten Ring der Königswürde überreicht bekommt. Vermutlich handelt es sich um *Bahram I.* (273–276). Das vierte Relief schließlich ähnelt in seiner Darstellungsweise dem ersten: *Shahpur II.* (310–379), auf sein Schwert gestützt, triumphiert über ein geschlagenes Volk, möglicherweise Inder oder Kuschaner, denn als Kriegsbeute wird auch ein Elefant herangeführt. Krieger, Höflinge und ein Mann, der abgeschlagene Häupter von Feinden in der Hand trägt, vervollständigen das Bild.

Zur Besichtigung der beiden Reliefs am rechten Ufer des Flusses muss man den Weg zur Hauptstraße zurückgehen und dann links hinter der Brücke der asphaltierten Straße folgen. Hinter einer Felsbiegung befindet sich rechts ein Relief direkt neben der Straße. Es ist schon stark verwittert. Dennoch ist der auf dem Pferd sitzende *Shahpur I.*, der von Ohrmuzd in sein Amt eingeführt wird, gut zu sehen. Vor dem Pferd des Herrschers ist eine kniende Gestalt zu erkennen, vermutlich der römische Kaiser *Phillip Arabs*, der sich Shahpur unterwirft.

Das zweite Relief befindet sich gleich hinter dem ersten, allerdings über der Straße gelegen, sodass man etwas in die Höhe steigen muss. Auch dieses stellt im Zentrum Shahpur I. dar, hoch zu Roß sitzend. Vor seinem Pferd kniend, wiederum in bittender Gebärde, erkennt man Phillip Arabs, unter seinem Pferd *Gordian III.* und hinter dem Herrscher, von diesem am Handgelenk ergriffen, Kaiser *Valerian.* Obwohl zwischen diesen drei Schlachten ca. 30 Jahre lagen, haben sich die sasanidischen Bildhauer immer wieder bemüht, sie als glückhaftes Ereignis in einer Szene darzustellen.

Shahpur-Höhle

Eine weitere Sehenswürdigkeit bietet die Schlucht von Choqan, die berühmte Shahpur-Höhle (Qar-e Mundan). Hier wurde in einer Felshöhle ei-

188i Foto: hn

Überlebensgroße Skulptur von Shahpur I. in der Mundan-Höhle bei Bishapur ne umgestürzte Statue Shahpurs I. von fast acht Metern Länge gefunden. Um zur Höhle zu gelangen, fährt man vom letztgenannten Relief etwa 6 km immer am Fluss entlang bis zum Dorf **Abdollah Khan.** Am Dorfeingang überquert eine Brücke den Fluss, vom Dorfplatz aus muss man zu Fuß weitergehen. Am besten fragt man die Dorfbewohner nach „Qar-e Shahpur", die Jungen des Dorfes, das nur selten von Touristen besucht wird, sind meist gern bereit, den steilen Anstieg vorauszugehen. Er führt etwa 400 m in Windungen bergauf und ist teilweise befestigt. Feste Schuhe sind dafür nötig.

Hoch über dem Tal erreicht man nach etwa 45 Minuten Aufstieg eine der für das Zagros-Gebirge typischen **Kalksteinhöhlen,** aus dem Gestein im Laufe von Jahrzehntausenden herausgewaschen. Die **Kolossalstatue Shahpurs** ist mittlerweile wieder aufgerichtet worden und steht inmitten von herumliegenden Bruchstücken im Ein-

189i Foto: hn

gang der Höhle. Wer diese genauer erkunden möchte, sollte eine Taschenlampe mitnehmen, denn der hintere Teil verliert sich im Dunkel. Im Dämmerlicht ist im Innern ein großes Wasserreservoir zu erkennen. Hypothesen, dass hier das Grab des Sasaniden gewesen sei, ließen sich bisher nicht bestätigen. Vom Höhleneingang aus hat man eine atemberaubende Aussicht auf das Tal des Shahpur-Flusses.

Vom Dorf Abdollah Khan aus muss man in jedem Fall zum Ausgrabungsgelände von Bishapur zurückfahren. Rechter Hand geht es dann zurück zur Hauptstraße in Richtung Shiraz, Ahvaz, Yassuj oder Bushehr.

Firuzabad

↗ XX/B1

Zur Weiterfahrt nach Firuzabad geht es links über **Kazerun** und dann in Richtung **Farrashband.** Etwa 18 km hinter Kazerun liegt nördlich der Straße der **Famur-See,** ein Naturschutzgebiet für zahlreiche seltene Vogelarten.

Die Ebene von Farrashband war schon in achämenidischer Zeit dicht besiedelt; früher führte hier eine wichtige Straße von Firuzabad zum Persischen Golf hindurch. Zahlreiche Fundstätten und Reste von Feuertempeln sind hier gefunden worden. Hinter Farrashband windet sich die gut ausgebaute Straße die Berge hinauf und führt dann auf der Ostseite in die Ebene von Firuzabad. Die Stadt ist heute

Firuzabad: Eingang zum Palast des Ardeshir

einer der Hauptorte der **Qashghai-Nomaden.** Sie sind türkischen Ursprungs und sprechen einen eigenen, dem Azeri-Türkischen verwandten Dialekt. Mittlerweile sind viele von ihnen sesshaft geworden und bewohnen die Stadt und die umliegenden Dörfer. Frauen und Mädchen tragen oft noch ihre farbenfrohe traditionelle Kleidung mit bunten Röcken in mehreren Lagen übereinander. Wer nicht am gleichen Tag nach Shiraz zurückfahren möchte, findet hier eines der staatlichen Tourist Inns zur Übernachtung.

In der Ebene von Firuzabad soll 224 n. Chr. die entscheidende Schlacht zwischen *Ardeshir I.* (224–241), dem Begründer der Sasanidendynastie, und *Artabanus V.* (213–227), dem letzten Parther-Herrscher, stattgefunden haben. Danach errichtete Ardeshir hier eine Stadt namens *Ardeshir Khurreh* („Ardeshirs Ruhm"), deren Name später zu *Gur* verkürzt wurde. Seit dem 10. Jh. wurde sie dann Firuzabad genannt.

Von dieser Stadt sind heute nur noch Reste der **kreisrunden Umwallung** mit Graben direkt von der Straße aus zu sehen sowie im Zentrum eine 30 m hohe **Turmruine** aus Hausteinen auf einem quadratischen Sockel von 10 m Seitenlänge. Der Grundriss von Gur ist noch kreisrund nach dem Muster der parthischen Städte angelegt, ein auffälliger Kontrast zum nur ca. 40 Jahre später erbauten Bishapur. Das Stadtgelände wird heute von Feldern bedeckt. Zwei der ehemals vier sich kreuzförmig schneidenden Straßen sind noch deutlich zu erkennen.

Etwa 3 km vor Firuzabad, wo links die Wälle von Gur zu erkennen sind, zweigt links eine asphaltierte Straße zum **Palast des Ardeshir** ab. Von der Hauptstraße aus fährt man ca. 5 km, vorbei an einem Dorf, in dem Qashghais wohnen. Schon aus einigen Hundert Metern Entfernung ist der klotzige Bau mit der hoch aufragenden Kuppel zu erkennen. Er wurde ebenfalls kurz nach Sieg Ardeshirs über die Parther errichtet und wird von den Einheimischen als Ateshkadeh („Feuertempel") bezeichnet. Vom Parkplatz aus (Eintritt 200 Tuman) wendet man sich links herum in Richtung des uralten **Quellteiches,** der schon zu sasanidischer Zeit angelegt wurde und auch zur Bewässerung der rund um den Palast angelegten Gärten diente. Die Frauen des nahegelegenen Dorfes waschen hier oft Kleidung und Teppiche.

Der Palast des Ardeshir gilt als Prototyp für die Bauweise nicht nur der späteren sasanidischen Paläste, sondern auch der **Kuppelbauten nach persischem Muster,** Ursprung auch der islamischen Moscheen in Iran. Der mächtige Bau misst 104 x 55 m, die aus mit Mörtel verbundenen Hausteinen bestehenden Mauern sind bis zu 4 m dick. An der Eingangsfassade sticht der große **Eingangs-Iwan** hervor, der in einigen Teilen kürzlich renoviert wurde. Die beiden Seitenräume sind zum Teil eingestürzt. Die gesamte Fassade war ursprünglich mit Lehmstuck überzogen, heute nur noch im Innern der Kuppelräume zu sehen. Über den Eingangs-Iwan gelangt man durch eine Tür mit Hufeisenbogen in den großen, mittleren **Kuppelraum.** Der quadratische Raum wird an den vier Ecken mittels „persischer Trompen" auf das Rund der Kuppel überführt, die ohne Verstrebungen aus Ziegeln aufgemauert wurde. Der von den Ausmaßen etwas kleinere Kuppelraum zur Rechten besticht durch den gut erhaltenen **Stuck:** Einige der Wandnischen sind an ihrem oberen Abschluss nach dem Vorbild der steinernen Eingangsportale von Persepolis verziert. Die drei Kuppelräume (einer ist vollständig eingestürzt) bildeten den Audienzteil der Anlage, in dem Empfänge und Versammlungen stattfanden.

Im hinteren Teil öffnet sie sich über ein quer gelagertes Tonnengewölbe auf einen **rechteckigen Hof.** Um diesen herum waren früher die Wohngebäude angeordnet, die zum größten Teil eingestürzt sind. Ein Aufgang, der mit einem Stahlgitter verschlossen ist, vom Wärter der Anlage aber gegen ein kleines Trinkgeld gern geöffnet wird, führt auf das **Dach der Anlage.** Von hier aus hat man einen schönen Ausblick über die Ebene von Firuzabad und auch der Turm von Gur ist zu sehen. Eindrucksvoll ist auch ein Rundgang um die **Galerien,** welche die drei Kuppelräume umgeben.

Der Rückweg nach Shiraz führt durch die Stadt Firuzabad hindurch bis zur Hauptstraße und dann nach links. Kurz nachdem der Posten der Straßenpolizei passiert ist, öffnet sich links der Blick noch einmal auf den Palast, der auch von Weitem einen majestätischen Eindruck macht.

Rückfahrt nach Shiraz

Wenn man aus Shiraz kommend Firuzabad besichtigen will, ist es von hier aus auch möglich, auf kürzerem Weg zum Palast zu gelangen. Allerdings muss dazu der Fluss rechts der Straße durchwatet werden. Weiter in Richtung Shiraz taucht links der Straße ein Flussübergang mit Stauwehr auf. Kurz dahinter ist hoch über dem Fluss in der geglätteten Felswand eines der berühmtesten und größten sasanidischen **Felsreliefs** angebracht worden. Es stellt den Sieg Ardeshirs über *Artabanus V.,* den letzten Partherkönig, dar. Trotz seiner Größe von ca. 20 m ist es wegen der starken Verwitterung von der Straße aus kaum zu erkennen. Ein weiteres, kleineres Relief ist kurz hinter dieser Stelle gut zu sehen: die Amtseinführung Ardeshirs, der vor einem kleinen Feueraltar steht.

Bei der Weiterfahrt in Richtung Shiraz führt die Straße unter einer Seilbahn hindurch, die in den 1960er Jahren für die Ausgrabungsarbeiten am **Qaleh-ye Dokhtar** („Schloss des Mädchens") angelegt wurde, heute aber nicht mehr in Betrieb ist. Man sieht diesen befestigten Palast, den Ardeshir hatte erbauen lassen, noch bevor er sich gegen die Parther durchgesetzt hatte, hinter einer Rechtskurve in einer Höhe von 1450 m auf dem Berghang thronend. Befestigte Wege hinauf gibt es nicht, etwa 30 Minuten recht mühsamer Kletterei führen zum Ziel. Der langgestreckte Bau ist auf drei übereinanderliegenden Terrassen errichtet. Die untere wird von einer Verteidigungsanlage eingenommen, eine Treppe führt auf einen von Gebäuden umgebenen Innenhof, über den man zur dritten Terrasse mit dem Hauptpalast gelangt. Er war von einem 20 m langen Tonnengewölbe gedeckt, das eingestürzt ist.

Wer sich die Kletterei ersparen möchte, kann auch von einem kleinen Hügel rechts der Straße Fotos machen. Kurz hinter Qaleh-ye Dokhtar führt die Straße durch einen Tunnel. Daran schließt sich eine kleine Hochebene an, auf der viele Steineichen stehen, in deren Schatten sich gut eine Picknickpause einlegen lässt. Von hier aus fährt man über **Kavar** und **Pol-e Fasa** nach Shiraz zurück (105 km). 5 km vor Kavar überquert die Straße auf einer neu erbauten Brücke einen Fluss. In Fahrtrichtung links sind die Reste einer **alten Ziegelbrücke** aus dem 17. Jh. zu sehen.

190i Foto: hn

152i Foto: hn

Die Küste des Persischen Golfs

156i Foto: hn

Bandar Abbas, Hafenstadt am Golf

Dattelpalmenoase in Hormozgan

Die Provinzen Bushehr und Hormozgan

Die iranische Küste des Persischen Golfs, vom Shatt al-Arab bis zur Straße von Hormoz etwa 1000 km lang, ist zum Bereisen extrem unwirtlich und in vielen Teilen lebensfeindlich. Die Randketten der Zagros-Berge steigen in der Nähe der Küste parallel zu ihr an und sorgen dafür, dass die **hohen Temperaturen** und die **Trockenheit** im Sommer fast unerträglich sind. Jahresniederschläge von maximal 200 mm lassen eine landwirtschaftliche Nutzung nur an wenigen Stellen zu, vor allem in der Umgebung von Bushehr und Bandar Abbas; Hauptanbauprodukt sind **Datteln.** Eine durchgehende Küstenstraße, die die meist kleineren Ortschaften verbindet, gibt es nicht. Die Hauptverkehrswege zwischen Shiraz und Bushehr sowie Bandar Abbas und Kerman verlaufen von Norden nach Süden.

Nach dem ersten Eindruck ist die iranische Golfküste verglichen mit anderen Provinzen eine eher zurückgebliebene Gegend mit meist kleineren Orten und einfachen einstöckigen Häusern, den typischen weißen Zisternen für die Wasserversorgung und vielen Windtürmen. Doch dieser Eindruck täuscht: Oft findet man in den ärmlich anmutenden Hütten neueste japanische Unterhaltungselektronik. Bushehr und Hormozgan zählen aufgrund ihrer geographischen Lage zu den Gewinnern der reglementierten Außenwirtschaftspolitik der Islamischen Republik. Der Schmuggel über den Wasserweg blüht, viele Familien haben Verwandte, die in den Vereinigten Arabischen Emiraten, in Bahrain und in Kuwait arbeiten und Geld in die Heimat schicken.

Geschichte der Region

Trotz der ungünstigen klimatischen Bedingungen war die Golfküste in der Geschichte Irans stets Einfallstor für Händler und Krieger, aber auch für die technischen Neuerungen, die sie mitbrachten. Schon zur Zeit von Sumerern und Elamern war der Golf ein **Wasserweg für den Fernhandel** bis nach Süd- und Ostasien, wovon archäologische Stätten auf iranischer und arabischer Seite sowie auf einigen der kleinen Inseln zeugen.

Etwa 200 km südöstlich von Bushehr, in der Nähe des heutigen Bandar Taheri, lag schon zur Sasaniden-Zeit der Hafen der Stadt Gur (heute Firuzabad, Provinz Fars), der im Mittelalter unter dem Namen Siraf große Bedeutung hatte. Die reiche Handelsstadt galt als Hafen des legendären Seefahrers Sindbad. Reste der alten Stadtmauer, Hafenanlagen, Brennöfen und Gräberflächen wurden hier bei Ausgrabungen freigelegt.

Der wichtigste **Hafen** in der Geschichte der iranischen Golfküste ist **Hormoz** am Ausgang der gleichnamigen Meerenge. Ursprünglich beim heutigen Minab auf dem Festland gelegen, entwickelte sich später auf einer kleinen Insel ein international bekannter Handelsplatz. Direkt gegenüber dieser Insel ließ *Abbas der Große* zu Beginn des 17. Jh. seinen eigenen Hafen **Bandar Abbas** errichten und vertrieb die Portugiesen. Mitte des 18. Jh., als während der Zand-Dynastie Shiraz für kurze Zeit Hauptstadt Irans wurde, trat Bushehr an die Stelle von Bandar Abbas. Hier landete 1765 von Jemen über Indien kommend *Carsten Niebuhr* auf seinem Weg nach Persepolis, eine abenteuerliche Reise, der wir die ersten wissenschaftlichen Kopien der Inschriften von Persepolis verdanken.

Bevölkerung

Im 19. Jh. waren die Küstenorte Stationen auf dem britischen Seeweg nach Indien. Vereinzelt ist daher **indischer Einfluss** noch heute spürbar, z.B. in Form des Hindu-Tempels in Bandar Abbas oder auch in der Küche, wo viele Speisen deutlich schärfer gewürzt sind als anderswo. Die in Iran *Bandaris* (von *bandar,* „Hafen") genannten Einwohner unterscheiden sich deutlich von den Hochlandbewohnern, viele sind **arabischer Abstammung.** Weiter östlich an der Makran-Küste (die zur Provinz Sistan und Baluchestan gehört) trifft man viele **Baluchi.** Auch ein negroider Einfluss ist deutlich sichtbar in Form zahlreicher **Nachkommen afrikanischer Seefahrer** und Matrosen. Den bemerkt man auch in der Bandari-Musik, die deutlich mehr rhythmusbetont ist als die Volksmusik aus anderen Gegenden Irans. Sowohl Baluchi als auch Araber sind überwiegend **Sunniten,** weshalb die Moscheen denen der arabischen Länder ähneln.

Die **arabischen Frauen** tragen oft die **Burka,** eine Maske, die den größten Teil des Gesichts verdeckt. Die Haltung der meisten Europäer zu diesem für uns so ungewohnten Utensil erstaunt immer wieder: Als Symbol der „Frauenunterdrückung" wird es scharf abgelehnt, aber (fast) jeder möchte ein Foto einer Frau mit Burka machen! Das wiederum stürzt die armen Frauen in Probleme, denn sie tragen die Burka gerade deshalb, weil sie (oder ihre Männer und Familien) nicht wollen, dass man ihr Gesicht sieht. Aus diesem Grund möchten sie auch nicht fotografiert werden!

Tourismus

Natürlich haben die iranischen Offiziellen mittlerweile registriert, welchen Wirtschaftsfaktor der Tourismus in den Emiraten auf der gegenüberliegenden Seite des Golfs darstellt. Sie würden dem gern nacheifern und ebenso viel Geld damit verdienen; aufgrund der „islamischen Werte und Normen" jedoch ist das nicht möglich. Touristen kommen nur dann in diese eigentlich unwirtliche Gegend, wenn sie in dem herrlich blauen Wasser des Golfs baden können. So wurde in den vergangenen zehn Jahren versucht, auf einigen der **Inseln** im Persischen Golf eine Art **„Dubai light"** aufzubauen, insbesondere auf Kish und Qeshm. Die anderen Inseln wie Larak, Henderabi oder Lavan haben für Touristen nichts zu bieten.

Die Inseln Klein- und Groß-Tonb sowie Abu Musa gegenüber der Küste der Vereinigten Arabischen Emirate werden gelegentlich in den Nachrichten aus der Region erwähnt, weil sie zwischen Iran und den VAE umstritten sind. Interessanter, jedoch schwer zu erreichen ist die Insel Khark, ca. 60 km nordwestlich von Bushehr.

Bandar Bushehr

↗ XX/A1

Die etwa 150.000 Einwohner zählende Hauptstadt der Provinz Bushehr liegt 300 km südwestlich von Shiraz auf einer Landzunge, die in den Golf hineinragt. Diese Lage war offenbar schon in ältester Zeit für einen Hafen prädestiniert: Reste einer elamischen Siedlung aus dem 3. Jtsd. v. Chr. wurden auf der Halbinsel gefunden, die in der Antike Mesambria hieß. *Nearchos,* der Admiral *Alexanders des Großen,* ankerte hier mit seiner Flotte im 4. Jh. v. Chr. Die sasanidische Flotte stieß von der Stadt Rishahr aus in See, wo auch später die Portugiesen einen Stützpunkt unterhielten. Von der sasanidisch-parthischen Stadt 5 km südlich sind heute noch sehr bescheidene Überreste erhalten.

Seine wichtigste Zeit erlebte der Hafen von Bushehr nach dem Ende der Safaviden-Zeit im 18. Jh. Diese hatten Bandar Abbas zu ihrem Haupthafen ausgebaut. *Nader Shah* jedoch und Mitte des 18. Jh. besonders *Karim Khan Zand* ließen den Hafen Bushehr ausbauen und verbanden ihn mit einer Straße nach Shiraz. Im 19. Jh. unterhielten hier die Briten einen ihrer wichtigsten Stützpunkte auf dem Seeweg nach Indien. Spätestens im 20. Jh. büßte Bandar Bushehr seine Stellung wieder ein zugunsten von Khorramshahr in Khuzestan, das an die Eisenbahn angeschlossen wurde.

Wegen der wichtigen Rolle des Erdölterminals auf der Insel Khark in der Nähe Bushehrs wurde die Stadt im iranisch-irakischen Krieg bombardiert. In den vergangenen Jahren wurde im Westen der Name Bushehr meist im Zusammenhang mit dem Bau des nahegelegenen Atomkraftwerks genannt. Dieser unselige Plan geht schon auf Schah *Reza Pahlavi* zurück, der Siemens mit dem Bau der Anlage beauftragte.

Auf dem Landweg erreicht man Bushehr über die Fernstraße aus Richtung Shiraz/Kazerun, die dann über die Kh. Djomhuri-ye Eslami und den Meydan-e Qods in Zentrum führt. Die Altstadt liegt am äußersten nördlichen Ende der Landzunge, die neueren Viertel mit dem Zentrum um den Meydan-e Shohada schließen südlich daran an. Die Ausmaße der Stadt sind, verglichen mit anderen iranischen Großstädten, relativ klein; alle für Touristen wichtigen Orte sind gut erreichbar.

Besonders hervorzuhebende Bauwerke hat Bandar Bushehr nicht, sehenswert ist vielmehr die **Altstadt** als noch relativ geschlossenes Ensemble. In den engen Gassen liegen die typischen, um einen Innenhof angeordneten **Häuser aus Lehm oder Kalkstein.**

Öffnungen haben sie vorwiegend zur Seeseite, damit ein wenig kühle Luft eindringen kann, unterstützt durch zahlreiche Windtürme. Am nördlichen Rand der Altstadt gibt es eine christliche, ursprünglich von den Engländern als anglikanisches Bethaus errichtete **Kirche,** die heute als armenisches Gotteshaus dient. Der relativ kleine Backsteinbau ist von einer Mauer eingefasst.

Das blaue Wasser des Golfs lädt zum Baden ein. Im Südwesten der Stadt gibt es einen **Strand,** der allerdings nicht besonders sauber ist und wo nur Männer baden dürfen. Man sollte in jedem Fall nur dort schwimmen, wo es auch Einheimische tun, weil Haie im Persischen Golf durchaus vorkommen.

Praktische Tipps

- **Telefonvorwahl Bandar Bushehr:** 0771

Post und Telefon

- Post und Telefonzentrale befinden sich in der Kh. Vali Asr südlich des Busbahnhofs.

Unterkunft

- Südlich der Altstadt bietet das **Delvar Hotel** €€€, Kh. Ali Delvari, Tel. 2526276, saubere Zimmer für 65 US$ pro DZ.
- In unmittelbarer Nähe der Küstenstraße liegt das **Tourist Inn** €€, Tel. 2522346, DZ 30 US$.
- Am Rande der Altstadt findet sich das preiswerte **Hotel Mellat** €, Kh.Leyan, Tel. 22017, DZ 15 US$.

Essen und Trinken

Alle genannten Hotels verfügen über Restaurants, leider ist Fisch selten zu bekommen. Eine Spezialität in Bushehr ist *qaliyeh mahi,* gedünsteter Fisch mit einer Soße aus Kräutern, säuerlich im Geschmack durch die Zugabe von Tamarinde.

Reiseagentur

- **Travel Agency Bushehr,** Meydan-e Imam Khomeini, Tel. 33031, Fax 32698.

Verkehrsverbindungen

- Der **Flughafen** liegt unweit der Stadt im Süden, es gibt täglich Flüge von Teheran und einmal pro Woche von Isfahan und Shiraz. Das **Iran-Air-Büro** befindet sich in der Kh. Vali Asr, Tel. 2523925, Fax 2522031, Nousha badi@IranAir.com. Busse vom Flughafen in die Stadt verkehren nicht, **Taxis und Sammeltaxis** stehen zur Verfügung.
- Im Stadtzentrum liegt der **Busterminal** südlich des Meydan-e Shohada.
- **Fährverbindungen** zur arabischen Seite des Golfs gibt es nach Manama/Bahrain, Doha/Qatar, Kuwait und Dubai (⇨Kap. „Vor der Reise: An- und Weiterreise"). Das Büro der iranischen Schifffahrtslinie Val Fajr 8 erreicht man unter Tel. 24234. Hafen und Fähranleger befinden sich östlich der Altstadt.

Bandar Abbas

⇗ XXI/D2

Hauptstadt der Provinz Hormozgan, die südöstlich an Bushehr anschließt, ist die **Hafenstadt** Bandar Abbas. Die Meerenge von Hormoz, wo Iran nur etwa 100 km von der **arabischen Halbinsel** entfernt ist, ist die ideale Stelle für einen Hafen. Das erkannten im 16. Jh. auch die Portugiesen, als sie auf der kleinen Insel Hormoz einen solchen errichteten. Direkt gegenüber der Insel ließ *Shah Abbas* zur Ausweitung des Fernhandels zu Beginn des 17. Jh. einen Hafen errichten, der seit-

Persischer Golf

dem seinen Namen trägt: Bandar Abbas. 1622 vertrieb er mit Hilfe der Engländer die Portugiesen und der Hafen entwickelte sich zu einem der wichtigsten an der iranischen Golfküste.

Spätere Herrscher bevorzugten andere Orte und so fiel Bandar Abbas bis Mitte des 20. Jh. in einen Dornröschenschlaf. Noch 1956 hatte es mit 18.000 Menschen weitaus weniger Einwohner als Bushehr. Seitdem wurde es zu einem modernen Hafen ausgebaut, von wo aus vor allem die reichen Erzvorkommen im Südosten Irans verschifft werden: Kupfer aus Kerman, Chrom aus Minab und Roteisenstein von der Insel Hormoz. Bandar Abbas dient auch der iranischen Marine als Flottenstützpunkt. Die einzige Straße vom zentraliranischen Hochland und auch die Eisenbahnlinie erreichen hier die Gestade des Persischen Golfs. Die Stadt zählt heute etwa 300.000 Einwohner. Per Schiff gelangt man zu den Inseln Hormoz und Qeshm, nach Muskat im Oman und Sharjah in den Vereinigten Arabischen Emiraten.

Aus der 400-jährigen Geschichte haben sich keine nennenswerten Bauwerke erhalten, wenn man einmal von den Resten der alten holländischen Faktorei in der Nähe des Bazars absieht, in dem heute die Zollverwaltung untergebracht ist. Daneben zeugt noch der alte Hindutempel nördlich des Bazars von dem früher starken Einfluss indischer und pakistanischer Händler. Er ist jedoch mittlerweile verwaist.

Orientierung

Das Stadtgebiet erstreckt sich parallel zur Wasserlinie von West nach Ost. Die Kh. Imam Khomeini verläuft durchgehend vom gleichnamigen Platz im Osten bis zum Meydan-e Jahanbar im Westen. In ihrem Verlauf ändert sich ihr Name in Shahid Bahonar und Pasdaran. Im Halbkreis um die Stadt herum führt die Umgehungsstraße Djumhurri-ye Eslami. Das Zentrum mit Bazar und altem Fähranleger liegt zwischen den Plätzen Abazar im Osten und Nabovvat im Westen.

Ankunft mit eigenem Fahrzeug

Mit Pkw und Bus aus Richtung Shiraz, Sirjan und Bam erreicht man die Stadt im Osten und fährt dann immer geradeaus auf der Kh. Imam Khomeini nach Westen. Von Westen aus Richtung Bushehr und Bandar Lengeh erreicht man die Stadt im Westen beim neuen Hafen und dem internationalen Fähranleger. Von dort aus immer geradeaus nach Osten auf der Kh. Imam Khomeini in Richtung Zentrum fahren.

Bazar

Weniger wegen seiner Architektur, sondern mehr wegen seines Lokalkolorits lohnt der Bazar von Bandar Abbas einen Rundgang. Neben den üblichen Artikeln des täglichen Bedarfs trifft man auf viele ausländische Waren von der gegenüberliegenden Seite des Golfs und aus Pakistan. Öfters sieht man auch Dorfbewohner aus der Umgebung, die ihre spärliche Produktion an Obst und Gemüse anbieten. Auffällig oft sind es Frauen mit bunten

Gewändern und ledernen Gesichtsmasken. Entsprechend den Temperaturen ist hier die Mittagspause besonders ausgedehnt, erst am späten Nachmittag belebt sich der Bazar wieder. Der Fischmarkt liegt westlich des Bazars nahe dem Meydan-e Shohada.

Praktische Tipps

- **Telefonvorwahl Bandar Abbas:** 0761

Visumverlängerung

- Wer für die Weiterreise in eines der Arabischen Emirate ein Visum braucht, geht zum **Generalkonsulat der VAR** an der Faleke-ye Yadboud westlich des Fischmarkts, Tel. 553063, Fax 559008.

Geldwechsel

- Eine Reihe von **Geldwechselstuben** gibt es am Meydan-e Baluki. Geldtausch ist auch möglich in der **Bank-e Melli** am Meydan-e Vali Asr.

Post und Telefon

- Das Postamt findet man in der Kh. 17. Shahrivar, Telefonzentrale: Meydan-e Enqelab.

Unterkunft

Während der Sommermonate ist es kein Problem, ein Hotelzimmer in Bandar Abbas

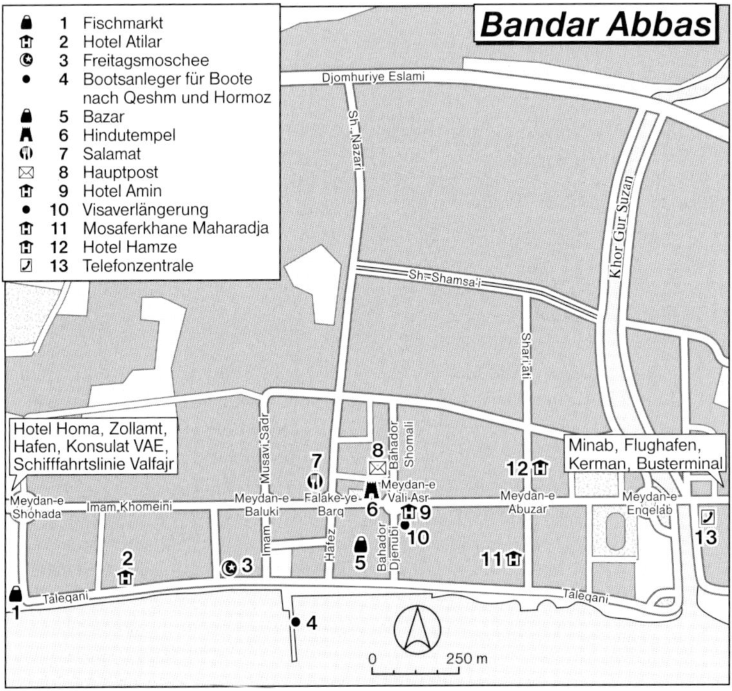

zu finden. In der kühleren Jahreszeit dagegen kann es schwierig sein und man sollte versuchen zu reservieren.

- Erstes Haus am Platze ist das **Hotel Homa** €€€, betrieben von Iran Air, im Westen der Stadt. Natürlich hat es schon bessere Zeiten gesehen, dafür ist es ruhig und es gibt auch ein Restaurant. Kh. Meraj, Tel. 553080, DZ ab 65 US$.
- In der gleichen Preisklasse liegen die beiden **Atilar Hotels** €€€ im Zentrum am Meydan-e 17. Shahrivar gegenüber vom Bazar. Hier zahlt man für ein EZ 50 US$, für ein DZ 65 US$.
- Preiswerter ist ein sauberes Zimmer im **Hotel Amin** €€ mit Blick auf den Golf in der Kh. Taleqani (Tel. 2244305) zu bekommen. Das DZ mit Bad kostet 30 US$.
- Auch das **Hotel Hamze** € in der Kh. Abuzar (Tel. 2223771) ist preiswert. Hier zahlt man 15 US$ für ein DZ.
- Eine Reihe billiger, dafür auch kaum empfehlenswerter **Gasthäuser** befindet sich in der Bazargegend und in der Kh. Abuzar.

Essen und Trinken

- Restaurants im **Hotel Atilar** und im **Hotel Amin,** s.o.
- Restaurant **Sajjad** in der Kh. Imam Khomeini, 400 m östlich vom Meydan-e Imam Khomeini, etwas außerhalb der Stadt gelegen, aber mit leckerem *chelo meigu* (Shrimps mit Reis), Tel. 22841.
- Restaurant **Salamat** am Meydan-e Barq.

Reiseagenturen

- Im Reisebüro **Bala Parvaz** gibt es alle Arten von Tickets und besonders Bahnfahrkarten. Kh. Imam Khomeini, westlich des Meydan-e Abuzar gegenüber der Apotheke, Tel. 577900, Fax 22519.

Verkehrsverbindungen

- Der **Flughafen** liegt etwa 6 km östlich des Stadtzentrums. Flüge von Teheran aus verkehren täglich, von Isfahan, Shiraz und Chahbahar mehrmals die Woche. Ins Stadtzentrum verkehren Taxis und Minibusse. Das Büro von **Iran Air** befindet sich in der Kh. Imam Khomeini östlich des Meydan-e Shohada, Tel. 3337170, Fax 3337100, B.Raeesi@IranAir.com. Das Büro von **Aseman Air** liegt am Bolv. Taleghani (Tel. 29096) östlich des Bazars.
- Der Anleger für die **Fähren** in Richtung arabische Halbinsel und zu den Inseln Qeshm und Kish (Shahid Bahonar) liegt 4 km westlich des Stadtzentrums. Westlich jenseits des Meydan-e Jahanbar findet man das **Büro der Schifffahrtsline Val Fajr 8** für Fährtickets über den Golf, Tel. 559075-7.
- Südlich an den Bazar grenzt der Fähranleger an, wo die Boote und Schiffe zu den Inseln Hormoz und Qeshm ablegen. Fahrpläne gibt es nicht, wann immer ein Boot voll ist, sticht es in See.
- Der **Busbahnhof** liegt ca. 4 km östlich des Stadtzentrums.
- Der **Bahnhof** befindet sich etwa 4 km östlich des Stadtzentrums. Der Nachtzug aus Teheran trifft täglich vormittags, der aus Isfahan dreimal wöchentlich vormittags ein.

Insel Hormoz

↗ XXI/D2

Bevor Bandar Abbas sich zum wichtigsten Hafen an der Straße von Hormoz entwickelte, wurde diese Stellung von der vorgelagerten Insel Hormoz eingenommen. Die Portugiesen errichteten hier nach der Besetzung im Jahre 1507 eine Befestigungsanlage. Nach gut 100 Jahren wurde die portugiesische Besatzung von den Truppen *Shah Abbas'* im Bündnis mit den Engländern vertrieben.

Heute hat die Insel nur noch Bedeutung wegen ihrer Mineralvorkommen (Roteisenstein). Unweit des Bootsanlegers an der Nordspitze liegt die alte **Festung der Portugiesen.** Sie ist vollständig aus dem rötlichen Stein mit Eisenerzeinlagerungen erbaut, der für

166i Foto: hn

die Insel charakteristisch ist. Vereinzelt liegen noch Kanonen und steinerne Kugeln herum. Recht eindrucksvoll ist eine im Zentrum des Hofes erbaute unterirdische Kapelle.

Das kleine Dorf östlich der Festung hat nichts Besonderes zu bieten. Das Leben auf der Insel ist karg, die meisten Lebensmittel und Wasser müssen vom Festland herangebracht werden.

Die **Überfahrt** von Bandar Abbas vom alten Fähranleger südlich des Bazars dauert je nach Wetterlage 40 bis 50 Minuten und kostet pro Person ca. 2000 Tuman.

Oase in der Gegend von Minab

Minab

↗ XXI/D2

Eines der wenigen größeren Gebiete in der Provinz Hormozgan, wo bescheidener landwirtschaftlicher Anbau möglich ist, ist der Küstenstreifen östlich von Bandar Abbas und besonders die große **Dattelpalmenoase** von Minab, ca. 80 km östlich. Palmen werden nicht nur wegen der Datteln angebaut, sie dienen auch als Viehfutter, aus ihren Wedeln werden Gebrauchsgegenstände geflochten und Hütten gebaut.

Die Geschichte der Stadt reicht weit zurück, vermutlich bis zu den Sasaniden. Zeitweilig war die Gegend im Besitz der Sultane von Oman von der anderen Seite des Golfs, zuletzt Anfang des 19. Jh. Heute ist Minab das Zentrum eines fruchtbaren Umlands; der *pandj shanbeh bazar,* der **„große Markt"** am Donnerstag, ist ein farbenfrohes und lebhaftes Ereignis.

Von Bandar Abbas aus lässt sich Minab gut im Rahmen eines Tagesausflugs besuchen. Es verkehren regelmäßig Taxis und Minibusse von der Kh. Imam Khomeini in Höhe des Hotel Sahel.

Unterkunft

- Es gibt Hotels in Minab, z.B. das **Tourist Inn** (Tel. 0765-2263) oder das **Hotel Sahel** (Tel. 0765-2999).

Insel Qeshm

↗ XXI/C-D2

Vom gleichen Anleger wie die Motorboote nach Hormoz fahren auch die etwas größeren Kähne von Bandar Abbas nach Qeshm. Während Hormoz nur seine Geschichte hat, soll Qeshm, die **größte iranische Insel,** vor allem eine Zukunft haben.

Die 135 km lange und etwa 12 km breite Insel am westlichen Ausgang der Straße von Hormoz hat etwa 60.000 Einwohner. Die meisten von ihnen sind arabischen Ursprungs und lebten bis vor einigen Jahren überwiegend von Perlentauchen, Fischfang und bescheidenem Ackerbau.

Eroberern, die es im Laufe der Geschichte zahlreich gab, ist es hier nicht gut ergangen: 1645 lösten die Holländer die Portugiesen als Besatzungsmacht ab, aber sie verließen die Insel nach einiger Zeit der Hitze wegen. Ähnlich erging es den Engländern Ende des 19. Jh.; auch sie flüchteten wenig später vor den extremen Temperaturen im Sommer.

1989 wurde die Insel, ähnlich wie Kish, zur **Freihandelszone** erklärt, was für Investoren besonders niedrige Kosten für die Infrastruktur und 15 Jahre Steuerfreiheit bedeutet. Man erhofft sich vor allem auch einen Aufschwung des **Tourismus.** Im Winter, wenn viele iranische Touristen hier ihren Urlaub verbringen, steigt die Zahl der Einwohner kräftig an. Ob allerdings unter den Bedingungen der Islamischen Republik auch viele ausländische Touristen hier ihren Badeurlaub verbringen werden, bleibt fraglich. Die Ausbaupläne sind ehrgeizig: Durch die Organisation der Freihandelszonenverwaltung sollen Erdgasvorräte erschlossen, Industrie angesiedelt, Universitäten aufgebaut und Hotelanlagen gebaut werden.

Der Hauptort ist **Qeshm** an der östlichen Spitze der Insel, wo auch die Boote aus Bandar Abbas anlegen. Hier wurden in den vergangenen Jahren etliche **Einkaufszentren** errichtet, wo man bis zu einem Betrag von etwa 100 US-Dollar zollfrei einkaufen kann. Das ist aber für Ausländer kaum interessant, wer möchte sich schon im Urlaub mit neuester japanischer Unterhaltungselektronik oder Haushaltsgeräten belasten?

An der Südküste zwischen Bedar-e Kor und Bandar Suza gibt es einige schöne **Strände,** die allerdings großteils zu Feriensiedlungen gehören und abgetrennt sind. Das Wasser ist herrlich blau und klar, es empfiehlt sich

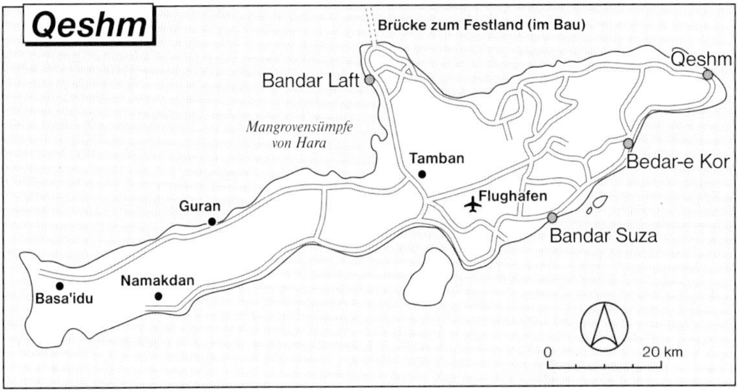

aber, in der Nähe des Strandes zu bleiben, weil **Haie** im Golf keine Seltenheit sind.

Der südwestliche Teil der Insel ist touristisch kaum erschlossen. In einigen Dörfern an der Nord- und Südküste leben die Menschen noch auf traditionelle Art und Weise. Eine besondere Attraktion sind die **Mangrovensümpfe von Hara** an der Nordseite der Insel in der Höhe der Ortschaft Bandar Laft. An dieser Stelle beträgt der Abstand zum Festland nur wenige Kilometer, weshalb der Bau einer **Brücke** geplant ist. Doch vorerst ist diese eigentümliche, wattartige Landschaft mit luftwurzelbewehrten Mangrovengewächsen ein Paradies für Wasservögel jeglicher Art. In Bandar Loft kann man Boote zur Ausfahrt chartern.

Die beiden **portugiesischen Festungen** im Norden und Süden der Insel sind bei Weitem nicht so gut erhalten wie die von Hormoz und lohnen den Besuch kaum.

Praktische Tipps

- **Telefonvorwahl Qeshm:** 0763

Information

- Die **Tourist-Information** der Freihandelszone Qeshm unterhält ein Büro in Teheran (Tel. 021-8724871/2, Fax 6415362) sowie eines auf der Insel (Tel. 5225930/9, Fax 5224093). Auch aus der Ferne kann man sich informieren: www.qeshm.ir/tourism.asp, info @qeshm.ir.

Unterkunft

- **Hotel Qeshm International** €€ in der Nähe des Städtchens Qeshm, Tel. 5224205/6, DZ 50 US$.
- **Tourist Inn** € im Ort Qeshm, Tel. 5225557, DZ 15 US$.
- Das **Hotel Nakhl-e Zarrin** €€ am Bolv. Imam Qoli Khan bietet ordentliche EZ für 25 US$, DZ für 35 US$, Tel. 5229001-2, Fax 5229071.

- Südlich des Ortes Qeshm in der Nähe des Strandes gibt es Villensiedlungen, wo man außerhalb des Saison preiswert **Häuser mieten** kann.

Essen und Trinken

- Restaurants gibt es in den genannten Hotels und außerdem im **Hotel Sara** (Tel. 5224571/2).
- Das **Restaurant Bany** am Ende des Bolv. Imam Qoli Khan (Tel. 5228074) bietet neben den üblichen Kebabs auch Fisch.
- Empfehlenswert auch das Restaurant Sofreh in der Kh. Azadegan, Tel. 2114.

Reiseagenturen

- Das Reisebüro **Marina,** Bolv. Imam Qoli Khan im Einkaufscenter Nakhl-e-Zarrin (Tel. 5225575, Fax 5225574), verkauft Tickets für In- und Auslandsflüge und organisiert auch Visa für die VAE.

Verkehrsverbindungen

- Mit dem **Boot** ab Bandar Abbas vom alten Fähranleger. Die Überfahrt dauert etwa eine Stunde. Vorsicht: Auch bei scheinbar ruhiger See reicht geringer Wellengang aus, um die Überfahrt zu einem „spritzigen Vergnügen" zu machen. Alles, was keine Feuchtigkeit verträgt, gut abdecken.
- Größere **Passagierfähren** verkehren vom Internationalen Fährterminal in Bandar Abbas (Shahid Bahonar) alle zwei Stunden von 8 bis 21 Uhr.
- Der **Flughafen** liegt im Zentrum der Insel, ca. 15 km westlich des Ortes Qeshm. Täglich Flüge nach Teheran, mehrmals die Woche nach Isfahan, Shiraz, Kerman sowie Mashhad. Auch von Dubai und Ras al-Khaima in den VAE gibt es Flüge. Die Fluglinie der Freihandelszone, **Faraz Qeshm Airline,** unterhält ein Büro auf der Insel im Pardis Building, Bolv. Imam Qoli Khan, Tel. 5229970, Fax 5229950, und ein weiteres am Flughafen von Bandar Abbas (Tel. 0761-539800).

Insel Kish

↗ XX/B2-3

Kish ist zwar nicht die größte der Inseln im Persischen Golf, aber mittlerweile die **bekannteste.** In der Geschichte war sie lange Jahrhunderte ein kleiner Stützpunkt auf dem **Seeweg nach Indien,** den schon die Mesopotamier nutzten. Nach dem Niedergang von Siraf versuchte der Seldjuqen-Herrscher *Turan Shah* im 11. Jh., hier einen neuen Handelsplatz zu entwickeln. Auf halbem Wege zwischen Ursprungs- und Zielland lagerten Waren aus Indien und China zum Verkauf an arabische und europäische Händler.

Zu Beginn des 16. Jh. weiteten die Portugiesen ihren Einfluss im Golf aus und besetzten mehere Stützpunkte, darunter auch Kish. Reste eines Forts an der Nordseite der Insel zeugen noch heute davon. Das Ende der Safaviden brachte aber auch den Fernhandel über den Golf weitgehend zum Erliegen und so fiel die Insel fast der Vergessenheit anheim. *Nasreddin Shah* verlieh sie im 19. Jh. gar an einen seiner Würdenträger, der sie seinerseits an die *Pahlavis* weitergab. *Mohammad Reza Shah,* der das Luxusleben in St. Moritz und Monte Carlo ausgiebig studiert hatte, versuchte hier so etwas wie ein **Las Vegas des Orients** aufzuziehen, mit Casino und einer Landebahn, die sogar für Flugzeuge des Typs Concorde ausgelegt war. Dies macht deutlich, welches Publikum er vor Augen hatte beim Ausbau von Kish: die eigenen Hofschranzen, reiche arabische Scheichs und den amerikanischeuropäischen Jetset. Iraner dagegen brauchten eine Sondergenehmigung.

Die ca. 90 km² große Insel liegt etwa 20 km vom Festland entfernt gegenüber der Hafenstadt **Bandar Charak.** Der einfachste Zugang ist allerdings der Luftweg. Es gibt täglich Flüge von und nach vielen iranischen Städten sowie in die Emirate. Kish ist seit 1991 **Freihandelszone,** so bekommen ausländische Investoren besondere Vergünstigungen und Touristen dürfen zollfrei einkaufen.

Die Bevölkerung besteht neben etwa 1500 arabischstämmigen „Ureinwohnern" vor allem aus Zugewanderten aus allen Teilen Irans, insgesamt ca. 16.000 Menschen. Das Wasser des Persischen Golfs ist azurblau und auch im Winter nicht kälter als 22° C, ideale Temperaturen zum **Baden** und für **Wassersport.** Für Europäer ist ein Auf-

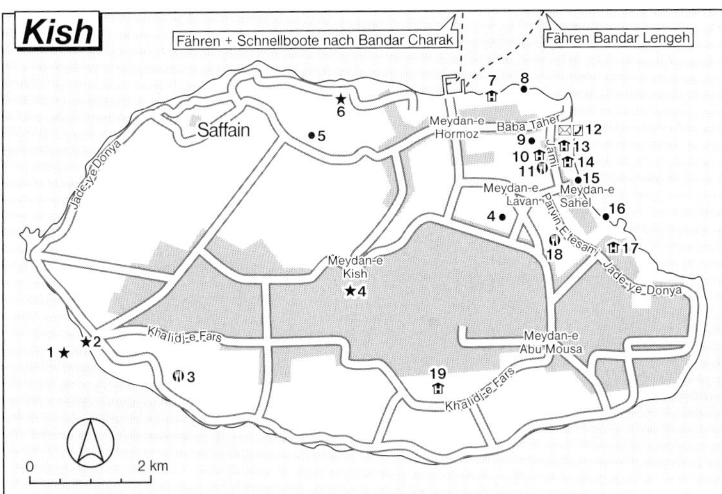

- ★ 1 Schiffswrack
- ★ 2 Qorub-e Kish
- 🍴 3 Restaurant Shandiz
- ★ 4 Aquarium
- ● 5 Sportanlagen
- ★ 6 Ruinen von Harireh und Zisterne
- 🏨 7 Sahra Guest House
- ● 8 Frauenstrand
- ● 9 Kish Free Trade Zone Organisation
- 🏨 10 Hotel Venus
- 🍴 11 Mir Mohanna
- ✉☎ 12 Post und Telefonzentrale
- 🏨 13 Hotel Maryam
- 🏨 14 Hotel Shayan
- ● 15 Glasbodenboote und Tauchzentrum
- ● 16 Männerstrand
- 🏨 17 Hotel Daryush
- 🍴 18 Mahi Sara
- 🏨 19 Mehmansara-ye Sahar

enthalt allerdings nur zwischen November und März angenehm; in den Sommermonaten erreichen die Temperaturen 45° C und mehr. Wegen des Sonderstatus der Insel brauchen Ausländer für die Einreise **kein Visum,** wenn sie sich nicht länger als 14 Tage hier aufhalten. Es ist möglich, in Kish ein Visum zur Einreise auf das iranische Festland zu beantragen. Die Ausstellung dauert zwei Arbeitstage.

Bei Iranern ist Kish beliebt, weil sie hier Unterhaltungselektronik, Haushaltsgeräte oder Kleidung zollfrei einkaufen können und die Sitten lockerer sind als auf dem Festland. In Kish muss man nicht damit rechnen, ständig von Sittenwächtern verfolgt zu werden. Das ist für iranische Verhältnisse viel, ausländische Touristen konnten damit noch nicht in großem Umfang angelockt werden. Bei der iranischen Jugend erfreut sich die Insel großer Beliebtheit, doch das Preisniveau ist deutlich höher als auf dem Festland, was für Westeuropäer keine große Rolle spielt, für Iraner jedoch einen spürbaren Unterschied ausmacht.

Orientierung

Die meisten Hotels und Bazare befinden sich im Norden und Nordosten der Insel, der Flughafen ist im Zentrum gelegen. Die Taxis in Kish sind von deutlich besserem Standard als sonst in Iran und entsprechen eher unseren Vorstellungen: Man steigt ein, nennt dem Fahrer das Ziel, er schaltet das Taxameter ein und los geht es im klimatisierten Fahrzeug. Alle Sehenswürdig-

167i Foto: hn

keiten der Insel kann man innerhalb eines halben Tages mit dem Taxi besichtigen.

Sehenswertes

Wirkliche Sehenswürdigkeiten hat Kish nur wenige zu bieten. Dazu zählen das **Aquarium** mit einer Vielzahl von Meerestieren aus dem Persischen Golf und die **Ruinen von Harireh** an der Nordseite der Insel, die bis in die Sasaniden-Zeit zurückgehen. Unweit davon gibt es eine alte **Zisternenanlage,** wo früher unter zwei Kuppeln, gekühlt durch Windtürme, Süßwasser gesammelt wurde. Noch recht ursprünglich ist das **Dorf Saffain** an der Nordwestseite der Insel, wo die Einwohner noch auf „klassische" Weise vom Fischfang und Schmuggel leben. Eine eher skurrile Sehenswürdigkeit ist das **Wrack eines griechischen Schiffes,** das kurz nach dem Zweiten Weltkrieg hier strandete und seitdem vor sich hinrottet.

Einkaufszentren

Die Einkaufszentren mit malerischen Namen wie **Bazar-e Pardis** oder **Bazar-e Hafez** sind für viele iranische Besucher der Hauptgrund für ihren Besuch. Der Name *Bazar* führt allerdings völlig in die Irre: Es handelt sich um ganz normale Einkaufszentren mit Hunderten von Geschäften für Mode, Haushaltsartikel, Kosmetika, Computer, Spielzeug und dergleichen mit Musikberieselung zur Steigerung der Kauflust.

Zerfallende Lehmbauten in einem Dorf am Persischen Golf

Strände und Wassersport

An der Westküste gibt es Strände mit Bootsverleihen, Tauchschulen, Fahrradverleih und ähnlichen Freizeiteinrichtungen. An einigen Stellen der Küste gibt es schöne **Tauchreviere** mit einer großen Vielfalt an Korallen und Meerestieren.

Eine Wissenschaft für sich ist das Baden auf Kish, das zumindest freier ist als sonst in Iran. Für Männer und Frauen existieren getrennte Strände: Der **Ladies Beach** liegt an der Nordseite der Insel in der Nähe des Hafens, der **Men's Beach** kilometerweit entfernt davon an der Ostseite. Eine Möglichkeit des gemeinsamen Badens besteht darin, ein Boot zu mieten und sich ein Stück auf das Meer zu den Korallenbänken hinausbringen zu lassen. Ein privater, abgetrennter Strand an der Südostseite der Insel, wo westliche Touristen gegen Bezahlung gemischt Baden konnten, ist zwischenzeitlich geschlossen worden.

Praktische Tipps

- **Telefonvorwahl Kish:** 0764, für Mobiltelefone: 0914769

Information

- Als einziger iranischer Flughafen bietet Kish eine **Tourist-Information.** Eine freundliche Dame hält alle Arten von Prospekten bereit, vieles davon allerdings Werbung.

●Die Tourismus-Abteilung der **Kish Free Zone Organisation (KFZO)** in der Kh. Sana'i (Tel. 2434/5) stellt ebenfalls Karten und Prospekte zur Verfügung und ist auch ansonsten sehr bemüht. Wer sich schon von Teheran aus vorbereiten will, kann das tun bei der dortigen Vertretung der KFZO am Bozorgrah-e Afriqa/Kh. Kish (Tel. 021-8797480, Fax 8783999). Die KFZO hat mehrere Webseiten, wo z.T. aktuelle Informationen erhältlich sind: www.kishtpc.com, www.kishfreezone.org.

Visum

●Wer ohne Visum nach Kish eingereist ist und dort ein Visum für das **iranische Festland** beantragten möchte, kann dies tun im **Büro des Iranischen Außenministeriums** in den Ferdous Villas in der Kh. Ferdousi 2 (Tel. 4420734, Fax 4420234). Man ist dort sehr bemüht, das Visum innerhalb von 48 Stunden auszustellen. Donnerstag und Freitag sind Wochenende und zählen bei der Frist nicht mit!

Geldwechsel

●Geldwechsel ist in Kish kein Problem. Alle iranischen **Banken** sind auf engstem Raum vertreten, besonders dicht am Ende der Kh. Sana'i beim Gebäude der KFZO. Geldwechsel ist auch in den meisten **Einkaufszentren** möglich, hier kann man teilweise sogar mit Kreditkarten bezahlen.

Post und Telefon

●Die **Post- und Telefonzentrale** liegt in Kh. Jami an der Ostküste.

Sport- und Freizeit

●Eine wirklich gute Idee ist die Anlage des **Radwegs,** der um die gesamte Insel herumführt und *World Road* genannt wird. **Fahrräder** können an verschiedenen Stellen entliehen werden, z.B. an der Ostküste.

●Wassersportmöglichkeiten gibt es reichlich, mehrere **Tauchschulen** bieten sowohl Unterricht als auch Ausrüstung an. Daneben kann man **Wasserski** fahren oder **Boote** (auch mit Glasboden) mieten.

●Im **Olympic Center,** zwischen dem Hafen und Saffain gelegen, stehen u.a. Fußball, Basketball, Reiten, Tennis und Schwimmen zur Auswahl.

Unterkunft

Das Angebot an Hotels in Kish ist für iranische Maßstäbe riesig und wächst jährlich. Auch das Niveau ist deutlich besser als auf dem Festland, die Preise sind allerdings auch höher. Von April bis Ende September gibt es keine Schwierigkeiten, eine Unterkunft zu finden. Im Winter allerdings, besonders in Zusammenhang mit Feiertagen und zum Neujahrsfest im März, kann es eng werden und es empfiehlt sich zu reservieren. Aus der Vielzahl der Angebote sollen nur einige wenige erwähnt werden:

●Die neueste Attraktion von Kish ist das 2004 eingeweihte **Grand Hotel Daryush** €€€ im Osten der Insel. Für iranische Verhältnisse ist es luxuriös, die Architektur ahmt, passend zum Namen, Stilelemente aus Persepolis nach. Das Fünf-Sterne-Haus lässt sich den Service entsprechend bezahlen: 245 US$ das EZ und 370 US$ das DZ, Tel. 4420590, Fax 4420595.

●**Hotel Maryam** €€€, neues Haus, guter Service, gutes Preis-Leistungsverhältnis, EZ 60 US$, DZ 70 US$, Tel. 44 21111-7, Fax 4421119, www.maryamhotel.com.

●Zentral am Meydan-e Sahel und nicht weit vom Strand liegt das **Hotel Shayan** €€€, wo das DZ mit Meeresblick 85 US$, ohne 80 US$ kostet, Tel. 4420661-4, Fax 4422444, www.kishshyganhotel.com.

●**Hotel Venus** €€ liegt günstig zum Strand in der Kh. Ferdowsi und bietet DZ ab 45 US$, Tel. 4424025-30, Fax 4424025.

●Einfache und billige Gasthäuser sind in Kish spärlich vertreten. Im **Sahra Guest House** € beim Hafen kann man DZ ab 25 US$ bekommen.

●Vergleichbar, aber etwas abgelegen an der Kh. Khalidj-e Fars ist das **Mehmansara-ye Sahar** € (Tel. 2067).

●Für mehrere Personen, zumal wenn sie länger bleiben möchten, ist eine **Villa** oder ein

Apartment die preiswertere Alternative. Im Büro der KFZO (s.o.) kann man Angebote ab 15 US$ pro Person und Nacht einholen.

Essen und Trinken

Restaurants und Fastfoodlokale sind in Kish reichlich vertreten, in (fast) jedem Hotel oder Einkaufszentrum kann man sie finden. Auch hier sind die Preise deutlich höher als auf dem Festland, weil außer Fisch alles importiert werden muss. Leider gibt es auch Fisch nur selten. Eine kleine Auswahl aus einem großen Angebot:

- Bekommen kann man Fisch in der Regel im **Mahi Sara** beim Bazar-e Pardis.
- Etwas schicker, aber auch teurer ist es im **Restaurant Shandiz** im Südwesten (Tel. 4423966) oder im **Mir Mohanna** (Tel. 4422855) in der Kh. P. E'tesami. Hier gibt es in der Saison abends Livemusik.

Reiseagentur

- **I.SOO.DA Travel Agency** in der Kh. Sana'i, Tel. 442067-8.

Verkehrsverbindungen

- Täglich gibt es etwa 30 **Flüge** von verschiedenen iranischen Großstädten nach Kish, u.a. von Iran Air, Aseman Air und Kish Air. Sie sind teurer als Flüge auf dem Festland: Ein Flug von Teheran nach Kish und zurück mit Iran Air kostet etwa 60.000 Tuman. Daneben gibt es auch Flüge von und nach Dubai und Bangkok. Vom Flughafen zu den Hotels und Einkaufszentren verkehren Taxis. Bis zum Meydan-e Sahel in der Nähe der Bootsanleger und Tauchschulen an der Ostküste kostet die Fahrt 1000 Tuman. **Iran Air,** Tel. 4422273, Fax 4422273, Kh. Sanaee, beim Bazar-e Maryam; **Kish Air,** Tel. 4423517; **Aseman Airlines,** Tel. 4423561.
- Regelmäßige Verbindungen per **Schiff** gibt es von Bandar Abbas, Bandar Lengeh, Bandar Bushehr und Bandar Charak, aber auch von Dubai und Sharjah. Sie legen im kleinen Hafen an der Nordseite an. Die kürzeste Überfahrt (ca. 90 Min.) ist die von Bandar Charak, wo Schnellboote nach Bedarf abfahren. Sie sind aber mitunter überfüllt und nicht immer sicher. Das Büro der **Valfajr-8 Shipping Company** ist im Salarkish Housing Complex, Tel. 4422561. Die **Fath-ol-mobein Shipping Company** findet man bei der Mehraban Station (Tel. 2489). Eine Fährverbindung nach Qeshm bietet die **Ordibehesht Bandar Shipping Company** (Tel. 20688) dreimal in der Woche.
- **Autovermietungen und Taxis** gibt es bei den meisten Hotels, auch Selbstfahren ist möglich, aber auf der kleinen Insel kaum nötig.

Persischer Golf

168i Foto: hn

Herstellung von luftgetrockneten Ziegeln, Baustoff seit Jahrtausenden

153i Foto: hn

Der Südosten

172i Foto: hn

Typisches Schilfboot bei Zabol in Sistan

Pistazien-Plantagen in der Umgebung von Rafsanjan

Die Provinz Kerman

Überblick

Mit einer Fläche von 180.000 m² ist Kerman nach Khorasan die zweitgrößte Provinz Irans. Bis über 4000 m aufsteigende **Gebirgsketten** – der Gipfel des Kuh-e Jupar erreicht eine Höhe von 4100 m – erstrecken sich von Nordwest nach Südost. Nach Osten schließen sich die Ausläufer der **Wüste Lut** an, eine äußerst lebensfeindliche Umgebung mit Sommertemperaturen von über 50° C. Die etwa 2 Mio. Einwohner der Provinz leben nur an relativ wenigen Orten – da, wo ausreichend Wasser vorhanden ist.

Von Bedeutung war Kerman zu allen Zeiten wegen seiner Lage am wichtigen Handelsweg von Zentraliran zum indischen Subkontinent und nach Afghanistan. Die wichtigsten Städte neben der Hauptstadt Kerman sind Rafsanjan, Bam und Sirjan. Früher lebte man hier überwiegend von der Landwirtschaft; vor der islamischen Revolution wurden am Westrand der Dasht-e Lut umfangreiche und leicht abbaubare Lagerstätten verschiedener Buntmetalle gefunden. So verfügt die Provinz Kerman über bedeutende **Kupfervorkommen** südlich von Rafsanjan, die ausgebeutet und verhüttet werden.

In Sirjan wurde eine Freihandelszone geschaffen, in der sich zahlreiche Industriebetriebe ansiedelten. Die Gegend um Rafsanjan ist heute Schwerpunkt des iranischen **Pistazienanbaus** – neben Teppichen das zweitwichtigste Exportprodukt im Nicht-Erdölbereich. Die Erschließung und Modernisierung der Provinz Kerman ist besonders mit dem Namen des früheren Staatspräsidenten *Rafsanjani* verknüpft, der aus Rafsanjan stammt und deshalb viele Gelder und Mittel in die Provinz geleitet hat. Hier paarte sich auf geschickte Weise Heimat- mit Familienverbundenheit, gehören dem Rafsanjani-Clan doch heute zahlreiche Ländereien und Betriebe.

Aufgrund der Nähe zu Afghanistan haben sich in der Provinz Kerman Hunderttausende von Afghanen niedergelassen, von denen viele auch nach dem Ende des Taliban-Regimes bleiben. Eine Hauptroute des **Drogenschmuggels** verläuft über diese Provinz, weswegen die Kontrollen auch bei Reisenden hier intensiver sind als in anderen Teilen Irans.

Geschichte der Region

Archäologische Funde in Shahdad, 60 km östlich von Kerman, und Shahr-e Sukhte, nördlich von Zahedan, haben erwiesen, dass durch den Südosten Irans schon im 3. Jtsd. v. Chr. eine wichtige Handelsverbindung zwischen Mesopotamien und der Indus-Kultur führte, beides hochentwickelte wirtschaftliche und kulturelle Zentren jener Zeit. Auch die Geschichte der Stadt Kerman ist bis in die Sasaniden-Zeit bezeugt; offensichtlich war sie schon damals ein wichtiger Ort auf dem Weg nach Indien. Die Provinz wurde zumeist von einem Kronprinzen der Sasaniden regiert, der gleichzeitig auch Gouverneur von Kermanshah („Stadt der Könige von Kerman") in Westiran war. Auch aufgrund ihres Reichtums wurden die Städte im Laufe der Geschichte immer wieder von Stämmen aus Afghanistan überfallen und erobert.

Zerstörtes Bam

↗ XVIII/B3

Jener schreckliche **26. Dezember 2003,** als in Bam und Umgebung die **Erde bebte** und am Ende etwa 35.000 Tote, noch mehr Verletzte sowie zerstörte Gebäude und Bewässerungsanlagen übrig blieben, wird noch für lange Zeit im Gedächtnis der Opfer und auch vieler derer, die Bam besucht haben, bleiben. Alle Renovierungsarbei-

169i Foto: hn

Wegturm an der Straße von Bam nach Zahedan

ten in der zum Weltkulturerbe zählenden Stadt Bam der vergangenen zehn Jahre waren vergeblich, viele derer, die sie geleistet haben und die den Besucher oft herzlich begrüßten, wurden unter den Trümmern ihrer Häuser begraben. Nur langsam legt sich die Erschütterung, noch viel Zeit wird vergehen, bis nach dem **geplanten Wiederaufbau** die verbliebenen Bewohner sich von ihren Sorgen ab- und Besuchern wieder zuwenden können.

Wir haben deshalb auf die vorgesehene Beschreibung Bams verzichtet. Dennoch wäre es falsch, die Region Kerman nun zu meiden. Es gibt auch außerhalb von Bam genug zu sehen. Ein Halbtagesausflug von der Stadt Kerman nach Mahan und Jupar lohnt sich in jedem Fall. Wann es wieder Sinn macht, nach Bam zu fahren, bleibt abzuwarten. Es gibt berechtigte Hoffnungen, dass mit intensiver internationaler Hilfe die Wiederaufbauarbeiten bald beginnen können.

Stadt Kerman

↗ XVIII/B2

Die Provinzhauptstadt liegt in einer Höhe von etwa 1850 m, weswegen das Klima am Fuße der Berge auch im Sommer erträglich ist. Kerman ist vermutlich schon unter *Ardeshir I.* (225–242 n. Chr.) gegründet worden, eine Festung aus der Sasaniden-Zeit beherrscht noch heute einen Hügel am Rande der Stadt. Nach der islamischen Eroberung wechselten die Herrscher in rascher Folge, trotzdem befindet sich in Kerman noch heute eine zahlenmäßig bedeutende **zoroastrische Gemeinschaft.**

Zu Beginn des 14. Jh. herrschten die Mozzafariden, auf die noch heute zu bewundernde Bauwerke zurückgehen. Durch die Handelspolitik der Safaviden wurde die Stadt wegen ihrer Lage am Handelsweg nach Indien und am Kreuzungspunkt zum neuerbauten Hafen Bandar Abbas am Persischen Golf begünstigt. Der Bazar zeugt noch immer vom damaligen Reichtum der Stadt. Das Ende dieser Epoche brachte Überfälle afghanischer Stämme, bei denen das große Zoroastrierviertel großteils zerstört wurde. Es folgte die Eroberung durch *Nadir Shah,* der von hier aus seinen berühmten Feldzug nach Indien unternahm. Die Kermanis mussten für die Ausrüstung seiner Truppen aufkommen, wodurch es in der Stadt zu einer großen Hungersnot kam. Einen Aufstand gegen Nadir Shah erstickte dieser 1749 im Blut, ein großer Teil der Stadt wurde zerstört.

Der letzte Fürst der Zand-Dynastie, *Lotf Ali Khan,* flüchtete 1794 vor den Truppen der Qajaren nach Kerman. Nach viermonatiger Belagerung fiel die Stadt, und der neue Schah Irans, *Agha Mohammad,* nahm grausame Rache: Lotf Ali Khan wurde geköpft und sein Haupt unter der Treppe des Qajaren-Palastes in Teheran eingemauert; die Truppen verwüsteten Kerman, stachen 20.000 seiner Bewohner die Augen aus und verkauften weitere 20.000 in die Sklaverei.

Erst Mitte des 19. Jh. erhielt Kerman durch eine Belebung des **Indien-Han-**

dels seine alte Bedeutung zurück. Eine wichtige Rolle spielte dabei die auch heute noch zahlenmäßig bedeutende Gemeinschaft der Zoroastrier aufgrund ihrer engen Kontakte zu ihren Glaubensbrüdern in Indien. In diesen Jahren nahmen Produktion und Export der berühmten **Kerman-Teppiche** einen großen Aufschwung. Bis 1925 kontrollierten de facto die Engländer die Stadt. Durch die Landflucht ist die Bevölkerungszahl in den vergangenen Jahren stark angewachsen und beträgt heute ca. 600.000 Einwohner.

Alle für Touristen interessanten Sehenswürdigkeiten befinden sich im Zentrum oder in unmittelbarer Nähe davon. Die Stadt ist mittlerweile stark zersiedelt und von einem Autobahnring umgeben. Einen orientalischen Eindruck macht die alte Handelsstadt nur noch in dem Bereich um den Bazar, wo es enge Gassen mit Lehmkuppelhäusern und Windtürmen gibt.

Ankunft mit eigenem Fahrzeug

Reisende aus Richtung Yazd, Shiraz und Bandar Abbas erreichen die Stadt im Südwesten. Über die Kh. Ayatollah Sadouqi gelangt man zum Meydan-e Azadi. Von dort aus führt die Kh. Beheshti direkt ins Zentrum um den Meydan-e Shohada. Von Zahedan und Bam kommend, erreicht man den südöstlichen Stadtrand am Meydan-e Beiramabad. Von hier folgt man der Kh. Sarbaz bis zum Meydan-e Toufigh; rechts abbiegen und über die Kh. Mirza Reza Kermani zum Meydan-e Shohada fahren. Von Norden (Tabas, Ravar, Zarand) schließlich verlässt man die Umgehungsstraße an der Kh. Shohada-ye Khanuk und folgt dieser in südlicher Richtung bis zum Meydan-e Shohada.

Sehenswertes

Die meisten Sehenswürdigkeiten Kermans sind vom **Meydan-e Shohada** aus zu Fuß zu besichtigen.

Freitagsmoschee

An der Südwestecke des Platzes, zu erreichen über einen Treppenabgang, liegt das bekannteste Bauwerk der Stadt, die Freitagsmoschee aus dem 14. Jh. Ähnlich wie die Freitagsmoschee in Yazd wurde sie von den damals in Fars und Südostiran herrschenden **Mozaffariden** erbaut. Durch ein mit Fliesen geschmücktes Portal führt der Weg zum Moscheehof durch einen quadratischen Kuppelsaal, dessen Rückseite den Nord-Iwan des Hofes bildet.

Der rechteckige Hof ist von einstöckigen Arkaden eingefasst, nur die Südseite mit dem Haupt-Iwan ist doppelstöckig ausgeführt. Auf einem der Schriftbänder an den Arkaden wird das Jahr 1349 als Gründungsjahr der Moschee erwähnt. Die Hoffront ist in späterer Zeit mit verglasten Türen verkleidet worden, ein Hinweis darauf, dass es in Kerman im Winter sehr kalt werden kann. Die Fliesenverkleidungen, vorwiegend in Blautönen mit vielfachen Abstufungen gehalten, sind häufig erneuert worden. Der Mehrab am südwestlichen Ende des überwölb-

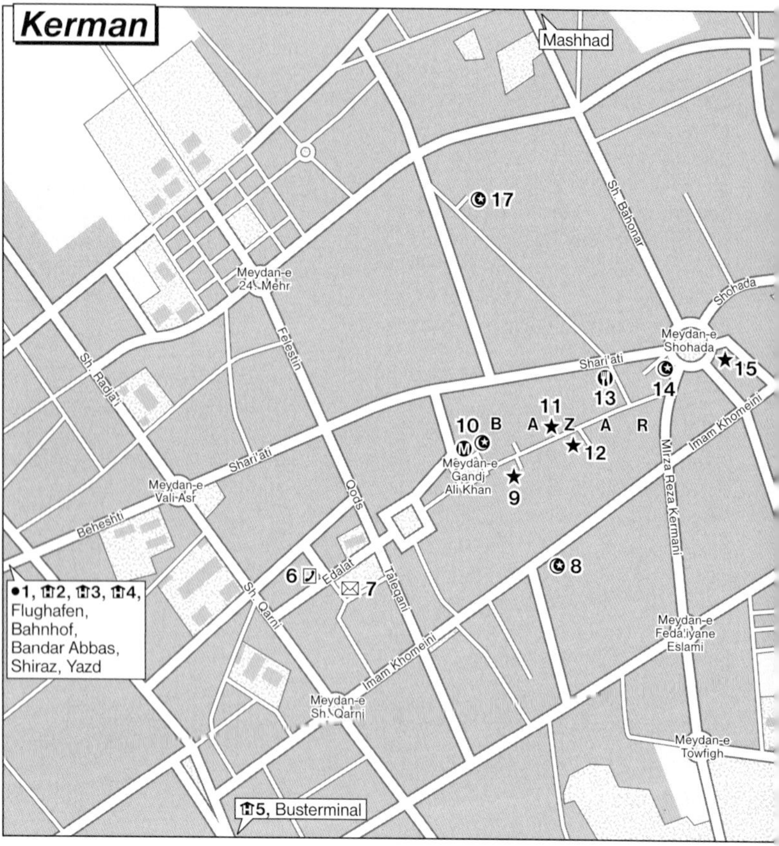

ten Gebetsraums trägt eine Bauinschrift von 1559.

Ein rückwärtiger Ausgang der Moschee links vom Gebetssaal, von dem aus man direkt zum Bazar gelangt, ist meist verschlossen, sodass man den Weg zurück zum Haupteingang nehmen muss. Über die Treppen führt der Weg zum Meydan-e Shohada.

Gonbad-e Moshtaqieh

Auf der gegenüberliegenden Seite des Platzes erkennt man die Kuppeln eines **dreikuppeligen Grabkomplexes,** nach einem der dort beigesetzten Sufi-Meister Moshtaqieh genannt. Ein weiterer Bau ist einem Gouverneur von Kerman aus dem 18. Jh. gewidmet. Zwei der Kuppeln sind mit Fliesen in

- ● 1 Meydan-e Azadi,
- 2 Hotel Pars
- 3 Hotel Akhavan
- 4 Tourist Inn
- 5 Hotel Kerman
- 6 Telefonzentrale
- 7 Postamt
- 8 Masdjed-e Malek
- ★ 9 Hamam-e Gandj Ali Khan
- 10 Münzmuseum,
- Masdjed-e Gandj Ali Khan
- ★ 11 Hamam-e Vakil
- ★ 12 Hamam-e Ebrahim Khan
- 13 Restaurant Sardar
- 14 Freitagsmoschee
- ★ 15 Gonbad-e Moshtaqieh
- ★ 16 Djabaliyeh
- 17 Masdjed-e Pa Menar

leuchtendem Türkis nach dem Vorbild des Grabs von *Nematollah Vali* in Mahan überzogen.

Bazar

Rechts um den Platz herum in die Kh. Mirza Reza Kermani abbiegend, erreicht man nach ca. 100 m den östlichen Eingang zum Bazar von Kerman, einen der schönsten und typischsten in ganz Iran. Der östliche Abschnitt ist nicht überdacht; in den Buden werden Obst, Gemüse, Fleisch und Gewürze angeboten. Kerman ist für seinen **Kümmel** *(zireh)* so bekannt, dass man das deutsche „Eulen nach Athen tragen“ auf Persisch mit „Kümmel nach Kerman bringen“ *(zireh be kerman bor-*

dan) übersetzen könnte. Oft kauern alte Frauen oder afghanische Jungen auf kleinen Decken am Boden und bieten Kümmel an.

Die Hauptgasse des Bazars ist annähernd 600 m lang, der überwölbte Teil beginnt nach etwa 200 m. Im kühlen Halbdunkel unter den überkuppelten Gängen findet sich alles, was der einheimische Markt benötigt, (noch) nichts ist nur für Touristen hergerichtet. Viele Baluchi und Pashtunen mit würdigen Bärten und wallenden Gewändern prägen das Bild. Im Wesentlichen ist die Hauptgasse des Bazars intakt, rechts und links davon öffnet sich der Blick auf zusammengesunkene Lehmbauten, die zum Teil wieder renoviert werden.

Rund um den Meydan-e Ganj Ali Khan

Die Hauptsehenswürdigkeit im Bazar ist der Meydan-e Ganj Ali Khan, benannt nach einem safavidischen Gouverneur aus dem 17. Jh., auf den der Ausbau des Bazars zurückgeht. Um den großen freien Platz der Bazargasse sind angeordnet: im Osten das Eingangsportal zu einer früheren Medrese und Karawanserei, die heute zur Kunstfakultät der Kermaner Universität gehört; im Norden der Eingang zur früheren Münze, in der heute ein Münzmuseum untergebracht ist, bekrönt von einem hohen Windturm; im Westen der Bazar der Kupferschmiede und im Süden schließlich der Eingang zum Badehaus Ganj Ali Khan, heute ein **Ethnologisches Museum.** Hier hat man nach einer grundlegenden Renovierung mit Hilfe von Wachspuppen den Badebetrieb früherer Zeiten nachgestellt, ein Besuch lohnt sich (9–17 Uhr, Eintritt 200 Tuman).

Badehaus

Eines der wenigen in Iran noch betriebenen traditionellen Badehäuser findet sich am Rande des Meydan: das **Hammam Ebrahim Khan.** Das entspannende und belebende Badevergnügen ist jedoch nur für Männer möglich. Eingang über den Bazar e Tala („Goldbazar"), gelegen an der nordöstlichen Ecke des großen Platzes. Das Bad ist auch wegen der kunstvollen Gestaltung seiner Kuppeln sehenswert. Das normale Bad kostet 1000 Tuman, eine gründliche Massage 1000 Tuman zusätzlich.

Zum selben Komplex gehört eine **Medrese** mit lauschigem Innenhof, die wie das Hammam Anfang des 19. Jh. vom damaligen Gouverneur *Ebrahim Khan* gestiftet wurde. Das Eingangsportal und der Innenhof weisen ausgesucht schöne Fliesendekorationen auf.

Moschee Ganj Ali Khan

Ein architektonisches Kleinod befindet sich ebenfalls an der Nordostseite des Platzes, die Masdjed-e Ganj Ali Khan. Von außen ist sie nicht zu erkennen, weil sie weder Kuppel noch Hof hat. Der Eingang liegt hinter einem mit Gitter verschlossenen Tor, etwa 25 m links des Eingangportals zur ehemaligen Medrese. Dort muss man nach dem Wärter fragen, der den Schlüssel verwaltet (nicht vergessen, ihm einen 500-Tuman-Schein zuzustecken).

Das Innere der kleinen, kürzlich renovierten Moschee ist atemberaubend: Über dem gut 5x5 m großen Saal erhebt sich eine wunderschön in kleine und kleinste Nischen aufgelöste **Innenkuppel,** die über vier ebenfalls kunstvoll gestaltete Trompen auf den quadratischen Saal aufgesetzt ist. Licht fällt nur spärlich durch kleine Öffnungen unterhalb der Kuppel und vier mit Steinen vergitterte Fenster darunter ein. Die dezenten, dunkel gehaltenen Farben der komplett ausgemalten Kuppel schaffen eine besondere Atmosphäre, verstärkt noch durch die Ruhe am Rande des belebten Platzes.

Teehaus

Noch ein weiteres **ehemaliges Badehaus,** das mittlerweile zu einem traditionellen Teehaus *(chaikhane-yeh sonnati)* mit Restaurant umgebaut wurde, lohnt den Besuch. Man findet es in der Hauptgasse des Bazars etwa 75 m östlich des Meydan, eine Treppe führt zum Eingang hinunter. Da es zum Museum umgewidmet wurde, muss am Eingang Eintritt (200 Tuman) entrichtet werden. Dafür ist die Atmosphäre entspannend, Tee und Wasserpfeife sind billig. Wer möchte, kauft sich vorher in einer der Süßwarenhandlungen im Bazar *kolompeh,* köstliche, runde, mit Dattelmus gefüllte Mürbteigküchlein, die es nur in Kerman und Umgebung gibt, eine Köstlichkeit zum Tee. Das Teehaus befindet sich im früheren Umkleidesaal des Badehauses.

Nebenan ist ein **traditionelles Restaurant** untergebracht, in dem man sich zum Essen auf Teppichen und Sitzkissen niederlassen kann. Leider ist es nur während der Öffnungszeiten des Museums in Betrieb (10–18 Uhr). Westlich des Meydan-e Ganj Ali Khan liegt eine überkuppelte Kreuzung *(Chahar Suq)* im Bazar, von hier aus führt der Weg zum Eingang des Bazars am Meydan-e Touhid.

Imam-Moschee

Südlich des Bazars an der Kh. Imam Khomeini liegt die älteste Moschee Kermans, die **Masdjed-e Malek,** heute Imam-Moschee genannt. Ihre Erbauung geht auf das 11. Jh. zurück, der überkuppelte Gebetssaal weist noch einen schönen Stuck-Mehrab aus der Seljuken-Zeit auf. An den Moscheehof schließen an allen vier Seiten geschlossene Gebetshallen an. Der Fliesenschmuck an der Hoffassade ist zu großen Teilen vergangen.

Gonbad-e Sabz und Pa Menar

Nördlich des Bazars findet sich im Gassengewirr östlich der Kh. Felestin der **„Grüne Dom“,** ein früher wegen seines Fliesenschmucks berühmtes Bauwerk. Durch zahlreiche Erdbeben ist es so stark in Mitleidenschaft gezogen worden, dass ein Besuch kaum noch lohnt. Sehenswert dagegen ist die östlich der Kh. Fathalishah gelegene **Moschee** Pa Menar vom Ende des 14. Jh., die durch den Fliesenschmuck ihres Eingangsportals besticht.

Mausoleum Khaje Atabek

Nördlich der Kh. Abuhamed ist schließlich noch das Mausoleum des Khaje Atabek zu besichtigen, ein außen achteckiger Ziegelbau aus dem 12. Jh. Der quadratische Innenraum ist mit Inschriftenbändern aus Stuck und Ziegeln reich geschmückt.

Djabaliyeh

Ein weiteres bekanntes Bauwerk von Kerman, der Djabaliyeh („steinerner Berg") liegt am östlichen Stadtrand. Vom Meydan-e Shohada folgt man der Kh. Shohada in Richtung Osten bis zu ihrem Ende. Am Rande eines Friedhofs liegt das einzige aus Steinen erbaute Bauwerk Kermans, über dessen Ursprung und Verwendung wenig bekannt ist. Bei dem Kuppelbau mit achteckigem Grundriss handelt es sich möglicherweise um einen Grabbau. *Pope* stellte einen starken sasanidischen Einfluss fest und weil der Bau in der lokalen Tradition auch „Gebernturm" genannt wird (*gabr* ist eine bei den iranischen Muslimen übliche Bezeichnung für die Zoroastrier), meinen manche, es handele sich um einen **zoroastrischen Kultbau.** Sehenswert ist er allemal, auch wenn er stets verschlossen ist. Wenn man hineingehen könnte, würde man feststellen, dass der Turm eine doppelschalige Kuppel hat – wohl die älteste dieser Art in ganz Iran. Das Beispiel des Djabaliyeh zeigt, wie viel mehr alte Bauwerke sich in Iran erhalten hätten, wenn mehr Gebäude aus Stein erbaut worden wären.

Festungen

Auf dem Rückweg ins Stadtzentrum liegen links der Straße zwei benachbarte Hügel, auf deren Gipfeln die Reste von Befestigungsanlagen zu erkennen sind. Bei der weiter östlich gelegenen handelt es sich um die **Qaleh-ye Ardeshir,** deren Ursprünge bis in die Sasaniden-Zeit zurückreichen. Der näher zum Zentrum gelegene Hügel trägt die Reste der **Qaleh-ye Dokhtar,** von wo aus man einen schönen Ausblick über die Stadt genießen kann.

Eiskeller

Kurz vor der Kreuzung der Kh. Shohada / Kh. Abgineh ist zur Linken die Spitze einer **Lehmkuppel** zu erkennen. Eine kleine Gasse führt zu einem der für Kerman und Umgebung typischen Eiskeller *(yakhdan),* der kürzlich renoviert wurde. In seiner ca. 5 m tiefen Grube im Inneren wurde früher im Winter **Eis gelagert** und bis weit in den Sommer hinein zum Kühlen im Haushalt verwendet. Die an die Kuppel anschließende hohe Lehmmauer diente dazu, der Kuppel möglichst viel Schatten zu spenden und so die Temperaturen im Inneren möglichst niedrig zu halten.

Ein weiterer sehenswerter Eiskeller, der **Yakhdan-e Moayedi** in der Kh. Sh. Kamyab, ist nach seiner Renovierung zu einem Veranstaltungszentrum umgebaut worden.

Praktische Tipps

- **Telefonvorwahl Kerman:** 0341

Visumverlängerung

- Die **Fremdenpolizei** *(Atba'e Khareje)* befindet sich im Hauptpolizeigebäude in der Kh. Edalat, unweit des Meydan-e Touhid.

Geldwechsel

●**Bank-e Melli** am Meydan-e Vali Asr, **Sharifi Money Exchange** in der Kh. Qods (im Stadtzentrum nördlich des Bazars), **Vahedi Money Exchange** in der Kh. Qods.

Post und Telefon

●**Hauptpostamt** und **Telefonzentrale** befinden sich im Zentrum in der Kh. Edalat südwestlich des Bazars.

Unterkunft

●Das neueste und beste Haus in Kerman ist das **Hotel Pars** €€€ am Bolv. Djomhouri, EZ ab 70 US$, DZ ab 90 US$, Tel. 2119301, Fax 2119350, kerman@parshotel.com.

●Unweit davon am Bolv. Djomhouri liegt das **Grand Tourist Inn** €€ und bietet EZ für 35 US$ und DZ für 60 US$, Tel. 45203/5, Fax 44087.

●Fast jeder in Kerman kennt das **Hotel Akhavan** €€ („die Brüder") in der Kh. Sh. Sadoughi. In diesem Familienhotel war man immer auf Touristen eingestellt, selbst wenn keine kamen. Die beiden Brüder *Hadjj Akbar* und *Hadjj Asghar* wissen, was Touristen brauchen und wünschen. Für internationale Telefongespräche und Internetbenutzung werden keine Wucherpreise verlangt. In der Küche gibt es Hausmannskost unter der strengen und sachkundigen Aufsicht ihrer Mutter. Auch wer nur sein Wohnmobil auf dem Parkplatz unterstellen und die Dusche benutzen will, wird hier freundlich empfangen. Seitdem auch noch die meisten Zimmer renoviert sind, kann man in Kerman für 30 US$ im DZ nicht besser wohnen (Tel. 41411/2, Fax 49113).

●Ähnliche Preise bietet das kleine, sehr nette **Hotel Arg-e Bam** €€, Tel. 2111381/2, Fax 2110135.

●Das **Hotel Kerman** € liegt dicht beim Busterminal, aber ziemlich weit vom Zentrum. Dafür werden Gäste freundlich empfangen und zahlen für ein DZ 12 US$ (Tel. 2515065, Fax 2512285).

●Für das **Mehmansara-ye Bahar** € spricht nichts, außer dass es billig ist (3 US$) und zentral am Meydan-e Touhid liegt.

170i Foto: hn

Essen und Trinken

●Ein Restaurant im traditionellen Stil ist das **Sardar** in der Kh. Shariati, Kucheh-ye Sardar (Tel. 269817 oder 264016). Hier gibt es an lauen Abenden viel Platz im Innenhof.

●**Restaurant im Teehaus** im Bazar (s.o.), leider nur zum Mittagessen (Tel. 225989).

●Sehr empfehlenswert das **Restaurant des Hotel Akhavan** (s.o.).

Verkehrsverbindungen

●Der **Flughafen** von Kerman befindet sich im Südwesten, ca. 5 km vom Stadtzentrum. Es gibt Verbindungen von/nach Teheran, Isfahan, Mashhad und Kish. Einen öffentlichen Bus zum Zentrum gibt es nicht, Taxis kosten ca. 1000 Tuman.

In Eiskellern kann man tatsächlich Eis lange gefroren halten

- Der **Busterminal** von Kerman liegt am Stadtrand in der Kh. Qods. Die verschiedenen Busgesellschaften unterhalten Verbindungen nach Bandar Abbas, Zahedan, Mashhad, Shiraz und Teheran. Taxis verkehren von hier ins Zentrum.
- Der **Bahnhof** befindet sich außerhalb im Süden der Stadt. Sammeltaxis verkehren von hier z.B. zum Meydan-e Azadi. Züge nach Teheran (16 Stunden Fahrt) verkehren täglich. Kerman ist (noch) die südöstliche Endhaltestelle des iranischen Eisenbahnnetzes. An einer Verlängerung der Strecke nach Zahedan und Mirjaveh in Richtung Pakistan wird seit Jahren gebaut. Noch ist die Inbetriebnahme nicht abzusehen; danach wird es möglich sein, über Quetta per Bahn den indischen Subkontinent zu erreichen.

Umgebung von Kerman

Die folgenden drei Orte lassen sich ihm Rahmen eines Tagesausflug besuchen. Busse und Minibusse nach Mahan verkehren vom Meydan-e Toufigh, Sammeltaxis auch vom Meydan-e Biramabad am östlichen Stadtrand an der Fernstraße nach Bam und Zahedan.

Mahan ↗ XVIII/B3

Mahan, etwa 40 km östlich von Kerman, ist eine alte Wegstation an der Hauptstraße: Am Fuße von bis zu 4000 m aufragenden Bergen stand immer ausreichend Wasser zur Verfügung, das die Gärten und Felder der Stadt bewässerte. In der ersten Hälfte des 15. Jh. lebte in Mahan ein ursprünglich aus Syrien stammender Sufimeister mit Namen *Nureddin Nematollah,* der sich am Ende seiner Wanderschaft durch zahlreiche Länder hier niederließ. Schon zu seinen Lebzeiten folgten seinem „Pfad" zahlreiche Anhänger und nach seinem Tode im Jahr 1431 wurde ihm ein **Grabbau** gewidmet. *Shah Abbas II.* ließ dieses Grab prächtig ausbauen und drei Seiten mit überwölbten Galerien versehen; ein weiterer Hof wurde im 19. Jh. angebaut. Noch heute ist der Orden der Nematollahis, die auf *Nematollah Vali* zurückgehen, zahlenmäßig eine der größten Sufi-Gemeinschaften in Iran.

Das Grab mit seiner **leuchtend blauen Kuppel** mit weißen Bändern befindet sich direkt im Zentrum und ist schon von Weitem zu erkennen. Das beste Fotolicht herrscht am Vormittag, Eintritt wird nicht erhoben. Man betritt die Anlage von der Hauptstraße von Südwesten durch ein mit Fliesen verziertes Portal, das in einen Vorhof führt. Durch ein weiteres Tor mit schön geschnitzter Holztür gelangt man in den Innenhof mit kreuzförmigem Wasserbecken, Zypressen und Pinien. Dem quadratischen Grabraum unter der Kuppel ist eine rechteckige Halle vorgelagert, die im oberen Teil durch kunstvoll gestaltete Gewölbe abgeschlossen wird. Die **Ausmalungen** im Grabraum erstrahlen in kraftvollen Farben, sie sind kürzlich erneuert worden. Die Wand an der Stirnseite des Grabes trägt ein Porträt des Sufimeisters; der Grabaufbau ist mit Marmorplatten verkleidet und mit grünen Tüchern abgedeckt. An der Südseite des Grabraums wurde im 19. Jh. eine weitere Vorhalle mit Hof und Eingangsportal angebaut. An der südöstlichen Ecke dieser Halle verbirgt sich hinter einer niedrigen Holztür ein klei-

ner Raum, dessen Wände vollständig mit Inschriften bedeckt sind. Dieser **Andachts- und Meditationsraum** wird Chellehkhaneh („40-Tage-Haus") genannt, weil sich der Meister hier mehrmals im Jahr zu 40 Tage dauernden Meditationen zurückzog.

An der Westfront des von Bäumen bestandenen Innenhofs bietet eine **Buchhandlung** Bücher, Plakate und Kassetten mit Sufimusik an. Rechts daneben befindet sich der Aufgang zu einem kleinen **Museum,** das Schenkungen an den Schrein aus verschiedenen Epochen enthält. Prunkstück ist eine riesige Bettelschale aus Metall mit prachtvollen Verzierungen *(kashgul),* ein Symbol der Derwische. Vom Museum aus führt eine Treppe auf das **Dach der Anlage,** ein Abstecher, der sich unbedingt lohnt. Von oben ist nicht nur die Struktur und Raffinesse der Kuppelkonstruktionen sowie die blaue Kuppel selbst gut zu sehen, auch der Ausblick auf die umliegenden Berge ist atemberaubend. Im Südosten ist ca. 2 km entfernt am Abhang des Gebirges ein grüner Fleck zu bemerken: die zweite bekannte Sehenswürdigkeit Mahans, der Baq-e Shahzadeh (Prinzengarten).

Vom Grabmal aus folgt man der Straße nach Bam und biegt am Ortsausgang rechts ab, immer bergauf. Das Licht für die Besichtigung des **Gartens Baq-e Shahzadeh** ist nachmittags am schönsten. Er wurde Ende des 19. Jh. errichtet und wird durch eine ergiebige Quelle gespeist, die oberhalb am Berg entspringt und das ganze Jahr über Wasser führt. Unterhalb des Gartens wird es zur Bewässerung der am Hang liegenden Obstgärten genutzt. Der Baq-e Shahzadeh ist täglich von 9 Uhr bis Einbruch der Dunkelheit geöffnet (Eintritt 200 Tuman).

Vom Eingangsportal aus öffnet sich der Blick auf den in Stufenform angelegten **Wasserlauf** im Zentrum des Gartens, an beiden Seiten begrenzt durch hoch aufragende Zypressen. Die Treppen rechts und links führen zum höchsten Punkt des Gartens, in

Kuppel des Mausoleums von Nematollah Vali in Mahan

dessen Zentrum ein kleiner, zweistöckiger Palast angelegt wurde, der heute als **Teehaus und Restaurant** dient. Von hier aus lässt sich bei Tee und Wasserpfeife das meist lebhafte Treiben beobachten.

- Direkt in der Ortsmitte von Mahan gibt es ein einfaches **Tourist Inn,** wo man für eine Übernachtung 25 US$ bezahlt.

Jupar ↗XVIII/B3

Jupar, eine Kleinstadt ca. 20 km westlich von Mahan, liegt malerisch am Fuße des bis 4100 m aufragenden Kuh-e Jupar. Bei den Einheimischen ist es wegen des **Imamzadeh Hossein** bekannt, einem Heiligengrab mit einer schönen Kuppel nach dem Vorbild des Grabmals in Mahan. Gelegen ist es in der Mitte des Ortes. Wenn man am Ortseingang rechts abbiegt und bergauf fährt, erreicht man nach etwa einem Kilometer eine Stelle mit einem weiteren kleinen Grabbau. Unterhalb des Baus tritt das Wasser eines ergiebigen Qanats an die Oberfläche. Von hier aus wird es zur Bewässerung in die Gärten des Ortes geleitet. Jupar ist bekannt für seine Gewürzproduktion, vor allem Kümmel. Taxis und Minibusse nach Jupar verkehren vom Platz in der Ortsmitte Mahans.

Rayen ↗XVIII/B3

Etwa 70 km südlich von Mahan liegt die kleine Stadt Rayen, 25 km südlich der Straße nach Bam. Sicher ist Rayen kaum mit Bam vergleichbar, die eindrucksvolle, noch sehr gut erhaltene **Festung aus Lehm** ist dennoch sehenswert. Eine fast quadratische Umwallung mit Zinnenkrone und runden Wehrtürmen an den Ecken sowie ein massiges Eingangsportal mit zwei Rundtürmen versetzen den Besucher in die Zeit von Sindbad dem Seefahrer. Von Kerman und Mahan aus verkehren Minibusse nach Rayen.

173i Foto: hn

Wasser ist ein kostbares Gut:
der Garten Baq-e Shahzadeh in Mahan

Die Provinz Sistan va Baluchestan

Überblick

Die im äußersten Südosten Irans gelegene Provinz Sistan va Baluchestan („Sistan und Baluchestan") besteht aus zwei klar voneinander getrennten Teilräumen: dem parallel zur iranisch-afghanischen Grenze verlaufenden **Gebirgszug Kuh-e Jamshidza,** der in seinem südlichen Teil das Bergland von Baluchestan bildet, und dem sich östlich anschließenden **Becken von Sistan,** dessen drei Seen durch die Wasser des Flusses Hilmand gespeist werden, der etwa 1500 km entfernt am Hindukusch entspringt. Im Süden geht das Bergland ins **Küstentiefland von Makran** am Indischen Ozean über.

Obwohl Sistan und Baluchestan mit gut 180.000 m^2 flächenmäßig die drittgrößte Provinz Irans darstellt, ist sie mit einer Bevölkerungsdichte von unter 5 Einwohner/km^2 die am dünnsten besiedelte. Daraus wird deutlich, wie schwierig die Lebensverhältnisse hier sind. Umso erstaunlicher ist, dass Sistan und Baluchestan zu den Gegenden Irans zählen, wo sich schon in frühester Zeit Menschen angesiedelt haben, so z.B. im 3. Jtsd. v. Chr. bei Bampur in der Nähe von Iran Shahr oder in Shahr-e Sukhte nördlich von Zahedan. In den abgelegenen Gebieten kann man den Eindruck gewinnen, dass sich seit dem Rückmarsch von *Alexanders* Truppen vom Indus im Jahre 325 v. Chr. nicht viel verändert hat.

Die **Baluchen,** die eine eigene, zur Familie der iranischen Sprachen gehörende Sprache sprechen, sind zumeist **Nomaden** und leben auch jenseits der

Grenze in Pakistan. In Sistan überwiegt die Landwirtschaft, ebenso in Makran, dessen ursprüngliche Bevölkerung sich von allen anderen Iranern unterscheidet. Sie stammen aus dem Panjab und aus Sind im heutigen Pakistan und sind, wie auch die Baluchen, Sunniten.

Der südliche Abhang der parallel zur Küste verlaufenden **Makran-Kette,** die bis auf 2200 m ansteigt, wird regelmäßig von den Ausläufern des **Monsuns** gestreift. Dies führt zu einer in Iran einmaligen Form der Bewässerung: Nach starkem Regen wird das Wasser der Flüsse in umwallte Felder geleitet, wo es dann langsam versickert. Daraufhin werden Nutzpflanzen wie Bohnen, Weizen und Melone ausgesät. Eine wichtige Existenzgrundlage bildet auch der Anbau von **Dattelpalmen.** Um dieser insgesamt zurückgebliebenen Gegend Irans Entwicklungsimpulse zu geben, wurde 1993 in der Hafenstadt Chabahar eine Freihandelszone eingerichtet, wo mit Hilfe ausländischer Investoren Industrie und Handel angesiedelt werden sollen.

Sicherheitslage

In den 80er und 90er Jahren ist die Provinz Sistan und Baluchestan stark von der Situation in **Afghanistan** betroffen gewesen. Hunderttausende von afghanischen Flüchtlingen haben hier Zuflucht gesucht und noch sind viele nicht in ihre Heimat zurückgekehrt.

Die Lage an der iranisch-afghanischen und auch iranisch-pakistanischen Grenze wird dadurch bestimmt, dass hier wichtige Routen für den **Drogenschmuggel** aus Afghanistan nach Westen verlaufen. Die Präsenz und Kontrolle **iranischer Militäreinheiten** ist deshalb hier stärker als in anderen Landesteilen. Bei Reisen in diese Region sollte man sich in jedem Fall vorher über die Sicherheitslage informieren (z.B. unter www.auswaertiges-amt.de) und unabhängig davon in keinem Fall allein reisen. Der Zwischenfall vom Ende des Jahres 2003, als einige Touristen (darunter auch deutsche) auf Fahrrädern von Bam nach Zahedan fuhren und dabei von baluchischen Stammesmitgliedern entführt wurden, sollte als warnendes Beispiel dienen.

Autofahrer sollten sich darauf einstellen, dass Benzin und Diesel oft Mangelware sind, da es in großen Mengen nach Pakistan geschmuggelt wird. Mehrere Vorratskanister sind hier Pflicht!

Zahedan

↗ XIX/D3

Die **Hauptstadt** der Provinz Sistan und Baluchestan wurde von den Briten im 19. Jh. als Stützpunkt zur Sicherung des Landwegs nach Indien angelegt. Ihre Bedeutung als Verkehrsknotenpunkt wuchs noch, als es 1918 Endpunkt der neu errichteten Eisenbahnlinie von Quetta wurde. 1935 zählte die Stadt gerade 2000 Einwohner, heute sind es knapp 500.000. Etwa ein Viertel der gesamten Bevölkerung der Provinz lebt also in Zahedan. Sie sind überwiegend Baluchen und **Sunniten,** was man deutlich an den Moscheen sehen kann, die in ihrer Farbigkeit stark jenen in Pakistan ähneln. Da die iranischen Baluchen gute Verbindungen zu ihren Stammesverwandten in Pakistan und Afghanistan haben, blüht der „grenzüberschreitende nicht-offizielle Handel", auch Schmuggel genannt.

Zahedan ist eine Stadt ohne Gesicht, scheinbar aus dem Boden gestampft und ohne Zentrum. Als solches könnte man allenfalls den **Bazar** bezeichnen: Tee, Stoffe und billige Elektrogeräte plus Unterhaltungselektronik werden massenhaft angeboten. Daneben findet man im Rassouli-Bazar schöne Stickereien und andere Erzeugnisse **baluchischer Handwerkskunst.**

1994 wurde ein großes **Museum** mit einer archäologischen und einer anthropologischen Abteilung errichtet (Bolv. Motahari / Kh. Emdad). Weitere Sehenswürdigkeiten gibt es in der Stadt nicht.

Ankunft mit eigenem Fahrzeug

Mit dem eigenen Fahrzeug aus Richtung Kerman/Zabol auf der Kh. Sh. Radja'i bis zum Meydan-e 15 Khordad fahren und dort nach Osten in die Kh. Imam Khomeini abbiegen und ins Zentrum fahren. Aus Richtung Mir Javeh/pakistanischer Grenze vom Meydan-e Forudgah auf dem Bolv. Motahari bis zum Meydan-e Takhti fahren und dort nach Norden abbiegen in die Kh. Azadi, die ins Zentrum führt. Von Süden aus Richtung Chabahar von der Darvaze-ye Khahsh immer in Richtung Norden auf der Kh. Nikbakht halten, die zum Bazarviertel führt.

Praktische Tipps

- **Telefonvorwahl Zahedan:** 0541

Informationen

- Informationen bei der Reiseagentur **Khaterat,** Kh. Azadi, neben dem Blutspendedienst, Tel. 3220811, oder bei der Agentur **Mo'azzen** an der Kreuzung Kh. Shari'ati / Kh. Mostafa Khomeini, Tel. 232322, Fax 239789.

Visa

- Die Dienststelle der **Fremdenpolizei** für die Visaverlängerung liegt in der Kh. Shari'ati unweit des Bazars.
- Das **pakistanische Konsulat** ist in der Kh. Bazmdju Moghaddam, Tel. 27787, Fax 23389, 8:30–14:30 (Do und Fr geschlossen). Es ist jedoch besser, das Visum für Pakistan in Europa zu beantragen, weil die Ausstellung in Zahedan mehrere Tage dauern kann.

Geldwechsel

- Geldwechsel ist möglich in der **Bank-e Melli** in der Kh. Azadi, wo es auch einige Wechselstuben gibt.

Post und Telefon

- **Hauptpost** in der Kh. Taleqani in der Nähe des Bazars, **Telefonzentrale** in der Kh. Azadi, Nähe Meydan-e Shohada.

Unterkunft

Groß ist die Auswahl an für Touristen geeigneten Hotels nicht. Die meisten verfügen auch über einfache Restaurants.

- **Hotel Saleh** € am Darvaze-ye Khash / Kh. Daneshgah, Tel. 231767, DZ ab 25 US$.
- Das **Hotel Bahar** € an der Kreuzung Rasouli / Kh. Farrokhi, Tel. 221335, bietet DZ ab 30 US$.

- Sehr einfach, aber bei Travellern beliebt ist das **Hotel Momtaz-e Hirmand** €, Kh. Imam Khomeini, Tel. 22827, EZ ab 8 US$.
- Eines von mehreren einfachen Gasthäusern in der Nähe des Busbahnhofs in der Kh. Mir Hosseini ist das **Abuzar** €, Tel. 512132. In der lauten Umgebung bekommt man ein Zimmer ab 8 US$.

Verkehrsverbindungen

- Der **Flughafen** liegt im Nordosten der Stadt. Mehrere Flüge täglich mit Iran Air und Mahan Air nach Teheran, mehrmals wöchentlich nach Mashhad, Chabahar, Kerman und Isfahan. Das Büro von Iran Air ist am Bolv. Motahari in der Nähe vom Darvaze-ye Khash, Tel. 3220811, Fax 3226725, M.Arabpour@IranAir.com.
- Der **Bahnhof** liegt im Südosten der Stadt am Bolv. Motahari. Der Anschluss ans nationale Eisenbahnnetz ist im Bau, bis die Linie nach Kerman jedoch fertig gestellt wird, kann es noch einige Jahre dauern. Der Zug nach Quetta in Pakistan verkehrt nicht regelmäßig, die Verbindung wird im offiziellen Fahrplan nur für „special days" angegeben. Fahrplanmäßig dauert die Fahrt 7 Std., oft aber länger. Die Busverbindungen sind einfacher und schneller.
- Der kleine **Busbahnhof** *(garaj)* liegt im Westen der Stadt am Ende der Kh. Bahonar. Es gibt Verbindungen in Richtung Bam und Kerman, Zabol und Mashhad sowie nach Chabahar.
- **Minibusse und Taxis** in Richtung Mir Javeh und pakistanische Grenze kann man am Meydan-e Foroudgah im Südosten finden.

Mir Javeh und pakistanische Grenze ↗XVIII/B2

Die iranische Grenzstadt Mir Javeh liegt etwa 80 km südöstlich von Zahedan und ist leicht mit Minibussen und Taxis vom Meydan-e Forudgah oder vom Busbahnhof zu erreichen. Der Grenzübergang zur pakistanischen Stadt **Taftan** liegt weitere 15 km von der Stadt entfernt. Grenzüberschreitende Transportmittel gibt es nicht, die Grenze wird **zu Fuß** überquert. Der Übergang bei Nacht ist nicht garantiert, wer später ankommt, sollte lieber im Ort Mir Javeh im **Tourist Inn** bleiben (Tel. 05448-4386, Zimmer ab 8 US$) und am folgenden Tag zur Grenze fahren. Die Abfertigung geht auf iranischer Seite recht zügig, auf der pakistanischen kann es dagegen länger dauern.

Zabol und das Becken von Sistan ↗XIX/D2

Etwa 230 km nördlich von Zahedan liegt Zabol, in ca. 500 m Höhe die am tiefsten gelegene Großstadt auf dem iranischen Hochland. Sie bildet das Zentrum des Sistan-Beckens mit drei großen, abflusslosen **Seen,** die vom Fluss Helmand gespeist werden. Im Frühjahr bilden sich mitunter Überschwemmungsgebiete in einer Ausdehnung von 20x200 km. Im Sommer dagegen trocknen diese höchstens zwei Meter tiefen „Wannen" schnell aus.

Durch diese regelmäßige Wasserzufuhr begünstigt, hat sich eine menschliche Zivilisation in Sistan schon früh entwickelt, das Gebiet ist reich an

Bäuerinnen in Sistan

prähistorischen Siedlungen. Den Iranern gilt es als Geburtsort von Rustam, dem legendären Helden des „Shahnameh". Sistan hatte während der Achämeniden- und Sasaniden-Epoche ausgedehnte Bewässerungskanäle und war dicht besiedelt. Mitte des 9. Jh. war Sistan Ausgangspunkt der Dynastie der Saffariden, benannt nach *Yaqub Ibn al-Laith,* dem Kupferschmied *(saffar),* die das Gebiet mehrere Jahrhunderte beherrschten. Die Mongolen richteten im 14. Jh. schwere Zerstörungen an, weil *Timur* bei Kämpfen in dieser Provinz eine Verletzung erlitt, die ihn bis an sein Lebensende lähmte und ihm den Namen *Timur-e Leng* („Timur der Lahme") einbrachte. Später wurde Sistan Grenzgebiet zu Afghanistan und seinen Stämmen und geriet ins historische Abseits. Es zählt noch heute zu den **zurückgebliebensten Gegenden Irans,** wenn auch die staatliche Sistan Development Organisation (SDO) in den vergangenen 15 Jahren eine Reihe von Infrastrukturmaßnahmen durchgeführt hat.

Die Lebensbedingungen sind immer noch schwierig: Sommertemperaturen **bis zu 50° C** sind keine Seltenheit und der gefürchtete, vom Indischen Ozean wehende Lavar („120-Tage-Wind") kann zwischen Juli und September mit Geschwindigkeiten bis zu 120 km/h das Leben zur Hölle machen. Im Winter dagegen tobt der Gavkosh („der die Rinder tötet"). Die Bevölkerung Sistans besteht überwiegend aus **schiitischen Iranern,** die Persisch in ihrem einheimischen Dialekt sprechen. Da-

174i Foto: hn

neben gibt es größere Gruppen von **Baluchi.**

Die Hauptstraße von Zabol ist die von Südwest nach Nordost verlaufende Kh. Ferdowsi, wo sich auch der kleine **Bazar** der Stadt befindet. Ebenso gibt es hier ein kleines **Archäologisches Museum** mit Funden aus Sistan beim Gebäude der Organisation für das Kulturerbe *(miras-e farhangi).*

Informationen

- Für Ausflüge zu den archäologischen Stätten in die Umgebung sollte man sich im Hotel Nimrooz informieren, insbesondere über die Sicherheitslage im grenznahen Bereich. Oder man bemüht die **Travel Agency Nimrooz** in der Kh. Mostafa Khomeini 11 (neben dem Polizeirevier, Tel. 0542-2225040).

Unterkunft

- Das einzige für Touristen geeignete Hotel der Stadt ist das von der SDO unterhaltene **Nimrooz** € an der Straße zum Fughafen (Tel. 0542-92000/1). Saubere DZ bekommt man hier ab 25 US$.

Verkehrsverbindungen

- Der **Flughafen** liegt im Nordosten der Stadt. Einmal wöchentlich fliegt Mahan Air über Mashhad nach Zabol.
- **Busverbindungen** gibt es in Richtung Birjand/Mashhad und Zahedan, die meisten Busgesellschaften haben ihre Büros im Süden der Stadt an der Kh. Sh. Mir Hosseini in der Nähe des Stadtparks.

Umgebung von Zabol

Die interessantesten Stätten der Gegend, Shahr-e Sukhteh, Dahane-ye Gholaman und Kuh-e Khajeh, lassen sich im Rahmen eines **Tagesausfluges** von Zabol aus erreichen.

Shahr-e Sukhteh

↗ XIX/D2

Mit dem eigenen Fahrzeug aus Richtung Zahedan passiert man Shahr-e Sukhteh („die verbrannte Stadt"), ca. 55 km südlich von Zabol gelegen. Hier erheben sich links (westlich) der Straße mehrere Hügel, von denen nur wenige seit 1967 von einer italienischen Mission ergraben wurden. Aber auch diese wenigen Grabungen lieferten beeindruckende Ergebnisse. Unter einer nur etwa 20 cm harten Schicht fand man im Durchschnitt etwa 7 m starke Siedlungsschichten, von denen die ältesten bis ins 3. Jtsd. v. Chr. zurückreichen. Mehrere **Millionen Keramikscherben** wurden gefunden, noch heute knirscht der Boden unter den Füßen, wenn man den Hügel hinaufsteigt, auf dessen Spitze Grundmauern von Häusern freigelegt und konserviert wurden. Obwohl die Ausgrabungen lange Zeit nicht systematisch betrieben wurden, fand man bisher über 40.000 ungebrannte **Tonfiguren,** Tausende von halbfertigen **Lapislazuli-Perlen** und **Werkzeuge.** Südwestlich der Hügel wurde eine **Totenstadt** mit Zehntausenden von Gräbern entdeckt.

Aus den Fundstücken lassen sich Handelsbeziehungen der früheren Bewohner nach Zentralasien, Mesopotamien, zum Indus-Tal und zur arabischen Halbinsel belegen. Shahr-e Sukhteh vermittelte offensichtlich den Handel zwischen all diesen weit voneinander entfernten Gebieten. Die Stadt war dem Untergang geweiht, als der Helmand seinen Lauf änderte und ihr die Lebensgrundlage entzog.

Dahane-ye Gholaman

⇗ XIX/D2

Etwa 20 km südwestlich der kleinen Stadt **Zehak** liegt die Ausgrabungsstätte der **achämenidischen Stadt** Dahane-ye Gholaman („Sklaventor"), die sich auf einer etwa 5 m aufragenden Terrasse von Ost nach West erstreckt. Wichtigster Fund ist ein gut erhaltenes, quadratisches **Kultgebäude** von annähernd 2500 m² Ausdehnung. Der vollständig aus Lehmziegeln errichtete Bau mit einem Zugang durch eine offene Säulenhalle enthält in seinem Zentrum drei große Feueraltäre und an drei Seiten Brandaltäre für Tieropfer. Daneben wurden mehr als 20 Wohnhäuser von ähnlichem Grundriss ausgegraben, um einen quadratischen Mittelsaal schließen sich an den vier Seiten rechteckige Räume an sowie kleinere Räume an den vier Ecken. Befestigt war die Stadt, die wohl aus der Zeit *Darius' des Großen* oder seines Sohnes *Xerxes* stammt, nicht. Sie scheint auch nur kurze Zeit bewohnt gewesen zu sein.

Kuh-e Khajeh

⇗ XIX/D2

Als **eindrucksvollste archäologische Stätte** in ganz Südost-Iran gilt vielen der parthisch-sasanidische Palast auf dem „Heiligen Berg", Kuh-e Khajeh genannt. Etwa 8 km südlich von Zabol zweigt die Straße in Richtung Teymurabad ab. Nach etwa 20 km endet sie am **See Daryache-ye Hirmand.** Wo das Ufer genau ist, hängt aber entscheidend von der Jahreszeit und dem Wasserstand ab. Bis zum Ende des Frühjahrs ist der Kuh-e Khajeh in der Regel von Wasser umgeben und man muss bei dem Ort Sayyadan-e Sofla eines der typischen **Schilfboote** mieten. Im Sommer jedoch oder während der häufigen Dürreperioden erreicht man den Berg trockenen Fußes. Er wird von den Zarathustriern und den Muslimen als heilig verehrt.

Der **Palast** am Südostabhang ist aus luftgetrockneten Ziegeln erbaut, in einem seiner Gänge wurden griechisch beeinflusste Fresken entdeckt und abgetragen. Er verfügt über einen der äl-

175i Foto: hn

Sanddünen in der Wüste Lut

testen bekannten Iwan-Säle aus dem 1. Jh. n. Chr., der den Übergang bildet zwischen dem Wohnbereich des Palastes und dem Feuerheiligtum dahinter. Die ursprünglich von den Parthern errichtete Anlage wurde unter den Sasaniden ausgebaut. Auf dem höchsten Punkt des Hügels befinden sich noch Überreste einer kleinen **Festungsanlage.** Von dort hat man einen guten Überblick über die flache Umgebung, eindrucksvoll sowohl ohne – mehr aber noch mit Wasser.

Iran Shahr und Bampur

↗ XXIII/C2

Bampur, eine der ältesten und historisch bedeutsamsten Siedlungen Baluchestans, findet sich in der Umgebung von Iran Shahr (*Pahradj* auf Baluchisch), ca. 350 km südlich von Zahedan. Die Straße führt am über 4000 m hohen **Taftan-Massiv** mit dem größten noch halbaktiven Vulkan Irans vorbei. Südlich vom Taftan liegt die Stadt **Khash.** Weitere 180 km südlich führt der Weg durch eine malerische Gebirgslandschaft nach Iran Shahr. In der Stadt gibt es eine Festung aus dem 19. Jh. und auch ein Hotel (Iran Shahr in der Kh. Farabi, Tel. 0547-71941).

Bampur liegt etwa 25 km westlich von Iran Shahr im Tal des gleichnamigen Flusses, der 150 km westlich des Ortes in einem abflusslosen See versickert. Von der Straße aus sind die in Makran typischen runden, aus Schilfmatten errichteten Hütten zu sehen. Eine **Festung** beherrscht den Ort, die ein wenig an die von Bam erinnert. Sie steht auf einem Siedlungshügel, der bis in prähistorische Zeiten zurückgeht, bisher aber noch nicht ergraben wurde. Die Ausgrabungsstätten liegen nur etwa 150 m von der Festung entfernt. Hier wurden in mehreren Schichten Siedlungen freigelegt, die bis ins 3. Jtsd. vor Chr. zurückgehen. Einige der gefundenen Keramiken weisen Parallelen zu Stücken aus Afghanistan und sogar Oman auf, was den Schluss nahe legt, dass Bampur in früher Zeit ein Kreuzungspunkt des Handels war.

Chabahar

↗ XXIII/C3

Chabahar ist die größte iranische **Hafenstadt an der Makran-Küste.** Im Sommer ist es wegen des feuchtheißen Klimas gefürchtet, im Winter hat die Stadt stets die höchsten Temperaturen in Iran, die Durchschnittstemperatur sinkt auch im Januar nicht unter 20° C. Handel mit der arabischen Halbinsel jenseits des Golfs von Oman wird hier schon seit langer Zeit betrieben. Aber erst seitdem vor 15 Jahren eine Freihandelszone eingerichtet wurde, beginnt die im äußersten Südosten Irans gelegene Stadt sich zu entwickeln. Aus den 6000 Einwohnern vor der Islamischen Revolution sind gut 60.000 geworden, in weiteren 20 Jahren sollen es 300.000 sein. Voraussetzung dafür ist die Entwicklung von Industrie und Gewerbe, die durch eine unabhängige Verwaltung sowie Steuerbefreiung für Investitionen und andere Vergünstigungen vorangetrieben werden soll. Für Touristen hat die Stadt selbst nur wenig Sehenswertes zu bieten. Sie ist aber Ausgangspunkt für Ausflüge zu den ausgedehnten Mangrovenwäldern von Hara direkt an der pakistanischen Grenze.

Reiseagentur

- **Rafie,** Kh. Imam Khomeini, Tel. 0545-3332456.

Unterkunft

Wegen seines Charakters als Freihandelszone ist Chabahar gut mit Hotels ausgestattet. Die genannten haben auch Restaurants, zusätzliche befinden sich im Verlauf des Bolv. Emam. Hier steht natürlich häufiger als sonst in Iran Fisch auf der Speisekarte.

- **Hotel Barj** €€, nahe dem Strand zwischen den Häfen Beheshti und 7. Tir, Tel. 0545-2220484, DZ ab 45 US$.
- **Hotel Sepideh** €€, Bolv. Imam Khomeini/Kh. Ferdowsi, Tel. 0545-2220685/6, DZ ab 40 US$.
- **Azadi Guesthouse** €, Bolv. Emam, Tel. 0545-3332200, DZ ab 25 US$.

Verkehrsverbindungen

- Iran Air fliegt täglich über Kerman oder Bandar Abbas nach Chabahar, Kish Air dreimal wöchentlich direkt zum **Flughafen Konarak,** 45 km entfernt von Chabahar auf der gegenüberliegenden Seite der Bucht. Es gibt regelmäßige Busverbindungen zwischen Stadt und Flughafen, die Busgesellschaften befinden sich alle in der Kh. Imam Khomeini. Das Iran-Air-Büro liegt in der Kh. Ferdowsi, Tel. 0545-2221575, Fax 2221574, Behnamfar @iranair.com.
- Regelmäßige **Busverbindungen** gibt es nur nach Zahedan und Kerman. In Etappen kann man sich auch mit Minibussen entlang der Küste bis nach Bandar Abbas „durchschlagen". Die Busgesellschaft 22. Bahman in der Kh. Ferdowsi nahe dem Meydan-e Bahar bedient die Orte in der Umgebung.

Hara-Mangrovenwälder

Die Hauptattraktion in diesem Gebiet sind die Hara-Mangrovenwälder in der Nähe von **Gowatr,** ca. 150 km östlich von Chabahar. Auf einer Fläche von mehr als 200 Hektar hat sich hier an der Einmündung mehrerer Flüsse in das Meer von Oman ein eindrucksvolles Ökosystem entwickelt mit zahlreichen spezialisierten Tierarten, seltenen Vögeln und Amphibien.

Weiter nördlich davon, im **Naturschutzgebiet Bahoukalat** beiderseits des gleichnamigen Flusses gibt es noch Bestände von Krokodilen, von den Einheimischen *gando* genannt. Es ist ratsam, sich für einen Ausflug in die Mangrovenwälder in Chabahar einen Führer zu nehmen.

i Foto: hn

Der Nordosten

158i Foto: hn

Renovierte Karawanserei
an der Khorasan-Straße

Mausoleum Khadjeh Rabi' bei Mashhad

Die Provinz Khorasan

Überblick

Irans nordöstliche Grenzprovinz Khorasan ist mit 313.000 km^2 größer als die frühere Bundesrepublik und weist viele verschiedene Merkmale auf: Das Bindeglied **zwischen Alborz und Hindukush,** das nordostiranische Randgebirge, bildet die nördliche Grenze und markiert zugleich den Übergang zu den **Steppen Turkmenistans.** Die gestaffelten Gebirgsketten bilden eine tektonische Formation, auch Khorasan-Graben genannt, die häufig von **Erdbeben** erschüttert wird. Viele der heutigen und auch einige der früheren Städte in diesem Gebiet sind oft in ihrer Geschichte völlig zerstört und wieder aufgebaut worden.

Durch das südliche Gebirgsvorland verlief die **uralte Handelsstraße,** die vom Mittelmeer über Mesopotamien und das iranische Hochland nach Zentralasien und China führte. Einige der alten Handelsstädte in ihrem Verlauf, wie Neyshabur, sind nur noch ein Schatten ihrer selbst. Andere, wie Rey oder Tus, sind längst untergegangen. Noch weiter südlich beginnt die große **Kavir-Wüste,** die den größten Teil der heutigen Provinz ausmacht. In dieser äußerst lebensfeindlichen Umgebung leben nur an wenigen Stellen Menschen – dort, wo sie der Natur ein wenig Wasser abtrotzen können.

Im Norden und Nordosten grenzt Khorasan an die **Republik Turkmenistan,** im Osten an **Afghanistan,** was zu starken Flüchtlingsströmen nach Iran in den 80er und 90er Jahren geführt hat. Die unbestrittene Metropole und auch zweitgrößte Stadt Irans ist **Mashhad,** entstanden in der Nähe und auf Kosten der früheren Hauptstadt Tus. Die Tatsache, dass hier *Reza,* der achte Imam der Schiiten, seine letzte Ruhestätte fand, sichert Mashhad als Pilgerzentrum Einfluss und wirtschaftliche Bedeutung. Gegenwärtig steht die Aufteilung der heutigen Provinz auf der Tagesordnung; drei neue Provinzen sollen aus ihr gebildet werden: Nord-Khorasan mit Bojnurd als Hauptstadt, Süd-Khorasan mit Birjand sowie Khorasan-Razavi mit der Hauptstadt Mashhad.

Geschichte der Region

Nach der Islamisierung Irans im 7. Jh. spielte Khorasan eine wichtige Rolle für die Erhaltung der **iranischen kulturellen Identität und Sprache.** Da es weiter entfernt vom Zentrum der islamischen Macht in Bagdad lag als z.B. Hamadan, Rey oder Isfahan, konnten sich hier, an den weitgehend von den Abbasiden unabhängigen Herrscherhöfen z.B. der Tahiriden und Samaniden die alten Traditionen erhalten. Hier vollzog sich zuerst der Übergang vom Mittelpersischen (Pahlavi) zum Neupersischen. Nicht zufällig stammt *Ferdowsi,* der Verfasser des ersten und wichtigsten neupersischen Epos „Shahnameh", aus dieser Gegend.

Aufgrund der Nähe zu Zentralasien war Khorasan aber auch das Einfallstor für die türkischen und mongolischen Eindringlinge, die sich ab dem 10. Jh. ständig aufs Neue den Weg nach Westen bahnten. Zu Beginn des 17. Jh. wurde Khorasan Grenzprovinz gegen das Reich der Uzbeken, die heutigen Grenzen gehen auf jene Zeit zurück.

Nach dem Zweiten Weltkrieg lag Khorasan an der Nahtstelle des Kalten Krieges, die Grenzen zur damaligen Turkmenischen SSR waren undurchlässig. Durch die islamische Revolution in Iran und die Unabhängigkeit der ehemaligen zentralasiatischen Sowjetrepubliken hat sich die Situation für die nordöstliche Grenzprovinz gewaltig verändert. Khorasan kann heute wieder seine Rolle als **Transitland** spielen für eine Art moderne Seidenstraße, auf der Menschen und Güter verkehren. Der Bau der Eisenbahnstrecke von Mashhad zur turkmenischen Grenze bei Sarakhs sowie einer neuen Strecke durch die Kavir-Wüste zielen in diese Richtung.

Mashhad

↗ VII/C2

Mashhad ist das unbestrittene Zentrum des Nordostens und Verkehrsknotenpunkt. Mit mehr als 2 Mio. Einwohnern ist es die **zweitgrößte Stadt Irans.** Wie auch der Name („Märtyrerstätte") zum Ausdruck bringt, ist seine Geschichte aufs Engste verknüpft mit dem **Grab vom Imam Reza,** dem achten Imam der Schiiten.

Bei dem früheren Dorf Senabad verstarb er 817 n. Chr. an der Stelle, an der acht Jahre vor ihm der Vater seines Schwiegervaters, der abbasidische Kalif *Harun al-Rashid,* sein Leben beendet hatte. Der Kalif *Al-Mamoun* ließ über der Ruhestätte seines Schwiegersohnes ein Grabmal erbauen. Metropole von Khorasan war zu jener Zeit Tus, ca. 30 km nordöstlich von Mashhad, das aber beim Einfall der Mongolen 1220 völlig zerstört wurde. Auch der Grabbau Imam Rezas wurde mehrfach im Laufe der Geschichte zerstört, jedoch immer wieder aufgebaut und so zum Zentrum einer Siedlung, die sich allmählich zum städtischen Zentrum in Nordostiran entwickelte.

Der älteste Teil des heutigen Schreins geht auf den Mongolen *Öldjeitü* zurück. Die Gattin von *Shah Rokh,* dem Sohn von *Timur Leng,* ließ im 15. Jh. neben dem Grab eine prachtvolle Moschee errichten, die ihren Namen *Gowhar Shad* erhielt. Ende des 16. Jh. wurden Stadt und Mausoleum mehrfach von den Uzbeken eingenommen und geplündert. Anfang des 17. Jh. gelang es *Shah Abbas,* diese dauerhaft zu vertreiben. Er ließ das Grabmal prächtig erneuern, was den Ruf Mashhads als Pilgerstadt verstärkte. 1736 machte sie *Nadir Shah,* der von hier stammte, zu seiner Hauptstadt und ließ sie weiter ausbauen.

Das Mausoleum des Imam Reza ist nicht nur Anziehungspunkt für **Millionen von Pilgern** jedes Jahr, sondern auch der Hauptwirtschaftsfaktor der Stadt. Seiner Verwaltung (Astan-e Qods-e Razavi) gehören auch zahlreiche Schulen und Universitäten, Bibliotheken und Museen, Krankenhäuser sowie Landwirtschafts- und Industrieunternehmen. Einen Überblick über die vielfältigen Aktivitäten gibt es im Internet unter www.aqrazavi.org.

Trotz des Alters der Stadt sind nur wenige alte Viertel in der Umgebung des Schreins erhalten und auch von diesen sind etliche dem Ausbau des Heiligen Bezirks in den letzten Jahren zum Opfer gefallen. Dazu zählt leider auch der alte Bazar. Fast alle Sehenswürdigkeiten befinden sich innerhalb und in der Umgebung des kreisrund angelegten Heiligtums, das jüngst „unterkellert" wurde, d.h. dass die vier kreuzförmig zum Schrein führenden Straßen in einem unterirdischen Kreisverkehr um diesen herumführen.

Ankunft mit eigenem Fahrzeug

Mit dem PKW erreicht man Mashhad aus Richtung Süden und Westen (Neyshabur/Torbat-e Heidariye) auf dem Bozorgrah-e Kalantari. An der Ausfahrt Kh. Hazrat-e Reza die Schnellstraße verlassen und über den Meydan-e 15. Khordad nach Norden ins Zentrum fahren. Aus Richtung Nord- und Südosten (Sarakhs/Turkmenistan und Torbat-e Djam/Afghanistan) über den Bolv. Forudgah und Bolv. Djomhuriyeh Eslami bis zum Meydan-e 15. Khordad und dann ins Zentrum fahren.

Aus Richtung Norden (Quchan/Tus) von der Umgehungsstrasse in Richtung „City Center" und „Haram-e Motahar" abfahren und immer in südlicher Richtung halten. Auf dem Bolv. Shahid Qarmani nach Osten über den Meydan-e Shohada ins Zentrum fahren.

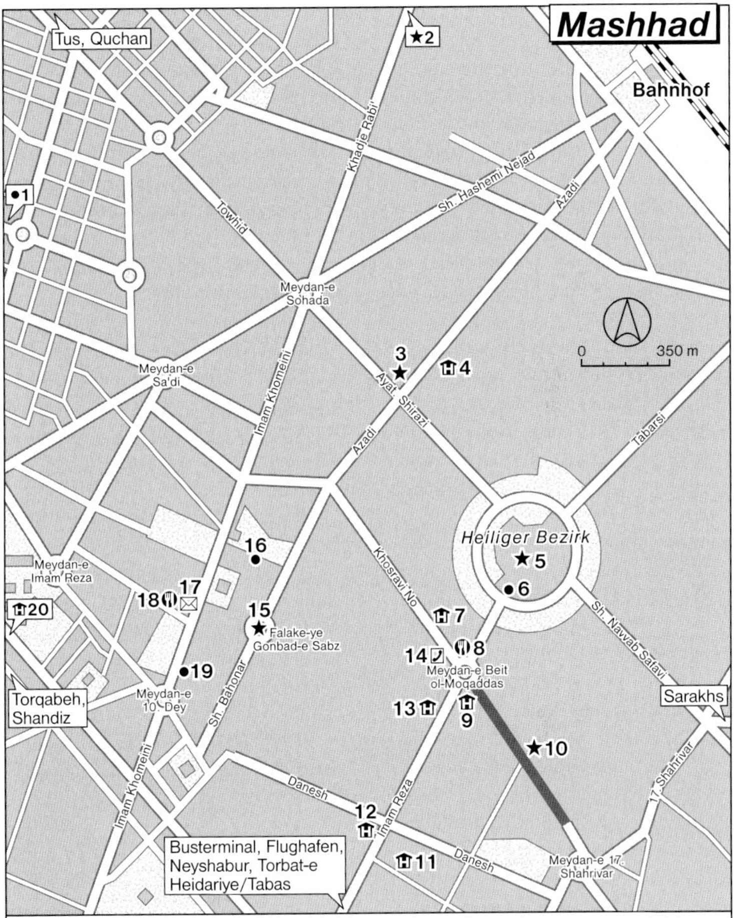

- • 1 Visaverlängerung
- ★ 2 Khadjeh Rabi'
- ★ 3 Grab von Nader Shah
- 🏨 4 Hotel Azadi
- ★ 5 Haram-e Motahar
- • 6 Anmeldung für nicht-muslimische Besucher
- 🏨 7 Hotel Hafez
- 🍴 8 Traditionelles Restaurant
- 🏨 9 Hotel Atrak
- ★ 10 Bazar-e Imam Reza
- 🏨 11 Hotel Sayyadeh
- 🏨 12 Hotel Nasr
- 🏨 13 Hotel Mashhad
- ☎ 14 Telefonzentrale
- ★ 15 Gonbad-e Sabz
- • 16 Konsulat von Pakistan
- ✉ 17 Postamt
- 🍴 18 Pars Restaurant
- • 19 Konsulat von Afghanistan
- 🏨 20 Hotel Homa

Sehenswertes

Mausoleum von Imam Reza

Die Sehenswürdigkeit in Mashhad ist das Mausoleum von Imam Reza und der dazugehörige **Heilige Bezirk,** abgekürzt **Haram** („verbotener Ort"). Dieser Name hat seine Bedeutung, denn tatsächlich ist der **Zutritt für Nicht-Muslime** nur für wenige Bereiche gestattet. Die vier Eingänge werden von Wärtern überwacht, die für nicht-muslimische Besucher in der Regel telefonisch mit der Abteilung für Internationale Beziehungen Kontakt aufnehmen. Ein Vertreter dieser Abteilung kommt dann zum jeweiligen Eingang, nimmt die Besucher in Empfang und führt sie zum Büro der Abteilung im Inneren. Davor steht eine intensive Kontrolle: Handtaschen, Fotoapparate u.Ä. müssen am Eingang deponiert werden. Viele Hotels und auch einige Reisebüros vermitteln auf Wunsch Führer, die für Eintritt und Führung zur Verfügung stehen. Während der religiösen Trauertage und bei verschiedenen anderen Anlässen herrscht großer Andrang. Falls möglich, sollte man solche Tage zur Besichtigung meiden (eine Übersicht gibt es unter www.aqrazavi.org).

Die Umgebung des Hofs gleicht einer großen Baustelle, weil dort ein neuer Innenhof, eine Moschee, Gästehäuser und weitere Einrichtungen gebaut werden. Nach der Revolution sind viele der alten Namen für die einzelnen Höfe und Gebäude geändert worden, was für Verwirrung sorgen kann.

Im Büro für Internationale Beziehungen wird ein 15-minütiger **Videovortrag** (mit Kommentar in Englisch) über die Geschichte des Schreins und die Tätigkeit der Verwaltung Astan-e Qods-e Rezavi gezeigt. Im Anschluss besteht die Möglichkeit, das **Museum** zu besuchen, wo interessante Exponate aus der Geschichte des Schreins und Geschenke ausgestellt sind.

Das Heiligtum besteht aus einer Vielzahl von Gebäuden und Höfen mit dem Grab von Imam Reza unter der vergoldeten Kuppel im Zentrum. Dem Grabbau nördlich vorgelagert ist der **Alte Hof,** in den die Eingänge aus Richtung Nordwesten, Nordosten und Südwesten münden. Der Hof wurde nach dem typischen Vier-Iwan-Aufbau geschaffen und wird von doppelstöckigen Arkaden eingerahmt. Eine Brunnenanlage in Zentrum dient zur rituellen Waschung. Das nordöstliche Minarett wurde im Auftrag von *Shah Tahmasb* vergoldet. Die Fayencen des **Nordost-Iwans** zählen zu den schönsten, die man in Iran sehen kann. Ihm gegenüber liegt der **Iwan-e Naderi,** über den man in den Grabraum gelangt. Er geht auf die timuridische Zeit zurück, sein Inneres wurde auf Anordnung von *Nadir Shah* 1732 vollständig mit Gold ausgekleidet. Auch das Minarett sowie der Tambour und die Kuppel sind mit Blattgold überzogen. Über dem **Südost-Iwan** ist ein Aufbau

Gowhar-Shad-Moschee im Heiligen Bezirk

mit umlaufendem Geländer zu sehen, das Naqqara-Khaneh, wo bei wichtigen Anlässen große Kesselpauken geschlagen werden.

Das **Innere des Grabraums** ist zur Steigerung der heiligen Atmosphäre völlig mit Spiegelelementen verkleidet, wie man sie auch von anderen Heiligengräbern kennt. Über dem marmornen Kenotaph erhebt sich ein mit Silber ziselierter Grabaufbau, dessen Erreichen, Betasten und Küssen das Ziel aller Pilger ist. Die religiöse Inbrunst steigert sich hier bis ins Äußerste, an wichtigen Trauertagen herrscht drangvolle Enge.

Südöstlich des Grabraums schließt der **Neue Hof** an. Er wurde Anfang des 19. Jh. unter *Fath Ali Shah* angebaut, der zum Grab führende **West-Iwan** ist mit Blattgold ausgekleidet. An ihn schließt südlich der nach der Revolution neu angelegte **Imam-Khomeini-Hof** an mit einem sternförmigen Wasserbecken im Zentrum. An seiner südöstlichen Seite befindet sich das **Museum** des Schreins, ein dreistöckiger Neubau mit eindrucksvollen Exponaten aus der Baugeschichte wie alten Türen, Grabsteinen und Grabgittern sowie Geschenken und Weihegaben an den Schrein, darunter Originalgemälde des bekanntesten modernen Miniaturenmalers *Ostad Mahmoud Farshchian.*

157 Foto: hn

Gowhar-Shad-Moschee

Gegenüber dem Museum führt ein Durchgang zum Innenhof der Gowhar-Shad-Moschee, einem der architektonischen Höhepunkte des Komplexes. Sie wurde zwischen 1405 und 1418 erbaut. Der sie umgebende Hof mit vier Iwanen schließt im Süden an den Schrein von Imam Reza an, drei der Iwane sind als Spitzbogen ausgeführt, der vierte wird von einem 40 m hohen Doppelminarett flankiert, der zum überkuppelten Gebetsraum führt. Die **Fliesendekorationen** zählen zu den kunstvollsten und ausgewogensten, die man in iranischen Moscheen finden kann, berühmte Handwerker und Künstler waren an ihrer Herstellung beteiligt, z.B. der hervorragende Kalligraph und Sohn der Stifterin *Baisonqur.* Beeindruckend ist auch die Fliesenverkleidung der Außenkuppel mit monochromen Fliesen in Türkisblau und einem umlaufenden Schriftband, das achtmal das islamische Glaubensbekenntnis „Es gibt keinen Gott außer Gott" wiederholt.

Westlich an den Moscheehof schließt der Hof **Djomhuriye Islami** an, an dessen Rand sich verschiedene Verwaltungsgebäude befinden, u.a. die Abteilung für Internationale Beziehungen. Daneben gibt es zahlreiche weitere kleine Höfe, Gräber, Moscheen und andere Räumlichkeiten.

Imam-Reza-Bazar

In der Umgebung des Heiligen Bezirks liegen zahlreiche **Hotels und Gasthäuser** und natürlich Geschäfte, weil die Pilger zumeist auch konsumfreudig gestimmt sind. Sie kaufen viele Geschenke für die Daheimgebliebenen. Seit der alte Bazar von Mashhad zugunsten der Erweiterung des Heiligen Bezirks abgerissen wurde, gibt es den neuen Imam-Reza-Bazar, der im Osten des Meydan-e Beit ol-Moqaddas liegt. Mit einem klassischen orientalischen Bazar hat der etwa 700 m lange „Schlauch" allerdings nicht viel zu tun. Die Geschäfte im Erdgeschoss bieten in kaum zu übertreffender Eintönigkeit Safran, Süßigkeiten, Trockenfrüchte, Kleidung, Parfüms und Koffer an. Interessanter das Obergeschoss, wo in vielen kleinen Werkstätten **Lapislazuli,** für den Khorasan berühmt ist, und andere Steine geschliffen und verkauft werden.

Gonbad-e Sabz

Von eher mäßigem Interesse, weil zumeist geschlossen ist die Gonbad-e Sabz (Grüne Kuppel) am gleichnamigen Platz am südlichen Ende der Kh. Sh. Bahonar. Der safavavidische Bau beherbergt das Grab eines in Iran bekannten Arztes und Wissenschaftlers und wird auch als Derwischkloster bezeichnet. Einige der schönen Fliesenarbeiten gehören noch zum Originalbestand.

Grab von Nader Shah

Mit der Geschichte der Stadt Mashhad eng verknüpft ist das Wirken von *Nader Shah,* dessen Grabbau in einem kleinen Park an der Ecke Kh. Azadi/ Kh. Shirazi errichtet wurde. Der Begründer der sehr kurzzeitigen Afsharen-Dynastie war in Dargaz in Nord-Khorasan gebürtig und machte Mashhad zu seiner Hauptstadt. Sein Problem war, dass er die schiitische und die sunnitische Richtung des Islam wieder zusammenführen wollte, was bei den Hütern des Grabes von Imam Reza keinen großen Anklang finden konnte. Im Jahre 1963 wurde ihm ein Grabbau unter einem mächtigen Betonsockel gewidmet; das vor dem Eingang aufgestellte **Reiterdenkmal** ist weithin sichtbar. Daneben gibt es ein kleines **Museum mit Waffen** aus dem 18. und 19. Jh. (täglich 9–13 und 15–19 Uhr, Eintritt 200 Tuman).

Mausoleum von Khadjeh Rabi'

5 km außerhalb der Stadt, aber sehr sehenswert ist das Mausoleum des Khadjeh Rabi', 1621 im Auftrag von *Shah Abbas* errichtet. Der hier Beigesetzte soll dem Imam Reza auf seinem Sterbebett beigestanden haben und genießt deshalb die höchste Verehrung der Gläubigen. Der **achteckige Grabbau** in Form eines Pavillons liegt inmitten eines Parks. Vier Iwane füh-

ren zum überkuppelten Grabraum, der prächtig mit Fliesen und Wandmalereien ausgeschmückt ist. Einige der Schriftfelder stammen von dem berühmten Kalligraphen *Reza Abbasi*. Einige der Baumeister dieser Anlage wurden an den Hof der indischen Moghul-Herrscher berufen und bauten dort z.B. das berühmte **Taj Mahal,** als dessen **Vorläuferbau** Khadjeh Rabi' deshalb gilt. Der Park ist während des Kriegs gegen den Irak zu einer großen Kriegsgräberstätte umgebaut worden.

Minibusse und Taxis fahren vom Meydan-e Shohada in nördlicher Richtung auf der Kh. Khadjeh Rabi', die direkt zum Grabmal führt.

Praktische Tipps

- **Telefonvorwahl Mashhad:** 0511

Information

- **Tourist-Information** in der Kh. Enqelab-e Eslami, Tel. 94001/5.

Visa

- **Konsulat von Turkmenistan,** Kh. Konsulgari 34/Meydan-e 10. Dey, Tel. 47066, 99940. Wer nach Turkmenistan weiterreisen möchte, sollte spätestens hier sein Visum einholen, weil an der Grenze keine ausgestellt werden.
- **Generalkonsulat von Afghanistan,** Kuch. Do Shahid 52, Meydan-e 23. Esfand / Kh. Imam Khomeini, Tel. 97551, Fax 44404.
- Die Dienststelle der **Fremdenpolizei** für die Visaverlängerung befindet sich am Meydan-e Rahnema'i im Westen der Stadt.

Geldwechsel

- Gegenüber der Hauptpost liegt die Zentrale der **Bank-e Melli,** wo man Geld wechseln kann, ebenso bei der **Bank-e Sepah** in der Kh. Khosravi-e No.

Post, Telefon, Internet

- Die **Hauptpost** befindet sich in der Kh. Imam Khomeini, nördlich der Kreuzung Kh. Pasdaran.
- Die **Telefonzentrale** liegt weit außerhalb im Südwesten an der Kh. Bahar.
- Ein kleines **Telefonamt** im Zentrum gibt es in der Kh. Imam Reza, Ecke Meydan-e Beit ol-Moqaddas in einer Seitengasse, ein Hinweisschild weist darauf hin.
- Ein **Internetcafé mit Telefon** befindet sich direkt gegenüber dem Hotel Mashhad in der Kh. Imam Reza 11 im 1. Stock, eine Leuchtreklame weist darauf hin, info@emamreza.net.

Unterkunft

In kaum einer anderen iranischen Stadt ist die Hoteldichte so groß wie in Mashhad, Häuser aller Kategorien warten auf unzählige Pilger und Touristen. Dennoch kann es aus Anlass der wichtigen religiösen Feiertage zu Engpässen kommen. Viele der einfachen Gasthäuser akzeptieren keine ausländischen Touristen. Hier eine kleine Auswahl:

- Die Homa-Kette unterhält zwei Häuser in Mashhad, beide liegen allerdings recht weit draußen. Das **Homa** €€€ in der Kh. Ahmadabad/Meydan-e Taleqani, Tel. 84320001/9, Fax 8437019, verlangt für DZ ab 100 US$, für EZ ab 75 US$.
- In der gleichen Preisklasse, südlich des Heiligen Bezirks liegt das **Hotel Atrak** €€€ am Meydan-e Beit ol-Moqaddas, Tel. 3642044/5. Sehr begehrt, aber auch meist teurer sind die Zimmer zur Nordseite in den oberen Stockwerken, von denen man eine herrliche Aussicht auf das Grabmal hat.
- Favorit in der mittleren Klasse ist das **Hotel Mashhad** €€ in der Kh. Imam Reza, keine fünf Minuten vom südlichen Eingang des Schreins entfernt, Tel. 2222701. Saubere DZ gibt es ab 45 US$, außerhalb der Saison werden Nachlässe gewährt.
- Etwa 30 US$ kostet ein DZ im **Hotel Hafez** €€ in der Kh. Khosravi, Tel. 2222011.
- Mit etwa 30 US$ für das DZ ist man dabei im **Hotel Azadi** €€ in der Kh. Azadi, Tel. 51927/9.
- Sehr einfach und oft auch voll sind das **Hotel Sayyadeh** € in der Kh. Imam Reza, Tel.

159i Foto: hn

Gewürzladen in Mashhad

45238, Zimmer ab 5 US$, sowie das **Hotel Nasr** €, ebenfalls in der Kh. Imam Reza/Ecke Kh. Danesh, Tel. 97963.

Essen und Trinken

- Die meisten der genannten Hotels haben Restaurants, z.B. das **Hotel Mashhad.**
- In den Hauptstraßen in der Nähe des Heiligen Bezirks gibt es eine Reihe von Restaurants, z.B. **Restaurant Pars,** Kh. Imam Khomeini/Ecke Kh. Pasdaran.
- Ein traditionelles **Teehaus mit kleinem Restaurant** liegt in einer kleinen Gasse an der Nordwestseite des Meydan-e Beit ol-Moqaddas.
- Außerhalb der Stadt in der Nähe des Meydan-e Azadi hat das **Moin Darbari Restaurant** gute Kebabs, Tel. 885248.

Reiseagenturen

- Flugtickets aller Linien verkauft die in Iran sehr bekannte Agentur **Mohajeri** in ihrer Filiale in der Kh. Khosravi-e No, Tel. 2222982.
- Bustickets (auch für internationale Verbindungen) gibt es bei der Agentur **Tourist Tus** in der Kh. Khosravi-e No, hinter dem Hotel Hafez, Tel. 2251468.
- Tagestouren in die Umgebung von Mashhad kann man buchen bei **Adibian Tours** in der Kh. Pasdaran, Tel. 8598151/2, Fax 8542373, info@adibiantours.com, www.adibiantours.com.

Verkehrsverbindungen

- Der **Flughafen** liegt etwa 5 km östlich des Stadtzentrums und ist mit Taxis vom Meydan-e 15. Khordad leicht erreichbar. Zu keiner anderen iranischen Stadt außer Teheran gibt es so viele Flüge wie nach Mashhad, alle iranischen Fluggesellschaften haben Flüge im Programm, teils mehrere täglich. Dennoch kann es, besonders an den religiösen Feiertagen, zu Engpässen kommen, es empfiehlt sich in jedem Fall, rechtzeitig zu reservieren. Informationen unter: www.mashhad-airport.com. Das **Iran-Air-Büro** befindet sich in der Kh. Modarres, Tel. 2227717, Fax 2253047, M.Fazli@IranAir.com.
- Eine gute Alternative ist die Fahrt mit der **Bahn.** Der Bahnhof liegt etwa 1,5 km nördlich des Heiligen Bezirks. Täglich verkehren mehrere Züge zwischen Teheran und Mashhad. Die normalen Züge brauchen 15 Std. für die 1000 km lange Strecke. Der für iranische Verhältnisse luxuriös ausgestattete Nachtzug „Simorq" braucht 12½ Std. bei einem Preis von knapp 14.000 Tuman – Bahnfahren zum Schnäppchenpreis (für Devisenbesitzer). Einmal pro Woche gibt es auch Verbindungen nach Ahvaz, Tabriz und Yazd. In der Urlaubszeit und anlässlich der religiösen Feiertage ist es jedoch fast unmöglich, Plätze zu reservieren, es sei denn weit im Voraus! Der Zug zur turkmenischen Grenze fährt täglich und

braucht 2½ Std. bis Sarakhs. Seit Jahren wird auch die Verbindung nach Almaty in Kasachstan angepriesen, die allerdings bei Redaktionsschluss noch nicht in Betrieb war.

- Eine städtische **Straßenbahn** wird gegenwärtig gebaut, über die Inbetriebnahme war bei Redaktionsschluss noch nichts bekannt.
- Ein großer, moderner **Busterminal,** wo die Busse aus allen Richtungen ankommen, liegt im Süden der Stadt am Ende der Kh. Imam Reza. Diese führt in Richtung Norden direkt zum Heiligen Bezirk.

Tus

↗ VII/C2

Der Besuch des **Grabmals von Ferdowsi** in Tus ist ein lohnender Tagesausflug von Mashhad. Über die Straße Mashhad – Chenaran gelangt man dorthin: 10 km hinter Mashhad geht ein Abzweig nach rechts, von dort sind es noch 6 km bis Tus. Die Straße endet an einem Parkplatz mit dem Eingang zum Park (täglich 8–17 Uhr, April bis Oktober bis 18 Uhr, Eintritt 200 Tuman). Minibusse fahren ab dem Meydan-e Shohada.

Zur Rechten steht ein **Standbild des Dichters** aus weißem Marmor, im Vordergrund liegt der Grabbau, der in seiner Gestaltung an das Grab *Kyros' des Großen* in Pasargad erinnert. Er wurde anlässlich des 1000. Geburtstag von Ferdowsi im Jahre 1934 errichtet. Auf einem stufenförmigen Aufbau ruht der Grabbau, die Außenfassade ist geschmückt mit Säulen, die an Persepolis erinnern. Im oberen Teil findet sich eine Abbildung der geflügelten Sonnenscheibe, dem Symbol Ahura Mazdas, obwohl Ferdowsi selbst Muslim war. Im Zentrum jeder der vier Außenwände ist ein Feld mit Auszügen aus dem „Shahnameh" („Buch der Könige") eingearbeitet.

An der linken Seite führt eine Treppe ins Untergeschoss, zu beiden Seiten des Eingangs sind Reliefs mit Darstellungen der Kämpfe des Helden *Rostam* angebracht. Im Zentrum des Grabraums ruht der **Marmorgedenkstein** für Ferdowsi, aufgebaut auf einem Podest und von Säulen umgeben, die mit Marmorplatten verkleidet sind. An den Wänden sind weitere Reliefs aus Kalkstein zu sehen, die Szenen aus dem „Shahnameh" zum Inhalt haben.

Wenn man den Grabraum verlässt, liegt zur rechten der kleine Bau des **Museums** von Tus. Der Park mit dem Ferdowsi-Grab liegt direkt am Rande des **alten Tus,** bis zur Mitte des 13. Jh. die Metropole Khorasans und Handelszentrum an der Seidenstraße. Bei der Eroberung durch die Mongolen wurde es so stark zerstört, dass die verbliebenen Einwohner flohen und sich zumeist im heutigen Mashhad ansiedelten. Das ausgedehnte Trümmerfeld lohnt die Besichtigung nicht, Reste der alten Stadtmauer aus gebrannten Ziegeln sind vom Park aus zu sehen.

Etwa 1 km vor dem Park mit Ferdowsis Grab liegt links der Straße ein Grabbau aus Ziegeln, der als **Haruniyeh** bezeichnet wird. Durch ein hoch aufragendes Eingangsportal gelangt man in einen überkuppelten Innenraum. Dahinter findet sich ein weiterer kleiner Kuppelraum, in dem sich möglicherweise früher ein Grabbau befunden hat. Der Bau ist völlig aus Lehmziegeln ohne farbige Fliesen gestaltet, was eine Datierung um das 12. Jh. wahrscheinlich macht. Manche Wissenschaftler gehen davon aus, dass es sich um das Grab des Mystikers und Philosophen *al-Ghazzali* handelt. Deshalb ist vor dem Eingang ein Grabstein angebracht, der den Namen Ghazzalis und sein Todesjahr 1111 n. Chr. angibt.

Grabturm Akhandjan

Wenn man sich vor dem Park mit dem Grabmal Ferdowsis nach rechts zur heutigen Ortschaft Tus wendet und diese durchquert, stößt man ca. 8 km außerhalb des Ortes auf einen völlig allein stehenden Grabturm, einen der spätesten dieser Gattung aus dem 14 Jh. Der achteckige Grundriss wird durch Halbsäulen betont, die aus der Ziegelfassade hervorspringen. Das Schriftband im oberen Bereich ist leider vergangen. Auffällig ist das Spitzdach aus glasierten Fliesen in Türkis, Schwarz und Ocker.

Shandiz und Torqabeh ↗ VII/C2

Auf der Rückfahrt nach Mashhad empfiehlt sich ein Ausflug zu den Sommerfrischen von Shandiz und Torqabeh, 38 bzw. 16 km westlich der Stadt am Nordhang der Binalud-Berge gelegen. Die beiden Kleinstädte mit angenehm kühlem Klima im Sommer sind beliebte Ausflugsziele der Mashhadis. In beiden Städten gibt es zahlreiche **Geschäfte** mit Trockenfrüchten, Handarbeitsartikeln und Pelzwaren. **Ausflugslokale und Restaurants** ziehen sich die Straßen entlang und auch **Wanderungen** sind möglich. Minibusse und Sammeltaxis fahren ab dem Meydan-e Shohada in Mashhad.

Grabturm Akhandjan bei Tus

Sarakhs und turkmenische Grenze ↗ VII/D2

Die Fernstraße von Mashhad zur turkmenischen Grenze und weiter nach Mary entspricht in ihrem heutigen Verlauf der uralten **Karawanenstraße** nach Zentralasien. Einige alte Karawansereien, die früher im Abstand von einem Tagesmarsch angeordnet waren, stehen noch heute.

Karawanserei Robat-e Sharif

Ca. 55 km östlich von Mashhad liegt nördlich der Hauptstraße **Robat-e Mahi,** 45 km östlich erreicht man das Dorf **Shurlukh,** von dem eine Schotterstraße nach Süden abzweigt. Nach gut 5 km erreicht man Robat-e Sharif, eine der klassischen Karawansereien von Khorasan. Die etwa 100x60 m große Anlage geht auf den Beginn des 12. Jh. zurück und besteht aus einem quadratischen und einem davor gelagerten rechteckigen Innenhof, miteinander durch ein Portal verbunden. Hinter den umlaufenden Arkaden des Vorhofs befinden sich die Unterkünfte für die einfachen Händler und Reisenden, während der große Hof mit vier

Iwanen die Karawanenführer und Würdenträger aufnahm. Das durch seine Höhe hervorgehobene Eingangsportal ist mit kunstvollen Ziegelmustern und Schriftbändern verziert.

Grenzübergang

Zurück auf der Hauptstraße wird nach etwa 60 km der iranische Grenzort Sarakhs erreicht. Dort gibt es einen sehenswerten Ziegelbau, das Grabmal von *Sheikh Loqman Baba* am Stadtrand. Für den Grenzübergang nach Turkmenistan muss man sich rechtzeitig einfinden, abends wird er geschlossen und öffnet erst am Morgen wieder. Busse und Minibusse ab Mashhad verkehren vom Busterminal, der tägliche Zug von Mashhad zur Grenze fährt nachmittags gegen 15:30 Uhr ab und morgens um 6 Uhr zurück.

Tabas

↗ XII/A3

Weit weg von allem liegt die **größte Stadt in der Wüste Kavir** – 530 km sind es von Mashhad nach Tabas. 1978 wurde es durch ein verheerendes Erdeben fast völlig ausglöscht. Alle älteren Bauwerke, wie die seldjukische Medrese Do Menar, wurden dabei zerstört. Dennoch zählt Tabas heute wieder mehr als 30.000 Einwohner. Sie leben hauptsächlich von ihren **Obst- und Dattelgärten,** die durch das Wasser aus weit verzweigten Qanaten (unteridischen Kanälen) versorgt werden. Zwei schöne **Gärten** gibt es, mitten in der Wüste: den von Mauern eingefassten Baq-e No mit einem Palast und einem Residenzgebäude aus dem 19. Jh. sowie den größeren Baq-e Golshan am Ende der gleichnamigen Straße.

Auf dem Weg von Mashhad nach Tabas lohnt ein Stopp in **Torbat-e Heidariyeh** mit dem Grabmal des *Sheihk Heydar.*

Unterkunft

- Wer auf dem Weg von Mashhad oder Yazd in Tabas Station macht, findet Unterkunft im **Hotel Bahman** in der Kh. Seda va Sima, Tel. 0535422-5951/4, oder im sehr einfachen **Tourist Inn** in der Kh. Tavab-e Safavi, Tel. 0535422-5004.

Die Provinz Semnan

Überblick

Mit etwa 96.000 m² zählt die Provinz Semnan flächenmäßig zu den größeren in Iran, aber nur ca. 580.000 Einwohner leben hier, knapp 100.000 von ihnen in der Hauptstadt Semnan. Die übrigen verteilen sich auf kleine Städte wie Garmsar, Damghan oder Shahrud und wenige Dörfer. Alle besiedelten Gebiete liegen am südlichen Abhang des **Alborz-Gebirges** und im Verlauf der alten Handelsstraße und heutigen Eisenbahntrasse von Teheran nach Mashhad. Südlich davon schließt sich die fast menschenleere **Kavir-Wüste** an, zu der der größte Teil der Provinz gehört. Die Besiedlung Semnans reicht in sehr frühe Zeiten zurück. Tepe Hissar bei Damghan ist einer der wichtigsten archäologischen Grabungsorte Irans, was sicher mit der Lage am uralten Durchgangsweg zwischen Mesopotamien und Zentralasien in Zusammenhang steht.

Die Niederschläge sind gering und nehmen nach Osten hin immer mehr ab. Lebensgrundlage ist seit jeher die Bewässerungswirtschaft durch Qanaten, mit denen das sich am Südabhang des Gebirges sammelnde Grundwasser „angezapft" wird. Semnan wird in der Regel auf der Durchreise von Teheran nach Mashhad oder in umgekehrter Richtung besucht. Eine sehr al-

Afghanischer Junge mit Kebabgrill

te Verkehrsverbindung führt jedoch auch von Shahrud in Richtung Norden nach Gorgan.

Semnan

V/C3

Die alte Provinzhauptstadt Semnan, ca. 220 km östlich von Teheran gelegen, hat in ihrer langen Geschichte viele Eroberer gesehen. Mehrfach wurde sie zerstört, aber wegen ihrer Lage an der **Seidenstraße** immer wieder aufgebaut. Im Stadtzentrum rund um den Bazar sind noch einige ältere Viertel mit interessanten Bauwerken erhalten.

Als Wahrzeichen Semnans gilt das **Alte Tor** (Darvaze-ye Arg), das im 19. Jh. den Eingang zur Stadtfestung bildete. Es liegt nördlich des Zentrums an der Kh. Taleqani. Wie andere Bauten aus jener Zeit ist es mit blauen und gelben Fliesen geschmückt. Über dem Tordurchgang prangt ein Fliesenfeld mit einer Darstellung des Kampfes von Rostam gegen den weißen Div, zu beiden Seiten flankiert vom qadjarischen Löwen. Etwa 100 m westlich des Tores liegt der kleine Grabbau des **Emamzade-ye Ibn Dja'far.**

Die alte **Freitagsmoschee** von Semnan gegenüber dem Bazar, aus der sich noch ein schöner Stuck-Mehrab erhalten hat, geht auf das 11. Jh. zurück. Im 15. Jh. wurde sie von dem Timuriden *Shahrokh* ausgebaut, der große Iwan trägt eine Widmung mit seinem Namen. Das alte, gut 20 m hohe **Minarett** der Moschee steht ein Stück entfernt an der Kh. Imam. Der Lehm-

Der Nordosten

161i Foto: hn

Der Garten – das Paradies auf Erden

Iran ist ein halber Kontinent, der von Hochgebirge und Wüsten bis hin zu Tropen alle Klimazonen vereint. Auf der Hochebene zwischen Teheran und Shiraz, wo das kulturelle Herz Irans schlägt, sieht man nur **Wüste und Steppe.** Die Städte liegen an **Oasen,** das Klima ist trocken-heiß, im Sommer brennt die Sonne gnadenlos. Dies hat die „geographische Mentalität" Irans entscheidend geprägt.

Seit jeher ist in der iranisch-islamischen Kultur das **Wasser** ein seltenes, wertvolles Gut gewesen. In kilometerlangen unterirdischen Kanälen, den **Qanaten,** wurde es die Wüste und Steppe entlanggeleitet, um der widrigen Natur das wenige abzuringen, das die Bewohner zum leben brauchten. Blühende Landschaften entstanden aus der Steppe, mussten aber dauernd kultiviert und erhalten werden.

Das wunderbarste, was ein Wüstenbewohner sich erträumen kann, ist ein wasserdurchflutetes, Schatten spendendes, grünes und blühendes Etwas: ein Garten. Er ist nicht nur ein praktischer Ort, an dem man sich im Sommer aufhalten kann, ohne zu verglühen. Er ist nicht nur eine Augenweide, ein Ort der Ruhe und Entspannung, ein Rückzugsgebiet für Körper und Seele. Der Garten ist das Sinnbild all dessen, was die widrige Natur erträglich und das Leben angenehm macht und so den Menschen in Einklang mit seinem Schöpfer stellt.

Wenn Mitteleuropäer von „Garten" sprechen, meinen sie etwas grundsätzlich anderes. Für uns schwingt bei diesem Begriff die Vorstellung eines grünen Teppichs vor der Haustür mit, von Apfelbaum und Wäscheleine, von Rasenmäher und Hecke. Unsere Gärten sind keine Orte von Spiritualität, sondern profane Organisationsformen beschaulicher Freizeitgestaltung. In Iran hingegen sind Gärten selten, teuer und kostbar, sie werden seit jeher als Orte der irdischen und himmlischen Zuflucht beschrieben und sind zum Symbol von gottgeschaffener Schönheit, von Harmonie und innerer Einkehr geworden.

Schon *Xenophon* beschreibt die Anlagen, die er im achämenidischen Iran gesehen hat, als Paradiesgärten, abgeleitet vom altpersischen Wort *paridaeza.* Bei den Sasaniden wurden dann noch große Tiergehege in die Gärten integriert, in denen die Herrscher der Jagd nachgingen.

ziegelbau aus dem 11. Jh. weist kunstvolle Ornamente und Schriftbänder auf. In der Nähe der Moschee im Hazrat-Bazar ist seit 1994 in dem alten Hammam-e Hazrati ein kleines **Ethnologisches Museum** untergebracht.

Östlich der Freitagsmoschee liegt die **Masdjed-e Soltani,** zu Beginn des 19. Jh vom Qadjaren *Fath Ali Shah* gestiftet. Die Vier-Iwan-Hofanlage mit umlaufenden doppelstöckigen Arkaden dient heute als Medrese und trägt den Namen des Revolutionsführers *Khomeini.* Südlich der Moschee findet sich ein weiteres kleines Mausoleum.

Post, Telefon, Visa

- Die **Hauptpost** und auch eine **Telefonzentrale** findet man in der Kh. Taleqani/Ecke Shohada.
- Gleich daneben ist auch das Büro der **Fremdenpolizei** für Visaverlängerungen.

Unterkunft

- Das **Semnan Tourism Guest House** €€ am Bolv. Basidj, Tel. 0231-41433/5, bietet einfache DZ für 30 US$.
- Das **Hotel Qods** €€ am Meydan-e Imam Reza an der Ausfallstraße in Richtung Damghan, Tel. 0231-26821, verlangt ebenfalls 30 US$ für das DZ.

Verkehrsverbindungen

- Der **Busbahnhof** liegt westlich des Meydan-e Motahari an der Ausfallstraße nach Westen. Da Semnan direkt an der Hauptstraße von Teheran nach Mashhad liegt, passieren täglich zahlreiche Busse die Stadt.
- Auch die **Züge** von Teheran nach Mashhad und die in umgekehrter Richtung halten täglich in Semnan am Bahnhof am Ende der Kh. Sh. Bahonar, ca. 1,5 km südlich des Stadtzentrums.
- Bahn- und auch andere Tickets gibt es bei der Agentur **Semnan Gasht** am Bolv. Djomhuri, Tel. 0231-4446460.

Damghan

V/D2

Etwa 110 km östlich von Semnan liegt mit Damghan eine der vermutlich **ältesten Städte Irans,** deren Gründung der Legende zufolge auf *Houshang,* einen der mythischen Herrscher aus dem „Shahnameh", zurückgeht. Südlich der Stadt wurde in Tepe Hissar in der Nähe eines Palastes aus der Sasaniden-Epoche einer der ergiebigsten prähistorischen Siedlungshügel Irans entdeckt. Bei Damghan wurde *Darius III.,* der letzte achämenidische Herrscher, auf seiner Flucht vor den Truppen *Alexanders des Großen* ermordet. Nach der islamischen Eroberung war Damghan einer der Stützpunkte, von denen die Islamisierung des Landes ausging. In der Folge wurde es mehrfach zerstört, durch Erdbeben und auch durch fremde Eroberer. Die Stadt zählt heute ca. 55.000 Einwohner, die nicht alle innerhalb der noch teilweise sichtbaren alten Stadtmauern wohnen.

Moschee Tarik Khaneh

Das bekannteste Bauwerk von Damghan ist die berühmte Moschee Tarik Khaneh an der Kh. Motahari, südlich vom Meydan-e Imam. Durch ihr hoch aufragendes **Minarett** ist sie schon von Weitem sichtbar. Der runde, mit geometrischen Elementen und einem Schriftband geschmückte Ziegelturm wurde um 1026 n. Chr. anstelle eines früheren, quadratischen Minaretts errichtet, das nach einem Erdbeben eingestürzt war.

Die Tarik-Khaneh-Moschee gilt als ältester erhaltener muslimischer Sakralbau auf iranischem Boden. Sie stammt aus dem Jahre 760 n. Chr und wird auch **Masdjed-e Chehel Sotun** („Moschee der 40 Säulen") genannt. Dieser Name geht auf die mächtigen Säulen nach sasanidischem Muster zurück, auf denen die um den annähernd quadratischen Hof angeordneten Gewölbe ruhen. Offenbar war der nur wenige Kilometer südlich der Moschee gelegene sasanidische Palast Vorbild für den Bau, denn auch die Säulenhallen sind in vorislamischer Tradition rechtwinklig zum Hof angelegt und nicht parallel, wie sonst üblich. Das Gewölbe des Südwest-Iwans ist erhöht, an seinem Ende befinden sich Gebetsnische und -kanzel. Man muss den Seldjuken dankbar sein, dass sie sich bei der Renovierung der Moschee Mitte des 12. Jh. an das arabisch beeinflusste Vorbild gehalten und nicht wie so oft den Umbau in eine Vier-Iwan-Anlage vollzogen haben. So beeindruckt die Gliederung und Schlichtheit des Bauwerks noch den heutigen Betrachter.

Freitagsmoschee

Nördlich der Tarik Khaneh liegt die Freitagsmoschee, die im 19. Jh. vollständig erneuert wurde. Zur alten Anlage, von der nur bescheidene Reste erhalten sind, gehört ein eindrucksvolles, etwa 30 m hohes **Ziegelminarett** mit kunstvollen Ziegelsetzungen aus dem 11. Jh., das sich nach oben hin verjüngt.

Grabtürme

Etwa 200 m südlich davon liegt der Grabturm **Pir-e Alamdar** aus dem Jahre 1027 und damit eines der ältesten Bauwerke dieser Gattung. Auffallend sind die Ziegelornamente, die den Turm unterhalb der schlichten Kuppel umlaufen, die offensichtlich nicht zum Original gehört. Im Innern findet sich unter der Kuppel ein besonders schönes Kufi-Schriftband in Blau auf weißem Grund.

Nördlich des Bazars befindet sich ein weiterer Grabturm aus der Mitte des 11. Jh., **Chehel Dokhtaran** („40 Mädchen") genannt. Auch dieser etwa 15 m hohe Bau besticht durch seine kunstvollen Ziegeldekorationen, die als Mäander ausgeführt sind, mit einem Schriftband dazwischen. In der Nähe gibt es ein **Mausoleum,** das Imamzadeh Dja'far mit dem Imamzadeh Mahmoud innerhalb desselben.

Tepe Hissar

Südlich der Stadt, etwa 3 km vom Bahnhof entfernt, liegen die ältesten Sehenswürdigkeiten von Damghan, leicht mit dem Taxi zu erreichen. Diesseits der Bahnstrecke stehen noch Reste einer **Karawanserei** aus islamischer Zeit, jenseits der Gleise zeichnen sich die Erhöhungen von Tepe Hissar ab. Es ist wahrscheinlich der einzige bekannte Fall, wo eine Bahnlinie mitten durch eine **Ausgrabungsstätte** verläuft. Grabungen vor allem um 1931/32 und spätere Nachgrabungen erbrachten reiche Funde an Keramik, hochentwickelte Metallerzeugnisse und Reste von Gebäuden. Die Hauptschichten stammen aus der Zeit zwischen 3500 und 1700 v. Chr. Die Siedlung wird an einem Schnittpunkt alter Handelswege gelegen haben, weil auch Fundstücke aus anderen Gegenden Irans geborgen wurden.

Südwestlich des Hügels wurden 1931 die Reste eines **Palastes** aus sasanidischer Zeit, vermutlich vom frühen 6. Jh. n. Chr., freigelegt. Der große Hof mit zentralem Iwan und mächtigen Säulen bildete das Vorbild für die

Minarett der Moschee Tarik Khaneh in Damghan

162i Foto: hn

Moschee Tarik Khaneh. Der große Kuppelsaal war mit Stuckdekorationen verziert.

Unterkunft

- **Tourism Guest House,** Bolv. Azadi beim Park der Stadtverwaltung, Tel. 0232-5236800.
- **Hotel Danesh,** Kh. Dr. Beheshti, Tel. 0232-5239121.

Verkehrsverbindungen

- Der **Busbahnhof,** wo Busse in Richtung Teheran, Mashhad und Gorgan verkehren, liegt an der Ausfallstraße Richtung Semnan.
- **Minibusse und Sammeltaxis** in Richtung Semnan und Shahrud verkehren vom Meydan-e Imam Khomeini.
- Die meisten **Züge** aus Richtung Teheran und Mashhad halten am Bahnhof am Ende der Kh. Sh. Motahari, Tel. 0232-522077.
- Fahrkarten gibt es beim Reisebüro **Sajedin** in der Kh. Beheshti gegenüber dem Hotel Danesh, Tel. 0232-5230834.

Shahrud

↗ V/D2

Gut 60 km östlich von Damghan liegt inmitten eines fruchtbaren Gebiets am Südabhang des Gebirges Shahrud, mit ca. 115.000 Einwohnern die bevölkerungsreichste Stadt der Provinz Semnan. Sie verdankt ihre Bedeutung ihrer Lage an der Bahnlinie und der Straße aus Richtung Gorgan, die hier auf die alte Seidenstraße trifft. Im Zentrum in der Kh. Ferdowsi gibt es ein kleines archäologisch-ethnologisches **Museum,** das in einem schön renovierten, zweistöckigen Gebäude vom Ende des 19. Jh. untergebracht ist (Sa bis Di 9–13 und 16–19 Uhr).

Unterkunft

- In Shahrud gibt es nur zwei sehr einfache Unterkunftsmöglichkeiten, das **Hotel Reza** €, in der Kh. 22 Bahman, Tel. 0273-26078, und das **Tourist Inn** €, an der Kh. Ferdowsi in einem kleinen Park gelegen, Tel. 0273-24008.

Verkehrsverbindungen

- Der **Bahnhof,** wo die meisten Züge aus Richtung Teheran und Mashhad halten, liegt etwa 2 km südlich des Stadtzentrums.
- Der **Busbahnhof** liegt am westlichen Stadtrand an der Ausfallstraße nach Damghan.
- Zugfahrkarten gibt es bei **Beh Gasht** in der Kh. Ferdowsi gegenüber der Eftekhari-Moschee, Tel. 0273-2227415.

Bastam

V/D2

Shahrud ist Ausgangspunkt für die Besichtigung von Bastam mit dem berühmten Grabmal von *Sheikh Bayazid Bastami,* einem der Begründer der sufischen Richtung des Islam. Bastam liegt etwa 7 km nördlich von Shahrud und ist von dort aus leicht mit Minibus oder Taxi zu erreichen. Das malerische alte Städtchen, dessen Geschichte bis in die vorislamische Zeit zurückreicht, ist noch heute von einer **Lehmziegelmauer** umschlossen. Im südlichen Teil der Stadt liegt ein Komplex, bestehend aus einer Moschee und mehreren Grabbauten, die jährlich Hunderttausende von **Pilgern** anziehen.

Freitagsmoschee

Die Freitagsmoschee aus dem 12. Jh. wurde in mongolischer Zeit erneuert, aus dieser Zeit stammt der sehenswerte Stuck-Mehrab mit floralen Motiven und Schriftbändern. An der Südwestseite steht ein Grabturm mit einem kegelförmigen Dach und schönen Stuckarbeiten im Innern. Zum Originalbestand zählt das Minarett von 1120 mit sehr vielfältig gestaltetem Dekor aus Ornamenten, Schriftbändern und Moqarnas-Friesen.

Sufi-Grab

Keine 100 m entfernt liegt der ausgedehnte Komplex der Grabanlage des Sufi-Meisters, der den größten Teil

163i Foto: hn

seines Lebens in Bastam verbrachte und hier zwischen 874 und 877 n. Chr. die letzte Ruhe fand. Der Grabbau steht im Hof gegenüber dem Eingang, nur eingefasst von einem Metallgitter.

Im Laufe der Zeit wurden in der Nähe des Grabes weitere Grabbauten errichtet, u.a. für den Il-Khan *Ghazan Khan,* nördlich vom Bayazid-Grab unter einem türkis gefliesten Kegeldach. Westlich des Grabes liegen neben einem Iwan die ältesten Teile der Anlage, zwei kleine Räume mit wertvollen Stuckdekorationen und Inschriften, die wohl schon vom Meister für seine Andacht und die Unterweisung seiner Schüler benutzt wurden. Sie werden deshalb **Bayazid-Kloster** genannt. Südlich davon finden sich zwei weitere Mausoleen und eine gewölbte Halle sowie zum Abschluss die **Bayazid-Moschee** mit prächtigen Stuckarbeiten, von denen einige kürzlich renoviert wurden. Diese Moschee ist aus einzelnen Teilbauten zusammengewachsen und wurde unter *Öldjeitü* zu Beginn des 14. Jh. und ein weiteres Mal 1839 repariert und erneuert.

Das Grabmal des Sufi-Meisters Bayazid Bastami in Bastam

164i Foto: hn

Renovierungsarbeiten in der alten Moschee

155i Foto: hn

Anhang

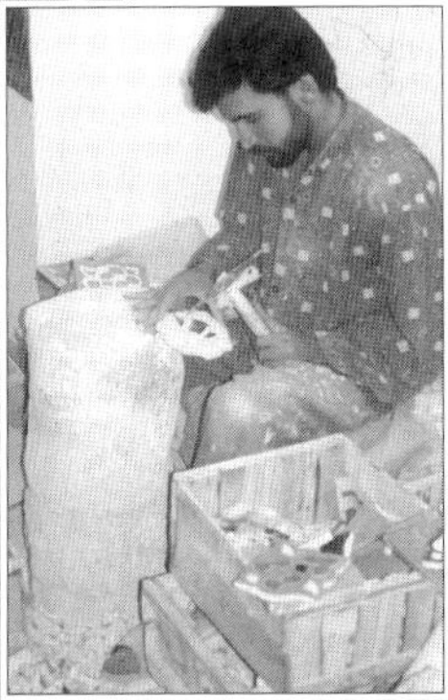

071i Foto: hn

104i Foto: hn

Trockenfrüchte und Kerne in allen Variationen

Fliesenmacher bei der Arbeit

Safavidischer Palast Chehel Sotun in Qazvin

Reise-Gesundheits-Information Iran

Stand: 11.10.2004

Die nachstehenden Angaben dienen der Orientierung, was für eine geplante Reise in das Land an Gesundheitsvorsorgemaßnahmen zu berücksichtigen ist. Die Informationen wurden uns freundlicherweise vom *Centrum für Reisemedizin* zur Verfügung gestellt. Auf der Homepage: **www.travelmed.de** werden diese Informationen stetig aktualisiert. Es lohnt sich, dort noch einmal nachzuschauen.

EINREISE-IMPFVORSCHRIFTEN

Keine Impfungen vorgeschrieben.

EMPFOHLENER IMPFSCHUTZ

Generell: Tetanus, Diphtherie, Hepatitis A, Polio

Je nach Reisestil und Aufenthaltsbedingungen im Lande außerdem zu erwägen:

Impfschutz	Reisebedingung 1	Reisebedingung 2	Reisebedingung 3
Typhus	x	x	
Hepatitis B [a]	x		
Tollwut [b]	x		

[a] bei Langzeitaufenthalten u. engerem Kontakt zur einheimischen Bevölkerung.
[b] bei vorhersehbarem Umgang mit Tieren

Reisebedingung 1:
Reise durch das Landesinnere unter einfachen Bedingungen (Rucksack-/ Trecking-/Individualreise) mit einfachen Quartieren/Hotels; Camping-Reisen, Langzeitaufenthalte, praktische Tätigkeit im Gesundheits- oder Sozialwesen, enger Kontakt zur einheimische Bevölkerung wahrscheinlich.

Reisebedingung 2:
Aufenthalt in Städten oder touristischen Zentren mit (organisierten) Ausflügen ins Landesinnere (Pauschalreise, Unterkunft und Verpflegung in Hotels bzw. Restaurants mittleren bis gehobenen Standards).

Reisebedingung 3:
Aufenthalt ausschließlich in Großstädten oder Touristikzentren (Unterkunft und Verpflegung in Hotels bzw. Restaurants gehobenen bzw. europäischen Standards).

Wichtiger Hinweis

Welche Impfungen letztendlich vorzunehmen sind, ist abhängig vom aktuellen Infektionsrisiko vor Ort, von der Art und Dauer der geplanten Reise, vom Gesundheitszustand sowie dem eventuell noch vorhandenen Impfschutz des Reisenden.

Da im Einzelfall unterschiedlichste Aspekte zu berücksichtigen sind, empfiehlt es sich immer, rechtzeitig (etwa 4 bis 6 Wochen) vor der Reise eine persönliche Reise-Gesundheits-Beratung bei einem reisemedizinisch erfahrenen Arzt oder Apotheker in Anspruch zu nehmen.

Unter www.travelmed.de finden Sie Adressen von
- Apotheken mit qualifizierter Reise-Gesundheits-Beratung (nach Postleitzahlgebieten)
- Impfstellen und Ärzten mit Spezialsprechstunde Reisemedizin (nach Postleitzahlgebieten).
- Abruf eines persönlichen Gesundheitsvorsorge-Briefes für die geplante Reise.

MALARIA

Malaria-Risiko: März – November

- **Mittleres Risiko** mit P. falciparum im Südosten in ländlichen Gebieten der Provinzen Sistan va Baluchestan, Hormozgan und dem tropischen Teil von Kerman.
- **Geringes** bis **mittleres Risiko** (vorwiegend P. vivax) in ländlichen Gebieten im Westen und Südwesten.
- **Geringes Risiko** (ausschließlich P. vivax) saisonal herdförmig im Tiefland nördlich der Zagros-Berge im Grenzgebiet zu Irak, Armenien und Aserbeidschan.
- Übrige Landesteile und Städte sind **malariafrei.**

VORBEUGUNG

Ein konsequenter **Mückenschutz** in den Abend- und Nachtstunden verringert das Malariarisiko erheblich (Expositionsprophylaxe). Ergänzend ist die Einnahme von **Anti-Malaria-Medikamenten** (Chemoprophylaxe) dringend zu empfehlen. Zu Art und Dauer der Chemoprophylaxe fragen Sie Ihren Arzt oder Apotheker, bzw. informieren Sie sich in einer qualifizierten reisemedizinischen Beratungsstelle. Malariamittel sind verschreibungspflichtig.

AKTUELLE MELDUNGEN

DARMINFEKTIONEN: Die mit Fieber und Blutungen einhergehende Viruskrankheit kommt vor allem im Südosten des Landes wie auch im benachbarten Pakistan und Afghanistan vor. Sie ist nicht besonders häufig, kann allerdings schwer verlaufen. Die Übertragung erfolgt gewöhnlich über Zecken, gelegentlich aber auch von Mensch zu Mensch. Schutz vor Zeckenstichen beachten, Kontakt mit Kranken meiden.

KRIM-KONGO HÄMORRHAGISCHES FIEBER: Risiko für DURCHFALLERKRANKUNGEN landesweit, vor allem noch in den diesjährigen Erdbebengebieten in Kerman sowie nördlich von Teheran am Kaspischen Meer. Nahrungs- und Trinkwasserhygiene beachten.

HIV-Test: Ausländer, die länger als drei Monate im Land bleiben oder arbeiten wollen, müssen einen negativen HIV(AIDS)-Test vorlegen.

Glossar

Abgusht: traditionelles iranisches Eintopfgericht mit Kartoffel und Fleisch, das kleingestampft wird
Ahriman: der „böse Geist“ des Zoroastrismus und Widersacher Ohrmazds
Anahita (altpersisch „die Unbefleckte“): wichtige zoroastrische Göttin der Fruchtbarkeit, des Wassers und des Sieges
Andaruni: Innenbereich eines traditionellen persischen Wohnhauses, zu dem nur Frauen Zutritt haben
Apadana: Audienzhalle in achämenidischer Palastarchitektur
Arg: Festung
Ashura: 10. Tag des islamischen Monats Muharram, Todestag Imam Hosseins
Avesta: Bezeichnung für die nur lückenhaft erhaltenen heiligen Schriften des Zoroastrismus, ca. von 1000-500 v. Chr. stammend
Ayatollah: „Zeichen Gottes“, Bezeichnung eines hohen schiitisch-islamischen Rangs
Badgir: Windturm, traditionelle Wüstenarchitektur Irans (und angrenzender Regionen)
Bazgasht (pers. „Rückkehr“): literarische Bewegung im 19. Jh. zur Rückkehr zum klassischen, „einfachen“ Stil
Bilderverbot: aus der islamischen Prophetenüberlieferung begründetes Verbot der Anbetung und insofern auch der Herstellung bildlicher Darstellungen von Lebewesen. Bewirkt in der Regel die Vermeidung bildlicher Darstellungen in der Moscheenornamentik, nicht aber in anderen Bereichen der Kunst (z.B. Miniaturmalerei)
Biruni: Bereich eines traditionellen persischen Wohnhauses, zu dem Gäste Zutritt haben
Bordj-e Kabutar: Taubenturm
Bozorgrah: Autobahn, Stadtautobahn
Cella: Fensterloser Hauptraum in achämenidischen und sasanidischen Tempeln und Palästen
Chador: Schleier zur Bedeckung weiblichen Kopfhaars und Körpers
Chahar Suq: Wegekreuzung innerhalb eines Bazars
Chahar Taq: Quadratischer Kuppelbau, von vier Bögen getragen, in dem die Zoroastrier heilige Feuer anbeteten
Dar ol-Fonun: Name der (technischen) Hochschule – der ersten Bildungseinrichtung nach „westlichem“ Muster – die 1851 in Teheran eröffnet wurde
Div: Dämon
Diwan: Gedichtsammlung
Fal: Orakel mit Hilfe des Diwans von Hafis, von dem ein Vers eines Gedichts „blind“ aufgeschlagen wird
Farsi: eigene iranische Bezeichnung der „persischen Sprache“
Fatwa: religiöses Rechtsgutachten
Gathas: diejenigen archaischen Teile des Avesta, die dem Propheten Zarathustra selbst zugeschrieben werden
Ghasel: Liebesgedicht
Golestan (persisch „Rosengarten“): berühmtes Werk des Dichters Sa'di
Gonbad: Kuppel
Hammam: (öffentliches) Bad, oft Teil im Bazar gelegen
Hazrat (persisch „Majestät, Hoheit“): Titel von Propheten, Imamen und anderen hochgestellten Persönlichkeiten
Heiliger Krieg: der Kampf gegen Nichtmuslime, der auf verschiedenartige Weisen (nicht unbedingt mit Waffen) geführt werden kann, gilt im Islam als verdienstvolles Werk. Als „Heiliger Krieg“ (arab. *jihad*) ist er Teil auch vieler moderner islamistischer Ideologien geworden
Hidjra (persisch *Hedjrat* oder *Hedjre* ausgesprochen). Auszug Mohammads von Mekka nach Medina im Jahre 622 n. Chr.; Beginn der islamischen Zeitrechnung
Hojjatoleslam: unterster Rang eines schiitischen Geistlichen
Hosseiniye: meist kleinere Moschee, bei der Trauerfeierlichkeiten zum Gedenken an den schiitischen Imam Hossein stattfinden
Imam (persisch „Emam“ ausgesprochen): kann generell „Vorbeter“ einer islamischen Gemeinde bedeuten, aber im schiitischen Islam auch speziell das „geistliche Oberhaupt“ aller Schiiten
Intercolumnium: Zwischenraum zwischen zwei Säulen
Investitur: Einsetzung eines Herrschers ins Amt, oft durch einen religiösen Würdenträger
Islam (arabisch „Hingabe“, Aussprache es-*lam*) Offenbarungsreligion, die von Moham-

mad (570–632) auf der arabischen Halbinsel gestiftet wurde
Iwan: von einem Tonnengewölbe überspannter Halbraum
Kaffeehausmalerei: Persische Malereigattung im 19. Jh.
Kalif (arab. „Nachfolger, Stellvertreter"): zunächst Bezeichnung für die nach sunnitischer Auffassung rechtmäßigen Nachfolger Mohammads und Herrscher über alle Muslime. Nach Beseitigung des Kalifats von Baghdad durch die Mongolen zunehmend als allgemeiner Herrschertitel verwendet.
Kenotaph (griech. „leeres Grab"): Monument zum Gedenken an einen Verstorbenen, der bereits woanders begraben wurde
Khiaban: Straße
Khotbe: Freitagspredigt
Khwarena (Avestisch): göttliches Charisma, mit dem die achämenidischen und sasanidischen Herrscher ausgestattet waren
Konkur (frz. concours): Aufnahmeprüfungen, die von allen iranischen Universitäten verlangt werden
Kosakenbrigade: seit dem späten 19. Jh. mit russischer Unterstützung aufgebaute iranische militärische Einheit, die bis ca. 1920 ein entscheidender innenpolitischer Machtfaktor sein sollte
Kufi: frühe kursive, eckige Form der arabischen Schrift, häufig in der Kalligraphie
Kyros-Zylinder: Tonzylinder, auf den Kyros der Große nach der Eroberung Babylons (539 v. Chr.) seine Version der Eroberung niederschrieb
Madjles: iranisches Parlament
Magier: zoroastrische Priester aus dem Volk der Meder (zur Zeit der Achämeniden)
Mahriye: Brautgeld
Maqsura: dem Herrscher vorbehaltene, in der Nähe des Minbar befindliche eingezäunte Loge (z.B. in der Freitagsmoschee von Yazd) in manchen Moscheen
Masdjed: Moschee
Masnavi: aus Doppelversen bestehende epische Dichtung
Medrese: islamische Schule/Hochschule
Mehrab: Gebetsnische in der nach Mekka zeigenden Moscheewand
Minarett: Turm neben einer Moschee, von dem zum Gebet gerufen wird
Minbar: Kanzel in der Moschee, von der die Freitagspredigt *(khotbe)* gehalten wird
Miniaturmalerei: wichtige iranische Kunstform, deren Blütezeit im 15. und 16. Jh. liegt und die ostasiatische Einflüsse zeigt
Modjtahed: Sammelbezeichnung für alle islamischen (meist schiitischen) Geistlichen, die berechtigt sind, die heilige Schrift der Muslime, den Koran, zu interpretieren
Moharram: Trauermonat
Moqarnas: Aus Trompe und ähnlichen Gewölbeformen entwickeltes, aus einzelnen Nischen zusammengesetztes Dekormotiv
Mosaferkhane: (wörtlich „Gast-Haus"): einfaches Hotel
Mostaz'afan: seit 1979 weit verbreiteter programmatischer politischer Begriff, der die Angehörigen der „entrechteten" gesellschaftlichen Schichten bezeichnet, die durch die Revolution endlich umfassende gesellschaftliche Rechte erhalten sollten
Mystik: im islamischen Kontext oft in Form von sufischen Orden organisierter „alternativer" Weg zu Gott
Naql: Holzgerüst, das vor allem in Zentraliran bei schiitischen Trauerprozessionen geschmückt mitgetragen wird
Naskhi: kursive Form der arabischen Schrift, die ca. ab dem 11. Jh. n. Chr. das Kufi verdrängte
Nouruz: iranisches Neujahrsfest (am 21. oder 22.3.)
Ohrmazd: „Guter Gott" des Zoroastrismus (= avestisch Ahura Mazda, „Herr Weisheit")
Pol: Brücke
Protome: Steinerne Oberkörper von Tieren, die in achämenidischer Kunst und Architektur verwendet werden, z.B. in Persepolis: doppelte Stierprotome (Rücken an Rücken stehend), die als Kapitelle, d.h. tragende Kopfteile von Säulen, fungieren
Qalamkari: Bedrucken von Tüchern (traditionelles Kunsthandwerk)
Qanat: unterirdisches traditionelles iranisches Bewässerungssystem
Qaside: Lobgedicht auf einen Herrscher
Qibla: stets nach Mekka gewandte Richtung, in der die Gläubigen beten sollen
Ramadan (Ramazan): Fastenmonat
Rusari: Kopftuch („westlichen" Stils)
Santur: hackbrettartiges Musikinstrument

Säulen des islamischen Glaubens: die wichtigsten fünf Gebote: Glaubensbekenntnis, tägliches Gebet, Fasten, Armutssteuer, Wallfahrt nach Mekka
Schah: König
Scharia: islamisch-religiöses Gesetz
Schlichtungsrat (auch „Feststellungsrat" genannt): demokratisch nicht legitimiertes politisches Gremium, das zwischen Parlament und Wächterrat vermittelt
Seyyed: Ehrenbezeichnung für männliche Muslime, die ihre Abstammung auf die Familie des Propheten Mohammad zurückführen (wird oft zum Teil eines Eigennamens)
Shabestan: persisch für „Harem"
Shahid: Märtyrer, wurde seit 1979 zunehmend inflationär für jeden verwendet, der in irgendeinem religiösen oder politischen Sinne „für das Regime" stirbt, z.B. Soldaten im Krieg, Politiker bei Attentaten etc.
Shahname („Königs-Buch"): von Ferdowsi im 10./11. Jh. verfasstes iranisches Nationalepos
Shekaste: persisch-arabischer, sehr künstlerischer kursiver Schreibstil
Shi'a (arab. „Partei"): die in Iran die Staatsreligion bildende Konfession des Islam, die sich auf Ali als ersten rechtmäßigen Nachfolger des Propheten Mohammad und auf Alis Sohn Hossein bezieht
Sighe: schiitisch-iranische „Ehe auf Zeit"
Ta'arof: System der iranischen Höflichkeitsfloskeln und -bezeugungen
Tabakprotest: erster deutlicher Ausdruck nationalen Widerstands der Bevölkerung gegen die Politik des Ausverkaufs nationaler Interessen durch den Qadjarenherrscher (1891)
Tachara: Winterpalast Darius' II. in Persepolis
Tadj: Krone
Talar: Empfangs- oder Thronsaal
Tambur: zylindrischer, oft von Fenstern durchbrochener Unterbau einer Kuppel
Tar: banjoartiges Musikinstrument
Ta'ziye: schiitisches Passionsspiel zum Gedenken an das Martyrium Imam Hosseins
Tekiyeh: Platz (manchmal von Zelt überspannt), auf dem schiitische Passionsfeiern veranstaltet werden
Tepe: künstlicher Hügel, der durch Anhäufung von Siedlungsschutt während mehrerer Jahrhunderte entstanden ist (entspricht dem arabischen „Tell")
Timche: (moderne) Einkaufspassage
Tripylon (griechisch „drei-Tor"): prachtvolle, von drei Seiten betretbare zentrale Toranlage von Persepolis
Trompe (frz. „Jagdhorn"): nischenartige Wölbung zwischen zwei rechtwinklig aneinanderstoßenden Mauern
Türme des Schweigens: Begräbnisort für iranische Zoroastrier in früheren Zeiten (z.B. bei Yazd)
Vakil: Sachwalter, Anwalt; so (und nicht als „König") bezeichnete sich der Herrscher Karim Khan Zand (1752–1979), der den abgesetzten safavidischen Herrscher für den eigentlich legitimen König hielt
Wächterrat: demokratisch nicht legitimiertes politisches Gremium, das die Arbeit des iranischen Parlaments *(madjles)* „kontrolliert" und Wahlen überwacht
Weiße Revolution: ab 1961 vom Schah initiierte Entwicklungsoffensive für das Land, mit Zielen wie Landreform, Alphabetisierung etc.
Yakhchal (persisch „Kühlschrank"): traditionelles Gebäude (großteils unter der Erde gelegen) zur Aufbewahrung von Eis zur Sommerzeit
Zurkhane: „Kraftraum", in dem traditionelle iranische Sportveranstaltungen stattfinden

Literaturtipps

Nicht alle der nachfolgend genannten Titel sind über den Handel lieferbar. Einige sind vermutlich nur antiquarisch zu bekommen (z.B. unter www.zvab.de oder www.euro-buch.com) oder aus Büchereien auszuleihen.

Geschichte und Landeskunde

Für eine allgemeine Landeskunde Irans, die von Naturraum und Geographie bis hin zu Bevölkerungsaufbau und Wirtschaftsstruktur einen möglichst breiten Überblick bieten sollte, empfehlen sich die beiden folgenden Bücher. Sie sind nicht mehr ganz aktuell, aber nach wie vor informativ, zuverlässig und gut benutzbar:

- *Ehlers, Eckart.* **Iran. Grundzüge einer geographischen Landeskunde.** Darmstadt 1980.
- *Gehrke, Ulrich* und *Harald Mehner* (Hg.). **Iran.** Natur - Bevölkerung - Geschichte - Kultur - Staat - Wirtschaft. Tübingen/Basel 1976.

Für übersichtliche Darstellungen der iranischen Geschichte gibt es einige neuere und gute Taschenbücher zu einzelnen Epochen:

- *Wiesehöfer, Josef.* **Das frühe Persien.** München 1999 (über vorislamischen Iran).
- *Schippmann, Klaus.* **Grundzüge der parthischen Geschichte.** Darmstadt 1980.
- *Schippmann, Klaus.* **Grundzüge der Geschichte des sasanidischen Reiches.** Darmstadt 1990.
- *Gronke, Monika.* **Geschichte Irans.** Von der Islamisierung bis zur Gegenwart. München 2003.

Wer sich für die politische, wirtschaftliche und soziale Lage Irans und anderer Länder des Vorderen und Mittleren Ostens interessiert, dem sei das seit 1988 alljährlich vom Deutschen Orient-Institut (Hamburg) publizierte **„Nahost Jahrbuch"** wärmstens empfohlen.

Die iranische Kultur, insbesondere die „Alltagskultur" und diejenigen sozialen Verhaltensweisen, die auch für Touristen von Bedeutung sein können, sind in *Kirsten Winklers* **KulturSchock Iran,** Reise Know-How Verlag Bielefeld, erläutert.

In der gleichen Reihe erscheint **KulturSchock Islam** von Christine Pollok.

Für Fragen bezüglich der schiitischen Religion, auch im Hinblick auf die „islamische Revolution" und ihre religiösen Hintergründe, gibt es ein sehr gut geschriebenes und informatives Taschenbuch:

- *Halm, Heinz.* **Der schiitische Islam: Von der Religion zur Revolution.** München 1994.

Eine knappe, informative Einführung in dieses Thema, besonders für den Reisenden, bietet **Islam erleben,** in der Reihe Praxis, Reise Know-How Verlag, Bielefeld.

Wer sich in die iranische Geschichte oder Kultur weiter vertiefen will, dem seien die folgende beiden Werke wärmstens empfohlen. Das sehr gut (wenngleich nicht ganz einfach) geschriebene Buch von *Mottahedeh* beschreibt in Form einer Biographie in einem weiten Bogen die iranische Kultur- und Geistesgeschichte und geht dabei besonders auf die historischen Hintergründe der Revolution von 1978/79 ein. Das Buch von *Friedl* ist ebenfalls hervorragend recherchiert und geschrieben; es beschreibt die Erfahrungen einer amerikanischen Ethnologin in einem entlegenen iranischen Dorf über einen Zeitraum von fast zwei Jahrzehnten (vor und nach der Revolution von 1978/79).

- *Mottahedeh, Roy.* **Der Mantel des Propheten oder das Leben eines persischen Mullah zwischen Religion und Politik.** München 1989.
- *Friedl, Erika.* **Die Frauen von Deh Koh.** Geschichten aus einem iranischen Dorf. München 1991.

Sprache

Wer sich für die persische Sprache interessiert, dem sei zunächst der Sprachführer **Persisch – Wort für Wort** (Band 49) aus der Kauderwelsch-Reihe des Reise Know-How Verlages empfohlen, der für den Reisealltag ideal ist. Das Buch ist auch auf **CD-ROM** erschienen und wird ergänzt durch eine **Audio-CD** als AusspracheTrainer. Diese ist auch separat erhältlich.

Will jemand die Sprache wirklich lernen, wird er um einen Sprachkurs kaum herumkommen. Die meisten existierenden Persisch-Lehrbücher zeigen verschiedene Schwächen und eignen sich nur beschränkt zum Selbststudium. Das relativ gesehen beste Lehrbuch scheint zu sein:

- *Behzad, Faramarz* und *Soraya Divshali.* **Sprachkurs Persisch.** Bamberg 2003.

In Bezug auf persisch-deutsche Wörterbücher muss man sagen, dass es keine wirklich guten und einigermaßen handlichen zu kaufen gibt. Immer noch unersetzt, wenngleich deutlich in die Jahre gekommen ist:

- *Junker, Heinrich F. J.* und *Bozorg Alavi.* **Persisch-Deutsches Wörterbuch.** Leipzig 1965.

Für die umgekehrte Richtung liegt seit Kurzem ein hervorragendes Wörterbuch vor, das allerdings auch nicht gerade in die Handtasche passt:

- *Behzad, Faramarz.* **Farhang-e Almani-Farsi/ Deutsch-Persisches Wörterbuch.** Teheran/ Bamberg 2002.

Für Wörterbücher im Handtaschenformat muss man auf Englisch-Persisch/Persisch-Englische Wörterbücher wie diejenigen von Haim zurückgreifen.

Klassische Literatur

Von den Werken der klassischen Literatur sind eine ganze Reihe in guten Übersetzungen greifbar. Einige der wichtigsten:

- *Firdausi, Abu'l-Qasem:* **Rostam - Die Legenden aus dem Schahname,** Reclam Verlag, Stuttgart, 2002.
- *Gangawi, Nizami:* **Die Abenteuer des Königs Bahram und seiner sieben Prinzessinnen,** Verlag C.H. Beck, München 1997.
- *Nizami:* **Die Geschichte der Liebe von Leila und Madschnoun,** Unionsverlag, Zürich 2001.
- *Hafis, Rumi, Omar Chajjam:* **Die schönsten Gedichte aus dem klassischen Persien,** Verlag C.H. Beck, München 1998.
- *Attar, Faridaddin:* **Vogelgespräche.** Die berühmte persische Sufi-Erzählung über die Pilgerfahrt nach Innen, Ansate, München 1988.
- *Hafis:* **Liebesgedichte,** übertragen und mit einem Nachwort versehen von Cyrus Atabay, Hoffmann & Campe Verlag, Hamburg 1965.
- *Sa'di, Muslih ad-Din:* **Der Rosengarten,** Verlag C.H. Beck, München 1998.
- *Monschi, Nasrollah:* **Kalila und Dimna.** Fabeln aus dem klassischen Persien, Verlag C.H. Beck, München 1996.

Moderne Prosa

Moderne persische Literatur in deutscher Übersetzung ist leider weniger verbreitet als z.B. Übersetzungen arabischer Literatur, weil es zu wenige kompetente Übersetzer gibt. Als einer der Begründer der iranischen Gegenwartsliteratur gilt der an europäischen Vorbildern geschulte *S. Hedajat:*

- *Hedajat, Ssadegh:* **Der Feueranbeter und andere Erzählungen,** neu erzählt von Amina Shah, C.H. Beck Verlag, München 1997.

Behrangis bleibendes Verdienst ist, dass er die Kinder- und Jugendliteratur in Iran begründet hat. Seine schönste Geschichte ist als Buch momentan nicht greifbar, steht aber im Internet zur Verfügung:

- *Behrangi, Samad:* **Der kleine schwarze Fisch.** Märchen und Fabeln, in: www.iranazad.de /D/DUuB/Samad.htm.

Als bedeutendster zeitgenössischer Prosaautor gilt *M. Doulatabadi,* dessen Werk hauptsächlich um das Schicksal der sozial benachteiligten Schichten kreist:

- *Doulatabadi, Mahmud:* **Der leere Platz von Ssolutsch,** Unionsverlag, Zürich 1996.
- *Doulatabadi, Mahmud:* **Kelidar,** Unionsverlag, Zürich 1999.

Weitere bedeutende Autoren:

- *Golschiri, Huschang:* **Prinz Ehtedschab,** Verlag C.H. Beck, München.
- *Maroufi, Abbas:* **Symphonie der Toten,** Suhrkamp Verlag, Frankfurt/M. und Leipzig 1998.

Der erste moderne Roman, in dem das Schicksal einer Frau im Mittelpunkt steht:

- *Parsipur, Scharnusch:* **Tuba,** Unionsverlag, Zürich 1995.

Einen guten Überblick über weniger bekannte neue Autoren gibt:

- **Ein Bild zum Andenken.** Eine zweite Anthologie moderner iranischer Erzählungen, Glaré Verlag, Frankfurt/M. 1997.

Lyrik

Anders als in Westeuropa gilt die Poesie in Iran noch immer als „Krone der Literatur". Ihr wichtigster moderner Vertreter, *A. Shamlu,* wurde im Sommer des Jahres 2000 unter großer öffentlicher Anteilnahme in Teheran zu Grabe getragen:

- *Schamlu, Ahmad:* **Blaues Lied.** Ausgewählte Gedichte. Persische Kalligraphien.
- **Ahmad Schamlu liest seine Gedichte,** Urs Engeler Edition, 2002. Deutsch, mit Audio-CD.
- *Sepehri, Sohrab:* **Der Klang vom Gang des Wassers,** Verlag Internationales Kulturwerk, Hildesheim 2001.

1976 jung verstorben, aber immer noch im Gedächtnis vieler Iraner - einfach als *Foruogh* - bekannt, ist *Foruogh Farrokhzad,* von der es eine sehr schön übersetzte Auswahl von Gedichten gibt:

- *Farrokhzad, Foruogh:* **Jene Tage,** Suhrkamp Verlag, Frankfurt/M. und Leipzig 1994.

Persisch lernen ohne Stress – am PC!
Kauderwelsch DIGITAL bringt das Kauderwelsch-Buch komplett Seite für Seite auf den Bildschirm, erweitert um die Möglichkeit, sich auf Mausklick jedes Persische Wort vorsprechen zu lassen. Die Funktionen von Buch und Begleitkassette sind hier kombiniert. Als Zugabe ist der Kauderwelsch AusspracheTrainer mit auf der CD, der sowohl am PC als auch in allen anderen Audio-CD-Geräten abgespielt werden kann.
Funktionen:
• Vorsprechen aller Persichen Wörter auf Mausklick
• leichtes Navigieren innerhalb des Buches
• Suchfunktion
• Vergrößerte Darstellung nach Bedarf
• Druckfunktion
• Mit dem Vollprogramm Adobe Acrobat können zusätzlich Anmerkungen eingefügt, Textstellen farbig markiert und Bookmarks gesetzt werden.
• Kostenpunkt: € 14,90 [D]
• ISBN: 3-8317-6066-7
Das ganze Programm unter:
http://www.reise-know-how.de/buecher/digitalindex.html
Reise Know-How Verlag, Bielefeld
WHITE INKJET

Kauderwelsch?
Kauderwelsch!

Die **Sprachführer der Reihe Kauderwelsch** helfen dem Reisenden, wirklich zu sprechen und die Leute zu verstehen. Wie wird das gemacht?

- Die **Grammatik** wird in einfacher Sprache so weit erklärt, dass es möglich wird, ohne viel Paukerei mit dem Sprechen zu beginnen, wenn auch nicht gerade druckreif.
- Alle Beispielsätze werden doppelt ins Deutsche übertragen: zum einen **Wort-für-Wort,** zum anderen in „ordentliches" Hochdeutsch. So wird das fremde Sprachsystem sehr gut durchschaubar. Ohne eine Wort-für-Wort-Übersetzung ist es so gut wie unmöglich, einzelne Wörter in einem Satz auszutauschen.
- Die **Autorinnen und Autoren** der Reihe sind Globetrotter, die die Sprache im Lande gelernt haben. Sie wissen daher genau, wie und was die Leute auf der Straße sprechen. Deren Ausdrucksweise ist häufig viel einfacher und direkter als z.B. die Sprache der Literatur. Außer der Sprache vermitteln die Autoren Verhaltenstipps und erklären Besonderheiten des Landes.
- **Jeder Band** hat 96 bis 160 Seiten. Zu jedem Titel ist begleitendes Tonmaterial (Kassette oder Audio-CD) erhältlich.
- **Kauderwelsch-Sprechführer** gibt es für über 80 Sprachen in **mehr als 170 Bänden,** z.B.:

Persisch – Wort für Wort
Band 49, 160 Seiten, ISBN 3-89416-046-2
Kasachisch – Wort für Wort
Band 92, 160 Seiten, ISBN 3-89416-283-X
Hindi – Wort für Wort
Band 17, 112 Seiten, ISBN 3-89416-084-5

Reise Know-How Verlag, Bielefeld

Anhang

Kleine Sprachhilfe

Anders als viele Europäer meinen, ist Persisch **nicht mit Arabisch verwandt,** sondern wird nur mit der gleichen Schrift geschrieben. Als **indogermanische Sprache** ist Persisch jedoch für Europäer leichter zu erlernen als das (semitische) Arabisch. Kenntnisse des Englischen oder gar anderer europäischer Sprachen sind in Iran, wenn überhaupt, nur in Großstädten rudimentär vorhanden. Deshalb sollte ein Individualreisender sich in Iran wenigstens um ein paar geläufige persische Ausdrücke und wichtige Worte bemühen. Wenn er dies tut, werden ihm die ohnehin sehr aufgeschlossenen Iraner noch positiver begegnen.

Nach den Hinweisen zur Aussprache wird hier auch eine kleine Auswahl der wichtigsten grammatikalischen Regeln des Persischen gegeben. Mit deren Hilfe soll der Tourist in die Lage versetzt werden, die nachfolgenden persischen Beispielsätze besser verstehen und eventuell eigene Sätze bauen zu können.

Zur Aussprache des Persischen

- Es gibt zwei **a-Laute** im Persischen, einen hellen und einen etwas längeren dunklen.
- **z** muss im Persischen immer stimmhaft (weich) ausgesprochen werden, **s** immer stimmlos (genau wie im Englischen und Französischen)
- **h** muss, anders als im Deutschen, auch vor Konsonanten und am Wortende deutlich hörbar ausgesprochen werden (z.B. in: *mehman,* „Gast", *kuh,* „Berg")
- **kh** wird wie ch in Deutsch „Bach" gesprochen.
- **ch** wird tsch gesprochen.
- Die Aussprache des **q** ist schwer zu beschreiben oder nachzumachen, irgendwo zwischen k und g, aber hinten in der Kehle (z.B. qatar, „Zug").
- Die meisten Wörter werden **auf der letzten Silbe betont,** außer die Verbformen und wenige weitere Ausnahmen.

Einige grammatikalische Regeln

Personalpronomina:

man	„ich"
ma	„wir"
too	„du"
shoma	„ihr; (höflich) Sie"
u	„er, sie, es"
anha	„sie

Dabei ist zu beachten, dass die Höflichkeitsform im Persischen öfter verwendet wird als im Deutschen, z.B. auch unter Studenten an der Universität.

Substantivverbindungen:

Verbinden sich zwei Substantive miteinander, entweder im Sinne eines Kompositums („Haustür") oder einer Genitivverbindung („Tür des Hauses"), so steht dasjenige Substantiv, welches durch das andere bestimmt wird („Tür"), zuerst und bekommt ein unbetontes **-e** angehängt:

Tür des Hauses / Haustür:
dar-e khane (*dar* = „Tür", *khane* = „Haus")
Hand des Bruders:
dast-e baradar (*dast* = „Hand",
baradar = „Bruder")

Endet das erste Wort auf einen Vokal, so wird **-ye** angehängt:

Haus des Vaters:
khane-ye pedar (*khane* = „Haus",
pedar = „Vater")

Ebenso wird ein **Adjektiv,** das ein Substantiv bestimmt, an dieses mit **-e** bzw. **-ye** angehängt, z.B.:

die rechte Tür: *dar-e rast*
das große Haus: *khane-ye bozorg*

Auch **Personalpronomina** können mit -e (bzw. -ye) an ein Substantiv angehängt werden und drücken dann ein Besitzverhältnis aus:
meine Hand: *dast-e man*
unser Haus: *khane-ye ma*

Verben:

Die Formen der **Gegenwart des Verbs „sein"** sind unbetont und werden an ein Substantiv, Adjektiv etc. angehängt. Sie lauten:

-am	„ich bin"
-im	„wir sind"
-i	„du bist"
-id	„ihr seid; Sie sind"
-ast	„er, sie, es ist"
-and	„sie sind"

Daneben gibt es eine **betonte** Gegenwartsform des Verbs für „sein", die vom Stamm hast- und den obigen Endungen (bis auf 3. Person Einzahl) gebildet wird. Diese wird seltener als obige Endung verwendet:

hástam	„ich bin"
hástim	„wir sind"
hásti	„du bist"
hástid	„ihr seid"
hást	„er, sie ist"
hástand	„sie sind"

Beispiele:
man mo'allém-am
ich bin Lehrer (*mo'allem* = „Lehrer")

man almani hástam
ich bin Deutscher

ma turíist-im
wir sind Touristen

u bozórg-ast
er ist groß

Die **verneinte** Gegenwart des Verbs „sein" wird durch den betonten Verbstamm *nist* ausgedrückt, an den dieselben Endungen angehängt werden wie an hast-:

nistam	„ich bin nicht"
nistim	„wir sind nicht"
nisti	„du bist nicht"
nistid	„ihr seid nicht"
nist	„er, sie ist nicht"
nistand	„sie sind nicht"

Die **Gegenwart der Verben** wird durch den Gegenwartsstamm des Verbs, die betonte Vorsilbe *míi-* und die Endung gebildet. Als Beispiel das Verb „gehen, fahren", dessen Gegenwartsstamm **rav** lautet:

mîi-rav-am	„ich gehe"
mí-rav-im	„wir gehen"
mîi-rav-i	„du gehst"
mí-rav-id	„ihr geht"
mîi-rav-ad	„er geht"
mí-rav-and	„sie gehen"

Weitere Gegenwartsstämme einiger **wichtiger Verben:**

ay	„kommen"
(mîi-ay-am = „ich komme")	
bin	„sehen"
(*mîi-bin-am* = „ich sehe")	
khah	„wollen"
dan	„wissen"
dehl	„geben"
gir	„nehmen, bekommen"
kon	„tun"
tavan	„können"

Das Verb *dar,* **„haben",** bildet unregelmäßig die Gegenwart ohne die Vorsilbe *míi-,* also: *dar-am,* „ich habe", *dar-i,* „du hast" etc.

Anders als im Deutschen, steht im Persischen das Verb meist am **Satzende:**

be iran mîi-rav-am
„ich fahre nach Iran"

be too ketab mîi-dah-am
„ich gebe dir ein Buch"

Fälle:

Im Persischen gibt es keine Fälle wie etwa im Lateinischen oder Deutschen. Der **Genitiv** wird durch das **-e** / **-ye** der Substantivverbindungen (s.o.) ausgedrückt; der **Dativ** durch die Präposition *be* = „zu ... hin". Nur der **Akkusativ** hat eine eigene Endung, ein unbetontes *-ra,* das an das Substantiv angehängt wird, allerdings nur bei bestimmtem Wörtern. Beispiele:

tó-ra mîi-bin-am „ich sehe dich“
(to („du“) ist bestimmt)
pedár-ra mîi-bin-am „ich sehe den Vater“
khané-ra mîi-bin-am „ich sehe das Haus“
aber:
khane mîi-bin-am „ich sehe ein Haus“
(ohne *ra:* unbestimmt)

Demonstrativpronomina:

in	dies(er)
an	jene(er)

Als Adjektive verwendet, stehen sie vor dem Substantiv, z.B.: *in khane:* „dieses Haus“.

Die wichtigsten Fragewörter:

key	wann?
ki	wer?
kodja	wo?
kodam	welcher?
che	was?
chéra	warum?
chétour	wie?

Die wichtigsten Präpositionen:

ru-ye	auf
pish-e	bei (jemandem)
ta	bis
bara-ye	für
dar; tu	in
ba	mit
bedun-e	ohne
zir-e	unter
az	von, aus
be; taraf-e ...	zu ... hin

Die wichtigsten Konjunktionen:

ta	damit
ke	dass
baráa-ye an	deshalb
ya	oder
va; o	und
chun(ke)	weil
agar	wenn (Bedingung)
vaqti-ke	wenn (zeitlich), als

Haufig vorkommende Wörter

Ausländer	kharedji
bald, schnell	zud
Basar	bazar
Berg	kuh
dort	andja
Film	film
Foto	aks
Fotoapparat	durbin
Fotokopie	kopie
Freund	dust
Fuß	pa
Gast	mehman
Garten	baq
Gaststätte	ghazakhori
Geschäft, Laden	maqaze
geschlossen	baste
groß	bozorg
gut	khub
Hand	dast
Haus	khane
hier	indja
Junge	pesar
kalt	sard
Kind	bache
klein	kuchek
Kopf	sar
langsam	yavash
links	chap
nach links	samt-e chap
Mädchen	dokhtar
Moschee	masdjed
Mutter	madar
notwendig	lazem
oben	bala
offen	baz
Platz	meydan
rechts	rast
nach rechts	samt-e rast
Regen	baran
Restaurant	restoran
sehr	kheili
sehr gut	kheili khub
Sonne	aftab
Stift	qalam
Straße	khiaban
Teehaus	chaikhane
Toilette	tualet; dast-shu'i
Tür, Tor	dar
unten	pa'in
Vater	pedar

viel	ziyad
warm	garm
Weg	rah
wenig	kam

Einige wichtige Ausdrücke

bitte (höflich fragend)	lotfan
bitte sehr (anbietend)!	béfarmayid!
danke	mérsi; motashakkéram
entschuldigen sie!	bébakhshid!
es ist genug!	básse
geh (weg)!	borou!
Ist es möglich?	momken ast?
ja	bále
mein Herr!	áaqa!
meine Dame!	khanom!
sehr angenehm!	khéili mamnun!
nein	na; nákheir
Wie heißen Sie?	esm-e shoma chist?
Ich heiße ...	esm-e man ... ast
Wieviel kostet es?	chand ast?
Wieviel Uhr ist es?	sa'at chand ast?

Begrüßung, Verabschiedung

Guten Tag	salam (von Älteren hört man auch: salam aléikom)
Wie geht's Ihnen?	hal-e shoma chetour ast?
danke, gut	mérsi, khúbam
danke, nicht schlecht	mérsi, bad nístam
so so, la la	mígozarad
Geht es Ihnen gut?	hal-e shoma khub ast?
Auf Wiedersehen	khoda hafez
Guten Morgen	soob be-kheir
Gute Nacht	shab be-kheir

Im Restaurant oder Teehaus

Frühstück	sobhane
Mittagessen	nahar
Abendessen	sham
Tee	cha'i
Zucker	shekar
Kaffee	qahve
Mokka	qahve tork
Wasser	ab
Cola	koka
Softdrink	nushabe (Cola, Limo)
Reis (gekocht)	polou
Reis (gekocht)	chelou
Fleischspieß	kebab
Fleisch	gusht
Hammelfleisch	gusht-e gusfand
Rindfleisch	gusht-e gav
Kalbfleisch	gusht-e gusaleh
Fisch	mahi
Shrimps	megu
Huhn	morgh
Ei	tokhm-e morgh
Spiegelei	nimru
Brot	nan (oft „nun" ausgesprochen)
Knoblauch	sir
Gemüse	sabze
Auberginen	badenjan
Bohnen	lubia
Zwiebel	piyaz
Tomate	gouje farangi
Joghurt	mast
Gurke	khiyar
Zitronen, Limetten	limu
Dessert	deser
Obst	miveh
Apfel	sib
Banane	moz
Weintrauben	angur
Wassermelone	hendevaneh (oft „henduneh" ausgesprochen)
Honigmelone	kharbozeh, talebi
Eis	bastani
Schalotte	musir

khoresht:
Soße mit weich gekochtem Fleisch
abgusht:
Eintopf mit Fleisch und Kartoffeln
ash:
dicke Nudelsuppe mit Kräutern

„Wir möchten hier etwas essen"
míkhahim indja qaza bókhorim

„Haben sie etwas ohne Fleisch?"
chizi bedun-e gusht darid?

„Die Rechnung, bitte!"
hesab, lotfan!

Beim Einkauf

Flasche	botri
Hut	kolah
Kilogramm	kilo
ein halbes Kilo	nim kilo
Liter	litr
Milch	shir
Mineralwasser	ab-ma'dani
Papierserviette, -taschentuch	dastmal-e kaghazi
Sonnencreme	krem zedd-e aftab
Gibt es (hier) ...	... (indja) hast?
Haben Sie ...?	...darid?
Ich möchte ...	míkhaham
Wir möchten ...	míkhahim
Wieviel kostet ...?	... chand ast?

Unterwegs

Bahnhof	ist-gah
Benzin	benzin
Botschaft	sefarat
Bus	otobus
Diesel	gazoil
Fahrkarte	belit
Fahrrad	do-charkhe
Flughafen	forud-gah
Flugzeug	hava-peima
zu Fuß	piyade
Gasse	kuche
Konsulat	konsulgari
Kreuzung	chahar-rah
Landstraße	jadde
Platz	meydan
Stadtzentrum	markaz-e shahr
Straße	khiaban
Tankstelle	pomp-e benzin
Taxi	taksi; (Privattaxi) savari
Telefon	telefon
Telefonkarte	kart-e telefon
Zug	qatar

„Ich möchte nach ... fahren"
míkhaham be ... béravam

„Wie lange dauert die Fahrt bis ...?"
safar be ... che-qadr tul míkeshad?

„Ist der Weg weit?"
rah dur ast?

„Bringen Sie mich bitte zum Hotel ..."
otfan má-ra be hotel-e ... bébarid

„Wieviel kostet eine Fahrkarte nach ...?"
belit bara-ye ... chand ast?

„Wohin fahren Sie?"
shoma kodja míravid?

„Halten Sie bitte an!"
negáh-darid, lotfan!

„Wir möchten aussteigen"
míkhahim piyade béshavim

Auf dem Postamt

Postkarte	kart-postal
Brief	name
Paket	baste
Briefmarke	tamr
auf dem Landweg	zamini
per Luftpost	hava'i

„Ich möchte ... nach Deutschland (Österreich/Schweiz) schicken"
míkhaham ... be alman (otrish/suisse) beferestam

In der Bank

Bank	bank
Geld	pul
wechseln	khord kardan

„Können Sie Euro/Dollar wechseln?"
mítavanid Euro/Dollar xord konid?

Krankheit

Apotheke	daru-khane
Arzt	doktor; pezeshk
Durchfall	eshal
Fieber	tebb
krank	mariz
Krankenhaus	bimarestan
Medizin	dava; daru
Schmerzen	dard
Kopfschmerzen	dard-e sar
Spritze	ampul
Tablette	qors

„Ich brauche einen Arzt"
man be yek doktor ehtiyadj dáaram

„Wo gibt es hier einen Arzt?"
indja doktor kodja ast?

„Wo ist ein Krankenhaus?"
bimarestan kodja ast?

„Gibt es einen Arzt, der Englisch spricht?"
doktóri hast ke englisi harf mîizanad?

„Mein Bauch tut mir weh"
del-am dard mîkonad

Im Hotel

Hotel	hotel
einfaches Hotel	mehman-khane
Handtuch	houle
Seife	sabun
Toilettenpapier	kaqaz-e tualet

„Gibt es hier ein Hotel?"
indja hotel hast?

„Wo ist das Hotel ...?"
hotel-e ... kodja ast?

„Haben Sie noch Platz frei?"
shoma hanuz dja darid?

„Haben Sie ein Zimmer für zwei Personen?"
shoma otaq-e do-nafari darid?

„Wieviel kostet es pro Nacht?"
shabi chand ast?

„Hat das Zimmer Toilette und Dusche?"
otaq tualet va dush darad?

„Wir bleiben zwei Nächte"
ma do shab mîimanim

„Haben Sie einen Stadtplan?"
shoma naqshe-ye shahr darid?

„Können Sie mir sagen, wo der Bazar ist?"
mítavanid be man béguyid, bazar kodja ast?

Einfache Unterhaltung

„Woher sind Sie?"
shoma kodja'i hastid?

„Ich bin Deutscher/Österreicher/Schweizer"
man almani/otrishi/swisi hastam

„Ich reise allein"
tanha safar mîkonam

„Sind Sie verheiratet?"
shoma mota'ahél-id?

„Nein, ich habe keine Frau"
na, zan nadaram

„Ja, ich habe zwei Kinder"
bale, do ta bache daram

„Wie alt sind Sie?"
chand sal darid?

„Ich bin 25 Jahre alt"
bist-o-pandj sal daram

„Gefällt Ihnen Iran?"
az iran khosh-etan míayad?

„Ja, er gefällt mir sehr gut"
bále, khéili khosh-am míayad

„Das Wetter ist in Iran sehr gut"
hava-ye iran khéili khub ast

„Können Sie von uns ein Bild machen?"
momken ast ke az ma yek aks bégirid?

„Können Sie Englisch?"
shoma englisi balád-id?

„Ich kann überhaupt kein Persisch"
hich farsi balad nistam

„Ich kann ein bißchen Persisch"
farsi yek kámi balád-am

Zahlen

1	yek
2	do
3	se
4	chahar
5	pandj
6	shesh
7	haft
8	hasht
9	noh
10	dah
11	yazdah
12	davazdah
13	sizdah
14	chahardah
15	panzdah
16	shanzdah
17	hivdah
18	hishadh
19	nuzdah
20	bist
21	bist-o-yek
22	bist-o-do
29	bist-o-noh
30	si
40	chehel
50	pandjah
60	shast
70	haftad
80	hashtad
90	navad
100	sad
156	sad-o-pandjah-o-shesh
200	devist
300	sisad
900	nohsad
1000	hezar
2000	do hezar
100.000	sad hezar
1.000.000	yek miliyon

ein Viertel	yek rob
ein Drittel	yek sevvom
ein/e halbe/r/s	nim

Zeiteinheiten

Sekunde	saniye
Minute	daqiqe
Stunde	sa'at
Tag	ruz
Woche	hafte
Monat	mah
Jahr	sal

Zeitangaben

letzte Woche	hafte-ye pish
vorgestern	páriruz
gestern	diruz
heute	emruz
morgen	farda
übermorgen	pásfarda
nächste Woche	hafte-ye digar
kommendes Jahr	sal-e ayande

Wochentage

Freitag	djom'e
Samstag	shambe
Sonntag	yek-shambe
Montag	do-shambe
Dienstag	se-shambe
Mittwoch	chahar-shambe
Donnerstag	pandj-shambe

HILFE!

Dieses Reisehandbuch ist gespickt mit unzähligen Adressen, Preisen, Tipps und Infos. Nur vor Ort kann überprüft werden, was noch stimmt, was sich verändert hat, ob Preise gestiegen oder gefallen sind, ob ein Hotel, ein Restaurant immer noch empfehlenswert ist oder nicht mehr, ob ein Ziel noch oder jetzt erreichbar ist, ob es eine lohnende Alternative gibt usw.

Unsere Autoren sind zwar stetig unterwegs und versuchen, alle zwei Jahre eine komplette Aktualisierung zu erstellen, aber auf die Mithilfe von Reisenden können sie nicht verzichten.

Darum: Schreiben Sie uns, was sich geändert hat, was besser sein könnte, was gestrichen bzw. ergänzt werden soll. Nur so bleibt dieses Buch immer aktuell und zuverlässig. Wenn sich die Infos direkt auf das Buch beziehen, würde die Seitenangabe uns die Arbeit sehr erleichtern. Gut verwertbare Informationen belohnt der Verlag mit einem Sprechführer Ihrer Wahl aus der über 170 Bände umfassenden Reihe „Kauderwelsch“ (siehe unten).

Bitte schreiben Sie an:

REISE KNOW-HOW Verlag Peter Rump GmbH, Postfach 140666, D-33626 Bielefeld, oder per e-mail an: info@reise-know-how.de

Danke!

Kauderwelsch-Sprechführer – sprechen und verstehen rund um den Globus

Afrikaans ● Albanisch ● Amerikanisch – *American Slang, More American Slang,* Amerikanisch oder Britisch? ● Amharisch ● Arabisch – Hocharabisch, für Ägypten, Algerien, Golfstaaten, Irak, Jemen, Marokko, ● Palästina & Syrien, Sudan, Tunesien ● Armenisch ● *Bairisch* ● Balinesisch ● Baskisch ● Bengali ● *Berlinerisch* ● Brasilianisch ● Bulgarisch ● Burmesisch ● Cebuano ● Chinesisch – Hochchinesisch, kulinarisch ● Dänisch ● Deutsch – *Allemand, Almanca, Duits, German, Nemjetzkii, Tedesco* ● *Elsässisch* ● Englisch – *British Slang, Australian Slang, Canadian Slang, Neuseeland Slang,* für Australien, für Indien ● Färöisch ● Esperanto ● Estnisch ● Finnisch ● Französisch – kulinarisch, für den Senegal, für Tunesien, *Französisch Slang, Franko-Kanadisch* ● Galicisch ● Georgisch ● Griechisch ● Guarani ● Gujarati ● Hausa ● Hebräisch ● Hieroglyphisch ● Hindi ● Indonesisch ● Irisch-Gälisch ● Isländisch ● Italienisch – *Italienisch Slang,* für Opernfans, kulinarisch ● Japanisch ● Javanisch ● Jiddisch ● Kantonesisch ● Kasachisch ● Katalanisch ● Khmer ● Kirgisisch ● Kisuaheli ● Kinyarwanda ● *Kölsch* ● Koreanisch ● Kreol für Trinidad & Tobago ● Kroatisch ● Kurdisch ● Laotisch ● Lettisch ● Lëtzebuergesch ● Lingala ● Litauisch ● Madagassisch ● Mazedonisch ● Malaiisch ● Mallorquinisch ● Maltesisch ● Mandinka ● Marathi ● Modernes Latein ● Mongolisch ● Nepali ● Niederländisch – *Niederländisch Slang,* Flämisch ● Norwegisch ● Paschto ● Patois ● Persisch ● Pidgin-English ● *Plattdüütsch* ● Polnisch ● Portugiesisch ● Punjabi ● Quechua ● *Ruhrdeutsch* ● Rumänisch ● Russisch ● *Sächsisch* ● *Schwäbisch* ● Schwedisch ● *Schwiizertüütsch* ● *Scots* ● Serbisch ● Singhalesisch ● Sizilianisch ● Slowakisch ● Slowenisch ● Spanisch – *Spanisch Slang,* für Lateinamerika, für Argentinien, Chile, Costa Rica, Cuba, Dominikanische Republik, Ecuador, Guatemala, Honduras, Mexiko, Nicaragua, Panama, Peru, Venezuela, kulinarisch ● Tadschikisch ● Tagalog ● Tamil ● Tatarisch ● Thai ● Tibetisch ● Tschechisch ● Türkisch ● Twi ● Ukrainisch ● Ungarisch ● Urdu ● Usbekisch ● Vietnamesisch ● Walisisch ● Weißrussisch ● *Wienerisch* ● Wolof ● Xhosa

Indien & Co.

Kaum eine andere Region der Welt bietet so viele Kontraste, Eindrücke und unterschiedliche Reiseziele wie der Indische Subkontinent. Die Reiseführerreihe ***Reise Know-How*** bietet für (fast) jedes Ziel das passende Handbuch mit unzähligen Tipps und Informationen:

Martin und Thomas Barkemeier
Indien – Der Norden
mit Mumbai und Goa
824 Seiten, 90 Karten und Pläne,
farbiger Kartenatlas

Martin und Thomas Barkemeier
Indien – Der Süden
720 Seiten, 60 Karten und Pläne,
farbiger Kartenatlas

Martin und Thomas Barkemeier
Kerala
mit Mumbai und Madurai
360 Seiten, 20 Karten und Pläne

Jutta Mattausch
Ladakh & Zanskar
480 Seiten, 36 Karten und Pläne

Martin und Thomas Barkemeier
Rajasthan
mit Delhi und Agra
464 Seiten, 32 Karten und Pläne

Rainer Krack
Sri Lanka
520 Seiten, 35 Karten und Pläne,
farbiger Kartenatlas

Reise Know-How Verlag, Bielefeld

Register

Die Autoren

Hartmut Niemann, geboren 1952 in Hameln, entdeckte sein Interesse am Orient unter den ausländischen Studenten in Göttingen. Im Sommer 1979, vier Monate nach der islamischen Revolution, unternahm er seine erste Reise nach Iran, das er danach immer wieder besuchte. 1985 begann er an der Georg-August-Universität in Göttingen, neben seiner Arbeit als Werkzeugmacher, das Studium der Neuiranistik. Seit 1992 arbeitet er als selbstständiger Dolmetscher und Übersetzer für Persisch und Reiseleiter für die Länder des Nahen und Mittleren Ostens mit Schwerpunkt Iran. Aufgrund vieler beruflicher und familiärer Bindungen hält er sich mehrmals im Jahr in Iran auf und hat dadurch Gelegenheit, auch hinter die Fassaden zu schauen. Auf dem Foto ist er mit seinem „Lieblings-Busfahrer" Abbas Tabataba'i zu sehen. Zusammen haben sie mehrere Hunderttausend Kilometer in Iran zurückgelegt.

600i Foto: hn

Ludwig Paul, geboren 1963 in München, nahm 1985 in Bonn das Studium der Sprachwissenschaft und Iranistik auf, das er 1986 in Göttingen fortsetzte. Im Laufe seines Studiums verbrachte er ein Semester in Peshawar (Nordwestpakistan) und das Studienjahr 1988/89 in Teheran; während dieses Jahres bereiste er Iran intensiv auf ausgedehnten Reisen. Noch während seiner Studienzeit ab 1991 begann Ludwig Paul, für verschiedene Reiseveranstalter Studienreisen nach Iran zu begleiten, hierbei konnte er seine Landeskenntnisse weiter vertiefen. Sein Studium schloss er 1996 mit einer Doktorarbeit über die in Ostanatolien verwendete Sprache Zazaki ab. Anschließend unterrichtete er als Assistent am iranistischen Seminar der Universität Göttingen. Im Jahre 2002 habilitierte sich Ludwig Paul mit einer Arbeit über die Grammatik des frühen Persisch des 9. bis 11. Jahrhunderts. Seit 2003 unterrichtet er am Asien-Afrika-Institut der Universität Hamburg iranische Sprachen und Geschichte.

602i Foto: lp

Zeichenerklärung

- Sehenswürdigkeit
- Nationalpark
- Flughafen international
- Flughafen national

0 50 km

1 : 3 000 000

- Autobahn
- Schnellstraße
- Hauptstraße
- Nebenstraße
- Verbindungsstraße
- Eisenbahn
- Eisenbahn in Bau
- Staatsgrenze
- Provinzgrenze

4000 m
3000 m
2000 m
1000 m
500 m
100 m
0

TÜRKEI
ARMENIEN
ASERBAIDSCHAN
ASER-
BAIDSCHAN
A Z E R B E I J A N - E
S H A R Q I
A Z E R B A I J A N - E   G H A R B I
IRAK
K O R D E S T A N
TABRIZ
Orumiyeh
Maku
Khoy
Salmas
Marand
Nakhichevan
Ararat
Bur Alan
Dogubeyazyt
Bazargan
Kalisa Kandi
Siyah Cheshmeh
Shot
Qarah Kelisa
Kirche d. St. Thaddäus
Reno
Poldasht
Daryacheh-ye Sadd-e Aras
Margan
Qezel Qeshlaq
Sadd-e Aras
Jolfa
Qareh Ziya' Eddih
Qarehqush Pa'in
Saray
Surik
Ev Oghli
Qareh Bolagh
Siyah Rud
Faruraq
Ersi
Zanwar
Qotur
Qapulikh
Yamchi
Zonuz
Sha'banlu
Khashk Saray
Qara Tapeh
Tavik
Derik
Tasuj
Sharaf Khaneh
Sis
Tazeh Shahr
Khan Takhti
Charik
Shabestar
Qalqachi
Vayqan
Sardrud
Qushchi
Mamakan
Soltanabad
Khosrow Shahr
Khor Khor
Osku
Daryacheh-ye Orumiyeh
Gangachin
Esendere
Serou
Tala Tappeh
Nazlu
Fähre
Yüksekova
Zinatlu
Rahmanlu
Silvaneh
Balanaj
Lake Orumiyeh Nationalpark
Hasnakan
Baikil
Disaj
Agh Bolag
Oshnaviyeh
Heydarabad
Hasanlu
Fesanduz
Naqadeh
Mohammad Yar
Hashkan
Mazna
Likbin
Rayat
Piranshahr
Ravanduz
Bawiyan
Beytas
Mahabad
Gog-Tapeh
Kani Tumar
Gol Tappeh
Bukan
Mir-abad
Sarteken
Qahr-abad
Raniyah
Kuysanghaq
Qal'eh Dizeh
Bersu
Namshir
Saqqez
Sardasht
Alot
Daryacheh-ye Dukan
Dukan
Taqtaq
Baneh
Suteh
Dzermuk
Istisu
Ehegnadzor
Azizbekow
Angekhakot
Sisian
Kyvrak
Shakhbuz
Dastakert
Goris
Shusha
Hankendi
Agdam
Khodzhavend
Bejlag
Kr.Bazar
Ordzhonikidze
Fizuli
Goradiz
Dzebrail
Aslanduz
Hanlyk
Soltanly
Larijan
Kafan
Kadzharan
Paragachajo
Yaydzhi
Meghri
Zangilan
Safarlu
Khoda Afarin
Amaq
Partalu
Ala Jujeh
Vorotan
Rud-e Aras
Tavil
Kalaybar
Hurand
Babak-Festung
Kalalaq
Sari Chaman
Salavat
Kharvanaq
Avilaq
Nehriq
Qal'eh Juq
Moradl
Alanjeq
Varza-qan
Ahar
Tazeh Kand
Meshg Shar
Gollujeh
Vardin
Sufiyan
Bilverdi
Minaq
Heris
Ahmad-abad
Kubba-ye Sab
Aji Chay
Zarnaq
Kovanaq
Mehraban
Basmenj
Kordkandi
Duzduzan
Sarab
Tara
Mamaqan
Kandovan
Said Abed
Bostanabad
Gavgan
Azar Shahr
Liqvan
3710
Kuh-e Sahand
Asb Forushan
Ali Khalaj
Kuh-e Bozq
Siyah Chaman
Torkaman
Ajabshir
Geleh Deh
Alqu
Maragheh
Hashtrud
Sowma'eh
Avinli
Bonab
Karaju
Vafadar
Miyaneh
Borj-e Bala
Rud-e Qarangu
Malek-Kandi
Tavaq
Qareh Aqaj
Miyandoab
Qareh-Buteh
Kashavar
Hoseyn Mameli
Mahmud Jiq
Pari
Yengejeh
Sahin Dez
Mahneshan
Takht-e Soleyman
Sasanidischer hlg. Bezirk
Yek Shaba
Sanjud
Choplu
Kapaz
Pahlwan
Takab
Karim-abad
Karaftu-Höhle
Baba Ali
Sabil
Hasanabad-Sowgand
Sonnateh
Transhah
Jalfar-abad
Kalakan
Qareh-Bolag
Top-Agha
44°
45°
46°
47°
39°
38°
37°
36°
VIII

Azerbeijan und Norden
Kaspisches Meer
Darya-ye Khazar
Muganskaja ravnina
Kyzylagadzskij zapov.
Sabirabad
Gobustan
Kazi-Magomed
Aljat
Imishly
Saatly
Pokrovka
Birmaj
Pars-abad
Chalma Kandi
Sal'jany
Biljasuvar
Shorsulu
Bileh-sawar
Dzhaliabad
Germi
Prishib
Masally
Kyzylavar
Jardymly
Nariman-abad
Lerik
Lenkoran
Germatjuk
Razi
Kjalvaz
Noqdi
Anbaran
Namin
Astara
Nowjeh Deh
Sharivar
Ardabil
Lavandvil
Marani
Sham-Asbi
Shirabad
Mehmandust
ARDABIL
Lisar
Helabad
Keshtbi
Karganrud
Hashtpar
Asalem
Kivi
Ganjgah
Nav
Khalkhal
Shafarud
Firuz-abad
Kolur (Shahrud)
Rezvan Shahr
Bandar Anzali
Masal
Taher Gurab
Khomam
Bandar Kiya Shahr
Heshajin
Lasht-e Nesha
Aq Kand
Sowma'eh Sara
Astaneh
Fuman
Rasht
Kuches-fahan
Lahijan
Langarud
Masuleh
Shaft
Jir Deh
Siyahkal
Rudsar
Qahab
Darram
Saravan
Amlash
Kala Chay
Armaghan-Khaneh
Siyah Mazgi
GILAN
Chaboksar
Nik Pay
Vanistar
Abbar
Tutkabon
Deylaman
Ramsar
Yengejeh
Gilvan
Chalko Rud
Sorkheh Dizaj
Rudbar
Javaher-Deh
Tonekabon
Zanjan
Dizaj-abad
Sirdan
Jirandeh
Kelishom
Churti
Saqi-Kalayeh
Neshta Rud
Sefid Rud-Reservoir
Lowshan
Abbas-abad
Chalus
Alamut - Festung v. Hassan-e Sabbah
Nowshahr
Kuhselar
Qareh Bolagh
Bu'in
Molla'ali
Bahram-abad
Hasan Keif (Kalardasht)
Soltaniyeh
QAZVIN
Mo'allem Kalayeh
Dalasm
Bola-Maji
Aqa Baba
Ab Torsh
Qazvin
Delir
Sa'in Qal'eh
Mazid-Abad
4850 Alam Kuh
Valiabad
Do Tappeh
Hesar Khervan
Dunay
Qeydar
Abhar
Kamal-abad
Kavandej
Shahrak
Central Alborz
Kuhha-ye Talesh
Kuhha-ye Alborz
Kuh-e Sendan Dag
0 50 km
48° 49° 50° 51°
39° 38° 37°
C D
1 2 3
IV
KASPISCHES MEER
TURKMENISTAN
Tabris
Teheran
Mashhad
Qom
IRAN
IRAK
Isfahan
Ahvaz
AFGHANISTAN
KUWAIT
Kerman
Shiraz
Zahedan
Bandar Abbas
PERSISCHER GOLF
SAUDI-ARABIEN
QATAR
V.A.E.
OMAN
INDISCHER OZEAN
PK

III
IX
II
VIII
KASPISCHES MEER
TURKMENISTAN
Tabris
Teheran
Qom
Mashhad
Isfahan
IRAN
IRAK
Ahvaz
Kerman
Shiraz
Zahedan
KUWAIT
PERSISCHER GOLF
Bandar Abbas
SAUDI-ARABIEN
QATAR
V.A.E.
OMAN
INDISCHER OZEAN
AFGHANISTAN
PK
Ardabil
ARDABIL
Hashtpar
Khalkhal
Bandar Anzali
Rasht
Astaneh
Lahijan
Langarud
Rudsar
Ramsar
Tonekabon
Chalus
Nowshahr
GILAN
ZANJAN
Zanjan
QAZVIN
Qazvin
Takestan
Abhar
Qeydar
Soltaniyeh
Rudbar
Fuman
Sowma'eh Sara
Masal
Sefid Rud Reservoir
Alamut - Festung v. Hassan-e Sabbah
Mo'allem Kalayeh
Hasan Keif (Kalardasht)
4850 Alam Kuh
TEHERAN
KARAJ
Tajrish
Rey
Eslam Shar
Shahriyar
Robat-karim
Varamin
Saveh
QOM
Tafresh
MARKAZI
Ashtiyan
HAMADAN
Hamadan
Tropfsteinhöhle
Tuysarkan
Qahavand
Famenin
Razan
Kabud Ahang
Avaj
Darband
Daryacheh-ye Hows Soltan
49°
50°
51°
38°
37°
36°
35°

Kaspisches Meer und Alborz
Kaspisches Meer
Darya-ye Khazar
0 50 km
TURKMENISTAN
Madau
Okarem
Peski Sejunagsak
Rud-e Atrak
Qizyl Atrek
Qareh Makher
Gasan Kuli
Atrek
Gudriolum
Incheh Borun
Gasan-Kulijskijuchastok Krasnovodskogo zapov.
Chaloiuk
Rudkhaneh-ye Alaget
Grabturm
Gonbad-e Kavus
Azad Shahr
Altin Tokhmaq
Eymar
Gomishan
Ramiyan
Aq Qal'eh
Bandar Torkaman
Fazel-abad
Khan Beben
Aliabad
Gorgan
Kenar Darya
Qesel Shomali
Khazarabad
Kahlij-e Gorgan
Bandar Gaz
Kordkoy
Nahar Khoran
Behshahr
Galugah
GOLESTAN
Babolsar
Mahmud-abad
Neka
Rostam Kala
Sangan
Nur
Izdeh
Amirkala
Beh Namir
Sari
Yaneh Sar
Grab von Beyazid-e Bistami
Bastam
Shahrud
Chamestan
Amol
Babol
Qa'em Shahr
Takam
Namakeh
Kalateh
Moqri-Kala
Shirgah
Deh Molla
MAZANDERAN
Mohammad-abad
Kiyasar
Mahman Dust
Shah-Zeyd
Pol-e Sefid
Seydabad
Damghan
Kohrud
Doab
Fulad Mahalleh
Amirabad
Kuh-e Damavand 5671
Gazanak
4012
4015
Veresk
Qosheh
Amravan
Salehabad
Kavir-e Haj Ali Qoli
Chah Jam
Ab Ali
Polur
Firuzkuh
Gur Sefid
Shahmirzad
Mehdi Shahr
Ahuan
Damavand
Saidabad
Ma'bad
TEHERAN
Semnan
Alla'
Parchin
Saran
Sorkheh
Lasjerd
Torud
Eyvanakey
Aliabad-e Pa'in
Kavir-Reservat
Garmsar
Deh Namak
Kuh-e Darestan
Mo'alleman
Mobarakiyeh
SEMNAN
Rudkhaneh-ye G
Kuh-e Gugerd
Dasht-e Kavir
Koneh' Omar
52° 53° 54° 55°
35° 36° 37° 38°
X XI VI

TURKMENISTAN
GOLESTAN
SEMNAN
Madau
Tersakan
Qara-Qal'ah
Durun
Sharlauq
Sumbar
Jarazda
Geok Tepeh
Tazeh Qal'eh
Qolaman
Darband
Raz
Maraveh Tappeh
Korand
Rud-e Atrak
Yekkeh Chenar
Qatlish
Karim Ishan
Garma Ab
Pish Qal'eh
Surak
Chatal
Seyyedabad
Qarah-Meydan
Ashkhaneh
Qizyl Atrek
Qareh Makher
Kokjeh
Reza-abad
Gudriolum
Badranlu
Bojnurd
Qarloq
Shirva
Incheh Borun
Tang Rah
Robat-e Qarah Bil
Chaman Bid
Shoqan
Rudkhaneh-ye Atrak
Kalaleh
Grabturm
Golestan
Bidak
Robat-e 'Eshq
Gonbad-e Kavus
Minu Dasht
Rezvan
Kuh-e Aladag
Eymar
Azad Shahr
Dozeyn
Kharashah
Esfarayen
Ja'far-abad
Garmeh
Aq Qal'eh
Fazel-abad
Khan Beben
Ramiyan
Golestan
Daraq
Jajarm
Dowlatabad
Gorgan
Aliabad
Farrashiyan
Nahar Khoran
Reyabad
Neqab
Safiabad
Khij
Istgah-e Jajarm
Hokm-abad
Jilan
Joghatay
Grab von Beyazid-e Bistami
Bokran
Forumad
Barghamad
Bastam
Miyandasht
Tabas
Shahrud
Mayamey
Kahak
Davarzan
Deh Molla
Abbasabad
Mazinan
Mehr
Sabzevar
Mahman Dust
Ghazazan
Kal'eh Shur-e Sabzevar
Rivand
Moqiseh
Damghan
Khankhodi
Haresabad
Biyar Jomand
Malvand
Qal'eh Now-e Rud-Ab
Kavir-e Haj 'Ali Qoli
Chah Jam
Ahmadabad
Darreh Da'i
Ariyan
Ma'bad
Tuchah
Kal'eh Shur
Solhabad
Hajjaj
Rezveh
Kuh-e Darestan
Torud
Dahaneh Qal'eh
Mo'alleman
Doruneh
Qarcheh
Tappeh Taq
Ma'dan-e Qal'eh
Koneh' Omar
Chah-e Mosafer
KAVIR
55° A 56° 57° B
38° 37° 36° 35°
1 2 3
0 50 km
V
XI
XII

Kartenatlas

Zagros und Westen
II
XIV
IRAK
IRAK
KORDESTAN
KERMANSHAH
ILAM
LORESTAN
Kuh-e Kabir
Baneh
Nanor
Suteh
Sonnateh
Baba Ali
Transhah
Kalakan
Divanderreh
Jalfar-abad
Yengi Kand
Qojur
Qareh-Bolag
Top-Aghaj
Bijar
Seyyedan
Najaf-abad
Qazi Qushchi
Dowlat-abad
Tropfsteinhöhle
Pir-Taj
Nesareh-ye 'Olya
Qamchiyan
Khav
Chenareh
Marivan
Baqelabad
Hoseyn-abad
Khosrow-abad
Tizhtizh
Nanaleh
Sarvabad
Sanandaj
Hasan-abad
Salavat-abad
Dehgolan
Serish-abad
Keytu
Nowsud
Paveh
Qorveh
Do Sar
Faqih Soleyman
Bayenghan
Sheykh Saleh
Kahriz
Gol Sefid
Khosrowabad
Kamyaran
Sonqor
Azgaleh
Emam Abbas
Javanrud
Ravansar
Balesht
Sarab-e Sohab
Mirabad
Razin
3271
Beranjan
Varmenjeh
Khorovabad
Qasr-e Shirin
Sar-e Pol-e Zahab
Kuzaran
Shah-Godar
Sasanidische Reliefs
Jeyhun-abad
Kangavar
Khosrovi
Taq-e Bostan
3393
Sahneh
Tangeb
Nesar
Ghavareh
Bisotun
Kerend
Mahidasht
Darius-Relief
Harsin
Firuzabad
Khoshrow-abad
KERMANSHAH
Vahman
Gilan-e Gharb
Eslamabad-e Gharb
Hasan-abad
Naft-e Shah
Chehel Zari
Mileh-Sar
Nurabad
Barkhordar
Kolkol
Homeyl
Maskareh
Sumar
Eyvan
Piyazabad
Firuzabad-e Bala
Alasht
Mandali
Sarableh
Kahareh
Chavar
Ilam
Lumar
Darneh
Dayali
Sarab Dowreh
Tursaq
Saleh-abad
Golgol
Kuhdasht
Chenar
Qal'eh-Darreh
Lalur
Dum Surkh
Veysiyan
Kanjan Cham
Koshkeh
Zarbatiyah
Abher-e Bala
Abbas-abad
Malavi
Afrineh
Badrah
Mehran
Meymeh
Darreh Shahr
Pol-e Dokhtar
Sarab-e Jahangir
Paleh
Jassan
Abdanan
Jelowgir
Hawr as Suwaiqia
Shaikh Ahmad
Fasil
Nasiriyan
Shaikh Abid
Meymeh
Dehloran
Murmuri
Pol-e Zal
Rashnu
Dijlah (Tigris)
Hoseyniyeh-ye 'Olya
Shaikh Sa'ad
Musiyan
Ali al Gharbi
Dasht-e Abbas
Andimeshk
Muwaffaqiya
Kuwait
Hawr As Sa'Diyah
Cham Hendi
Jesr-e Naderi
Dezful
Dukan
Chuwarta
Gankewa
Taynal
Chamchamal
As Suleymaniyah
'Arbat
Panjwin
Saiyid Sadiq
Qara Dagh
Qadir Karam
Darbandi Khan
Halabja
Darbandi Khan Reservoir
Maidan
Bawa Nur
Kifri
Kallar
Shaykh Lankar
Qara Tepeh
Jalula
Khanqin
Kani Masi
As Sa'diyah
Al Miqdadiyah
Jisar Naft
Balad Ruz
Du Saikh
Aziziyah
45°
46°
47°
48°
35°
34°
33°
A
B
1
2
3
15
17
19
21
23
35
37
38
46
48
64
KASPISCHES MEER
TURKMENISTAN
Tabris
Teheran
Mashhad
Qom
Isfahan
IRAN
IRAK
Ahvaz
Kerman
KUWAIT
Shiraz
Zahedan
AFGHANISTAN
PK
Bandar Abbas
PERSISCHER GOLF
SAUDI-ARABIEN
QATAR
V.A.E.
OMAN
INDISCHER OZEAN

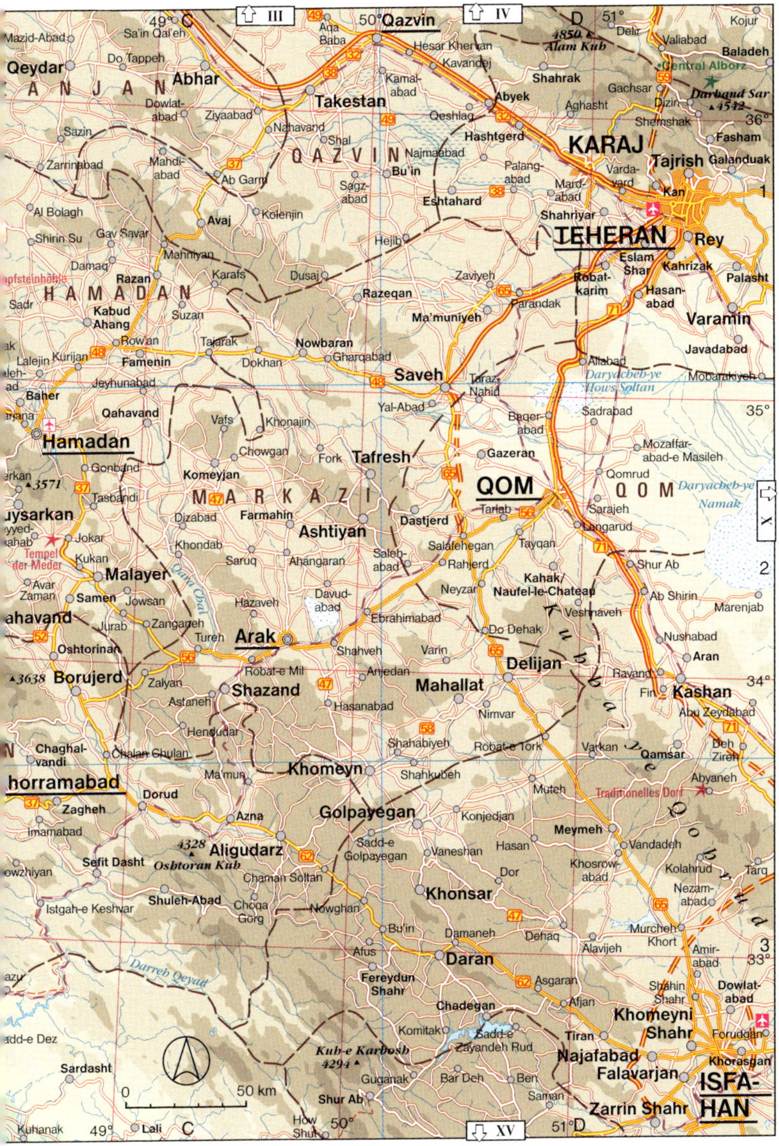
III
IV
X
XV
49° C
50°
51°
D
Qazvin
Aqa Baba
Sa'in Qal'eh
Mazid-Abad
Do Tappeh
Qeydar
Abhar
ANJAN
Takestan
Hesar Kheran
Kavandej
Kamal-abad
Abyek
Shahrak
Gachsar
Delir
Valiabad
Kojur
Baladeh
4850 Alam Kuh
Central Alborz
Darband Sar 4542
Dizin
Shemshak
Fasham
Aghasht
Dowlat-abad
Ziyaabad
Nahavand
Shal
Qeshlaq
Hashtgerd
KARAJ
Tajrish
Galanduak
Sazin
Zarrinabad
Mahdi-abad
Ab Garm
QAZVIN
Najmabad
Bu'in
Sagz-abad
Palang-abad
Varda-vard
Mard-abad
Eshtahard
Kan
Shahriyar
TEHERAN
Rey
Al Bolagh
Avaj
Kolenjin
Shirin Su
Gav Savar
Mahniyan
Hejib
Damaq
Razan
Karafs
Dusaj
Zaviyeh
Eslam Shar
Kahrizak
Palasht
HAMADAN
Sadr
Kabud Ahang
Suzan
Razeqan
Parandak
Robat-karim
Hasan-abad
Varamin
Ma'muniyeh
Row'an
Tajarak
Nowbaran
Javadabad
Lalejin
Kurijan
Famenin
Dokhan
Gharqabad
Aliabad
Daryacheh-ye Hows Soltan
Mobarakiyeh
Jeyhunabad
Saveh
Taraz Nahid
Baher
Qahavand
Yal-Abad
Sadrabad
35°
Vafs
Khonajin
Baqer-abad
Hamadan
Chowgan
Fork
Tafresh
Gazeran
Mozaffar-abad-e Masileh
Gonbad
3571
Komeyjan
Qomrud
QOM
QOM
Daryacheh-ye Namak
37
Tasbandi
MARKAZI
Tarlab
Sarajeh
Farmahin
Dastjerd
Dizabad
Ashtiyan
Langarud
Tempel der Meder
Jokar
Khondab
Salafchegan
Tayqan
Kukan
Saruq
Ahangaran
Saleh-abad
Rahjerd
Shur Ab
2
Malayer
Avar Zaman
Samen
Jowsan
Qara Chai
Davud-abad
Kahak/ Naufel-le-Chateau
Neyzar
Ab Shirin
Marenjab
Hazaveh
Veshnaveh
Jurab
Zanganeh
Ebrahimabad
Do Dehak
Nushabad
Tureh
Arak
Shahveh
Varin
Aran
Oshtorinan
Robat-e Mil
Anjedan
Delijan
Ravand
34°
3638
Borujerd
Zalyan
Shazand
Mahallat
Fin
Kashan
Astaneh
Hasanabad
Nimvar
Abu Zeydabad
Hendudar
Shahabiyeh
Robat-e Tork
Varkan
Qamsar
Deh Zireh
Chaghal-vandi
Chalan Chulan
Khomeyn
Ma'mun
Shahkubeh
Abyaneh
Traditionelles Dorf
Khorramabad
Dorud
Muteh
Zagheh
Golpayegan
Konjedjan
Imamabad
Azna
Meymeh
4328
Aligudarz
Oshtoran Kuh
Sadd-e Golpayegan
Vaneshan
Hasan
Vandadeh
Sefit Dasht
Chaman Soltan
Dor
Khosrow-abad
Kolahrud
Targ
Khonsar
Nezam-abad
Shuleh-Abad
Choqa Gorg
Istgah-e Keshvar
Nowghan
Bu'in
Damaneh
Dehaq
Murcheh Khort
Alavijeh
Afus
3
33°
Darreh Qeyad
Daran
Amir-abad
Fereydun Shahr
Asgaran
Shahin Shahr
Dowlat-abad
Chadegan
Afjan
Khomeyni Shahr
Komitak
Sadd-e Zayandeh Rud
Tiran
Forudgan
Sadd-e Dez
Kuh-e Karbosh 4294
Najafabad
Khorasgan
Sardasht
Guganak
Bar Deh
Ben
Falavarjan
ISFA-HAN
0
50 km
Shur Ab
Saman
Zarrin Shahr
Kuhanak
49°
Lali
C
How Shur
50°
51° D
Kuh-e Qohrud

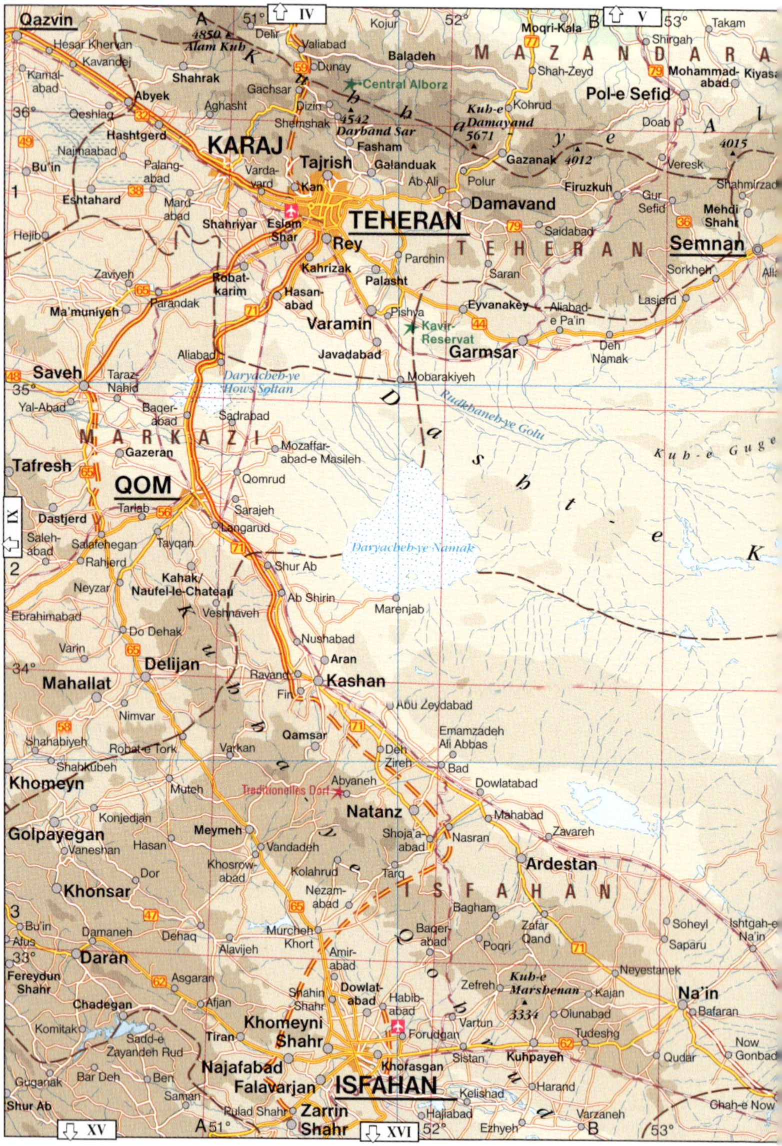

IV
V
IX
XV
XVI
Qazvin
Hesar Khervan
Kavandej
Kamal-abad
Shahrak
Abyek
Qeshlaq
Hashtgerd
Najmaabad
Bu'in
Eshtahard
Hejib
4850 Alam Kuh
Delir
Valiabad
Dunay
Gachsar
Aghasht
Dizin
Shemshak
Kojur
Baladeh
Central Alborz
4542 Darband Sar
Fasham
KARAJ
Tajrish
Galanduak
Palang-abad
Varda-vard
Kan
Ab Ali
Mard-abad
Shahriyar
Eslam Shar
TEHERAN
Rey
Kuh-e Damavand 5671
Kohrud
Polur
Gazanak
4012
Damavand
Moqri-Kala
Shah-Zeyd
Shirgah
Takam
MAZANDARAN
Mohammad-abad
Kiyasar
Pol-e Sefid
Doab
4015
Veresk
Firuzkuh
Gur Sefid
Shahmirzad
Mehdi Shahr
Semnan
Sorkheh
Saidabad
TEHERAN
Parchin
Saran
Zaviyeh
Robat-karim
Kahrizak
Hasan-abad
Palasht
Parandak
Ma'muniyeh
Varamin
Pishva
Kavir-Reservat
Eyvanakey
Aliabad-e Pa'in
Lasjerd
Deh Namak
Garmsar
Javadabad
Aliabad
Saveh
Taraz-Nahid
Daryacheh-ye Hows Soltan
Mobarakiyeh
Rudkhaneh-ye Golu
Yal-Abad
Baqer-abad
Sadrabad
MARKAZI
Gazeran
Mozaffar-abad-e Masileh
Tafresh
QOM
Qomrud
Dasht-e Kavir
Kuh-e Guge
Dastjerd
Tarlab
Sarajeh
Langarud
Saleh-abad
Salafehegan
Tayqan
Rahjerd
Daryacheh-ye Namak
Shur Ab
Kahak/Naufel-le-Chateau
Neyzar
Ab Shirin
Marenjab
Veshnaveh
Ebrahimabad
Do Dehak
Nushabad
Varin
Aran
Delijan
Ravand
Kashan
Mahallat
Fin
Abu Zeydabad
Nimvar
Emamzadeh Ali Abbas
Shahabiyeh
Robat-e Tork
Varkan
Qamsar
Deh Zireh
Bad
Shahkubeh
Khomeyn
Muteh
Traditionelles Dorf
Abyaneh
Dowlatabad
Konjedjan
Natanz
Mahabad
Golpayegan
Meymeh
Shoja'a-abad
Nasran
Zavareh
Vaneshan
Hasan
Vandadeh
Ardestan
Khosrow-abad
Dor
Kolahrud
Tarq
Khonsar
Nezam-abad
ISFAHAN
Bagham
Bu'in
Damaneh
Dehaq
Murcheh Khort
Baqer-abad
Zafar Qand
Soheyl
Ishtgah-e Na'in
Afus
Alavijeh
Pogri
Saparu
Daran
Amir-abad
Neyestanek
Fereydun Shahr
Asgaran
Kuh-e Marshenan 3334
Kajan
Na'in
Bafaran
Chadegan
Afjan
Shahin Shahr
Dowlat-abad
Habib-abad
Zefreh
Olunabad
Khomeyni Shahr
Vartun
Komitak
Sadd-e Zayandeh Rud
Tiran
Forudgan
Tudeshg
Now Gonbad
Najafabad
Sistan
Kuhpayeh
Qudar
Bar Deh
Ben
Khorasgan
Guganak
Falavarjan
ISFAHAN
Harand
Saman
Kelishad
Shur Ab
Rulad Shahr
Zarrin Shahr
Hajiabad
Ezhyeh
Varzaneh
Ghah-e Now

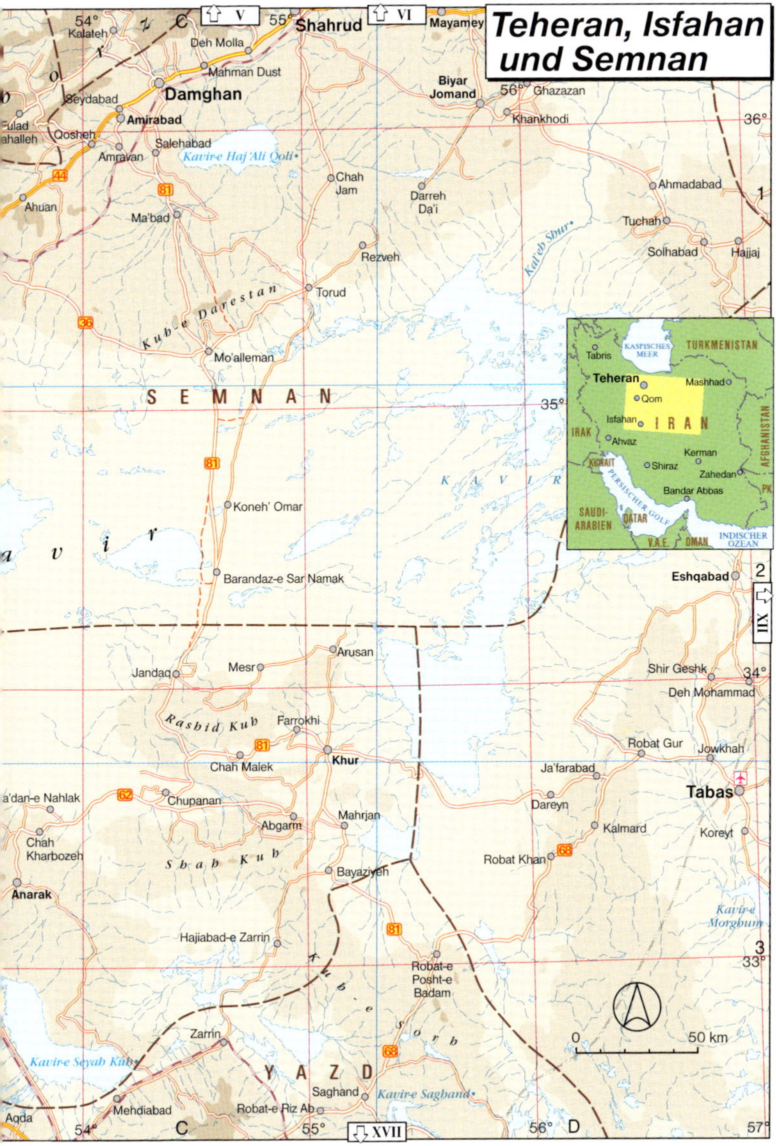

Kartenatlas

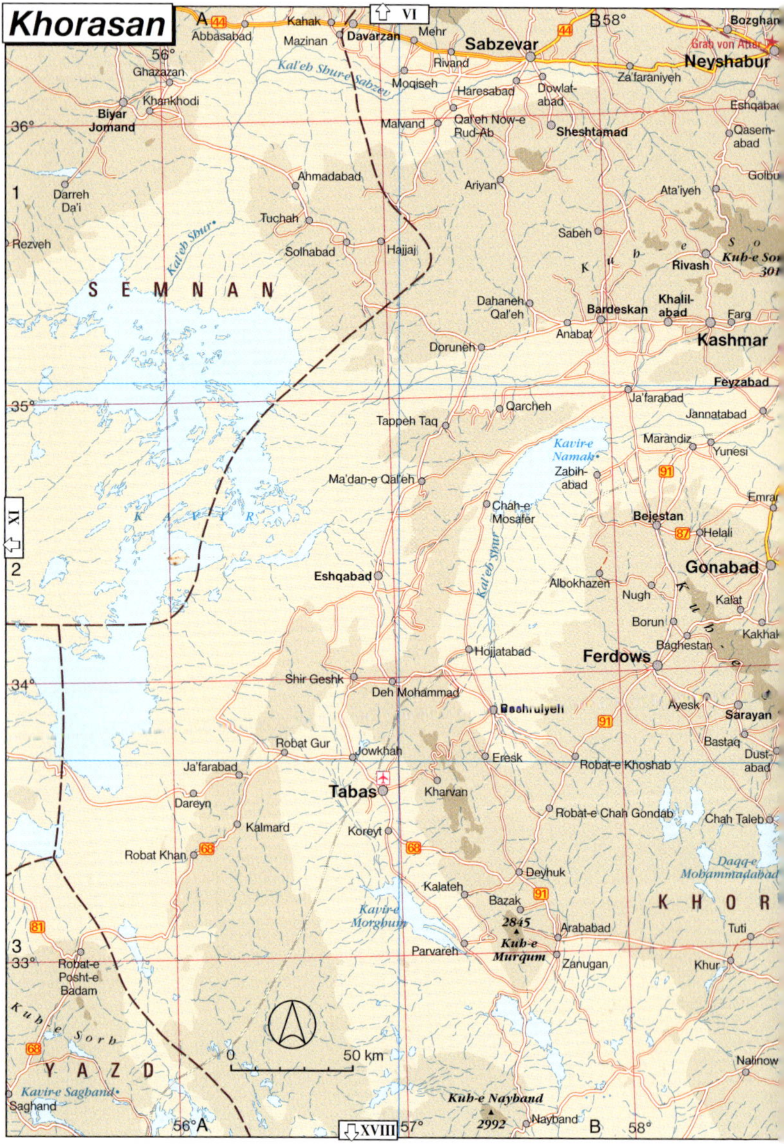
Khorasan
VI
XI
XVIII
A
B
1
2
3
36°
35°
34°
33°
56°
57°
58°
56°A
50 km
0
Abbasabad
Kahak
Mazinan
Davarzan
Mehr
Sabzevar
Rivand
Bozghan
Grab von Attar
Neyshabur
Za'faraniyeh
Ghazazan
Khankhodi
Biyar Jomand
Kal'eb Shur-e Sabzev
Moqiseh
Haresabad
Dowlat-abad
Eshqabad
Malvand
Qal'eh Now-e Rud-Ab
Sheshtamad
Qasem-abad
Darreh Da'i
Ahmadabad
Ariyan
Golbu
Ata'iyeh
Tuchah
Rezveh
Kal'eb Shur
Solhabad
Hajjaj
Sabeh
Kuh-e Sorh
Rivash
S E M N A N
Dahaneh Qal'eh
Bardeskan
Khalil-abad
Farg
Anabat
Kashmar
Doruneh
Feyzabad
Ja'farabad
Qarcheh
Jannatabad
Tappeh Taq
Kavir-e Namak
Marandiz
Yunesi
Zabih-abad
Ma'dan-e Qal'eh
Chah-e Mosafer
Bejestan
Helali
K A V I R
Eshqabad
Kal'eb Shur
Albokhazen
Gonabad
Nugh
Kalat
Borun
Kakhak
Hojjatabad
Baghestan
Ferdows
Shir Geshk
Deh Mohammad
Ayesk
Sarayan
Bastaq
Robat Gur
Jowkhah
Eresk
Robat-e Khoshab
Dust-abad
Ja'farabad
Tabas
Kharvan
Dareyn
Robat-e Chah Gondab
Chah Taleb
Kalmard
Koreyt
Robat Khan
Deyhuk
Daqq-e Mohammadabad
Kalateh
Bazak
K H O R
Kavir-e Morghum
2845
Arabahad
Tuti
Kuh-e Murqum
Parvareh
Zanugan
Khur
Robat-e Posht-e Badam
Kuh-e Sorh
Y A Z D
Nalinow
Kavir-e Saghand
Saghand
Kuh-e Nayband
2992
Nayband
44
68
81
87
91

VII
XIX
MASHHAD
Torqabeh
Toroq
Darrud
Jim-abad
Abravan
Mozduran
Kashaf Rud
Baqbaqu
Shurak Maleki
Sangbast
Emam Taqi
Eslam Qal'eh
Fariman
Roba-e Sefid
Asadabad
Robat Sang
Na'tu
Deraz Ab
Saleh-abad
Gush Laghar
Bani Tak
Janat-abad
Badhyz
Badhyzskij zapovednik
TURKMENISTAN
Akrabat
Hari Rud
Nasirabad
Cheshmeh Gol
Moluki
Salehabad
Torbat-e Heydariyeh
Melekabad
Torbat-e Jam
Ja'farabad
Qal'eh Hammam
Shangbor
Kushk
Mahneh
Roshtkhar
Kuh-e Bakhar
Shahr Now
Chamanabad
Salamey
Kariz
Taybad
Eslam Qal'eh
Harirud
Jangal
Rud (Khaf)
Karat
Herat
Bagh Bakhshi
Sangan
Musaabad
Goryan
Bimuraq
Qasemabad
Bayas-abad
Gisur
Hasan-abad
Mozhn-abad
Bonyabad
Kowl-e Namaksar
Dasht-i Atishan
Khezri
Makarem
Garmab
Chah Pajab
Esfashad
Daqq-e Bala
Esfedan
Qa'en
Shahrakht
Hajiabad
Yazdan
Kalateh Kabudeh
Peshin Jan
Shindand
Qumerijan
Khoshg
Afin
Daqq-e Patargan
Ahangaran
Rum
Gerdkoh
Musaviyeh
Sedeh
Khang
Sar Ab
2886
Kuh-e Mirza 'Arab
AFGHANISTAN
Naomid
Dorokhsh
Mansur-abad
Gazik
Pasuj
Birjand
Rahneshk
Asadabad
Kalateh-ye Gavoj
Shib Yak
Asiyab
Darmiyan
Anar Dareh
Plain
Khusf
Mud
Kuh-e Baqaran
Khush Ab
Mazhan
Gol
Sar Bisheh
Ratuk
Daqq-e Tundi
Giv
Farah
Homand
Mokhtaran
Parang
Keneft
Dastgerd
Ebrahimi
Doroh
Bid
KASPISCHES MEER
TURKMENISTAN
Tabris
Teheran
Mashhad
Qom
Isfahan
IRAN
IRAK
Ahvaz
AFGHANISTAN
KUWAIT
Kerman
Shiraz
Zahedan
PERSISCHER GOLF
Bandar Abbas
SAUDI-ARABIEN
QATAR
V.A.E.
OMAN
INDISCHER OZEAN
PK

Khuzestan und Südwesten

Kartenatlas

X
XV
XX
A
B
51°
52°
53°
32°
31°
30°
29°
1
2
3
Isfahan
Shahr-e Kord
Khomeyni Shahr
Najafabad
Falavarjan
Zarrin Shahr
Mobarakeh
Borujen
Shahreza (Qomshe)
Dehaqan
Lordegan
Semirom
Abadeh
Eqlid
Abarkuh
Yasuj
Do Gondaban
Ardakan
Nur-abad
Kazerun
Marv Dasht
Shiraz
Borazjan
Bandar Bushehr
Na'in
Ardaka
Estahba
Fasa
Sa'adat Shahr
Arsanjan
Chahar
Mahale-ya
Bakhtiyari
Buyer
Ahmad-o-
Kuhgiluye
Isfahan
Fars
Bushehr
Kuh-e Marsbenan
3334
Kuh-e Kalur
4298
Kuh-e Aljuq
3746
Kuh-e Dinar
4404
Batlaq-e Gaykhuni
Kafeh-ye Tagestan
Kavir-e Abarkuh
Daryacheh-ye Tashk
Daryacheh-ye Maharlu
Daryacheh-ye Parishan
Daryacheh-ye Bakhtegan
Persepolis - Achämenidische Palastanlage
Takht-e Jamshid (Persepolis)
Bishapur - Sasanidische Stadtanlage & Reliefs
Sasanidische Palastanlage
Sarvestan
62
65
55
78
86
96

Kartenatlas

Kerman und südliches Khorasan

XIII
Birjand
Darmiyan
Asiyab
Khusf
Mud
Khush Ab
Plain
Daqq-e-Tundi
Kuh-e Bayan
Gol
Mazhan
Giv
Sar Bisheh
Ratuk
Homand
Mokhtaran
Parang
Keneft
Dastgerd
Bid
Ebrahimi
Doroh
Samadabad
Sahlabad
Chah Sagak
ASAN
Barag
Basiran
Kudakan
AFGHANISTAN
Lash-e Joveyn
Samur
Hamun-e Puzak Wasservogel-schutzgebiet
Daryacheh-ye Saberi
Shalehan
Hamun-e Puzak
Shusf
Hoseynabad
Bichand
Chah Chuchu
Bisheh
Asad-abad
Kuh-e Shah 2729
Nehbandan
Khushareh
Qasemabad
Khunik-e Pa'in
Tabasin
Bandan
Daryacheh-ye Sistan
Borj-e Mirgol
Berang
Dust Mohammad Khan
Deh Salm
Adimi
Zaranj
Chah Rui
Daryacheh-ye Hamun
Zabol
Bonjar
Kuh-e Khajeh
Sasanidische Palastanlage
Khomak
Sefid Abeh
Sayyadan-e Sofla
Zehak
Mohammadabad
Kuhak
Daryacheh-ye Hamun
Lutak
Dasht-e Kabutaran
Kuh-e Palangan
Mirabad
Chesmeh Malek
Tasuki
Archäolog. Stätte
SISTAN
Shar-e Sukhte (Burnt City)
Dahneh Baghi
Hormak
Robat Thana
Nosratabad
Tal Siyah
Goud-e-Zirreh
Lut
Zahedan
PAKISTAN
Chesmeh-ye Khan Mohammad
Kacheh Kuh
Kahurak
Kalateh-ye Razzaqzadeh
Shuru
Saindak
Kalateh-ye Siyah
Shur Gaz
Juzzak
0 50 km
Mir Javeh
Rostam-abad
Fahraj
Junabad
Ladiz
Sharikabad
BALUCHESTAN
Tahlab
XXII
XXIII
Mirabad
Rig Malek
Tabris
KASPISCHES MEER
TURKMENISTAN
Teheran
Mashhad
Qom
Isfahan
IRAN
IRAK
Ahvaz
AFGHANISTAN
Kerman
KUWAIT
Shiraz
Zahedan
PERSISCHER GOLF
Bandar Abbas
PK
SAUDI-ARABIEN
QATAR
V.A.E.
OMAN
INDISCHER OZEAN

XVI
Bandar Bushehr
Ahram
Khormuj
BUSHEHR
Farrashband
Firuz-abad
Sasanidische Palastanlage
Kub-e Sefidar 3188
Kub-e Siyah 2009
Fasa
Estahba
Jahrom
FARS
Dayyer
Kangan
Valayat
Asaluyeh
Lamard
Gavbandi
Jazireh-ye Lavan
Lavan
Jazireh-ye Hendorabi
Baden & Tauchen
Persischer Golf
Khalij-e Fars
Kub-e Namak
Kub-e Gavb 2992
Rud-e Shur
Rud-e Mehran
Samal
Ahmadi
Choghadak
Kalmeh
Bahmani
Bahdargah
Delvaz
Bushgan
Deh Now
Now Jein
Kavar
Kuhenjan
Bab Anar
Meymand
Ja Dasht
Kushk Sar
Runiz
Akbar-abad
Shesh D
Nowbandega
Zahed
Qotb-abad
Hoseyn abad
Gahi
Hadakan
Razmabad
Darvishi
Kaki
Lavar
Konari
Bordkhun
Abdan
Dorahak
Chah Pahn
Tonbak
Bandar Taheri
Jam
Dehram
Qir
Abgarm
Mobarak-abad
Mansurab
Juyom
Makuyeh
Seyfabad
Kariyan
Gamosht
Kahnuyeh
Khonj
Bighard
Baghan
Galeh Dar
Fal
Mohr
Chah Eyni
Mahlakeh
Fadagh
Varavi
Beyram
Baqalat
Rokn-abad
Beh Deh
Moghdan
Bandar Moqam
Rosta
Gerzeh
Hendorabi
Chiru
Safeyn
Jazireh-ye Kis
51°
52°
53°
29°
28°
27°
26°
A
B
1
2
3
0
50 km
KASPISCHES MEER
TURKMENISTAN
Tabris
Teheran
Mashhad
Qom
Isfahan
IRAN
IRAK
Ahvaz
Kerman
AFGHANISTAN
KUWAIT
Shiraz
Zahedan
Bandar Abbas
PERSISCHER GOLF
PK
SAUDI-ARABIEN
QATAR
V.A.E.
OMAN
INDISCHER OZEAN

Kartenatlas

XVIII
XIX
XXI
A
B
57°
58°
59°
60°
29°
28°
27°
26°
1
2
3
Bam
Shingara
Deh Bakri
Vakil-abad
Fahraj
Kerah
Mohammad-abad
Qotb-abad
Rostam-abad
Sharikabad
Razi-abad
Sadd-e Halil Rud
Asadabad
Dowlatabad
Deh Reza
Jiroft
Rigan
Kuh-e Jebal Bare
Hoseynabad
Ashin
Dosari
Garku
KERMAN
SIS
Selsele-ye
Panj Angosht
Kuh-e Giran Rig
2548
Masjed-e Abolfazl
Kuh-e Bazman
Hur
Sa'idabad
Bahadorabad
Garnow
Faryab
Golashkerd
Halil Rud
Kahnuj
Shahabad
Zeh Kalat
Hudiyan
Espid
Ziyarat
Kerdi
Sorkh Qal'eh
Magasan
Qal'eh Dezh
Ziyarat 'Ali
Surakabad
Eshak
Bargah
Hamun-e Jazmuriyan
Dalgan
Now Dez
Chah Shur
Faryab
Dehbarez (Rudan)
Rud-e Bampur
Manujan
Bika
Chah Zardar
Gur Band
Jaghin
Minab
Kolahi
Hur
Kariyan
Maskuta
Kargan
Kuh-e Kubran
2261
Remeshk
Kuhe Basbaker
Sanderk
Mokhtarabad
Kuhestak
Ab Anbar
Tang Sorkheh
Dar Pahn
Angohran
Fannuj
Ziyarat Kalleh
Sirik (Biyaban)
Davari
Tutan
Hich
Gaz
Joghdan
Bent
Dastgerd
Chah'ai
Kargushki
Gun Kuh
1896
HORMOZGAN
Kuh Mobarak
Jask-e Kohneh
Gabrik
Khalij-e-Jask
Yekdar
Sadich
Joholu
Gombaki
Jask
Gati
Poshti
Bir
Kalat
Abkuhi
Golf von Oman
Darya-ye Oman
0
50 km
91
92
93

Golf von Oman und Baluchestan

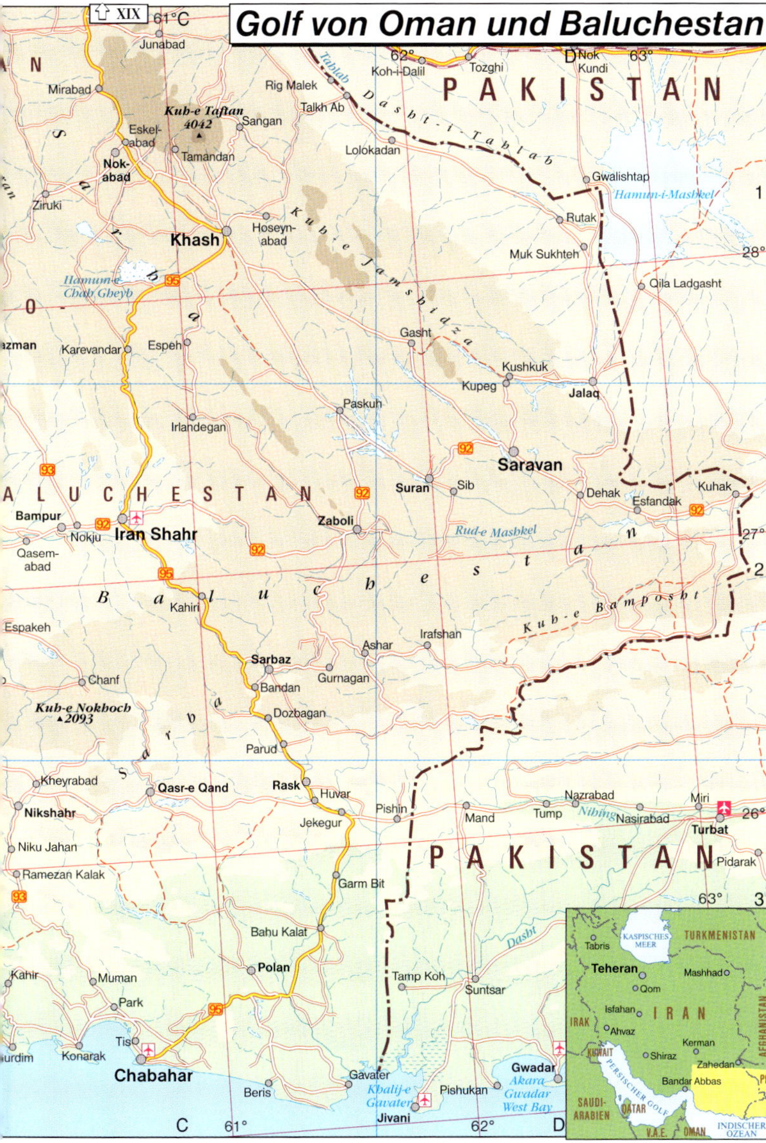

Kartenatlas

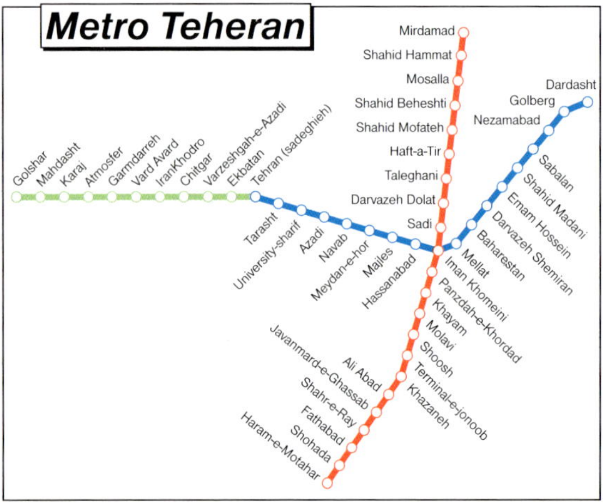

Provinzen

1 West-Azarbeijan
2 Ost-Azarbeijan
3 Ardabil
4 Gilan
5 Mazanderan
6 Golestan
7 Khorasan
8 Semnan
9 Teheran
10 Qazvin
11 Zanjan
12 Kordestan
13 Hamadan
14 Markazi
15 Qom
16 Isfahan
17 Lorestan
18 Kermanshah
19 Ilam
20 Khuzestan
21 Chahar Mahale-ya Bakhtiyari
22 Buyer Ahmad-o Kuhgiluye
23 Bushehr
24 Fars
25 Yazd
26 Kerman
27 Hormozgan
28 Sistan va Baluchestan